# ヨーロッパ文明の黎明

ヴィア・ゴードン・チャイルド［著］
近藤義郎・下垣仁志［訳］

Vere Gordon Childe

# THE DAWN OF EUROPEAN CIVILIZATION

京都大学学術出版会

*The Dawn of European Civilization* [Sixth edition revised and reset 1957]

Second impression 1961
Third impression 1968

First published 1925 by Routledge & Kegan Paul Ltd.
Second impression 1927
Third edition revised and reset 1939
Fourth edition revised and reset 1948
Fifth edition (revised) 1950

Printed in Great Britain by Lowe & Brydone (Printers) Ltd.

口絵 1

1936年、チャイルド44歳の肖像。充実の表情が垣間見える。
この前年には初めてソビエト連邦を訪問した。

口絵 2

若き日のチャイルド。撮影年不明。

© Courtesy of Flinders University Special Collections (Evatt_1510_050)

口絵 3

1928年、35歳。
1925年の『ヨーロッパ文明の黎明』初版刊行後、27年にエディンバラ大学アバクロンビ記念考古学講座の教授として迎えられた。

© National Portrait Gallery, London

口絵 4

ロンドン大学考古学研究所の同僚たちと記念撮影。
当時の名だたる考古学者が一堂に会している。
前列中央(左から5人目)がチャイルド。1955年、63歳。
前列左から2人目がキャサリン・ケニヨン、同4人目がマックス・マローワン。
© UCL Institute of Archaeology

口絵 5

ロンドン大学考古学研究所スタッフとの遠足のスナップ。
1955年、63歳。
© UCL Institute of Archaeology

口絵 6

オークニー諸島スカラ・ブレ遺跡の発掘作業チームと。

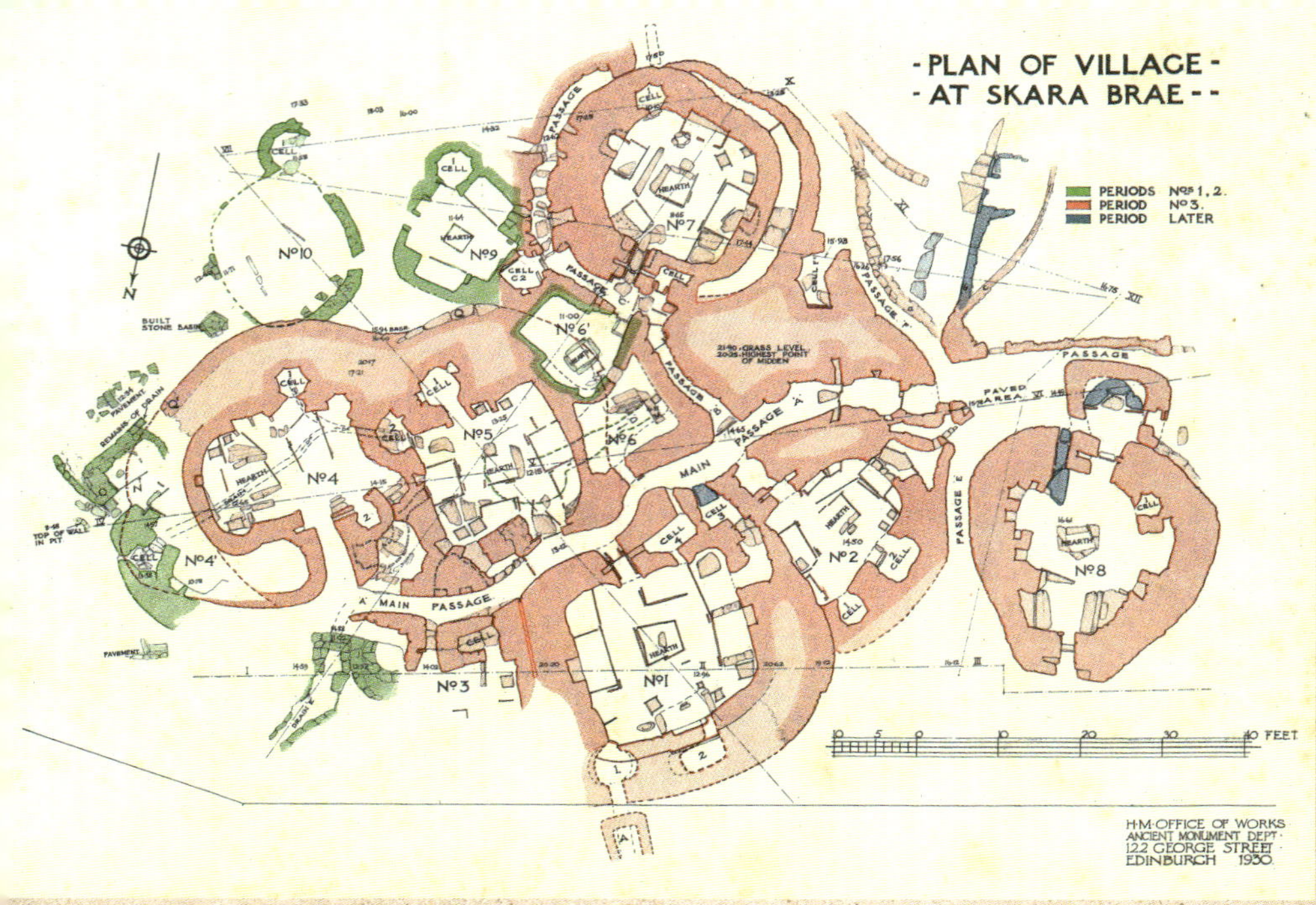


口絵7　スカラ・ブレ遺跡の全体図。

出典：*Skara Brae: a pictish village in Orkney*, by V. Gordon Childe; with chapters by T. H. Bryce and D. M. S. Watson, Kegan Paul, Trench, Trubner, 1931

口絵8

ブルーノ大学の学生たちから贈られたテディベアを抱いている。

口絵 9
ロンドン大学考古学研究所の居室にて。1955または56年。56年の半ばに研究所を早期退職する。
© UCL Institute of Archaeology

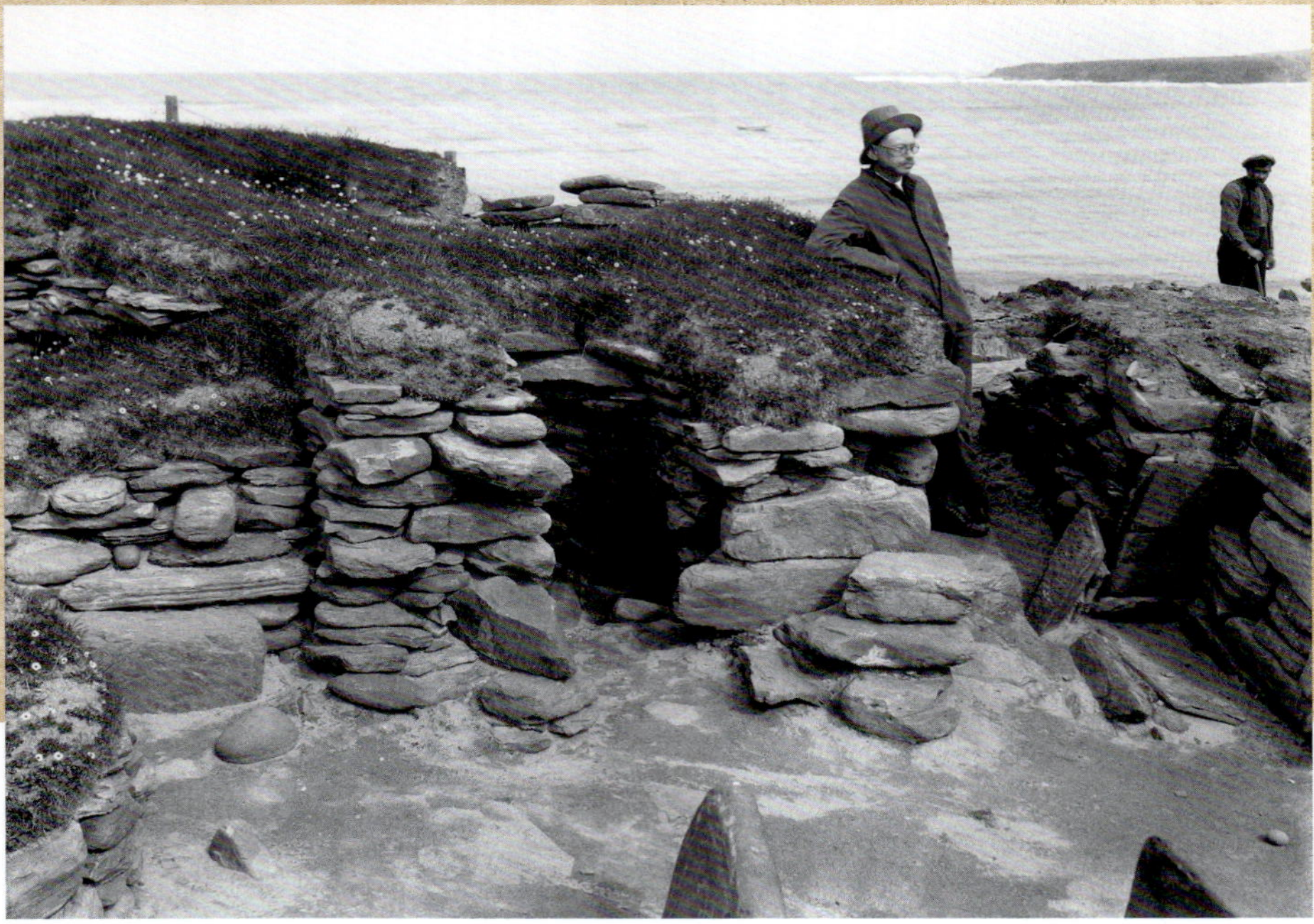

口絵 10　スカラ・ブレ発掘現場に一人佇むチャイルド。
© Courtesy of HES (Vere Gordon Childe Collection)

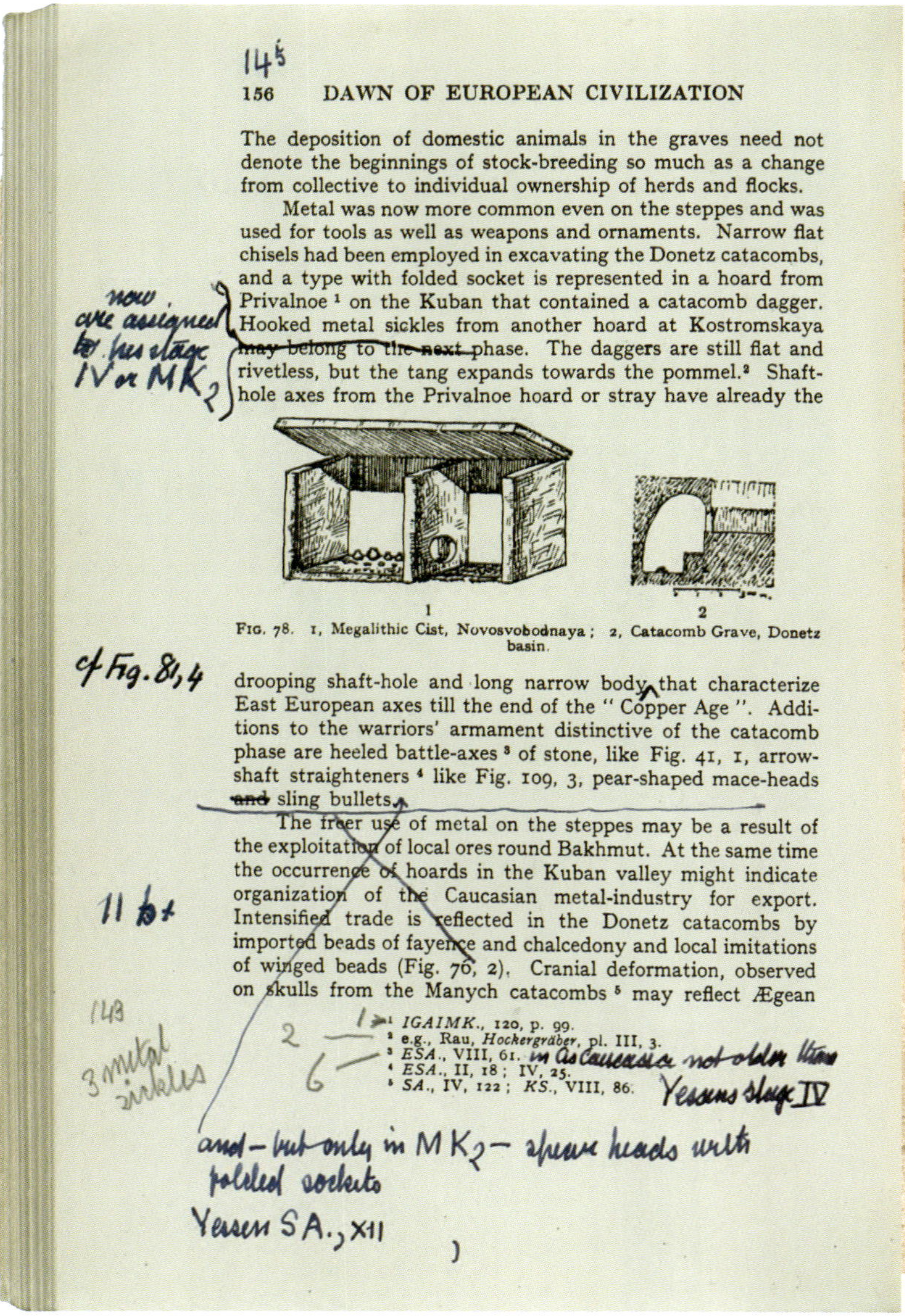
156 DAWN OF EUROPEAN CIVILIZATION

The deposition of domestic animals in the graves need not denote the beginnings of stock-breeding so much as a change from collective to individual ownership of herds and flocks.

Metal was now more common even on the steppes and was used for tools as well as weapons and ornaments. Narrow flat chisels had been employed in excavating the Donetz catacombs, and a type with folded socket is represented in a hoard from Privalnoe[1] on the Kuban that contained a catacomb dagger. Hooked metal sickles from another hoard at Kostromskaya may belong to the next phase. The daggers are still flat and rivetless, but the tang expands towards the pommel.[2] Shaft-hole axes from the Privalnoe hoard or stray have already the

FIG. 78. 1, Megalithic Cist, Novosvobodnaya; 2, Catacomb Grave, Donetz basin.

drooping shaft-hole and long narrow body that characterize East European axes till the end of the "Copper Age". Additions to the warriors' armament distinctive of the catacomb phase are heeled battle-axes[3] of stone, like Fig. 41, 1, arrow-shaft straighteners[4] like Fig. 109, 3, pear-shaped mace-heads and sling bullets.

The freer use of metal on the steppes may be a result of the exploitation of local ores round Bakhmut. At the same time the occurrence of hoards in the Kuban valley might indicate organization of the Caucasian metal-industry for export. Intensified trade is reflected in the Donetz catacombs by imported beads of fayence and chalcedony and local imitations of winged beads (Fig. 76, 2). Cranial deformation, observed on skulls from the Manych catacombs[5] may reflect Ægean

1 *IGAIMK.*, 120, p. 99.
2 e.g., Rau, *Hockergräber*, pl. III, 3.
3 *ESA.*, VIII, 61.
4 *ESA.*, II, 18; IV, 25.
5 *SA.*, IV, 122; *KS.*, VIII, 86.

口絵11　*The Dawn of European Civilization* 第5版への注釈（第6版校正）。チャイルドの直筆による。初版から生涯にわたり、「プロジェクト」として改訂を続けた。細やかな検討の跡が残る。

## 口絵 12

## チャイルド邦訳・伝記　書誌

【邦訳】

① 『アジヤ文明の起原』 禰津正志訳、上・下、誠文堂新光社、1942 年
② 『アジヤの古代文明』 禰津正志訳、伊藤書店、1944 年
③ 『文明の起源』 ねず・まさし訳、上・下、岩波新書、1951 年
④ 『歴史学入門』 ねずまさし訳、新評論社、1954 年
⑤ 『歴史のあけぼの』 今来陸郎・武藤潔訳、岩波書店、1958 年
⑥ 『考古学とは何か』 近藤義郎・木村祀子訳、岩波新書、1969 年
⑦-1 『考古学の方法』 近藤義郎訳、河出書房、1964 年
⑦-2 『考古学の方法』 新装版、近藤義郎訳、河出書房新社、1994 年
⑧ 『世界歴史大系　第 1 巻　史前史』 大島正満他訳、平凡社、1934 年

【伝記】

⑨ B・G・トリガー、*Gordon Childe: Revolutions in Archaeology*, Thames and Hudson, 1980
⑩ B・マクナーン、*The Method and Theory of V.Gordon Childe*, Edinburgh University Press, 1980
⑪ S・グリーン、*Prehistorian: A Biography of V. Gordon Childe*, Moonraker Press, 1981（邦訳『考古学の変革者 —— ゴードン・チャイルドの生涯』 近藤義郎・山口晋子訳、岩波書店、1987 年）

③

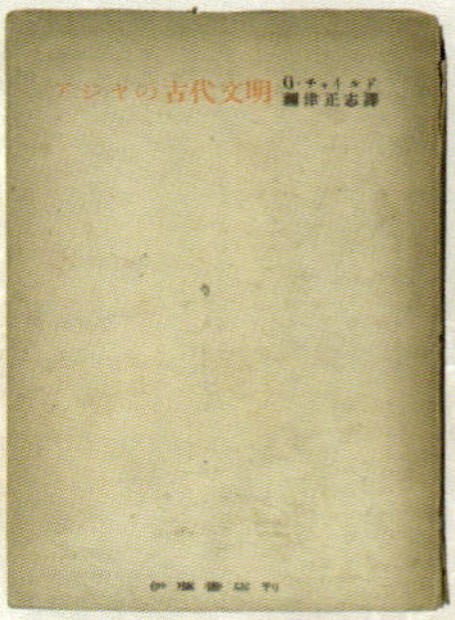

②

①

⑥

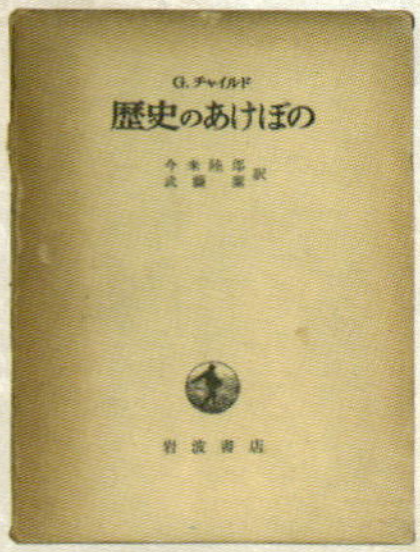

⑤

④

⑧

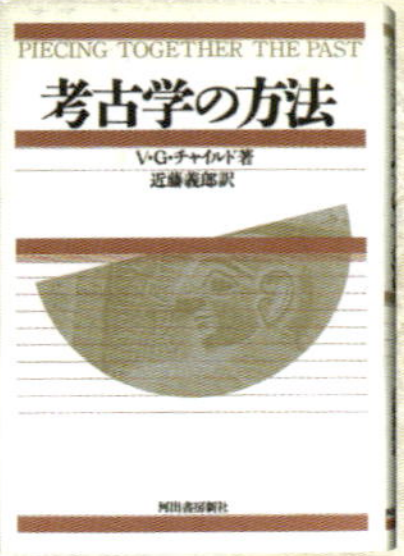

⑦-2

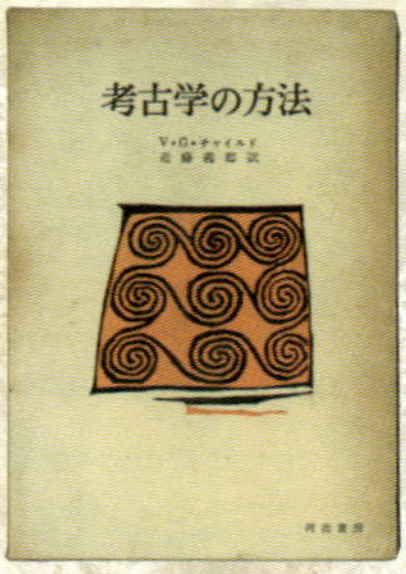

⑦-1

⑪

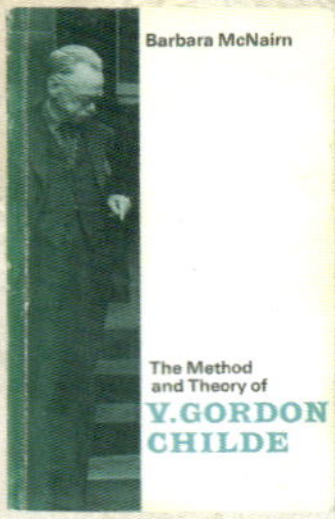

⑩

⑨

# 凡例

- 本書はゴードン・チャイルドの著作 *The Dawn of European Civilization.* の全訳である。
- 本書は一九二五年の初版刊行後、一九五七年の第六版まで版を重ねた。訳出にあたって、原著者の最終見解が示されている第六版を採用した。
- 訳文の完成に際しては、近藤義郎氏（一九二五―二〇〇九年）が原書の第11章まで訳出したものを下垣が引き継ぎ、訳語と訳調を統一して完訳した。近藤氏の翻訳作業については、澤田秀実氏の解説を参照されたい。
- 原註は非常に精細かつ幅広く参照文献を引用している。しかし、それらの文献のほとんどは日本国内で参照できないものであり、また煩瑣にすぎるため、文献のみの引用は割愛した。ただし原書の「参考文献」と「参考図書」は掲載する。
- 原書の註は脚註の形式であるが、本訳書では「註（原註）」の項目に一括して、通し番号にした。
- 読者の理解に役立てるべく、解説が必要な用語にアスタリスク（＊）を一つ付し、巻末の「用語解説」の項目において簡略な説明を施した。
- 本書を理解するうえでとくに重要な用語についてはアスタリスクを二つ付し、前項の「用語解説」の後に「重要用語解説」として別置した。
- 遺跡や地勢の所在国などのごく簡単な補註は訳文中の〔　〕内に記した。
- 文化名や遺跡名や人名などについて、厳密な発音にこだわらず、一般に通用している表記に従った。
- 原書の索引に変更を加えた。
- 原書には初版・第三版・第四版・第六版にそれぞれ別の序文がある。本書に対する原著者の考えの推移を知るうえで重要なので、これらの序文をすべて訳出して収録した。

・編集の都合上、一部の図版のサイズを改めた。

・原書で研究者名に言及する際には、ラストネーム（姓）しか記していない。読者の便宜を図るため、訳出に際してフルネーム（氏名）に改めた。

・原書では、時期と遺跡の層序の両方をローマ数字で表記しており紛らわしい。トロイ遺跡やテル＝遺跡のようにテル状に積み重なった遺跡では、層序＝時期であるし、原著者もさほど厳密に区別せずに記述している。読者の混乱を避けるため、層序については漢数字で表記して、ローマ数字で表記する時期と区別する。

・本書巻頭のカラー口絵掲載の写真編成にあたり、クリス・スカー氏の多大なご尽力を賜った。

・原書の刊行から相当の年数を経ている。しかし、本書の内容はヨーロッパ考古学のみならず日本考古学がたどってきた道のりと今後の行く末を占ううえで重大な意義を秘めている。その価値を十分に見極めて引き出す目的で、本書には専門家六名の「解説」を収録した。解説者の考えを尊重するため、本文と「解説」の用語や表現の統一は図っていない。本文を読み始める前に、下垣による解説（四八六～五一九頁）に目を通しておくと、本書の概要を理解しやすくなるだろう。

・本書の理解を深める狙いから、左記の付録を収録する。

付録一　「回顧」（初出『アンティキティ』第三二巻一二六号、六九—七四頁、一九五八年）［下垣仁志訳］

付録二　チャイルドの著書および各国翻訳　一九二三—二〇二三　［岡村勝行］

付録三　チャイルドと考古学、世界のあゆみ　［下垣仁志］

*Contents* 目次

## 解　説

《巻末図版》

挿 図 目 次

# 挿図目次

## 《本文内挿図》

# 第六版の序文

ヨーロッパの先史時代を総合的に通覧する先駆的な試みとして、本書の初版（一九二五年）を執筆していた当時、考古記録はひどく断片的だった。そのため、何かしらのパターンを引き出すためには、実証不能な推測で断片の隙間を埋めるしかなかった。その後の二〇年間に、発掘・調査・出版が怒濤のように進んだおかげで、かつての憶測のいくつかは過去のものになった。そして考古記録は、頻発する予想外の事実によって豊かになった。だが実際には、そのせいでヨーロッパの先史時代像が複雑になってしまった。一九四五年以降には、発掘・調査・出版がいっそう活発になり、利用できるデータが倍増した。他方でそのために、状況がいくつかの点で単純になった。たとえば、以前だと別個のものとされていた組合せ《アセンブリッジ》**のいくつかが、いまや広域的なごく少数の文化の諸様相になっている。さらに放射性炭素年代法**という新技術は、まだ初歩的な実験段階にあるとはいえ、少なくとも、いくつかの地域の考古学的事象を年代的に比較しうる独立した時間の尺度をもたらすことが期待される。こうした進展のおかげで、本書の抜本的な改訂と再編が可能になり、またそうしなくてはならなくなった。同時にこれらの新データは、本書のロシア語版の序文においてアレクサンドル・モンガイトが寄せた適切な批評と同じくらい、私のドグマ的な「東方主義者《オリエンタリスト》」の姿勢を、初版刊行時よりも弱めさせた。農民がみな土器を作っていたわけではないという発見により、土器資料の全面的な再評価が必要になったのは、まさにそうしたことだ。農業と冶《や》金《きん》の面でオリエントがヨーロッパに先行したことが、放射性炭素年代法により実証されている。しかし、ヨーロッパがオリエントの諸伝統に適応した際の速度と独創性は、いまやもっと高く評価できる。ひいては、独特なヨーロッパ文化が青銅器時代に黎明を迎えた理由も明らかになるはずだ。もう二点、注意すべきことがある。第一に、本書で利用する放射性炭素年代の多くは非公式のものであり、いずれも数世紀の誤差を伴っているので、試案的かつ暫定的なものと見なさなければならないことである。第二に、私にとって近東《ニア・イースト》という用語が、英語だと一九四〇年以前に使われ、アメリカ英語・オランダ語・フランス語・ロシア語だと現在なお使われている意味をもつことである。

東ヨーロッパの最新の出土品を直《じか》に研究する機会を与えて下さった、ブルガリア・チェコスロバキア〔現チェコ、スロバキア〕・ハンガリー・ルーマニア・ソヴィエト連邦・ユーゴスラビアの各科学アカデミーに感謝したい。これら諸国の研究仲間に加え、オーストリア・ベルギー・イギリス・デンマーク・ドイツ・ギリシア・オランダ・イタリア・ポーランド・スウェーデン・トルコ・アメリカ合衆国の研究仲間にも、未公表の出土品の情報や抜刷・挿図・写真を提供して下さったことに感謝したい。校正刷りを読んで下さったイゾベル・スミス博士のご好意に御礼申し上げる。

一九五七年三月　ヴィア・ゴードン・チャイルド

# 初版の序文

現代生活の物質的基盤と精神的背景は、過去に達成され発見された事柄が積み重なった結果である。ヨーロッパ人は、こうした文化遺産の一部を中国人と、そしてオーストラリアの先住民《アボリジニ》とさえ共有している。しかし、そうした共通の基層の起源については、本叢書「文明の歴史」の既刊書においてジャック・ド・モルガンが叙述している〔邦訳『有史以前の人類』東京堂、一九三三年〕ので、当座のところ本論と関係がない。本書の主題は、人間の精神が独自かつ個性的に発現したヨーロッパ文明の基礎である。

ところが現在、このテーマに関して鋭く対立する見解が流布している。ある学派は、こう主張する。西洋文明は紀元前一〇〇〇年以後の有史時代に、地中海のほんの片隅で誕生したにすぎず、西洋の真の先史時代はヨーロッパにではなく古代の東方世界に見出されるはずだ、と。他方で私の研究仲間には、人類文化のあらゆる高次の要素の起源をヨーロッパに見出す者もいるだろう。私はどちらの極論にも同意できない。真実は両者の中間にあるように思われる。このような研究分野において、決定的な総合命題《ジンテーゼ》に到達したと気取るのが僭越であるのはいうまでもないだろう。だが私は、ヨーロッパ文明の基礎に関する全事実を総体的に調査するという真摯な試みの結果を、あくまでも謙虚に提示できるのだ。

西洋人が、自身を束縛する環境から解放される口火を切る技術工芸の原基を与えてもらい、自身の努力を調和させる精神的紐帯の基礎を与えてもらった点で、西洋は東方世界《オリエント》に恩義がある。そう提言しよう。だが西洋の諸民族は、猿真似に甘んじる模倣者ではなかった。東方世界からの恩恵を受け取り、アフリカとアジアがもたらしてくれたものを統合して、独自の路線で発展してゆける新規かつ有機的な統一体に作り変えたのだ。紀元前一六世紀には、この新たな有機体がすでに息づき、西洋人が主人たる役割を引き受ける時機が到来していた。前期青銅器時代のエーゲ海域・ドナウ川流域・スカンディナヴィア・ブリテン島の諸民族において、西洋世界をエジプト・インド・中国と区別する活力と自立性と創意がすでに表出していたことが認められる。しかし、だからといって、古代の東方世界と現代の西洋の相互の役割が、はるかな太古に遡って歴史の黎明期にいたると、不思議にも逆転していたのだ、という主張が正当化されるわけではない。

したがって本書の課題は、多くの土地に共通する文化資本から新たな力が創り出されたことを明示することである。その力が成長して、最終的に世界の様相を変えたのだ。この新たな力が、中期青銅器時代に勢いよく芽吹いていたことは明白である。それゆえ本書の探究は、この時期をもっておのずと幕を閉じることになる。ただし先述したように、様々な見解を抱く多様な学派が存在する以上、証拠の検討は慎重におこなわなければならない。

実際のところ東方主義者は、ヨーロッパ初期の人間が遺した粗末な製作物を侮蔑的にあつかっているし、先験的な理論に強く依拠してきた。他方でかれらの反対者は、先祖の粗雑な製作物に惜しみない愛情を注ぎ、たゆまざる調査研究を通じて、少々の一般論では突き崩せない論文に裏づけられた堅固な立場を築いてきた。そうした製作物自体を、まずはしっかり調べなければならない。そして読者は、どちらの見解を採れば、資料に整合性をもたせて、もっとも論理的かつ一貫した全体像になりうるのかを判断しなければならない。その判断材料として、ヨーロッパ大陸を複数の地域に区分し、時代ごとの空間的関係を四葉の地図で図解した。各地域内で観察される事象の順序は広く知られている。ところが地域間の関係になってくると、意見が割れ始める。本書では、そうした資料を適切な順序で客観的に提示することと、資料の解釈に対する有能な専門家の見解を詳しく説明することに努めた。

ただし、私たちの研究資料が、かつては瑞々しい内容を有し、そして現在も生活のあらゆる瞬間に息づいている有機体の残骸にすぎないことを忘れてはならない。地図上にすこぶる整然と情報が描き込まれたヨーロッパ大陸は、それ自体が先史時代から伝えられた遺産である。農民は石鍬と石斧で渓谷を切り拓いて農耕を営んだ。狩猟民と牧畜民は原始林を焼き払って進んでいった。丸木舟に乗った船乗りは、海を渡って西方の島々に向かっていった。角製と燧石《フリント*》製の鶴嘴《つるはし》を携えた採鉱者は、地中の宝を露わにし、取引を求めて山々を越えた。こうした開拓者は、ギリシア人やフェニキア人の先駆者であった。現にかれらが発見した経路は、ローマ街道や現代の鉄道路線に受け継がれている。

初期の人類が遺したものは、フリント・石・青銅・焼き物の取るに足りない断片にすぎない。けれども、そうした断片は、私たちの精神的な先祖が成し遂げたことを具現している。そのような粗雑な道具のなかに、現代生活の物質的基礎をなす巨大な内燃機関や機械装置全体の前提条件が顕現している。進歩とは、斧の柄の新たな装着法を発明することが、蒸気機関や飛行機の発明の必然的な先行段階となるような、不可分の全体なのだ。最初の技術革新のうちに、その後のあらゆる改良の胚芽が潜んでいた。発見の道のりに踏み出す第一歩こそが、もっとも困難な一歩であった。したがって、私たちの文化遺産のなかに真の意味で存在するのは、名もなき先駆者の功績なのである。

最後に、同じ専門分野の多くの研究者（その結論を受け入れかねる研究者も含む）から深い恩義を賜ったことを明記したい。さらに、本書で頻繁に引用した刊行物の著者であるマイルズ・バーキット氏、アーサー・エヴァンズ卿、エドガー・フォースダイク氏、ウォルター・ヒュートレイ氏、フェレンツ・ラースロー博士、アドルフ・マール博士、ハロルド・ピーク氏、パウル・ライネッケ博士、アールネ・タルグレン教授、パウル・ヴォウガ博士、アラン・ウェイス氏といった方々から、いくつかの論点において、そうした刊行物の内容を補う貴重な助言と支援を賜った。校正刷りを読んでいただいたM・ヨアヒム氏に深く感謝する。図版の掲載にあたって、以下の方々および機関の厚意に負うところが大きい。すなわち、アイリオ博士（ヘルシンキ）、リンチェイ学会、大英博物館理事会、在アテネ英国研究所、『イタリア先史学紀要』の編集者、ケンブリッジ大学出版局、ウェイス氏とトンプソン氏、古生物学・先史学研究調査会、ヒューゴ・オーベルマイアー教授（マドリード）、アーサー・エヴァンズ卿、レオン・コズラウスキー教授（レンベルク〔ドイツ〕）、ギリシア教育省、ハンス・ライナート博士、先史学研究所（テュービンゲン〔ドイツ〕）、ヨゼフ・シュラニル博士（プラハ）、リチャード・シーガー氏（クレタ島）、ハンス・ゼーガー博士（ヴロツワフ〔ポーランド〕）、英国王立人類学協会、ロンドン古物協会、北欧古物協会（コペンハーゲン）、ブリュッセル人類学協会、アルビン・ストッキー博士（プラハ）、スイス国立博物館（チューリッヒ）、アールネ・タルグレン教授（ヘルシンキ）、クリストス・ツンダス教授（アテネ）、ボルドー大学、スウェーデン王立文学・歴史・古代アカデミー（ストックホルム）、民族学博物館先史部門理事（ベルリン）、パウル・ヴォウガ博士（ヌーシャテル〔スイス〕）らである。

やむをえず使用した専門用語について、専門家でない読者がその説明（だいたい図示している）をすぐに見つけられるように索引を工夫したことは、付記しておいてよいだろう。本書の印刷中に進展した先史時代研究を読者が評価できるよう、巻末に補註を加えた。

ヴィア・ゴードン・チャイルド

# 第三版の序文

本書の初版が刊行された一九二五年当時、考古地図においてヨーロッパの広大な諸地域が空白であった。それ以外の地域でも、地元の博物館や入手不能な定期刊行物の記事に物証が分散していて、それらが体系だった研究論文にまとめられていることはほとんどなかった。そのため、散在する断片的な物証をつなぎあわせ、その隙間を推論によって埋めることで、漠然とした全体像を組み上げるしかなかった。しかしそれ以後、一四年にわたる熱狂的な考古学的活動を通じて、ヨーロッパの先史学は変貌を遂げた。マケドニア・ワラキア・ハンガリー南部といった、それまで考古学的に未知であるかほとんど知られていなかった地域が科学的に実地調査された。イングランド・デンマーク・ギリシアといった地域は、研究の方向性が実にしっかり定まっているように見えていたのだが、驚くべき新発見の結果、それまで確固たる真実と思われていた事柄が無効になってしまった。たとえば、エドワード・リーズがイングランドの純然たる新石器文化を初めて定義したのは、一九二七年のことなのだ。いくつかの地域で実施された詳細な調査は、蓄積されたデータを手際よく収集整理するにとどまらず、そうしたデータに新たな意義を付与してきた。

それゆえ本書の瑕疵を正すためには、本文を増補するだけではすまなくなった。全面的に改稿せざるをえなくなったのだ。一九二五年の初版時に提示した全体像が単純に見えるのは、無知によるところが大きかったことが分かる。新発見の数々を通じて、抽象的だった先史時代が複雑な具体性をそなえる歴史に近づいてゆくにつれて、新たな混乱が生じている。しかし、当初から進めていた本書の研究命題の本質的な概要は、依然として有効である。ヨーロッパと古代の東方世界に関する私たちの考古学的知識が深化したことにより、東方主義者の立場〔初版の序文参照〕が格段に強化された。現に私たちは、古代東方の都市文明のセンターから周辺に向かって規則的に格落ちしながら帯状に区分される諸文化が全域的に見出される、切れ目なく相互に結びついた諸地域を概観できるのである。このような周圏区分《ゾーニング》は、東方主義者が仮定する伝播に対するもっとも蓋然性の高い証拠である。

時あたかも昨年（一九三八年）に公表された革命的な数々の発見は、本書で提示する全体像が依然としてすこぶる暫定的であることを警告している。だが、新版の刊行をこれ以上は延期できなさそうだ。おそらく私たちは、自由に調査研究できる時代の黄昏に佇《たたず》んでいる。すでにヨーロッパ大陸の先史時代の大部分が、政治的ドグマに奉仕するべく利用されている。そんなところに信頼できる知見が付け加わることは、いまやほとんど期待できない。一九三八年の九月以前に成し遂げられた見解を客観的に総括しておくことは有益であろう。

本書の各部分を実に快く読んで下さり、有益な批評をして下さったグレアム・クラーク博士、ダリル・フォード教授、ウィニフレッド・ラム氏（ロンドン古物協会研究員）、リチャード・ハッチンソン氏（ロンドン古物協会研究員）、校正刷りをお読みいただいたアストリー・エドワーズ氏とロバート・スティーヴンソン氏に感謝申し上げなければならない。初版の序文に明記した方々と機関に加えて、在アテネ英国研究所理事会、『アンティキティ』編集部、ジャケッタ・ホークス氏、ウォルター・ヒュートレイ氏、ウィニフレッド・ラム氏からも図の掲載許可を賜った。

一九三九年三月　ヴィア・ゴードン・チャイルド（エディンバラ大学）

# 第四版の序文

第三版の序文で予見した科学の自由への攻撃は、刊行の数ヶ月後に現実のものになった。抗戦のさなか、本書の印刷用原版が焼失してしまった。敵襲を退けたのち、原版を組み直す必要が出てきた。そのことが私に、この六年間で発見されたり利用可能になった資料を本書に組み込む機会を与えてくれた。ヒトラー主義に抗してソヴィエト連邦の研究仲間と提携したことにより、かれらとの接触が緊密になった。その結果、第8・9・11章を全面的に改稿せねばならなくなった。さらに、デンマークでの画期的な新発見の数々により、第1章と第10章がすっかり様変わりした。ロバート・スティーヴンソン氏が現地で収集した情報は、私を奮い立たせて第13章でイタリアの先史時代について新たな説明を試みる気にさせた。だが、一九三九年以降にブルガリア・チェコスロヴァキア・ドイツで刊行された文献は、イギリスではまだ利用できない。そのためこれら諸地域における発見については、イタリア語での引用から間接的に知るしかなく、さもなければまったく知りようのないことに注意されたい。

スチュアート・クルーデン氏とロバート・スティーヴンソン氏のご厚意により、校正刷りをお読みいただいた。

一九四七年ロンドン　ヴィア・ゴードン・チャイルド

Chapter
I
SURVIVALS OF FOOD-GATHERERS

# 第1章 食糧採集民の残存

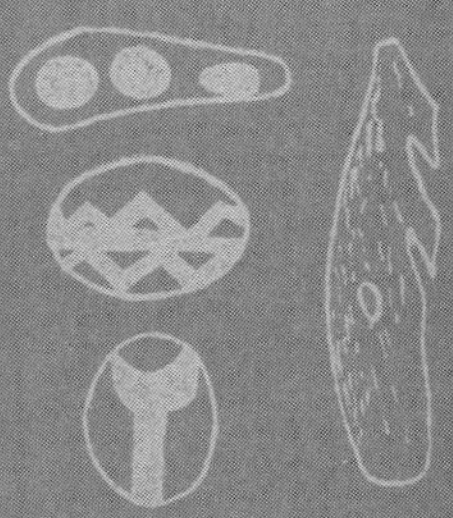

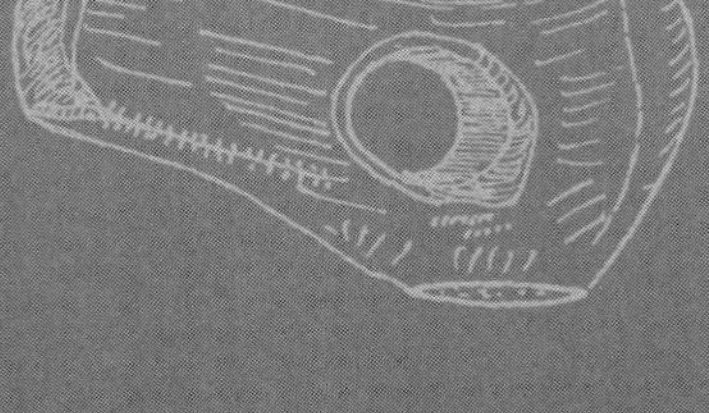

**更新世**＊のヨーロッパでは、生産用具が驚くほど洗練されていた。図像芸術にも熟達していた。それにもかかわらず、経済的な意味での文明をまったく欠いていた。最終氷期には、南ロシア・モラヴィア・フランスの広々としたステップとツンドラ地帯で集団狩猟がおこなわれ、マンモス・トナカイ・バイソン・馬の肉が実にたっぷりと、しかも確実に手に入った。そのため狩猟民は、わりと永続性のある野営地《キャンプ》を設営し、芸術を育む余暇を得ることができた。それでもなお、依然として生粋の食糧採集民であり、環境の恩恵に依存していた。しかし、氷河に覆われた状況が終わりを告げると、かつての獣群は姿を消した。森林が広々とした大地を覆ってゆき、共同狩猟という馴染み深い技術が廃《すた》れていった。こうして、共同狩猟に基礎を置く文化が萎縮し崩壊していった。トナカイ狩猟民に、そしてマンモス狩猟民に見捨てられたヨーロッパは、新石器時代に移住民がやって来て牧草地や耕地として征服するまで、無人の荒野のままであったのだと、一九世紀には考えられていたのだ。

四〇年来の調査研究を通じて、一九世紀に考えられていたイメージは払拭された。考古学者は、氷河期の終焉後もヨーロッパに住み続けた多様な共同体が遺したものでありながら、新石器文明の顕著な特徴を欠く遺物を発見してきた。そうした遺物は、時間的に（あくまで時間的に）旧石器文化の最末期と新石器文化の最古期の間に位置するという理由で、中石器文化と呼ばれる諸文化を構成している。また植物学者と地質学者は、中石器文化が適応した環境の変化をいっそう精密に示してきた。現代の植生は氷河期の景観にゆっくりと根を下ろしたにすぎず、寒帯気候から温帯気候に急変したのではないのだ。

北欧では、森林の樹木がかつての氷原に定着していった諸段階が、花粉分析（主に泥炭中に保存された花粉粒の定量研究）によってきわめて精密に確定されてきた。[1] 一番乗りは白樺《しらかば》と柳であり、続いて松が、遅れてハシバミがやって来た。そしてすぐに楡《にれ》・シナノキ・楢《オーク》（混合楢林）が続き、最後にブナがデンマークに到来した。しかし当然ながら、森林の構成は、気候だけでなく地形や地質からも強い影響を受けるので、北ヨーロッパ平原においてさえ地域差が大きく、かつ重要である。気候が徐々に温暖化した諸段階も、主として同じ植物学的証拠から区別できる。北欧では、白樺とわずかな松がツンドラ地帯に進出し始めた頃に、長かった最終氷期はついに寒冷な大陸性の「先ボレアル期」に移行した。それからボレアル期に移行した。当期はまだ大陸性の気候であったが、現在よりも長く温暖な夏季と降雪が苛酷な冬季に彩られていた。その後は年間平均気温が低下せずに、降雨量と偏西風がやや急に勢いを増し、北西ヨーロッパに影響を及ぼした。そのためデンマークの気候は大西洋気候そのものになり、混合楢林が松林を侵食して最大範囲にまで拡大した。これと裏腹にブリテン島では、過剰な風雨にさらされた地域の森林が消失した。やがて大西洋型の強風雨が、再びその進路を徐々に変えてゆくと、イングランドでは森林成長の第二期を迎えた。他方で大陸の森林はいくぶん縮小した。サブボレアル期と呼ばれる当期は、現在よりもなお温暖だった。現代の寒冷湿潤な気候が極端な形で開始した、いわゆるサブアトランティック期に、当期は終わりを告げた。もちろんボレアル期やアトランティック期などの用語は、厳密にいえばスイスや南ドイツには当てはまらないし、地中海沿岸の土地では意味をなさない。これらはデンマークとスウェーデンで考案された用語であり、この二地域においてのみ正確に説明できるにすぎない。

この間に陸地と水域の分布も変化した。氷期に氷河に閉じ込められていた莫大な量の水が溶け出し、たとえ緩慢にせよ、全体的な海面上昇（すなわち「海進」）を引き起こした。ただし、氷の堆積がもっとも重厚だった北欧では、その重量のために押さえつけられていた地殻が「均衡的」に再隆起して、海面上昇を相殺した。北海海盆の大部分は陸地、あるいは少なくとも沼沢地（北海陸地）のままであり、イングランドをヨーロッパ大陸につなげていた。他方、スコットランドとスカンディナヴィアは氷塊の重みで沈降していた。このバルト低地はヨルディア海と呼ばれる凍結した海になっていて、北極海につながっていた。氷塊の融解による地殻の反動上昇は、スコットランドの海岸部を現在の海面よりも高く隆起させ、バルト低地を周りから孤立させた。こうしてバルト低地はアンキュルス湖になり、スウェーデン中部を横切って北海からわずかに流れ込む海水のために、かすかな鹹度《かんど》をもつようになった。ボレアル期の終わりには、海面が上昇し続けた結果、北海海盆から海水が溢れてバルト低地に流れ込み、リトリナ海が形成された。この海は現在のバルト海よりも広く、鹹度が高かった。イングランドは大陸から完全に切り離されたが、スコットランドでは、拡張したフォース河口からスターリングの上流部まで鯨が溯上できた。その結果、温暖な海水の占める範囲が拡大し、おそらくそのために、北欧にアトランティック期の気候をもたらしていた強風雨の経路が変化した。しかし、デンマークのシェラン島南部からイングランドのダーラム州までを結ぶ線よりも北側では、大地の均衡再隆起が継続した。そのためアトランティック期の海岸線が、現在ではスコットランドの「二五フィート隆起海岸」やバルト海沿岸の隆起砂浜になっている。とはいうものの、局所的な大地の再隆起が全体的な海面上昇を上回るまで、しばらくの時間を要した。そのためデンマークやイーストアングリアのような周縁地域では、数回の局所的な海進を識別できる。実際に、デンマークとスウェーデン南部では四回の海進が認められている。最初の海進はアトランティック期の開始期に起こった。最後の海進は、タイミングによっては最大規模のもので、サブボレアル期の初期に生じており、これは北方新石器Ⅲa期およびⅢb期と同時期である（二二二頁）。

このような環境変化は、考古学者にとって暫定的な編年枠になる。しかし当時の人びとは、環境変化に文化を適応させなければならなかった。集約的な社会協同もなく高度に専門化した道具袋ももたない食糧採集民の小集団が糊口をしのぐにあたって、温帯林は氷河期の荒涼たる狩猟地よりも大きな便宜を与えてくれた。**マドレーヌ文化***人やプシェドモスティ文化人とは対照的に、中石器時代の集団は総じて分散的であり、装備も貧弱だったようだ。しかし、どの集団も犬を捕らえるか飼い馴らしていた。犬の協力は、新たな森林地帯に棲む群居性の低い

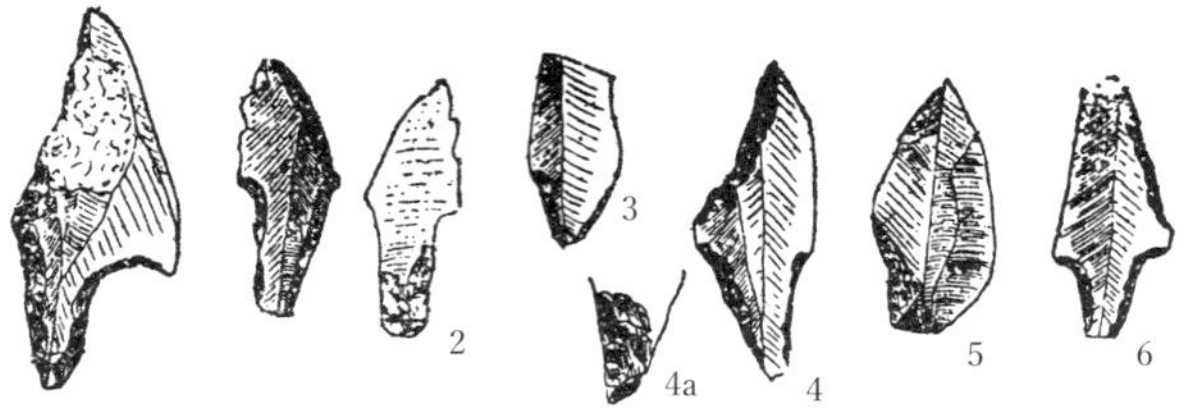


図１　スウィデリアン文化のフリント石器（ポーランド出土、S=2/3）
［コズラウスキーによる］

小型獣を追跡する際に、この上なく大きな助けになっただろう。どの地域でも、堅果類・カタツムリ・貝類の採集が新たな経済において顕著な役割を担った。中石器時代のいくつかの文化は、明らかに旧石器時代人の生き残りがこの新環境に応答したものである。

　スウィデリアン文化[2]は、ロシアとポーランドの砂丘から、時にはアトランティック期の化石泥炭層下からも採集される、小さなフリント石器の組合せ《アセンブリッジ》に代表されるものであり、左右非対称の小型の有茎尖頭器*を特徴とする（図１）。この尖頭器はおそらく鏃《やじり》として使用されたのだろうが、形態的にいえば南ロシアのマンモス狩猟民が使っていた大型の投槍に由来する。こうした尖頭器は、マンモスの絶滅に対して狩猟民が示した最終的な応答であった。

　フランコ＝カンタブリア地域のマドレーヌ文化人の子孫は、先祖の銛漁法と狩猟採集を組み合わせてアジール文化*を創り出した。アジール文化人は、先祖と同じく洞窟に好んで住み、死者もそこに埋葬した。バイエルン州の有名なオフネット洞窟遺跡〔ドイツ〕では、体部を欠く頭蓋骨二一個がひとまとめにしてあった。ただし、確実にアジール文化人のものとはいえない。そのうち八個が短頭型*であったため、人類学者はこの埋葬をヨーロッパに新人種が移住してきた証拠だと考えがちだった。しかし現在では、後期旧石器時代のヨーロッパ人にも、まがりなりとも短頭化の傾向があったことが認められている。アジール文化の装備は貧弱に見える。その示準資料*は赤鹿の角製銛（図２）であり、祖型であるマドレーヌ文化のトナカイの角製銛に比べて、扁平で不格好である。

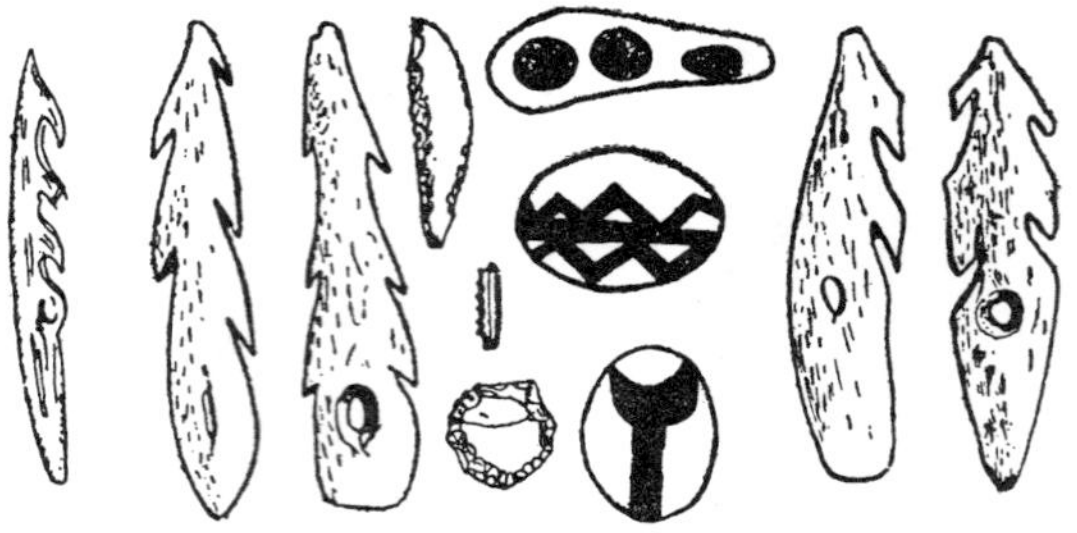

図２　カンタブリア州〔スペイン〕出土のマドレーヌ文化の銛、アリエージュ県〔フランス〕出土のアジール文化の銛と彩色礫（S=3/8）

フリント製の**石刃***と**彫器***は存続していたが、小型化の傾向を見せていた。**石核***は木工用に使えたが、斧へと特殊化しなかった。けれども、オード県のビズ洞窟〔フランス〕から出土した重い楔形石器は、原始的な木工仕事の必要に応じたものかもしれない。またホーエンツォレルンのファルケンシュタイン洞窟〔ドイツ〕では、見たところ典型的なアジール文化の銛と一緒に、鹿角《ろっかく》製**雇柄**《やといえ》*にはめ込まれた磨製石斧一点が発見された。ところが現在では、類似の銛がジュラ州にあるビルスマッテン洞窟〔スイス〕の**タルドノア文化***層から、幾何学形の**細石器***を伴って発掘されている。だからアルプス＝ジュラの「アジール文化」はすべて、実際にはタルドノア文化かもしれず、したがってせいぜい「後期中石器文化」のものでしかないだろう。マドレーヌ芸術を想起させるものは、礫に描いたすこぶる様式化した図像だけである。

　洞窟堆積層を見ると、アジール文化人は非常に小規模な、そして概して孤立した共同体のなかで暮らしていたらしい。ただし、地中海産のアフリカタモトガイの貝殻がファルケンシュタイン洞窟まで運ばれているので、孤立といっても徹底したものではなかった。アジール文化人は小島でも野営していたので、何らかの舟を利用していたに違いない。アジール文化人の野営地は、カンタブリア山脈・ピレネー山脈・フランス中部高地の山腹、ジュラ州・ヴォージュ県〔フランス〕・黒森《シュヴァルツヴァルト》地帯〔ドイツ〕、アルプス山麓の丘で、そしてスコットランド南西海岸でも発見されている。もっともスコットランドの**石器文化**《インダストリー》**は、新文化「オバニアン」と見なされるほど独特であり、フランスのアジール文化に由来したものか定かではない。南フランスのアジール文化はマドレーヌ文化のほぼ直後に登場した。それはお

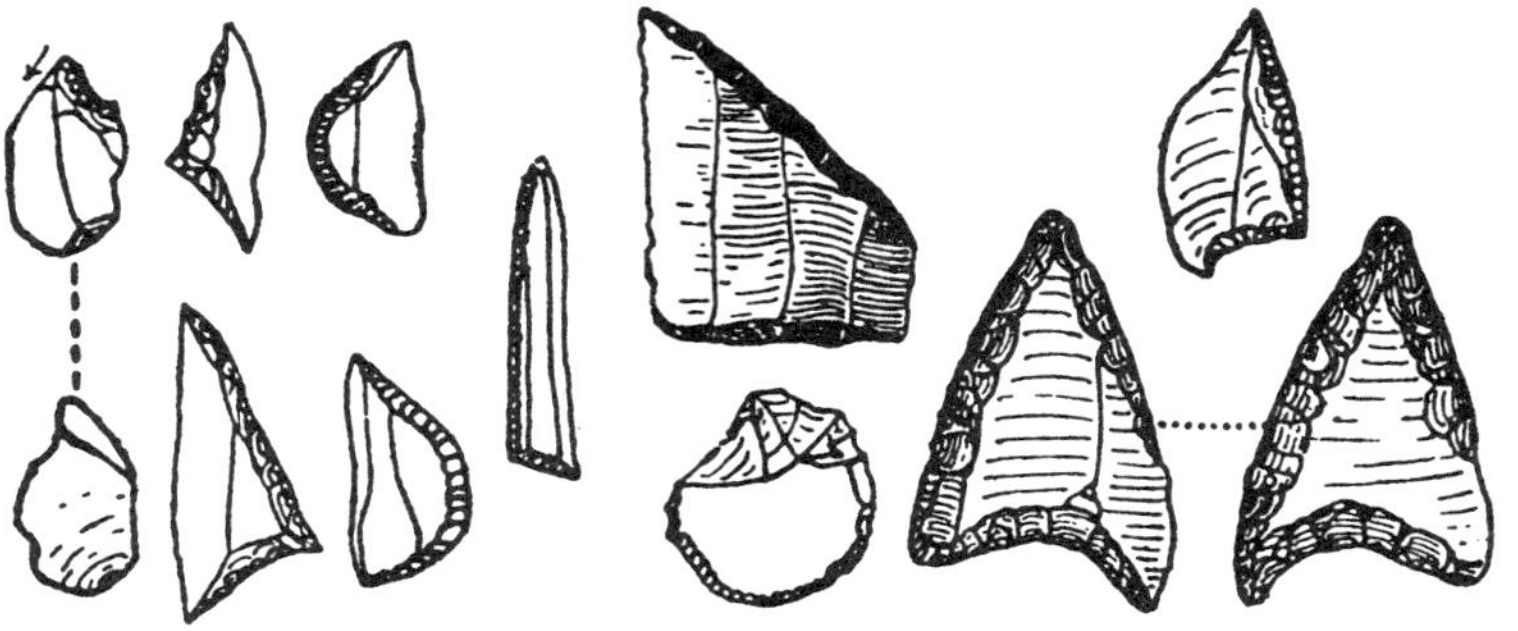


図３　フランケン地方〔ドイツ〕出土の幾何学形細石器（2〜5）と細彫器（1）（S=1/1）［グンペルトによる］

そらくボレアル期のことであった。スコットランドの遺跡は上記した「二五フィート隆起海岸」よりも上に立地しているので、その時期はアトランティック期に違いない。南フランスとスコットランドで時期が齟齬するのは、現在は水没している当時の海岸に沿って、短期間での移住が緩慢におこなわれたことを示すのかもしれない。

クリミア半島と南コーカサスでは、在地の**オーリニャック文化**＊人の子孫が、アジール文化に酷似する文化を後氷期の初期に生み出した。かれらも洞窟に住み、死者を屈葬か伸展葬で洞窟内に埋葬した。その地の狼かジャッカルを飼い馴らし、狩猟の助力にした。クリミア半島では、アジール型の骨製銛が、そして森林諸文化と同様にフリント刃部をもつ植刃器が遅れて登場した。幾何学形細石器は、まず三角形と三日月形のものが作られ、後に台形のものも製作された。それらは土器や磨製石斧を含む層からも出土するので、本義的にいえば新石器に見える。

考古記録として残存するタルドノア文化は、定形的な幾何学形状（三角形・菱形・台形・三日月形）に巧みに仕上げられた微小フリント石器（すなわち細石器）と、その製作の副産物であろう細彫器とで、そのほとんどが占められている（図3）。これらは実際には、単一の文化を規定しているのではなく、複数の異なるインダストリーの表れである。そうしたインダストリーは統計的に区別できるだけなの

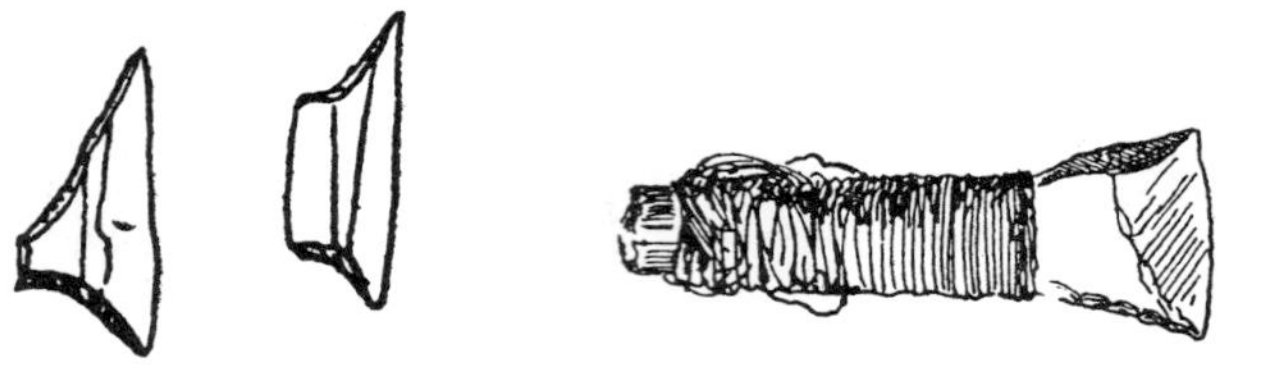

図4　ムージェ〔ポルトガル〕出土の細石器とデンマーク出土の柄付直剪鏃(S=1/1)

で、いささか誤解を招く用語ではあるが、すべてを一括してタルドノア文化と呼ぶことにしよう。思うに細石器はすべて、木か骨に装着する複合道具の一部であろう。しかし、微小な刃部をなぜそこまで入念に調整したのか、誰にも分からない。細石器の製作者は、木の疎らな砂地を選んで居住していた。初めのうちは洞窟に住まうことが多かったが、砂地を部分的に凹ませた粗末な小屋にも住んでいた。タホ川の河畔にあるムージェ〔ポルトガル〕や、モルビアン県〔フランス〕の海岸沖に浮かぶ小島のテヴィエック島とオエディック島では、タルドノア文化人は開けた海辺に住み、狩猟と採貝をおこない、食事の残滓《ざんし》からなるマウンドを残した。ゴミ山であるこれらの「貝塚」に、やや短頭型の遺骸が屈葬の姿勢で葬られた。テヴィエック島とオエディック島では、赤色顔料《オーカー》が撒かれた遺骸の上に小さな積石塚《ケルン》が築かれた。牡鹿の角で作った一種の冠で覆われた遺骸もあった。リグリア州のアレーヌ・カンディード洞窟〔イタリア〕からも、一〇基の**穴墓***からなる中石器時代の（おそらくタルドノア文化的というよりもアジール文化的な）墓地が見つかっている。墓にはそれぞれ一体の成人が、赤色顔料を撒いた床面に伸展葬で葬られているが、うち二基では幼児一体を伴っていた。

フリント石刃の小型化は、後期旧石器時代のほとんどのインダストリーに共通する傾向である。その結果、フランスとイタリアのグラヴェット文化では、幾何学形細石器の製作がすでに始まっていたし、スペイン東部のパルパリョ遺跡では、**ソリュトレ文化***層からその上層にかけて細彫器さえ出現する。この傾向は、ヨーロッパの周氷河地域のツンドラ地帯やステップよりも地中海地域の環境において顕著だったようだ。この傾向がもっとも顕著な北アフリカでは、多量の幾何形細石器が使用され、後期カプサ文化における貝塚などの堆積物の特徴となっている。しかもカプサ文化人も死者を貝塚に埋めていた。したがって、タルドノア文化人の一部は、ヨーロッパの氷河時代の終焉期にサハラ地域の乾燥開始の煽《あお》りを受けて、北方に逐《お》われた移住民なのかもしれない。実際、スペイン東部のラ・コシーナ洞窟のような遺跡から出土するフリント石器は、後期カプサ文化のものとほぼ同じである。この洞窟の最上層から「アルメリア式」土器が出土した。後述するように（三三六頁）、これはカプサ文化の伝統を受け継ぐ新石器文化の土器である。ただし、「タルドノア文化の細石器」の製作者がみな、アフリカからの新移民であったわけではない。こうした細石器は、フランス・ブリテン島・ベルギー・南ドイツ・ポーランド・**ポントス草原**＊の大部分で発見されている。それらの大半は、在地の後期旧石器時代のインダストリーから派生したものであり、ボレアル期までにブリテン島・フランス・ベルギー・ドイツで出現していた。しかしブリテン島とフランス[3]では、おそらく南西ドイツとポルトガル[4]でも、タルドノア文化人がなお残存していた。近隣集団がすでに新石器時代の経済はおろか、青銅器時代の経済さえも確立した時期になっても、原始的な経済と細石器の技術伝統を保持していた。また、イベリア半島・フランス・南ロシアにおいて後出の共同体が使用していた特定型式（台形・三日月形）のタルドノア細石器は、タルドノア文化の狩猟民が食糧生産集団に吸収されたことを示しているのかもしれない。細石器の時代を中石器時代と取り違えてはならないのだ。他方で、タルドノア文化の純粋層、もしくは先新石器時代の層から、羊骨片の出土が例外的に報告されている。このことは、「タルドノア」なる用語に、土器も磨製石斧も作らない、早い時期に移住してきた牧羊民が含まれる可能性を示唆する。

アストゥリアス文化は、北スペインの沿岸地域においてアジール文化人に後続する海岸狩猟採集民の文化にあてがわれた名称であり、ポルトガルにも存在する。現在よりも降雨量の多い時期には、主に貝を食べて暮らしていた。その考古学的特徴は、海辺の礫を打ち欠いて粗雑な尖頭器に成形した鶴嘴状の道具であった。

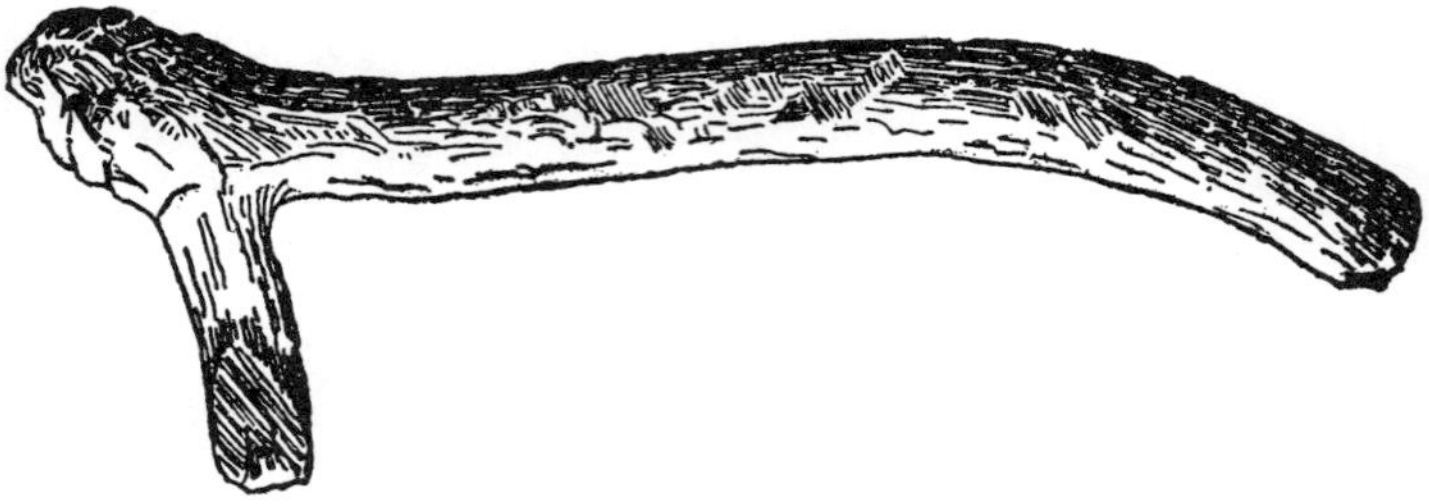

図５　トナカイ角製の「リュンビュー式斧」（ホルスタイン出土、S=1/4）

上記した様々な共同体は、森林に覆われた土地に住んでいた。それにもかかわらず、どの共同体にも、専用の木工道具に工夫を凝らして森林環境を支配しようと不断の努力を重ねた形跡がない。これと反対に、北欧の森林性平原に住む諸集団は、木工用の手斧《ちょうな》と斧を発達させていた。環境への適応という点を強調すれば、これら諸集団をまとめて「森林種族」としてよいだろう。その先祖は先ボレアル期の末期までに、はるか北方のユトランド半島まで進出していた。この北方入植の先駆者は、一九三六年までは**遊離資料***として発見される「リュンビュー式斧」によって知られるにすぎなかった。それはトナカイの眉枝角を細工して、斧ないし手斧の刃部を成形するか、フリントの石刃を差し込むソケットを成形したものである（図5）。しかし切断作業には不向きなので、棍棒として使用されたに違いない。一九三六年に、ハンブルク付近のシュテルモール遺跡（ドイツ）において、浅い湖沼の土手からリュンビュー式斧を使用したトナカイ狩猟民の野営地が発見され、アーレンスブルク文化の内容が明らかになった。トナカイは、石製の**有溝研磨器***（例―図113―3）で整えた木製の矢柄に不整形のフリント製有茎尖頭器を装着した道具で仕留められた。魚などの獲物は、トナカイの角を粗削りした細長い断片で作った逆刺《かえり》付銛で突いて捕らえた。

トナカイの頭骨は柱の上に乗せて、トーテムポールのように岸辺に立てられた。

シュテルモール遺跡こそ、アーレンスブルク文化の狩猟民が夏と秋をすごした一時的な野営地であり、冬になるともっと南に退却したのだろう。かれらの先祖は東方グラヴェット文化人に求められるに違いない。事実、「リュンビュー式斧」が後期更新世のモラヴィア[5]・ハンガリー・ルーマニアで使用されていた。同じ頃、南ロシアではフリント製の石斧がすでに使われていた。

だがアーレンスブルク族《フォーク》は、後に有効な木工装備を発達させる森林諸部族の直系の先祖ではないし、唯一の先祖でもなかった。森林諸部族の先祖は、スカボローに近いヨークシャー州の**スター・カー遺跡***〔イギリス〕において、きわめて明瞭に確認できる。そこでは紀元前七五〇〇年頃（放射性炭素年代法による推定年代）の先ボレアル期に、いまは消滅した湖の土手で、四「世帯」からなる狩猟漁撈《ぎょろう》民の小集団《バンド》が冬をすごしていた。かれらは、湖に向かって傾斜する樺の幹を足場にして魚を捕らえた。またトランシェ技法（すなわちフリントの長軸に対して先端部を含めて斜めに加える打撃法）により刃部を作り出した打製フリント石斧で木を伐採した。現にこうした石斧と、斧の刃部を再生させる際に生じる剝片とが、丸太材の間から発見されている。

ヘラジカ・赤鹿・野牛などの狩猟動物と鳥類は、幾何学形細石器を装着した矢か投槍で捕殺し、魚は魚扠《やす》で仕留めた。一般に銛と呼ばれている逆刺付きの魚扠の先端部は、オーリニャック文化から受け継いだ擦切技法により、牡鹿の角から巧みに削り取った細長い断片から作り出した。しかしその形状は、ボレアル期における典型的な**マグレモーゼ文化***の骨製尖頭器の先駆けを思わせる。この狩猟民は、偽装狩猟の助けにするためか、あるいは魔術的儀式により豊猟を確実にするために、牡鹿の頭骨から切り離した角を額飾りにしていた。森林種族の同類たちは、北海陸地の全域に広がっていたに違いない。おそらくもっと東方まで広がっていただろうが、その拡散を直接に証明できるのは、特徴的なフリント石器があるデンマークだけである。

森林種族は、ボレアル期までには確実に、イングランド南部からフィンランドに及ぶ、当時なお陸続きだった北ヨーロッパ平原の全域に広がっていた。そして、湖沼や河川で途切れるほかは大地を覆い尽くす松林の環境に、実にうまく適応していた。広域に散在する諸集団が、遠出の狩猟の際に接触することも時々はあったが、河川や

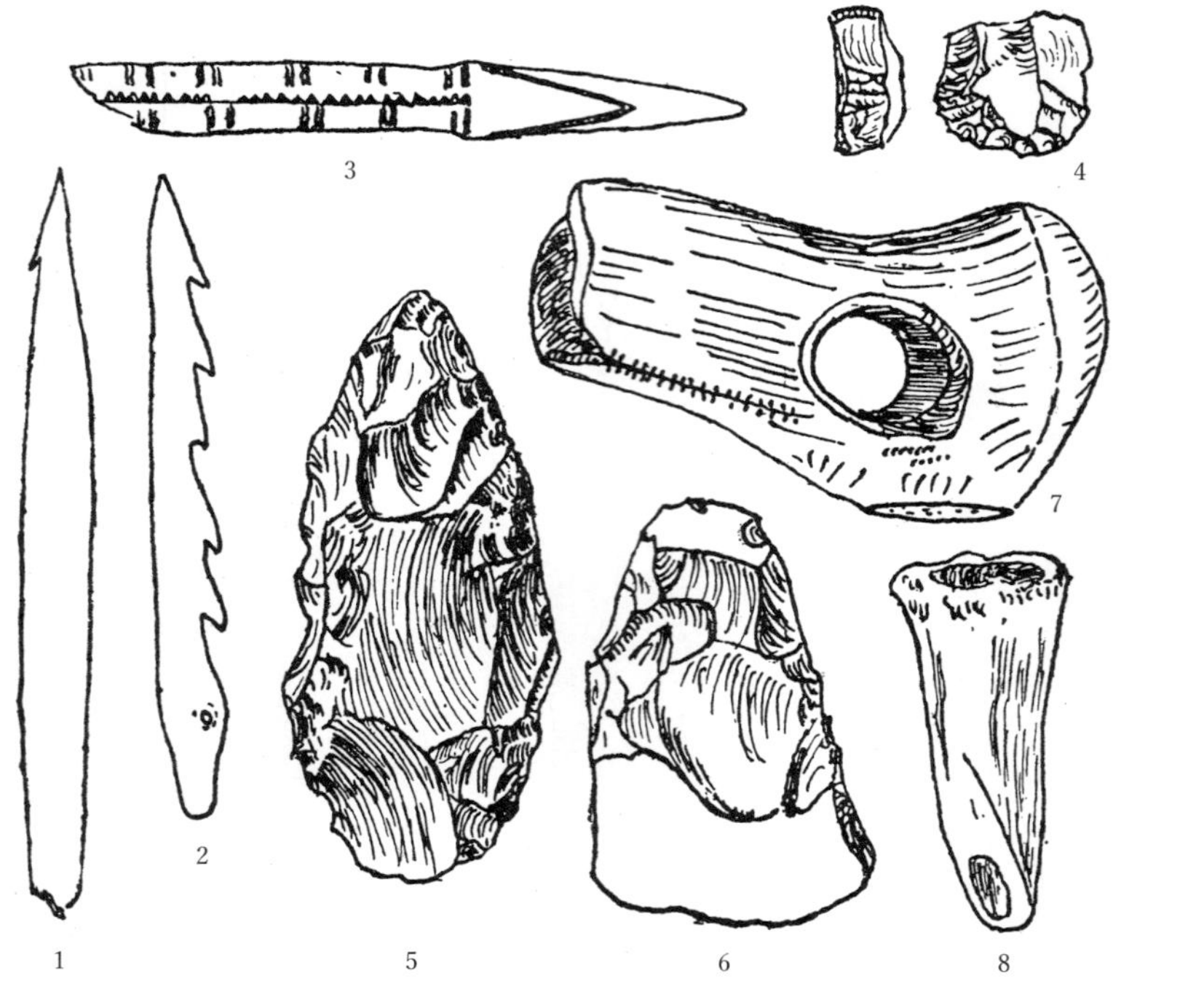


図６　シェラン島出土のマグレモーゼ式の道具（4：S=2/3、5・6：S=4/5、他は S=1/2）

湖沼での漁撈により恒久的な居住が促進された結果、住む土地ごとに異なる状況に応じた装備がすでに分化しつつあった。イングランド・デンマーク・北ドイツ・バルト海東沿岸部（クンダ）において、そしてたぶんノルウェー沿岸部でも、広域に連なる諸集団の内部に地方色や地方文化を認めうる。シェラン島のモレルップ付近にあるマグレモーゼ遺跡（デンマーク）などの典型的な遺跡には、当時の実態を十分に復元しうる資料があり、それらはいくらか変更すれば他地方の文化にも当てはまる。

　これらの遺跡は夏の野営地であり、冬になると水没したので、そのつど鳥獣の狩猟や漁撈や堅果採集のために修復した。食糧を入手するために、きわめて有効な装備を考案したり、それらを万全なものにした。狩猟具としては、腱で補強した楡製の弓を用いて、幾何学形細石器を矢柄の溝に装着するか樺の樹脂で固着しただけの矢を射た。また、彫り込んだ溝に小さなフリントを装着する骨製尖頭器（図6－3）や、叩打穿孔した扁球状ないし有棘状の石製頭部をもつ棍棒も使用した。漁具はもっと特殊化していた。たとえば、魚扠の骨製刺突部は何種類かの逆刺をそなえ（図6－1・2／図105・106参照）、骨製の釣針や松皮の浮きの付くシナノキ靭皮《じんぴ》製の漁網、工夫を凝らした枝編み細工の魚籠（筌《うけ》）もあった。毛皮の損傷を最小限にとどめて動物を殺すために、円錐形の木鏃が使用された。これはバルト海東部では骨鏃に変えられた（図105）。また鹿角製鶴嘴が砕氷用に特殊化した。網細工用に骨針が作られ、骨の断切用にフリント彫器が、皮革の鞣《なめ》し用に円盤状の小型**搔器***（図6－4）が、ものを切るために割断した猪牙が作られた。木工具としては、鹿角製鑿《のみ》、大型獣の髄骨製の袋状鑿（図6－8）、鹿角製有孔手斧、フリント石核製の斧（図6－5）があった。穿孔した鹿角製雇柄（図6－7）にフリント剥片を装着した手斧（図6－6）もまれにあった。フリントが稀少なバルト海東部では、鹿角製道具と同様に、研磨により刃部を鋭くした礫を手斧の刃部にした。イングランドでは剥片製の石斧はまだ知られていなかった。

コミュニケーションを維持するには、舟で水行するのがもっとも手軽だった。小舟は残存していないが、たぶん革製だった。ただし舟を漕ぐ櫂《かい》は残存例がある。バルト海東部では、冬季の雪上輸送に橇《そり》が利用された。[6] 狼の特徴を残す犬が全域で飼い馴らされていた。現在の橇犬の先祖かもしれない。琥珀《こはく》の帯電性が、魔力としてすでに認識されており、そのためデンマークでは採集されていた。骨器を幾何学文様で飾って美的な満足を得ていた。そうした文様はおおむね、いわゆる錐《きり》揉み法による列点で輪郭が描かれた。

ウラル地方の泥炭地の時期不明層から、マグレモーゼ文化の骨器とまさに瓜二つの遺物が出土している。とはいえこれらの遺物は、マグレモーゼ文化が東方起源である証拠にはほとんど使えない。たとえばアレクサンドル・ブリューソフは、バルト地方の集団とウラル地方の集団がどちらも南方に共通の起源をもつと考えれば、両者の符合をうまく説明できるだろうと示唆している。[7] マグモレーゼ文化は東方へ拡散した蓋然性の方が高そうで

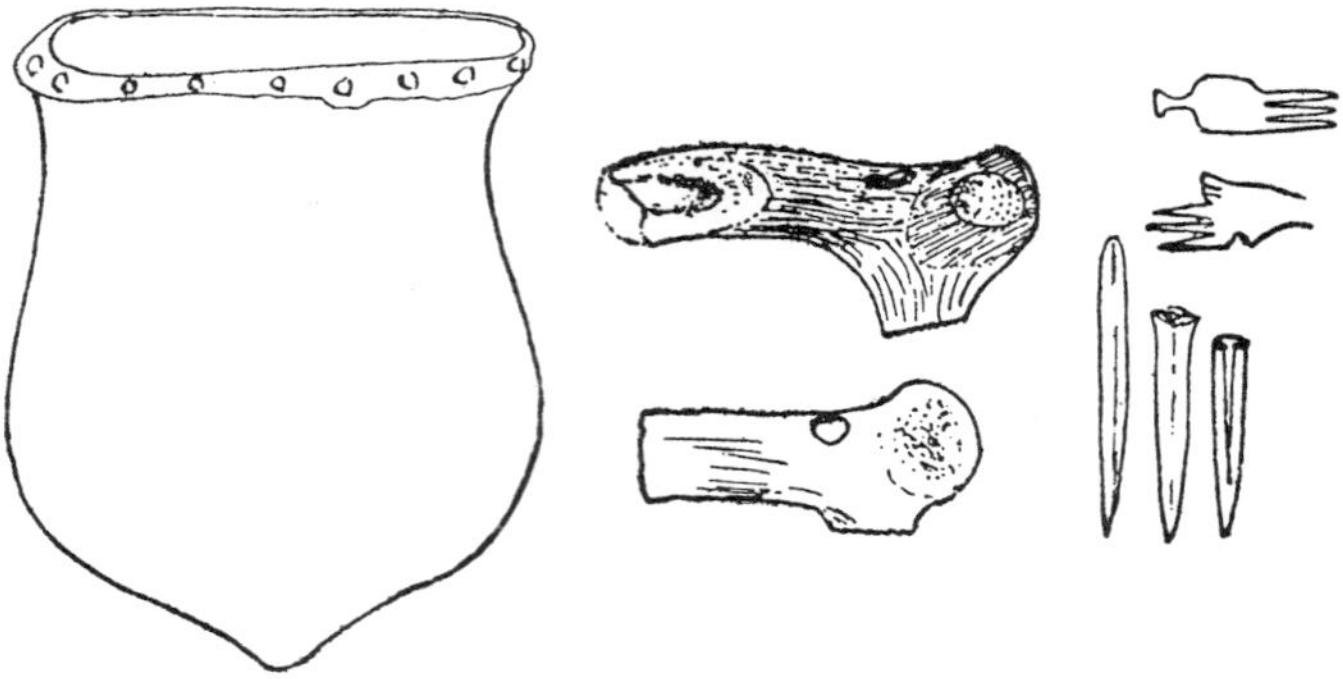

図７　エルテベレ文化の深鉢・鹿角斧・骨製櫛（デンマーク出土、S=1/6）

ある。なぜならこの文化は、北海陸地の先ボレアル期の諸文化が自然発展を遂げたものだからだ。だとすれば、ノルウェー沿岸部の高まった浜辺で出土する石器の組合せ（直剪斧を含む）で示されるコムサ文化とフォスナ文化も、北海陸地から一斉に海岸沿いに拡散した結果に違いない。

　アトランティック期に先触れを見せた海進は、森林諸文化の一様性を崩し、特定の諸集団に新たな好機をもたらした。浅瀬での牡蠣《かき》の豊漁がアザラシ猟や海釣りと結びつき、そのおかげで、デンマークと南スウェーデンの海岸沿いの雨風にさらされない場所に共同体が定住できるようになった。**エルテベレ文化***は、この好機にうまく適応した代表例である。この文化の遺跡を特徴づけるのが、貝殻の巨大な堆積（長さ九〇メートル・幅三〇メートルもあろうか）、つまり定住性を強めた人間集団の廃棄物である。上質のフリントがごろごろと露出していたので、重厚な道具の製作において、それまでの骨に代えてフリントがますます多く使われるようになった。フリント剥片を用いた石斧が鶴嘴よりも好まれた。緑色岩製の太形石斧は、それ以前のバルト海東部と同様に磨製の場合もあった。ただし、有孔鹿角斧[8]（もはや手斧ではない）や斧頭をはめ込む雇柄も作られ続けた。**直剪鏃**《ちょくせんぞく》*が唯一の細石器だった。魚は銛ではなく釣りで捕らえた。定住生活を通じて、尖底の深鉢と脂肪を燃やすランプとおぼしき容器の製作が可能になった。骨製の櫛と腕飾《アームレット》は装身具への嗜好を示す。死者は貝塚内に伸展葬で葬られ(9)、副葬品をもたないのが普通だった。樺皮の布で包んで棺台に横たえられることもあった。一例だが、明らかな火葬例もある。他方で、猟獣とまったく同じように砕かれた人骨があり、食人風習の恰好の証拠を提供している。

いまや土器の地方的発明を頭から否定できないし、磨製手斧はすでにボレアル期に製作されていた（一三頁）。したがって、上記したエルテベレ文化は、湖畔の野営地で暮らす典型的なマグレモーゼ文化の自発的順応とは見なせないにしても、ボレアル期の在地文化（少なくとも、現在は海面下にある北海陸地の沿岸部で発達を遂げたと仮定される この在地文化の一派）の自発的順応と見なせるかもしれない。ところが一九五三年に、ヨルゲン・トロエル＝スミスは次のような事実を示した。それは、家畜化された牛および羊ないし山羊の骨と、裸麦・エンマー小麦・六倍体小麦の圧痕をもつ土器片とが、デンマークにあるエルテベレ文化の複数の貝塚で出土するという事実である。花粉分析によると、それらの貝塚はアトランティック期の年代を示しており、近隣にはすでに栽培に伴う野草が生い茂っていた。したがって、エルテベレ族の一部は単なる食糧採集民ではなく、土地を耕し家畜を飼う農民であった。家畜は自由に草を食《は》むのでなく、綱につながれ小屋で飼われていた。そのうえ、最古の「新石器文化」の土器（カール・ベッカーのいう漏斗杯A式）は、「中石器文化」の粗末な甕や容器と同じ技術で作られているし、同じ遺跡で両者が発見されているのである。

デンマークには、飼い馴らす野生の羊や山羊もいなければ、栽培する野生の穀物もなかったので、当時すでに新石器農民がデンマークに滲透していたことを認めなければならない。家畜と穀物の来し方は明らかに南東を向いており、その伝播の様相は後章の主要なテーマになる。一方、北海とバルト海の周辺では、旧来の採集経済が純粋な形で継続している姿をたどりうる。

このように沿岸部の住民が新たな環境を活用する一方で、ノルウェー・スウェーデン中部・バルト海東部に住む共同体は、そしてユトランド半島やシュレスヴィヒ＝ホルシュタイン地域の内陸部に住む共同体さえも、ボレアル期の生活様式を律儀に続け、旧来の装備のほとんど（とくに銛やユトランド半島のグデナ文化では幾何学形細石器）がアトランティック期のほぼ全期間にわたって維持された。スウェーデン南部とポーランド[10]で採集される幾何学形細石器を見るに、南方と東方でも同様に、ボレアル期の生活様式が残存していたことが推測できよう。西方では、テムズ川の河口にあるハルストウ下層文化が、植物相から見てアトランティック期に比定される。剥片石斧があるので、その中石器文化的な様相においてデンマークのエルテベレ文化に比肩する。石核斧と多数の細石器を特徴とするイングランド南部のホーシャム文化は、剥片石斧を欠き細石器が古風なので、エルテベレ文化より古いかもしれないが、部分的に併行するはずである。スコットランドでは、アトランティック期のスターリングのフォース河口で、一点の鹿角斧が座礁した鯨と一緒に発見されている。また、もっと西方のオバニアン文化の遺跡から出土する同様の道具は、エルテベレ文化の伝統をよく示している。新石器文化の移住農民によって塗り替えられたり変容させられてしまう前に、アトランティック期の森林文化が南西方面にどこまで広がっていたのか、まだ確定できていない。かつては中石器文化の明白な根拠地と見なされていた、セーヌ川下流の名高いカンピニー遺跡は、いまでは紛うことなき西方新石器文化の農民の丘頂集落だと判明している（三八二〜三八三頁）。

上記した中石器の諸文化は、マンモス狩りの輝かしい日々からずっと、ヨーロッパの大部分の地域に人びとが居住し続けていたことを、そして散在していたが活力に溢れた諸集団が、穀物と家畜を導入して食糧供給が増大した時に、人口を殖《ふ》やせたことを証明している。しかもかれらには、類似環境に適応しなければならなかった後代の諸文化のために、積極的な貢献を果たした功績もあるだろう。もっとも顕著な貢献は、森林種族が居住地の天然資源を利用する装置を万全なものにしたことである。その装置の品目は、環境が変わらなかった地域では現在まで残っている。ボレアル期に考案されたものと構造的に同じ筌と魚扠を、バルト海周辺の漁師がいまなお使っている。これは約八〇〇〇年にわたって製作技術の伝統が在地で持続した顕著な一例である。また樺の樹脂の加工法を発見したが、当地の農民は現在も同じものを使っている。森林種族は効率的な木工道具の一式を完成させた。とりわけ、フリント製で両面に剥離を施した斧状石器に対して横方向からの打撃で刃を付ける巧妙なトランシェ技法を完成させた。トランシェ技法は確かにイタリア・エジプト・パレスティナ・ソロモン諸島でも用いられていた。しかし、だからといってこの技法が、北欧からこれらの諸地域に伝播したことにはならない。実際、前期旧石器時代の**アシュール文化***後期の鉈状石器《クリーヴァー》や、最終氷期にまれに見られるムスティエ文化の切断具にも、この技法の先触れが認められる。スウィデリアン文化人・アジール文化人・アストゥリアス文化人が、そして本章でタルドノア文化人と名づけた多様な集団が成し遂げた積極的な貢献については、十分な証拠がないのだが、あながち無視できないことも確かである。しかし、温暖なヨーロッパのいかなる食糧採集民も、自力で食糧生産者に変われなかった。史上最古の文明の中心地からも、野生の穀物および羊の原生地からも、はるか遠く隔たったヨーロッパの諸地域において、中石器文化がすこぶる豊かに展開したことに、意義があるのではないだろうか。新石器文化の人間集団のどの部分を中石器文化の種族が形成したにせよ、新たな経済の基礎となった羊の群れや穀物の種子は、風や部族間の物々交換で運ばれてきたのではない。実際に移住してきた羊飼いや耕作者によってもたらされたのである。

*Chapter*
**II**

# THE ORIENT AND CRETE

# 第 2 章

# オリエントとクレタ島

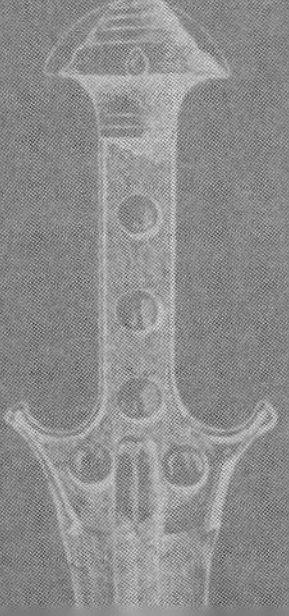

北アフリカと近東の現在では乾燥化している地帯は、北欧がツンドラや氷床だった頃には大草原だった。西南アジアの高地性ステップには、後に栽培を通じて大麦と小麦になる野草が生い茂っていた。一粒小麦の祖先はバルカン南部からアルメリアにかけて、野生のエンマー小麦はパレスティナからイランにかけて生えていた。また、家畜化に適した羊と牛がうろつき回っていた。このような環境下で人間社会は、周囲の自然に積極的な姿勢をとることに成功し、有機的な世界の積極利用へと進んだ。

クルディスタンの**ジャルモ遺跡***では、丘頂の小村落の住民が早くも紀元前四七五〇年に、すでに栽培化の影響をいくらか示すエンマー小麦と大麦を耕作していた。かつて中石器文化のナトゥフ文化人が一年生の穀草を刈り入れていたパレスティナにおいて、農耕は**イェリコ遺跡***で紀元前六〇〇〇年よりも前に始まったようだ。しかしジャルモ遺跡でもイェリコ遺跡でも、最初期の農民は土器を作らなかった。

畜産と穀物栽培は、外部環境への依存から人間を解放する革命的な一歩だった。そのおかげで人間は、食糧供給をかなりの程度までコントロールできるようになった。その結果、自然環境から得られる野生の果物や動物によって課されていた厳しい制約を乗り越えて、人口増が可能になり、実際に増大した。まさにこの状況ゆえに、人口増は変革者自身（すなわち原始的な半定住農民）の拡大につながった。またかれらは、第二次革命（都市革命）を通じて、革命の産物である工人・交易者・神官・王・役人・兵士といった都市住民のために余剰食糧を生産する定住農民に変えられていった。

第二次革命は、まずナイル川・ユーフラテス川・インダス川の流域で成し遂げられた。それらの地域では、灌漑耕作を通じて、文字文明の上部構造全体を支えるに足る莫大な余剰が生み出された。考古学と文献史学が明らかにしたところによると、メソポタミアとエジプトではすでに紀元前三〇〇〇年には、広大な都市に人びとが集住していた。そうした都市は、たとえば**ウルク***〔イラク〕のように五平方キロに達したであろう。都市には第二次産業と交易業があったので、農村の余剰人口の捌《は》け口になっていた。

拙著『最古の東方の新見解』〔一九三四年／邦訳『アジヤの古代文明』伊藤書店、一九四四年〕では、オリエント史における先史的背景の概要をある程度詳しく描き出してみた。また拙著では、第二次革命に先行する第一次革命〔新石器革命〕がいかにして必然的に拡散したのか、そして人口と富を抱える新たな都市センターにおいて増大する需要が、第二次革命の基礎である技術工芸およびそれを支えた経済の波及を、どのように必然的に伴ったかを示そうとした。次世代のために食糧を確保するもっとも簡単な方法は、新しい土地を耕作し、新たな牧草地を加えることだった。それは入植の絶えざる拡大と農村の漸進的な増加を意味していた。ただし、エジプトとメソポタミアの都市に蓄積された余剰は、遠征交易を振興する資本として役立った。このように創設された村落は、遠征交易を通じて余剰の分け前を手にし、さらにこの分け前を第二次産業の発展に使うことができた。文明社会の有効需要を満たすことで余剰の分け前を手に入れるべく、アナトリアとシリアの村落は、余剰農産物を生み出して製造業者と交易者を扶養する町へと、変わるべくして変わっていった。このようにして都市化を遂げた村落は、必然的に需要と伝播の二次センターになった。こうしたセンターは、必然的に一次センターと同様の波及を反復して三次センターを生み出し、余剰と需要をめぐる運動が進行していった。したがって、エジプト・メソポタミア・インドの主要都市の周囲に、空間のみならず時間と文化水準の点でも地域的に区分された、都市ないし半都市の共同体のヒエラルキーが存在したことを予想すべきである。先史時代のヨーロッパにおいて、このような予想を確証できるのは、一体どれほど先のことであろうか。

農耕はもちろん西南アジアで始まったに違いない。しかし、当地で生まれた農耕の初期の伝播をたどる際には、最古の農民がかならずしも土器製作者ではなかったことを念頭におかなければならない。ヨーロッパに到達して入植した最初の農民は、その経路を示す土器片の足跡を残さなかったかもしれないのだ。その経路はかならずしも陸路ではなかった。レヴァントの海岸沿いの漁撈集団は、穀物栽培と畜産によって漁獲物を補う術《すべ》を熟知していたかもしれない。こうした初期の食糧生産者は、新たな土地にやむなく入植する場合には、舟にしっかり習熟し、そして魅惑的な地中海を櫂か帆で航行して次の陸地へと向かい、これを順次繰り返した可能性が高い。

雄大なクレタ島には、その地理的位置と、風と潮流がもたらす格別な恩恵とのおかげで、ナイル川からも、シリアからも、アナトリアからも、そしてギリシア半島からも容易にアクセスできる。クレタ島の肥沃な低地部は、農民と果樹栽培者の生活を保証した。島の資源である木材や銅などの原材料は、第二次産業の需要を満たしえた。島の天然港は漁撈民の拠点であっただけでなく、同島の産物を都市センターに輸送し、帰路では旧来の都市の製品と技術知識を持ち帰る商人の港でもあった。

クレタ島の中部にある**クノッソス遺跡***は、ミノア文明が最初に確認された場所である。本遺跡のミノア文化期最古層の下から出土した新石器村落の廃墟は、高さ六・五メートルの**テル***を形成していた。ただし、試掘坑による調査だったために、新石器文化についてごくわずかしか明らかにならなかった。形式的にいえば、礫を研磨して太形の石斧と石鑿を作っている点では新石器文化である。とはいえ、ミロス島とヤリ島から黒曜石を輸入しており、農民は少しも自給自足していなかった。実際、銅製の扁平斧が石斧と一緒に住居の床面から発見されているので、新しい時期の層に新石器文化という用語を使うのは形式的にも正しくない。また、石を穿孔して扁球形や洋梨形の棍棒頭《メイスヘッド》を製作したり、石を加工して飾りボタンや広口壺さえ製作していた。最新期の家屋は、据付炉と支壁用の礎石をそなえる小室の集合体であった。

土器は手作りだが良質であり、**還元焔***で焼成するか**酸化焔***で焼成するかによって、器面が灰黒色か赤褐色に自然発色した。器面は艶《つや》を出すためにしばしば磨かれた。装飾的な波打ち状凹凸を出すために磨かれることもあった。器形は原始的とはいえないものだった。広口壺には実用の把手（松葉形・鼻梁形・帯状鍔形）のほかに、簡素なラッパ状突起をそなえるものがあった。短い注口部をもつ広口壺もあり、たいていは平底だった。半中空の長い脚部をもつ杯《ゴブレット》や中空の台脚をそなえる果物台は、当該期が終わる前に登場したようである。新石器時代のエジプトや西ヨーロッパと同様に、土製柄杓も普及していた。中期新石器時代の土器には、ポルトガルやブリテン島に見られるように、棒状の縁部をもつものもあった。陶工は土器を沈線文様で施文した。そうした文様には、刺突文を充塡する三角文や帯状文があった。クレタ島の内陸山間部にあるトラペザ洞窟で見つかった、新石器時代からミノア文化期への移行期の土器には、広口壺の縁部に図式化した人面表現が作り出されている。

農民は豊穣儀礼のために、粘土を造形したり軟石を彫ったりして、すこぶる様式化した「地母神」の座像や蹲《そん》踞《きょ》像をこしらえた（図8）。また護符として、垂下孔のあるミニチュア石斧（斧形護符）を身にまとった。埋葬用に洞窟を利用したが、納骨所としてではなく個人の埋葬用に使っていた。

旧石器時代の食糧採集民はクレタ島に遺物を残さなかった。だから、クレタ島の最古の農民は、新石器文化の装備を携えた移民だったと考えてよい。「新石器時代のクレタ島は、広大なアナトリアから島々に向かった分派と見なしてよい」。そう**アーサー・エヴァンズ***は書いている。エヴァンズによる図には、クレタ島の蹲踞小像に関連のあるアジアの事例が多数示されている（図8）。把手と注口部をもつ地色の土器は、アナトリアの土器に一般的な特徴をそなえ、精製の灰色土器は、メギドの丘（イスラエル）の「**銅石時代***の層」やアジアの多くのテルの最下層から出土する土器に併行させうる。棍棒頭もアジアの系譜に属するが、斧形護符と同様に、下エジプトのメリムデにある新石器村落でも認められる。この村落では太形斧と土製柄杓も出土している。しかし、刺突文を施す帯状装飾や台脚杯はバルカンにも類品があり（一一四頁）、松葉形把手はマケドニアの青銅器時代の典型的特徴である。他方でトラペザ式土器は、バルカンやアペニン地方（イタリア）の器面をいっそう強く想起させる。

クレタ島の「新石器」期は、「この粗野な島の文化に滲透して」ミノア文明へと「変容させた」「ナイル川流域

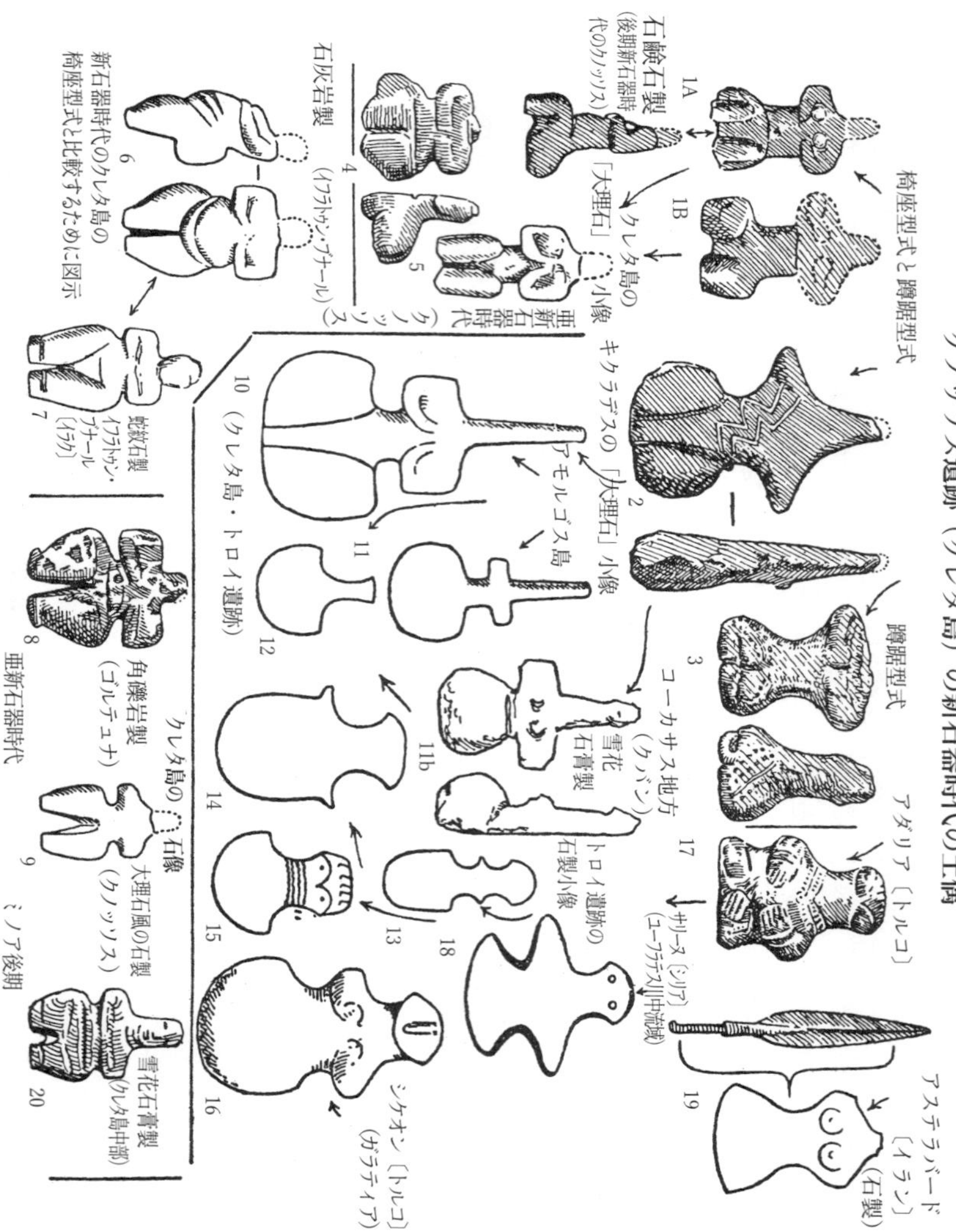


図8　クレタ島出土の新石器時代の小像とその関連品〔エヴァンズによる〕

からの急迫的な刺激」によって終わりを告げた。そうエヴァンズはいう。つまりエヴァンズは、先王朝時代のエジプト人、おそらくは**メネス王***の征服によって生じたナイル川デルタ地帯からの避難民が、クレタ島に移住してきたのではないかと推定するのである。少なくとも、アフリカに面するクレタ島南部の広大なメサラ平原では、ミノア文化がその深奥の部分でナイル川流域に深い影響を受けていたことが明らかにされている。ミノア前期の石製容器の器形、宝石細工の精巧な技術、多様な石材の美的選択などは、まさしくエジプト先王朝時代の伝統を継承していた。それにとどまらず、シストラムという楽器を使用したり、脚部やミイラや猿の形状を呈する護符を身に帯びたり、ゲルゼー文化の「ブロック像」に由来することが明白な小像が存在するといったように、ナイル川流域の宗教的習俗も認められる。そしてまた、エジプト風の形状の毛抜きや初期の**室墓***から出土する石製の化粧薬パレットなどから判明する個人的な習慣、もっと後になるとペニスケースや腰布などの衣装の細部にも、エジプト的なものがある。これらは、外的な通商関係よりも深い関係を示している。

　同時にまた、クレタ島の「新石器」文明と「金属器時代」を分かつ新機軸のなかにさえ、いっそう露骨にアジア的な特徴を見つけ出せる。それらのあるものは、エジプトを経由してクレタ島に搬入されたのかもしれない。たとえば石塊容器（隅を穿孔した平行六面体の石材を深く抉《えぐ》って複数の区画に仕切った顔料入れ）は、メサラ平原でとりわけ好まれたが、これは初期王朝時代のエジプトやシュメールにおいて普通に見られるものである。ただし、ミノアの冶金術は全面的にアジアの伝統に基づいていた。たとえば銅器工人は、メソポタミアの方式で柄孔を頭部に空けた斧頭を鋳造した。また芸術家は、花形《ロゼット》文様や同種の図柄をエジプト風にではなくアジア風にあしらった。ミノア式土器でもっとも印象的な器形、すなわち筒状の頸部と紐通し穴の付いた蓋をもつピュクシス、頸部を斜めに裁断した水差し、片口の水瓶といった器形は、アフリカではなくアナトリアに類品がある。奇妙な注口部をもつ「茶瓶」（図9）は、把手のない類品が、はるか遠方のダームガーン付近のテペ・ヒッサール遺跡[11]（イラン）に、さらにはトルキスタンの**アナウ遺跡***にさえ認められる。ミノア式土器を特徴づける施釉彩色技法は、それ以

暗色に施釉された器面に白く縁取りした赤色の縦縞模様を施す

図９　ミノア前Ⅲ期の「茶瓶」と押捺印章［エヴァンズによる］

前に北シリアのテル・ハラフ遺跡の陶工が採用していた。だとすると、テル・ハラフ遺跡の護符はクレタ島の双頭斧祭儀の前兆だということになる。形象護符と対照的な刻文ビーズと押捺印章は、北シリアからイランにかけて非常に古くに見られた習俗であり、後にクレタ島とエジプトに導入された。

　さて次に、ミノアに都市を築くにあたって、アナトリアもしくはシリアから新たにやって来た入植者（商人や工人）が、エジプトからの避難民とどれくらい行動をともにしたかという問題を取り上げよう。ミノア文明はアジアやアフリカから既製の文明がもたらされたものではなく、在地で独自に創造された。在地でシュメールとエジプトの技術および思想が混淆して、本質的にまったくヨーロッパ的な新文明が形成されたのである。先述したように、明らかにナイル川流域やオリエントに由来する要素は、クレタ島の新石器文化に付け加わったものである。こうした要素は、紀元前三〇〇〇年頃にナイル川とユーフラテス川の流域に発生した巨大な消費センターにおいて蓄積された資本に支えられつつ、この島の経済が変容した具体的な表れと見てよいだろう。クレタ島の農民の子孫は、要求を満たすべく交易と産業に生業の道を見出したのだろう。その結果、自給自足の村落は商業都市になった。

　アーサー・エヴァンズ卿は、クノッソス遺跡のもっとも遺存状況のよい層序をもとに、クレタ島の青銅器時代を名高い「ミノアの九期」に細別した。そして、文字を有する諸文明のセンターとの交渉の濃淡を手がかりにして、各期に**絶対年代**＊＊をあてがった。エヴァンズの編年図式は、公表されてから五五年を経た現在、若干の訂正を要する。まず第一に、エジプトとメソポタミアの年代が当時よりも引き下げられている。第二に、エヴァンズの細別案は、主にクノッソス遺跡で観察される土器様式の順序に基づくが、後にこの順序は、抜本的な修正なしにクレタ島の他地域に適用できないことが判明した。エヴァンズのミノア後II期だとされる土器芸術は、クノッソス遺跡でのみ流行を博した「王宮様式《パレス・スタイル》」であった。同じことはそれ以前にも起きていた。クレタ島東部では中II期に限定される極薄の精製多彩色土器が出土しないため、当該期の同地はあたかも無人であるかのように考えられたこともあった。しかし実際には、この様式の土器も、クレタ島中部のクノッソス宮殿とファイストス宮殿に限定されたものであった。メサラ平原においてさえ、そしてクレタ島東部ではなおのこと、中I期の土器様式が紀元前一七九〇年という遅い時期に依然として流行していた。しかもクノッソス遺跡では、後世の建築による地均《なら》しのせいでミノア前期の残りが悪かった。そのためエヴァンズの記述は、クレタ島東部とメサラ平原から出土した資料に関する大量の報告文で補塡しなければならなかった。しかし、前期のミノア文化は決して均一ではなかった。だから、局地的な様式を用いて編年の時期を代表させてしまうと、編年の継起連続を膨脹させてしまう危険性があるのだ。そして第三に、年代が判明する実際の製品交換に基づいて同時代の併行関係が決められているのだが、信頼できる最古の併行関係が、紀元前一八五〇年頃の年代を確実に示す中王国時代のエジプトで出土する中II期の広口壺によって与えられていることである。エジプトでも近東でも、ミノア前期からの輸入品が年代の分かる状況で見つかった事例はない。ところがエジプトの製品は、古王国時代のものが、それどころか先王朝時代のものさえ、クレタ島に輸入されていた。けれども、それらが閉じた未攪乱層《みかくらん》から出土した事例はほとんどないのだ。後期新石器時代の**一括埋納**＊＊で出土した一個のエジプトの甕は、**ジョージ・ライスナー**＊の考えでは第一王朝期以降のものである。その考えが正しいとすると、第一王朝の開幕に紀元前二八三〇年の年代が与えられようと、紀元前三一八八年の年代が与えられようと、ミノア前I期はそれより後に始まったに違いない。しかし

〔ミノア文化の編年体系〕

| 時期 | 細分時期 | | 絶対年代（紀元前） |
|---|---|---|---|
| | クノッソス | クレタ島東部 | |
| ミノア前期 | 前I期 | | |
| | 前II期 | | |
| | 前III期 | 前III期？ | 2000？ |
| ミノア中期 | 中I期 | | 1850 |
| | 中II期 | 中I期 | |
| | 中III期 | 中III期 | 1700 |
| ミノア後期 | 後I期 | | 1550 |
| | | 後I期 | |
| | 後II期[12] | | 1450 |
| | 後III期（A） | 後III期（A） | 1400 |
| | 後III期（B） | | 1300 |
| | 後III期（C） | | 1200 |

ながら、これ以外の輸入土器で、前I期にかかわる状況で出土したものは、約四〇〇年後の第三王朝期より新しいものではありえない。このほかのエジプトからの輸入品を見ると、メサラ平原とクレタ島東部における前III期と紀元前二〇〇〇年頃の第一二王朝期の勃興とが年代的な重なりを暗示している。かくして、上掲の編年体系を手にすることができる。

ミノア文明の実像をわずか数頁で十分に呼び覚ますなど、無理な試みである。経済発展の概要を述べ、相互比較の目的にかかわる工芸品にいくらか言及することで、満足しなければならない。

新石器時代と同様に、ミノアの経済の基礎は漁撈、牛・山羊・豚の飼育、そしてオリーブなどの果物を伴う穀物（種類不詳）栽培であった。なお、羊の飼育は骨学的に見てミノア後期まで証明できない。しかし当時すでに、貴金属工人・銅器工人・宝石工人などの専業工人が、農民の余剰生産に支えられていたに違いない。したがって、ミノア前期の街区は十分に発掘されていないものの、小村落のほかに、それより大規模な人口の集中地があったはずである。クレタ島東部のヴァシリキ遺跡とクノッソス遺跡の宮殿下を探測したところ、アナトリアやギリシア本土の同時代の町と同様に、礎石の上に煉瓦と木材で建てた長方形家屋の複合体があったことを示唆する結果が得られている。しかし、ミノア中Ⅰ期という遅い時期になっても、村落というより大農場を思わせる孤立した家屋複合体に住む農民を見出せる。当該期のチャマイジ遺跡の住居は、二〇×一二メートルの楕円形の囲壁地であり、内部は放射状に延びる壁で一一区画に仕切られている。それは鉄器時代のブリテン島西部の中庭付家屋や放射壁住居《ホイールハウス》に実によく似ているのだ。

同じ結論は墓からも引き出せるかもしれない。どの時期においても、ミノアの標準的な埋葬習俗は、何世代にもわたって家族や共同体の遺骸を納める集葬であった。この習俗は、エジプト・シュメール・アナトリア高原とは異質であるが、地中海の周囲一帯で広く認められ、「中石器」時代におけるパレスティナの穴居ナトゥフ文化人にまで遡る。ミノアの共同墓所では、骨は概してひどく乱雑な状態で横たわっている。もっと西方の集葬室墓でも観察される骸骨の乱れた状態は、これまで二次埋葬の証拠と見なされてきた。つまり、遺体は骨化するまで一時的な墓場に埋納されたのだろうとされてきた。しかし、ステファノス・クサントゥディデスが手がけたメサラ平原の埋葬の入念な研究により、骨の乱雑な状態は主に追葬時の攪乱のせいであり、新たな埋葬場所を設ける際に、先葬者をほとんど顧慮しなかったことが明らかにされた。一般に遺骸は、屈葬の姿勢で室墓の床面に安置された。墓には火熱の痕跡も認められる。そうした痕跡は骨にも確認されることがある。それは火葬の結果というよりも、共同墓所内で実施された儀礼や浄めの燔火の結果である。

共同墓所は天然の洞窟（ミノア前Ⅰ期〜中Ⅰ期）であったり、一室家屋を模した長方形の石室であったり、一般に**トロス***と呼ばれる環状に囲った石室であっただろう。メサラ平原のトロスは、内径が四・一〜一三メートルと一様でなく、巨大な**楣**《まぐさ》**石***を支える二本の直立巨石からなる低い玄門から内部に入る。小さな環状囲壁から内部に入るものも多い。囲壁は厚さ一・八〜二・五メートルである。墓室の壁は内側にせり出し、あたかも墓室全体が、図示したキクラデス諸島（ギリシア）の室墓（図25－1）に採用されている原理に基づき、持送《もちおくり》天井の屋根を形成しているかのようである。径九〜一二メートルの空間を擬似ドームで実際に覆えたとは、ほとんど信じられないが、もっと小さな墓室であれば、確かにトロス、すなわち「穹窿墓」の名に値する。クレタ島東部のクラシにある穹窿墓の初期の事例（径四・二メートル）では、キクラデスやアッティカ（ギリシア）の事例（六四頁・九〇頁）と同様に、入口の高さが五〇センチしかなく、しかも骨と供物が集積して完全に閉塞されているので、遺骸は天井部から運び入れたに違いない。この「入口」は実際には、エジプトの「マスタバ」やイギリスの長形墳の一部のように、まったく象徴的なものだったのだろう。

エヴァンズはクレタ島のトロスを、後代のリビアやヌビアの閉塞墓と比較した。他方で**マックス・マローワン***は、続いてハロルド・ピークも、ミノアのトロスの原型を、アッシリア地域のアルパチヤ遺跡（イラク）にある、少なくとも紀元前四千年紀まで遡るハラフ文化期（銅石時代）の町で発見された、明らかに埋葬用ではない用途不明の円形煉瓦構造物に見出そうとした。持ち送りの工夫は、近東では確かにその時期までにしっかり理解されていたが、第二ないし第三王朝期よりも前のエジプトでは、この工夫の存在が証明されていない。円形家屋の存在がファイストス出土の模型によって立証されているので、実際のところミノアのトロスは、同時代の長方形の共同墓所と同様に、生者の住居を恒久的な素材で模したものかもしれない。**スピリドン・マリナトス***は、トロスがキクラデスにも普及していること、キクラデス的な特徴をもつ土器と装飾品がクラシの初期トロスに潤沢にあること、そしてキクラデスの偶像がメサラ平原の室墓にさえ頻見することから、トロスという墓葬型式はキクラデス諸島からやって来た一族が導入したものかもしれない、という考えに傾いているようである。

クレタ島東部（たとえばモクロス遺跡）では、複数の**リネージ***がともに暮らした町に対応するかのように、家族墓がまとまって小さな墓地を構成していたのだろう。トロスは、あたかもその単位領域が単一の**クラン***ないしリネージに対応するかのように、孤立して存在することが多い。ただしメサラ平原では、複数の小墓地の存在が知られている。たとえば、トロス三基と長方形共同墓所一基からなるクマサ遺跡、トロス三基からなるプラタノス遺跡などである。このように墓が集合するのは、同じ村落に複数の親族集団が共存していたことを暗示する。ただし、ミノア中期以前の実際の集落が墓地の近隣で確認されたことはない。メサラ平原でもクラシでも、トロス内が埋葬で混雑してくると、本来の壮大な主室に付属する小室を築いて、追加の埋葬遺体を納めた。これはほぼミノア中期におこなわれた。そして中II期までに、クノッソス付近のマヴロ・スペレオ墓地で証明されたように、軟岩を掘り込んで、単一の小家族用に設計した墓室（短い**羨道**《せんどう》*か前室から入る不定形の墓室）を造る習俗が発達した。これに隣接する墓地では、最新期の埋葬のなかに火葬の事例が見られる。そして同じ時期に、一基の小トロスが山腹を掘り込んで築かれたようである。ミケーネ時代のギリシアと同様に、ミノア後期のクレタ島では、地下墓室が標準的な室墓形態になった。しかし、共同墓所に埋葬する習俗とは対照的に、墓地に群集する個人埋葬用の箱式小石室や陶棺や甕棺《ピトス》は、ミノア前期の終焉前にさえ共同埋葬の習俗と競合するようになり、それ以降は時期を追って着実に盛行していった。陶棺はメソポタミアとエジプトに古い類例があり、他方で甕棺はアナトリアとシリアに特有の葬送儀礼だった。

　ミノア前期には多様な埋葬習俗が共存していた。このことは、土器の流儀が多様であったことと同様に、融合して同質の文化をもつ単一の民族集団《ピープル》にまだなっていない別々の共同体が、クレタ島に入植していたことを示唆する。城砦《じょうさい》が発見されていないので、かれらは平和に共生していたようだ。また、金属器・石製容器・宝飾品・印章の型式が画一的である点から見て、かれらは単一の経済システム下の一員だったようだ。金・銀・鉛・黒曜石・大理石、そしておそらく琥珀（ポルティのトロスから出土している）といった外来の原料や、在地で模倣された石製容器や**ファイアンス***玉《ビーズ》などのエジプトおよびアジアの製品が、そしてたぶんキクラデスの小像も、この経済システムを通じて確保され流通した。工人は、自身の技能を象徴する場面を表す印章（ボタン形・ビーズ形・角柱形）を必要とした。ギリシア本土の港（アシネ遺跡など）に輸出する品々の荷包みに、商人がその印章で捺印したのである。しかし、文字で記載したり暗号を施したりといった正規の制度はまだ必要でなかったし、通信文や勘定書も公的に認可されていなかった。個人の財産が相当なものであったことは、副葬品がありありと示している。

図10　封泥に表されたミノアの「地母神」（中央）と「聖別の牛角」（左端）［エヴァンズによる］

だが、巨大な個人墓や宮殿があろうと、神殿があろうと、資本家的な人間もしくは神の手に富が集中していたことを示すものではない。祭儀は人里離れた聖所や洞穴でおこなわれた。祭儀の象徴的な物品として、キクラデスから輸入するかエジプト先王朝時代のブロック像を模倣した石製小像、アナトリアに見られるような男根像や「聖別の牛角」の模型、キクラデスやアッシリアに見られるような鳩形垂飾、銅製か鉛製の奉納用の双頭斧などがあった。これらはミノア後期に特徴的な儀礼用具の先駆けであるが、依然として家庭内崇拝に適した形状である。

　ミノア中期になると、クレタ島中部に住み政治的権威と宗教的権威を兼備する君主の手に、権力と富が集中し始めた。神殿と製造所と倉庫を兼ねた宮殿が、マリアやクノッソスなどの地に建設された。家内工業の領分に専業化の波が押し寄せてきた。製陶が工業化したしるしである轆轤《ろくろ》は、ミノア中I期にその存在が証明されている。轆轤自体は、現在と同様に、巡回陶工が持ち運べる土製の大型円盤であった。車輛の初現は、中I期のパライカストロ遺跡で出土した四輪荷車の模型によって示されている。そうした乗物は、局所的な支配権を超えた権威によって維持される道路がなければ、ほとんど役に立たなかっただろう。そして事実、ミノア前期の間ずっとバラバラだった地方的伝統が、中期には次第に融合してゆき、ついにクレタ島は単一の文明をもつにいたった。だが、地方と主要都市の差が顕著になった。クレタ島東部の田舎の陶工が、卵殻のように薄くて多彩色の陶器を作ろうとしたところで、クノッソスやファイストスの宮殿に雇われた専門工には、とうてい太刀打ちできなかった。

神官王は、エジプト・ミロス島・ギリシア半島といった外地との交易をいっそう効果的に組織した。それらの外地では、いわゆる卵殻土器さえ出土している。たとえばエジプトでは、紀元前一八五〇年より少し後に閉塞された第一二王朝期の室墓から、この種の土器が発見されている。この通商関係が神官王の実質資産を大幅に増加させたに違いない。通商の管理には行政事務が必要になっただろう。こうして組織された恒久的な団体は、記録と会計を管理する社会的に承認されたシステムを必要とした。実際、表意型の表記文字がミノア中Ⅰ期に開発され、会計事務に用いられた。文字による会計事務というアイデアは、すでに一千年も文字を使用してきたエジプトやシリアにおいて取引をするミノア人から借用したものだろう。いくつかの文字記号はエジプトの文字に似ており、数字の形はシュメール初期のものを思わせ、そして文字の伝達媒体に粘土板を用いるのはアジアの慣習であったものの、実際の表記法は在地的であった。

富の増大には人口増加が伴うのが通例である。クノッソス宮殿の周囲には、二階建ての家屋が並ぶ広大な町が広がっていた。このことは、実際の発掘よりも、むしろミノア中Ⅱb期に属するモザイク画から分かっている。在地の人口は、ミノアの宮廷と町の富に惹かれた工人が移住してきて増加したことだろう。このようにアジアからやって来た専業《プロ》の陶工が轆轤を導入し、在地の見習い弟子に使用法を教え込んだかもしれない。それ以外の専門家、たとえばフレスコ画家は、高尚さを求める宮廷に仕えるためにやって来たのかもしれない。しかし、たとえ移住民が新たな技芸をもたらしたにしても、そうした技芸によって基礎が敷かれたミノアの流派は、清新な技法を考案した点でも、オリエントの手本にほとんど負うところのない新たな自然主義的様式を創出した点でも、独自的かつ創造的であった。中Ⅱ期と中Ⅲ期の宮殿および邸宅を飾った遊戯《ゲーム》や行列、動物や魚、花や樹木の魅力的な情景に目をやると、そこにはすでにヨーロッパの雰囲気が息づいている。

ミノア文明の発展は、ミノア中Ⅱ期・中Ⅲ期・後Ⅰ期の終末を画する何度かの大災害によって中断させられた。

大災害はたいてい地震によるものであったが、建築・美術・技術の伝統に少しの断絶もなく、崩壊した宮殿が再建された。しかし、後I期の終わりに起きた最後の大災害の後に、新しい簡易な文字、すなわち線文字Bが、どうやら新たな言語とともにクノッソスにもたらされた。これ以前の線文字Aは現在（一九五六年）も未解読だが、線文字Bについては、**マイケル・ヴェントリス**[*]とジョン・チャドウィックが後II期の粘土板を解読し、ミケーネ時代のギリシアで使われていたものと同じ初期ギリシア語方言の文書であるとした。したがってクノッソスは、ギリシア本土からやって来た征服王の首都になり、かれの手によってクレタ全島に及ぶオリエント式の秩序だった帝国が築かれたかのようである。だが、その帝国は長続きしなかった。紀元前一四〇〇年頃に、敵対勢力がミノアの宮殿を徹底的に破壊してしまった。エーゲ海域の覇権は、本土のミケーネに移った（一〇一頁）。しかしクレタ島では、都市文明がなお二世紀にわたって栄えた。たとえば同島東部のグルニア遺跡は、現状で二・五ヘクタールを占め、六〇戸ほどの家屋で構成されている。また、持送天井をそなえる室墓（一部は地下式）、岩穴墓、地下式墓、竪坑墓に加えて陶棺墓を含むミノア後期の墓地は、豊かな副葬品を納め、鉄器時代になってもところどころで利用され続けた。

以上の概略的な記述は不十分なものなので、ヨーロッパの後進地をあつかう後章で言及する工芸品について、少しばかり言及して補足しておくべきだろう。記述の流れからして、道具と武器について述べるのが、とりわけ適切である。黒曜石がナイフ・鎌の刃部・石鏃（直剪鏃を含む）に用いられた。凹基式の精製鏃がミノア後期の室墓からも見つかっている。少なくともミノア前期には、石材が斧頭用にさえ使われていた。とくにメサラ平原のカラシアナのトロスから出土した「翡翠《ひすい》」製の石斧は注目に値する。だが、「新石器時代」最末期にさえ斧頭に用いられていた銅が、まもなく石を駆逐した。クレタ島東部に銅鉱が存在し、ミノア前期に採掘されていたかもしれない。銅に錫《すず》を添加して鋳造を容易にすることは、早くもミノア中I期に確認されている。ただし、一〇パーセントの錫を含む規格青銅合金は、中III期になってようやく確立した。青銅は紀元前二五〇〇年よりも前か

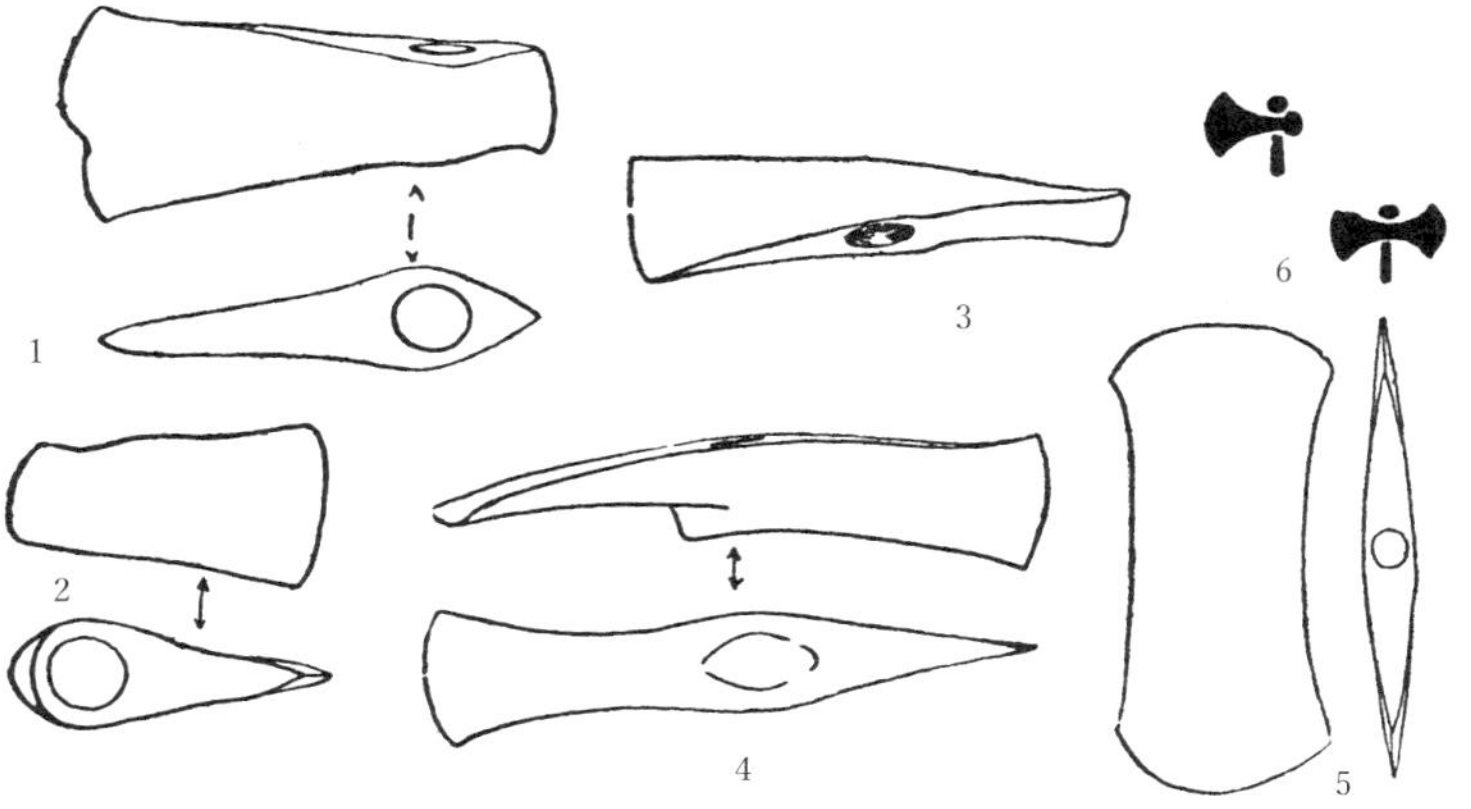


図11　ミノアの斧・縦横両用斧・双頭斧（S=1/3）と斧の印影（S=3/2）
［エヴァンズらによる］〔原書比 9:10〕

らシュメール人に知られていた。だから青銅の特性に関する知識は、おそらくシュメールからアナトリアを経由してエーゲ海域に伝えられた（四八頁）。しかしミノア人は、錫の需要を、結局はエトルリアやコーンウォール（イギリス）、あるいはボヘミアの鉱脈で満たしていたようである。というのも、これらの鉱脈がある地域には、曖昧ながらもエーゲ海世界との交渉をほのめかす資料があるからだ（一六一頁・三〇一頁・四二〇頁）。鉄の使用は、マヴロ・スペレオ墓地のミノア中期の室墓から出土した鉄環がその実例であるが、紀元前一二〇〇年以前には産業に使われていなかった。

　斧について、銅器時代の扁平斧は、アルプス以南のヨーロッパのように突縁や袋穂《ソケット》をもつ形状には進まず、先史時代からメソポタミアで流行していた柄孔斧（図11－1）にとってかわられた。クレタ島ではミノア中III期以降に、シュメール人にも知られていた両刃斧の変種（すなわち双頭斧）に片刃斧が駆逐された。この双頭斧は、前II期までに呪物もしくは神の力の象徴にまで格上げされていた。後I期の初頭には、クノッソスの職人は両刃の手斧も使っていた。縦横両用斧という、二型式の斧を組み合わせたと思われるものもある。この種の斧はシュメール人が使っていたが、クレタ島における実例として、前II期の金

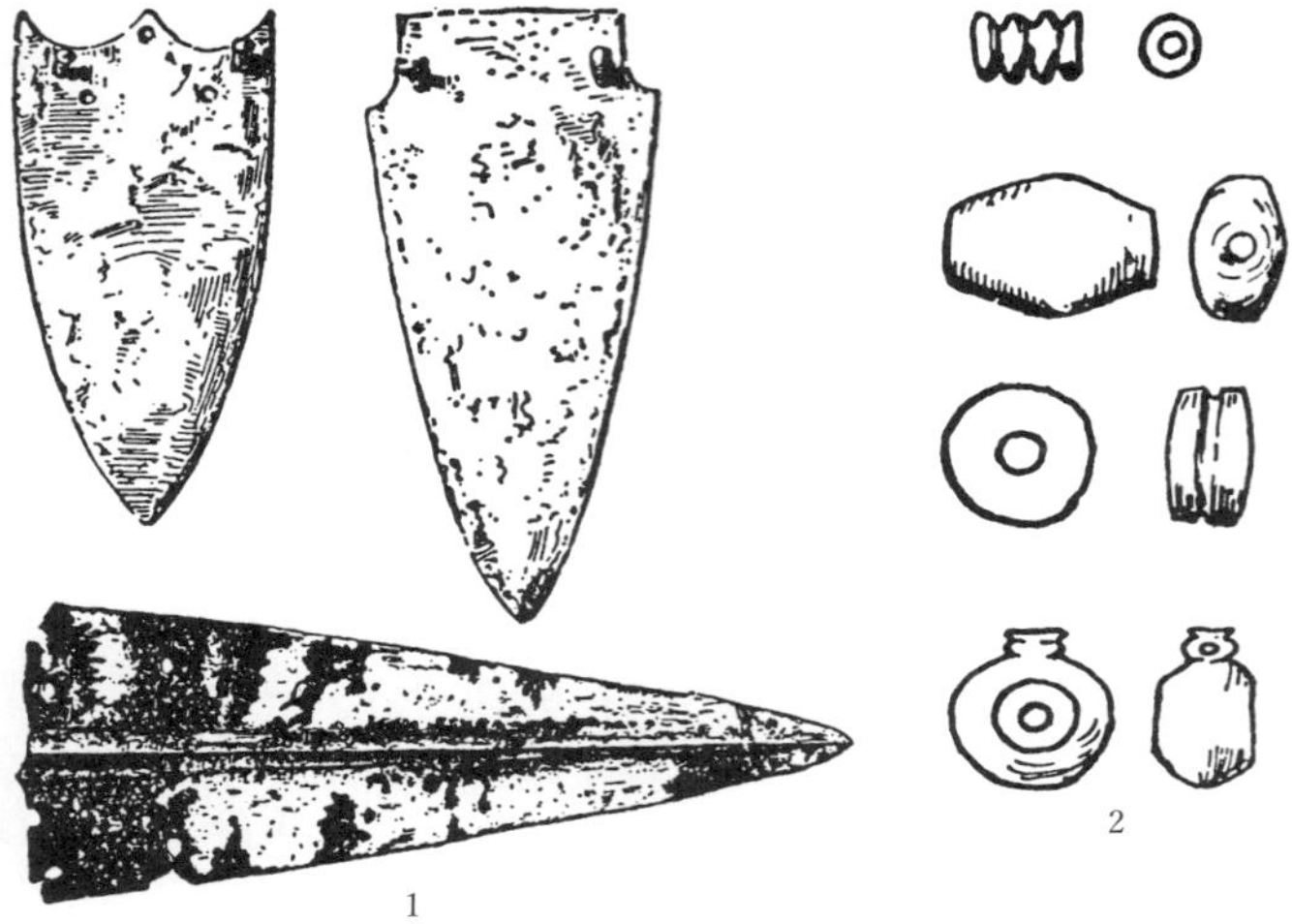


図12　ミノア前期の短剣（1：S=1/3）と石製ビーズ（2：S=2/3）
［エヴァンズによる］

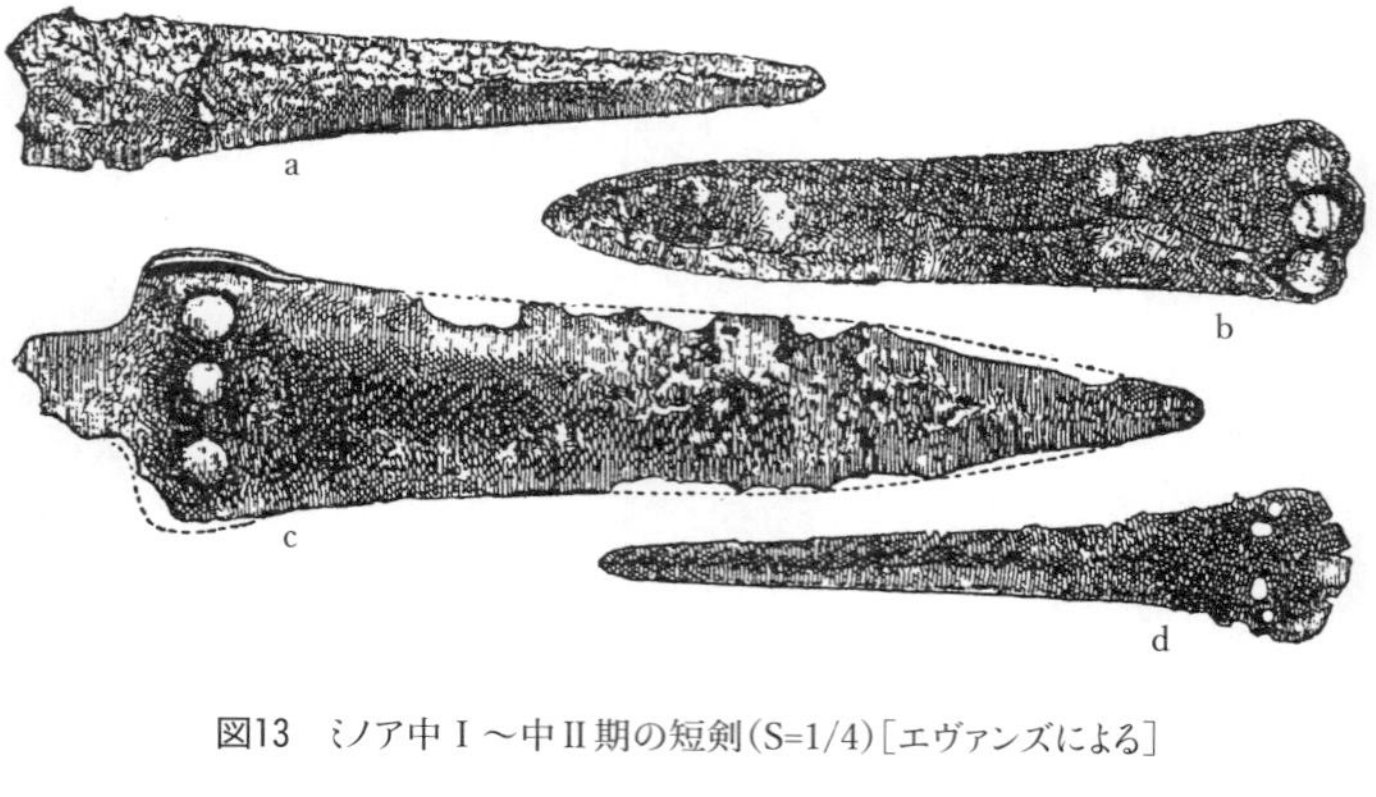


図13　ミノア中Ⅰ～中Ⅱ期の短剣（S=1/4）［エヴァンズによる］

製雛形や、中Ⅰ期のチャマイジ遺跡の農家から出土した実物（図11－3）、そして中Ⅱ期以降のミノア標準形（図11－4）といったものがある。断面矩形の重厚な有孔金属槌《ハンマー》は、中Ⅱ期という古い時期のものが報告されている。[13] 木工用の鋸は、車輌と同様に中Ⅰ期までに存在が確認されている。扁平で細長い斧頭は鑿としての機能を果たしていた。後Ⅲ期よりも古い鎌は残っていない。

ミノア前期の短剣は三角形を呈するか、非常に短い幅広の**茎**《なかご》*をそなえている（図12－1）。両面に鋳出した鎬《しのぎ》により縦方向の剛性を与えたものもある。小さな目釘で骨製か木製の把《つか》に装着された。目釘は銀製のこともある。把には球状もしくは半球状を呈する石製か象牙製の把頭《つかがしら》を取りつけ、それを固定する横方向の目釘孔が側面に穿たれている。ミノア中期を通じて剣身が長くなり、柳葉状を呈するようになるが、依然として扁平であるか鎬で補強していた（図13）。アジアの短剣のように平坦な茎をもつものもある。そうしたものは目釘が大きい。他方、マリアの宮殿からミノア中Ⅰ期の純然たる長剣《レイピア》が出土している。長い把頭と把装具から、**ウル***の王墓に実例があるシュメールの系列を引く品であることが分かる。そしてミケーネ遺跡の竪坑墓から出土した中Ⅲ期の大型長剣（図14－1～3）は、図13の短剣を原形とするが、九三センチという驚くべき長さにまで延ばされている。その把頭は図21－3のものに近い。ミノア前期型の改良品である。他方で第一型式の把を覆う金属板（図14－3）には、エジプトの製品に特徴的な三日月状の切れ目を思わせるものがある。後Ⅰb期には、第二型式の長剣（図14－2）が、角状の鍔《つば》をもつもの（図14－4）に発展し、そして後Ⅲ期には、把の周囲に突縁をめぐらす短めの剣（図15－1）に発展する。しかし、ミノア後期が終幕に向かう頃に、バルカンの彼方で発達を遂げたことが明白な、斬るにも突くにも適した新型式が、エーゲ文明の崩壊を告げる先触れのように登場する。

ミノア前期の短剣の一部は、その身部を槍先として装着していたかもしれない。たとえば、モクロス遺跡出土の刺突部を二つもつ武器はまさにそれである。他方、ミノア中Ⅲ期に遡る典型的なミノア式槍先は、幅広で扁平な茎を管状に折り曲げて成形した袋穂をそなえている（図15－2）。シュメール人はこの工夫を紀元前三千年紀中

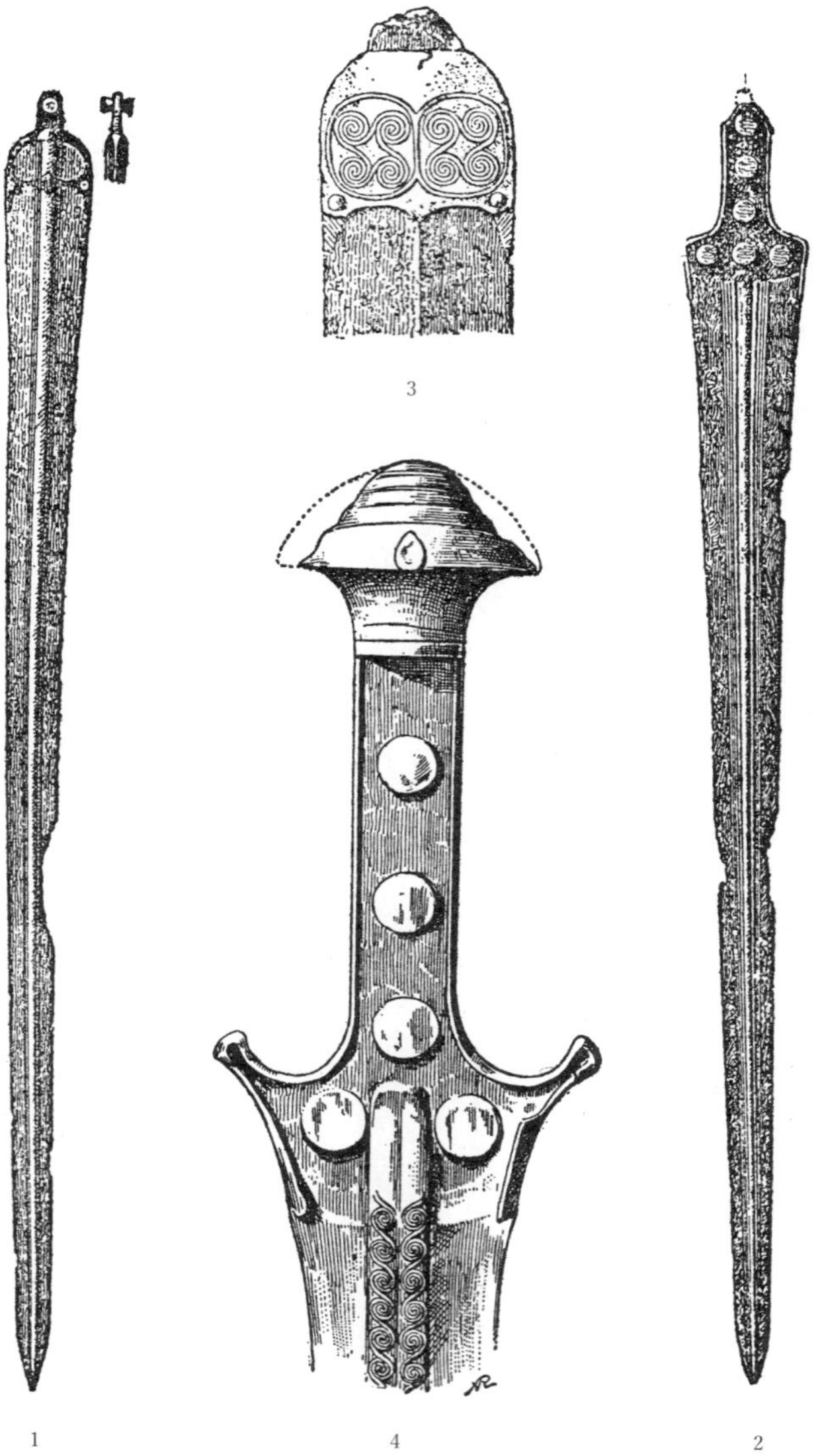


図14　ミノア中Ⅲ期の長剣（ミケーネ遺跡出土、S=1/6）と後Ⅰ期の角状把（クレタ島出土）
［エヴァンズによる］〔原書比 9：10〕

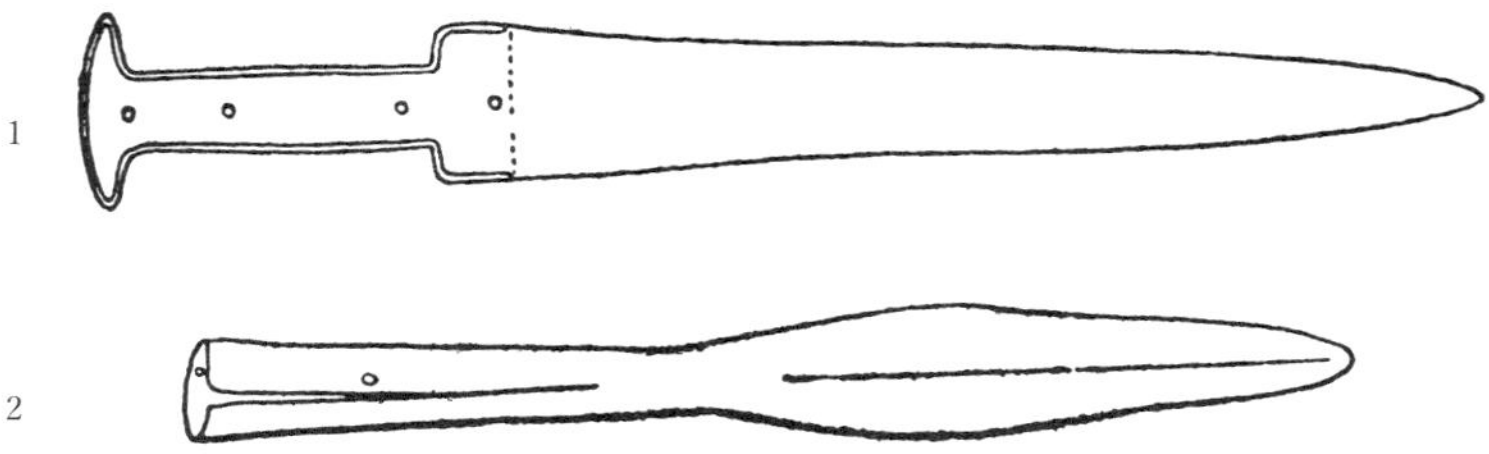


図15　ミケーネ後期の短剣（1：ミケーネ遺跡出土）とミノア中期の槍先（2）（S=1/4）

頃から採用していたが、やがて鋳造の袋穂がこれに置き換わった。ただ、中III期においてさえ、折り曲げ成形の名残りを再現した切れ目が時おり認められる。

ミノアの戦士は甲冑も身にまとっていた。**ホメロス***の記述にあるような、革製の被り物の周りに猪牙の列を縫いつけた冑は、ミノア中III期以降に着用された。後II期には、頭頂部に羽飾り立ての突起をもつ青銅製の鐘形冑が使用された。この型式の冑は、ウネティチェ文化期以降の青銅器時代を通じて、中央ヨーロッパで流行した。この地で創出されたものかもしれないし、あるいはクレタ島に触発されたものかもしれない。

ミノア後期のミノア人は、顔の毛の処理に毛抜きを使っていたほか、一般に木の葉形の剃刀《かみそり》も用いた。

ミノア文化の土器は豊富すぎるし多様すぎるので、ここでは詳述できない。ミノア前期には、クレタ島の新石器時代やアナトリアおよびキクラデスの古い土器の器面に似る、地肌を磨いた素焼きの土器が流行していた。それらの土器は、ナデ磨きや凹線の同心半円文などで飾られた。ミノア前II期には、クレタ島東部のヴァシリキ遺跡の陶工が、赤色の含鉄水溶液を土器に塗っていた。その赤色は、灼熱した炭片の還元作用により意図的に生み出した黒い斑点に映えた。しかし、ミノアの陶工は当初から、おそらく窯焼きによって明るい黄褐色の土器を作ることができた。また、光沢のある釉薬を上塗りして、素焼きの地肌を磨いた土器に似た器面を実現した。この器面の上に、白

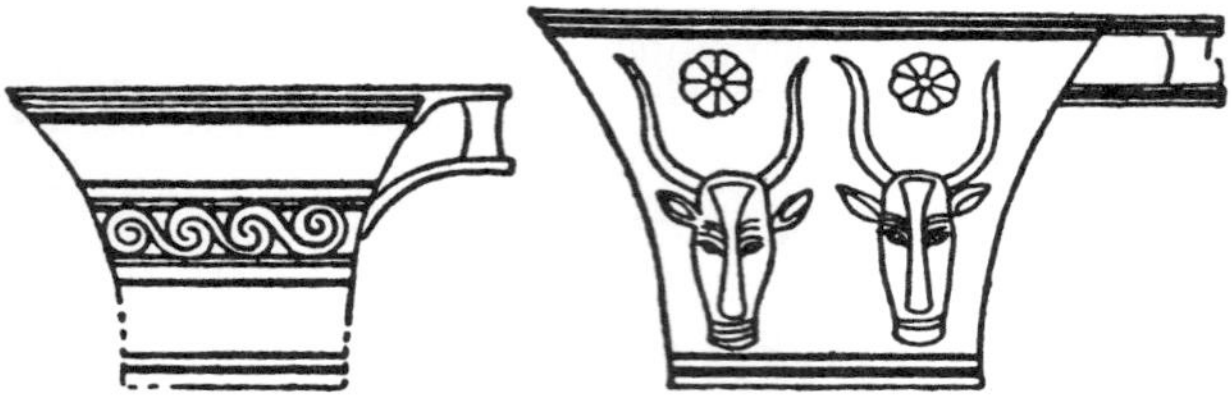

図16　エジプト製のヴァフェイオ杯

色の塗料で文様を描いた。あるいは塗料を用いて、明色地に暗色の文様を施すこともあった。ミノア中期を通じて、赤色と黄色を白色に配色していたが、暗色地に明色を配する方式が主流だった。ミノア後期にはこれと逆になり、中期の様式は完全に廃れ、明色地に暗色を配する方式が好まれた。渦巻文は、キクラデスからの影響下で前Ⅲ期に初めて登場した（六六頁参照）。ミノア前期の土器の主だった器形については、すでに二三頁で触れておいた。

ミノア時代を通じて、石製・金属製・木製の容器が土器と競合し、土器の器形と装飾に影響を及ぼしていた。ミノア文明は、その発端から豊富な石製容器を擁する点で、同時代のヘラディック文化やアナトリア文化と区別される。エジプト人は硬い石材を容器に変えることに秀でていたが、石製容器は紀元前四千年紀以来、メソポタミアとシリアでも使用され、キプロスでは最古の土器よりも前に石製容器が製作されていた[14]。ドナウ川流域で土製容器に模倣されていたかもしれない先述の石塊容器と、アルメリアの鉢の原型と思われる鳥巣形鉢は、比較の対象として重要である。これらはどちらもミノア前期の形状を呈しているからだ。

金属容器はミノア前期にさえ使用されていたようで、それ以後ごく一般化したことは疑いない。ただし、富裕層の食卓において金属食器と陶製食器が鎬を削っていたものの、クレタ島ではメソポタミアやエジプトと違って、陶芸の衰退をもたらさなかった。二つの器形が注目に値する。その一つは、四葉形口縁をもつ酒杯《カンタロス》、すなわち双把手杯である。代表的なものとして、ミノア中Ⅰ期とされるモクロス遺跡出土の銀製品がある。ヒッタイト時代のアナトリアと中期青銅器時代のハンガリーでは土製のものが、ミケーネ遺跡の四号竪坑墓では雪花石膏《アラバスター》製のものが知られている。もう一つは中Ⅲ期から後Ⅱ期に見られる、いわゆるヴァフェイオ杯（図16）である。その奇妙な把手はやはり木製容器に触発されたものだろう。ただし、これとよく似た把手をもつ土製の杯が、ザクセン＝チューリンゲン地域のニーンハーゲン（ドイツ）に位置する前期青銅器時代とおぼしき墓地で出土している。

ミノアの衣装は、エジプトと同じくピン留めする必要がなかった。そのためクレタ島の青銅器時代には、若干のヘアピンを除くと、メソポタミア・アナトリア・中央ヨーロッパの墓にごく普通に見られる化粧用の装身具が欠けている。他方でミノア人は、エジプト人・シュメール人・インド人と同様に、ビーズ用の硬い石を成形し穿孔する技術に長《た》けていた。象牙やファイアンスに加えて水晶や紅玉髄《カーネリアン》も、ミノア前期から利用していた。ポルティのトロスから出土した非結晶質の塊二個は、琥珀だと鑑定されている。ただしエヴァンズは、この診断に疑問を呈している。ミノア後Ⅰ期までに、琥珀がバルト地方から恒常的にクレタ島へと届けられていたことは疑いない。またクノッソスの後Ⅱ期の墓地から出土した、金を巻きつけた琥珀円盤一点は、ウィルトシャー州（イギリス）の青銅器前Ⅱ期の墓から出土した六点の製品と瓜二つである。ミノア前Ⅱ期に遡る石製ビーズを模倣した連珠形ファイアンス玉（図12－2最上段）は、中Ⅲ期以降にクレタ島で製作されていた。同様のビーズは、ドナウ川流域・スペイン・ポーランド・イングランドにおいて輸入品として発見されている（四一九頁）。石製の槌形ビーズはメサラ平原のミノア前期の共同墓所にさえ認められる。

*Chapter*
**III**

# ANATOLIA THE ROYAL ROAD TO THE ÆGEAN

# 第 3 章

# アナトリア——エーゲ海への王の道

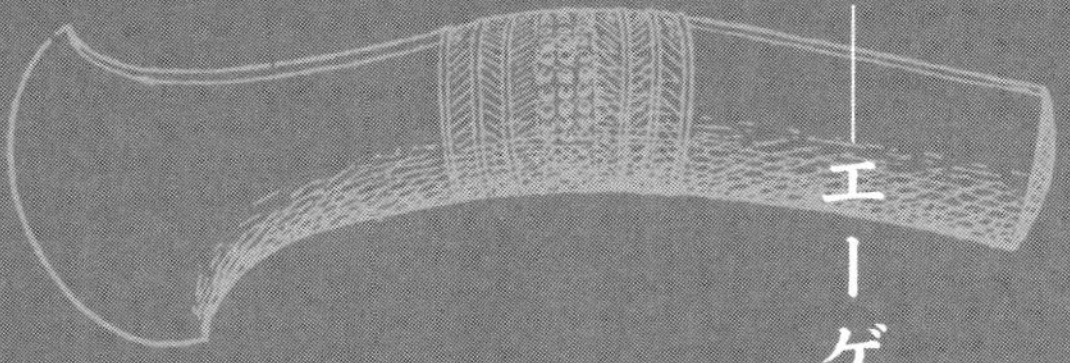

紀元前五世紀、メソポタミアからエーゲ海域に延びる「王の道」は、レヴァントの海岸沿いに通じていただけでなく、アナトリア高原（ヨーロッパに向かって突き出たアジアの岬）も横切っていた。そこには、ペルシアの進軍を通じてオリエント文化をギリシアに押しつけていった道や、外交官・科学者・商人がバビロニアの思想を若きイオニアの諸国家に順調かつ平和的に伝えるべく旅した道が走っていた。アナトリア高原はその一千年以上の昔に、隊商がメソポタミアの資本の分け前を西方へと運んでゆける架け橋になっていた。紀元前二〇〇〇年から一八〇〇年の間に、アナトリア高原の鉱物資源の豊かさに惹かれたアッシリアの商人が、カッパドキアのカニシュ（キュルテペ）〔トルコ〕に居留地を設けた。かれらがティグリス・ユーフラテス川流域の諸都市と継続的に交流していたことは、**カッパドキア文書***と呼ばれる商業公文書に具体的に示されている。かれらには、それ以前の先駆者がいたかもしれない。いずれにせよかれらは、文字文明をもたなかったにしても、少なくともある程度の都市化を成し遂げ、初期的な国家組織を生み出していた。**アラジャ・ヒュユク遺跡***の豪華な「王墓」は、その地の王侯が蓄積した富、複数の専門工芸、多様な原材料を確保する交易を、具体的に証明している。あいにくこれらの室墓には、紛うことなき輸入品も、メソポタミアの文字記録に照らして年代が分かる品目すらも含まれていない。王侯の支配民の文化は、繰り返し居住されてできた多数の小さな遺丘《テル》（ヒュユク）に積み重なっている。そうしたテルは、あまりに小さすぎて、ささやかな村落と表現するしかない。そうした村落では、産業用の素材として銅がすでに石や骨と競合していたが、少なくともとってかわってはいなかった。トルコの考古学者は、この文化を「銅器時代」文化と名づけているが、アナトリア高原の全域にわたってかなり均質的であった。この文化は、土器の特徴（素焼きで暗色の土器、実用の把手と胴部の注口部をもち波形装飾を施す水差しと杯）や投石器の選好、そして女性像の多様性から判断して、以下に述べる**トロアド**＊前期文化と同類である。ただし、埋葬法の点で両者ははっきり異なる。すなわち死者は、明確な墓地に埋葬されるのではなく、シリアやアッシリアやイランのように、かならず家屋の床下に土葬された。

主に装身具用だったにせよ、すでに銅が利用されていたのだから、以上の特色の多くはその直前の時期から、すなわちトルコの考古学者が銅石時代と名づけた時期から受け継いだようである。銅の利用については、きわめて不十分ながらも、ハリュス盆地の**アリシャル遺跡**＊の下層の事例が、そしておそらくだが、ずっと北方のビュユック・ギュリュゼク遺跡とシワス付近のマルテペの事例が知られている。

エーゲ海域の前期青銅器時代と比べると、アナトリアの銅器時代は古く見えない。とはいえ、こうした古さの不一致は、調査者の控えめな年代推定によるものなのかもしれない。銅器時代の層から出土した**ジェムデト・ナスル**＊型式の印章と、アリシャル遺跡の第一四層が示す紀元前二五〇〇±二五〇年という放射性炭素年代は、古さの点でもっと寛容な年代推定を正当化するものかもしれない。この印章は、ティグリス・ユーフラテス川流域における文化的達成が早い時期に西方へ伝播したことを示す媒体としてふさわしくないようだ。いわゆる銅石時代にしても、古い時期におけるオリエントの西方進出を明らかにしてくれない。アナトリア高原には確かに押捺印章と小像がある。しかし、彩色土器片は例外的にしかないし、土器にしても台脚付果物台を含みはするが、ほとんどが素焼きのものである。アナトリア高原ではこれまで、クルディスタンやパレスティナの早熟な新石器文化に近似する文化も、中石器文化の遺物も見つかっていない。しかし、テルにそうした実例がないにしても、ほかの遺跡で今後明らかになるかもしれない。そうなるまでは、オリエントに発しアナトリアを横断してヨーロッパにいたる古代の道筋を跡づけてくれるような、考古学的な一里塚《マイルストーン》はいっさい承認できない。また、利用可能なデータを見ても、アナトリア高原の地に遠古の文化的中枢も、エーゲ海の沿岸地域に移住していった人間の供給地も明らかにできない。

他方で、少なくとも小アジアの北西端に、活力と創意に富む文化がかなり早い時期に現れている。クム・テペ遺跡というトロアド地域のテルの最下層で発見された土器は、当地における最初の定住を示している。注目すべき土器として、低い台付きの果物台（例―図86）や、ヨーロッパのほかにサモス島（ギリシア）にも見られるナデ磨きの土器がある。

これに続いて、便宜的にトロアド前期文化と呼ばれる文化が発展する。ただしこの文化は、トロアド地域に厳密に限定されるわけではない。これと同じ文化は、レムノス島のポリオクニ遺跡（ギリシア）、レスボス島の**テルミ遺跡***（ギリシア）、そしてミュシアのヨルタン遺跡（トルコ）などに認められる。この文化の模範的な遺跡が、トルコのヒッサルリクの丘に残されている。そう、古代の**トロイ遺跡***である。ヘレスポント海峡（現ダーダネルス海峡）の要衝にあり、かつては海路の往来とヨーロッパへの陸路越えを扼していた。一九世紀に**ハインリッヒ・シュリーマン***は、この遺跡で七層に重なった先史都市を識別した。しかし、重大な問題を数多く残した。**カール・ブレーゲン***率いる調査隊がこの遺跡を再発掘し、テルミ遺跡とポリオクニ遺跡の層序により補うことで、北西アナトリアの文化連続の基準として、以下に示す編年体系を作り上げた。

この編年体系において、すべての「都市」の時期を、トロイ遺跡の複数の層で見つかるエーゲ海域からの輸入土器に基づくエーゲ編年に照らして決めることができる。

トロイ第一層（第一市＝I期、以下同）と、これと同時代のレスボス島およびレムノス島の集落は、区画は明確だが折れ曲がった狭い街路に沿って密集する二室家屋（長方形プランの場合が多い）の一群で構成されている。礎石の上に築く泥煉瓦の壁は、水平ではなく綾杉構造になるよう斜め方向に矢筈《やはず》積みされることもあった（例―テルミ第一層・第四層とトロイ第一層）。この積み方は、シュメールの初期王朝時代の煉瓦建築にしばしば採用された方式である。メソポタミアと同じように、石製の軸受けで扉を開閉した。テルミ遺跡には、高さが〇・九メートル

〔北西アナトリアの編年体系〕

| トロアド | | ギリシア | レスボス島 | レムノス島 | 絶対年代（紀元前） |
|---|---|---|---|---|---|
| トロイⅦa期 | | ヘラディック後Ⅲb期 | テルミ期 | ポリオクニ期 | 1275–1200 |
| Ⅵ期 | 前期 | 後Ⅲa期・Ⅲb期 | — | — | 1400–1300 |
| | 中期 | 後Ⅰ期・Ⅱ期 | — | Ⅶ期 | 1550–1400 |
| | 後期 | ミノア中Ⅲ期、ヘラディック中期 | — | | ？–1550 |
| Ⅴ期 | | — | — | Ⅵ期 | |
| Ⅳ期 | | 前Ⅲ期 | — | Ⅴ期 | |
| Ⅲ期 | | 前期 | — | | |
| Ⅱa期～Ⅱg期 | | 前期 | — | | |
| | | | Ⅴ期 | Ⅳ期 | |
| Ⅰ期 | 前期 | 前期 | Ⅳ期 | | |
| | 中期 | 前期 | ～ | Ⅱ期～Ⅲ期 | |
| | 後期 | — | Ⅰ期 | | |

しかないドーム形の土竈をそなえる家屋もある。とくにテルミ第三層では、しばしば家屋の床面に穴を掘って粘土が入念に貼りつけられていた。

ただし、トロイ第一層には「宮殿」もあった。それは長さ一二・八メートル、幅五・四メートルを測る、西端の玄関から出入りする長方形の広間である。つまりトロイでは、それ以外のトロアド前期の集落では確認されていない制度、すなわち一人の首長による統治がすでにおこなわれていたわけだ。しかもトロイⅠ期、少なくともその中期までには、約〇・五ヘクタールを取り囲む巨大な石積みの城壁がめぐらされていた。おそらくポリオクニ遺跡も、同じ時期に城砦化された。

アナトリアの経済は、小麦[15]・大麦・黍《ミレット》、そしてたぶん野菜の栽培、おそらく葡萄《ぶどう》と果樹の栽培、牛・羊・山羊・豚の飼育、釣漁と網漁による漁撈に基づいていた。斧と数少ない手斧は、研磨した礫を牡鹿の枝角に空けた柄孔に差し込んだものである。ナイフと鎌の刃部は、簡略に調整したフリントの石刃から作られた。他方、儀礼用の武器の前身である、刃部が下向きの石製**闘斧***（例—図21—1）は、金属斧を直接模倣したものに違いない。実際に、アナトリア高原のポラトル遺跡とアラジャ遺跡の王墓で見つかったものと同じ様式の銅製闘斧が、ヨルタン遺跡で発見されている。両端の尖った骨片が鏃として使用されたが、武装には石の**投弾***や頭部が扁球形の棍棒も含まれていた。

ただし交易を通じて、すでにレスボス島にさえ金属がもたらされていた。またテルミI期とトロイI期には、金属を加工する専業工人が存在した。たとえば坩堝《るつぼ》が一個、テルミ遺跡の未攪乱層から発見され、小さな金属ピンや金属製装身具がどの層からもわりと普通に出土する。金属器の大半は純銅製だが、テルミ第二層のピンは一三パーセントもの錫を含んでいる。また、稀少金属である錫製の腕輪《ブレスレット》が、テルミ第四層の市街で発見されている。それどころか現在の発掘者は、テルミ第二層および第三層までに、大型の金属器があちこちに置きっ放しになっているほど普及していた様子を目にしている。他方でトロイ遺跡では、鉛製の鋲が壺の修理に用いられていた。金属工は、エジプトと原文字期のシュメールにおいてと同様に、丸みを帯びた基部をもつ扁平鑿を製作した。また扁平斧と、両側面を叩打して低い突縁にした斧[16]を製作した。後者の斧は、中央ヨーロッパのように**膝柄***に斧頭を装着したのだろう。さらに武器として、石製**合笵***で鋳造する扁平茎式短剣（例―図20－2～4）も作った。

金属製の短剣とピンの型式は、トロアド文化の金属工がエジプトよりもアジアの伝統に従っていたことをよく示している。通常のメソポタミア様式の柄孔斧は作られなかったが、闘斧の最古例はバビロニアのアル・ウバイド層から出土した土製模型である。

ただし、もっとも特徴的な製品の型式と実際の輸入品は、ギリシア・キクラデス・レヴァント海岸部との交流を明示している。たとえば金剛砂と大理石製の壺が、キクラデスから輸入された。鳥頭ピンはテルミ第一層とシロス島〔ギリシア〕に広く見られる。テルミ第三・四層とトロイ第一層から出土する磨製骨管製品（例―図27－1）は、エーゲ海諸島だけでなくシリアやパレスティナでも見られる。パレスティナでは青銅器前III期（紀元前二五〇〇年以降）からの出土である。

冶金業が専業化し、貿易が細分化したにもかかわらず、製陶は轆轤を使用するほどには産業化しなかった。漆黒色から赤茶色まで多彩な色調を呈する、素焼きの地肌を研磨した土器は、瓢箪容器や皮革容器を模倣していることが多い。これは、アナトリア全体に共通する伝統の表れである。簡素な突起のほか実用の把手が盛行したこ

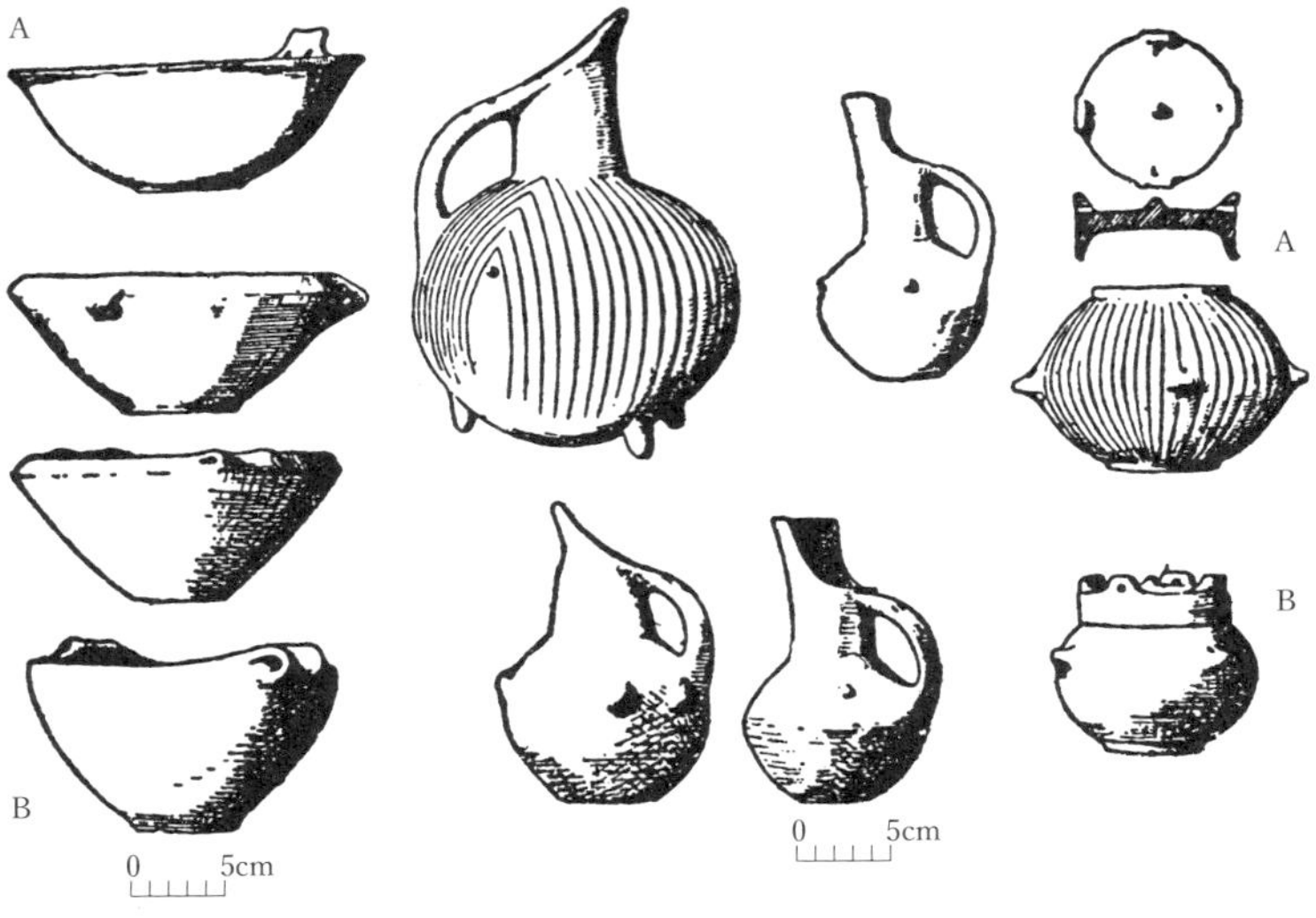


図17　テルミ第1・2層(A)と第3・4層(B)の土器
［W・ラム『在アテネ英国研究所紀要』第30号による］

とは、アナトリア全域に認められる顕著な特色である。この把手は「差込」式（器壁の片側を穿孔し、そこに把手の下端を挿入する型式）であることが多く、後代にも、またアナトリアの他地域でも流行を博した仕組みである。西アナトリアに独特の器形に、内折口縁から延びる突起をもつ鉢（図17左列）、斜口縁水差し（図17中央列）、三脚土器、紐通し孔のある突起と蓋をもち口縁が直立するピュクシス（図17右列）などがある。テルミ遺跡の層序には、器形の重要な変化が記録されている。それは、第三層の市街において、鉢の管状把手の端部が「ラッパ状突起」風に広がることと、三脚が人間の脚を模したものに変化することが、同時に進んだことである。トロイ遺跡においてラッパ状突起は、突縁が付き角度をもつ標準的な把手へと成長を遂げており、それはクレタ島の新石器時代の型式を彷彿とさせる。土器の装飾には、珠文・隆線・波形・縦走刻線文がある。暗色地に白塗りを施すのは、テルミ遺跡とトロイ遺跡ではきわめて例外的だが、ヨルタン遺跡ではすこぶる一般的である。この場合の文様は常に直線文である。

紡績と製織も家内工芸だっただろう。その重要さは、紡錘車と土製糸巻の数量が証明している。織工は、テルミ第三層に実例のある、長さ九センチに及ぶ有孔弧状土製品を使っていたかもしれない。それは、クスラ遺跡（トルコ）とアリシャル遺跡のヒッタイト時代の層からよく出土する、三日月形の織錘の先駆のようである。

迷信深い農民は、家庭内で豊穣儀礼をおこなっていただろう。石製や土製の多数の女性像はその証拠である。石製の女性像は、ひどく様式化したものばかりである[17]（例―図8－13～16）。テルミ遺跡では、土偶は遅れて登場する。両脚間で分割したことを示唆する資料もある。ところがトロイ遺跡では、「地母神」（本当にそうであればだが）がもっと巨大に表現されていた。たとえば、城門のすぐ外側で立ったまま発見された高さ一・二七メートルの板石には、梟《ふくろう》のような容貌の「地母神」が浅浮彫で刻まれている。他方で、テルミ遺跡の土製男根は、そしてクレタ島の「聖別の牛角」にやや似た土製の有角串焼き台（供物台か？）もおそらく、家庭内儀礼に伴うものである。成人の死者は、市外に定められた墓地に葬られたらしい。ヨルタン遺跡の事例から判断すると甕棺葬だった。

「トロイ第一層」の厚さ四メートルの層やテルミ遺跡の四つの継起する都市遺構が示すように、わりと平和な発展が長期にわたって続いたのち、社会不安が生じて、権力と富の集中を招いた。テルミ第五層では、すでに人口が減少しつつあったが、複雑な外堡を追加した堅固な石壁で城砦化されていた。それなのに、テルミ遺跡はまもなく放棄されてしまう。というのもこの都市遺跡では、Ⅱa期のトロイから輸入された土器は出土するのに、当遺跡に特有の土器が、これ以後まったく見られないからである。レムノス島のポリオクニ遺跡も同様に衰退した。他方でトロイでは有力な首長が現れた。その地の戦略面での優位性を存分に活用し、競争相手である他都市の没落を後目《しりめ》に、西アナトリアとの交易を自らの都市に集中させた。第二層のトロイ遺跡は、泥煉瓦製の胸墻《きょうしょう》を戴く新たな石壁で囲まれるにいたった。ただし当該層の周壁は、第一層のものより大きかったとはいえ、なお約七八五〇平方メートルを囲むにすぎなかった。当該期のトロイの支配者は、「メガロン」様式の宮殿を造営した。それは、一〇メートル四方の玄関をそなえ、中央に炉をもつ長さ二〇メートル、幅一〇メートルの広間であった

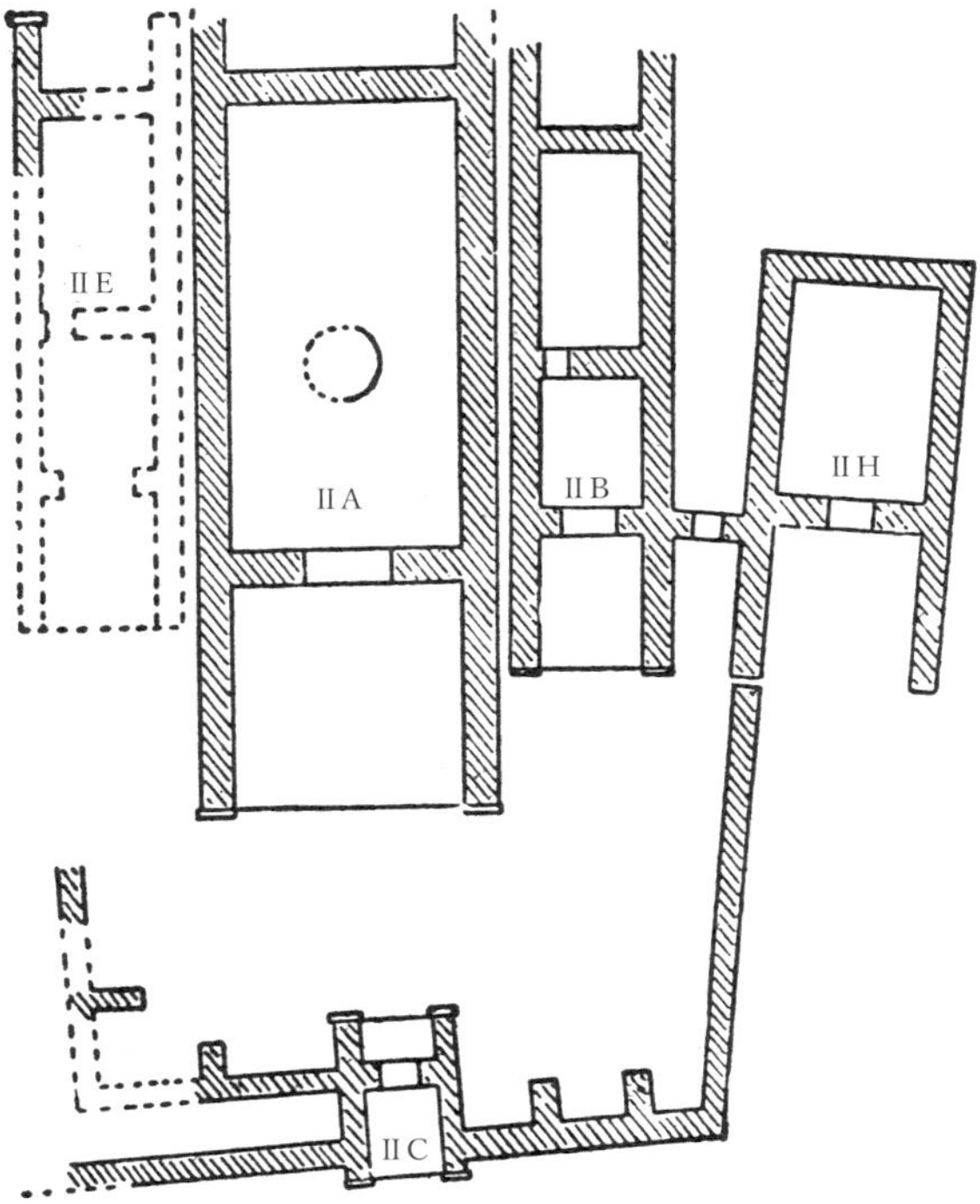


図18　「メガロン式」宮殿〔トロイ第二層〕

（図18）。城砦は第二c層において栄華を極めたが、四度の改築を経たのち、敵襲を受け焼き払われた。しかし、最後の破滅に先立って、防御に回ったトロイの人びとは、多くの貴重品を隠匿した。トロイ遺跡の金属細工や宝飾品に関する私たちの知識は、主に掠奪者が奪い損ねたこれらの一括埋納から得たものである。

崩壊以前の第二層のトロイ遺跡は、物質的にはともかく経済的には都市になっていた。ヘレスポント海峡を通じた交易を独占することで、市民は富を集積し、産業人口を支え、輸入品への支払いをした。錫を潤沢に入手できたので、錫一〇パーセント・銅九〇パーセントという標準的配合比の青銅が一般的に使用された。金・銀・鉛・黒曜石も輸入された。さらに、イランのラピスラズリとバルト地方の琥珀も、年代不詳の「一括埋納L」（「財宝L」）に実例がある。この裕福な都市に、アジアの職場で訓練を積んだ専業の貴金属工人や陶工などの工人が定住していた。貴金属工人は、はんだ付けや細金細工、そして二枚の金盤をはんだ付けで接着してビーズにしたり、二本の金管を折り曲げてビーズにして端部を渦巻状に仕上げる技法を導入した。これらはみな、紀元前三千年紀のメソポタミアの金細工師が採用していた技法である。

都市化へのさらなる前進を示す轆轤は、トロイⅡc期に導入された。新たな専業工人が、大量の土器を製作したが、器形と器面調整は土着の伝統を維持していたし、手作りの土器にとってかわることもなかった。Ⅱ期に登場したことが容易にうかがえる器形として、擬人化した蓋付土器（「人面骨壺」／図19－2・6）、口縁部が大きく開く水差し（図19－4）、奇妙な双把手の双耳杯《デパス》（図19－5）がある。しかしこれらの器形は、すでにⅡc期に手作りされていたようであり、それ以前のより一般的なアナトリアの伝統に固有の傾向を誇張して表現したものにすぎない。人面骨壺の「地母神」表現は、シュメール初期に使われた埋葬甕の把手の表現にかなり似ている。ただし、この慣例的表現は、第一層出土の石碑に前兆が見られる。片口の水差し・複合式容器・双頸水差し・動物形容器は、本質的にアナトリア的であり、第二層に限定されるものではない。粘土の調合と焼成法の改良は、おそらく轆轤と同時に導入された。このおかげで陶工は、より硬質で焼き締まった淡青色の土器を製作できるようになった。他方で、旧来の素焼きの印象を残すべく、焼成すると赤く変色する含鉄水溶液を器面に塗るのが通例だった。これは赤彩土器と呼ばれている。この工夫はアリシャル遺跡やさらに東方でも流行し、ドナウ川中流域でも採用された。

金属が潤沢だったにもかかわらず、斧・闘斧・農具・ナイフ・錐・ピン・櫛の製作には、依然として石・フリント・黒曜石・骨・鹿角がふんだんに、しかも大多数において使用された。闘斧はトロイ第一層の伝統を引くが、半貴石を磨き上げた美麗な武器もいくらかあった（図21－1／財宝L出土）。後者は儀式用に違いない。

一括埋納から出土する宝飾品は、トロイの富を示すだけでなく、貿易活動が細かく分化していた姿も示してい

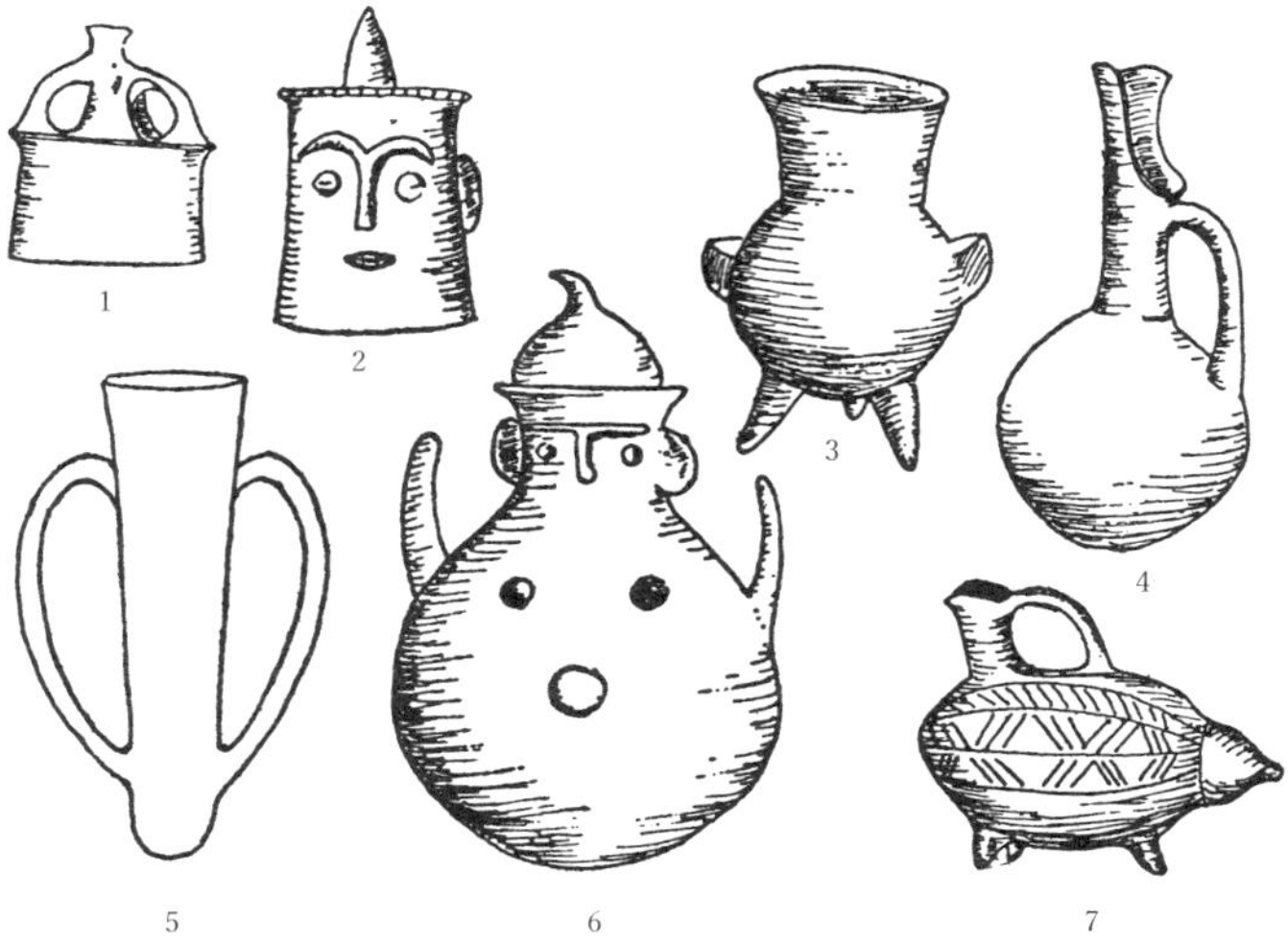


図19　トロイ第二層の土器(S=1/8)〔原書比 9:10〕

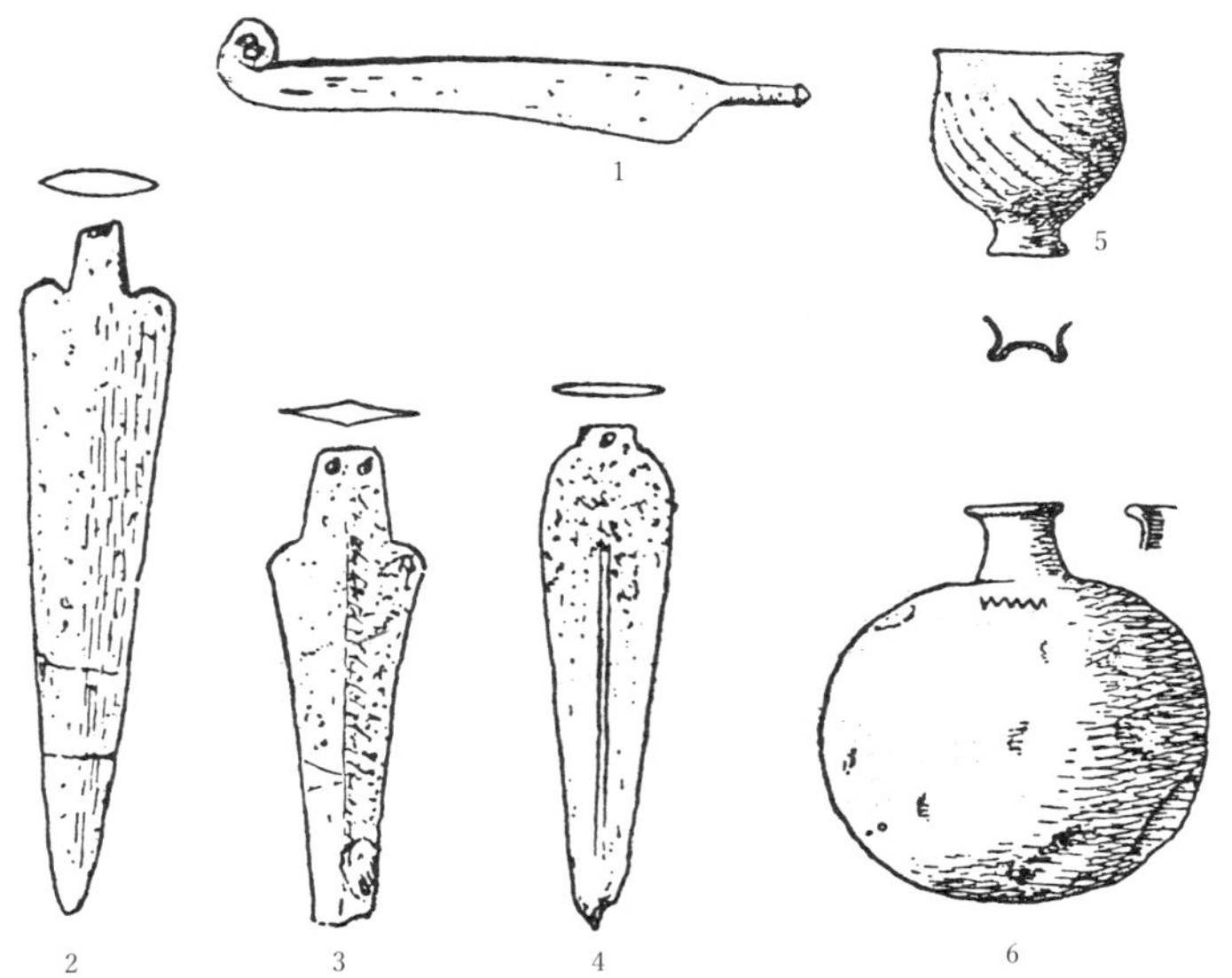


図20　トロイ第二層のナイフ(S=1/2)・短剣(S=1/2)・金製容器(S=1/4)
2〜6 は「財宝 A」出土［ベルリン先史博物館］〔原書比 9:10〕

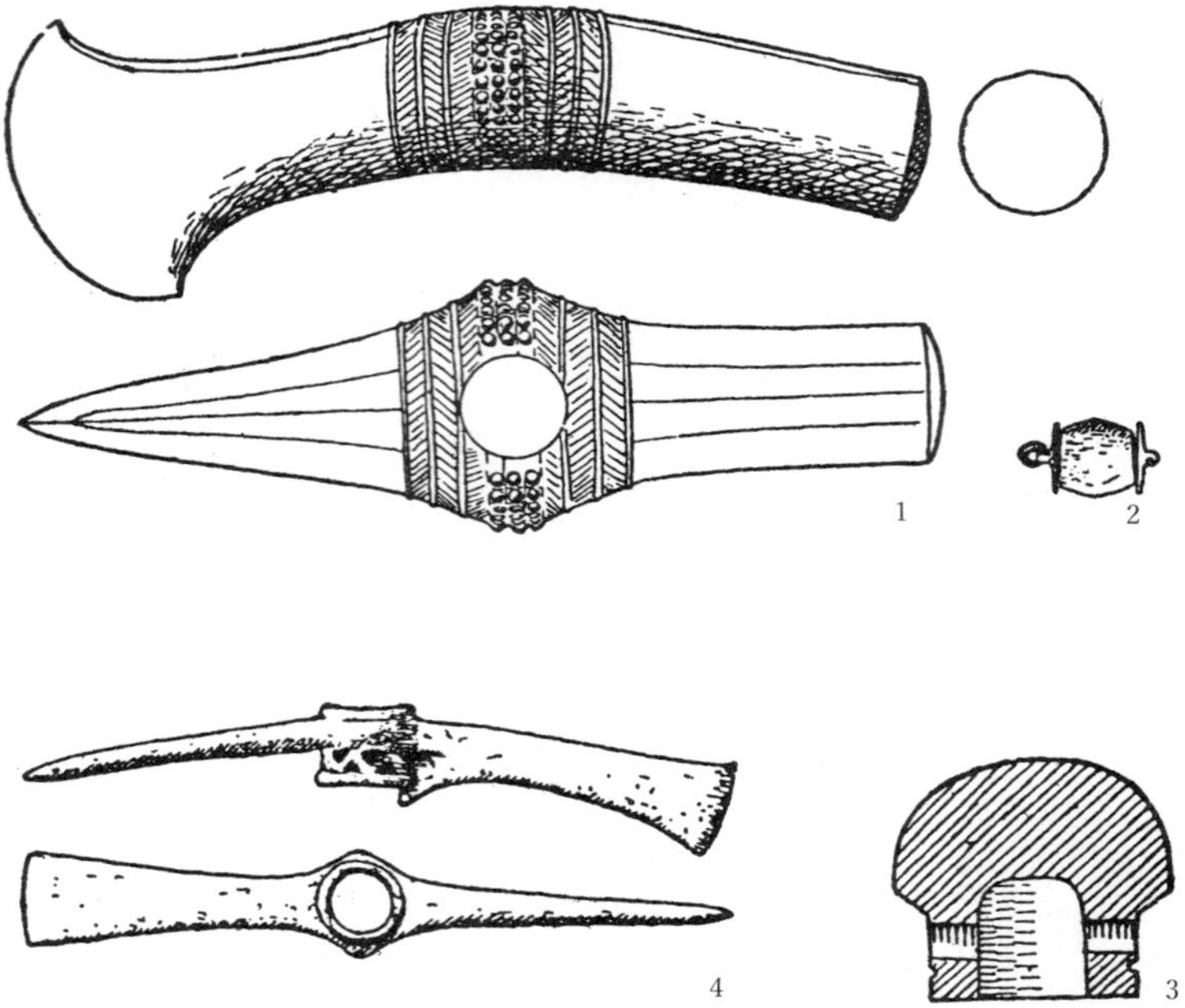


図21　闘斧（S=1/4）・金貼ビーズ（S=1/4）・水晶製把頭（S=1/2）（以上、トロイ遺跡の「財宝 L」出土）と出土状況不明の縦横両用斧（S=1/4）［ベルリン先史博物館］

る。多くの品目は明らかに東方的である。たとえば末端が平たい耳飾や髪の留輪、細金の渦巻細工（図22－3）、金製円盤ビーズなどは、シュメールのものと見なしてよいかもしれない。また瘤頭ピンの製作技法は、先王朝時代のエジプトと同様に、トロイの地でも知られていた。二つの渦巻頭部をもつピン（図22－3はその逸品である）は、アナトリアやイランからインドやアナウ遺跡〔トルクメニスタン〕にいたる各地で発見されている。キクラデスのもの（図23－1）と同じ一本の「槍先」は、トロイ遺跡の財宝Aから出土したものだが、これは中部アナトリア・キプロス・イランにも実例がある類に属する。図22－1に似た耳飾を、エジプト第一八王朝期の墓室壁画に描かれた異国の踊り子《ダンシング・ガール》が着けている。トロイ第二g層の金製槌形ピンは、大本をたどれば南ロシア型式であるが、アラジャ遺跡にも似たものがある。同時にまた、トロイ遺跡の出土品と共通する非常に多くの型式が中央ヨーロッパに見られるため、トロイ遺跡の錫はボヘミアから、銅はトランシルヴァニアかバルカンからもたらされたのではないか、という疑問が湧いてくる。他方で、浮出文付きの骨製装飾板〔例—図115〕は、はるか西方のシチリア島およびマルタ島との関係を示している。ただし、ヒッサルリクの丘における出土層位はやや疑わしいし、東方のアラジャ遺跡に金製の類品もある。石製の環状垂飾は、ワラキア〔現ルーマニア南部〕とトランシルヴァニアに金製の類似品がある。これらの地域もトロイ遺跡の金の供給源であった証拠になるかもしれない。また、スウェーデンとサンビア半島〔リトアニア〕で見つかる模倣品は、トロイ遺跡の財宝Lの琥珀玉と対をなすものかもしれない。たとえトロアド文化期の交易が、金属に対するオリエントの需要に根差していたにしても、II期のトロイは蓄財を進めるセンターであり、ヨーロッパ大陸の産業と交易が発展してゆく資本を提供していた。

だがトロイの商人は、文字を使わずに取引をしていたらしい。かれらはミノア人と違って、石製印章さえ作らなかった。トロイ遺跡で二個の円筒印章が発見されているが、その帰属は不確かである。確かにトロイの人びとは、アジアの印章を粘土で模倣した。他方でトロイ第二b層から出土した一点の輸入土器片に、ミノア前期の印章が捺印されているのである。

土着の古い豊穣儀礼が、さしたる変化もなく続いていた。しかし、小像はもっぱら石製になり、どれもすこぶる様式化した〔図8—15〕。男根も石で作られた。

ヒッサルリクの丘は、トロイII期に掠奪を受けたのち、小規模ながら人びとが再び定住した。そのことは、第三・四・五層の町の廃墟に表れている。各期の町は城砦化され、それぞれ何度も再建を繰り返した。専業の陶工や金属工がいて、交易に依存していたという意味において、これらの町はいずれも都市的であった。もっとも、第三層の町から出土する食物残滓に鳥獣骨の割合が著しく増大していることは、一時的に農業が衰退したことを

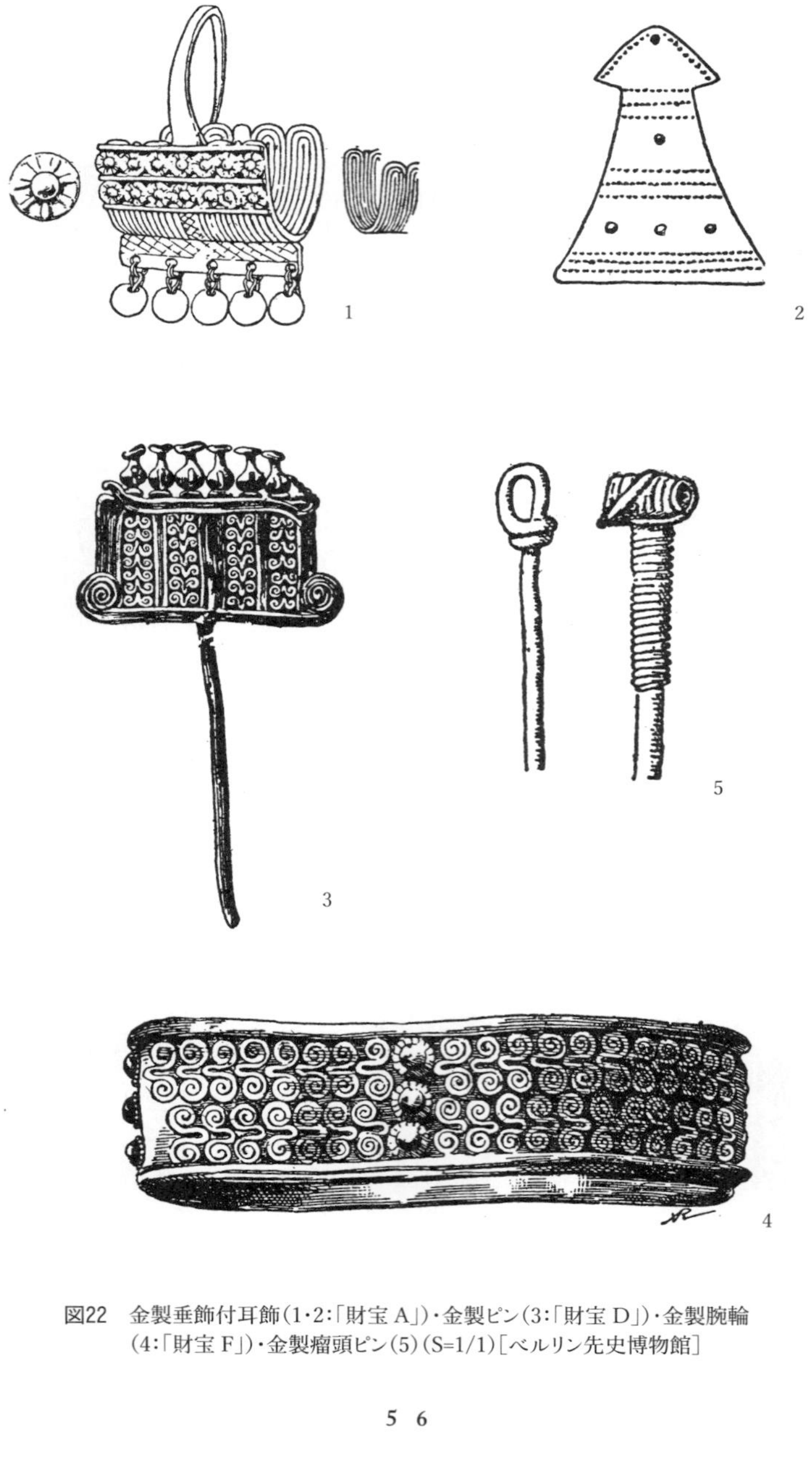

図22　金製垂飾付耳飾(1・2:「財宝 A」)・金製ピン(3:「財宝 D」)・金製腕輪(4:「財宝 F」)・金製瘤頭ピン(5)(S=1/1)[ベルリン先史博物館]

意味するのかもしれない。土器はこの期間ずっと途切れることなく伝統を継続した。ただし、人面骨壺は第二層よりも第三層の方が一般的である。エウボイア島〔現エヴィア島（ギリシア）〕やオルコメノス遺跡〔ギリシア〕で発見される壺は、Ⅲ期のトロイからの輸出品のようである。一方、第三層のトロイ遺跡で出土した銅製ピンは、キクラデスの製品と見なされている。テルミ遺跡のものより丈《たけ》の高いドーム形の竈《かまど》は、トロイ遺跡では第四層に初めて現れる。第五層の町では、エーゲ海域からの輸入品がまれになる。しかし、内面を赤色の十字文で飾るトロイⅤ期の特徴をもつ鉢は、ギリシアのヘラディック前Ⅲ期の遺跡の出土品によく似ているし、また類似の土器が、タルススのゲズリュ・カレ遺跡〔トルコ〕において、カッパドキアの粘土板を伴って発見されている。

第六層のトロイ遺跡の街並みは、以前にもまして荘重たる都市に近づいた。二ヘクタール以上の範囲が、より堅固な石積みの城壁で新たに囲まれた。けれどもこの復興は、新たな民族集団の到来によってなされたように思われる。かれらは、土着の伝統とは異質の土器、新たな家屋建築、火葬の慣習を、そしておそらく馬をもたらした。骨学が証明するところでは、トロイ遺跡における馬の初現は第六層である。当該期の新たな土器はミニュアス土器と呼ばれる精製の灰色土器である。窯内の燃焼を調節することにより、精選された胎土中の酸化鉄が還元されて灰色に発色している。赤色に酸化発色した変種もある。これらは第七層では、在地に特有の土器になっている。家屋はメガロン様式に従わなくなり、長手の側の戸口から出入りした。Ⅰ～Ⅴ期には、そしてⅥ期の前・中期にすら、城壁内に墓地は設けられなかった。しかしⅥ期の後期には、火葬骨を納めた骨壺を埋葬する墓地が形成された。**ボガズキョイ遺跡***にいた**インド＝ヨーロッパ語族***の嚆矢《こうし》であるヒッタイト人も、同じように骨壺墓地を造成し、骨壺の脇に馬の遺骸を埋めた。骨壺墓地への埋葬は、中央ヨーロッパのⅥ期の特徴であるが、ハンガリーではⅣ期にすでに始まっていた。

新たな支配者のもとで、交易と産業が再び繁栄を遂げた。ヘラディック中Ⅲ期、後Ⅰ期・Ⅱ期、そして後Ⅲａ期には、広口壺がエーゲ海域から（Ⅲｂ期にはごく少数）、白化粧土を塗った土器がキプロスから、象牙がエーゲ海域を通ってシリアないしエジプトから輸入された。しかし、ヒッタイト製品は皆無だった。アジアの三日月型の青銅鎌は、農業の荒仕事に使えるほど金属が安価になったことを示している。金属工は鑿の製作に際して、鋳造によってではなく、心棒の丸みに沿って茎部を叩打することで、袋穂を成形した。これはヒッタイトの都市[18]における技法と同じである。

エーゲ海域から輸入された広口壺を見るに、トロイVI期は紀元前一七〇〇年頃から一三〇〇年頃まで続いたと判断してよい。その後トロイは、おそらく地震によって、そしておそらくホメロスのいう**アガメムノン***率いるアカイア人によって、破壊され廃絶した。いずれにせよ、廃絶後のトロイには再び人が住み着いた。第七a層のトロイ遺跡は、以前よりかなり貧相な都市であったが、一世紀ほど命脈を保ったのち、暴力的に破壊された。この二〇年間、第七a層のトロイ遺跡がホメロスのいう**イリオン***だと考えられてきた。しかし一九五五年に、この見解に対する説得力ある異論が提示された。いずれにしても、その破壊の後に、未開の種族がヒッサルリクの丘に定住し、瘤状文で飾った粗末な土器をこの地に持ち込んだ。ただしかれらは、旧住民を根絶やしにすることも、旧来の土器伝統を抑止することもなかった。たとえばミニュアス土器のような灰色土器が、第七b層においてなお製作されていた。他方、中央ヨーロッパに通有の手法をもってトロイ遺跡で鋳造された青銅製の袋状斧は、この地に侵入してきた未開種族の故地を疑問の余地なく示している。

*Chapter*
**IV**

MARITIME CIVILIZATION IN THE CYCLADES

# 第 4 章

# キクラデス諸島の海洋文明

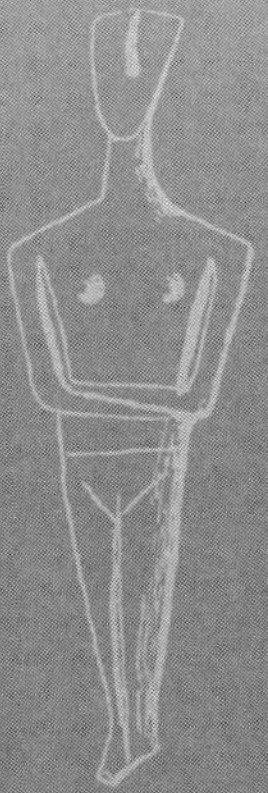

キクラデス諸島はエーゲ海に点在する島々である。かつてアナトリアとギリシアを結んでいた陸橋の名残りであり、アジアからヨーロッパに文化的着想が伝わる通路になっていた。大半が不毛な小島であるこれらの島々は、ただの食糧採集民や自給農民にとって何の魅力もなかった。しかし、アジアからヨーロッパに渡る航海者には便利な停泊地を提供し、温和な航海者を餌食にしようとする海賊には隠れ家にもなった。しかも、都市文明が必要とする銅（パロス島とシフノス島）・黒曜石（ミロス島）・大理石（パロス島など）・金剛砂（ナクソス島）などの原材料を産出した。それゆえ、ヒオス島やサモス島のような大きな島には新石器農民が定住したようであり、他方で当初は素通りされていた小島にも、貿易に（おそらく掠奪にも）生業の道を見出せた共同体が早々に移住してきた。こうした共同体は海岸近くに居住したに違いなく、おそらく町を形成していただろう。ただし、キクラデスの集落のうち十分に調査されたのは、ミロス島の**フィラコピ遺跡**[*]だけである。この遺跡では、連続する三層の市街が識別され、最古の家屋の床面下で採集された土器片が、それ以前の居住を示している。町の一部は海に呑み込まれていたが、一・六ヘクタール以上あったに違いない。最初の町には明らかに防壁がなかった。二番目と三番目の町は堅固な石壁をめぐらし、最終期には厚さ六メートルに達した。城砦集落はシロス島のハランドリアニ遺跡やパロス島などでも知られている。しかし、これらの城砦の時期は比較的新しいようである。フィラコピ第二層の町が築かれてからまもなく、ミノア中Ⅰb期の多彩色土器がクレタ島から輸入された。したがって、この町が紀元前二〇世紀より古い可能性はほとんどない。率直にいえばキクラデス中期である。

これら以外の島々や、もっと古い時期については、墓地から集落の規模および安定性を推定するしかない。十分に調査された墓地はほとんどないが、広範囲に及んでいたことは確かである。デスポティコ島にある三箇所の墓地は各五〇～六〇基、シロス島のハランドリアニ遺跡の墓地はほぼ五〇〇基、もう一つの墓地は五〇基以上の穴墓で構成されている。クリストス・ツンダスは、パロス島に一〇～六〇基の穴墓からなる九箇所の墓地があることに言及している。もちろん、これらすべての埋葬が同時期のものとは限らない。従来は、これらの墓地の大部分をキクラデス前期（紀元前二〇〇〇年以前）のものと考えるのが通例だった。しかしニルス・オーベリは、キクラデス中期に、あるいは後期にさえ下る墓があることを明らかにした。幸運にも、エジプト・クレタ島・テルミ遺跡・トロイ遺跡・ギリシア本土にキクラデスの品々が輸入されている。このことは、キクラデスの文化が紀元前三千年紀に全盛期を迎えたことを存分に示している。大理石製の偶像（例—図23—2）が、主にミノア前Ⅲ期のクレタ島に輸入された。図示した偶像はアモルゴス島の室墓出土品だが、同じ室墓から出土した剣（図23—1）と同様のものが、トロイ第二層の財宝Aに含まれている。キクラデスの

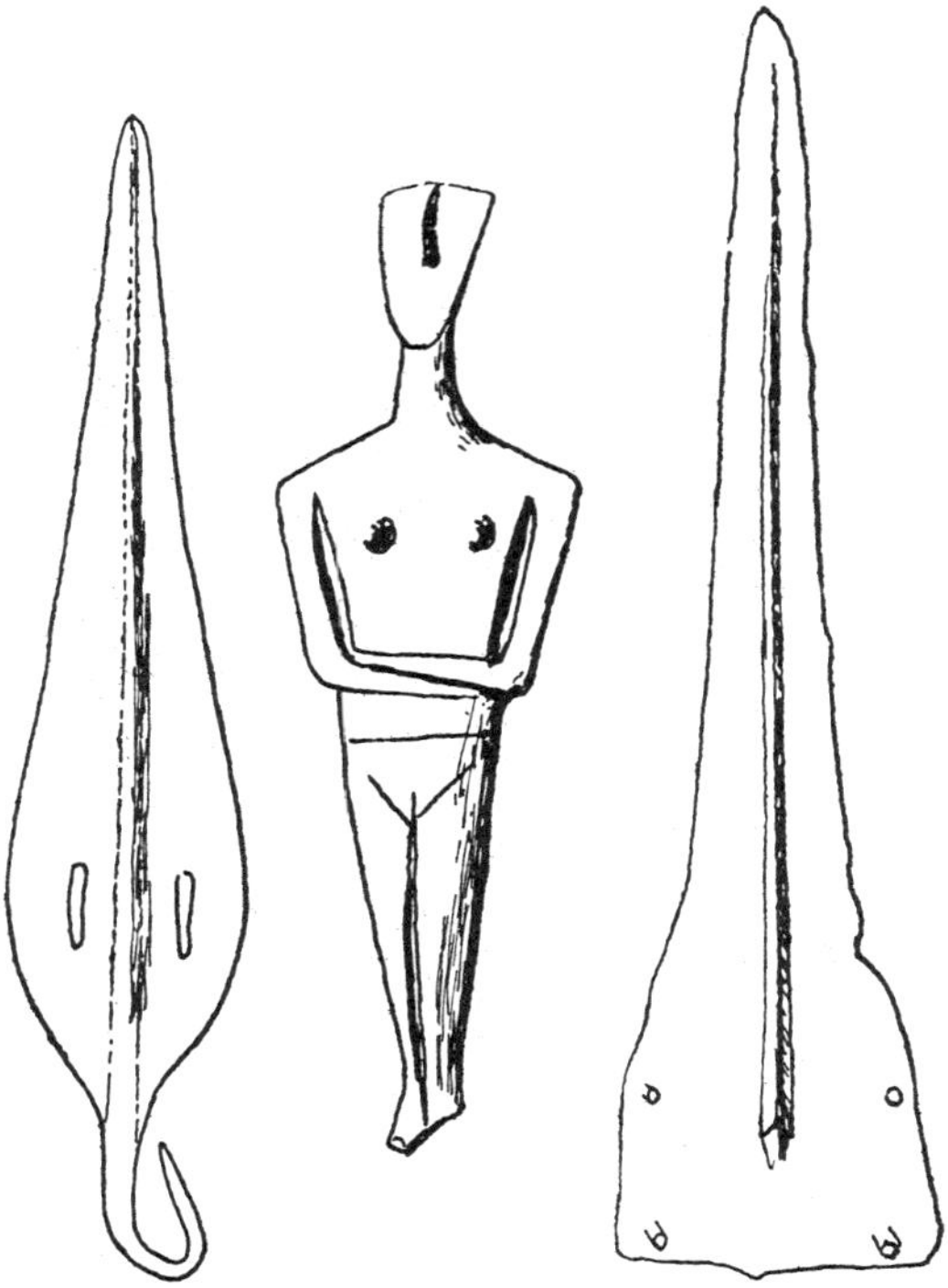

1　2　3

図23　アモルゴス島の室墓群の出土品（S=1/3）
〔原書比 8:10〕

大理石製の壺は、テルミ第一層～第三層において使用され、第一層の鳥形ピンはシロス島でも見つかる。細金を渦巻状にしつらえた双頭ピン（例―図27－9）は、ジグリエス遺跡のヘラディック前期の室墓で発見されている。渦巻文装飾を施す「フライパン」（例―図24右）は、アッティカのハギオス・コスマス遺跡で最古のヘラディック前期の町と、アシネ遺跡のヘラディック前Ⅲ期の層から発見されている。家鴨《あひる》形土器（図28－2）はヘラディック前期にアイギナ島〔ギリシア〕に輸入されたが、中Ⅰ期になってもなお、ボイオティアのエウトレシス遺跡〔ギリシア〕に届けられていた。

そのうえ、パロス島産の大理石で作られた動物形容器が、エジプトの先王朝時代の穴墓から見つかっているし、ジェムデト・ナスル様式の円筒印章が、アモルゴス島のペロス墓群に所属する室墓に副葬されていた。

キクラデスの稠密な人口は交易と製造業によって可能になったとする推定は、上記の輸出品リストによって確証される。もちろん、このリストが全輸出品目を網羅しているわけではない。たとえば黒曜石はミロス島で採掘され、石核や石刃に加工されて、クレタ島やギリシア本土、そのほかの島々へと輸出された。キクラデスにおける副葬品は、専業工人（金属工・貴金属工人・宝石工人）の製作品を含み、銅・錫・鉛・銀などの原料が使われたことを示している。これらの原料は、輸入される場合もあったに違いない。海上交通の役割は、土器にしばしば船が描かれていることにより、いっそう強調される（図24左）。ただしキクラデス諸島民は、商取引に文字を必要としなかったらしく、ミノア人のように印章を常用することもなかった。武器の副葬が（とりわけアモルゴス島において）顕著であり、しかも集落が城砦化していたことは、正規の交易と相俟《あいま》って海賊行為がすでにおこなわれていたことを示すのかもしれない。いずれにせよ、キクラデスの繁栄は海洋交易に依存していた。そのため、交易がクレタ島やトロアド地域の独占的な王侯に「寡占」されてしまうと、衰退するにいたったと考えてよいだろう。そう考えると、キクラデスの人口がミノア中Ⅱ・Ⅲ期から後Ⅰ・Ⅱ期の間に減少したことを、十分に理解できるだろう。もしそうであれば、私たちが手にしている資料の大半はキクラデス前期のものなのだろう。

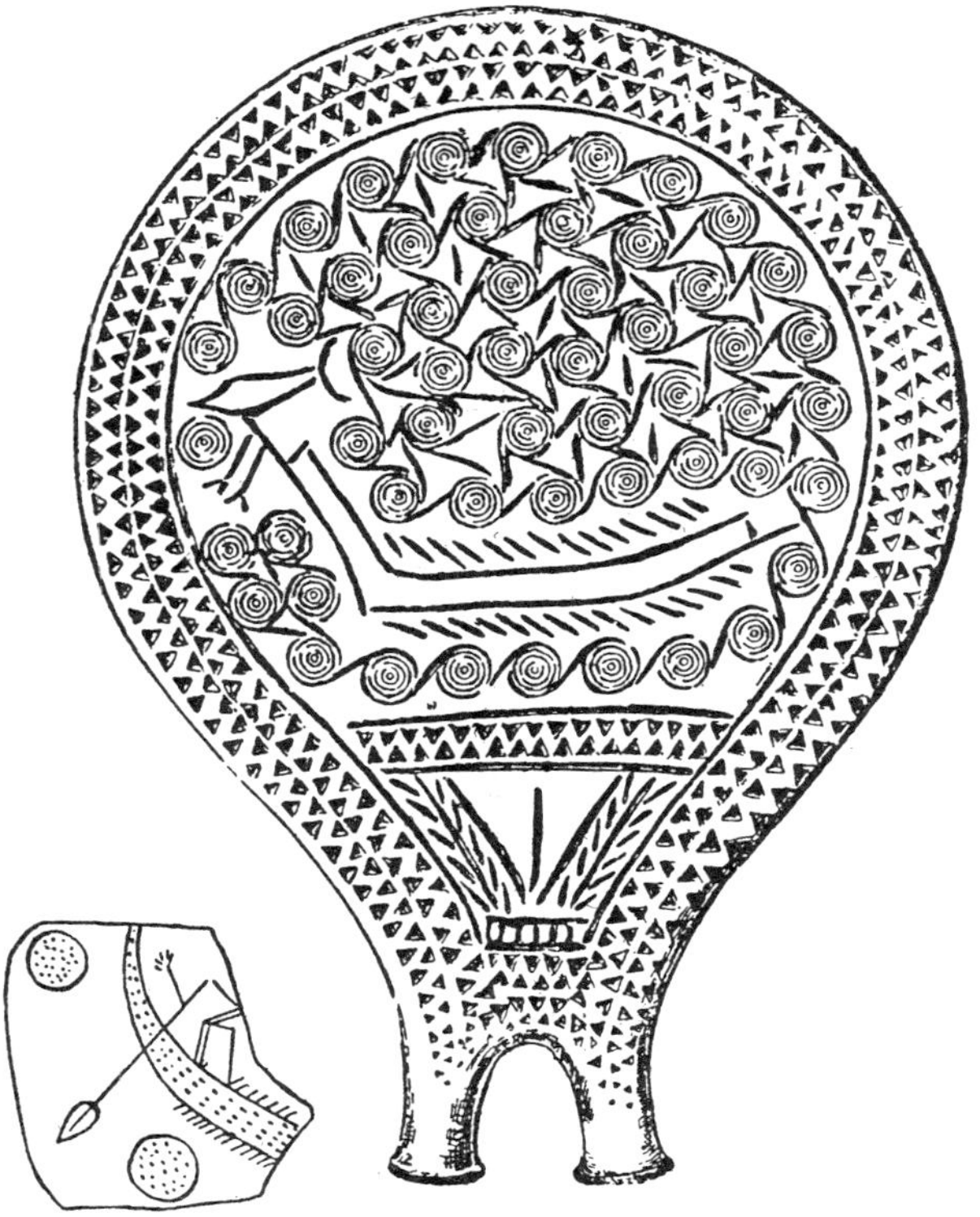

図24　キクラデスの「フライパン」（右）と船が描かれた土器片（左）

だが、このキクラデス前期文化は決して均質ではなかった。キクラデス諸島は、文化的に南北二群に分類でき、両者はナクソス島においてのみ相交わる。南群にはミロス島・アモルゴス島・デスポティコ島・パロス島・アンティパロス島が、北群にはシロス島・シフノス島・アンドロス島・エウボイア島が属する。両群の相違は、副葬品にも埋葬習俗にも表れている。たとえば南群では、ミロス島のフィラコピ遺跡付近に時期不詳の竪坑墓と石室墓が数多くあるものの、前期の墓は基本的に平面台形の箱式石室である。確実にフィラ

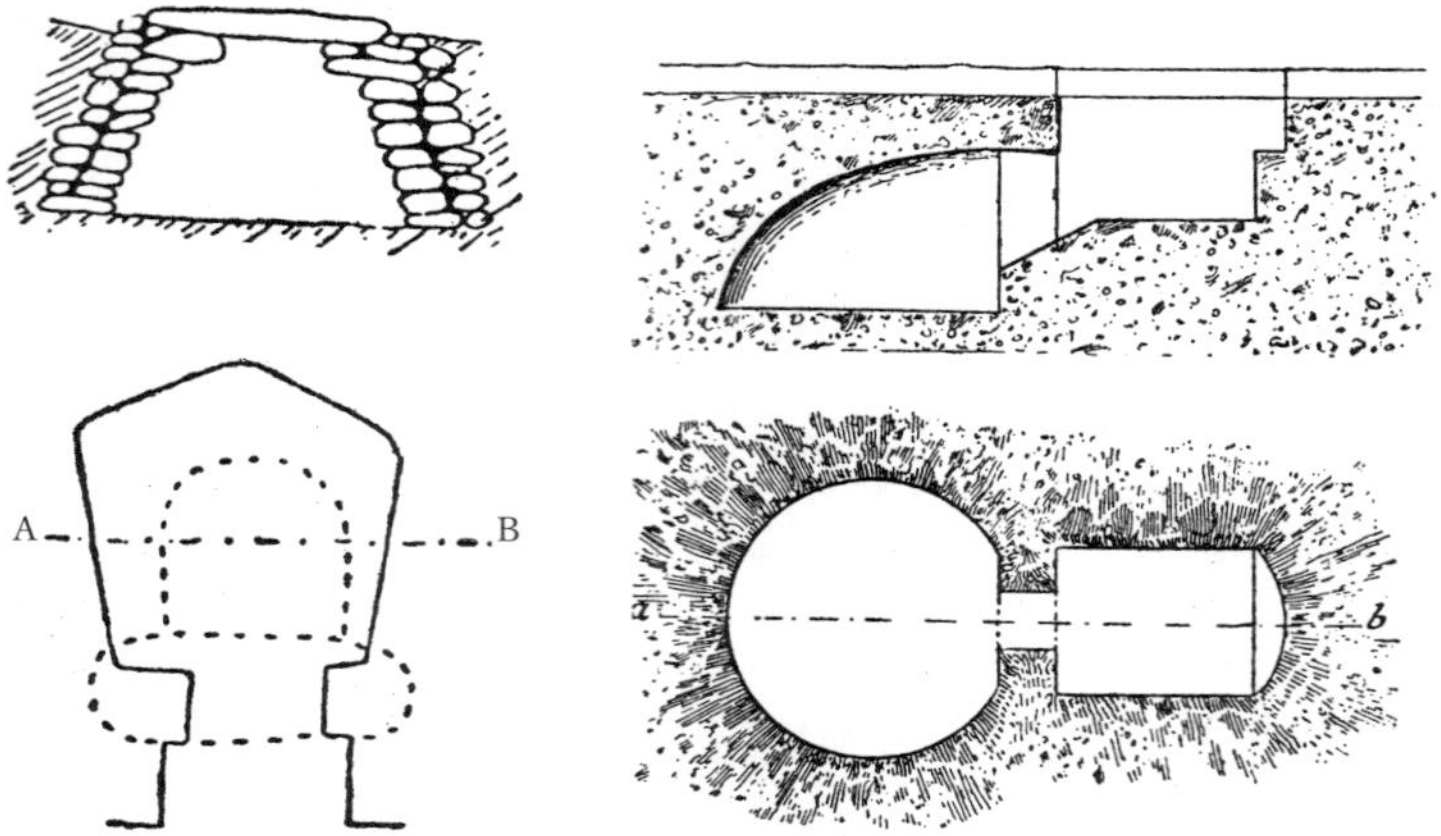


1（シロス島）　2（エウボイア島）

図25　シロス島とエウボイア島の室墓

コピ第一層に先行する最古の墓地（ペロス墓群）では、箱式石室が共同墓所の役割を果たし、各石室には数体の人骨とともに、壺（例―図28－1）や「バイオリン形の偶像」（例―図8－10～12）を納めた。時期が下ると室墓は個人墓になり、図示したような偶像（図23－2）や大理石製の壺や武器が副葬された。北群のシロス島では、山腹を掘り込んで、持送天井をそなえる長方形ないし楕円形の室墓を築いた（図25－1）。これらも個人墓として使われ、天井から一体の遺骸を運び入れた。クレタ島のクラシにあるトロスと同様に、わずか五〇センチ四方しかない入口は儀礼的な一要素にすぎない。エウボイア島の室墓は地面を掘り込んだ地下式墓であり、単体埋葬である（図25－2）。ペロス墓群の最古の壺は茶褐色を呈し、大理石製容器の器形を模倣しており、簡素な籠目文様を施している（図28－1）。北群の島々から出土する新相の土器には、連続渦巻文と彫出三角文（図24右）で飾られることの多い暗色の製品が含まれる。そうした土器は、技法面ではギリシア本土のヘラディック前I期に対応する。しかし、エウトレシス遺跡で出土したキクラデスからの輸入品は、本諸島においてこの種の土器がヘラディック中期にも使用され続けたことを証明している。

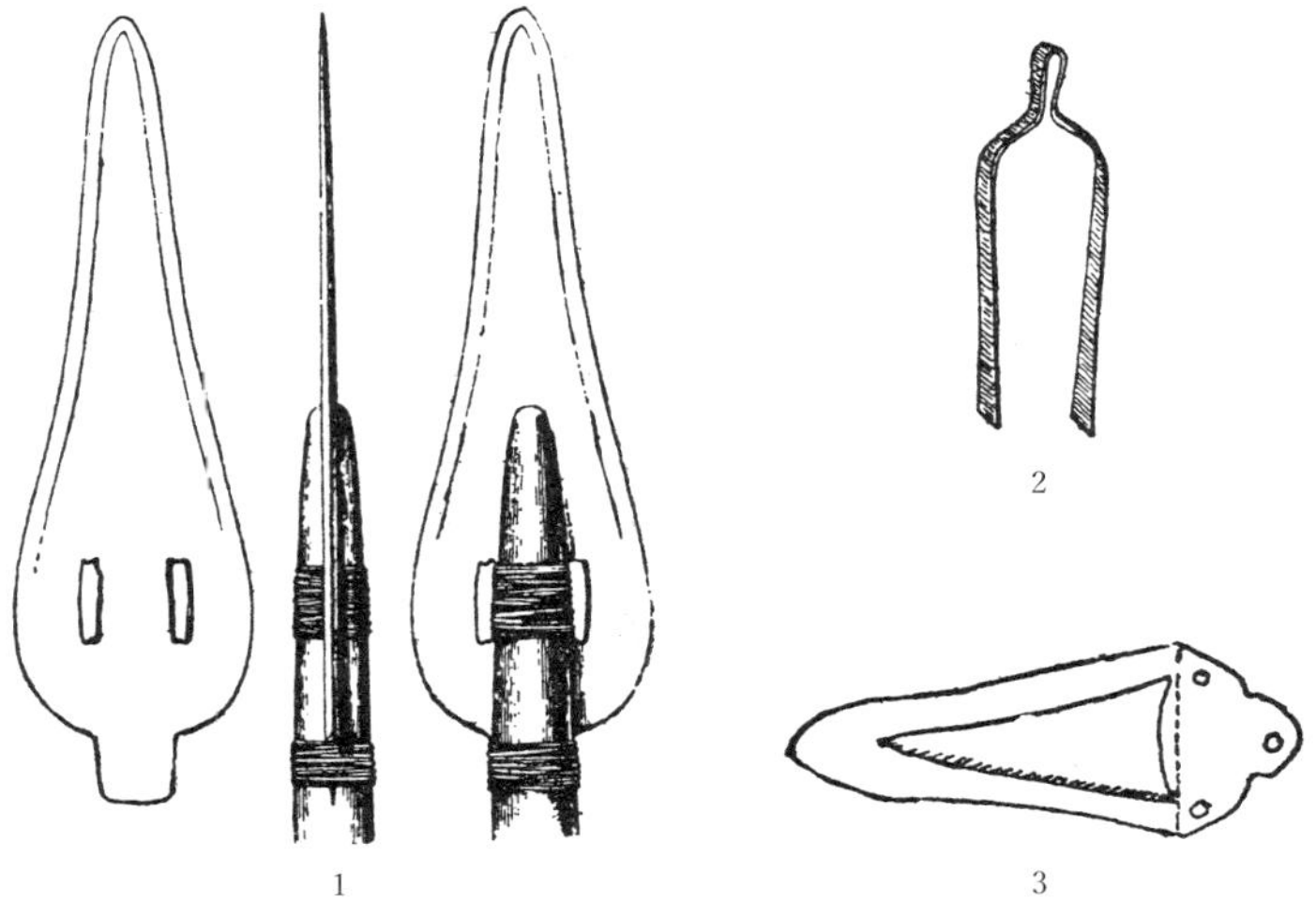


図26　据付技法で溝孔に装着した槍先(1)・毛抜き(2)・戈(3)(S=1/3)

「フライパン」や蓋付きの球形ないし円筒形のピュクシスといった器形が好まれた。シロス島の何基かの穴墓では、この種の土器が、南北両群に共通する大理石製の偶像（図23－2）と共伴している。[20] シロス島とナクソス島にある別の穴墓には、船形調味料容器《ソース・ボート》や斜口縁水差しなど、ヘラディック前Ⅲ期の様式（八七頁）の光沢性釉薬で飾られた土器が副葬されている。そしてまた、北群の島々ではアナトリアの器形が一般的であった。たとえばエウボイア島のある室墓群には、トロアド文化の土器（例―図19－3・4）と短剣（例―図20－2）ばかりが副葬されている。

キクラデス（の北群）の船に施された魚の紋章は、もともとナイル川河口のデルタ地帯に位置する先王朝時代の一地方の標準的文様であった。ただ、当のエジプトでは歴史時代まで残らなかった。とすると、メネス王がデルタ地帯を征服した際に、この「魚」種族はナイル地方からキクラデスに逃れてきたのかもしれない。これ以外のキクラデスの特色や石製壺が好まれたことも、ナイル地方に由来する特色かもしれない。そのようなキクラデスの特色として、毛抜き（図26－2）、石製護符とりわけ図示した型式の護符（図27－4）の流行、化粧板の使用といったものがある。[21] ただしキクラデスの化粧板は、総じてエジプトやミノアのものよりも細長くて凹んでいる。

これに対して、金属細工・土器・服飾は、アフリカ的というよりもアジア的である。幅広の扁平斧は斧頭として使用された。柄孔斧はキトノス島の一括埋納から出土した槌斧と縦横両用斧しかない。頑強な鎬と目釘をもつ短剣は、主にアモルゴス島で一般的だが、クレタ島のように銀製の場合もある。槍先には装着用の溝孔が穿たれている（図26－1）。鉤状の茎をもつ型式（図23－1）については、アジアの祖型との関連性をすでに指摘しておいた（五四頁）。

少なくともキクラデス北群の島々では、アナトリアと同様に、ピンで衣服を留めていた。すでにこの地域で、双頭渦巻式ピンと鳥頭ピンが出会っていた。銅製か銀製の指輪・腕輪・頭飾り《ディアデム》もアジアと同じように着用された。銀製の頭飾りは、クレタ島のモキオスにあるミノア前Ⅱ期の室墓やウルの王墓から出土した金製装飾品に似ている。ビーズと護符の一部はアジアのものかもしれない。ペロス墓群の初期の室墓でさえ発見される鳩形垂飾は、とくにそうである。いわゆる男根形（あるいは両翼形）のビーズ（図27－3）は、エジプトとメソポタミアの蠅形護符に類比できるかもしれないが、たぶんその起源は、中石器時代のパレスティナにいたナトゥフ文化人が鹿の歯で作った形状に求められよう。北群の島々の特製品として、顔料を入れる装飾骨管（図27－1）がある。しかし、これに似た管製品がトロイ第四層および第五ａ層やシリアのビブロス遺跡から、そして西ギリシアのレフカス島〔現レフカダ島〕からも発見されている。

素焼きの葬送用土器は、クレタ前期と同様に概してアナトリアの伝統に属している。ピュクシスのようないくつかの器形も、同じく漠然ながらもアナトリア的である。北群の墓にごく一般的に見られる奇妙な「フライパン」でさえ、中部アナトリアのアラジャ・ヒュユクの「王墓」から銅製品が出土している。その彫出文様と把手の形状は、この風変わりな什器が木製のオリジナル製品を手本に作られたことを示している。他方、キクラデス

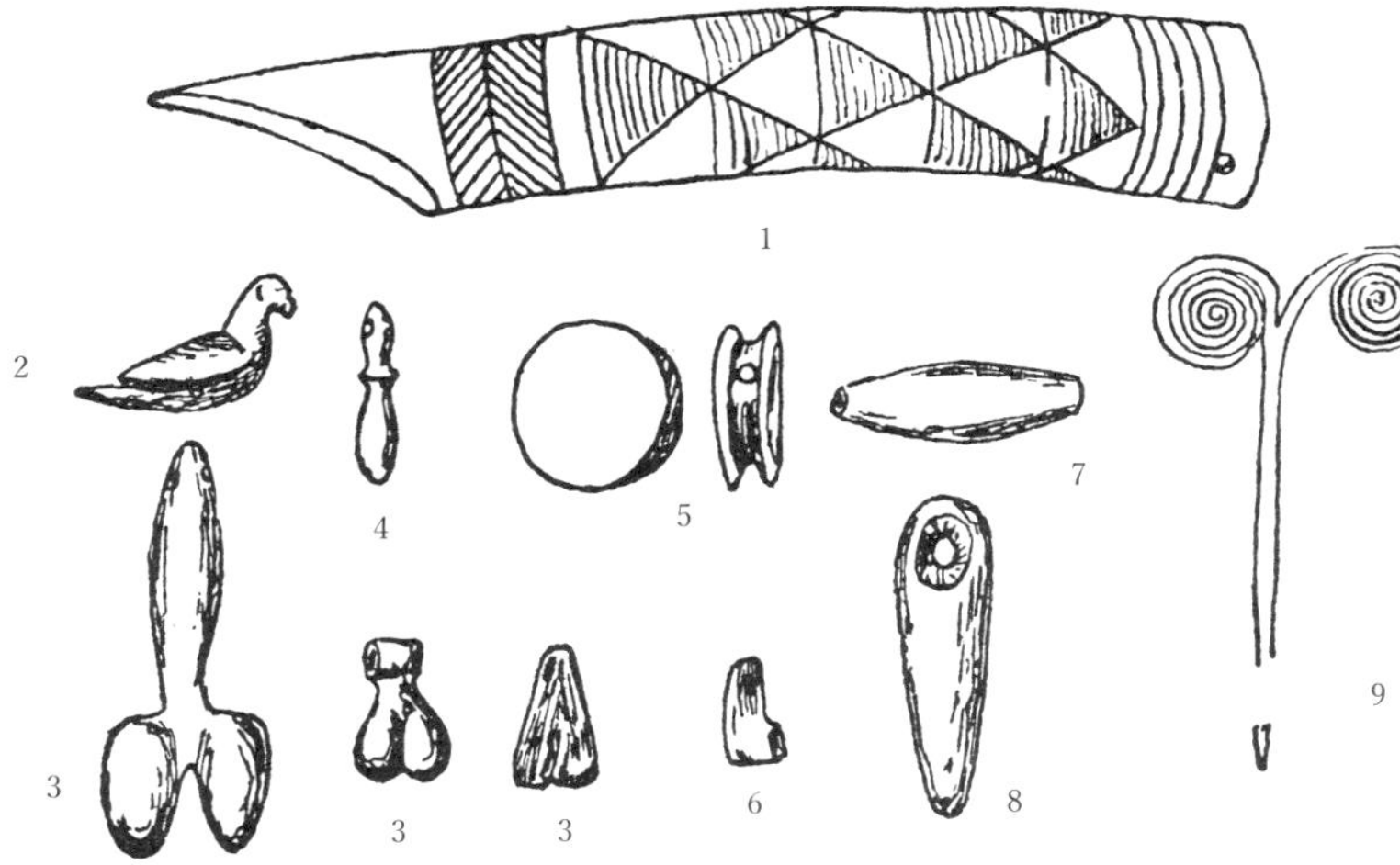

図27　キクラデス前期の装飾品(S=2/3)。パロス島出土品(2～8)、シロス島出土品(1・9)

北部の土器に施された連続渦巻文は、一般にドナウ川流域のモチーフだと考えられてきた。ところがカシュニッツ・ワインベルクは、連続渦巻文が、ヨルダン渓谷のガッスル文化前期の土器に現れる巻貝断続圧痕文から着想を得たものではないかと想像している。またワインベルクは、器面の線刻渦巻文を初期シュメールやアナトリアの金細工の金線渦巻の模倣だと考えている。

　すでに指摘したことだが、ミノアの宮殿が暗示するように、クレタが海洋交易を掌握し、好戦的な「ミニュアス人」がヘラディック文化の街々を占拠したとき、キクラデス文化は衰退した。大半の島では、細身の長剣や輸入品のミニュアス土器からキクラデス中期ないし後I・II期に編年される墓は、ほんのわずかしかない。図示した「戈《か》」(図26－3)は、アモルゴス島のアケシネにあるキクラデス中期の竪坑墓で出土したものである。西方から輸入されたにせよ、西方の製品を模倣したにせよ、これを戈とする解釈は実に不確かである。とはいえ、この戈と同じ室墓から出土するようなキクラデス中期の土器が、西地中海でも発掘されており(図41)、少なくともこの方向に進出しようとしたキクラデスの企図がうかがえ

1

2

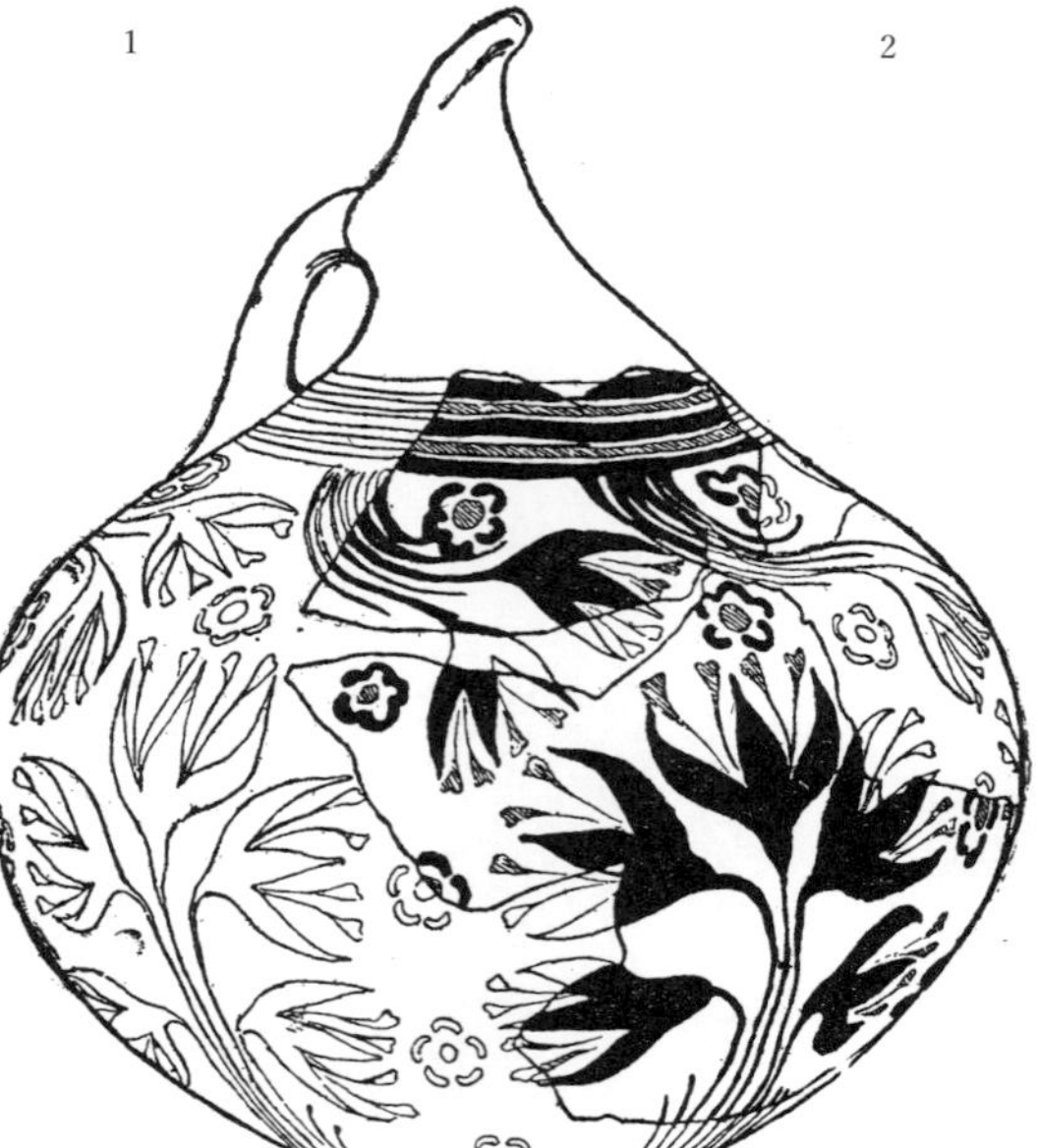

3

図28　キクラデスの土器。ペロス島出土品(1)・フィラコピ第一層出土品(2)・フィラコピ第二層(キクラデス後期)出土品(3)

る。だが、ミロス島の黒曜石資源はこの島にミノア貿易の分け前を保証していたし、**テラ島**＊〔現サントリーニ島〕にしても、火山の噴火が住民を打ちのめしてしまう前には、隣島の富の恩恵に浴していた。ミロス島のフィラコピ第二層は、整然とした街路をそなえる防柵都市であった。当期のフィラコピ遺跡において、ギリシアから輸入したミノア中Ⅰ～Ⅱ期の多彩色土器とミニュアス土器が、最古の家屋の床面から一緒に発見された。このことは、ミロス島とクレタ島およびギリシア本土との関係がいかに緊密であったかを示している。これと反対に、ミロス島におけるキクラデス中Ⅰ期の**鈍彩土器**＊は、中部アナトリアのアリシャル遺跡で出土する前期青銅器時代の土器に、すなわちカッパドキア式土器にかなり似ており、あたかもこの島が東方とも結びついていたかのように思われる。フィラコピ第二層の新段階に、クレタ島の宮殿のような柱の間《ま》をそなえ、ミノア中Ⅲ期の技法で描いた飛び魚のフレスコ画で飾られた大建造物が造営された。この建造物は、ミノアの総督か領事の邸宅かもしれない。陶工の技能は産業化されていた。しかし轆轤製の土器は、中Ⅲ期～後Ⅰ期のミノア様式を模倣した艶消し塗りの、美しい自然主義的な文様で装飾されている（図28－3）。だが、製陶技術と様式は変化したけれども、その伝統に断絶は認められない。フィラコピ第二層の初頭もしくはその前にさえ、艶消し塗りが釉薬技法にとってかわっていたが、その文様は当初、キクラデス前期と同じく幾何学文様だった。ミケーネ後期（ミノア後Ⅲ期）には、フィラコピ遺跡の城砦が増強された。石壁は厚さ六メートルに達し、門付近の階段は見張り塔や壁頂路に通じていた。ほかの島々の大半に、この時期に居住された痕跡がある。しかし、それらの文化はもはや、一〇一頁で説明するミケーネの「共通文化《コイネー》」の変種にすぎなかった。

*Chapter*
V

FROM VILLAGE TO CITY IN GREECE

# 第5章

# ギリシア——村落から都市へ

バルカン半島の南端は、険阻な山脈と深い谷および湾が入り組んでいる。それにもかかわらず、有史の鉄器時代と同様に、先史の青銅器時代を通じて文化的な統一性を示していた。石器時代のギリシア半島は、一時的に二つの文化に分かれていたこともあったが、マケドニアは、そしてトラキア南部でさえ、同一の文化領域に属していた。それゆえ、継続的に居住された城砦と農村のテルで観察される層序が、一定の留保を含みながらも、ギリシア半島全域に適用できる編年枠を与えてくれる。古典期のテッサリアやアルカディア、北西ギリシアの山岳地方、もっと山がちなマケドニアは、ボイオティアやアッティカやラコニアに比べると、文化的な後進地であった。トラキアは率直にいって未開であった。同様の後進性は青銅器時代にも看取できる。つまり青銅器時代の初頭から、マケドニアの文化はその異名「マケドニック」〔古代ギリシア語で「高地人」の意味〕にふさわしく、ギリシア半島の文化からひどく乖離してしまった。これはテッサリアにも当てはまるだろう。

こうした制約はあるものの、ギリシア本土の青銅器時代は、クレタ島の分期になぞらえて、ヘラディック「前期」「中期」「後期」に三大分され、これら各期はさらに細別される。先行する新石器時代も同様に細別されている。しかし、前期新石器時代はまだひどく漠然としており、中期新石器時代は旧編年の第一期ないし「A期」に相当する。ヘラディック後期、すなわちミケーネ期の絶対年代については、クレタ島や東地中海の文字を有する国々との物資交流から、自信をもって割り出せる。たとえばヘラディック後Ⅰ期は遅くとも紀元前一五〇〇年には開始し、後Ⅲｂ期は紀元前一二〇〇年の直後に終了した。紀元前一八〇〇年頃とされるヘラディック中期の開始は、ミロス島のフィラコピ遺跡においてヘラディック中期の土器とミノア中Ⅱ期の土器が共存していることから推測される。そして、ヘラディック前Ⅲ期の層から出土するミノアの印章とその封泥《ふうでい》*は、ミノア前Ⅲ期のクレタ島と第六～一一王朝期のエジプトとの年代的な併行関係を示す証拠となる。それ以前の時期の古さについては、堆積物の相対的な厚さが示唆ぐらいは与えてくれる。たとえば、エウトレシス遺跡では厚さ六・五メートルのうち四メートルが、コラコウ遺跡では厚さ四・五メートルのうち二メートルが、ヘラディック前期の廃墟である。しかし、ツァングリ遺跡のテッサリア文化期のテルには、エーゲ前期に（おそらく中期にも）人が住み、合計一〇メートルの堆積のうち五メートルが中期新石器時代に属している。結局のところ、ヘラディック期と新石器時代の各時期は、総じて土器様式から決定されるのであり、実際にこれらの時期は、特徴的な様式の土器が特定の遺跡で製作されていた時期としてあつかわれるのが通例であることを思い出さなければならない。たとえば、後進的なギリシア北西部にあるレフカス島において、ヘラディック後期の（遅くともミノア中Ⅲ期の）型式の長剣が、ヘラディック前期の見事な土器と明らかに共存している。つまり、上記のヘラディック前期および中期の絶対年代は、エーゲ海沿岸と近隣の後背地にのみ有効なのである。周辺地域では数世紀の遅れを許容しなければならないのだ。しかも、どの地域においても、後期新石器時代とヘラディック前Ⅰ期の区別があまり明瞭でない。実際、後期新石器時代の一部とヘラディック前Ⅰ期がかなり重複することが、一般に認められている。ワインベルクは、テッサリアの後期新石器時代とペロポネソス半島のヘラディック前Ⅰ期を同じものと見ている。

## 前期・中期新石器時代

食糧採集民は、すでに旧石器時代にギリシア半島に足を踏み入れていた。ところが、それに続く中石器時代の食糧採集民が残した遺物はまだ見つかっていない。たぶん、そうした遺物を組織的に探索してこなかったからだろう。現時点（一九五六年）の考古記録は、出来栄えのよい土器とそのほか若干により特徴づけられる、成熟した新石器文化から始まる。コリントからテッサリアに及ぶ地域では、ピンク色と灰色が混ざった「まだら土器」が最古層の特徴であるようだ。しかし、テッサリアのオチャキ・マグーラ遺跡で認められる、この最古層より一つ新しい層と、レフカス島のキロスピリア洞窟遺跡から、**カルディウム貝***の縁で施文したり粗面仕上げを施した土器片が出土する。これらの土器は、バルカン全域と西地中海沿岸部にいた新石器時代最古の入植農民の表徴であり、独特な女性像を伴っている。こうした女性像からも、初期のテル形成からも、これら初期入植民の農村経済と精神活動《イデオロギー》が、それ以前の西南アジアの耕作民のものと一致すると推測してよいだろう。現に後者の耕作民の一部は、北方のよく知られた同族や中期新石器時代の後継者と同様に、カルディウム貝の圧痕で土器を飾っていた。

中期新石器時代までに、すでに一つの豊かな文化が、西マケドニアのセルヴィア遺跡からアルカディアのアセア遺跡にいたる、そして西方ではレフカス島からアッティカの海岸部にいたる、山に囲まれた半島全域を覆っていた。この文化はテッサリアと中部ギリシアの肥沃な流域にもっとも顕著に表れており、テッサリアのボロス湾に面した**セスクロ遺跡***にちなんでセスクロ文化と呼ぶのが通例である。テッサリアと中部ギリシアの農民は、自給自足の小村落内で利用できる環境を見出し、そこに継続的に居住した。円形か長方形の質素な小屋に住んでいた。小屋は、枝を編み泥を塗って壁立てをするか礎石上に泥煉瓦の壁を築いたものだった。セスクロ遺跡出土の家屋模型は切妻屋根である。このような住居が再建を繰り返してゆくうちに、集落は小さなテルになった。こうしたテルをギリシア語でトゥンバないしマグーラという。このように積み上がったテルはおびただしく存在するが、総じて小規模である。テッサリア文化期のテルの平均範囲は一〇〇×七五メートルである。ただし、フォキスのハギア・マリナ遺跡のテルは三〇〇×二〇〇メートルに及ぶ。

テルが形成されたということは、農民を果樹に縛りつける果樹園経営とまではいかないにせよ、農村経済が畑の肥沃さを維持できるほど発達していたことを意味する。A期の村落民は、穀物を（おそらく野菜と果樹も）栽培し、[22]牛・羊・山羊・豚を飼って暮らしていた。

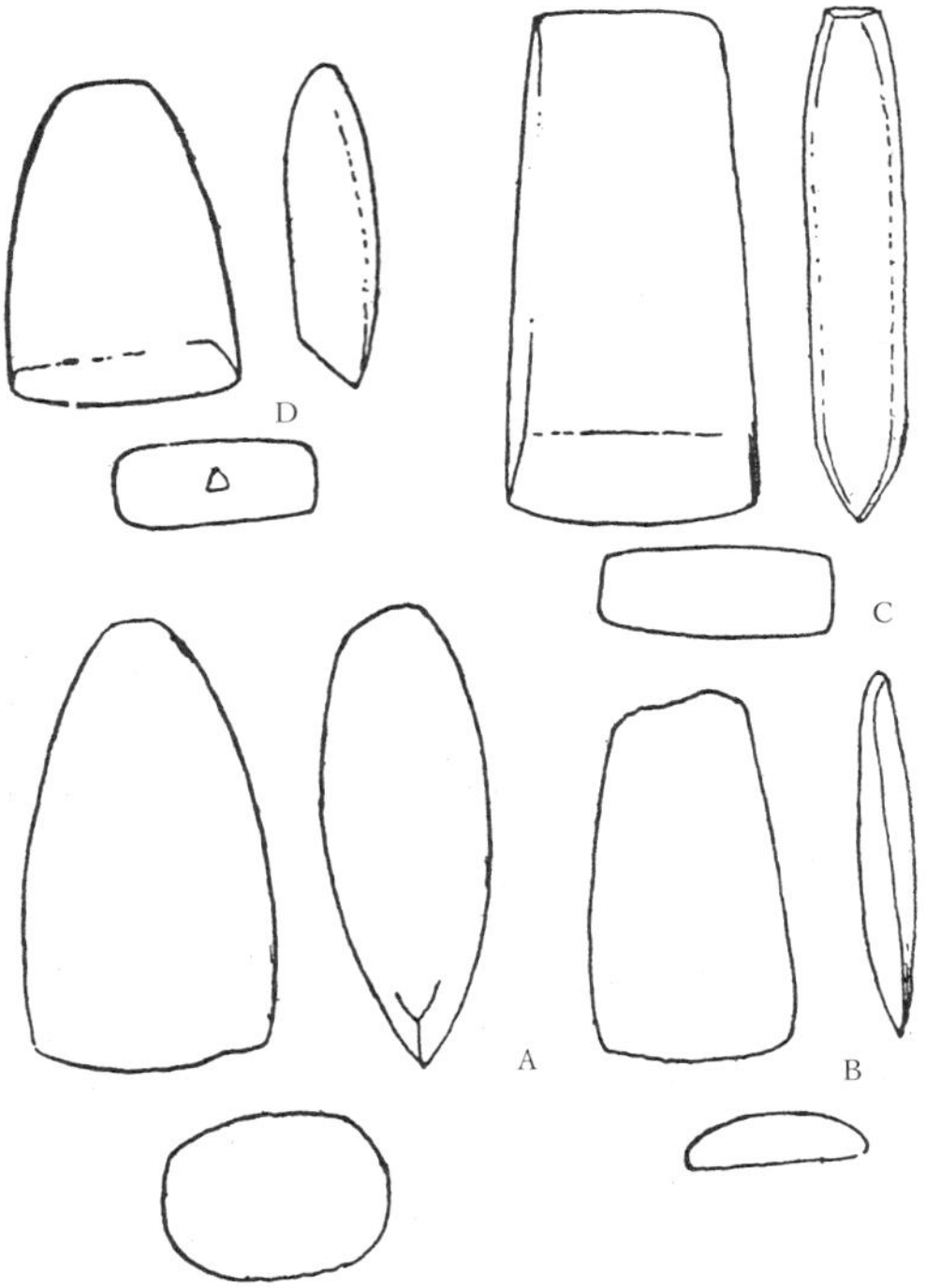


図29　テッサリア文化の石斧(A・C)と手斧(B・D)(S=1/2)
［ツンダスによる］〔原書比 9:10〕

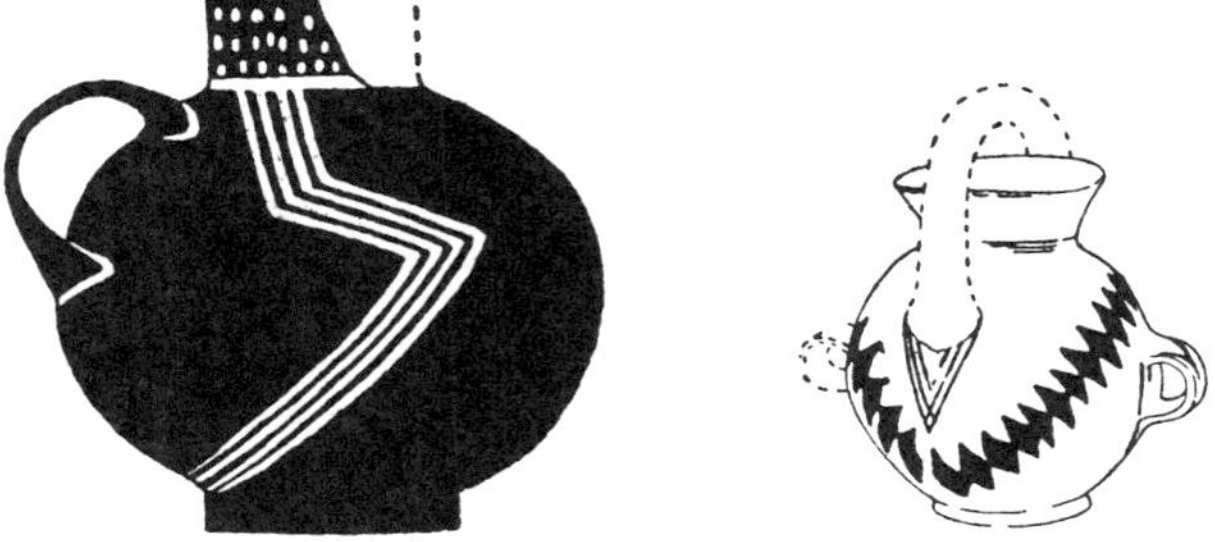

図30　セスクロ様式の土器。赤地白彩土器(左)と白地赤彩土器(右)(S=1/4)
［ウェイスとトンプソンによる］

専業ではない陶工が籠を模倣して、またおそらく金属容器をも模倣して、優美な土器を手捏《づく》ねで作り上げた。それは非常にきめ細かく磨き上げられた土器であり、色調は一般に赤色であるが、ペロポネソス半島では黒色やまだら色のこともあった[23]。土器はV字文や周回列点文や白線で描いたシンプルな直線で飾られたようである。北ギリシアでは、器面に白化粧土を塗り、その上に模様を赤く描くことが多かった。中部ギリシアとペロポネソス半島では、しばしば白化粧土が省略された。模様は実に念入りなことが多く、明らかに祖型の籠に由来するものである。ただし、小村落ごとに独自の施文法を発展させていた。底部の高台《こうだい》と実用の把手が、後の目覚ましい洗練ぶりを予兆している。また、ペロポネソス半島のネメア遺跡から出土した革袋の模倣土器は、ヘラディック前期のアスコス（例―図36－2）に近似する。

　簡素な石製容器もセスクロ遺跡で発見されている。図示したような骨篦（図45下）は、未確認の前期新石器時代の集落からいずれ出土するはずだ。

　新石器時代の小村落は、自給自足の共同体ではあったが、相互に孤立していたわけではない。土器を交換していたし、それ以外の日用品も間違いなく交換されていた。戦争の存在は証明されていない。発見される明確な武器は石の投弾だけで、おそらく狩猟に使ったのだろう。地方圏外と平和に交渉していたことは、黒曜石が広く使われていたことから明らかである。ツァニ遺跡では十字模様入りの石製押捺印章が発見されており、セスクロ遺跡やハギア・マリナ遺跡やネメア遺跡からは、印章の雛形土製品の出土が報告されている。その型式は間違いなく近東に起源があり[24]、総じて「銅石時代」の状況下で出土する。とすれば、「新石器時代」のギリシアでは銅が知られていたのかもしれない。一部の土器には、金属容器の器形を、しかも鋲さえ模倣したものがあるようだ。システ・ソテリアドスは、ハギア・マリナ遺跡におけるセスクロ文化期の集落の未攪乱層から、鋲留めした銅製短剣を発見したと主張している。しかし、金属の恒常的供給を確実にするための持続的な努力は、まだなされていなかった。

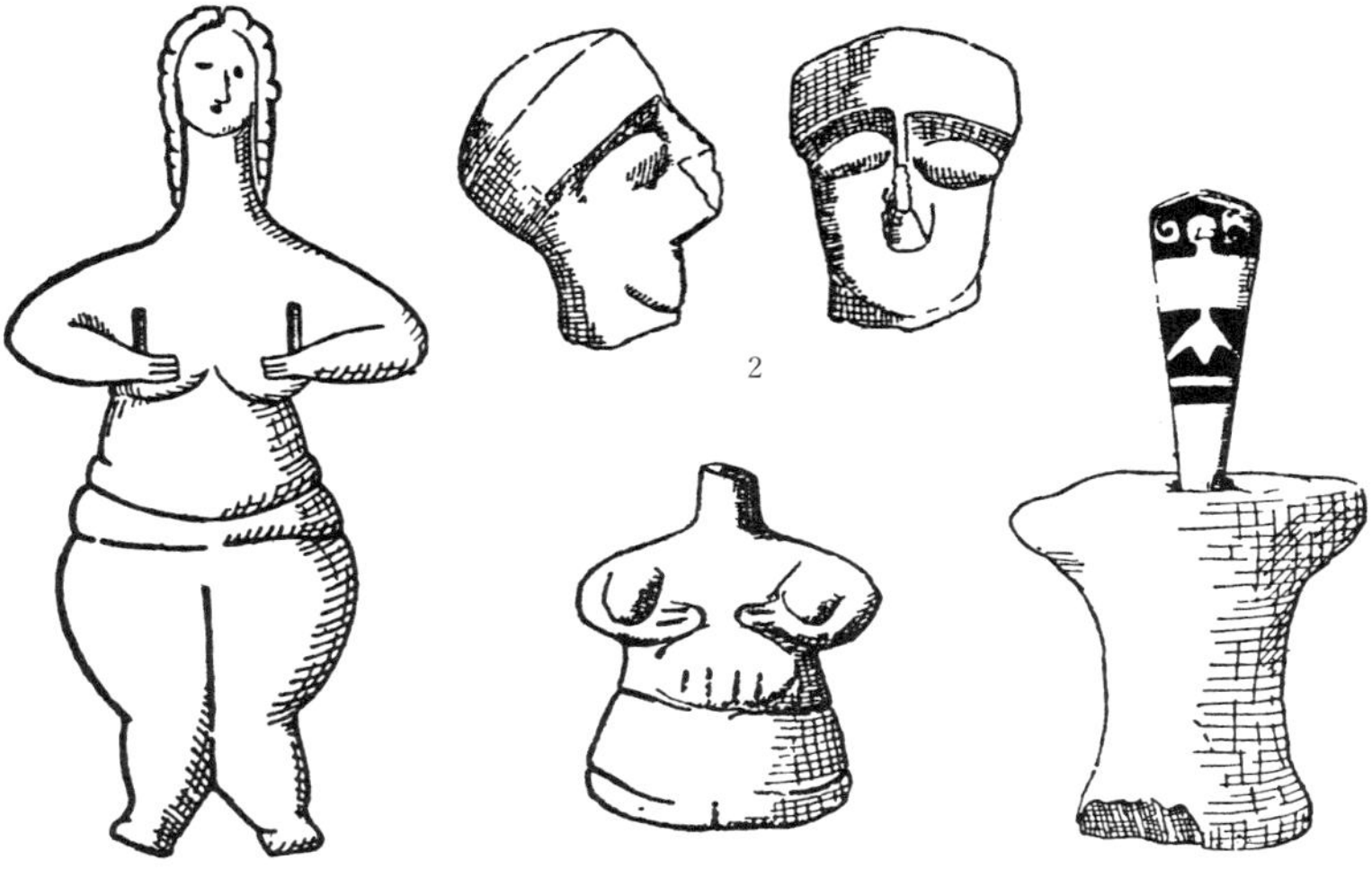


図31　テッサリア出土の新石器時代の小像（1:S=2/3、2:S=1/1、3・4:S=1/2）
［ウェイスとトンプソンによる］

余力はむしろ家庭内の豊穣儀礼に向けられた。儀礼用の土偶（図31）は、女性の立像や座像であり、しばしばかなり迫真的に表現された。カイロネイア（ギリシア）出土の一例は幼児を抱いている。この表現は「育児者《クーロトロフォス》」とされるものである。玉座ないし祭壇の模型（図32）も作られた。農民は、石製の腕輪や（ドナウ川流域と同じように）スポンディルス貝製の腕輪を、装飾品や魔除けのお守りとして着装していた。また、シュメールのアル・ウバイド文化と同じように、石製の鼻栓も身に着けていた。

セスクロ文化は、その農村経済と精神活動において、そしてもっと特殊な装備（泥煉瓦建築、弓矢に代わる投石器、土製投弾の形状、押捺印章の普及、窯焼成の土器を彩る暗色の籠目文様）において、地中海沿岸からイランおよびトルクメニアまで広がる西南アジア地方の、まさに極西辺境の入植地であったことを示している。土器の特色だけを見れば、アナトリア高原よりもシリアと特別な形で結びついている。キプロスの銅石時代の土器[25]は、上記した

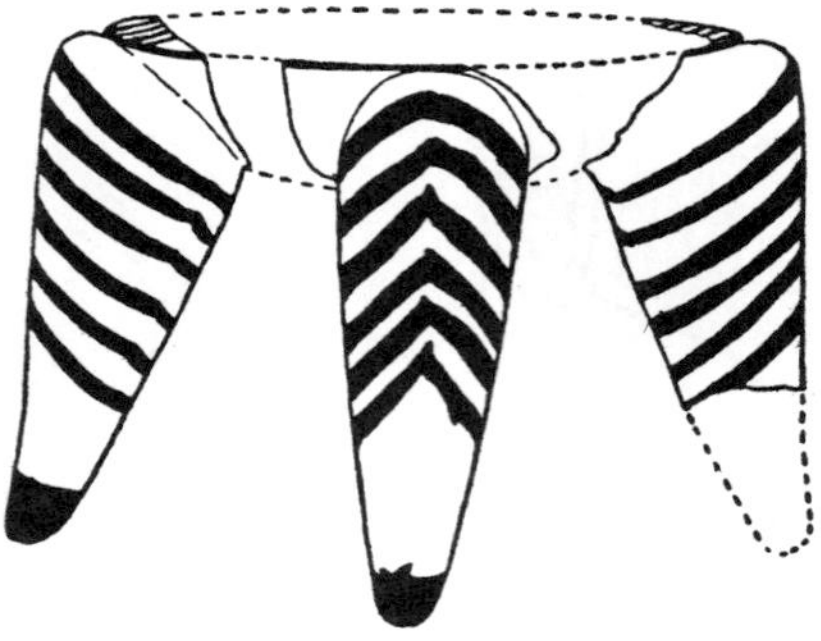

図32　ミニチュアの祭壇ないし玉座（S=1/2）
［ウェイスとトンプソンによる］

白地赤彩土器に技法面で酷似しており、はるか東方のハッスーナ＝ハラフ文化複合とつながりがあるのかもしれない。同時にまた、ドナウ川下流域および中流域の諸文化との関係もすでに認識されている。セスクロ文化との重要な共通要素として、靴形手斧・三角形の祭壇・貝製腕輪がある。

　セスクロ文化は長期間にわたって存続した。たとえばツァングリ遺跡では、厚さ一〇メートルに及ぶ集落堆積物のうち五メートルが、ゼレリア遺跡では計八層の居住層のうち四層が、セスクロ文化に属している。しかしついに、セスクロ文化の伝統の連続性が破られる時が来た。製陶技術・芸術・建築の、さらに経済の変化は、新時代すなわち後期新石器時代の到来を画するだけでなく、新たな入植者の侵入をも示しているのかもしれない。入植者は少なくとも二つの集団に区別できるだろう。すなわち、東テッサリアとコリントスにいたディミニ族《フォーク》と、西マケドニア・テッサリア・中部ギリシア・コリントスにいたラリサ民族集団《ピープル》である。だが、両集団の境界はどの地域でも不完全である。たとえば女性像は依然として土製だったが、東テッサリアでは「育児」形式が残存し、ディミニ様式の彩色が施された。後には、石製ないし土製のずんぐりした円筒形の頭部を無脚の胴体に差し込むという、ひどく概略化した型式（図31－4）が現れた。この型式はドナウ川流域を越えて、グメルニツァ文化に認められる。したがって、旧住民は新来の移住民に吸収されるか、あるいは従属させられたと推測できるかもしれない。新来の移住民の文化は、バルカン半島と親縁性があるようだが、その到来の様相は地域ごとに異なっている。

## 後期新石器時代

ボロス湾付近のディミニ遺跡に、まったく新しい集落が築かれた。それ以前の開放的な小村落とはうって変わり、石壁を複合して防御していた（図33）。セスクロ遺跡も同じ時期に城砦化されていただろう。[26] どちらの城砦内にも、玄関と中央の炉をそなえたメガロン型式の邸宅が建てられた。どちらの遺跡でも、片刃手斧（図29－D）が使われなくなり、斧（図29－C）が初めて用いられるようになった。ディミニ遺跡の手斧は、穿孔した鹿角製雇柄に装着されていた。銅と金が輸入されるようになった。ディミニ遺跡出土の扁平銅斧頭二点と金環垂飾一点（図34－2）はその代表例である。東テッサリアでは、渦巻文と雷文が、通常は旧来の籠目文様と組み合わさって土器に施されるようになった。文様は沈線で施すか、黄褐色・赤色・褐色の地に白色か淡黒色で描かれ、それらを黒色か白色で縁取ることもあった。高い脚台付きの皿である果物台は、重要な革新的器種だった。これに似た土器は、コリントとアルゴスでも、やはり後期新石器時代の状況下で発見されている。[27]

ディミニ土器は、技術面でセスクロ土器に劣る。たとえば、ディミニ土器では高台がなくなり、実用の把手が有孔突起にとってかわられる。ただし一部の突起には、角《つの》を付けたり、細かく加工して動物の頭部にしたものもある。それゆえディミニ土器を、在地の中期新石器文化の伝統が自律的に発展したものとは見なせない。ドナウ川流域からやって来たに違いない新たな民族集団が、ディミニ土器をこの地にもたらしたことは疑いない。というのも、ドナウ川流域では、渦巻文と雷文が常に盛行していたし、鹿角が製造用に広く使われていたからである。ディミニ土器はバルカンのスタルチェヴォ文化の彩色土器と技術面で一致する。しかし後者の彩色土器は、先述した前期新石器時代のギリシアの粗面仕上げ土器と、バルカンで共存している。ところが彩文にせよ刻文にせよ、渦巻文と雷文がもっとも見事に組み合わさっているのが、ティサ川＝ムレシュ川流域なのである。

ディミニ文化はテッサリアでは東部に限られ、西部はラリサ文化が占めている。ラリサ文化は中部ギリシアと

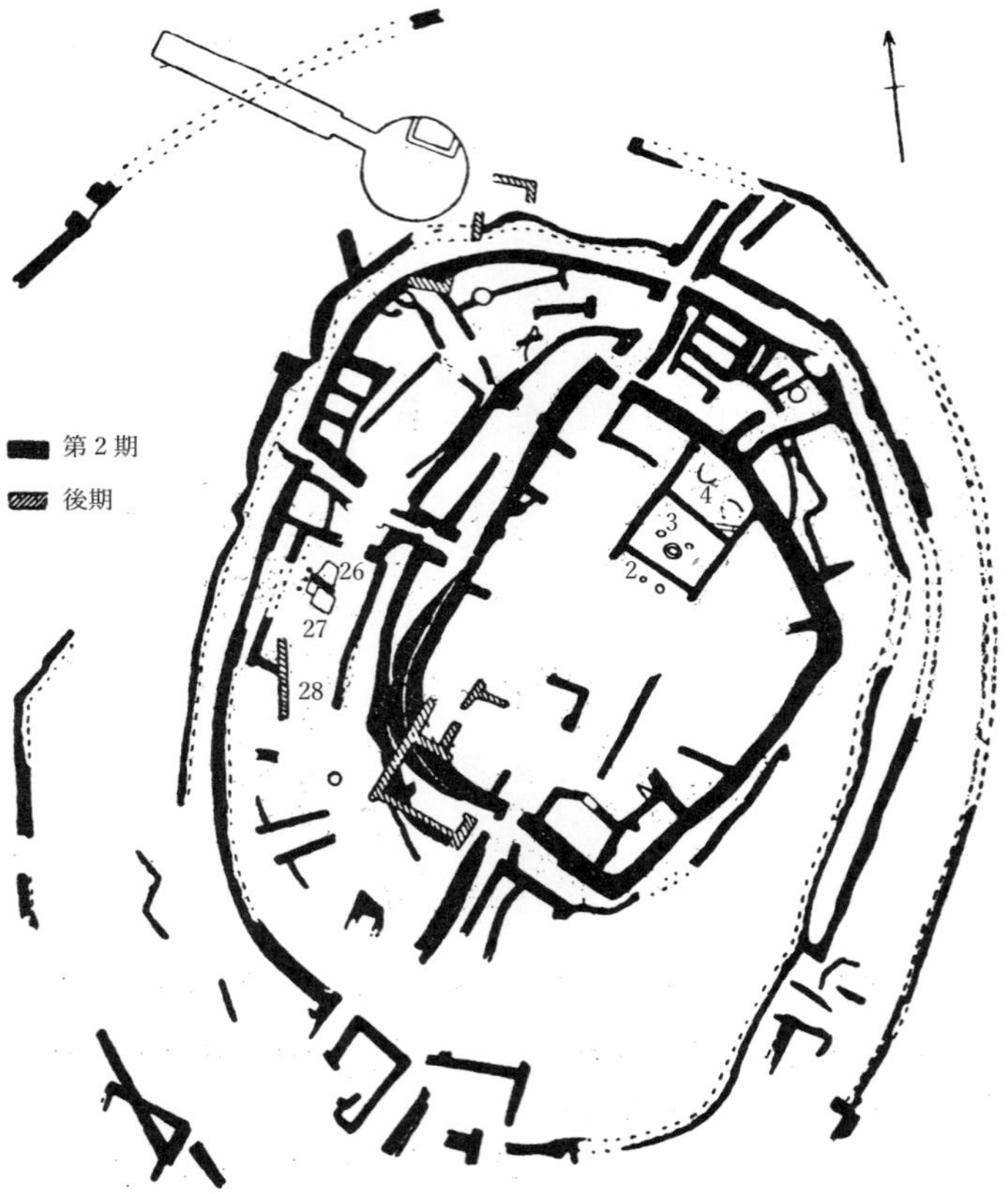


図33　ディミニ遺跡の城砦村落の平面図［ツンダスによる］〔原書比 12:10〕

1　　2

図34　ディミニ文化の鉢（1：S=1/4）と金環垂飾（2：S=2/3）
［ツンダスによる］

西マケドニアでも見出される。西マケドニアの後期新石器時代は、セルヴィア遺跡におけるセスクロ文化の村落の暴力的破壊とともに始まった。その後、この村落には新たな民族集団が居住した。かれらのラリサ文化は、少なくとも土器から判断する限り、ディミニ文化とは別物であるのと同じくらい、セスクロ文化とも別物である。もっともありふれた土器は素焼きのもので、通常は黒色を呈し、よく研磨されている。ただし、少なくともマケドニアでは、前期新石器時代の灰色とピンク色の「まだら土器」と同じように、まだら色（内面と口縁部付近は黒色でそのほかが赤色）の土器が散見する。土器に高台がなくなり、把手は突起に変わった。突起は角状を呈することもあった[28]。装飾にはナデ磨き・浅い沈線文か凹線文・刻線文を施し、まれに白色の細線を描くこともあった。なお、上塗り土器は東テッサリアで、これより新しい層から出土する。文様はおおむね直線的だが、たまに渦巻文もある。素焼きの土器のほか、光沢のある褐色や黒色で全面を塗彩する優美な土器も作られた。「新石器時代の原釉陶器《ウルフィルニス》」と名づけられたこの土器は、窯焼成の黒色磨研土器の外見を再現する試みのように見える。しかしこの土器は、中期新石器時代にコリントで登場したといわれている。

ラリサ文化では、ディミニ文化と同じように、穿孔した鹿角製雇柄に手斧を装着した。依然として弓矢よりも投石器が好まれた。ただし鏃が一点、セルヴィア遺跡で見つかっている。装身具にはスポンディルス貝製や大理石製の腕輪、ドナウ川流域のヴィンチャ文化のものによく似た骨製櫛（図47左）がある。

ラリサ文化の精神活動は、女性像の製作にまだ表れていたが、もはやひどく様式化していた。埋葬はセルヴィア遺跡の集落で一基見つかっているだけである。

セルヴィア遺跡で発見される新しい土器はすべて（ただし白彩土器を除く）、その器面と器形がドナウ川流域とティサ川流域のヴィンチャ文化でも認められる。骨製櫛や貝製腕輪などの特色についても同様である。そのため**ヘンリ・フランクフォート**[*]、キモン・グルンドマン、ウォルター・ヒュートレイは、バルカンの彼方から侵入があったと推論した。他方で、土器の新機軸の多くは、クレタ島と近東に等しく類例が見られる。クレタ島の新石器時代の土器とギリシア本土の黒色磨研土器が呼応することは、先述の通りである。ミノア前I期の器面に施されたナデ磨き（三九頁）は、トロアド地域のクム・テペ遺跡の銅石時代においても用いられていた（四六頁）。黒色磨研土器の白彩も、後にヨルタンと小アジア西南部で流行した。他方でまだら色の土器は、中部アナトリアとキプロスにおいて特徴的だったが、トロイI期以前には存在しない。ナデ磨きで飾られることもある北シリアの黒色磨研土器は、セスクロ土器と対比されてきた彩色土器に先行する。この対比から導かれる推論が正しいとすれば、シリアの新石器文化をドナウ文化人の着想に帰することは編年的に不可能だろう。したがって、ウラジーミル・ミロイチッチが多大な説得力をもって主張したように、ラリサ文化はヴィンチャ文化をバルカン以北から移植したものではなく、アジア＝エーゲ海域の一文化がバルカン以北へと拡散してゆく一段階を示すか、少なくともこの一文化が並行放射していった一段階を示しているのである。このことはさらに、テッサリアとマケドニアの後期新石器時代をトロイI期およびヘラディック前I期と同一視するワインベルクの考えに合致するだろう。それにもかかわらず、以上の考古学的な議論は、ドナウ川流域からの侵入という考えを完全に排除するほど決定的なものではない。だから、この議論を断固たるものにする別の（たとえば言語学的な）考察が必要となろう。

## エーゲ海域の前期青銅器時代

後期新石器時代に新たな入植者が押し寄せてきた。しかし、それに伴ってヘラス（ギリシアの古名）の経済構造がただちに変容することはなかった。ディミニ文化には銅斧があったが、それでも先行するセスクロ文化と同じく新石器文化と呼ぶのが正当である。**都市革命***に向けて実質的に前進し、そして古典的な都市国家群がギリシア半島に築かれるのは、それ以降の時期である。

ギリシア本土の青銅器時代の特徴は、半島部だけでなくマケドニアにおいても、そしてトラキアにおいてさえ（少なくともトゥンジャ川との合流点に接したマリツァ河畔のミカリク遺跡では）、家屋建築と土器の革新によって示されている。この革新と寸分違わぬ類例がエーゲ海東岸地域に認められる。ボイオティアとアッティカにおける石の矢筈積み（四六頁参照）とか、マケドニアやヘラディック前III期のギリシア半島における家屋の床穴のような建築上の秘訣、そして土器の様々な新機軸（「差込把手」・ピュクシス・斜口縁水差し・内折口縁から延びるラッパ状ないし筒状の突起をもつ鉢）は、アナトリアの文化がエーゲ海とダーダネルス海峡を越えて移ってきたことを示唆する。だがしかし、土器をより仔細に研究すると、アナトリア文化の土器がどれ一つとして、海を渡った先のヨーロッパの海岸部で複製されなかったことが分かる。小アジアからの移住を仮定するならば、別個の起点からの複数の流れを想定する必要があろう。トラキアとマケドニアで出土するエーゲ前期の土器のみが明らかにトロアド的である。

他方、新石器時代終焉後のテッサリアの在地的な土器は、マケドニア前期の土器に由来するように見える。マケドニアとトラキアでは石製闘斧が同時に出現するが、それらは際立ってトロアド的というわけでもない。ペロポネソス半島とアッティカでは、まるで島々がアジアからの道筋の少なくとも踏み石であったかのように、キクラデスの特徴が土器と埋葬儀礼に顕著である。アシネ遺跡出土のヘラディック前期で最古の土器に類似する好例が、中部アナトリアの銅器時代のアリシャル遺跡から発見されている。西海岸のイタカ島には、コリントからの入植があったようだ。トラキアとマケドニアでさえ、馬骨はエーゲ前期の遺跡で出土するが、トロアド地域だと馬はトロイ第六層において初めて現れる。

だとすれば、上記した顕著な一致は、レヴァントやナイル川流域から訪れた商人や探鉱者が冶金などの技術をエーゲ海域にもたらし、シュメールとエジプトの都市に蓄積されていた余剰の分け前を確保する機会を広げた際に、関連諸文化が相似的に適応した結果だと説明できよう。

ヘラディック前期・マケドニア前期・トラキア前期の社会はすべて、当然のように農耕を中心とする生活を続けていた。もっとも現在では、アッティカのハギオス・コスマス遺跡出土の葡萄の種子から葡萄栽培を推測できるし、トラキアとマケドニアでは馬骨が出土している。トラキアとマケドニアのエーゲ前期の集落は、中部ギリシアとペロポネソス半島におけるほとんどの内陸遺跡（例―アルカディアのアセア遺跡）と同じように、実際には簡素な村落にとどまっていた。そうした村落の多くに、新石器農民がすでに居住していた。マケドニアでもギリシア半島でも、青銅器時代の最古の床面から後期新石器時代の土器片が発見されている。しかし新たな集落は、少なくともギリシア半島では、農業よりも交易や海賊行為を目的に選んだ場所に築かれた。こうした集落は往々にして、物理的な規模は決して大きくなかったが、天然の要害の地にあり、しかも石壁によって防護されている点で、防御都市に近いものだった。アイギナ島では、トロイ遺跡と同様に、石壁が木材と組み合わされていた。

町の住民は、トロイ遺跡やテルミ遺跡と同様に、狭い路地沿いに密集する細長い二室家屋に住んでいた。もっと鄙《ひな》びた村落だと、平面形が楕円形か馬蹄形《アプス》の家屋が散在していた。ティリンスとオルコメノス遺跡では、堂々たる円形構造物が建てられた。おそらく穀物倉庫だろう。ヘラディック前Ⅲ期までに、屋根瓦がすでに使用されていた。そしてこの時期までに、少なくともレルナ遺跡〔ギリシア〕の町には、広々とした中庭ないし広間を囲

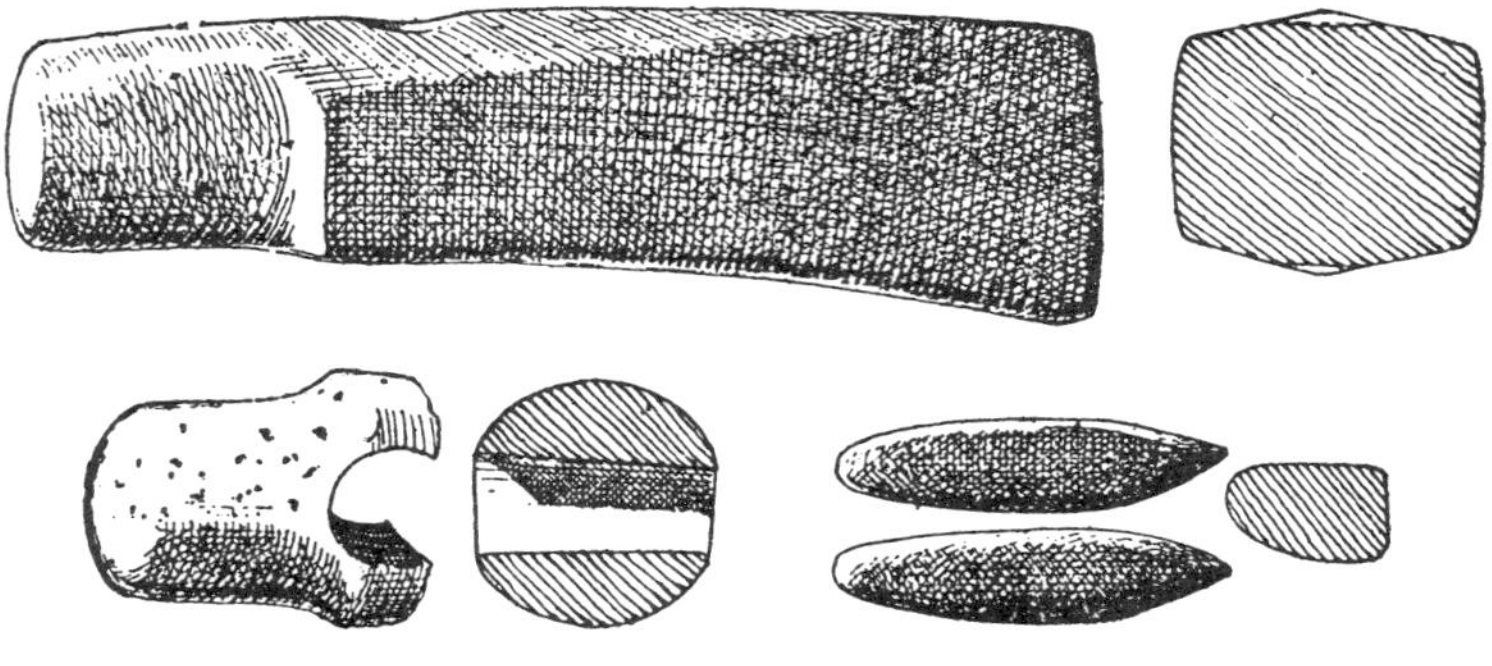

図35　ハギオス・ママス遺跡出土の斧と闘斧(S=2/5)
［ヒュートレイ『在アテネ英国研究所紀要』第29号による］

んで、瓦と粘板岩の板石で屋根を葺く数室からなる整然たる宮殿があった。このように、少なくともギリシア本土の一つのセンターにおいて、社会的余剰が集中されつつあったし、トロイ遺跡のように首長が指揮する共同行動があった。

ペロポネソス半島においてさえ、石が斧・手斧・ナイフに使われ続け、はるか北方のテッサリアとトラキアの村落では、新石器文化そのものに見紛うほど広範に使用された。黒曜石はナイフや鎌の刃部に使われたほか、凹基鏃にも用いられた。こうして、弓の使用が初めて立証されるのである。ただし、投石器が駆逐されることはなかった。トラキアとマケドニアでは、トロアド地域と同様に石製闘斧が製作されるようになった。ただし、ギリシア半島では製作されなかった。マケドニアのハギオス・ママス遺跡から出土した一点の石製闘斧（図35）は、在地製品ではあるが、南ロシアの型式を再現している。トラキアのミカリク遺跡では、土製のミニチュア闘斧が玩具か奉納品として作られていた。

しかし、銅・錫・鉛・銀・金があらゆる地域で輸入され、流通と加工もおこなわれた。アッティカのラフィーナ港は、キクラデスやキプロスの鉱石を輸入するのに便利な港であり、この付近から多量の鉱滓と破砕鋳型片に取り巻かれた銅の大型溶鉱炉二基が発見された。オリヴァー・デイヴィスは、コリント湾のキッラにおいて、銅・錫・鉛・銀・金が採掘されてきた露天の採鉱場から、酸化錫の付着した坩堝一点が発見されたと報告している。しかし、このような状況で錫鉱石が採掘されるというのはほとんど信じがたい。マケドニアにおいてさえ、金の鉱滓と坩堝の存在が報告されている。

少なくともテッサリア南部では、金属の流通が非常によく組織されていたので、銅を自由に工人の道具に使えた。銅製の道具の大半は先史時代のうちに鋳潰されてしまったが、縦横両用斧や蕨手形ナイフ（例—図20－1）は以後に残存し、エウトレシス遺跡のヘラディック前II期の層で見つかっている。[29]

冶金術をギリシアに移植したのが、アジアから移住してきた探鉱者にせよ**巡回工人***にせよ、結局のところ産業発展のための資本は、ナイル川流域とユーフラテス川流域の都市の需要を満たすことで確保された。クレタ島やキクラデスと同じく、ギリシア半島の沿岸住民も交易に転じるにいたった。かれらはおそらく、歴史時代にドーリア人がコルフ島に入植したように、貿易を拡大するべくイオニア諸島とギリシア西海岸に入植したのだろう。

ヘラディック前期において貿易が重要であり、多岐にわたっていたことは、利用する素材からだけでなく、外地からの輸入品や在地模倣品からも明らかである。そうした品々には、クレタ島とエジプトに見られるような脚形護符（ジグリエス遺跡、ハギオス・コスマス遺跡）、キクラデス式の骨管製品（ハギオス・コスマス遺跡、レフカス島）、「フライパン」（ハギオス・コスマス遺跡、エウトレシス遺跡、アシネ遺跡）、大理石製の偶像と化粧板（ハギオス・コスマス遺跡）、双頭渦巻ピン（ジグリエス遺跡／例—図27－9）などがある。アジアからは、レフカス島の穴墓で発見された銀線を縒《よ》った腕筒がもたらされた。なお、トロイ第二層から同様の金製品が見つかっている。アシネ遺跡のヘラディック前III期の層にあった、ミノア前III期～中I期の印章が押捺された粘土塊は、クレタ島からもたらされた商品荷包みや油壺を封印したものに違いない。ヘラディック前期の商人も、印章の必要性を感じていた。現に輸入品であろう印章が、ハギオス・コスマス遺跡やアシネ遺跡などで発見されている。アシネ遺跡で出土した一点の印章は、第六王朝期のエジプトの印章とほぼ同じものである。輸入品に対応する輸出品には、おそらくキッラ産の錫が含まれていた。ヘラディック前期の壺がギリシア半島からトロイへと輸出されたことは疑いない（四六頁）。トラキアのミカリク遺跡付近で発見された双耳杯と、オルコメノス遺跡出土の双耳杯の各一点は、オルコメノス遺跡およびエウトレシス遺跡で出土したいくつかの壺と同様に、トロアド地域からの輸入品と見てよい。

ヘラディック前期の壺はすべて手作りであり、土器生産は産業化されていなかった。最初の土器（ヘラディック前Ⅰ期以降）の器面は暗い地色であり、研磨が施され、刻線と彫出による文様で飾られた。次の前Ⅱ期になると、ギリシア半島において、旧来の器面研磨の効果を再現するべく暗色の釉薬を塗布した黄褐色土器の製作が始まった。この土器は一般に「原釉陶器」として知られ、おそらくクレタ島からの影響を示している。もっとも、後期新石器時代の赤色土器にも、よく似た「釉薬」が塗られていた。前Ⅲ期になると、施釉は（主にペロポネソス半島では）明色地に暗色の幾何学文様を描く媒体として、あるいは（中部ギリシアでは）同様の文様を白色で描く器面の地として用いられた。暗色地に明彩する直線デザインは、クレタ島のミノア前Ⅱ～Ⅲ期の文様を思い起こさせるが、ギリシア本土の黒色の新石器B式土器に予兆が見られるものでもある。ヘラディック前Ⅱ～Ⅲ期の特徴的な器形に、船形調味料容器（金製もある）・砂時計形の把手付壺・アスコス・球形水瓶がある。球形水瓶は、当初は環状把手を付けていたが[30]、後には縦方向に穿孔しただけの扁平な突起が腹部に取りつくようになった（図36－4）。

オスリス山以北のテッサリア・マケドニア・トラキアにおけるエーゲ前期の陶工は、明色の土器を焼き上げる窯を使わなかった。つまり、原釉陶器を作らなかった。その代わりに作っていたのが、ヘラディック前Ⅰ期やトロアド前期に見られるような素焼きの土器だった。「船形調味料容器」を除くと、ギリシア半島で流行していた器形のほとんどが、地方色豊かに再現されていたが、その見た目はギリシア半島的というよりむしろトロアド的である（図37－1・2・6）。角状把手でさえトロイ遺跡で流通していたが、マケドニアではこの把手が特色ある発展を遂げて、松葉形把手になった（図37－3・5）。その類品については、新石器時代のクレタ島を説明した際にすでに言及した。トラキアでは、アスコスを欠くミカリク遺跡の土器は、いっそうトロアド風に見える。しか

図36　ヘラディック前期の船形調味料容器(1)・アスコス(2)・把手付壺(3)・水瓶(4)
(S=1/6)

しトラキアの地では、ハルキディキにおいてと同様に、鉢の内折口縁からラッパ状突起が生まれた。そしてレスボス島だと、この型式の突起はテルミ第一層の単純な管状突起から成長して、第三層に初めて姿を現した（図17）。この事例はまさしく、土器の不可逆的な前後関係をありありと示している。トラキアのミカリク遺跡やマケドニアのハギオス・ママス遺跡から、そして中部ギリシアのエウトレシス遺跡およびハギア・マリナ遺跡のヘラディック前Ⅲ期の層から出土した若干の土器片には、縄目文が押捺されている。この「縄目文土器」は通常、トラキアやマケドニアの遺跡で出土する闘斧や馬骨と関係しており、

図37　マケドニア前期の土器の器形
［ヒュートレイ『在アテネ英国研究所紀要』第28号による］

ザクセン=チューリンゲン地域から、あるいは少なくともバルカン以北のどこかから侵入があった証拠だと見なされてきた。しかしながら、大半の土器の器形は、ザクセン=チューリンゲン地域の縄目文土器と何の共通点もない。ただ、**アンフォラ**[*]に類似性があるが、これはせいぜいのところ土器以前の共通の祖型（二一七頁）によるものだろう。

輸入品であるキクラデス型式の大理石小像は、家庭内の豊穣儀礼に使用されたのかもしれない。他方、土製の「錨形装飾品」（図38）が大理石小像の超簡略化版でないとすれば、土偶は製作されなかったと思われる。錨形装飾品は、エーゲ海域の前期青銅器時代においてもっとも特徴的な示準資料の一つである。この装飾品は、アルカディアのアセア遺跡からマケドニアのセルヴィア遺跡やトラキアのミカリク遺跡まで、そして東方のラフィーナやアシネ遺跡から西方のレフカス島やイタカ島まで、ヘラディック前II～III期の層で発見されている。実際それらは、トラキア前期・マケドニア前期・トロアド前期に共通して見られる鉤状土製品と同様に、儀礼用ではないようだ。他方、アシネ遺跡出土の土製の「聖別の牛角」は、ミノアやアナトリアと同様の儀式を示すものである。ただし富の蓄積を求める主要な迷信的衝動は、立派な埋葬への欲望によって満たされた。ペロポネソス半島とアッティカでは、死者は集落外に設けた家族墓所に葬られた。ジグリエス遺跡の室墓は、地下式墓や岩を彫り込んだ竪坑墓であり、そのうちの一基には一四体の人骨が納められていた。そ

図38　ヘラディック前期の錨形装飾品
（クリツァナ遺跡出土、S=1/4）

れより古い共同墓所は、アッティカのハギオス・コスマス遺跡の場合だと、町に向けて偽扉を設けた箱式石室である。箱式石室は後に構築式の共同墓所（例―図25－1）へと置き換わったが、依然として集葬室墓であった。どちらの場合も、遺体は天井部から運び入れて屈葬した。このような家族用の地下埋葬所からなる墓地は、ギリシア半島ではきわめて多数のリネージやクランが集まり住んで、一つの町を形成していたことを示している。ハギオス・コスマス遺跡出土の計測済みの頭蓋骨六個のうち三個が**長頭型***だが、二個が短頭型だった。

ギリシアの北西部には、上記のものとまったく異なる埋葬習俗が普及していた。**ヴィルヘルム・デルプフェルト***は、レフカス島にある三三基の円形墳からなる「王族の墓地」について記述している。各「室墓」は壁で範囲を画した石積みの円形壇であり、表面が露出した積石塚を思わせる。内部と上部に各一体の遺骸（火葬骨だったと伝えられる）を納めた甕棺・箱式石室・竪坑墓が、そして「薪の山」の灰があった。灰のなかには焼けた人骨と動物骨、金属製の装飾品と武器の残片があった。この墓地の墓から出土する土器は典型的なヘラディック前期のものであるが、「薪の山」から出土した金属具には、エーゲ前期型式の良好な製品のほかに、他地域だとミケーネ期か少なくともミノア中Ⅲ期になるであろう一対の長剣と金製把頭が含まれている。この墓地の使用期間は、おそらく四〇〇年に及んでおり、アッティカのハギオス・コスマス遺跡の墓地よりも遅くまで使用されたに違いない。この墓地で執行された埋葬儀礼もやはり異例なものだった。青銅器時代のギリシアではこの墓地にしか例のない火葬儀礼が、「薪の山」の上で挙行されたに違いない。石積みの壇は積石塚のように見える。この墓地の円形墳に酷似する積石塚が、一九五五年にメッセニアで発見された。甕棺を伴っているが、この墳墓の年代はヘラディック中期である。したがって、ここで取り上げたレフカス島の墳墓に埋葬された戦士と富裕な女性は、ヘラディック前期の土器とエーゲ前期の武器および装飾品を使用していたのに、標準的なヘラディック前期文化を有していなかったのだ。

ヘラディック文化前期の標準的な埋葬習俗は、トロアド文化の埋葬習俗と著しく対照的だが、むしろキクラデス・ミノア・キプロス・レヴァントの伝統とかなり一致している。したがって、ヘラディック文化前期の埋葬習俗は、トロアド地域からもたらされたものではありえない。ところが、トロアド地域との類似性がきわめて明瞭なアッティカ以北やエウボイア島、あるいはマケドニアやトラキアにおいて、エーゲ前期の埋葬が確認されていないのだ。

ギリシア半島のヘラディック前期の社会において、一つの政体と経済が誕生した。そのもとで、少なくとも農民の若い息子たちの一部が、産業か貿易に生業の道を見出したようだ。ただしそれは、海上輸送を通じて開かれたオリエントの市場に依存することで、初めて可能になるものだった。オリエントの市場から遠く離れた当該期のマケドニアの住人は、新たな土地を占拠するほか採るべき道がなかった。かくしてかれらは、南下してテッサリアに滲透していった。従来、テッサリアにおいて新石器Ⅲ期およびⅣ期に所属させられてきた文化は、実際には基本的にマケドニア前期文化なのである。しかし、この地の後期新石器文化の伝統は、アナトリアの伝統と混交していた。そのため、土偶が依然として製作され、従来の女性土偶に加えて新たに男性土偶も作られるようになった。東テッサリアのラクマニ遺跡出土の土偶には、上塗り技法で渦巻文が施されていた。

## ヘラディック中期

オルコメノス遺跡などの暴力的な破壊が、ヘラディック中期の到来を告げた。破壊された遺跡の多くに、再び人びとが住み着いた。しかし、建築・土器・埋葬儀礼・一般経済の急変は、新来の好戦的な入植者による支配を物語っている。新来の入植者は、使用する土器（五七頁で説明した還元焔焼成の灰色土器であり、不幸にも考古学者によってミニュアス土器と名づけられてしまった）と、死者を小さな箱式石室か甕棺に屈葬で納めて家屋間に埋葬する習俗とによって、すこぶる容易に認識できる。この侵入者の好戦的な性格は、ナイフや柳葉形短剣、刃部の片面ないし

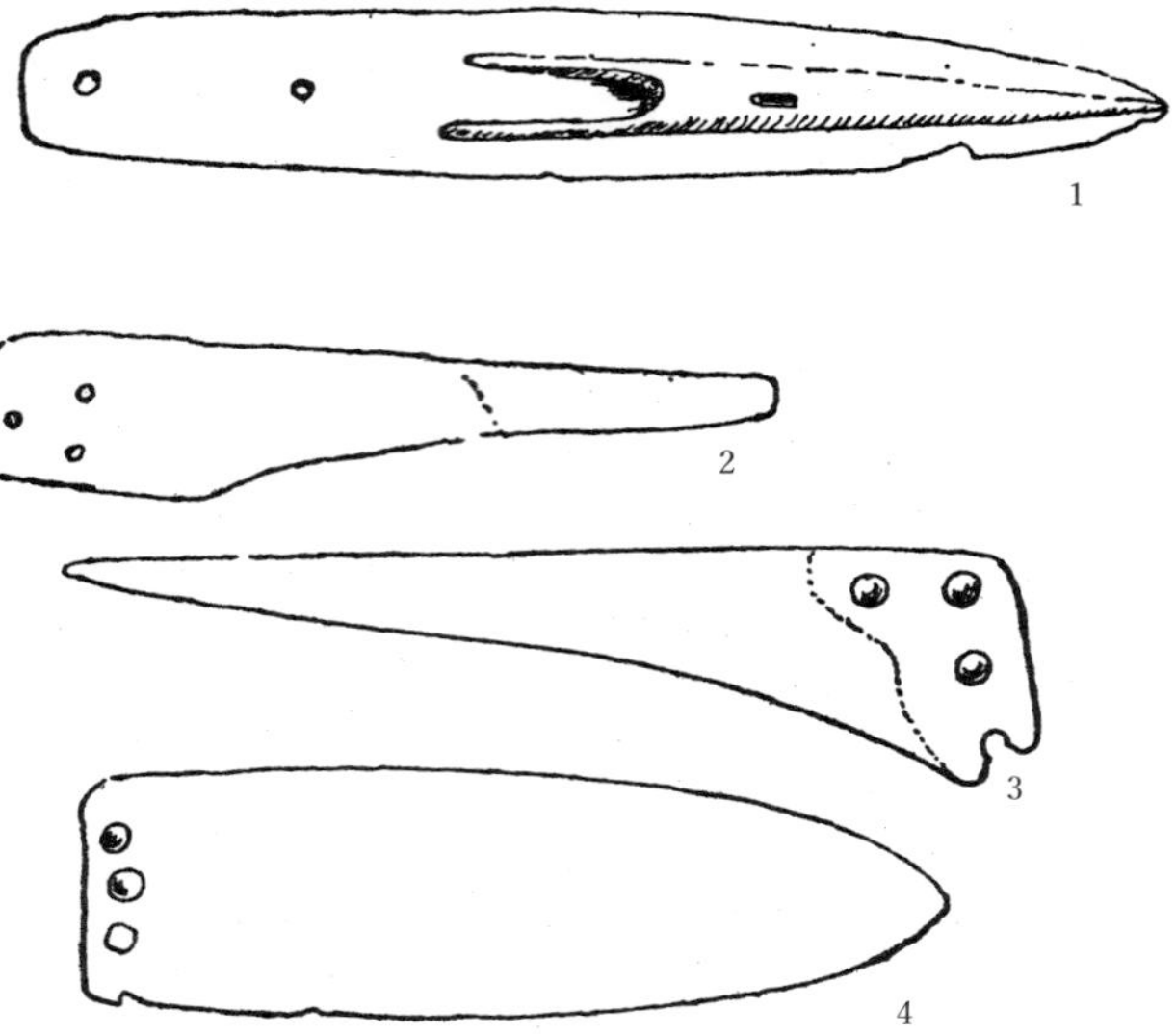

図39　テッサリアのヘラディック中期の副葬品（1. 槍先、2・3：ナイフ、4：短剣）
（S=1/2）［ツンダス］による

両面に靴状の鋳造袋穂を付けた槍先といった金属武器（図39－1）を、墓に副葬することから明白である。そうした副葬例はセスクロ遺跡・レフカス島・ミケーネ遺跡で確認されている。黒曜石製の凹基鏃がまだ使用されていたが、射手は新たに有溝矢柄研磨器（例－図113－3／アシネ遺跡・レフカス島・ミケーネ遺跡で出土）も使うようになった。有孔石斧はエウトレシス遺跡とアシネ遺跡で、鹿角斧と扉柄はアシネ遺跡で初めて登場した。他方、鋸や丸鑿のような工具の初出例は、ヘラディック中期のレフカス島の墓に見出される。

　侵入してきたミニュアス人は、旧住民を根絶やしにしなかったし、その経済を破壊しなかった。旧住民に加わって人口を殖やし、富の蓄積を加速させた。たとえばマルシ遺跡の人口は最大に達した。一・五ヘクタールの土地を囲む城壁内に三〇五室の部屋が建てられた。この城砦内には一本の水路で泉の水を供給した。家屋は長方形の広間というよりも、

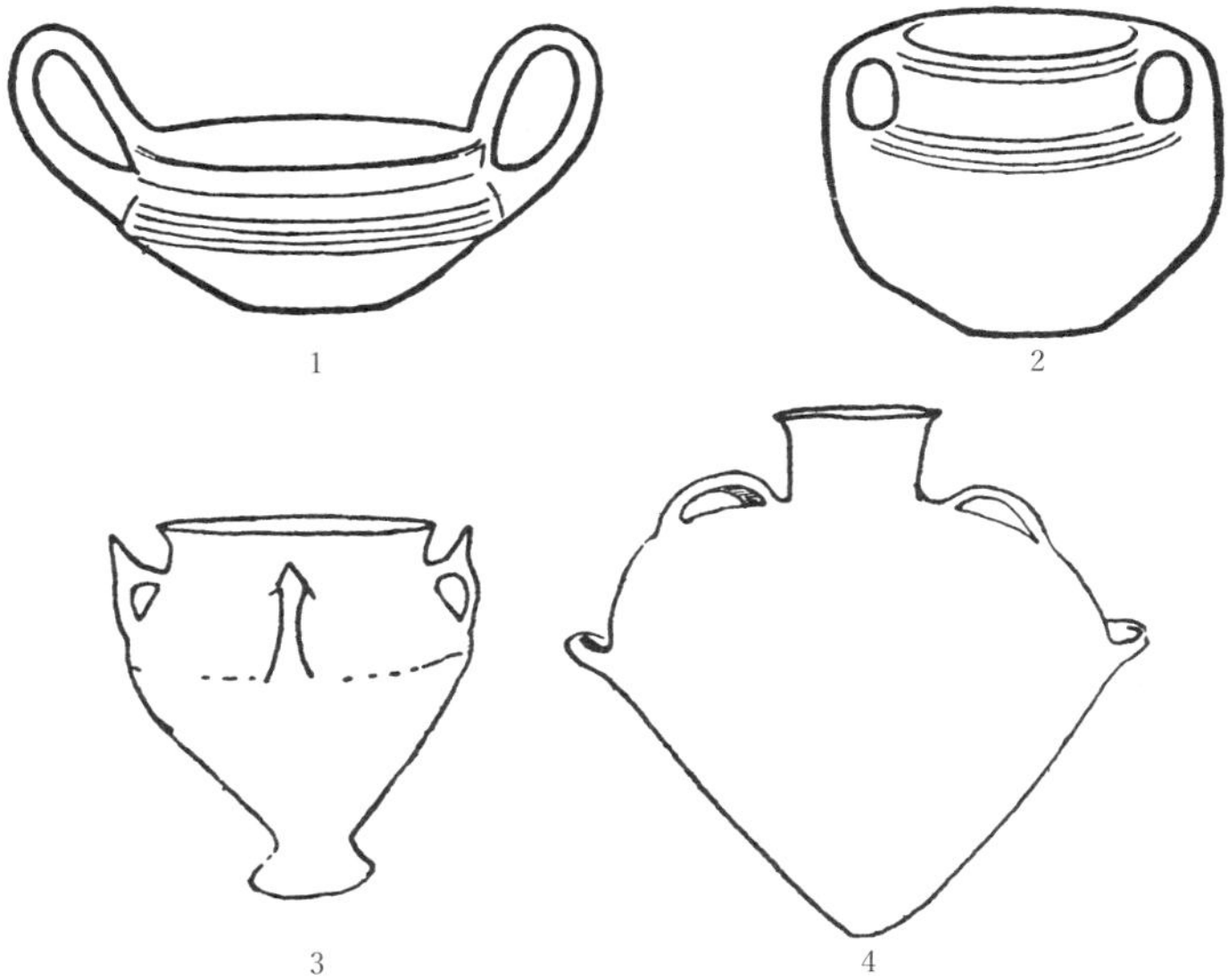


図40　テッサリア出土のミニュアス土器（S=1/5）とアイトリアのテルモ遺跡出土の模倣品（S=1/15）〔原書比 9:10〕

複数の部屋の集合体である場合が多かった。金属工が錫を添加した青銅を加工するようになった。実際、槍先（例―図39―1）の石笵が発見されているし、テッサリアのディミニ遺跡にいたっては、ミノア式の双頭斧が発見されている。

製陶技術はまもなく産業化された。灰色のミニュアス土器は、型作りのものと轆轤成形のものがあり、密閉した窯で焼成した。ミノアの陶工の一派が、クレタ島で使用されていたような土製の轆轤を携えて、アイギナ島に定住した。おそらく、このような移住工人がクレタ島から各地に轆轤をもたらしたのだろう。ところが、そうした工人の製品にミノア的なものは一切なかった。「ミニュアス」土器の器形で好まれたのは、環状脚の杯《ゴブレット》・把手が高く付く杯《コップ》（図40―1）・混酒器《クラテール》・アンフォラである。こうしたミニュアス土器は、色調も器形も原型の銀器を模倣している。実際、ヘラディック後期の一基の穴墓において、オリジナルの銀器とこれを土製に材質転換した製品が伴出している。他方で、

図41　鈍彩の鉢(1)と大甕《ピトス》(2:アイギナ島出土、S=1/10)、キクラデス中期の水差し(3・4:マルセイユ港およびフィラコピ遺跡で出土、S=1/5)

木工細工からの影響も明白であり、とりわけアイトリア出土の角状把手（図40－3）に顕著である。角状把手は、トロイ遺跡の上質なミニュアス土器によく見られるが、大昔からバルカンにある。しかし、灰色を呈するミニュアス土器は、同じ器形で褐色ないし黒色を呈する手捏ねの磨研土器やガラス質の赤色土器と競合せざるをえなかった。

おそらくそれ以後に、大甕《ピトス》や鉢などの器形が手捏ねで成形され、明色に仕上げられ、幾何学文様に艶消し塗りが施された（図41）。器形と装飾の点で、艶消し塗りの鈍彩土器はミロス島出土のキクラデス中期の土器とまったく同じであるが、中部アナトリアにも類似品がある（六九頁）。アシネ遺跡で出土したヘラディック中Ⅲ期の嘴形の水差しは、「ヒッタイト前期」からの輸入品だと思われる。他方、スペルケイオス川流域にあるリアノクラディ遺跡では、エーゲ前期にこの地に住み着いたマケドニア人が、艶消し塗りの手法を習得して、見事なマケドニア的な器形（つまりへラディック前期の器形）の瓶・把手付壺・松葉形把手鉢を作り、それらをヘラディック中期の技法によるマケドニア文様（鉤状渦巻文など）で飾るようになった（図42）。同様の器面は、「模倣ミニュアス土器」とともにアイトリアのテルモ遺跡で認められるが、ヘラディック後Ⅱ期（紀元前一五世紀）以前のものではなく、しかもレフカス島にも存在する。したがって、このリアノクラディ遺跡の彩色土器は、マケドニア＝ヘラディック中期の伝統を有する民族集団がヘラディック後期まで存続していたことを示す。なおヒュートレイは、まことしやかにこの民族集団をドーリア人の祖先に比定している。

図42　鈍彩の瓶（リアノクラディ遺跡三層出土、S=1/4）
［ウェイスとトンプソンによる］

ギリシア半島では、上記の侵入によりクレタ島との交易がいったん途切れたが、黒曜石をミロス島から確保し続けていたし、金属交易も損なわれなかった。それからまもなく、ミノア中Ⅱ期の多彩色土器がアイギナ島に輸入され、エウトレシス遺跡で模倣された。レルナ遺跡のヘラディック中期の層から出土した、浮出文付きの骨製装飾板（例―図115）と槌形ピンは、かつてアナトリアおよびシチリア島と関係があったことを物語る。

死者は通常、箱式石室か甕棺に納めて集落内の家屋の真下か家屋間に埋葬した。ただしレフカス島では、一〇基ないし一二基のこの種の埋葬が、長方形か円形の「壇」内に取りまとめられていたようである(九〇頁参照)。メッセニアでは、ヘラディック中期の甕棺が、径一四メートルの整然たる積石塚の外周を取り巻いて埋葬されていた。

灰色のミニュアス土器に代表される侵入文化は、ギリシア全土・イオニア諸島・レフカス島・テッサリアにおいて、さらにはハルキディキにおいてさえ発見されている。侵入文化の影響をまったく被らずに土着の文化が存続したのは、マケドニアの内陸部だけだった。現在ほとんどの専門家が、侵入者であるミニュアス人こそ、ギリシア半島で最初にギリシア語を話した人たちだという考えに同意している。ミノア後Ⅱ期のクノッソス(三四頁)でインド=ヨーロッパ語系のギリシア語を書き始めた新王朝は、まさにこの侵入者から誕生したのだろう。もしそうであれば、ヨーロッパの先史学にとって、この侵入者の起源が重要な問題になる。一九一四年にエドガー・フォースダイクは、この侵入者の起源がトロアド地域にあると示唆した。しかし、ミニュアス土器はトロイ第六層に普及していたが、この土器がギリシアよりも早くトロアドの地に登場していた明証はない。家屋間への埋葬は、ミノア文化やヘラディック前期文化の習俗ともトロアド地域の習俗とも全然違うが、中部アナトリアやその東方では一般的である。現在では、技術面でミニュアス土器と同類であり台脚杯を含む灰色土器は、イラン北東部のヒッサールⅡ期やトルクメニアの同種の諸遺跡を特徴づける要素になっている。これらの地域でも、死者は家屋間に葬られた。他方でアクセル・パーションは、侵入文化の北方的特徴を主張する。以上の見解はどれも説得力を欠く。そして、侵入文化のもっとも重要な特徴を、エーゲ前期のバルカン以南のトラキアとマケドニアですでに見出しうるのである。たとえ「北方」の新要素が、ヘラディック中期初頭にギリシア半島とトロアド地域に入ってきたとしても、それがバルカンの彼方からもたらされた証拠はないのだ。

## ミケーネ文明

侵入してきたミニュアス人は武勇に優れていた。その結果ついに、ミノアやオリエントの都市に集積されていた富の分け前を武力で勝ち取るまでになった。軍事首長は王になり、勝ち取った分け前の一部を集中させ、ギリシア本土文明を発展させる資本として利用するようになった。王たちはミノアの工人を、自発的もしくは強制的に宮廷に住まわせ、商人が原材料と贅沢品を定期的に供給した。ヘラディック後期までに、中期の町は小都市へと成長を遂げていた。

都市革命は、ミケーネ遺跡において初めて達成されたようだ。この遺跡は、ギリシア南東部と北西部を結ぶ交通の大動脈を扼する城砦であった。ヘラディック前期に築かれた古い集落が、有力な王朝の首都になった。王とその一族は、それぞれ板状立石で円形に囲った二箇所の竪坑墓地に、王者たるにふさわしい財宝と一緒に埋葬された。シュリーマンは、一号墓～六号墓と名づけた六基の竪坑室墓で構成される円形墓地〔円形墓域A〕を発見した。この墓地は、造営後にミケーネ後期の城砦の城壁内に組み込まれた。一九五一年に、一四基の竪坑墓からなる第二の円形墓地〔円形墓域B〕の存在が明らかになった。この墓地は「**クリュタイムネストラ***の宝庫」の築造により攪乱されていた。どちらの円形墓地も、竪坑が岩を三～四・五メートル掘り込み、木造屋根を支えるために床上〇・九～一・二メートルの高さに張出を設け、通常は墓室内に仰臥伸展葬か仰臥膝立葬の遺骸を数体納めた。頭蓋骨の一個は**穿顱**《せんろ》*していた。これらの遺骸は木棺に埋葬されたと思われる。新しい方の円形墓地のうち最新かつ最大の竪坑墓の床面には、石造の家形埋葬施設が設けられた。この埋葬施設は主室と前室に分けられ、持ち送りの半円筒天井で覆われている。かつては、戦争や狩猟の情景を渦巻文で縁取りした浅浮彫の墓碑が、各墓の目印になっていた。現在のところ、これらの墓碑が、エーゲ海域において馬の牽《ひ》く戦車の利用を示す最古の証拠になっている。この墓地の数基の墓で、ミノア中Ⅲb期の輸入土器が在地の鈍彩土器およびミニュアス土器と共伴しており、この墓地の最古の埋葬が紀元前一六世紀に遡ることを示唆している。竪坑墓から出土した土器片で、年代の分かる最新のものは後Ⅱ期のものである。竪坑墓が築かれた時期は、おおよそ紀元前一六〇〇年から一四五〇年にわたっている。

竪坑墓に葬られた王たちが手にしていた設備や装備は、たいていがミノアに感化されたものである。かれらの宮殿は、クノッソス宮殿と同じように採光空間をそなえ、ミノア技法のフレスコ画で飾られた。土器と装飾品の大半は、明らかにミノアの工人による製品である。図像資料を見ると、男性はミノア式の短ズボンを、女性はクレタ風の襞飾りの付いたスカートをはいている。ミノアの印章が公務に用いられた。ミケーネでは、クレタ島と同じく、鳩・双頭斧・聖柱・「聖別の牛角」などのシンボルに結びついた地母神祭儀がミノアの儀式とともに挙行された。また、クレタ島と同じように西洋碁《ドラフツ》に興じていた。クレタ島の職場で訓練を積んだ工人が上記の物品を製作したことを、誰も否定していない。ただし、これらの多くは、地元の王からの注文を受けて、ミケーネで製作されたものに違いない。クレタ島の陶工が移住してきたことで、最上のミノアの伝統に即した光沢塗料で飾るミケーネ土器の在地生産が始まったようである。ギリシア本土に自力で王国を築こうとしたミノアの王侯によって、ミケーネ文明が生み出されたという説は、三〇年前ならばともかく、もはやありえないだろう。ミケーネ前期文化の好戦的な性格は、城砦の構築や武器の潤沢さ、戦闘の情景を描く美術の盛行などに如実に表れており、ミノアの気質とはまったく異質である。ミケーネの王は顎鬚《あごひげ》をたくわえていたが、ミノア人は一般に顔を剃っていた。ミケーネの室墓では、在地のミニュアス土器と鈍彩土器が、クレタ島の様式と技法で彩色された土器と並置されている。上述の六号竪坑墓では矢柄研磨器が、四号竪坑墓ではギリシア本土の槍先（例―図39－1）が、ミノアの伝統をそなえる武器と並んで出土している。長さ一メートル近くに達する厳《いか》めしい長剣（例―図14－1）は、ミノア中期の型式かもしれないが、把に突縁をそなえる変種（例―図14－2）は、クレタ島的というよりもギリシア本土的である。六号竪坑墓から出土した円基式の短剣一振は、エーゲ海周辺ではなく中央・西ヨーロッパに故地があるように思われる。(31) ミケーネの戦士は猪牙を削《そ》いだ薄板を組み合わせた冑を被ったが、ミノア人も同じだった（三九頁）。数基の竪坑墓で発見されたビーズ用の琥珀は、バルト地方から輸入されたものに違いない。有文つなぎ玉（図43）を配する新発見の琥珀製三日月形頸飾り《ネックレス》は、イングランド製であろう。

ミケーネの王権のシンボルであり、決定的な装備でもあった輓馬戦車は、明らかにミノア的でない。戦車を牽く馬が来た方向は、エーゲ盆地の北方を指し示している。だからといって、侵入してきたミニュアス人が、紀元前一八世紀にギリシアに戦車と馬をもたらした、ということにはならない。戦車乗りは小集団であっても、戦車という新規かつ強力な武器で権力を掌握し、権威を維持することは、容易なことであっただろう。ミケーネの竪坑墓の構造は、牛車と槌形ピンを擁するポントス草原の「竪穴墳《ヤムナ》」と密接に関連する（一九一頁）。そうした墓に葬られた支配者の祖先が誰であろうと、掠奪やエジプトでの傭兵業(32)によって、あるいは平和な交易によって富を集積した結果、専門工人をギリシア本土に惹きつけたり、無理やり定住させたりすることによって、かれらは都市文明への道を敷いたのである。

ミケーネ以外の遺跡は、ミケーネ前期の竪穴墓期には田園的な町にとどまっていた。紀元前一五〇〇年から一四〇〇年にかけて、そうした町でも同様の文化変容のプロセスが実現した。この場合の変容も、第二次産業と交易の産物に支出するべく地元の町の富を集積する首長が台頭してきたことと軌を一にしていた。新興の首長は、荘厳な蜂窩状室墓（すなわちトロス）を建造することで、自らの栄達を謳歌した。こうした室墓の立地は、南向きの湾頭付近や海陸の自然の交通路沿いに目立っている。これらミケーネ中期のトロスは、東海岸でははるか北方のボロス湾まで、西海岸ではエリスのカコヴァトス遺跡まで広がっている。当のミケーネでも、おそらく新王朝の支配者が一連のトロスを造営した。アラン・ウェイス

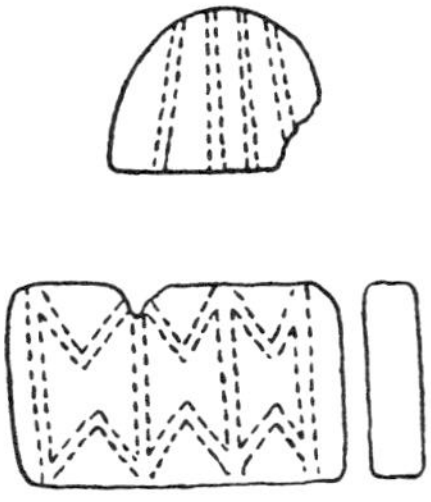

図43　琥珀製頸飾りの端末ビーズと有文つなぎ玉（ミケーネの竪坑墓出土、S=1/2）

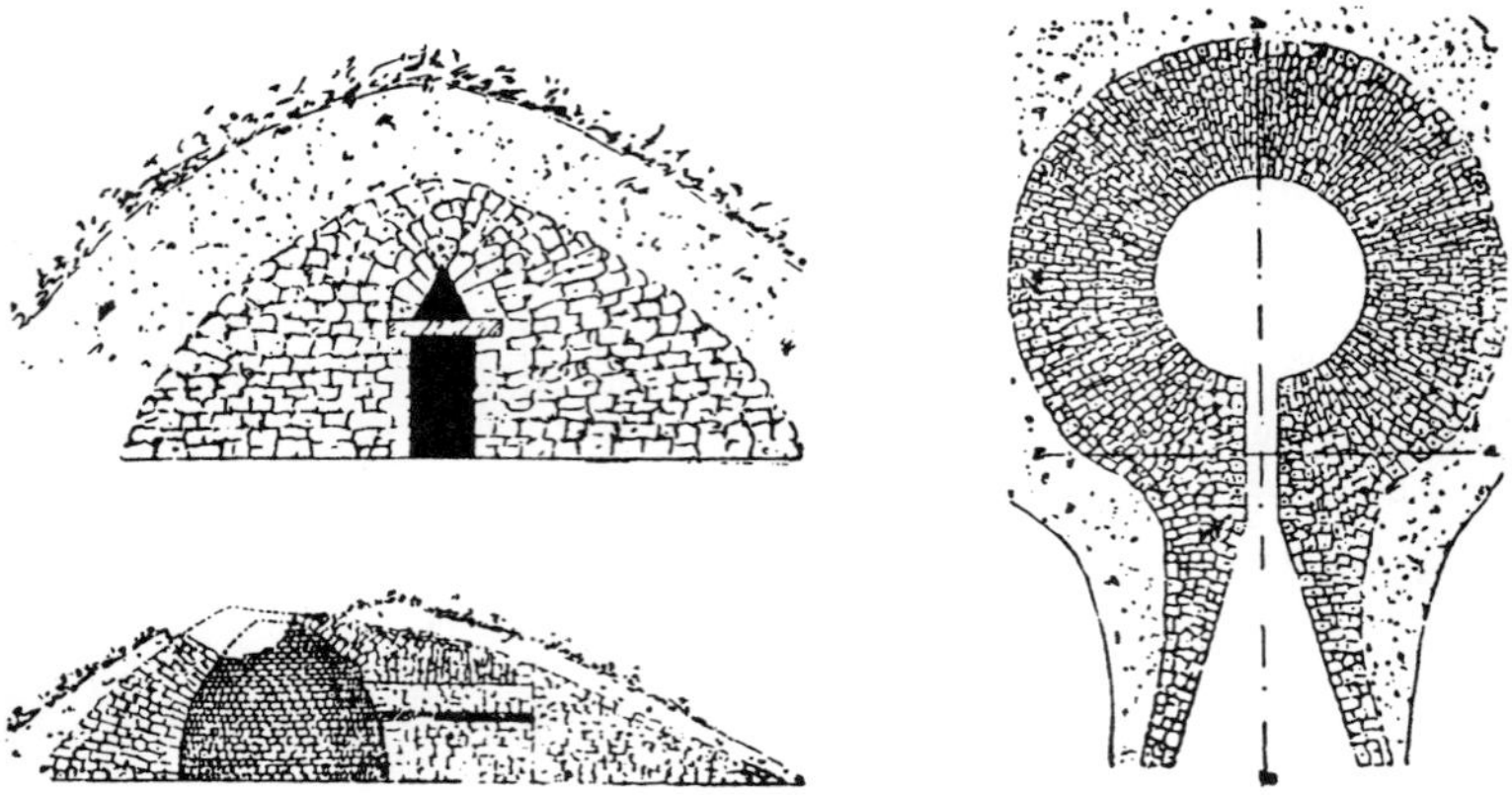

図44　エウボイア島のミケーネ式トロス［パパバシリオによる］

はそれらのトロスについて、粗末な丸天井をそなえる古式のものから、豪華な彫刻の入口を擁する切石積みの名高い「クリュタイムネストラ」と「**アトレウス***」の「宝庫」へといたる、**型式学***的発展を明らかにした[33]。

ナヴァリノ島にある年代が分かる最古のトロスには、鈍彩土器と（少数の）クレタ化したヘラディック後I期の土器だけが納められているので、紀元前一六世紀の建造である。カコヴァトス墓など少数のトロスから、紀元前一四五〇年以前の建造を示す上質の後I期の土器が出土している。大多数のトロスは後II期に属し、ミケーネ遺跡の至高の「宝庫群」などそれ以外のトロスはミケーネ後期のものである。デンドラ遺跡において完全な状態で発見された豪奢なトロスには、後III期よりも古い土器がなかったが、金銀の容器はミノア後I期の様式である。これらの容器が少なくとも半世紀は家宝として伝世していたことを示している。

ミケーネのトロスは、屋根のない長い羨道（「ドロモス」）から入る持送式石室である。多くは自然の山腹を掘り込んで構築された。それ以外は平地や丘頂に造られ、盛土や積石で覆われた（図44）。

ミケーネ中期のトロスに納められた副葬品の大半は、クレタ島からの輸入品か、ミノアで訓練を積んだ工人の製品である。また同時代のティリンスとテーベの宮殿は、どちらもメガロンではなく、ミノア技法のフレスコ画で飾られていた。

しかし、トロスを築く着想がクレタ島から伝えられたとはほとんど考えがたい。というのもクレタ島では、ミノア前期の共同墓所とギリシア本土の丸天井墓の間に横たわる五〇〇年間をつなぐトロスが一切知られていないからだ。他方で、ミケーネのトロスとスペイン南部およびポルトガルの持送式墓道付石室墓との建築上の類似性がよく知られており、単純な形状からトロスへの発達を例証する**型式組列**《それつ》*を組める。したがって、トロスを築く着想がギリシアにもたらされたとするならば、それはイベリア半島からだったのかもしれない。

いずれにせよ、ミケーネ文化には西方とのつながりが顕著である。ミノア後I期（つまりヘラディック後I期）の土器がエオリア諸島（イタリア）に輸出され、ヘラディック後I期の金属器がシチリア島で模倣された（二九六〜二九七頁）。カコヴァトスへの入植も、当地の支配者の富も、琥珀交易と関係していたに違いない。カコヴァトスの支配者の財宝には、有文の板状つなぎ玉を配する琥珀製三日月形頸飾り（図43）があるが、これはイングランド製だという。

トロスへの埋葬は、王とその一族の特権であったに違いない。しかし、早くも紀元前一五世紀には、その臣民である一部の都市住民が丸天井の家族墓所を築き始めた。だが、村落民は依然として箱式石室か甕棺に単体埋葬されていた。在地の陶工はヘラディック後II期を通じて、ミニュアス土器と手捏ねの鈍彩土器を作り続けた。しかし紀元前一四〇〇年までに、ギリシア本土はミノアの技術を完全に習得し、クレタ島の産業システムを吸収していた。本土の職人は、ミノアの工人の見習いを務めたのち、嗜好があまり洗練されていない本土人を満足させる粗悪品を大量生産し、次第に家内産業品を駆逐していった。このようにして装備を整えていった本土は、エーゲ海域の政治的・経済的覇権をクレタ島から引き継いだ。クノッソスは掠奪を被り、ファイストスとフィラコピでは、本土のメガロンがエーゲ式の宮殿にとってかわった。ミケーネ文化の都市はクレタ島の都市よりも数が多く、おそらく人口も多かった。ミケーネ遺跡の面積は、城壁外の郊外を除いたアクロポリス〔城市〕だけで約四・五ヘクタールに及んだ。アシネ遺跡のアクロポリスはほぼ三・五ヘクタール、コパイス遺跡のアクロポリスは九・七ヘクタールもあった。都市に隣接する広大な岩穴室墓群は、アクロポリスの広さよりもさらに雄弁である。室墓は狭い羨道（「ドロモス」）から入る不規則な石室墓であり、家族墓所であった。二七体もの遺骸を葬った室墓もある。このような室墓は埋葬のたびに注意深く密封されたが、実際には定期的に開室され、数世代にわたって使用された。たとえば、ミケーネ遺跡の一基の室墓からヘラディック後Ⅱ期・後Ⅲa期・後Ⅲb期の様式の土器が発見されており、少なくとも二〇〇年（紀元前一四五〇～一二五〇年）にわたって埋葬に使用されたことが分かる。しかもこの室墓の埋葬人骨には、家族的な親縁性を見出せる。こうした集団埋葬の習俗は、エーゲ海域に深く根を下ろし、クレタ島ではミノア中期にも依然ひろくおこなわれていた。しかし、「ミニュアス人」の埋葬習俗とは著しく対照的であり、ヘラディック前期の慣習への回帰であるか、王族の埋葬習俗の模倣であるかのように見える。

人口の多い都市は、物資と溢れる住民の捌《は》け口を交易と他地域への入植に求めた。ミケーネの土器を始めとする製品は、トロイ・パレスティナ・シリア・エジプト・シチリア島へと大量に輸出された。長剣はブルガリアに、そしておそらくコーカサスにも輸出された。エーゲ海域とイオニア諸島は、そしてマケドニアの沿岸地域さえも、ミケーネから派遣される交易者・陶工・金属工の一団を受け入れた。そして、ミケーネの経済システムに組み込まれていった。トロスの分布に示されるミケーネの入植は、小アジアとシリアの沿岸部にまで及んだ。紀元前一四世紀と一三世紀には、完全なる文化的斉一性がエーゲ海世界の全域を覆った。それは、『**イリアス**』*に表れる政治的多様性を包括する斉一性であった。

エジプトとシリアにおけるミケーネからの輸入品、ギリシアにおけるエジプトからの輸入品が確証するように、後期ミケーネ文明は紀元前一四世紀に全盛期を迎えた。紀元前一三〇〇年以降に、海賊行為と軍事主義が平和的な通商にとってかわるにつれて、エジプトとの交易は衰微し、富は減少し、芸術は堕落していった。軍事産業ばかりが拡大していった。そして、未開な西方との通商だけが強化された。

ミケーネ・ティリンス・アテネの城砦が拡張された。従来の冑に加えて脛当てが[34]、そしておそらく短甲も着用された。鍔状把頭をもつ新型式の剣が導入された。これは突縁を把頭の周囲にめぐらすものである（図15）。剣士は馬にまたがり、古代初の騎兵となった。北方と西方からの琥珀・銅・錫の供給は維持されていた。その結果、鍔状把頭をもつ新型式の剣がコーンウォール（イギリス）に輸出され、その地で錫鉱脈へのアクセスを統制する部族長の墓に副葬された（四一九頁）。西方との関係は、単なる物資の交換よりも親密なものであった。イタリアの金属工がミケーネの宮廷にやって来て、大陸風の有翼斧（例—図119—2）を石笵[35]で鋳造した。ペスキエラ式短剣（例—図119—4）、斬突両用の剣、**留針ブローチ**《フィブラ》*（図122のようなものと平たい葉状弓形のものの両方）が数多く現れた。あまりにも多いので、これは住民の変化でないとすれば、戦闘方式と衣服のファッションの変化を暗示する。このような変化は、ミケーネ文明を没落させた大変動、すなわち古典に従えば紀元前一一〇〇年頃に起きた「**ドーリア人の侵入***」の先触れとなった。

*Chapter*
VI

# FARMING VILLAGES IN THE BALKANS

# 第6章

# バルカンの農村

バルカンは黒海とアドリア海に挟まれた岩がちの半島である。冬が厳しく春も遅い気候にもかかわらず、緯度が低く温暖な秋が長く続くおかげで、地中海気候と温帯気候の中間的な気候を享受している。そのためアジア的な農村経済への適応は、ほかのヨーロッパ森林地帯に比べれば、それほど難しくはなかっただろう。さらにバルカンには、一粒小麦や数種類の果樹の祖先種がたまたま自生していた。それゆえバルカン山脈を横切る肥沃な谷間には、テッサリアや西南アジアのように、恒久的な村落遺跡であるテルが点在しているのである。そうした村落遺跡は、形式的に見て新石器文化である。テルの層序は、適応プロセスについて信頼できる記録を提供してくれるはずである。ところがブルガリアでは、バニヤタ遺跡と**カラノヴォ遺跡***の文化連続に関する最新の報告が、キロロヴォ遺跡やヴェセリノヴォ遺跡、そして当のカラノヴォ遺跡の連続性に関する以前の報告と、まったく矛盾しているのである。ドナウ川中流域の**ヴィンチャ遺跡***でも、ミロエ・ヴァシチが厚さ一〇メートルに及ぶ堆積物から発掘した資料に対して、フリードリヒ・ホルステ、ウラジーミル・ミロイチッチ、ミルティン・ガラシャニンがそれぞれ提案した区分が、やはり食い違っているのだ。

バルカン半島とドナウ川下流域沿いの地方的な新石器文化の特性を説明するために、北方森林種族と同類の中石器人を仮定できるかもしれない。しかし、公認の発見物により証明されているわけではない。これまで調査された洞窟遺跡には、後期旧石器時代（オーリニャック文化）の道具および更新世の動物相《ファウナ》を含む層と、もっと発達した新石器文化の遺物を含む層との間に、いかなる居住層も介在していない。考古記録が再び継続的に現れるのは、農民が登場してからである。農民の文化は地方ごとに相違するものの、全般的にギリシア半島や近東と同じ穀物と家畜に依存していた。のみならず、女性像を使用したり手斧および投石器を好むといったように、ギリシア半島や近東の農村経済および精神活動を再現していた。

## スタルチェヴォ＝ケレシュ文化

バルカン半島の全域とドナウ川以北のカルパティア山脈の両側において、食糧生産を示す継続的な考古記録は、スタルチェヴォ文化の集落から確認され始める。後続する諸文化との区別は、この一〇年間でようやく明らかになったにすぎないが、スタルチェヴォ文化の組合せは、テッサリアとガリポリのエーゲ海沿岸からバルカン山脈の主要部とドナウ川を越えて、プルト川の源流部やケレシュ川にまで広がっている（地図Iの＋印）。このように広大かつ多様な地域に広がっているにもかかわらず、スタルチェヴォ文化の物的遺物は驚くほど斉一的である。もっとも、当然ながら地方差は認められる。地方差は土器において顕著であり、たとえばマリツァ川流域産（つまりトラキア産）、ドラヴァ川＝モラヴァ川流域産、ムレシュ川＝ケレシュ川流域産の特徴を容易に識別できる。

スタルチェヴォ文化層は、ブルガリアとユーゴスラビアにある複数のテルの基底部に見られるが、どちらかといえば一時的な集落だったようである。類似の資料は、洞窟からも、小川沿いや湖畔に位置する層をなさない野営地からも得られている。ムレシュ川沿いとケレシュ川沿いの野営地は、屋根を兼ねた差し掛け壁をもつ、編枝《あみえだ》荒壁土《あらかべつち》造りの平面台形の小屋が、群れ集まって構成されている。けれどもマリツァ川沿いでは、スタルチェヴォ文化の後半期に、もっと広い家屋が建てられていた。経済面では狩猟が顕著な役割を果たしていた。というのも、獲物の骨があらゆる集落遺跡で普通に見られるからである。ただし狩猟者は、フリント鏃を装着した矢を用いず、罠と投石器に頼っていた。漁撈がおこなわれていたことは、小川や湖沼の土手沿いに野営地が設営されていたことと、装飾的な形状を呈しケレシュ文化的様相を見せる土錘（図45）から推測してよいだろう。しかしスタル

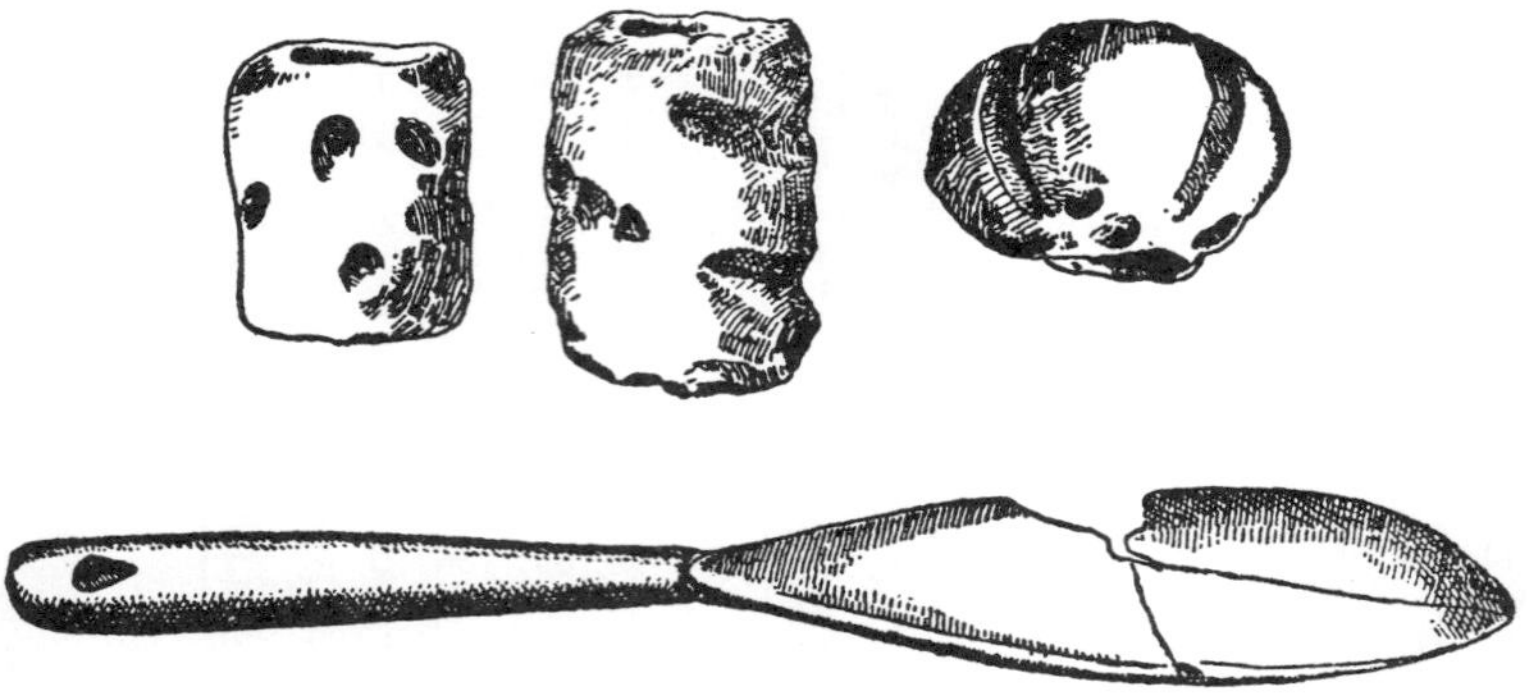

図45　スタルチェヴォ=ケレシュ文化の土製織錘もしくは土錘（上段：S=1/4）と骨篦（下段：S=1/2）

チェヴォ族《フォーク》は、たとえその農村経済が一箇所への永続的な定住と相容れないものであったとしても、常に農民であった。

　穀物の実例は、これまでブルガリアで一粒小麦が、ユーゴスラビアで黍《ミレット》が確認されているにすぎない。穀物は粘土を内貼りした穴に貯蔵された。カラノヴォ遺跡からフリント製の鎌の刃部が、角製の曲柄に装着された状態で発見されている。**鞍状石皿**《サドルカーン》*と磨石はいたるところで発見されている。ブルガリアでは、鞍状石皿のほかに骨篦（図45）がたびたび発見される。小麦を掬うのに用いたに違いない。こうした篦は、ブルガリア全域におけるほぼすべてのスタルチェヴォ文化の遺跡から出土するが、それ以外の文化と関連して見つかることはない。それゆえ土器と同じくらいの確度で、スタルチェヴォ文化の特徴型式として用いることができる。すでにパンを低い土窯で焼いていただろう。牛・山羊・羊・豚が食用に飼育されていた。しかしその農村経済は、狩猟および採集と組み合わさった一種の移動農業と牧畜が一般的であったに違いない。そう考えると、このように均質な文化がこれほど広大な地域に比較的すみやかに拡散したことを説明できるだろう。

　産業に目を向けると、大工は鹿角製雇柄に装着した手斧（例―図29―B・D）や鑿をもっぱら使用した。少なくともスタルチェヴォ文化のケレシュ相においては、手斧や根掘り鍬《マトック》として使うた

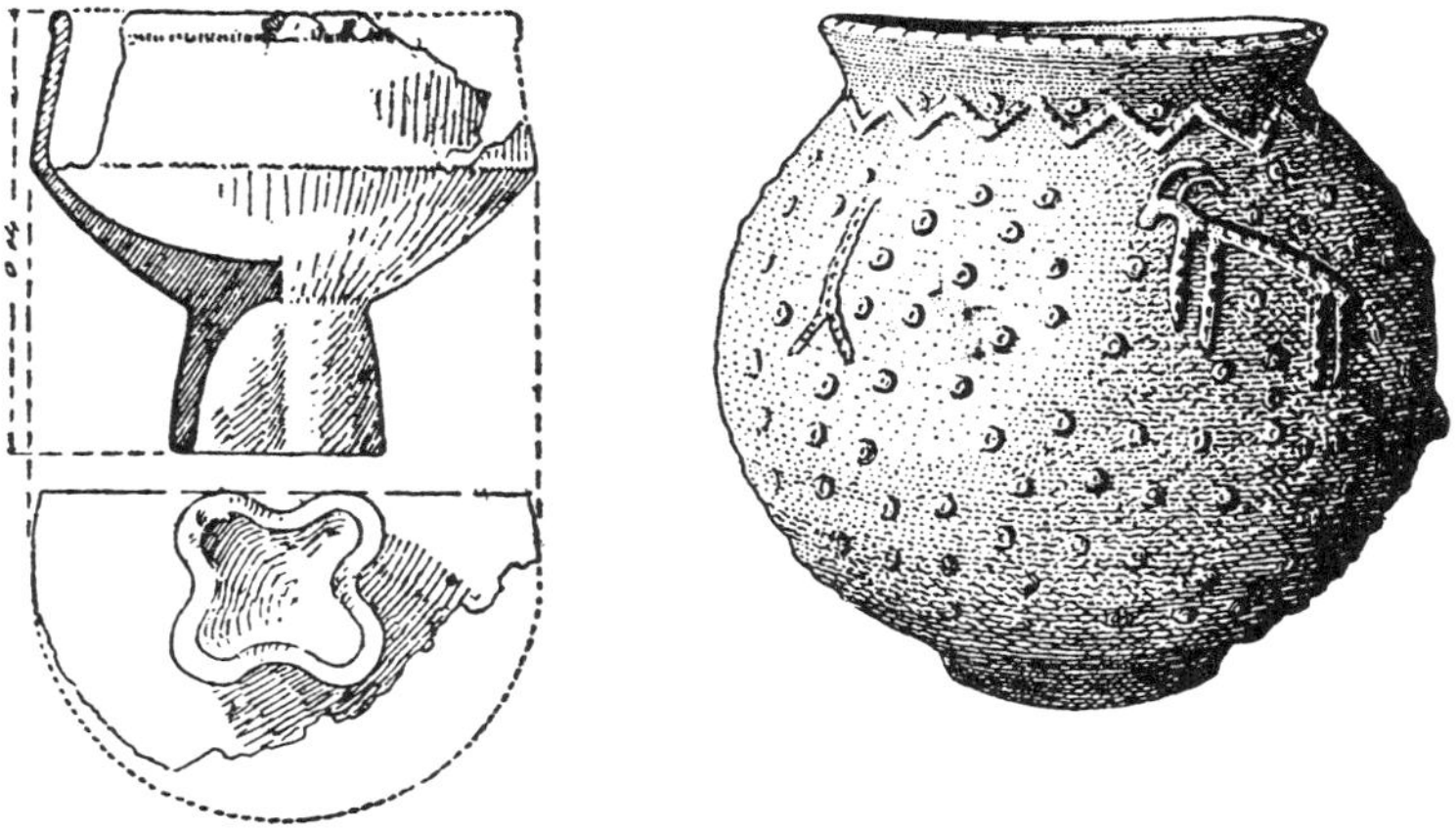

図46　スタルチェヴォ文化の十字形高台をもつ精製鉢（左）とケレシュ様式の粗面仕上げの広口壺（右）（S=1/12）

めに、斧頭に穿孔具で孔を空けたり、鹿角柄に穿孔することもあった。鹿角柄には石刃を装着することもあった。織物の存在が、紡錘車・糸巻・土製織錘から推定されている。

　陶工は専業工人ではなかったが、素材を完璧に使いこなしていた。どこにでも見られる土器で、おそらくスタルチェヴォ文化において最古の土器は、実にきめが粗く、胎土に籾殻を混ぜている。しかし器形はすこぶる洗練されている。広口壺は器高五三センチほどで、すべて平底であり、高台を付けるものさえある。ただし実用の把手はない。バルカン山脈以北では、高台は四葉形ないし十字形を呈する（図46）か、あるいは四個の小突起にとってかわられる。この小突起は、はるか南方において頑丈な四脚に成長した。これらの土器は粗面仕上げ（しばしば泥漿《でいしょう》仕上げと呼ばれる）で丁寧に装飾された。この装飾は、ケレシュ相においては様式化した山羊・牡鹿・人間の浮彫像と組み合わされた。おそらくケレシュ相を除くと、このきめの粗い土器には、きめの細かい土器が伴うのが通例である。後者の土器は、やはり胎土に籾殻を混ぜているが、器面を丁寧に磨き、艶出しさえしており、色調は灰色や黄褐色、あるいは赤色を呈している。精製の灰色土器は、細い沈線文か凹線文で装飾されることもある。その直線文様は、スタルチェヴォ遺跡でもマリツァ川沿いでも、渦巻文様になっていることがある。小ぶりな土器（とくに低脚杯）には、赤地に白色か黒色で施文したり、あるいはユーゴスラビアでのように、ディミニ土器（七九頁）とまったく同様に黄褐色地に暗褐色で施文することもあった。有色の描線が生み出す文様は単純である。渦巻文はごくまれであり、ミロイチッチによると時期が遅れる文様である。粗面仕上げも彩色文様も、テッサリアでのようにうまく混じりあって調和のとれた構成になっていない。カラノヴォ遺跡では、沈線文を施す土器は彩色土器に遅れて登場したようである。ジェシー・フュークス、ミロイチッチ、ドラガ・ガラシャニンによると、沈線文土器も彩色土器も粗面仕上げ土器に遅れて出現するとのことだが、ロバート・エーリッヒはこの考えを否定している。ミロイチッチとガラシャニンは、粗面仕上げのケレシュ土器がスタルチェヴォ文化においてもっと後出すると見る点で同意見である。

交易を通じて黒曜石が、プルト河畔やティサ川＝ケレシュ川沿いの野営地にもたらされ、スポンディルス貝が地中海からティサ川＝ケレシュ川沿いにもたらされた。

新石器時代のビブロス遺跡と同様に、土製印章がケレシュ相の諸遺跡、スタルチェヴォ遺跡、そしてプルト川沿いで広く認められるが、バルカン以南ではまだ報告例がない。同様に、造形が見事で臀部の突出が顕著な小像が、ケレシュ相の諸遺跡では一般的だが、スタルチェヴォ遺跡やマリツァ河畔ではまれにしかなく、あっても粗雑な作りである。埋葬には儀式が伴わず、遺骸は野営地内に掘られた墓穴に、副葬品もなしに屈葬された。スタルチェヴォ文化の拡大には相当な時間を要したに違いなく、各地で長く命脈を保ったようである。もっとも、単独の遺跡で息長く存続したわけではなかった。したがって、新古の時期を識別できるはずである。テッサリアにおけるスタルチェヴォ文化の粗面仕上げ土器は、出土層位がセスクロ土器の下位にあるので、前期新石器時代のものである（七四頁）。逆にマケドニアだと、オリュントス遺跡の彩色土器はスタルチェヴォ文化の彩色土器と区別がつかないが、後期新石器時代のものである。ルーマニア北部のプルト河畔では、スタルチェヴォ土器（彩色土器と粗面仕上げ土器）はドナウI期よりも下層から出土する。ヴィンチャ遺跡でも、スタルチェヴォ文化は最下層において純粋な姿で現れる。ただし、この直上を覆うヴィンチャ文化の堆積層に、少なくともケレシュ相の土器片が混在している。だがドナウ川以北だと、ケレシュ文化はヴィンチャ文化よりも新しいといわれている。少なくとも、そういわれることがある。だから、ケレシュ相の諸遺跡にもっとも共通する土製印章は、ドナウ川中・上流域ではドナウII期のものである。したがって、ケレシュ相はおそらく、ミルティン・ガラシャニンとミロイチッチが主張するように、スタルチェヴォ文化の後期段階であろうし、また土器の彩色はスタルチェヴォ土器の二次的特徴かもしれない。

もしこれが正しいとすれば、鹿角製雇柄や根掘り鍬や渦巻文のモチーフは、ドナウ川沿いに存在が仮定される森林的伝統を有する狩猟漁撈民から、スタルチェヴォ文化の農民が借用もしくは発展させた付加的要素と見てよいだろう。同様に、土器に彩色したり、より写実的な小像やアジアの印章にそっくりの押捺印章を製作したのも、そしておそらくマリツァ河畔の恒久的な集落が示唆する農村経済が進歩したのも、近東から来た新たな移住民に感化されて、本来のスタルチェヴォ文化に付け加わった事柄だろう。上記した付加要素を除去した仮定上の「純スタルチェヴォ文化」は、バルカンで発生した可能性が十分にある。なぜなら、スタルチェヴォ文化において存在が直接に証明されている栽培穀物と飼育動物は[36]、まさにバルカンに自生していたと見てよいからだ。他方でスタルチェヴォ文化は、北シリアとキリキアにおいて無彩色土器を作っていた農民と関係する西南アジアからの移住民によるものかもしれない。あるいは、粗面仕上げのスタルチェヴォ土器が西南アジアの沈線文土器とまるで似ていないことを考慮すれば、土器をまったく作らない[37]農民と関係する西南アジアからの移住民によるものかもしれない。

相対的に見て均質であったスタルチェヴォ文化はやがて、その広がりを細分する複数の自然領域に生まれた独自の地方文化へと置き換わっていった。もしくは分岐的に環境適応を遂げて、独自の地方文化へと成長していった。移牧や遠出の狩猟や新耕地の探索の結果として分散した小集団《バンド》間の交流を維持していた、人口の稀薄な牧畜民と移動耕作民が、恒久的な村落に定住していたとすれば、分岐的な発展はごく自然ななりゆきだっただろう。というのも、新石器時代的な自給自足ゆえに、各集団は孤立を維持できたからだ。

## ヴァルダル川＝モラヴァ川流域——ヴィンチャ文化

西マケドニアでは、**鉄門渓谷**《アイアン・ゲート》*の上手《かみて》でドナウ川に合流するヴァルダル川とモラヴァ川に沿って、そしてそこからバナト地域〔ハンガリー・セルビア・ルーマニア〕を横断してムレシュ川を溯ったところで、ヴィンチャ文化が誕生し、それに伴って恒久的な村落がテルへと成長を遂げていった。

巨大なテルであるヴィンチャ遺跡において、当該文化層の上層から出土する土器の器面と器形は、スタルチェヴォ文化のみの単純遺跡では見出されないが、当該文化の諸型式が皆無の遺跡では出土する。ミロイチッチとミルティン・ガラシャニンは、こうした土器の特徴をスタルチェヴォ文化の組合せから分離して、共存するほかの諸特徴を含む固有のヴィンチャ文化として定義した。このように定義すると、ヴィンチャ文化はヴァルダル川とモラヴァ川の分水界からモラヴァ川を下り、サヴァ川沿いとドナウ川沿いに進んで、ドナウ川のはるか彼方、トランシルヴァニアのムレシュ河畔にあるトゥルダシュ遺跡〔ルーマニア〕へといたる、一連の遺跡に示されていることになる。ヴィンチャ遺跡の層序は、統計処理が可能な資料に関しては発展の諸段階を定義できるが、遊離遺物の相対時期は決定できない。ミロイチッチは主要五期に区分するが、ガラシャニンは計二期しか認めない。ここではガラシャニンの時期区分に従う。

生活の基盤は、依然として狩猟・漁撈・採集を組み合わせた混合農業だった。ただし農村経済は、同じ場所で恒久的な村落を維持できるよう調整されていた。ドナウ川・ティサ川・ムレシュ川の大型魚を捕らえるべく、漁

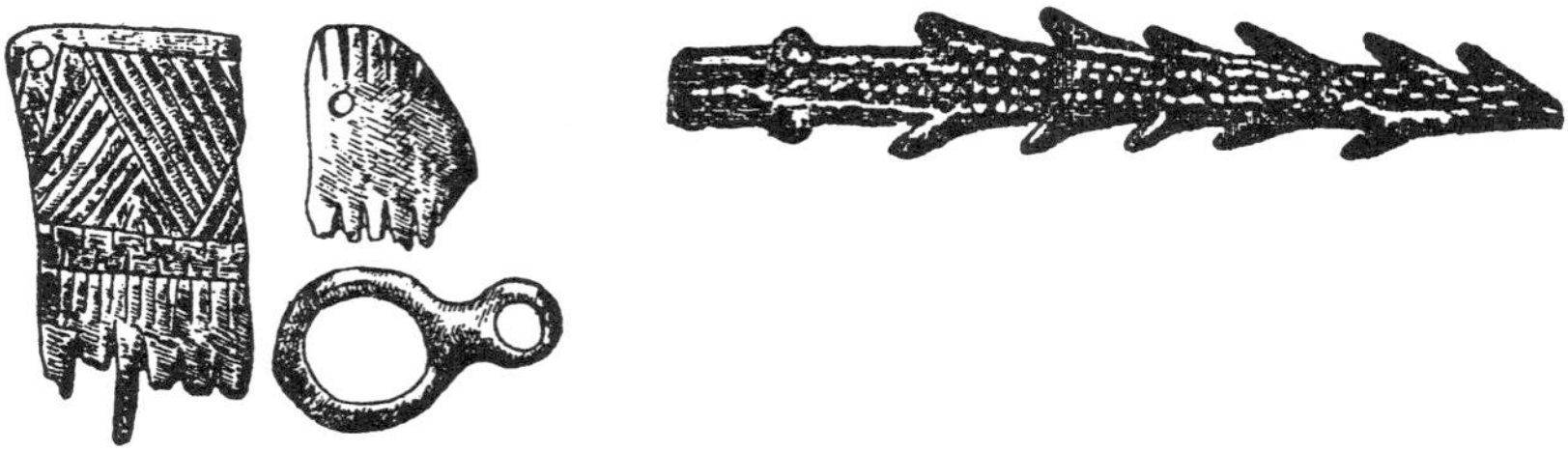

図47　骨櫛と骨製環状垂飾（左：トゥルダシュ遺跡出土、S=1/2）、
鹿角製「銛」（右：ヴィンチャ遺跡出土、S=1/2）

網と釣針（ヴィンチャⅡ期までは鉤付き）に加えて鹿角製の銛と魚扠（図47右）が使用された。フリント鏃は例外的に使用されるだけで、土製の投弾は未発見である。家屋は枝を編み泥を塗って壁立てしたもので、壁は直線的だが平面形はいくぶん不整形である。家屋内は二～三室に区画され、丸天井の低い竈をそなえている。依然として横斧が縦斧より好まれた。石製の有孔槌斧はⅡ期が初出だが、他方でスタルチェヴォ文化と同様に、鹿角に穿孔して根掘り鍬を作っていた。

　土器は高品質である。あらゆる遺跡のあらゆる層でもっともありふれた土器は黒色磨研土器である。器面の赤い磨研土器も作られた。この土器は誤って「赤化粧土」土器と名づけられた。黒と赤がまだらになった土器（八一頁参照）は、ヴィンチャⅠ期に限定される。ミロイチッチが原釉陶器と呼び、ギリシアの後期新石器時代の土器と対比するものも、Ⅰ期に属する（八一頁）。土器は平底である。把手は純ヴィンチャ的な伝統にとって異質だった。ただし、モラヴァ川流域のプロチュニク遺跡を始めとする時期の新しい遺跡において、マケドニア前期のものに似る把手付杯と把手付筒形杯《マグ》が出土している。その代わり、広口壺に突起が付けられた。Ⅰ期でさえ角状突起が付くことがあり、Ⅱ期にはボタン状の突起がそなわる。管状の注口部はⅠ期に遡るかもしれないが、普及するのはⅡ期である。口縁が垂直に立ち上がるか大きく開く胴部屈折鉢と胴部屈折皿が、全期間を通じて盛行した。頑丈で高い脚部をそなえる杯《カリス》はすでにⅠ期に現れ、三脚壺はⅡ期にのみ存在する。背負って運

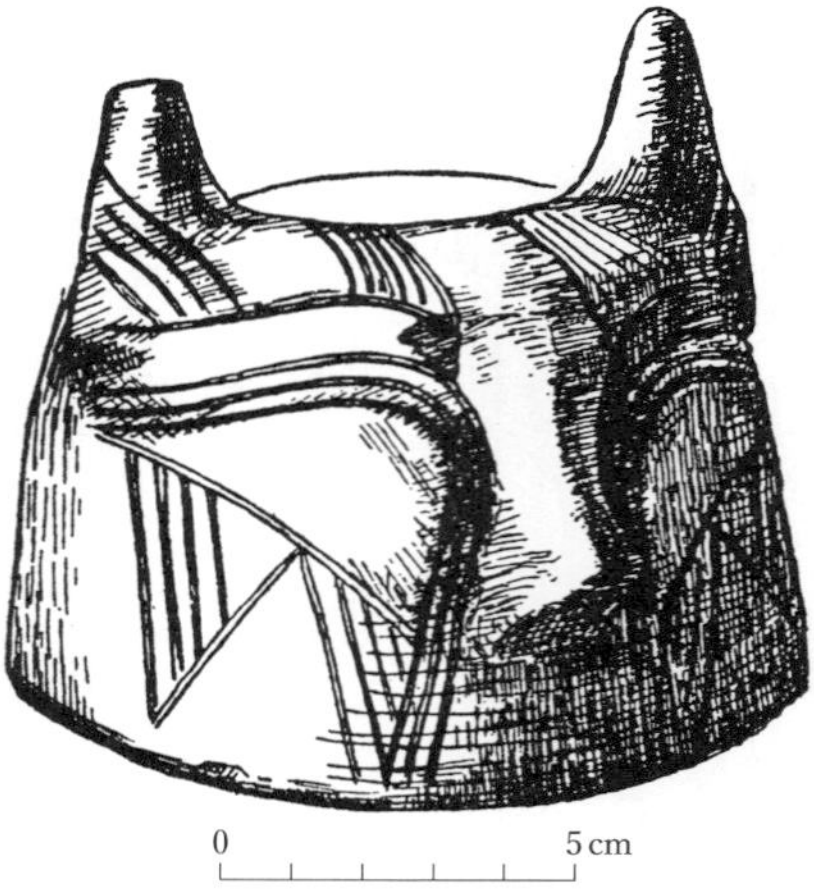


図48　ヴィンチャ遺跡出土の「人面骨壺」の蓋
［ヴァシチによる］

ぶようデザインされた、片側に環状の突起を付けもう一方が平らな奇妙な瓶は、I期のものとされている。同型式の瓶はケレシュ文化にもあるし、スタルチェヴォ文化のルーマニア的変種《ヴァリアント》にも認められる。ただしブルガリアの類品は、スタルチェヴォ文化以降のものである。I期とII期のヴィンチャ文化に特徴的で、しかもサヴァ川・モラヴァ川・ムレシュ川の河畔で等しく発見されるものに、擬人化した蓋がある（図48）。これは伝統面でトロイ遺跡の「人面骨壺」に比せられるものであり、事実トロイ第三層の出土品に似ている。擬人土器と動物形容器は、おそらく祭祀用として同じように製作された。

ナデ磨き、細い沈線文や波状文、刺突刻線文で装飾の効果を出した。器面に周回施文する技法はヴィンチャII期に導入された。I期には、祭壇と土偶を焼成後に白・赤・黄色で彩色した。土器の器面への上塗りは、主にII期におこなわれた。I期の文様モチーフには、列点を充填した三角文や列点帯状文ないし列点波状文があり、これらで単純な直線文様を構成した。雷文と渦巻文、そしてこれらの反復文様は、II期に限られるといわれている。

ヴィンチャ遺跡では、土器のほかに白色石灰岩製の皿も使われていた。化粧用品としては、環状垂飾とトゥルダシュ遺跡出土の櫛（図47左）がある。この櫛は後期新石器時代のマケドニア出土品に似ている。

ヴィンチャ文化の儀礼用具は、バルカンの他地域やギリシア、西南アジアの諸文化のものと同じくらい豊富であり、これらの地域と同様の精神活動の存在を示唆する。最古の小像はケレシュ文化の遺跡出土品よりも概略的だが、玉座に座るものもすでにある。それ以後になると、容貌をいっそう丹念に造形するようになる。顔はかつての三角形から五角形になり、両手は腹の位置に据えるか、乳房をつかむか、乳児を抱くかである。足は台座と一体化した。他方、葬礼については十分な証拠がない。当時の精神活動において大した役割を果たさなかったに違いない。火葬の事例がいくつか記載されているが、疑わしいものである。ヴィンチャ遺跡では、黄土を掘り込んだ「洞室墓」に九体の遺骸が葬られていた。ヴチェドール遺跡の同様の「室墓」には、スラヴォニア文化の土器が納められていた。

　鉄門渓谷の激流を溯上すると、モラヴァ川がドナウ川に合流する地点がある。ヴィンチャ遺跡はこの合流点の付近に位置し、交易に適した立地だった。現にヴァシチは、ヴィンチャ遺跡の集落を、エーゲ海域の商人の居留地だと見なした。かれは最終的にこの商人を紀元前七世紀のイオニア人だと考えた。ところが実際には、この遺跡に隣接するスプルヤ・スティエナの**辰砂**《しんしゃ》*堆積層を開発したのはヴィンチャ文化人だった。紛うことなき輸入品として、すべての層で発見されるスポンディルス貝製の腕輪と、ミロイチッチのB期にごく一般的に見られる黒曜石がある。火山性ガラスである黒曜石は、おそらくハンガリー北東部からティサ川を下ってもたらされた。黒曜石とともに、ティサ川沿いで作られていた土器がヴィンチャ遺跡にもたらされた。まずケレシュ型式のスタルチェヴォ土器が入ってきて、続いて一式揃ったティサ式土器が大量に流入した。報告によれば、ヴィンチャ遺跡のすべての層から銅の小断片が出土している。しかし、場所と層を問わず、手斧などの石器が豊富に見られるので、銅の恒常的な供給は組織されていなかったようである。ただし、ヴィンチャII期のプロチュニク遺跡において、石製手斧五点と一緒に銅製手斧一三点と銅製槌斧一点（例—図64－1）を納めた一括埋納が発見されている。こうした銅製品の類品として、ハンガリー＝トランシルヴァニア型式のものがヴィンチャ地方の一帯に数多く散在しているが、おそらくすべてドナウ川以北からの輸入品だろう。サヴァ川の河畔にあるクラドヴォ遺跡（セルビア）では、典型的なハンガリー型式の縦横両用斧一点が、ドナウIII期のボドログケレスズトゥール文化に固有のフリント製の長手の石刃三九点とともに発見されている。

こうした輸入品を通じて、ドナウ地方の文化連続との良好な併行関係を構築できる。たとえば、ヴィンチャⅠ期はスタルチェヴォ文化のケレシュ相と時期的に重なる。Ⅰ期の後半（ミロイチッチのB期およびC期）は、端的にいえばティサ文化と同時期である。ヴィンチャ遺跡では、当該期の典型的文化であるレンジェル文化との直接的なつながりを欠くものの、ティサ文化はドナウⅡ期のはずである。[38] 続くヴィンチャⅡ期は、ドナウⅢ期のバーデン文化およびボドログケレスズトゥール文化と同時期である。ただし地域によっては、この二文化にヴィンチャ文化がとってかわられている。バルカン東部の文化連続との相互関係も、同じくらい明瞭である。ドナウ川下流域のルーマニア側の河岸では、ヴェルビコアラ遺跡のヴィンチャⅠ期の遺物がサルクツァ文化の遺物よりも下層から出土する。また、ボイアン文化の土器が、ヴィンチャⅠ期とおぼしき資料とともにトゥルダシュ遺跡で発見されている。これと反対に、モラヴァ川上流域で出土するヴィンチャⅡ期の遺物は、サルクツァ文化に固有の遺物とほとんど区別がつかない。換言すれば、ヴィンチャ文化のⅠ期とⅡ期は、それぞれボイアン文化とサルクツァ文化と相似的に併行するのである。[39]

エーゲ海域との編年的関係は、はるかに決定しがたい。ドナウ川流域とエーゲ海域の関係は実に明白である。しかしその関係は、バルカン半島をまたいで直接に輸入するとか、存続期間の短い型式の物品を在地で模倣生産するといった形での関係ではなかった。ドナウ川流域のヴィンチャⅠ文化は、マケドニアの後期新石器時代のセルヴィア文化とほぼ同一である。したがってこの文化は、スタルチェヴォ文化と同様に、セルヴィア文化がそっくりそのまま、地中海と温帯の境界地帯を越えてやって来たものだと言ってよいだろう。ヴィンチャⅠ期の土器に見られる器面と器形は、その大半が後期新石器時代の中部ギリシアで認められるし、トロアド地域のクム・テペ遺跡にさえ若干ある。ただし、それらすべてが同時代性の証拠になるわけではない。それどころか、地域間に前後関係があるという事実は、ヨーロッパとインド＝ヨーロッパ語族の先史時代に関するいくつかの重大問題を解決してくれるだろう。ミロイチッチは近年、ヴィンチャB2期の高台付ピュクシスをキクラデス前期文化からの輸入品だと主張している。しかしこれは、輸入した大理石製壺の模倣品と見るのがよいだろう。また、出土層位が不明なヴィンチャ遺跡の一片の土器も、ヘラディック前期の把手付葡萄酒用水差しを真似たものかもしれない。[40]ブバーニュ遺跡の第二層（つまりヴィンチャII期）から出土した一点の土器は、トロイ遺跡とペロポネソス半島から出土するような金属製の船形調味料容器を模倣したものかもしれない。モラヴァ川流域の遺跡で出土するヴィンチャII期の把手付水差しと把手付壺は、これに対応するエーゲ前期の器形と関係があるに違いない。ただし、時期は前後するかもしれない。

ユーゴスラビアの先史学者は、ヴィンチャ文化が在地のスタルチェヴォ文化から発展したのではなく、南東方面から到来した新たな入植者に由来するに違いないと見る点で、意見が一致している。そうであれば、西南アジアで発達してきた定住的な村落生活、それを支えた農村経済、社会をまとめ上げる精神活動を、温帯ヨーロッパに持ち込んだのは、そうした入植者だということになろう。他方、前章で指摘したように（八二頁）、ヴィンチャI文化だと同定される西マケドニアおよび中部ギリシアの後期新石器文化は、バルカン半島の彼方からの侵入によってもたらされたのだ、と信ずるに足る考古学などの根拠があるかもしれない。スタルチェヴォ文化がそのような方向で発達した状況を、たとえモラヴァ川流域において観察できなくとも、カラノヴォ第一層とバニヤタ第一層から出土する多様な資料が徹底的に研究され、公表されれば、この発達がマリツァ川流域で突き止められるかもしれない。

ヴィンチャ文化はI期を通じて、アリアクモン河畔のセルヴィア遺跡から（少なくともヴァルダル川とモラヴァ川の分岐点にあるパブロフツェ遺跡〔スロバキア〕から）ムレシュ河畔のトゥルダシュ遺跡まで、そして鉄門渓谷を下ったオストルル・コルブルイ遺跡から西方のドラヴァ河畔のサルヴァス遺跡まで、驚くべき斉一性を示している。II期になるとこの統一性は、スタルチェヴォ文化の統一性と同じように分解した。

ドナウ川以北では、ヴィンチャ類型の恒久的村落が、移動耕作を基盤とするであろう一時的性格を強めた小村落にとってかわられる。しかしバルカンでは、多くのテルで居住が継続し、定住農業にふさわしい精神活動の表現として、いたるところで女性小像が製作され続けた。他方で、モラヴァ川上流域のニシュ盆地だと、ブバーニュ第二層の文化はヴィンチャ文化とサルクツァ文化の一種のハイブリッドである。これとほぼ同じ時期に、注目すべきブトミル文化がボスナ河畔に出現した。この文化の名祖《なおや》であるブトミル遺跡は低いテルであり、手斧や小像、そして土器の大半がヴィンチャ文化の伝統を保持している。しかし、帯状渦巻文や塑像が華麗に発達し、キクラデス前期の土器に見られる網目文様が散見し、有茎フリント鏃が増加したことは、まったく新しい特徴である。当のヴィンチャ遺跡でも、古い文化が存続していた。ヴァシチによる測地基準面から下に二・五～四・五メートルの層では、黒曜石がまれであり、ミロイチッチは出土土器にバーデン文化からの影響を看取している。二層の最終居住層間で、ムレシュ川下流域の中期青銅器時代に属する土器が発見されており、ドナウ地方の文化連続のV期に比定できる。したがって、居住の中断による空白期間がないとすれば、ドナウIII～V期はヴィンチャ文化の後半段階と同時期のはずだ。

どうやらバルカンで自給自足していた村落民は、地元の環境にうまく適応したのち、金属を恒常的に入手する努力をしなかったか、あるいは入手に失敗したようである。ドナウ地方のIV期とV期の示標になる、広範に分布する青銅器の諸型式は、本義的な新石器文化が存続していたバルカンでは欠落している。

## トラキア南部のヴェセリノヴォ文化

ヴァジル・ミコフとペータル・デテフの最新の報告によると、マリツァ川流域のカラノヴォ遺跡(41)やバニヤタ遺跡、そしてセロペク付近のジノヴァ墓地遺跡におけるスタルチェヴォ文化の後を、別のテルであるヴェセリノヴォ遺跡にちなんで名づけられた、すこぶる異質な様相をもつ文化が直接引き継いだ。

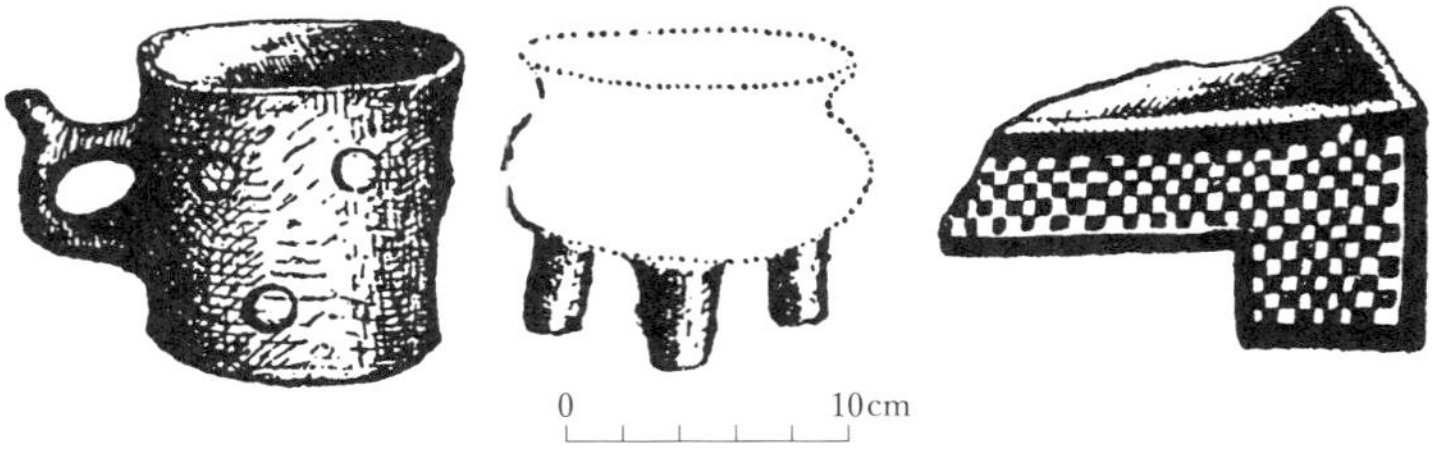

図49　筒状杯（左）・三脚鉢（中）・切削文を施す「祭壇」（右）（バニヤタ遺跡第二層出土）

このヴェセリノヴォ文化の恒久的な村落は、数室からなる広い家々で構成されていた。家屋の骨組みは直立する木柱で組み立てられ、壁は藁を混ぜた粘土でできていた。住人は定住農民であり、一粒小麦に加えてエンマー小麦も栽培するようになっていた。さらに、おそらく馬を飼うか、少なくとも狩っていた。ヴェセリノヴォ遺跡では馬骨の出土が報告されている。[42] 狩猟者はいまだに投石器に強く頼っていたが、戦争用の石製闘斧も作られていたかもしれない。住民が木材加工を会得しきっていたことが、その建築からよりも土器からいっそうよく分かる。木材加工には依然として手斧が好まれたが、斧頭も製作され、着柄用の孔が穿たれた。土器はスタルチェヴォ文化の伝統から完全に断絶している。通常の土器は地色のままで、黒色を呈するのが普通だが、研磨されているものもある。貼付隆線を除くと、以前に盛用された装飾は廃れた。貼付隆線は、端部を渦巻文にする場合もある。一部の土器は、成形時に筵《むしろ》の上に置かれたので、しばしば底部にその圧痕が付いている。器高が五〇センチを超える大甕《ピトス》が製作された。もっとも特徴的な器形は、体部が直立するか西洋梨形を呈する筒形杯《マグ》（図49左）であり、頑丈な把手の先端が上に延びて小突起になっている。筒形杯の形状は明らかに木製品から着想を得ている。頑丈な四本の円柱脚をもつ鉢や灯火皿《ランプ》、扁平な短脚をもつ三角形の鉢や灯火皿も、木製品に触発された形状である。後者には、すなわち脚部付きの鉢や灯火皿には、彫出による市松文様が施されていることが多く、これは木彫模様細工に着想を得たものである（図49右）。同じように装飾されたこの種の土器は、はるか北方にあってヴェセリノヴァ文化と相似の文化的順序を示すボイアン文化や、中部アナトリアの銅石時代のアリシャル遺跡にも認められる。背負って運ぶために片側を平らにした瓶は、ヴィンチャ遺跡と同じようにバニヤタ遺跡のヴェセリノヴォ文化層においても製作されていた（一一四頁）。

ひどく様式化した若干数の小像がカラノヴォ第二層から出土している。しかし、ヴェセリノヴォ文化層では総じて、ギリシアのセスクロ文化やそれ以降のバルカンの諸文化における精神活動の証拠となる、これらの土製儀礼用品が著しく貧弱である。実際、ヴェセリノヴォ文化はバルカンの伝統を断ち切っているように見えるので、スタルチェヴォ文化複合が在地で発展を遂げたとは到底考えられない。差込把手をもつ無文無彩色の土器は、とりわけアナトリア風である。もしミカリク遺跡（八三頁）が本当にマケドニアの後期新石器時代に併行し、バルカンII期に属するとすれば、ヴェセリノヴォ文化はそれと同じ活動の結果、つまりバルカンの環境にいっそう深く適応した結果だと見なすことができよう。しかし、トロアド地域に特徴的な器形は、ミカリク遺跡ではきわめて目立っているが、ヴェセリノヴォ文化層ではいまだ**原位置***で発見されていない。アナトリアには、ヴェセリノヴォ式の把手の類品も「木彫模様細工」の灯火皿の類品も現に存在するが、それらは高原地帯にあるアラジャ・ヒュユク遺跡、ビュユク・ギュルジェキ遺跡、アリシャル遺跡に限られている。しかもこれらは、バルカン山脈とアルプス山脈の南側斜面の全域に、さらにはイタリアと南フランスにさえ共通して見られる木製品を模倣したものである。

ミコフはヴェセリノヴォ文化が青銅器時代型の文化へと発展してゆく道筋を、その名祖となったヴェセリノヴォ遺跡において突き止めた。この青銅器時代型の文化は、柄孔付銅斧、石製闘斧、折り返し口縁から延びる短いラッパ状突起をもつ鉢、片口の鉢と水差し、さらにはミノアの「茶瓶」に似た土器などを特徴とする。同様の資料は、ラツコパニツァ遺跡・エゼロ遺跡・ユナツィテ遺跡で出土しており、それらは確実にグメルニツァ文化層の上層にあるので、バルカンIV期に属している。もちろん、バニヤタ遺跡とカラノヴォ遺跡の層位の解釈が間違っていて、ミコフが一九三九年に報告したように、それらの遺跡ではヴェセリノヴォ文化がグメルニツァ文化に後続する可能性もある。あるいはまた、ヴェセリノヴォ文化においては、マケドニアの青銅器時代の諸文化のように、侵入してきたグメルニツァ文化の集落から影響を受けることなく、それと併存して発展した遺跡もあって、その後バルカンⅣ期になり、ヴェセリノヴォの文化伝統が北方からの侵入に打ち勝った、という推測も可能であろう。そのどちらにせよ、エゼロ遺跡の発達したヴェセリノヴォ文化層から出土する土器の特徴（たとえばラッパ状突起と紐状装飾。ただしバルカンⅣ期に属する）は、これまでカラノヴォ第二層で観察されたいかなる要素よりも、ミカリク遺跡を強く思わせるものである。

## ボイアン文化

バルカンⅡ期には、バルカン山脈の主要部の北方、ドナウ川下流域の両側とオルト川上流域のトランシルヴァニアを、ドナウ川の川中島にちなんで名づけられた組合せ、すなわちボイアン文化が占めていた。エフゲニー・コムサは最近、ボイアン文化に先行する二期の予備段階を設けることを主張した。この期間には、集落はまだ十分に安定した村落ではなく、一粒小麦と黍だけが栽培され、矢には台形と三日月形の鏃を取りつけ、土器には籾殻が混ぜられ、渦巻文や雷文をなすこともある凹線文や沈線文のみで飾られた、と主張したのである。かれの主張する予備段階が信用できるものであるならば、本章で仮定した中石器文化の生き残り（一一一頁）が文化変容を遂げたか、あるいは移住してきた農民に吸収されたことを暗示するだろう。

しかし、ヴィドラ遺跡（ルーマニア）とタンガル遺跡（ルーマニア）のテルの基底部やボイアン遺跡で判明しているように、ボイアン文化は一粒小麦・エンマー小麦・黍の栽培を基礎にしつつ、畜産・狩猟・漁撈を組み合わせた、本格的な村落文化であった。村落を構成する家屋は長方形を呈し、堅固な造りである。幹の割り材に枝を編

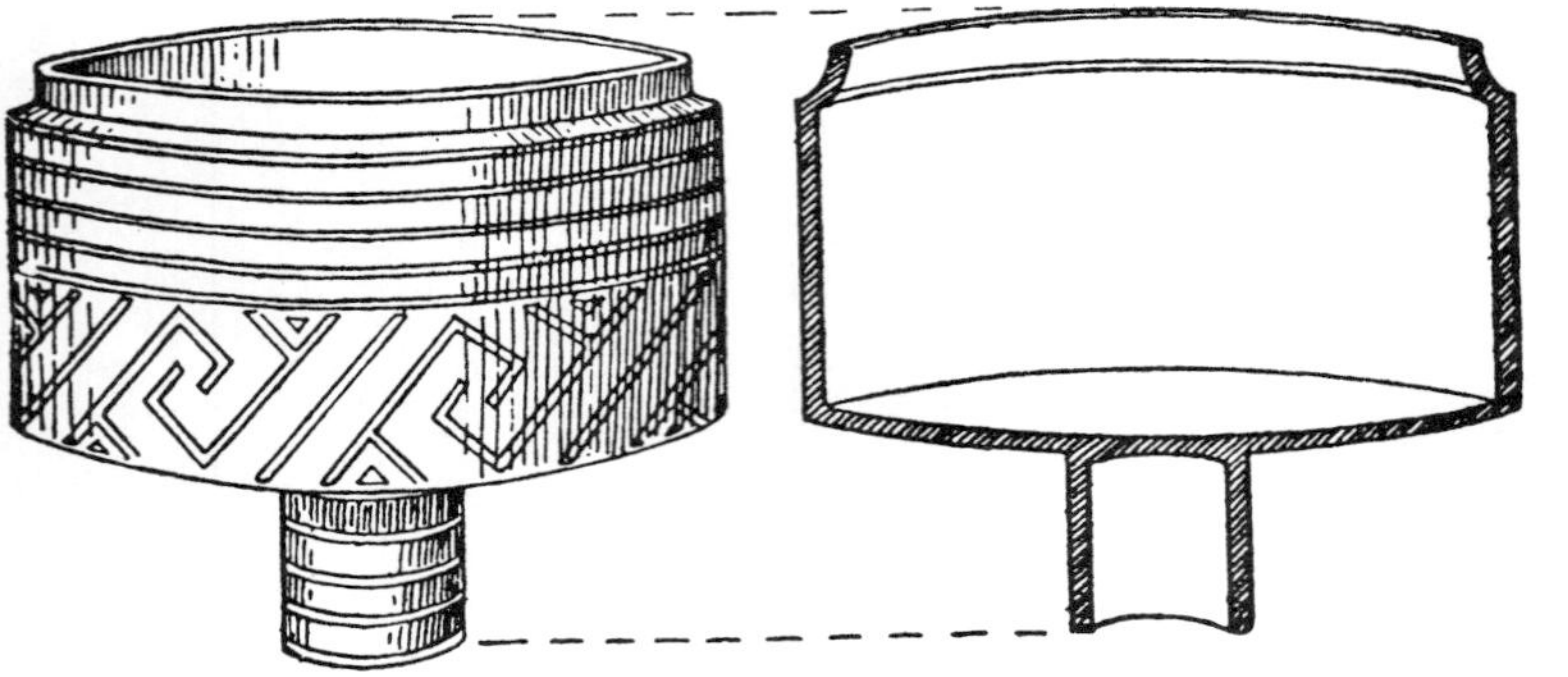

図50　杭状単脚付土器（デネヴ遺跡出土、S=1/6）

み泥を塗って壁立てし、入口はとても短く、屋内の中央には炉をそなえている。つまり、メガロンの平面形に近づいたものである。タンガル遺跡では、これほど堅固ではない小屋が先行するといわれている。ケレシュ文化において使用されていたような土製の織錘と十字形紡錘車が出土するので、製織の存在を証明できる。大工は、テッサリアのセスクロ文化と同じく、靴形手斧か片刃手斧を使っていた。ただしそれらは、マグレモーゼ遺跡の場合と同様に、有孔鹿角柄に装着されることもあった。

土器は自家製であり、器形と装飾のどちらも明らかに木製品から影響を受けている。杭状の単脚が付く箱形円筒容器（図50）、大型の算盤玉形の甕、二層骨壺、頑丈な把手付きの柄杓、立方形の支脚に対になって載る小形尖底土器などが特徴的な土器である。ドナウII期の形状を呈する台脚鉢と、この脚が人脚状になったものは例外的である。これらの土器の装飾として、木彫りの彫出技術が取り入れられたほか、沈線文・凹線文・粗面仕上げも採用された。また例外的に、黒鉛による暗文や焼成後の上塗り彩色が採用されることもあった。渦巻文や雷文、それらの反復文様が、鮮やかな全面装飾の基本であった。

ボイアン文化の農民は銅を熟知していた。しかし、小さな装飾品にのみ利用し、産業用として恒常的な供給を組織しようとは試みなかった。銅以外に原初的な交易を示唆するものは、スポンディルス貝製の腕輪だけである。この腕輪は、テッサリアや中央ヨーロッパと同じくらい、ドナウ川下流域でも盛んに用いられた。三角形と四角形の祭壇も、テッサリアや中央ヨーロッパと同様に家庭内儀礼用に製作された。しかし、後に盛行する土偶はきわめてまれだった。

以上のように定義されるボイアン文化は、やがてバルカン山脈を越えて南方に広がり、マリツァ川流域にまで達した。ただし当地のボイアン文化は、バルカンⅢ期ではなくⅡ期に帰属させるほど明確に分離できていない。ボイアン文化に特徴的な土器は、北方では遠方のドナウ川河口〔ルーマニア・ウクライナ〕やオルトゥ川上流域〔トルコ〕で発見されている。また、紛れのない当文化の土器片が、ムレシュ河畔のトゥルダシュ遺跡の採集品に含まれている。このように、バルカンの文化連続においてボイアン文化の位置は十分に確定している。ボイアン文化は、タンガル遺跡とヴィドラ遺跡のテル内ではグメルニツァ文化層の下層に位置する。オルトゥ川上流域のレツィ付近では、初期のボイアン土器はスタルチェヴォ土器の上層に、アリウシュド様式のトリポリエＢ１土器の下層にある。トゥルダシュ遺跡出土のボイアン土器片は、ヴィンチャⅠ期と同時期のものだろう。

おそらくエンマー小麦を除けば、ボイアン文化の新石器文化的な諸要素は、先行するスタルチェヴォ文化から容易に引き出せる。鹿角細工や大工仕事は、ルーマニアのいくつかの遺跡で採集されている幾何学形細石器に代表される、中石器時代の狩猟漁撈民の生き残りから受け継いだ遺産なのかもしれない。かれらは、器面を雷文の反復文様で埋め尽くす手法も伝えたのかもしれない。というのも、南ロシアの黄土地帯にあるメジン遺跡のマンモス狩猟民が、後期更新世にこの装飾法を用いていたからである。

## グメルニツァ文化とサルクツァ文化

ボイアン文化には、アナトリアやエーゲ海域やドナウ川中流域からの影響により充実していった側面もなくはないが、ルーマニアの先史学者がグメルニツァ文化と名づけた文化へと発展していったようだ。ワラキアとブルガリアでは、ボイアン文化の遺跡よりもグメルニツァ文化の遺跡の方が多い。増加した人間集団がグメルニツァ文化の村落を新たに築いたためである。グメルニツァ文化は息長く続いた。ヴィドラ遺跡とタンガル遺跡では、**層位学**[*]的に少なくとも三期に区分できる。ただし、ワラキアの時期区分をブルガリアに適用することはできない。

ヴィンチャ文化やティサ文化の遺跡に見られるような鹿角製銛が、刺突漁に使われるようになったことを除くと、生活の基盤に変化はなかった。しかし当初から、産業が専業化してゆく傾向が明白だった。たとえば複数の集落から、まるで物々交換用に用意されたかのように真新しいフリント石刃と骨器を納めた一括埋納が発見されている。その後のグメルニツァIII期になると、いくつかの遺跡で工人が金属加工をしていたに違いない。

交易もあるていど組織されていた。グメルニツァI期のヴィドラ遺跡には、石器の素材がブルガリアやドブルジャ〔ルーマニア・ブルガリア〕から、後にはトランシルヴァニアやバナト地域から運び込まれた。貿易を通じて実際の製品や新たな着想が、そして新たな技術工程までも伝えられた。モルダヴィアの、あるいはもっと北方のトリポリエA様式の双眼鏡形土器や、トゥルダシュ遺跡とヴィンチャ遺跡に見られる列点帯状文で飾られた土器が、I期のヴィドラ遺跡にもたらされた。I期の広域層位から、そしてブルガリアの複数の遺跡から、アジアの印章を模倣した土製品が出土している。ただし、常に渦巻文が施されている。II期までに、トロイ遺跡やディミニ遺跡やトゥルダシュ遺跡と同じように、骨製の環状垂飾が製作された。双頭渦巻ピンの骨製模倣品も作られた。図示したような実物のピン（図27－9）は、頭部の渦巻が針金ではなく帯金になっている点を別にすれば、ブルガリアのガボレヴォ遺跡など多数の遺跡と同じく、ヴィドラ第三層で発見されている。マケドニア＝ヘラディックのアスコスすら、ヴィドラ第三層において、そしてワラキアおよびトラキアの諸遺跡において模作された。

金属工は、おそらくブルガリア東部の銅鉱脈に惹きつけられて、この時期までにブルガリアとワラキアで実作業に従事していた。この工人たちが作った双頭渦巻ピンは、アナトリアの製品に触発されたものである。しかし、おそらく鋳造に関する知識がなかったため、鍛造に頼って製作したようだ。また、製品のすべてがアジアの器形の直接模倣品というわけではない。銅製の柄孔斧と柄孔手斧が各一点、ガボレヴォ遺跡で一緒に発見されている（図51）。一回の鋳造時にこれらを組み合わせて、縦横両用斧を作ったのだろう。その実物がヴィドラ遺跡で発見されており、ハンガリーの文化連続におけるグメルニツァⅢ期の起点を画するものかもしれない。

それにもかかわらず、グメルニツァ文化の経済は、金属が石にとってかわるほどの変化を示さなかった。当該文化期を通じて、道具は石か骨で作るのが普通だった。ただし、ボイアン様式の手斧に加えて、フリント手斧も使われるようになった。後者の実例では、稀少な銅製手斧を真似て、刃部を外広がりにしたり、刃面を研いだりしている。ドナウ川中流域と同じように、柄孔を空けた槌斧や単純な闘斧が流行するにいたった。柄孔を方形に穿った鹿角斧も作られた。矢の先端には両端が尖る骨鏃を取りつけた。三角形のフリント鏃もまれにある。弓の射手の手首を護る手甲〔鞆〕さえ、ヴィドラ第三層で発見されている。扁球形の棍棒頭が散見するが、グメルニツァ文化は好戦的な様相を帯びていない。

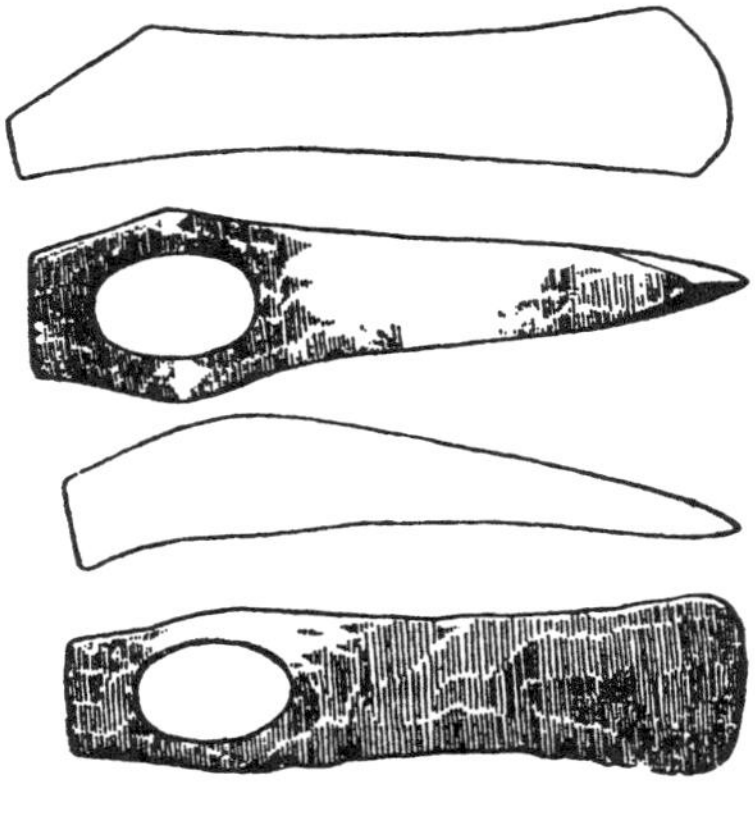

図51　銅斧（上）と銅製手斧（下）
（ガボレヴォ遺跡出土、S=1/3）

土器は古い伝統を受け継いでいる。杭状の単脚が付く箱形容器は廃れ、台脚が付く型式（図52－6）にとってかわられた。後者の型式は脚部が中空で、本体の底部に取りついて閉じている。またドナウⅡ型式の挿入式の柄杓が、ヴィンチャⅠ期までに導入された。彫出装飾は廃れてきたが、粗面仕上げはなお流行していた。黒鉛による描出は、かつての暗文から明瞭なものに変わり、広く普及するにいたったが、焼成前に白色に塗彩して補塡することもまれにあった。割り裂いた葦の茎で押捺して「爪形文」（図52－2）を施す手法は、ドナウ川以南で盛行した。

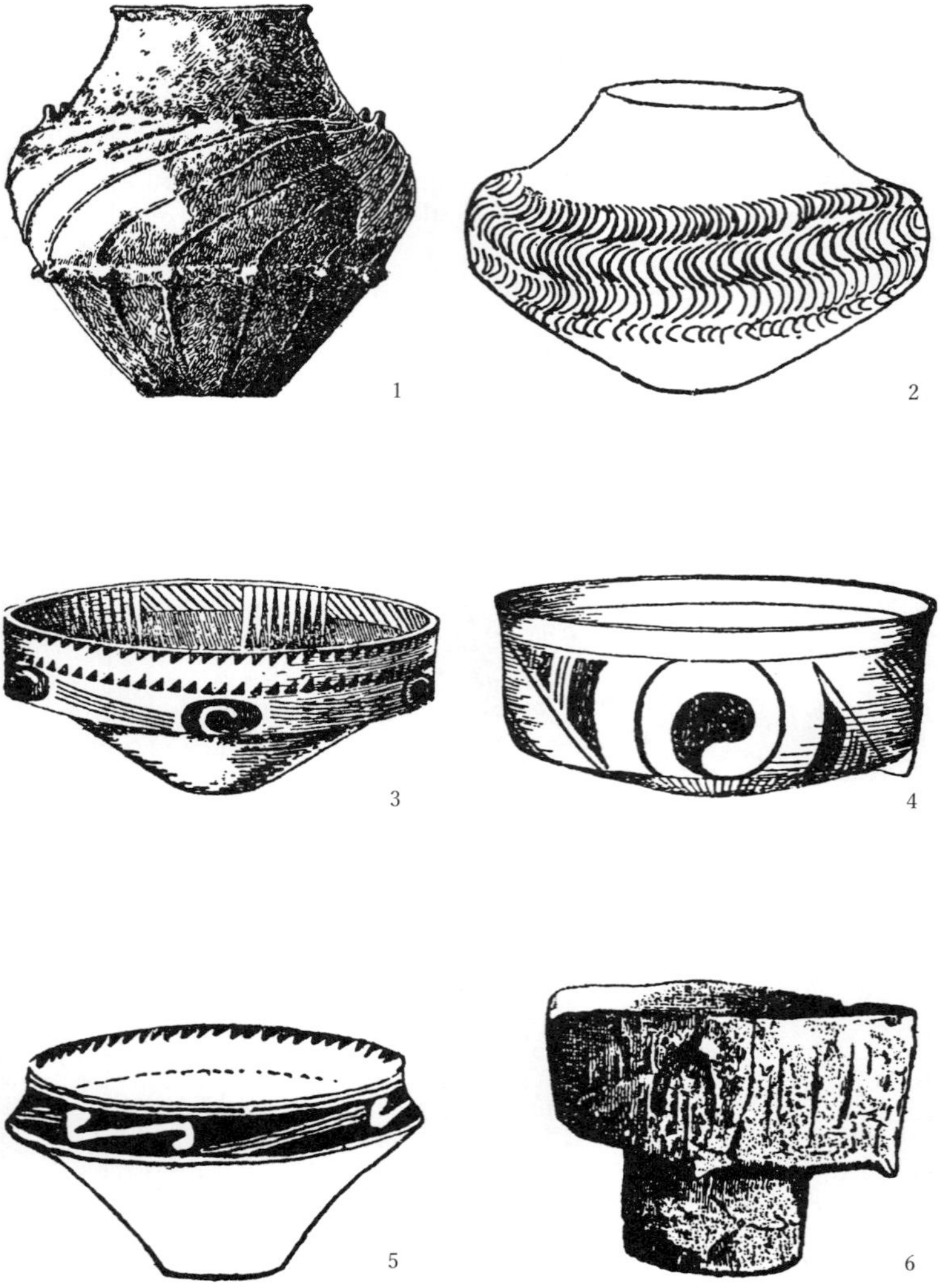


図52　グメルニツァ土器（1：チェルナヴォダ遺跡出土、S=1/3 ／ 2：テル・メテュクル遺跡出土、S=1/4 ／ 3・4：テル・ラチェフ遺跡出土、S=1/5 ／ 5・6：コージャ・ダーマン遺跡出土、S=1/6・1/4）

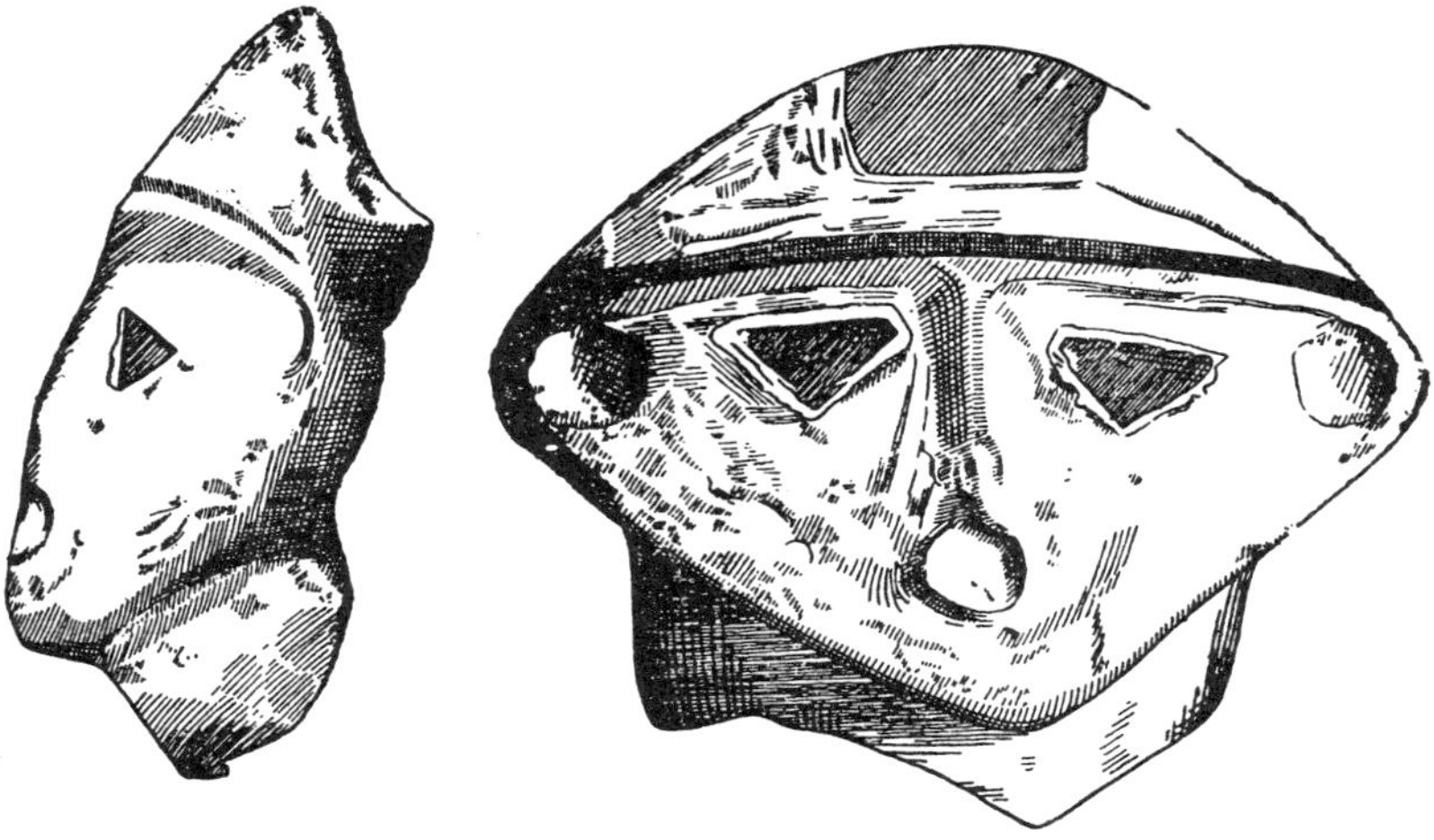

図53　彩色土製頭部（ヴィンチャ遺跡出土、S=2/5）

産業は相対的に停滞していたが、それを埋めあわせるように、呪術＝宗教用品を途方もなく入念に作った。あるいは、呪術＝宗教用品の入念さが産業の停滞の原因だったのかもしれない。グメルニツァI期以降、女性土偶はヴィンチャ遺跡の中層出土品（図53）と同じくらい丁寧に造形された。ヴィンチャ遺跡から出土した一体は、シュメール前期の小像のように、目に貝殻がはめ込まれている。ヴィドラ第三層から出土した壺は、高さ四二センチのグロテスクな女性像を表現している。ガボレヴォ遺跡出土の壺はこれより小さく、男性像を表現している。どちらの製品も、ヴィンチャ遺跡出土の擬人壺と同じ観念圏に属している。男性もしくは女性の座像（図54－1）も作られた。扁平な骨製小像（図54－3）はワラキアおよびブルガリアのグメルニツァ文化の全時期（とくにII期）に特徴的な器物であり、その形状を金の薄板で複製することもあった。形骸化がいっそう進んだ型式だと、単なる骨製の角柱になる（図54－2）。ブルガリアのバルブナル遺跡では、扁平小像の包含層よりも深い層で角柱形小像が発見されたが、ヴィドラ遺跡では出現順序が逆転している。キクラデスのものにやや似た石製の偶像が、地元のブルガリア産大理石で作られ

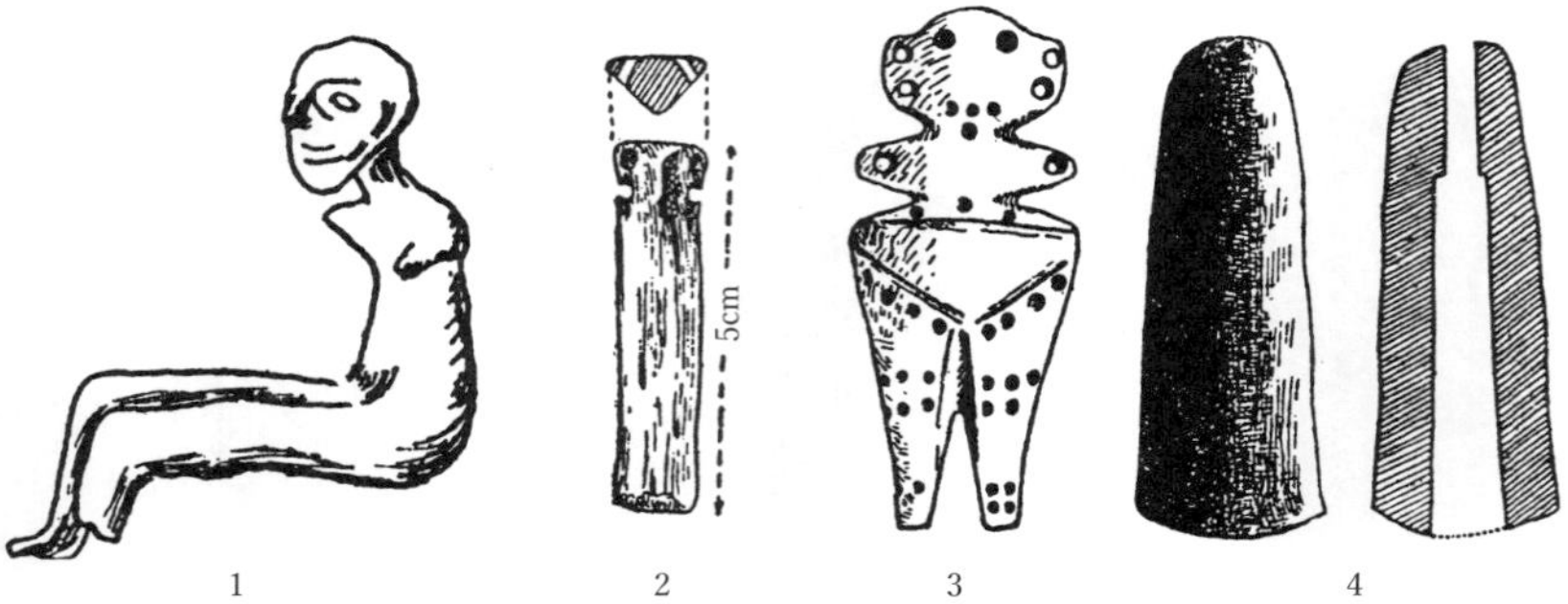


図54　土偶と骨製小像（1～3：S=1/2）、土製男根（4：S=1/4）（ブルガリア出土）

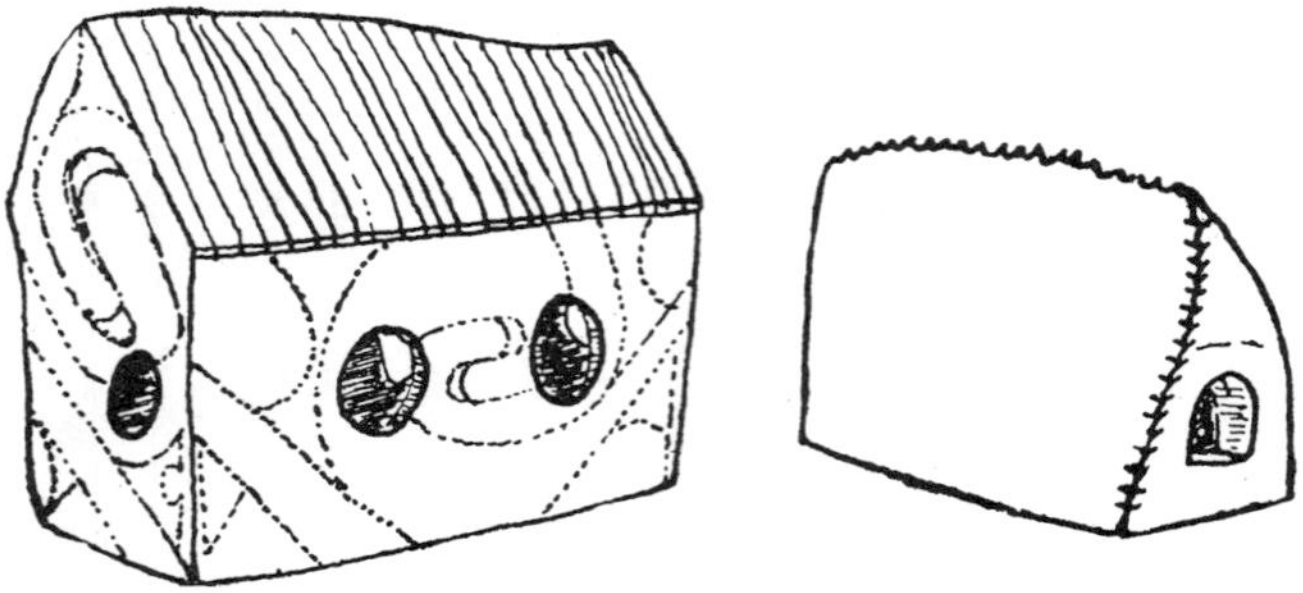

図55　家屋模型（デネヴ遺跡出土、S=1/12）

た。他方、グメルニツァ遺跡出土の胴体像《トルソー》は、挿入式の頭部が石製ではなく土製であることを除くと、テッサリア型式（図31－4）の再現である。女性像のほかに男性像も、（テッサリアC・D期のように）Ⅱ期から土製で造形された。また土製の男根が、アナトリアやミノアのように、豊穣のシンボルとして用いられた（図54－4）。これら以外の儀礼用品として、「聖別の牛角」（Ⅱ期）や祭壇および玉座の模型が、そしてⅢ期までに動物・鳩・家屋（図55）の雛形が作られた。

死者は入念な儀礼の対象にされず、そのような傾向すら見られなかった。バルブナル遺跡のテルの基底部では、二二体の屈葬遺骸（うち二～三体にフリント手斧のみが副葬されていた）と胴体を欠く頭蓋骨二個が家屋の床下に埋葬されていた。他方、ルセ遺跡ではもっと豊かな副葬品をもつ四体の屈葬遺骸が発見されている。しかし別の遺跡では、ぞんざいに叩き割られた埋葬の形跡のない頭蓋骨と肋骨が、食人の証拠として報告されている。ルーマニア出土の頭蓋骨は長頭型であり、地中海人種だといわれているが、ルセ遺跡[43]の二個の頭蓋骨は短頭型である。

先に言及したピンとスポンディルス貝製の腕輪のほか、骨製ないし金製の環状垂飾（ヴィドラⅡ期）や刺突文を施す金の薄板製の様式化した牡牛頭部（ヴィドラⅢ期）が、装飾品もしくは護符として身に着けられた。

「サルクツァ」文化とは、オルテニア（すなわちドナウ川下流域の北岸で、オルトゥ川との合流点と鉄門渓谷の間に位置する地域）に見出され、またソフィア盆地のヴェセリノヴォ遺物層の上にも、モラヴァ川上流域のブバーニュ第二層にも見出される、グメルニツァ文化の地方版に付けられた名称である。この文化は主に土器の独自性により識別されている。すなわち、黒鉛による描出と爪形文がわりとまれで、細い沈線と焼成後の上塗り彩色が一般的である。とくに人気を博した器形は、アスコス・把手付杯・把手付筒形杯である。双把手壺はマケドニア前期のものを思わせるが、シレジアのヨルダノーヴァ型式（図94）に奇妙なほど類似するものもある。ブルガリアに特徴的な器形に、山羊形の灯火皿がある[44]。骨製の角柱形小像を含め、グメルニツァ文化の儀礼用品の大半がサルクツァ文化にかかわる状況で出土する。サルクツァ遺跡で出土した、動物の大鼻を表現する石製「笏頭」（図76上）

は、黄土墓からの出土例がステップ地帯に一例あるので（一九九頁参照）、そこからの輸入品かもしれない。したがって、グメルニツァ文化とサルクツァ文化の境界線はさほど明瞭に引けない。ロドピ山塊の山腹においてさえ、バニヤタ第三層はグメルニツァ文化よりもむしろサルクツァ文化に分類されるようだ。サルクツァ文化はおそらく、グメルニツァ文化と同様に、ボイアン文化を基礎にして発展したものであるが、しかしヴィンチャ文化とマケドニア前期文化からもっと強い影響を受けていた。

バルカンⅢ期をドナウ地方の文化連続にはめ込んで、当該期の絶対年代を、グメルニツァ文化およびサルクツァ文化の組合せに見られるドナウ地方とエーゲ海域の併行関係から決めることは容易であろう。土製印章はドナウⅡ期に特有のものだが、闘斧と縦横両用斧はⅢ期に属する。双頭渦巻ピンやアスコス、サルクツァ様式の筒形杯は、エーゲ前期型式のものだが、それらのどれも実際の輸入品でないことはいうまでもない。これらが同時性を示すと考えると、グメルニツァⅢ期およびサルクツァⅢ期の年代は紀元前二〇〇〇年以前になってしまう。

そんなことになれば、困ったことにその後の一千年を埋める考古資料がほとんどなくなってしまう。ドナウ川下流域とトラキア東部は、バルカン西部ほどには、ドナウ地方やエーゲ海域の貿易組織に組み込まれていなかった。ドナウⅣ期とⅤ期を限定づけるような青銅器の諸型式は、もしあったとしても、モラヴァ河畔とボスナ河畔においてよりも曖昧である。ブルガリアにおいて、ミノア後Ⅰ期の有角長剣を在地で模作したものが六振みつかっている。ただし、すべて原位置不明の遊離資料である。ドナウ川下流沿いのⅥ期の骨壺墓地を除くと、ブルガリアには青銅器時代の墓が欠落している。葬送に関する考古記録は、前期鉄器時代から豊かに始まるのである。居住遺跡から得られる資料は、多くの遺跡から潤沢に出土するグメルニツァ文化やそれ以前の諸文化の豊富な堆積物に比べると、数量も内容も乏しく、依然として「新石器時代」的に見える。

ヴィドラ遺跡のグメルニツァ文化層の上に、薄い堆積層であるグリーナ文化層が載っている。後者の文化層は、前者よりも定住性が弱くて牧畜性が強く、しかも好戦的な社会の産物である。銅ないし青銅を加工していたが、産業と軍事の分野で金属が石にとってかわることはなかった。彩色土器と女性小像はどちらも姿を消した。組合せが見せる相似的な順序は、ブルガリアにおいていっそう充実している。たとえばユナツィテ遺跡では、グメルニツァ文化層（ユナツィテ第一層）の上の中層（第二層）において、柱状把手をそなえるヴェセリノヴォ土器が、その下層（グメルニツァ文化層）での出土が予想されていたアスコスと共存していたという。さらに上層の第三層は、紀元前七世紀にトラキア人が営んだ集落の直下にあたるが、この層から尖底杯と尖底把手付壺が出土している。こうした土器は、ストルマ河畔のラツコパニツァ遺跡の新しい家屋内でも、ブルガリアのカラノヴォ第五層やヴェセリノヴォ遺跡などの少数の遺跡でも、オルテニアでも、そしてモラヴァ川流域のニシュ盆地でも見つかっている。おそらくアナトリアの嘴形水差しに由来する斜口縁の水差しおよび杯は、カラノヴォ第五層やバニヤタ第四層、ラツコパニツァ遺跡の初期の家屋、ルセ遺跡の最上層から発見されている。これらの土器はすべて素焼きであり、装飾はほとんどなく、少なくともカラノヴォ第二層のヴェセリノヴォ土器と同じくらいアナトリア的である。グメルニツァ文化による長期にわたる居住（一二〇頁参照）が介在しなかったなら、これらの土器はアナトリアに由来すると考えてもよいほどである。

したがって、グメルニツァ文化のI期とII期までも紀元前三千年紀に位置づけてしまうと、この文化の多数のテルが裏づける多大な定住人口が、殺戮されるか移動耕作に逆戻りしてしまったという印象を抱かざるをえなくなる。それはともかくとして、次の結論を導き出せる。すなわちバルカンの新石器社会は、その中間的な環境に西南アジアの農村経済を迅速に適応させ、定住農村生活に適した同様の精神活動を練り上げるか、あるいは採用した。かれらは、青銅産業を支えるべく経済を調節して、文明への次なる一歩を踏み出しはしなかった。また証拠に照らす限り、エーゲ海周辺の隣人の技能を北方に伝達する手助けもしなかった。ドナウ川下流域およびバルカンの後期青銅器時代および前期鉄器時代は、中央ヨーロッパの伝統に全面依存したものであり、後になってギリシアからあれこれと付加されていったにすぎないのだ。

*Chapter*
**VII**

# DANUBIAN CIVILIZATION

# 第7章 ドナウ文明

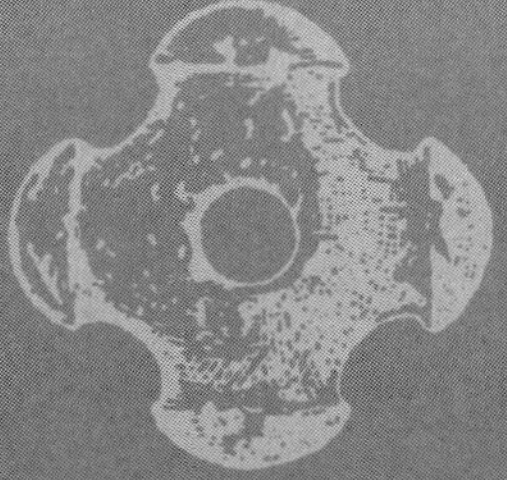

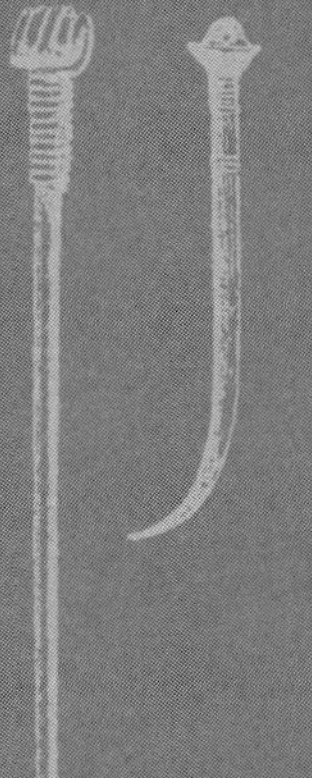

## I期

セルビアを流れるドナウ川とサヴァ川のすぐ北で、黄土に覆われた平原と傾斜地が始まり、さしたる断絶もなくポーランド・ドイツ・ベルギーの氷堆石《モレーン》の先端まで広がっている。中央ヨーロッパの黄土地帯には、オーリニャック期とソリュトレ期にマンモスとトナカイを狙う狩猟民が頻繁に訪れていた。しかし、その後継者である中石器時代の食糧採集民は、離ればなれに点在する砂地や北辺ないし西辺の後氷期の森林地帯でのみ生き延びていた。黄土地帯は水はけがよく、樹木が繁茂しすぎることもなく耕作も容易であるため、考えうる限りもっとも簡単な農業を実行できる土地を、食糧生産者に与えてくれた。水を惜しみなく与えてくれて、土地も無限に広がるかのような大地において、農民は自分たちの畑や牧地に疲弊の徴候が見えるや、すぐさま自由に小屋を移動させ、真新しい土地を切り拓くことができた。事実、中央ヨーロッパのいたるところで、実に原始的に見える移牧農業の方式が広くおこなわれていた。それはまるで、環境の制約による試練を経ていない最初期の食糧生産者が、創意を発揮してゆくのを期待されているかのようであった。

こうした経済に基礎を置く諸文化[45]は、黄土地帯の全域でかなりの斉一性を示している。集落は一時的なものであったため、テルが形成されることはなく、したがってテルに基づく層位的編年は不可能であるが、文化連続は十分に確立されている。この全域で、Ⅳ期に対応する前期青銅器時代の前に主要三期（I～III期）を認めうる。I期はさらに主要三群に細別できる。すなわち、前章のスタルチェヴォ文化の箇所で説明したケレシュ文化、ハンガリー北東部とスロヴァキアのビュック文化、そしてハンガリー西部から黄土地帯の北限に広がるドナウI文化の三群である。

## ドナウI文化

ドナウ川以西および以北の黄土地帯には当初、新石器文化の人間集団が住んでいた。その文化全体は、ドラヴァ川からバルト地方まで、そしてドニエストル川からマース川まで、実に細かいところまで、ずっと同じだった。これは中央ヨーロッパでもっともよく知られた文化であり、おそらく遠古の世界においてもっとも典型的な新石器文化である。したがって、ドナウI文化という名称は、「線文土器」文化だの「渦巻・雷文」文化だのといった不格好で不正確な用語よりもふさわしいだろう。

ドナウI文化の経済は、石鍬で耕した狭い畑地で大麦や一粒小麦、それにおそらくエンマー小麦㊻・豆・エンドウ豆・レンズ豆・亜麻《あま》を栽培する農業に基礎を置いていた。家畜はほんの少しだけ飼われていた。羊・ベゾアール山羊・牛・豚の骨が集落内で発掘されている。農家の中庭にきちんと家畜を収容しているなら普通のことだが、小屋の壁に家畜の糞が混じっていない。ドナウ文化人は狩猟に頼らなかった。ドナウI文化の集落遺跡は黄土地帯の全域に濃密に点在しているが、長期居住の形跡を示すものはない。これは、アフリカの一部の**耨耕**《どうこう》*民にいまなお見られるような、粗放な農業技術の結果である。狭い畑地を一箇所ずつ疲弊するまで耕作し、小村落の周囲の土地を使い尽くしたら、ただちに新たな未耕地のある場所へと、所持品を洗いざらいもって移動した。

それなのに、こうした移動農耕民は長さ一〇〜四〇メートル、幅六〜七・五メートルの広くて頑丈な長方形家屋に住んでいた。家屋は五列の柱で切妻屋根を支え、壁は編み枝に荒壁土を塗り込めて造るか、切り割った若木で造られた(図56)。ボヘミアのポストロプルティ遺跡〔チェコ〕では、長さ三三・五メートルの家屋の床面に一

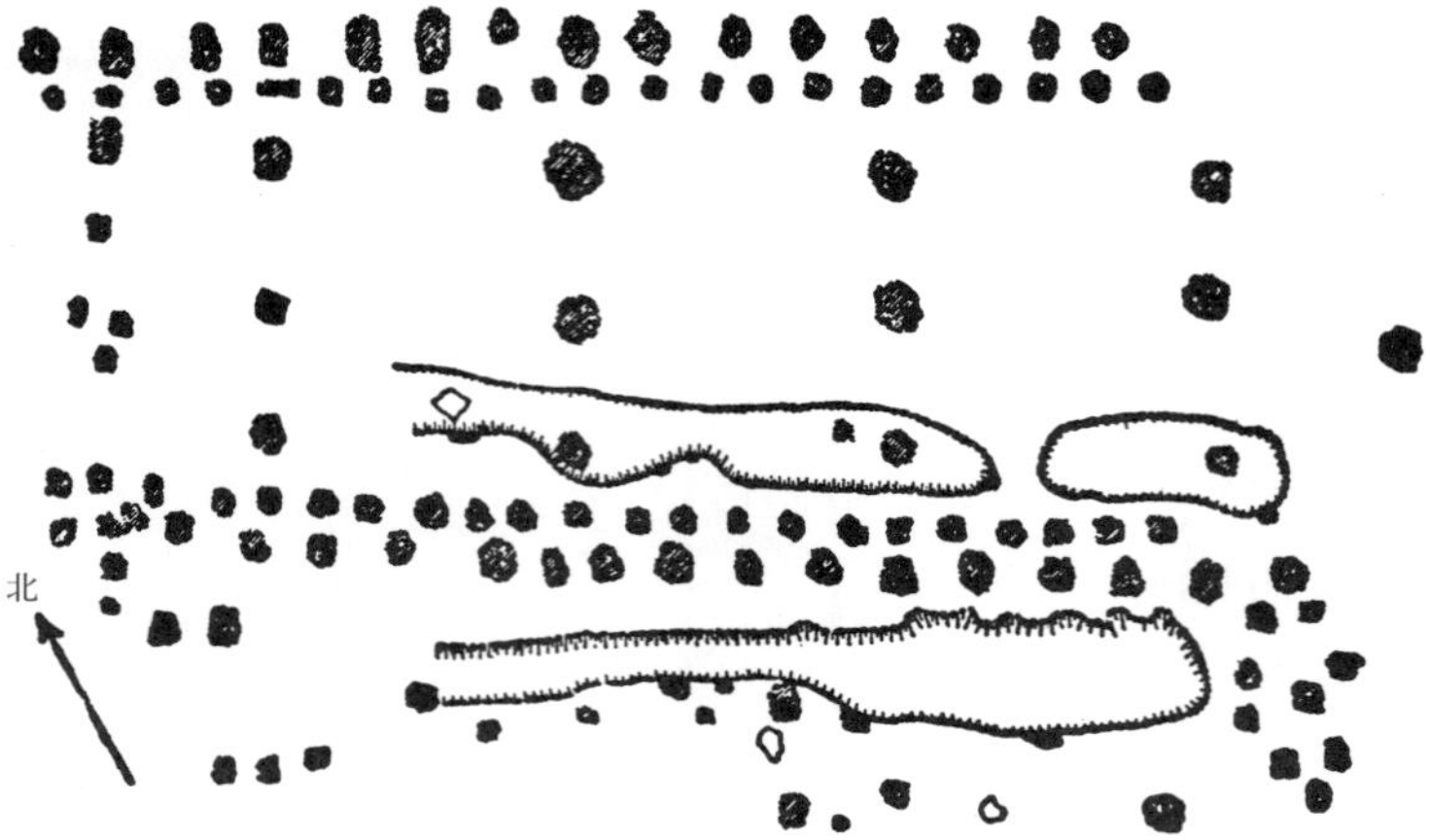


図56　ザクセンのドナウⅠ文化の小ぶりな長形家屋(S=1/250)［サングマイスターによる］
二列の柱穴が壁の形跡を示している

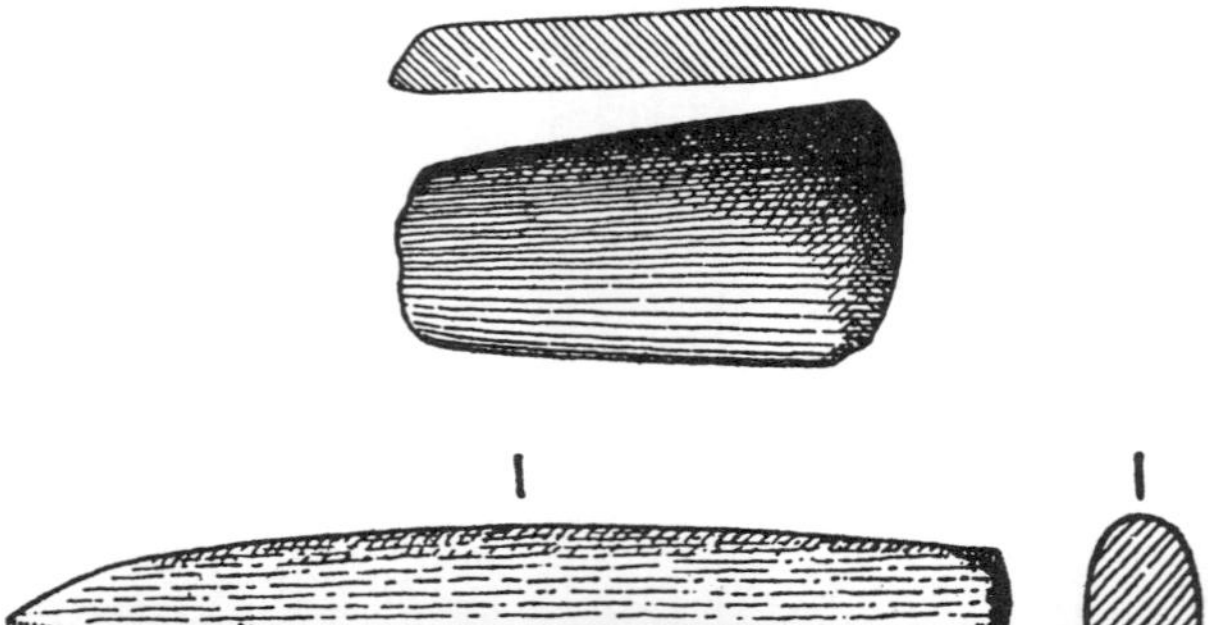

図57　「靴形斧頭」(S=1/2)［シーガーによる］

列に並んだ四基の炉が確認された。ところが不思議なことに、ほかの遺跡では炉の跡も竈の跡も見つかっていない。この長形家屋《ロングハウス》の屋外には、かつて竪穴住居と呼ばれたこともある不規則な穴がある。これらは粘土を採取するために掘られ、その後はゴミ穴・サイロ・豚小屋・作業場として利用された。多くの遺跡で、家屋の床面に**切り合い関係**[*]があることは、断続的に集落に戻ってきたことを示している。それでも集落は層をなすテルに成長しなかった。エドゥアルト・サングマイスターは、同じ時期の家屋はすべて正確に並行するという仮定に立って、もっとも良好に調査されたドナウ文化の村落である**ケルン＝リンデンタール遺跡**[*]は七次にわたって居住され、もっとも大勢が居住した時には二一世帯で構成されていたと推定した。しかし当然ながら、この「世帯」は対偶家族というより氏族《クラン》のようなものだったに違いない。最新期のケルン＝リンデンタール遺跡は壕と柵で囲まれていた。サングマイスターは、各次の居住期間は一〇年ほどであり、その合間の五〇年ほどの非居住期間は打ち棄てられて藪になっていたと想定している。

これら以外のドナウ文化人の装備もやはり自家製であった。靴形石斧（図57）は、膝柄に装着すれば鍬先や手斧として、穿孔すれば斧や槌として機能した。ナイフ・鎌・掻器は、フリントの石刃で作られた。織物生産の証拠となる紡錘車も織錘も知られていない。ケルン＝リンデンタール遺跡で発見された亜麻は、油を採るために栽培されたのかもしれない。ボヘミアのスタテニツェ遺跡では、ケレシュ文化の篦のような骨製品が一点見つかっている。

二種類の土器が製作された（図58）。半球形の鉢と球形の壺である。後者には、背負って運ぶために平たくしたものもある。これらには三個か六個か九個の突起があり、明らかに瓢箪をモデルにしていた。瓢箪の運搬時に用いる掛け紐を模した波状沈線文が、両者の類似性をいっそう高めている。他方で農民は、このような**材質転換文様**[*]の代わりに、ドナウ文化の特徴と見なされる連続渦巻文や雷文を土器に刻むことが多かった。おそらく時期が下るが、人間の姿や双頭斧などの物品を思わせるデザインもある。また、ケレシュ文化の土器のように、粗面仕

図58　ドナウＩ文化の土器(S=3/20)

上げのみを施す粗製土器もある。ヴァルダル河畔やモラヴァ河畔でのように、突起を動物の頭部に似せて作ることもあった。刻線で表した双頭斧文様は、クレタ島か北シリアに触発されたものかもしれないが、おそらくドナウⅡ期に属する。

原則的にいえば、ドナウⅠ文化の経済の本質は自給自足であった。ただし実際には、素材を注意深く選び、しばしば遠隔地から運び込んでいたに違いない。ケルン＝リンデンタール遺跡で手斧に用いられた緑色片岩は、一〇〇～一一〇キロほど離れたフンスリュック山地〔ドイツ〕かタウヌス山地〔ドイツ〕からもたらされたに違いない。マイエン付近で採れるニーダーメンディッヒ溶岩石は、ベルギーで石皿に用いられた。素材の選択におけるこのような偏好は、自給自足を崩すことなく、異なる共同体間の交流を促進した。事実、マイン川流域の粘土で作られた若干の土器が、八〇キロ離れたケルン＝リンデンタール遺跡まで運ばれている。そしてまた、モラヴィア・ボヘミア・チューリンゲンにおいて、さらにはライン川流域においてさえ、地中海のスポンディルス貝製の装飾品が、テッサリアやドナウ川中流域でのように佩用された。こうした装飾品は、ある種の部族間交易を介して、エーゲ海域やアドリア海域から当地域へと順々に送られてきたに違いない。アフリカ産の象牙もヴォルムス付近のフロムボルン〔ドイツ〕まで達している。このように、物資交換が秩序だった交易らしきものに発展していったことが明らかにされている。とくにブランデンブルク・ホルシュタイン・西ポーランドといったドナウ地方の辺境では、靴形手斧の一括埋納が発見されている。後の青銅器の一括埋納と同じく、専業の旅商人の備蓄品に違いない。旅商人の個々人はすでに、選び抜かれた素材に対するドナウ文化人の偏好を満足させることで生計を立て、中石器文化にとどまっていた部族へも販路を広げていたに違いない。間違いなくかれらは、後述する青銅商人（二六一頁）の先駆者だった。村落に見られる工房の廃物片は、共同体内で工業が専業化していたことを暗示する。

ドナウ文化人は平和な種族だった。集落で発見される武器は、先王朝時代のエジプトで使用されていたような円盤形の棍棒頭と、散見するフリント鏃だけである。ドナウ文化人は民主的であり、おそらく共産的でさえあった。というのも、共同体の富を一手に握る首長の片鱗すら見出せないからだ。そのような役割は神々にもなかった。精神活動の表現である土偶や簡略化した人体表現はまれであり、しかも周辺地域に限られている。それらはおそらく、ドナウⅡ期に顕著になる南東方面からの影響だと考えてよいほど年代が下る。西南アジアとバルカンの諸文化に特徴的な儀礼用品は何も残っていない。儀礼的色彩を帯びた多くの埋葬が物語る入念な祖先祭儀もなかった。墓地は実質的にライン川流域に限定されている。死者は一般に土葬で屈葬され、火葬はまれだった。調査された頭蓋骨は少ないが、すべて長頭型であり、総じて地中海型である。アルザスの墓地で出土した一個の頭蓋骨は穿顱されていた。

ドナウⅠ文化は、紀元前四〇〇〇年までにドイツに到達し、長期にわたって存続した。サングマイスターの見積もりによれば、ケルン＝リンデンタール遺跡の七次に及ぶ居住期間は四三〇年になる。この文化は最終的に広大な範囲に入植したわけだが、全地点に一斉に出現したとは考えがたい。土器の装飾を別にすると、何らの発展も認められない。ラインラントとベルギーでは、層位的に新しい土器において渦巻文と雷文が崩れ、単純な線が列点文・櫛目文・縄目文と組み合わさった様式になる。線に短音符のような点を加えた「音符」様式も、新しい要素と見なされることが多い。しかし、ボフミル・スードスキーはこの仮説に異議を唱えている。単純な直線で施文した土器が出土する遺跡は、やはりエルベ川上流域とライン川上流域にもっとも集中しているように見える。しかしこの両地域は、黄土地帯のなかでたまたま調査がもっとも進んだ地域であるにすぎない。一九五〇年以降になってようやく、ドナウI文化の「音符」様式の土器がドニエストル川流域とセレト川流域で確認されるようになった。しかしだからといって、こうした辺境の入植地が、最後の最後に入植された地域であったという証拠にはならない。

ただし、これらの土器の主要な集中地域が、バコーニュ山地〔ハンガリー〕とカルパティア山脈の以北に、つまり瓢箪が硬化しなくなる生態学的限界の以北にあることは重要だ。最初期のドナウ文化の土器が、本当に瓢箪容器の代用品であったとすれば、南方の穀物の揺籃地から拡散してきた先土器農民が、そうした土器を作ったのかもしれない。かれらが南方からこの地に到着すると、そこでは自分たちの伝統的な瓢箪容器をもはや利用できなかったのだ。そうした南からの移住民は、農業の資材と技術を携え、スタルチェヴォ文化が出現する前のドナウ川流域に到着したのだろう。あるいはまた、ドナウI文化とは、スタルチェヴォ文化の移住民から農業と製陶を習得した先住の狩猟漁撈民が生み出した二次的な新石器文化だったのかもしれない。この二つの仮説に関して、ドナウ川流域の黄土地帯に中石器文化の人間集団がいた証拠は現状では知られていないし、中石器文化の残存的要素がドナウ地方の石器文化《インダストリー》に現れるのはその後のことなので、前者の仮説がより妥当である。ドナウ文化においてスポンディルス貝がすこぶる好まれたことは、南方起源説の積極的な論拠になる。しかし、スタテニツェ遺跡出土の骨篦は、スタルチェヴォ文化と何らかの形で結びついていた強い証拠となる。

## ビュック文化

ビュック文化は、スロヴァキア東部とハンガリー北東部において、スタルチェヴォ文化よりもヴィンチャI期と年代的に近いが、ドナウI期後半のドナウI文化に併行すると見なしてよい。最初期のドナウ文化とは逆に、ビュック文化の経済においては、狩猟と（漁網および釣針による）漁撈が農業と同じくらい重要だった。家屋は未確認であり、居住には洞窟が使用されていた。イェネー・ヒレブラントによれば、洞窟は主に冬季の避難所として利用された。ドナウ文化の通常の手斧に加えて、有孔石斧と有孔鹿角製根掘り鍬が使われた。ビュック文化人はトカイ付近にあるヘギャリャ（ハンガリー）の黒曜石堆積層を管理し、その火山性ガラスからナイフや掻器を製作した。しかし、両面加工の石鏃は作らなかった。

ビュック文化を定義づける土器は高品質であり、通常は灰色を呈している。最初期のドナウ文化の土器と同様に、半球形の鉢がもっともありふれた器形であり、器面を渦巻文や雷文で埋めるが、精細な装飾も加えている。こうしたドナウ文化的な器形のほかに、管状の注口部をもつ鉢や果物台が作られた。灰色土器のほかに窯で焼成した黄褐色土器も製作され、淡黒色の細線でビュック様式の文様を描いた。どちらの土器のデザインにも人物像が含まれる。テルミ遺跡出土品のように、脚部が人の脚を象った果物台もある。他方、ドナウI文化と同じく小像が見当たらない。

ビュック文化をドナウI期に含ませる考えは、ペシュトのナジテーテーニ遺跡（ハンガリー）の穴墓において初期のビュック土器とドナウI期後半の土器が一緒に副葬されていることや、いくつかの遺跡において、ドナウI期と同じ層位かドナウII期のティサ土器片の出土層の下層でビュック土器が観察されることから、正当なものと見なせる。しかし別の遺跡だと、ビュック文化とティサ文化の遺物は同時期であるので、ビュック文化の大半はドナウII期に属するに違いない。ビュック文化に属する擬人壺と円筒印章の土製模造品は、ヴィンチャI文化＝

ティサ文化からの影響によるものかもしれない。しかし、彩色技法はスタルチェヴォ文化に由来する可能性があるものの、果物台は通常、ドナウⅡ期のものである。

## Ⅱ期――ティサ文化

ドナウⅠ期にはケレシュ文化とヴィンチャ文化ないしビュック文化の人びとが居住していたティサ川の東の黄土地帯では、Ⅱ期になるとティサ文化が本格的な農業にいっそう適した農村経済を発展させるとともに、川に満ち溢れる魚や岸辺をうろつく獣の利用に格別の注意を向けるようになった。集落はテルを形成しなかったが、家屋はケレシュ族のものより立派だった。クキニ丘陵遺跡〔ハンガリー〕の村落では、長さ七・二メートル・幅三・四メートルの長方形家屋が、河岸に沿って一列に並んでいた。家屋には長手の側から入り、内部には牡牛の頭部の彩色塑像が飾ってあった。漁撈には、ヴィンチャ文化のように鹿角製銛（図47）と、漁網および骨製の二重ないし三重の締環が使われるようになった。とはいえ牧畜と農業が、依然として生活の基礎であった。穀物は土製の大甕か、七〇×五〇×六五センチの容積をもつ直方体の土製容器に貯蔵された。後者の土製容器は、地方によっては現在も使われている木製容器にそっくりである。

経済全般は新石器時代のままであった。石斧の素材はバナト地域やトランシルヴァニアやハンガリー北部から運び込まれたが、黒曜石はもう輸入されなくなっていた。貝殻は依然として南方の海から輸入され、特徴的な土器がヴィンチャ遺跡やシレジアに輸出された（一一五頁）。しかし、「押捺印章」はもう使われなくなっていた。

円筒形の甕や楕円形の大鉢などといった、魚の煮炊きに適した土器には、マケドニア前期のような刻み目突起や、あるいは短い筒状注口が付く場合もある。注口には濾過《ろか》用の孔がそなわっていることもある。そうした土器には、厚い化粧土を掛け、そこに粗い刻みで装飾を施している。焼成後に赤色か黄色の上塗りを付け足すこともある。ドナウ文化の全面施文様式とは対照的に、施文は縦区画内にまとめられている。籠細工に由来する文様が多い。文様モチーフには、同心円文や雷文、様式化した人面と小屋の屋根などがある。

土偶はもう作られていなかったが、これと同系統の精神活動が、ヴィンチャ遺跡・ヴィドラ遺跡・ツァニ遺跡に見られるような人形《ひとがた》の大型壺によって暗示されるだろう。動物の姿をした土製のガラガラは儀礼用だったのかもしれない。死者は儀礼を伴いつつ小さな墓地に膝折葬された。貝殻や大理石の脚《シャンク》付きボタンを額飾りとして着用していた。

おそらくビュック文化とヴィンチャ文化の要素が、ティサ文化において混交していた。その農村経済は、定住性こそ低いものの、ヴィンチャ文化に由来する可能性がある。同様に、擬人壺や額飾りに表現された精神活動も南東方面に由来するのかもしれない。最近、フリッツ・シャッハーマイヤーは、ティサ文化とディミニ文化の土器装飾に共通する三五個のモチーフを列挙している。もっとも、まるで共通してなさそうなものもある。また、オリュントス遺跡から出土した後期新石器時代の一個の土器は、ティサ文化の土器だといっても通用しそうである。ディミニ文化がバルカン以北からギリシアに伝えられたはずだとすれば、ティサ文化こそその祖たる資格をもっとも強く有する。しかしそうなると、エーゲ海域の文化連続の見地から、ティサ文化とヴィンチャ文化の相対年代を修正する必要が生じるだろう。

## レンジェル文化

ドナウI期にドナウ文化の最初の農民が黄土地帯に入植した結果、文化の顕著な斉一性が生まれた。しかしII期には、外部からの影響と分岐的な発展が生じた結果、この斉一性が解体し、多様な地域文化が形成されるにいたった。II期には、オーストリアのドラヴァ川流域からドナウ川上流域にかけて、ボヘミアのエルベ川上流域において、そしてヴィスワ川上流域において、農村経済と西南方面のアジアおよびバルカンの精神活動とが広がっていった。この精神活動は女性小像・家屋模型・土製印章・彩色土器への嗜好に反映していた。そして農村経済では、テルを形成するほど長く一地点に定住しなかったにもかかわらず、農耕と畜産のバランスがうまくとれていた。このように限られた地域ではあったが、結果として生まれたのは単一の文化ではなく、相互に関連しあう複数の文化的諸様相であった。どの様相も明確な分布範囲を示さないので、最初に認識されたレンジェル文化なる名称をもって、これら諸様相すべてをひとまとめにあつかってよいだろう[47]。

　少なくとも一部の集落が城砦化されていた。モラヴィア南部のフルボケー・マシューヴキ遺跡では、約六ヘクタールの範囲に防御柵で補強した平底の環壕を設け、門はトロイ遺跡のように突出した頑強な側壁をそなえていた。おそらくこれよりも新しい、ヴィスワ河畔のズウォタ〔ポーランド〕付近において隣接する二集落にも環壕があった。おそらく二室に分けられた長方形の小家屋が、それ以前の長細い共同家屋にとってかわった。前者のような小家屋は、レンジェル文化地域の外部では、トランシルヴァニアのアリウシュド遺跡やアルプス山脈周りのレッセン文化およびミヒェルスベルク文化の集落において、もっともよく知られている。ただしレンジェル文化地域内には、そのような家屋の土製模型しか存在しない。

　ドナウI文化の場合と同じく、南方からのスポンディルス貝とシャコ貝の輸入が、通商の存在をもっとも明快に証明してくれる。北ハンガリーの黒曜石が、ドナウ川中流域の一帯に分布し、その北方ではモラヴィア・西ガリシア〔オーストリア〕・シレジア・ボヘミアに分布している。ただし北方諸地域では、最古の集落でしか発見されていない。まるで入植者が備蓄《ストック》を携えてやって来たが、交易によって補充しなかったかのようである。四隅に孔を貫通させ、中央にコップ状の穴を一つ（例外的に二つ）抉った立方体土製品（図59）は、ミノア前期の立方体石壺の模造品だと主張されてきた。押捺印章の土製模造品は、モラヴィアではドナウII期の後半に属する。この時期までに、銅製の小形装飾品がモラヴィアとシレジアに分布し始めた（図60左）。

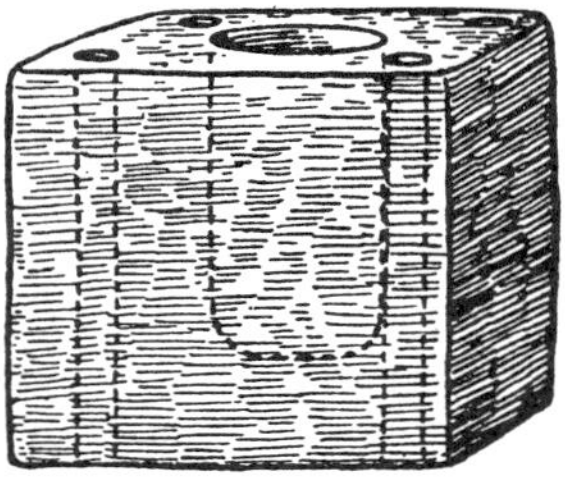

図59　立方体土製容器（ストレリシェⅠ遺跡〔モラヴィア〕出土、S=2/3）

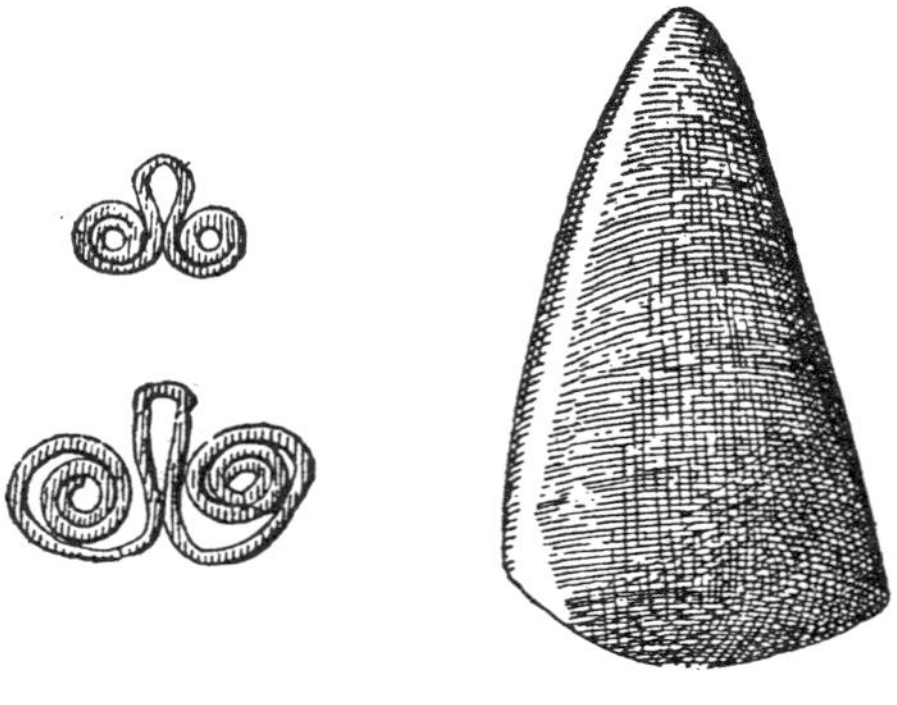

図60　銅製装飾品（左：S=1/2）と三角形石斧（右：S=2/3）（ヨルダノーヴァ遺跡出土）［シーガーによる］

靴形手斧のほか、緑色岩製三角形斧（図60右）・有孔槌斧・鹿角斧が使用された。少数ながら扁球形の棍棒頭とフリント鏃が、またボヘミアでは矢柄研磨器が存在し、好戦的性格を示すのかもしれない。紡錘車と織錘は織物生産を証拠づける。

特徴的な土器の器形としては、中空の台脚浅鉢（図61－1）・差込式の柄杓（図61－2）・算盤玉形の甕（図61－3）が、そして旧式の甕の変種などがある。鉢は平底で、器体がしばしば屈折する。ただし折り返し口縁は、当該期の末期まで現れない。把手はまだ知られていない。もっとも特徴的で、しかもほとんど普遍的に見られる土器は、ヴィンチャ文化やラリサ文化と同じく黒色磨研土器である。この土器は、焼成後に赤色・白色・黄色の上塗り文様を施したり、さらに沈線や平たい円形浮文で飾られることもある（図61－3・4）。黄褐色や赤色の土器も現れ、モラヴィアではドナウⅡ期の特徴である。赤色土器は研磨されたり、白色塗料で文様が描かれたり、あるいは中期新石器時代のテッサリア土器やトリポリエB土器のように、白化粧土を施してから赤彩文様が描かれることもあった。モラヴィアでは最末期に彩色装飾は完全に廃れた。上塗りの渦巻文はいたるところで採用された。ハンガリーでは旧来のドナウ様式に組み込まれる（図61－1左）一方、ティサ様式のように器面を縦方向に区画して、内部を籠目文様で埋めることもいっそう盛んになった。

図61　ドナウⅡ期の土器（レンジェル遺跡出土、1・3・4：S=1/6、2：S=1/2）

西南アジア的な精神活動が、女性小像・動物と鳩の雛形・動物形容器に表現された。他方でハンガリーには、遺骸を膝折葬にして副葬品を豊富に納める本格的な墓地があり、この頃すでに祖先に心を向けていた証拠になる。なお、ペーチ付近のゼンゲーヴァールコニ遺跡において、一一群（各群はリネージを示すか？）に分かれた計七八基の穴墓が一九三九年に発掘された。これらの墓には男女合葬墓（女性は殉死《サティー》か？）が六基あった。さらに北方だと、ドナウⅡ期の埋葬はまれになる。なお、モラヴィアのある遺跡では、まとめて埋葬された一二体の遺骸が一基の竪坑墓から発見され、ほかの遺跡では火葬や食人の形跡が報告されている。

　ドナウ川流域にヴィンチャ文化を誕生させた南東方面からの影響がさらに拡大した結果、レンジェル文化が生まれたのだ、と考えるのがもっとも手軽な説明であろう。だが、このような影響が否定されるとなると、レンジェル文化はヴィンチャ文化に対してもラリサ文化に対しても、産みの親の関係にあると主張できるかもしれないのだ。

　エーゲ海域およびアナトリアとの比較を通じて、曖味ながらもドナウII期の年代を決めることが可能である。上塗り土器がテッサリア文化のC期のものに類似すること、ティサ川流域の刻み目突起がマケドニア前期のものに類似すること、そして土製印章と立方体土製容器がミノア前期の形状に類似することから、II期の開始年代が紀元前二五〇〇年頃にあると示唆される。他方、II期の器形に酷似する台脚鉢は、銅石時代のアリシャル遺跡やクム・テペ遺跡やクレタ島の「新石器時代」だと、紀元前四千年紀まで遡るかもしれない。また、モラヴィア出土の白地赤彩土器片も同様に、はるか昔のテッサリア土器の器面を思わせる。こうした証拠から、II期の暦年代については、紀元前三〇〇〇〜二六〇〇年という年代が、紀元前二五〇〇〜二二〇〇年という年代と同程度の妥当性をもつようである。

## 北方におけるドナウI文化の残存

ドナウII期の農民は、前身であるI期の農民と同様に緩やかに拡大していった。実際のところこの拡散は、ドナウI文化の種族がオーデル川・エルベ川・ライン川の流域を下って拡散している最中に始まった。II期はドナウ川中流域においてドナウII期とティサ文化が出現するのと同時期に始まるので、ドナウI文化はII期になっても北方で生き永らえていたと言ってよい。それどころかドナウI文化は、遠隔地だとII期以後まで存続した。それにドナウI文化は、何もないところを拡大していったわけではない。ドナウ川とライン川の間の丘陵地帯やチューリンゲンでは、北ヨーロッパ平原の河川沿いとシレジアおよびポーランドの砂丘地帯に、タルドノア文化やマグレモーゼ文化やスウィデリアン文化の食糧採集民の集団が依然として散在して暮らしていた。そうした集団の一部は、ドナウ文化の共同体に吸収されたり、ドナウ文化の生活様式を真似たりした。このようにして、経済と装備の点で本質的にドナウ文化的だが、細かく見れば（とくに土器の技法の点で）標準型から分岐した多様な文化集団が生まれたのである。したがって、これらの文化集団は土器によって規定される。それらの大半はIII期に

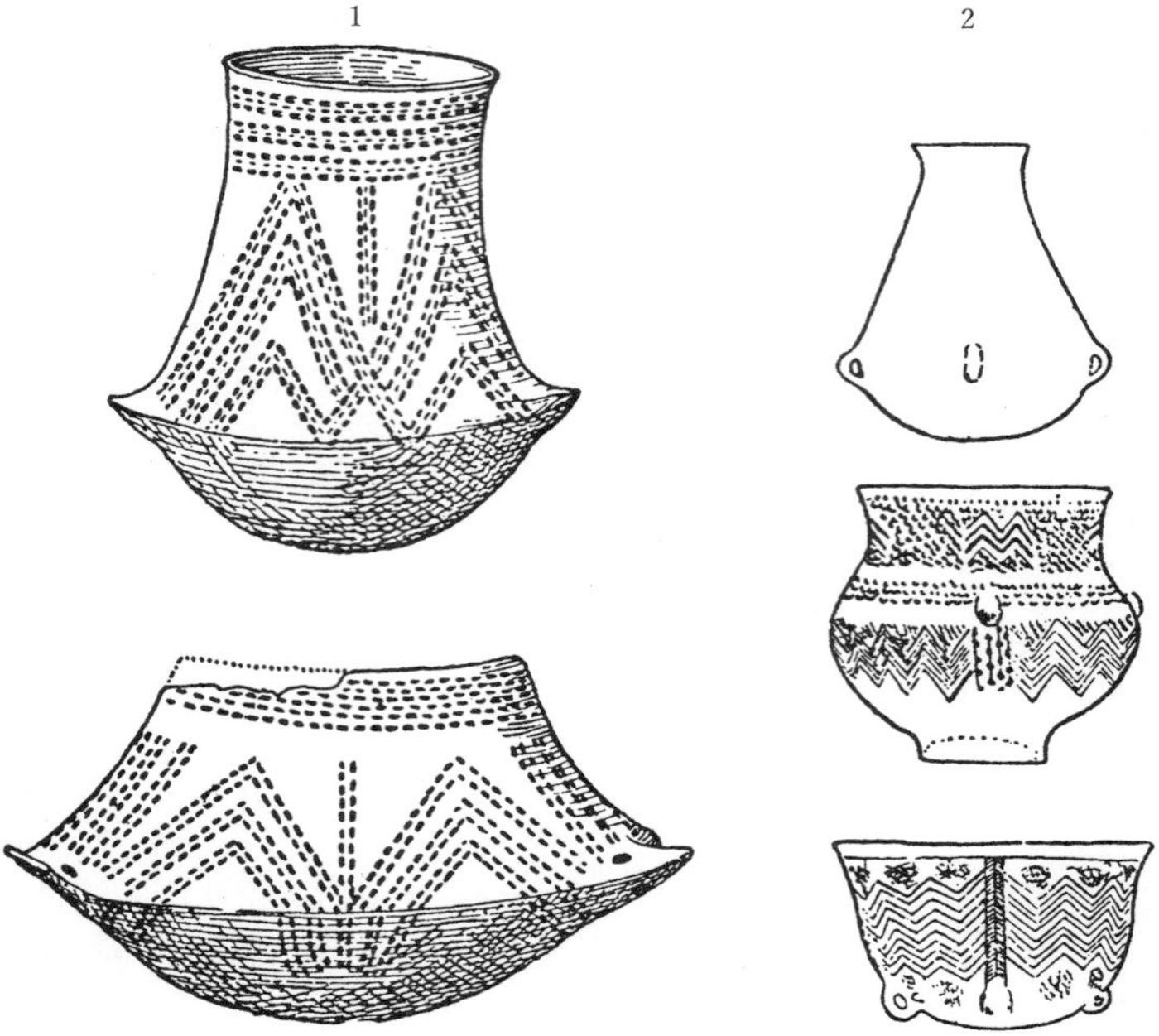


図62　刺突帯文土器（左列：ボヘミア出土、S=1/5・1/4）とレッセン文化の土器（右列：中部ドイツ出土、S=1/10）

なっても栄えていた。

（一）　刺突文で装飾した土器、すなわち「刺突帯文土器」（図62－1）により識別される文化集団は、おそらくボヘミアで生まれた。そしてドナウI文化の諸集団の後を追って、しかも同じ経済諸力の圧力下で、ドナウ川を溯ってモラヴィアへと広がり、さらにはバイエルン、中部ドイツ、西ポーランドへと広がっていった。この文化集団は、農業を狩猟で補う傾向があったという一点においてのみ、経済面でドナウI文化と異なっており、狩猟時には祖先にあたるタルドノア文化人の直剪鏃を使用した。ドナウII期やその東方の諸文化と同様に、有溝石器で矢柄の歪みを矯正した。土器はなお丸底だったが、もっぱら材質転換的な波状文で装飾された。この文様は、切れ目のない直線文の代わりに独特な刺突文を連続して施す帯状表現で構成される。ボヘミア・バイエルン・中部ドイツでは、死者は火葬に付された。刺突帯文土器は、モラヴィアとポーランドではドナウII期後半の集落で出土する。シレジアのグレイニッツ遺跡では、輸入されたティサ土器が刺突帯文土器と一緒に発見されている。他方でプルゼニ付近のヴォホフ遺跡〔チェコ〕では、グレイニッツ遺跡と同じ状況下で、ドナウII期の型式の小像一点が出土している。したがって、刺突帯文土器により規定されるこの文化は、少なくともII期まで継続したことになる。

（二） レッセン文化集団は、西ボヘミアとザクセン＝チューリンゲン地域において、基本的にドナウ文化的な装備と経済を森林種族が導入することによって生まれた。(48) この文化集団は、マイン川を下り、それからライン川を溯ってスイスへ、ベルフォール峡谷を通ってフランスへと広がった。ドナウ文化の農業経済をまるごと引き継ぎはしたものの、前身である森林文化において狩猟が担っていた重みの大部分を保持していた。新たな耕作集団があちこちで生まれたために、土地をめぐる争いが頻発し、もはや戦争にまで発展しかねなかった。レッセン文化人はライン川流域において初めて集落を城砦化した民族集団である。ただしその武器は、森林種族が使っていた直剪鏃・凹基鏃・円盤形棍棒頭・旧式の有孔鹿角斧などといった比較的ありふれたものである。このレッセン族は、地面にしっかり据えつけた三列の柱で支える切妻屋根と垂直壁をそなえる長方形の家屋に住んでいた。また、長方形の穀物倉も建てた。ただしかれらの集落は、先行集団の集落と同じく恒久的ではなかった。土器の輪郭は半球形もしくは球形を呈し、しばしば高台をそなえ、押引列点技法を駆使して籠を模倣した直線的な文様を施した（図62－2）。例外的な器形として、バルカンと北イタリアに類例のある四葉形皿や、上下端が閉じ側面に開口する小さな樽形土器がある。後者はトロイ第一層に良好な実例がある。(49)

レッセン族の装身具には、大理石製の腕輪や貝製の平玉、穿孔した猪牙と鹿の歯、大理石製のボタンといったものがある。これらはレンジェル文化の装身具と同じである。死者は墓地に屈葬された。アルザス出土の一個の頭蓋骨は穿顱されている。

中部ドイツのレッセン遺跡の穴墓から出土したドナウII型式のボタンは、当地の集団すらもドナウII期に属していた証拠になる。またアルザスのイーザル河畔とヴェッテラウ〔ドイツ〕では、I期後半の農民が残した住居跡を、レッセン文化の家屋の基礎部分が撹乱していた。他方、ヴュルテンベルクのゴルトベルク遺跡〔ドイツ〕にあるレッセン文化の村落は、概してIII期に属する西部ミヒェルスベルク文化の集落に引き継がれた。したがって、レッセン文化が栄えたのはII期である。

「ドナウI文化の農民」は、II期の間ずっと、ライン川流域ではIII期になっても、あちこちを移動しながら存続し、文化をそのまま保持していた。ただし、近隣集団や対抗集団から影響を被らないわけではなかった。ケルン=リンデンタール遺跡から出土した人面像の塑像めいた感じは、トロイ遺跡の人面骨壺の様式であり、当該期に属すかもしれない。中部ドイツにおいてさえ、I期後半の土器がII期の刺突帯文土器と共存する。このようなI期後半の民族集団が、ケルン=リンデンタール遺跡を城砦化したのである。土地の逼迫《ひっぱく》は深刻なものになろうとしていた。人口の自然増と、食糧採集民が耕作民に転換した結果生じた集団間の競合に加えて、南東や西方から新たにやって来た諸集団が広がりを見せつつあった。

## III期

ドナウIII期までに農民が自然に増加し、食糧を採集していた共同体が食糧生産に転じ、そして黄土地帯の彼方から新たな部族が移住してきた。そのために、日常生活への適応に必要となる土地が逼迫することになった。黄土よりも高い位置にある痩《や》せた土地まで開拓されていった。狩猟と移牧が経済的に重要性を増した。実際のところ、温帯では耨耕よりも狩猟と移牧の方が生産性が高かっただろう。集落は河川の流域だけでなく丘頂に設けられることも多く、しばしば城砦化された。土地をめぐる争いは戦闘の色あいを帯びてゆき、闘斧のような武器が戦争用に特化していった。その結果、共同体内で男性成員が優位に立つようになった。女性小像がおおむね姿を消すのはそのためかもしれない。新たに生じた余剰人口の一部は、産業と交易に活路を見出したかもしれない。たとえば、バルト海沿岸の琥珀やガリシア産のフリントおよび銅といった輸入物資が、それまで以上に恒常的に流通し始めた。戦士は農民よりもすんなりと金属の優位性を高く評価したであろう。そして首長はすでに、金属への需要を効果的に処理するべく、余剰の富を集中しつつあったかもしれない。それでもなお、金属への需要の充足は、移住してきた探鉱者によるにせよ捕虜によるにせよ、南東方面から必須の技術知識が広まることにかかっていた。

当該期の黄土地帯の全体像は、当惑するほど多様な対立しあう小集団といったところであろう。その一部は明らかに侵入者であり、そのことについては別の箇所で詳述できるだろう。西方から来たミヒェルスベルク族（三六七頁）は上オーストリア・ボヘミア・中部ドイツにまで広がり、ビーカー族（二七七頁）はブダペスト付近のドナウ川流域に達し、さらにドイツとチェコスロバキアを越えてヴィスワ川にまで広がっていった。ポントス草原と北ヨーロッパ平原からやって来た、闘斧と縄目文土器を用いる戦士が、バイエルン・ボヘミア・モラヴィアに、さらにはドナウ川中流域にまで広がった。これら以外の集団に関しては、本書の第10章で示すように、正真正銘の北方型式の品目（直立口縁フラスコ形土器・球形アンフォラなど）が流入したものの、ドナウ地方に「北方種族」が大々的に侵入した証拠とするにはまるで不十分である。ここでは、城砦化した丘頂や洞窟で見つかるにもかかわらず、その根幹はドナウ文化のままな文化がいくつかある、と述べるにとどめておこう。

ボドログケレスズトゥール遺跡は、ハンガリー北東部でレンジェル文化がティッサポルガル文化期を経て発達し、ティサ川を越えて、そこからさらに北方のシレジアにまで広がった文化の示準遺跡である。現在知られるその文化内容は、もっぱら墓地によるものである。墓地は以前よりも大規模である。ボドログケレスズトゥール遺跡の墓地は開けた場所にあり、少なくとも五〇基の穴墓で構成される。ヤスラーダーニー遺跡（ハンガリー）には四〇基、プッタイストヴァンハツァ遺跡（ハンガリー）には三二基の穴墓からなる墓地がある。バサタニヤ遺跡

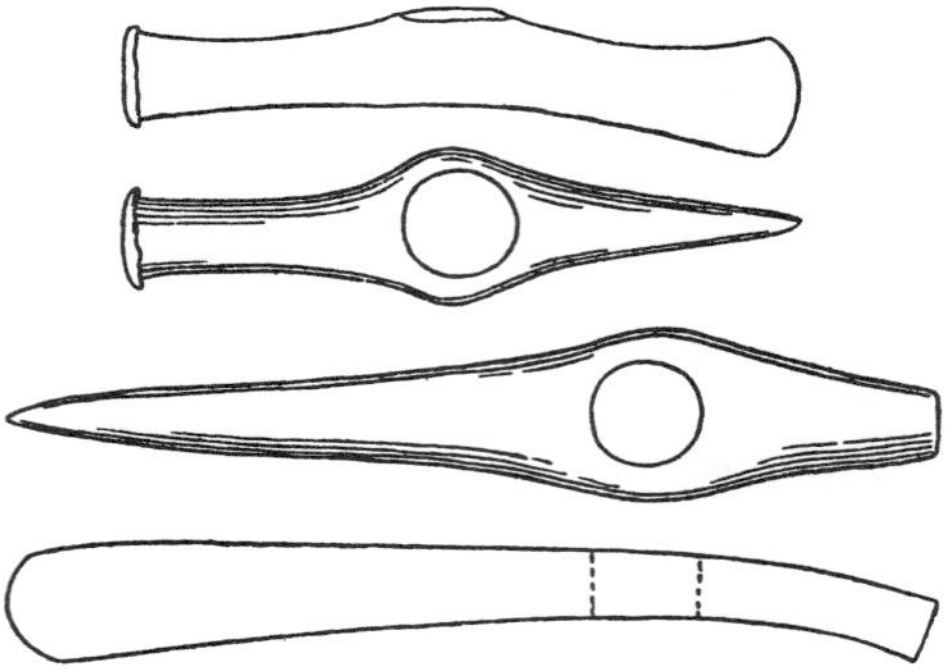

図63　ハンガリーの銅製闘斧（S=1/2）〔原書比 7:10〕

〔ハンガリー〕のティッサポルガル文化期の墓地では、推定総数二二五基の穴墓のうち一五八基が発掘されている。墓地の規模は、村落の人口密度によるのと同じくらい、同一村落への居住期間によるところが大きい。イーダ・ボクナール＝クチアンはバサタニヤ遺跡において、レンジェル文化と盛期のボドログケレスズトゥール文化との間に、移行的かつ連続的な二期を識別できた。被葬者の片方には豪華な副葬品があるが、もう片方には何も副えない二体合葬墓の存在は、社会に階級区分があったことを示唆する。

　ハンガリー平原に、ガリシアからはフリントが、トランシルヴァニアからは金と銅が、交易を通じてもたらされるようになった。墓地で出土する銅製品の実例を挙げると、断面方形の錐が数点、鎬と目釘孔を欠く断面偏菱形のナイフ形短剣三～四振、扁平手斧一点、縦横両用斧五点、そして闘斧が少なくとも一点ある。よく似た数点の闘斧（図63）が原位置不明の遊離資料として発見されているが、鹿角斧を金属に転換したものであることが明らかである（二〇一頁）。鹿角斧は石製武器の手本にもなった。手斧と縦横両用斧も遊離資料であるのがごく一般的だが、一括埋納に含まれることもある。銅は明らかにカルパティア盆地で組織的に採掘されていた。マールトン・ロスカはずっと前に、縦横両用斧は採鉱道具であったと主張した。ユルゲン・ドリーハウスは最近、縦横両用斧のうちもっとも単純な型式（例―図64―1・5）は、金属を産出するトランシルヴァニアに実質的に限定される一方で、典型的な型式（例―図64―6）はトランシルヴァニアからバルカン・バイエルン・シレジア・ウクライナへと放射状に拡散したことを明らかにした。これらは交易品に違いない。稀少な一括埋納は、ドナウⅣ期まで

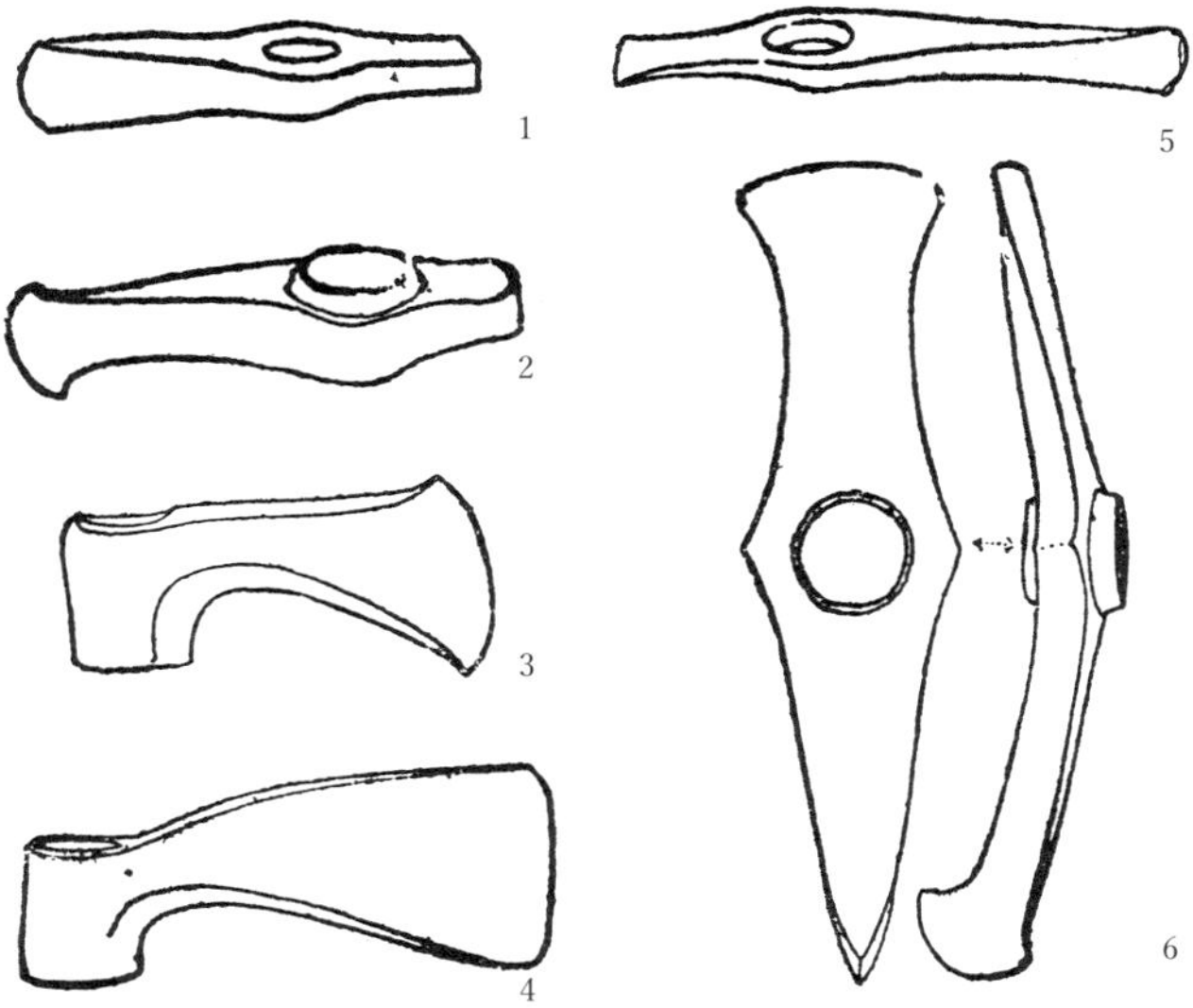

図64　ハンガリーの銅製縦横両用斧（1・2・5・6）と銅斧（3・4）（S=1/4）
〔原書比 9:10〕

に確立される交易路の原初的な組織化を示唆している。金属は主に在地産の銅を用いた。かつて相当に大きな鉱床があったに違いない。銅を熔解していたことは疑いないが、鋳型で成形鋳造したことを示す明白な証拠品はない。とはいえ鋳型鋳造の痕跡はすべて、その後の必須工程である敲打によって除去されたのだろう。

銅は石器を駆逐しなかった。墓にはフリント石刃を取りつけた長いナイフ・磨製手斧・有孔斧頭が、後半段階になるとフリント製か黒曜石製の三角鏃、瘤状突起を四つ配した棍棒頭（図65）が納められた。

ボドログケレスズトゥール土器は、技術的にはレンジェル文化後期の伝統を引き継いでおり、少なくともティッサポルガル文化期には、中空の高い台脚付きの土器（果物台というよりもトリポリエ文化に見られるような鉢が多い）がいまだ流行していた。ただし、鉢の口縁は内折し、外反しなくなった。盛期のボドログケレスズトゥール文化を特徴づける土器は、いわゆるミルク水差し（図66－2）で

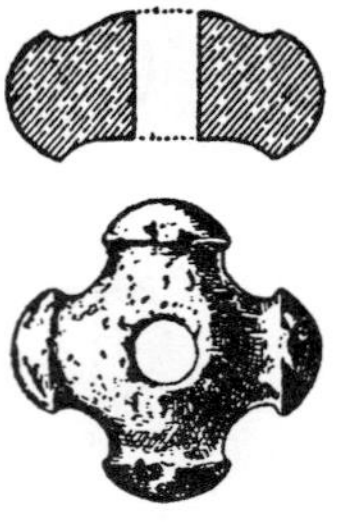

図65　瘤状棍棒頭（ムレシュ・デチャ遺跡〔ルーマニア〕出土、S=1/4）〔原書比 12:10〕

ある。(50) エーゲ前期のものに酷似する把手付杯やピュクシスも散見する。小さな突起や凹みのほかに、装飾はあまり見られない。しかし、帯状格子目文で雷文を構成する土器もあり、それはディミニ文化と同族のティサ文化の文様よりも、ディミニ文化の文様によく似ている。時期の下る土器は貼付隆線で飾られ、青銅器時代の装飾法の前触れとなっている。

貝製の平玉を連ねた腰紐は、紐から外れて出土する銅製や金製の小物とともに装身具として用いられた。

ボドログケレスズトゥール文化人がレンジェル文化集団に由来することは明白である。では、採鉱と冶金術はエーゲ海域かコーカサスからやって来た採鉱者によって始められたのだろうか。エーゲ前期の民族集団が多様な形状の縦横両用斧を使用し、そのような斧が実際に、イラン北部のテペ・ヒッサール遺跡において土笵鋳造で製作されたことは疑いない。探鉱者が鋳造と製錬の技術をこの文化に導入したのだろうが、トランシルヴァニアの銅製品は在地産の銅で作られたようだ。この銅製品の形状を見るに、通常は石や鹿角で作られていたドナウII期の手斧・槌斧・闘斧を、「優れた石」である銅によって置換したものと見なせよう。このような金属資源に富む地域において、銅加工が自生的に始まることは十二分にありえただろう。なるほど理窟からいえば、エーゲ海域の縦横両用斧がトランシルヴァニアに由来する可能性はある。他方で**ロバート・ハイネ＝ゲルデルン***は、縦横両用斧（例—図80）を引きあいに出して、アーリア人のインドまでの道筋に記された目印であると説いた。つまり、エーゲ海域およびアジアの金属器の型式がボドログケレスズトゥール文化の金属器の型式に対応することは、その年代の**下限***を与えるかもしれないし、**上限***を与えるかもしれないのだ。それでもやはり、独自に鋳造技術が発明されたという考えは承認しがたい。

ボヘミアとシレジアのヨルダノーヴァ文化は、レンジェル文化伝統に併行する地方発展版と見なせる。この文

1　　　　2

図66　ボドログケレスズトゥール文化のピュクシス（1）とミルク水差し（2）
（S=1/4）［トンパによる］

化もまた、墓によって内容がよく知られている。名祖であるシレジアのヨルダノーヴァ遺跡（かつてはヨルダンスミュール遺跡と呼ばれた）では五七基、ヴィスワ川中流域のブジェシチ・クヤヴィ遺跡では三八基の穴墓が見つかっている。[51] ヨルダノーヴァ文化において、金属は装身具にのみ用いられた。そうした装身具には、眼鏡状渦巻品（図60－1）、帯金円筒形腕飾、型押し文様を施す小型円盤などがある。ブジェシチ・クヤヴィ遺跡の男性墓に埋められた鹿角斧は、カルパティア山脈以南に広まっていた武器としての銅斧を模倣したものである。特徴的な土器の器形には、単数ないし二つの帯状把手をもつ壺（図94）や内折口縁鉢がある。スポンディルス貝や彫刻を施した骨で腕輪を作った。貝製の平玉を綴《つづ》りあわせて腰紐や頸飾りにした。ボドログケレスズトゥール文化と同様に、女性小像の証拠はもはや存在しない。古い精神活動は変化しつつあった。母系から父系への社会組織の変化を反映しているのかもしれない。

　銅製の眼鏡状渦巻品は、図示したようなエーゲ前期の金製品（図22－3）に着想を得たものかもしれない。もしそうであれば、この銅製品は、ドナウⅢ期の銅産業の創始にオリエントの関与があったことを示す重要な論拠になるだろう。もしそうでなければ、ボドログケレスズトゥール文化の場合と同じく、ヨルダノーヴァ文化にもオリエント方面から影響のあった徴候が見当たらないことになる。だが、そのような影響を、ほぼ同時期のバーデン文化のなかに見出せるのだ。

## 過渡的なバーデン＝ペーツェル文化

ブダペストとウィーンの間、ドナウ川の西と北に一つの文化複合が現れた。オーストリアとハンガリーの遺跡にちなんで、「バーデン文化」「オッサールン文化」「ペーツェル文化」と呼ばれたり、あるいは土器の特徴から「凹線文」文化とか「放射状文」文化など様々に呼ばれている。この文化複合の領域は、北はモラヴィアからエルベ川上流およびヴィスワ川上流まで、東はティサ川とムレシュ川を越えて広がっている。土器だけでなく建築や埋葬儀礼も、すこぶる多様な地域性を示すため、そうした相互の相違が、異なる諸伝統の部分的な融合によるのか、それとも単一の伝統が局地的に分岐したことによるのか、疑問が湧いてくる。資料の大半は孤立した埋葬跡やゴミ穴から得られている。十分な規模で組織的に調査された遺跡は、オーストリアのオッサールン遺跡、ドラヴァ河畔のヴチェドール遺跡、ムレシュ川付近の数遺跡、ブダペスト付近の二箇所の大型墓地にすぎない。

一粒小麦とエンマー小麦を（ほぼ確実に犂《すき》で）本格的に耕作する一方で、畜産を狩猟と組み合わせて食糧供給に大いに役立てた。牛と鹿の儀礼的埋葬は、畜産と狩猟がいかに重要だったかを如実に物語る。牛は搾乳用に飼われたのであり、単なる食肉用ではなかった、と専門家は結論づけている。オッサールン遺跡から出土した羊の骨は、ドナウ川中流域における羊の大群の存在を初めて明らかにした。この地域で最古の馬遺体も、オッサールン遺跡などで報告されている。おそらく馬はすでに家畜化されていた[52]。少なくとも馬の牽く車が存在していた。

ブダカラース遺跡（ハンガリー）の墓地で出土した、頑丈な円板状の四輪をもつ荷車の模型は、全ヨーロッパ最古ではないにせよ、アルプス以北ではこの種の乗物の最古例となる。しかしこれらの乗物は、馬に牽かれるものではなかった。アルソネメディ遺跡（ハンガリー）にある二基の厚葬墓に、少なくとも一対の牡牛が埋められていた。主人を墓に運ぶ葬儀車を牽いた牛に違いない。

肥沃な平野と山間渓谷部において、農民は城砦をめぐらした丘頂か洞窟に住んでいた。実態がもっともよく分かっている家屋型式は、隅丸長方形の単室造りのものである。[53] ただしロベルト・シュミットは、ヴチェドール遺跡に平面馬蹄形の家屋があることを報告している。どの集落にも円形の穴が認められる。ヴチェドール遺跡では、こうした穴が黄土に掘り込まれた地下室に通じていた。少なくともハンガリーでは、墓地の規模から見て大規模かつ安定した村落が営まれていたことが分かる。たとえばブダカラース遺跡には三〇五基、アルソネメディ遺跡には四一基の穴墓からなる墓地がある。しかし、これらの村落がテルに成長することはなく、村落内の小屋は半遊牧的な牧畜民に適したものだったようだ。村落の立地は、墓から出土する武器と同様に、牧畜社会の好戦的な側面をありありと示している。

ナイフ・斧・手斧・鏃・闘斧の素材として、石がなお普通に使われていた。ところが闘斧には、あたかも鋳造した金属製闘斧をモデルにしたかのように、**甲張り***まで模倣した形跡がある。リチャード・ピッチオーニは、オーストリア出土の銅製闘斧（例—図63）をバーデン文化の所産としている。銅製の装飾品は、いまのところ墓からしか見つかっていない。たとえば下オーストリアの二基の墓には、銅線を縒《よ》りあわせて両端を反転させた頸輪が副葬されていた。これはドナウⅣ期の鋳造製の地金頸輪《インゴット・トルク》（図69—11・12）へと直接つながってゆくものである。地中海から輸入されたスポンディルス貝とシャコ貝は、長距離交易がおこなわれていた明白な証拠となる。

トロアド前期に見られるような糸巻と紡錘車は、織物業が活発だったことを物語る。土器は素焼きであり、一般に暗色を呈し、まだら色の場合もある。土器の全般的な特色として、筒形杯や水差しの口縁上に立ち上がる大ぶりな帯状把手がある。そうした把手は、突縁状を呈したり（例―図96左上）、扇状に広がることが多い。器壁の紐通し孔は珍しくなかった。ラッパ状突起が延びる鉢（例―図17左列）も散見する。鉢は内折口縁をもつ。ハンガリーとスロヴァキアでは、鉢の内部が大小に区画されていたり、よく目立つボタン状把手を配していることがある。装飾は凹線文がすこぶる一般的だが、それ以外の装飾技法（列点帯状文や線刻格子目文）と組み合わせることも多い。例外的ではあるが、ティサ文化のように上塗りを沈線と組み合わせたり、あるいは縄目文と組み合わせることさえある。

女性小像の考古資料は知られていないが、動物形土製品や荷車および舟の土製模型は、旧来の精神活動の伝統が残存していた表れかもしれない。そのような残存物は、葬送儀礼にかき消されてしまっている。少数ながら男女の合葬墓が知られている。妻の殉死と家父長制家族の証拠と見なしてよいかもしれない。アルソネメディ遺跡の墓地の中央に位置する二基の穴墓に、首長のものに違いない葬儀車と牛が埋められていた。この墓は、キシュ〔イラク〕やウル〔イラク〕の初期王朝の室墓に起源をたどりうる王墓の伝統に合致しており、ヨーロッパ最古の王族葬を示すものである。通常の埋葬は屈葬か膝折り姿勢の土葬である。ただし最近、ハンガリーにおいて火葬墓の小群が報告されている。オーストリアの二基の室墓には、それぞれ五体と八体の遺骸が合葬されていた。ブダペストの周辺では、明確な墓地に穴墓が群集している。ただし一部の遺跡では、居住域内に墓が営まれていたという。最大で二〇体の遺骸を納めた集葬室墓がスロヴァキアにあると報告されている。他方でハンガリー西部では、火葬骨壺の埋葬群が整然とした骨壺墓地を構成している。ヴチェドール遺跡では、男女をそれぞれ右と左に横たえて合葬している。

ドナウ地方の文化連続において、バーデン文化は間違いなくレンジェル文化よりも新しい。ハンガリー平原のキシュケーレシュ遺跡では、放棄されたバーデン文化の集落を掘り込んで、ボドログケレスズトゥール文化の穴墓一基が設けられていた。しかしティサ川の東では、両文化の前後関係は逆転している。フォニョード遺跡にあるバーデン文化の穴墓は、前期青銅器時代後半にあたるキサポスタグ文化の穴墓によって撹乱を受けていた。他方、オーストリアで出土する銅製頸輪《ネックリング》は、ドナウIV期の頸輪《トルク》よりも型式学的に古い。したがって、バーデン文化はIII期のなかに固定してよい。ただし、鐘形《ベル》ビーカー文化とどの程度まで重なっているのかは未解決である。人種的に見て、ペーツェル文化人は短頭型と長頭型が混交している。

**オズワルド・メンギーン***とロベルト・シュミットとピッチオーニにとって、バーデン文化とはまさしく「北欧」文化であり、北欧の森林平原から侵入が起こった結果である。直立口縁フラスコ形土器のような北欧特有のいくつかの型式が、モラヴィアのイェヴィショヴィツェ遺跡などバーデン文化の遺跡に散見することは疑いない。その一方で、北方の土器装飾の特色はバーデン文化からの影響によるとされてきたし、本源的にドナウ文化に属するバーデン土器に関して、北方よりも南方からの影響を示す証拠の方がはるかに多い。特色ある凹線文装飾はヴィンチャ文化に顕著である。沈線文と刺突文もこの文化に認められるが、より正確にいえば、後期新石器時代のマケドニア文化のものである。ラッパ状突起はトロアド文化的である。突縁状の把手はトロイ遺跡で出土するが、銅石時代のメルシン遺跡〔トルコ〕の出土品は、バーデン文化の変種にそっくりである。同様に、器壁の紐通し孔は、中部イタリアのリナルドーネ文化にも見られる。オーストリアの穴墓から出土する銅線頸輪《ワイヤ・トルク》は、アナトリアのアフラトリベル遺跡にある「銅器時代」墓の出土品と瓜二つといえる。したがってこの頸輪は、少なくともバーデン文化の冶金術が南東方面から着想を得たことの具体的な証拠になりうる。車輌は紀元前三〇〇〇年頃にメソポタミアで発明され、紀元前二五〇〇年までに、葬儀車として当地の王族葬に使われるようになった。車輌がメソポタミアから伝播したことは確実である。しかし、地理と年代の点から見て、バーデン文化の車輌の模型にもっとも類似するのは、南ロシア出土の二輪車である。

いま手短に南方との関係を説明したが、車輌を除くと、かならずしもそこからの影響だといえるわけではない。シリアに優れた冶金術を持ち込んだ「頸輪《トルク》運搬者」は、おそらく中央ヨーロッパからやって来た。もしそうだとすれば、アフラトリベル遺跡で出土したそれ以前の頸輪も、やはりドナウ文化のものかもしれない。イタリアの先史学者は、リナルドーネ文化に見られるバーデン文化色を、北方に由来するものと見なしがちである。もしバルカン・マケドニア・アナトリアのバーデン文化色も同様に解釈できるとすれば、バーデン文化は、その祖先にあたるインド＝ヨーロッパ語族に対して**言語古生物学**＊が導き出した考古学的特徴のすべて（馬・車輌・牛・羊・略農経済・家父長制家族・弓矢）を、ありありと示しているのだ。ここで言及した南方との関係は、インド＝ヨーロッパ語族の拡大を見事に裏づけることができるだろう。もちろん、このような解釈をとるためには、現行の相対年代と絶対年代を文字通り覆す必要が出てくるだろう。だが現行の編年は、まったく未証明ではないがおおむね未証明の複数の仮定に基づいている。そのような条件つきで、考古学的証拠に素直に従えば、バーデン文化が紀元前二〇〇〇年より数百年も早く開始することはありえない。それゆえバーデン文化は、エーゲ海域の後期新石器時代と前期青銅器時代の諸文化に影響を受けて始まったことになろう。

## 前期青銅器時代

ドナウⅢ期には、人口が増加したため新たな経済が必要になり、産業と通商に労働力が振り向けられつつあった。戦争が金属への需要を刺激し、首長は資本を蓄積しつつあった。移住してきた戦士の不満を解消するには、バルト地方やガリシアからの交易物資が必要だった。鐘形ビーカー族（二七七〜二八四頁）は西方および北方との定期的な交流を確立し、ブレンナー峠（オーストリア・イタリア）を通じた地中海地方との新たな関係を切り拓いた。レヴァント海岸部では紀元前二〇〇〇年までに、クレタ島では紀元前一八〇〇年までに、そしてギリシア半島では紀元前一六〇〇年までに、富裕な都市が勃興した。それらの都市は、金属などの原材料の市場を、中央ヨーロッパの供給源からそれほど遠くないところに設置し、その開発に資本を投入していた。アジアの伝統下で訓練を積んだ探鉱者は、おそらくトランシルヴァニア・スロヴァキア・アルプス東部の銅の採掘を、さらにはボヘミアとザクセンの錫鉱脈の採掘さえ開始していただろう。少なくともミケーネとクノッソスの王侯が琥珀を求め始めるとすぐに、デンマークからこの魔法の樹脂を輸送する組織を作り、そしてドナウ川流域の農民社会への金属流通を組織することが、価値のある活動になった。このようにして流通する金属器の出現をもって、考古学者はドナウⅣ期を定義づけている。

実際の鉱床のうち、直接的な証拠からドナウⅣ期に比定できた事例はない。しかし、Ⅵ期に採鉱されていたことが明らかなアルプス東部の銅鉱脈が、早くもⅣ期に露天掘りされていたらしい形跡がある（三七七頁）。同様に、ザールフェルト〔ドイツ〕付近の銅鉱脈とフォークトラント〔ドイツ〕の錫が早くから採掘されていたことも、最近の分析から推定されている。いくつかの集落遺跡で鋳型が発見されているが、かならずしも住み込みの金属工のものとはいえない。

金属製品の流通は、定期的に巡回する商人兼工人が担っていた。その巡回ルートは、かれらの交易備蓄品である製品ないし半製品の一括埋納から明らかにされる。こうした一括埋納は、危機に遭遇して埋めた備蓄品が回収されなかったものである。かれらが古いドナウ的伝統（一三九頁）に従っていたことを、琥珀や金、それにおそらく考古記録に痕跡を遺さない塩などの物資もあつかっていたことを、これらの一括埋納は教えてくれる。「琥珀の道《アンバー・ルート》」はとくに明らかになっている。化石樹脂である琥珀は、ユトランド半島やサンビア半島からザーレ川流域に運ばれ、そこからボヘミアを通過しブレンナー峠を越えて、北イタリアやエーゲ海域にいたった。[54] 少量ながらモラヴィアを通ってハンガリー平原やムレシュ川流域にも転送された。琥珀の輸出交易の見返り品は、セゲド〔ハンガリー〕周辺やスロヴァキア[55]の墓地に普通に見られ、ハンガリー西部[56]・下オーストリア・モラヴィア[57]・ポーランドにも散見する、エジプト製もしくはエーゲ海域製の連珠形ファイアンス玉や十字形ファイアンス玉だっただろう。

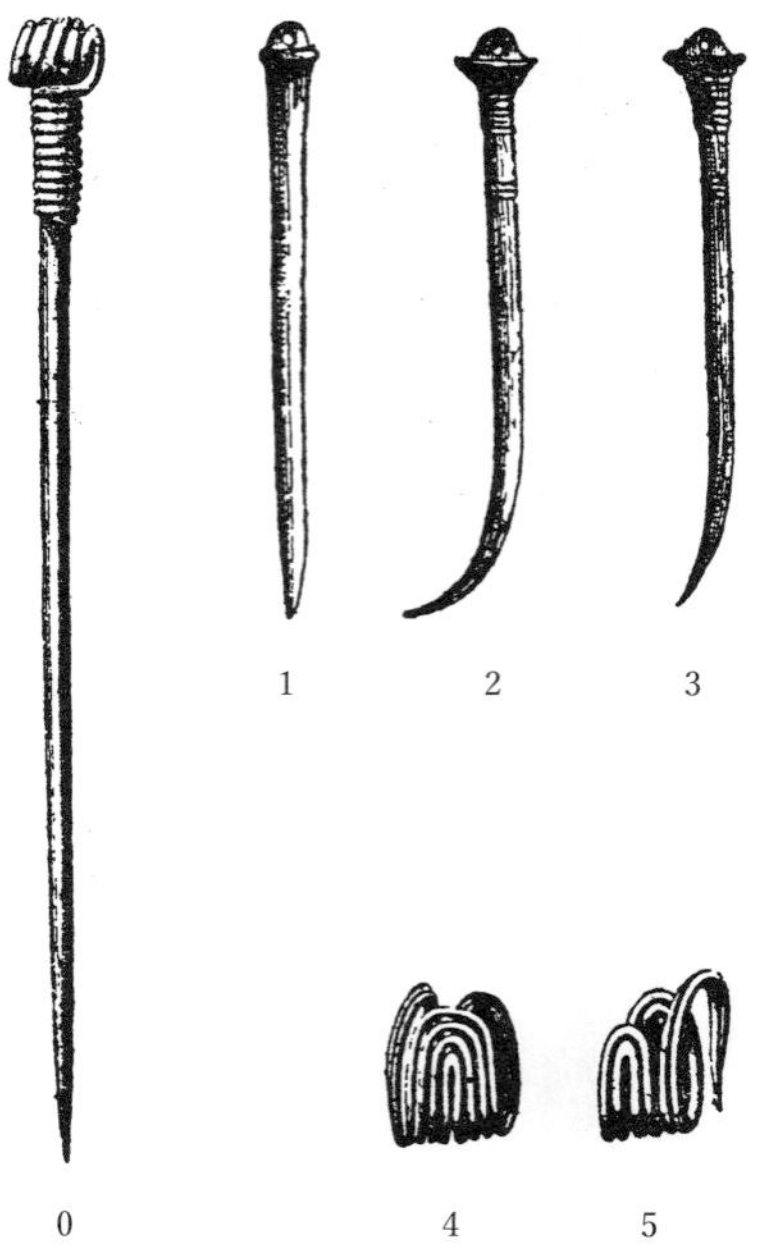


図67　ウネティチェ文化の穴墓から出土したピンと耳飾（S=1/2）［シュラニルによる］

こうした商人の活動は、ブレンナー峠の「琥珀の道」周辺の中央ヨーロッパを単一の通商網に組み込んでゆき、その支脈をコーンウォールの錫鉱脈やトランシルヴァニアの金鉱地まで延ばしていった。ただし、バルカンを完全に迂回していた。青銅器時代の初頭から、様々な型式の金属器が上記のように拡散していった結果、表面的に見ればドナウ地方全域で斉一的な様相を呈するにいたった。ただし、サヴァ川やドラヴァ川、ブダペスト以南のドナウ川、ムレシュ河口より南のティサ川は、もはやそれらの諸地域に含まれていない。その一方で、どの金属製装身具にもアジアに類品が見られることは、銅に錫を混ぜて合金にするという、新たな経済の基礎になった新規の化学知識の発生地を示唆している。

両端が反転する鋳造製の頸輪（図69－11）は、装身具として佩用されただけでなく、地金としても使用された。そのため「地金頸輪」と呼ばれる。このような頸輪は、紀元前二〇〇〇年頃の北シリアでは、金属加工をつかさどる氏族ないしギルドの成員である記章《しるし》となり、[58] 同時代のビブロスでは富の抽象的なシンボルとして聖所に奉献された。末端の平たい髪留輪やラケット形ピンは、明らかにシュメールに原型がある。先王朝時代のエジプトに現れる瘤頭ピン（図67－0）は、その後トロイ遺跡とキプロスに再登場する。金線製の籠形耳飾（図67－4・5）は、図示したトロイ遺跡の装身具（図22－1）の一部を取り外したものである。中央ヨーロッパの市場向けに生産した最初の青銅器工人は、アジアの職場で訓練を受け、青銅の秘訣とともに、個人装飾にオリエント様式を持ち込んだようである。[59] もしそうであれば、上記した諸型式の製品がエーゲ海域のヨーロッパ沿岸部とバルカンに存在しない以上、トロイ「第二市」の崩壊により市場が破壊されるまで、輸出品のみを製作していた金属工が、トロイからこれらの製品を伝えたのでなければ、アドリア海を北上しブレンナー峠を越えてもたらされたことを認めなければならない。

時期を同じくしてドナウ地方に現れた新たな金属製の道具と武器は、さほど斉一的でなく、オリエントの原型との関係もあまり明瞭でない。テルミ遺跡出土の扁平斧は敲打により突縁を成形する（四八頁）が、このような斧は合笵鋳造による突縁斧へと転換した（図69－1）。したがって中央ヨーロッパの青銅斧は、ドナウ文化の手斧と同じく、膝柄に装着していたと推測できる。モラヴィアとオーストリアの鑿には、管状に鋳造した袋穂さえそなわっている。シュメールに祖型がある管状柄孔斧（図64－3・4）は、ハンガリーにおいてのみ好んで使用された。[60] しかし柄孔斧は、ハンガリー以外の中央ヨーロッパでは武器として使用された。ドナウⅣ期末のザクセンの一括埋納から、注目すべき1点の武器が出土している。これはウルの王墓やそれよりやや新しい北シリアの王墓に実例のある三日月形の斧が、未開風に変容したもののようだ。

円基式のナイフ形短剣（図68）が一般的な武器だった。その把は骨製か木製であり、やや新しい短剣（図70）の青銅製把のように、装着部を凹ませている。これはエジプトでの古い工夫であるが、アジアでもギリシアでも普及しなかった。ただしこの工夫は、西ヨーロッパと同じく中央ヨーロッパでも、ドナウⅢ期に使われていた鐘形ビーカー族の扁平茎式短剣にたどることができる。戈はドイツと下オーストリアで使用され、ハンガリーでも使われることがあったが、ボヘミアでは用いられなかった。戈の型式はおそらく西ヨーロッパ式であり、アイルランドかイベリア半島からドナウ地方に伝わったと思われる。

冶金業と通商が生み出した統一性は、政治的な統一性を伴わなかった。冶金業と通商に起因する統一性が、ム

68

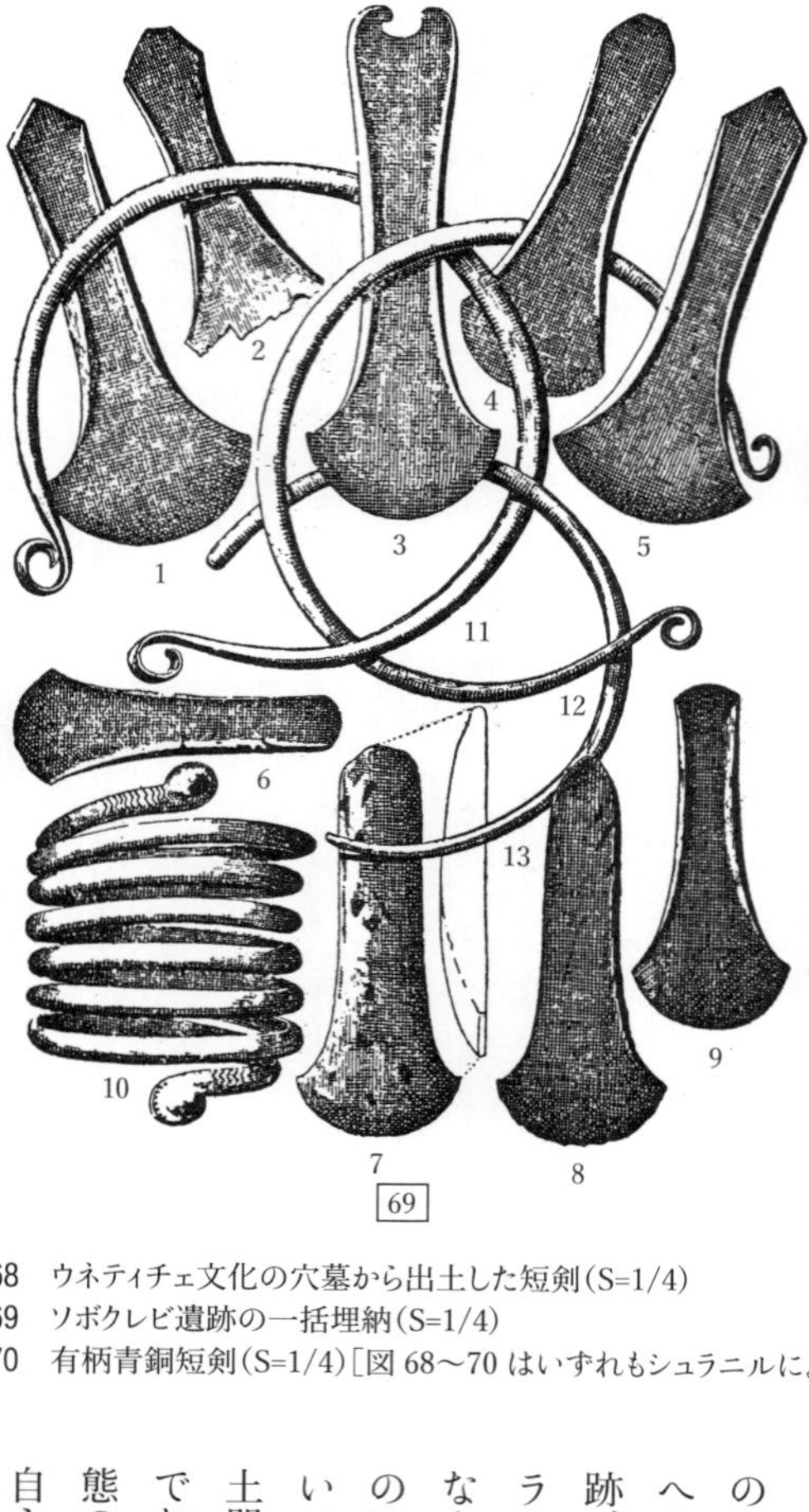

69

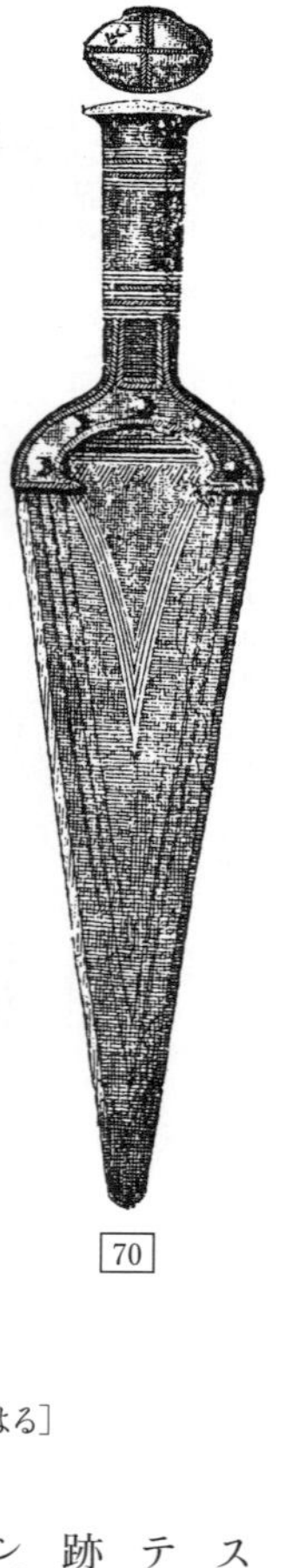

70

図68　ウネティチェ文化の穴墓から出土した短剣(S=1/4)
図69　ソボクレビ遺跡の一括埋納(S=1/4)
図70　有柄青銅短剣(S=1/4)［図 68〜70 はいずれもシュラニルによる］

レシュ河畔のペルジャモス遺跡〔ルーマニア〕、ティサ河畔のトーセグ遺跡やナジレーヴ遺跡[61]〔ハンガリー〕、ドナウ川西方のキサポスタグ遺跡[62]、ボヘミアのウネティチェ遺跡、バイエルンのシュトラウビンク遺跡などにちなんで名づけられた多数の独特な文化を覆っていった。しかし各文化は、土器や装身具の特色だけでなく埋葬儀礼や経済状態の相違においてさえ、自らの独立性を強く打ち出していた。それらの大半は在地集団に由来すると思われる。というのも、どの文化の土器も、技術的にはレンジェル＝バーデン文化の伝統のなかにあるからだ。ただし、ティサ河畔を除くあらゆる地域の文化に、鐘形ビーカー族からの影響が土器にさえ明瞭に認められる。しかし、帯革状把手をもつ水差しや体部と頸部が別造りの把手付壺といった、広範に使用されていた土器は、鐘形ビーカー族と無関係である。

ドナウ川中流域のドナウⅣ期の集落は、交易を主目的にして、浅瀬や河口で自然路が交わる場所を選んで築かれた。集落は相当な長期間にわたって恒常的に使用された居住区だったので、その廃墟はテルになっている。そうした集落に劣らず、遺骸を屈葬した墓地も定住生活の明白な証拠となる。セゲド付近のスツォレグ遺跡〔ハンガリー〕に二〇〇基の穴墓からなる墓地があるが、そのうち一〇三基がⅣ期に、五四基がⅤ期に属する。しかし、これらの共同体にしても、産業都市というよりも、ほとんど自給自足の村落であった。骨と石がまだ道具に使われ、闘斧にさえ用いられることもあった。帯の留め金のような金属製の化粧用品は骨で模造された。土器は手捏ねだが、化粧土と研磨を施した赤色・黒色・まだら色の土器は、アナトリアやイベリア半島の器面を思い起こさせる。トーセグ遺跡の基底層（ナジレーヴ層）やそれより古いスツォレグ遺跡の穴墓から出土する水差しは、輪状ないし帯革状の把手を一つしか付けない。後に砂時計形の把手付壺がこれらの土器にとってかわり、そしてⅤ期になると、ミノア中期やヒッタイトの土器（四〇～四一頁）に似た、四葉形口縁をもつ金属器風の**カンタロス***になる。Ⅴ期に特徴的な型式の金属器は、その大半が在地の金属工によって製作された。だがかれらは、突縁斧も、はるか北方で流行していたような多彩なピンも開発しなかった。とはいえ、連珠形ファイアンス玉が輸入されていたし、エーゲ海域の「聖なる蔦の葉」と同じようにオリエントの三日月形垂飾も模倣されていた。

バコーニュ山地とカルパティア山脈の以北にテルは確認されていない。しかし、一〇〇基以上の穴墓で構成されるオーストリアの墓地[63]は、ドナウⅤ期まで居住が続いた恒久的な村落に伴うものに違いない。現にポストロプルティ遺跡では、一六棟の長方形家屋が確認されている。ここで取り上げた穴墓のすべてに遺骸を屈葬していた。火葬が通例だったのは、キサポスタグ遺跡の墓群とセゲト付近の最古の穴墓だけである。それらの火葬墓地はト

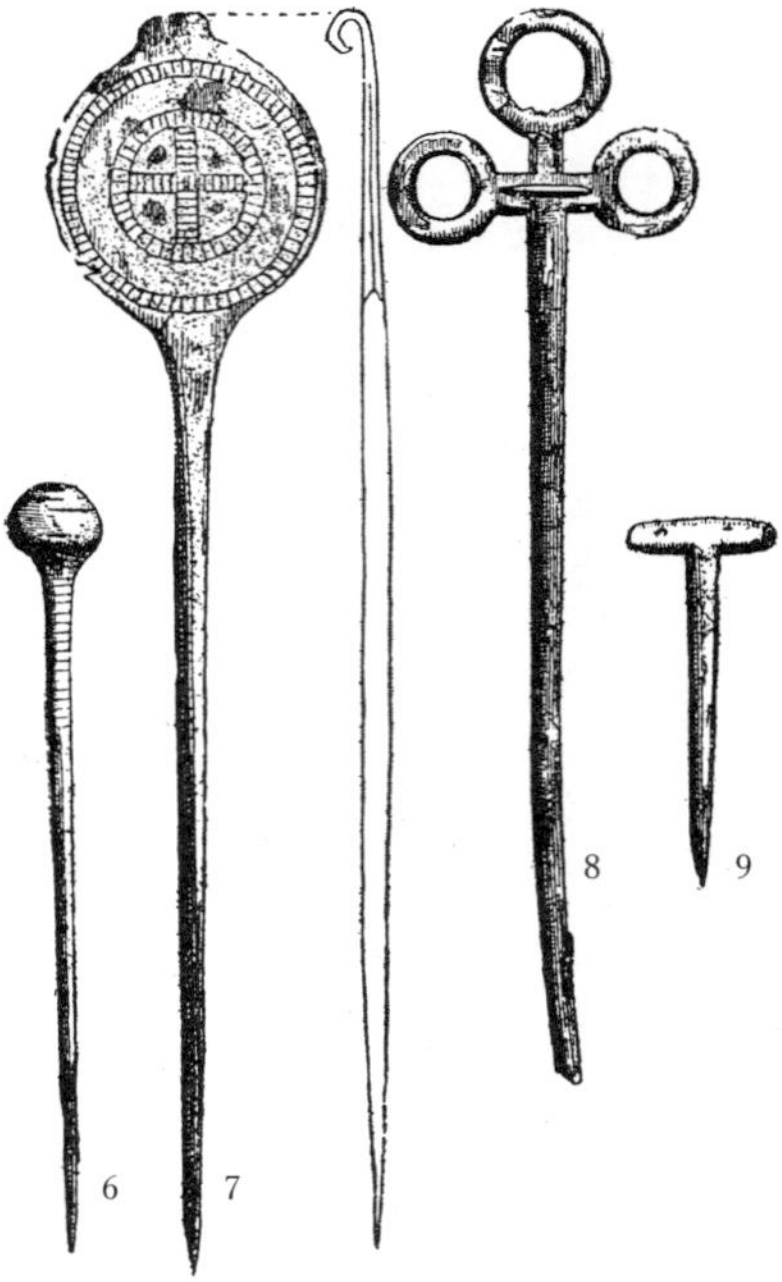


図71　ウネティチェ文化後期の穴墓出土の球頭ピン(6)・円板頭ピン(7)・三葉頭ピン(8)・松葉杖状ピン(9)(S=1/2)
［シュラニルによる］〔原書比 7:10〕

ロイ第VI層の墓地と同様に骨壺墓地である。もちろん火葬は、バーデン文化の一部の共同体がおこなっていたし、ハンガリーの鐘形ビーカー族もおこなっていた。南ボヘミア・ポーランド・チューリンゲンでは、墳丘の下からウネティチェ文化の埋葬が発見されている（二四八頁）。

真正のウネティチェ文化は、オーストリアのドナウ川流域からシレジアとザクセンに広がっているが、ボヘミアのエルベ川上流域とザーレ川沿いおよびオーデル川沿いでもっとも典型的な発展を遂げた。そこは「鉱石山地」の名をもつエルツ山地とブレンナー峠越えの琥珀交易路に近接しているため、金属産業がきわめて豊かに発達した。合笵鋳造によって斧頭は高い突縁をそなえ、瘤頭ピンは独特な「ボヘミア式銃眼形ピン」（図67－2）へと変化した。IV期末には**中子**《なかご》*鋳造が始まり、袋穂付きの槍先と鑿の製作が可能になった。しかもウネティチェ文化の金属工は、青銅の薄板製の装飾品を作ることができた。それだけでなく、ヒュー・オニール・ヘンケンが信じるに足る根拠を示したように、もしザクセンのベイツ遺跡で一〇〇年前に発見された鐘形冑が、ウネティチェ文化の地金頸輪および三角形短剣と本当に共存していたとすれば、鐘形冑も製作できたことになる。琥珀や金、地中海産の貝殻は自由に輸入されたが、ファイアンス玉はまれであり、その変種である連珠形ファイアンス玉（例―図157）はブルノ〔チェコ〕以北では未発見である。

図72　マルシュヴィッツ土器と前期ウネティチェ土器（シレジアとボヘミアの出土品）［ストッキーによる］

土器は手捏ねで、質感はペルジャモス遺跡の出土品と同じである。もっとも特徴的な器形は、初期の頃だと袋状の水差しと筒形杯であり、縄蓆文や沈線文で飾ったものもある[64]（図72）。これらの土器は、典型的なウネティチェ文化期（ドナウⅣｂ期）になると、胴部を竜骨状に平たくつまみ出した筒形杯や水差しに変化する。グンナー・ノイマンはウネティチェ土器の組成を分析し、鐘形ビーカー土器および縄目文土器に由来する要素と南方的要素とに分けた。ノイマンの分析はウネティチェ文化全体の構成の要約になっている。つまり、鐘形ビーカー族が必要不可欠な交易関係を構築し、闘斧を携えた戦士が金属への需要を実効的なものにし、そして南方から到来した金属工が技術基盤を提供したのだろう。ただし、ウネティチェ文化の基礎はやはりバーデン文化に、したがってドナウ文化にあった。

中央ヨーロッパにおける青銅産業の発達は、この地をまたぐ琥珀交易の発達と明らかに相関していた。未開人同士の組織的な交易を価値あるものにできた折り紙つきの市場は、ミケーネ時代のギリシアとクレタ島だけだった。同様に青銅産業の開始も、東地中海の都市の購買力に結局は依存して生活する探鉱者によるものと想定して何ら問題ない。この想定に立てば、ドナウ文化の金属工が模作したオリエント製品の諸型式が、ドナウⅣ期に限定的な年代を与えてくれるはずである。ところが、このようにして限定される年代は意外に幅広い。一六二頁で言及した装身具の大半は、紀元前二〇〇〇年よりもずっと前にエジプトやメソポタミアで流布していたものである。その頃にシリアにもたらされた地金頸輪でさえ、アナトリアのアフラトリベル遺跡に銅線製の前身があり、これはオーストリアでも認められる（一五七頁）。だとすれば、Ⅳ期は紀元前二〇〇〇年よりも前に始まったのかもしれない。しかし、エーゲ海域との組織的な交易の証拠が出てくるのは紀元前一六〇〇年頃からである。

しかしながら、本質的に見て確実性の高い先の想定も、年代の分かる実際の輸入品からまだ証明されていない。たとえば連珠形ファイアンス玉は、紀元前一四〇〇年よりも前に、一〇〇〇年間も近東で流布していたのに、である。現在では、中子鋳造などの先進技術とともに地金頸輪をシリアに持ち込んだ金属加工氏族は、移住者であったと考えられている。この氏族の故地はほかに見つかっていないので、あるいは中央ヨーロッパからやって来たのかもしれない。そう考えた場合、かれらが到来する紀元前二〇〇〇年を前後する一〇〇年間が、ドナウⅣ期の開始年代の下限になるだろう。ミケーネの竪坑墓から出土する琥珀玉も、ウネティィチェ文化を豊かにした貿易が紀元前一五五〇年以前に存分に確立していたことを、まがりなりにも証明している。ミケーネ文明に見られるような、有文つなぎ玉を配する三日月形頸飾りは、バイエルンとアルザスではⅤ期の穴墓から発見される。したがって、紀元前一五五〇年はⅣ期末に近いはずである。もしそうであれば、Ⅴ期のペルジャモス遺跡で出土する把手付壺から発展した四葉形口縁のカンタロスに類似するヒッタイトの製品と、それと同時期のミノア中期の製品とが、編年のうえで重要になってくる。さらには、留針ブローチを始めとする中央ヨーロッパないし北イタリアの諸型式が、紀元前一二〇〇年までにギリシアで登場するので、ここで問題にしている諸型式はⅤ期よりもⅥ期にふさわしい。[65]そして、Ⅴ期（中期青銅器時代）の終焉年代が紀元前一二五〇年頃で、開始年代が紀元前一五五〇年だとすれば、ヨーロッパ大陸の青銅器時代の初期段階であるⅣ期は、紀元前二〇〇〇年よりも前に始まって、優に五〇〇年間も続いたことになるだろう。利用可能な中央ヨーロッパの資料によると、前期青銅器時代の開始年代を紀元前二一〇〇年と見る考えは、紀元前一七〇〇年と見る考えと同じくらい可能性がある。

しかし、ペルジャモス遺跡およびウネティィチェ遺跡を、メソポタミアのサルゴン朝の都市や初期ミケーネの町と比較するにしても、文化の程度において数段階低く位置づけなければならない。経済面で見ると、この二遺跡はペロポネソス半島やトロアド地域におけるエーゲ前期の町の水準にも達していなかった。人口の大半は農民のままであった。しかし、少なくとも一つの産業が、農民の若い息子たちを吸収していた。それが交易であり、オリエントで生み出された余剰の分け前を間接的に獲得し、地元産の品目を補ったのである。金属工は、ドナウⅣ期の考古記録に確認できる唯一の専業工人であり、アジアやエジプトの同業者よりもはるかに高い独創性と創意工夫を発揮していた。かれらの製品は、アジアやエジプトの金属工の製品よりも大衆向けだった。Ⅳ期にはもう鎌を製作していたが、当時のエジプトでは農民がいまだにフリント石器で収穫をしていた。そうした金属工の後継者は、Ⅵ期までに鉄斧と同じくらい有効かつ安価な青銅斧と、ヨーロッパの蛮人がオリエントの君主国の重装軍に立ち向かえるほどの兵器を生み出しただろう。

Chapter
VIII

THE PEASANTS OF THE BLACK EARTH

第8章

# 黒土地帯の農民

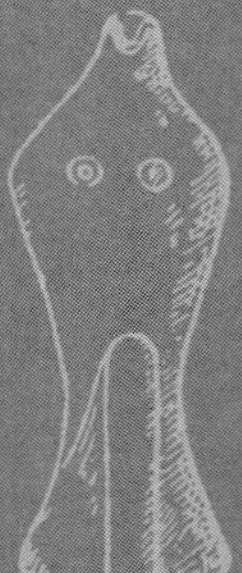

カルパティア山脈の黄土に覆われた側では、オルトゥ川上流域とセレト川流域では、そしてプルト川・ドニエストル川・南ブーフ川からドニエプル川まで北東に延びる草原台地では、スタルチェヴォ文化を基礎にしてドナウ文化の諸要素によって育まれた文化が発展を遂げた。この注目すべき農耕文化は、キーウ〔ウクライナ〕付近の遺跡にちなんでトリポリエ文化と名づけられた。この文化の創始者はおしなべて農民であり、頑丈な家屋からなる大村落で暮らしていた。にもかかわらず、はるか西方の親縁種族と同様に、ある種の移動耕作を営んでいたようである。そのため村落遺跡がきわめて多い。キーウの南方では、二八〇平方キロの範囲に二六箇所の村落遺跡が確認されている。けれども、テルを形成する村落遺跡はない。少数の遺跡（ドニエストル河畔のネズヴィシュカ遺跡、プルト河畔のククテニ遺跡とイズヴォアレ遺跡、セレト河畔のトライアン遺跡）では、複数回の居住がおこなわれた。そうした遺跡で観察された層序を通じて、トリポリエ文化は主要四期（A期・B1期・B2期・C期）に正しく区分されている。この時期区分は主に土器の装飾の様式分析に基づいている。ただし土器の装飾は、地域差を時期差に取り間違えることが往々にしてある。トリポリエA期はプルト川・ドニエストル川・ブーフ川の上流域に位置する少数の遺跡に限られる。オルトゥ川流域とドニエプル川流域への入植がおこなわれたのはB1期である。C期になってようやく、ステップ地帯とテテレフ川〔ウクライナ〕以北の森林地帯に位置する、トリポリエ文化とはまるで違う諸文化の集落に、トリポリエ土器が現れる。

生活の基盤は、総じて小麦（一粒小麦・二粒小麦）・大麦・黍の栽培と牛・山羊・羊・豚の飼育であった。牛は常にもっとも重要な家畜だった。馬骨はすべての時期に見られるが、最終段階のトリポリエC期を除くとおそらく狩りの獲物だった。狩猟はどの時期においても重要だった。ただし、食物残滓に占める狩猟動物骨の割合は、A期の五二パーセントからC期の二〇パーセントへと減少する。漁撈も生活に大きく貢献したに違いない。銅製か骨製の釣針がA期の遺跡でさえ発見され、ドニエストル河畔では全長一・五メートルを超す魚の遺存体の出土が報告されている。土錘が出土するので、網漁がおこなわれていたと推定される。貝や漿果の採集も、食糧供給に大いに貢献した。

集落は三方が渓谷で守られた黄土の尾根上に位置するのが通例である。人びとが居住した当時の台地は現在よりも湿潤で、沼沢地になりがちだった。じめじめした森林に覆われ、亀や川獺《かわうそ》や水生鼠が棲息していた。ほとんどの遺跡が壕や土塁をめぐらしていただろう。オルトゥ河畔のアリウシュド遺跡の集落〔トリポリエB1期〕は〇・五ヘクタールを取り囲み、内部には最大二一棟の家屋が三列に並んでいた。セレト河畔のハバシェシュティ遺跡〔ルーマニア〕の集落には、おそらく四四棟の住居があった。またウラディミロフカ遺跡〔ウクライナ〕では、大半がB2期に属す一五〇棟もの住居があったと報告されている。B2期とC期の通常の村落は、径二〇〇〜五〇〇メートルの円周もしくは同心円に沿って三〇〜四二棟の家屋が放射状に配置される構成をとるのが普通だった。

トリポリエA期については、竪穴住居だといわれるものしか報告されていない。B1期以降の家屋は、壁と床が焼け崩れて残った被熱粘土の広がりである、かの名高い「丸太住宅」が実例を示している。B1期のアリウシュド遺跡の家屋は、編み枝を粘土と藁の荒壁土で厚く塗り込めた壁を、地面に据えつけた柱で支えたものである。柱穴から家屋の規模は八・二五×五・四メートルであり、内部は仕切りで二室に区分されていたことが分かる。竈はどちらの部屋にもあり、炉は奥側の部屋にある。家屋のプランと内装は、レッセン文化やアルプス周辺の同時期の集落のもの〔図137〕と一致し、ドナウ川中流域のドナウII期に相当するものと考えられる。B2期とC期には、床桁に立てた柱が骨組みの枠と棟木のみを支えたようであり、壁は固めた土で築かれた。たいていの村落には、部屋も竈も一つしかない面積七×四メートルの小家屋が少数ある。平均的な家屋は約一四・五×五・五メートルを測り、二基ないし四基の竈をそなえている。記録のとられた家屋のうち最大のものは二七×六・五メートルを測り、内部は五室に区分され、そのうち四室に各一基、残る一室には二基の竈をそなえつけていた。多くの家屋に見られる、固く焼き締まって滑らかな粘土の床面は、もっとも謎めいた特徴である。この床面に竈・石皿・土器が置かれ、床下には木材を隙間なく敷き詰めた圧痕が残されていた。(66)

二メートル四方を超す大型竈は、若木で組み立てた骨組みに粘土を貼って作られた。さらにまた、粘土を焼いてこしらえた腰掛けをそなえつけた部屋も若干ながらあるし、少なくともブーフ河畔のトリポリエB2期の家屋には、表面を刻線や彩色で飾った十字形の台をそなえるものもある。ロシアの考古学者はみな、こうした腰掛けや台を奉納場所だと考えている。トリポリエ文化の家屋の内部を図解してくれるのが、六〜七個体分の家屋模型の破片である。これらは、発掘者が実際の家屋内で発見したのとまったく同じように、玄関・竈・十字形の台・穀物甕・石皿を表現している（図73）。これらの模型はすべて底部に支柱が付いている。したがって、トリポリエ文化の家屋は杭の上に建てられたことを暗示する。トリポリエ文化の集落は浸水を被りやすい場所にあったので、杭上に家屋を建てるのはまことに合理的であろう。粘土の床面と床下の横木が焼かれていることも説明がつくだろう。しかし、このすこぶるもっともな仮説も、発掘で証明されていない。ロシアの発掘者は、半地下式住居《ゼムリアンキ》を引きあいに出すことが多い。しかし、その平面形を見ると、ドナウ文化の「竪穴住居」を引きあいに出すのと同じくらい疑わしく思われる。

三室以上の大型家屋は、初め単室家屋を建造した住人が、結婚したわが子を住まわせるために増築した結果だ、とクリチェフスキーは考えた。こうして拡大した家族は、近年のスラヴにおける**ザドルガ制***のように、一緒に暮らしたことだろう。もしそうであれば、ここで取り上げている遺跡は、少なくとも二世代にわたって居住されたに違いない。

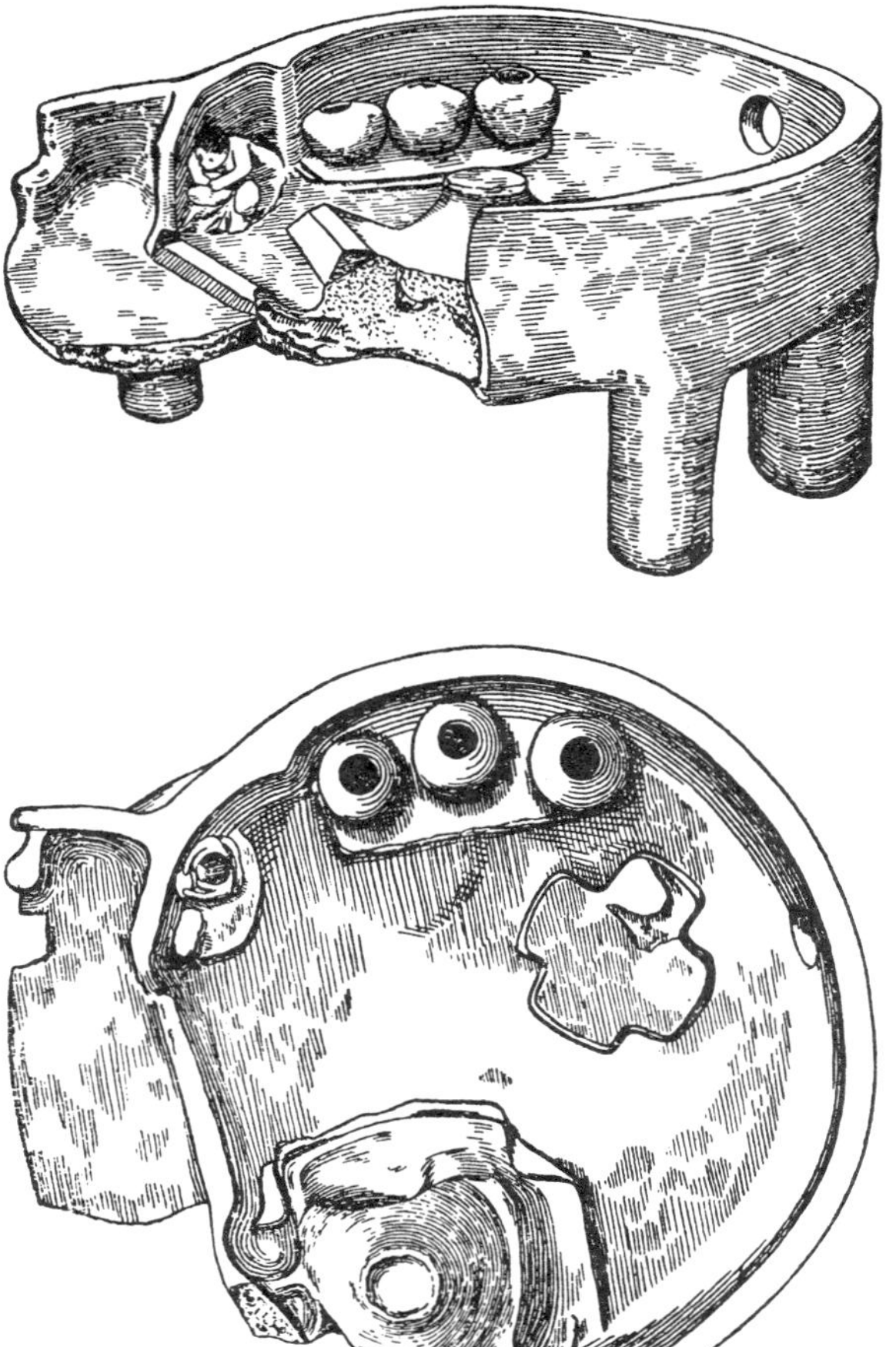

図73　ポプディニャ遺跡〔ウクライナ〕出土の家屋模型

トリポリエ文化の農民はおおむね、地元の材料で身の回り品を揃えて、それで事足れりとしていた。その結果、すっかり新石器文化の外容を呈するにいたった。地元産の石材で手斧を作ったが、それらは軟らかめの石の場合が多かった。槌斧には、また簡素な闘斧にさえ、中空の穿孔具で貫通孔を施した。また鹿角に穿孔して、根掘り鍬や手斧を作った（図75－15）。武器は一般的ではなかった。フリント製の三角鏃は、少なくともトリポリエB1期以降に散見する。ドナウⅢ期の出土品に似た瘤頭の棍棒が、キーウ付近のB2期の遺跡で報告されている。また、間違いなく戦士の武器である闘斧を雛形にしたものが、B1期のアリウシュド遺跡とハバシェシュティ遺跡で作られていた。

ドニエストル川中流域のペトレーニ遺跡〔ハンガリー〕の農民ですら、トリポリエB2期までに交易を通じてカルパティア山脈の西側から黒曜石を獲得していた。銅も同様に当初から入手していたが、A期には釣針・環状品・手首飾・ビーズにのみ使用された。分析に供した銅片には三〇パーセントの亜鉛が含まれるので、少なくとも自然銅をそのまま使用してはいなかった。銅はB1期には扁平手斧の製作に時おり利用された。他方、B2期のある遺跡では、ドナウⅢ期のトランシルヴァニア式の縦横両用斧と同類の銅製鶴嘴一点が出土している。C期は明白な青銅器時代であるウサトヴォ文化（一八三頁）と疑いなく同時期である。ところがB1期にすら、一点の瘤頭ピンがブーフ河畔のサバティノフカ遺跡〔ウクライナ〕で出土したとの報告がある。[67] このピンは、黒海の西側で成長した冶金工の流派が、アジアから着想を得ていた証拠になるかもしれない。しかし、ドナウ川流域のペルジャモス文化やウネティチェ文化に由来するという考えも、同じくらい可能性があるだろう。その場合、トリポリエ文化のB1期は、ドナウⅣ期に収まることになるだろう。

トリポリエ文化の陶工の製品は、現在までほぼ一世紀にわたって、考古学の文献において称讃されてきた。どの村落でも、在地の陶工が洗練された器形と実用的な容積をそなえる土器を成形し、それらを窯で焼成して、堅緻な赤色ないし橙色の土器を生み出していた。竪型窯の模型と、土器を詰め込んだ実物の竪型窯の遺構が、アリ

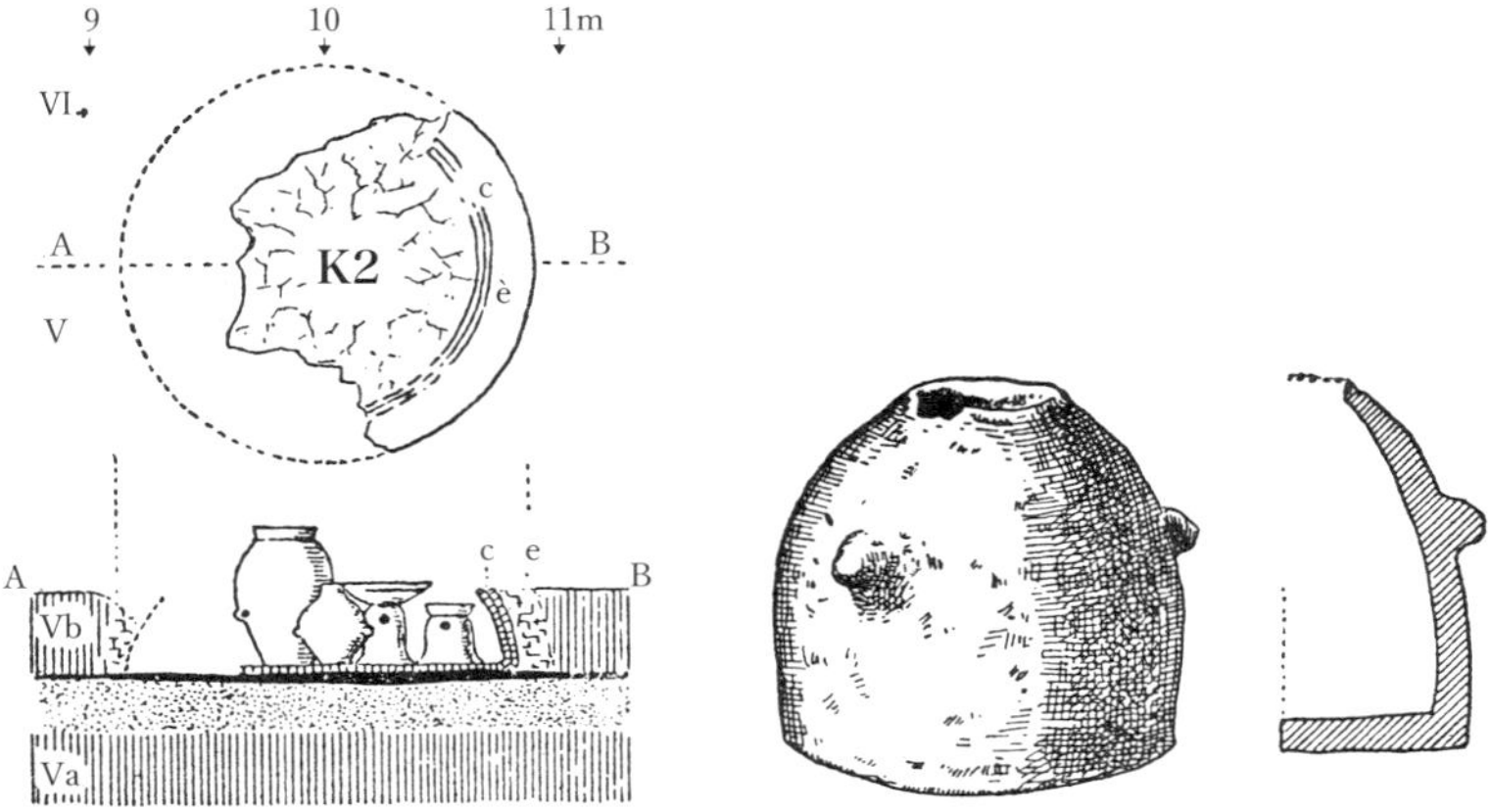


図74　アリウシュド遺跡（別名エレスド遺跡）の土器焼成窯（左）とその模型（右：S=2/3）
［ラズロによる］

ウシュド遺跡で発見されている（図74）。ハバシェシュティ遺跡で出土した有孔格子形土製品は、燃焼室と火床を仕切るのに使われたのかもしれない。けれども家庭用の土器は、フルタイムの専業陶工から買い入れるのではなく、主婦が自家生産したに違いない。なぜなら、自家生産のために用意した粘土の備蓄《ストック》が何棟かの家屋から発見されているし、また土器の施文道具が多くの家屋で発見されているからである。実はトリポリエ文化のほとんどの遺跡で、二種類の土器、すなわち貝殻を胎土に混和した粗製土器と籾殻ないし砂を**混和剤***にした精製土器とが発見されている。このうち粗製土器は、トリポリエA期の遺跡からは報告されていない。この土器は、乾燥前の器面に櫛を押しつけるか押し引きして施文している。これに似た土器は、北東ヨーロッパの北方森林地帯に残存していた狩猟漁撈社会の土器に認められる。

　赤色や橙色の精製土器は鮮やかに装飾された。文様は全時期を通じて、深い凹線文で輪郭を描き点描を加えたようである。A期とB1期には、歯車器による回転施文のように線状の点列で充填する。そうした線状の意匠を生み出すために使用したのが、曲面をもつ鹿角製・骨製・貝製の押圧施文具であり、いくつかの遺跡で発見されている（図75－B1期－12）。

A期には、とりわけB1期には、刻線とともに、あるいは刻線に代えて、幅広の沈線文が用いられることもあった。[68] 例外的にではあるが、A期にはこのように工夫した文様に赭土《オーカー》を被せたり、焼成前に赤い地色に白線を塗ったりして、いっそう鮮やかに装飾することもあった。だが、B期とC期のもっともありふれた土器装飾は彩色であり、赤地に黒色で輪郭を描いて白色か赤色で彩色したり（主にB1期）、あるいは白化粧土の上に黒色で輪郭を描いて赤色で彩色した。黄褐色か橙色の器面に淡黒色で彩色するのが、B2期とC期に好まれた様式だった。赤色の細線で淡黒色の彩色を補足することもあった。A期には、反復文様として使われる連続渦巻文が装飾の基調であった。B1期には、連続せず完結するS字状渦巻文にとってかわられた。その後、このS字状渦巻文は分解して円文になり、器面全体で文様を構成する旧来の方式は、区画を強調する構成配列に代わった。

器形は当初からすこぶる洗練されており、枚挙に遑《いとま》がないほど多様である。筒状の器台（図75－B1期－2）はトリポリエA期とB1期に限定される。果物台（図75－B1期－1）はB1期に大いに流行した。側面に穿孔した台脚付きの果物台に水差しが載せられるのは当該期だけである。「双眼鏡形土器」（図75－B2期－7）はどの時期にも見られる特徴的な器形である。動物（普通は牛）や人の姿をした土器は、祭祀土器に位置づけてもよいが、A期の「鳥形土器」はアスコスとも見なせる。

コロミーシチナ遺跡（ウクライナ）の全面発掘の成果に鑑みて、トリポリエ文化の社会はケルン＝リンデンタール遺跡のドナウ文化の社会と同じほど民主的かつ平等主義的であったようだ。というのも、家屋の規模がそこに住む家族の人数に左右されていたからだ。しかしイオン・ネストルは、モルダヴィアに位置するトリポリエB1期の村落であるフェデレシェニ遺跡では、家屋のうち一棟がほかよりも家財道具が豊かで、首長の持ち物らしき石製動物形笏頭（図76）が出土したことに言及している。さらに、ヴェレミェ遺跡（ウクライナ）で出土した棍棒頭も、権威の象徴として解釈できるかもしれない。

トリポリエ文化の農民の精神活動は、バルカンやドナウII期の同時代人の精神活動と同じく「アジア的」で

図75　トリポリエ土器の諸型式［パセックによる］〔原書比 9:10〕
B1 期：多彩色土器（1～5：S=1/12）、柄杓（9）・小像（10）・円錐形土製品（8）・土製印章（11）（S=1/4）、施文用の櫛状品（12）、石製手斧（13）、鹿角製鶴嘴（15）
B2 期：線刻文土器（1：S=1/20、3・7：S=1/10）、彩色土器（5・6：S=1/16）（ピャニシュコヴォのウラディミロフカ遺跡出土）
C1 期：ポポディニャ遺跡出土（1～3）、スタラヤ・ブダ遺跡〔ベラルーシ〕出土（6～8：S=1/10）

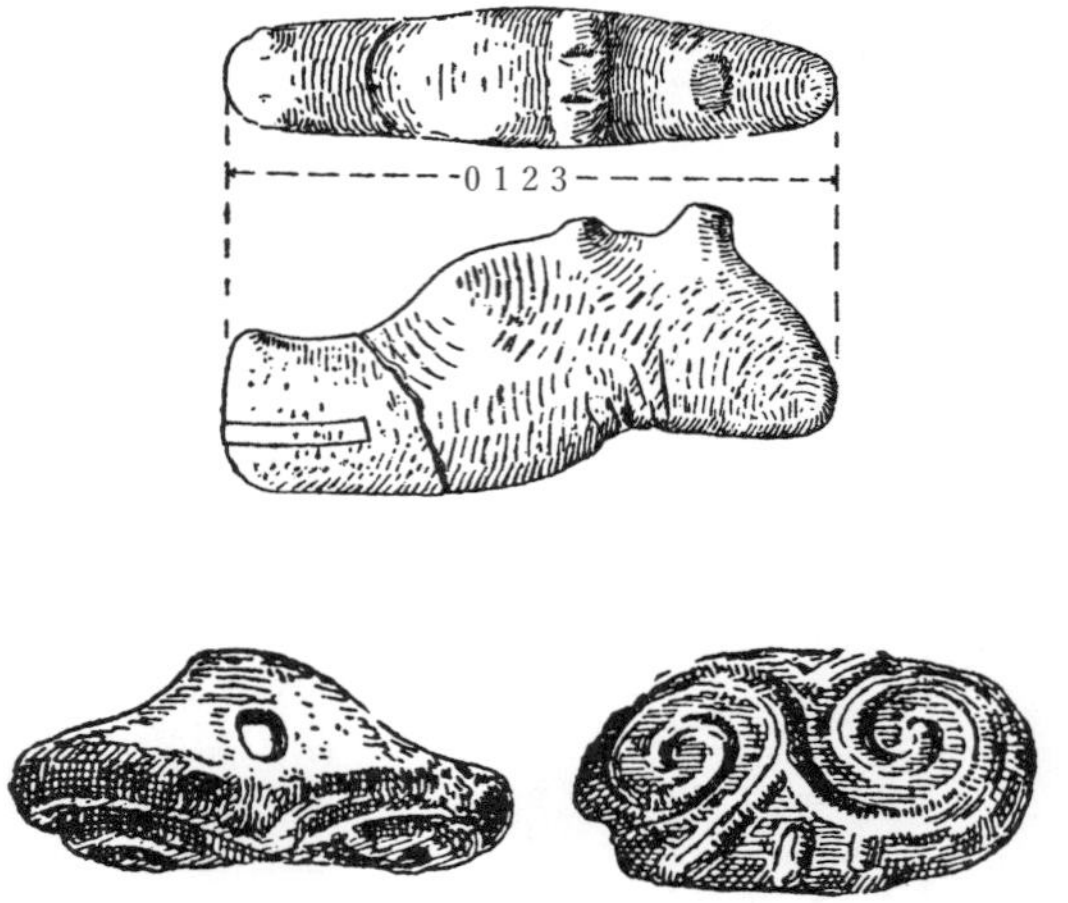

図76　石製笏頭(上:フェデレシェニ遺跡出土)と土製印章(下:アリウシュド遺跡出土)

あった。多くの家屋には、十字形の「祭壇」に加えて土偶と土製模型が散らばっていた。土偶は圧倒的に女性像が多い。トリポリエA期とB1期のものは臀部が突出し、B1期のものは渦巻沈線文で派手に飾られる(図75―B1期―10)。ただし、バイオリン形の型式(例―図8―2)もハバシェシュティ遺跡では普通にある。B2期の土偶は扁平になり、吊《つる》すための孔を空けたり彩色することが多い(図75―B2期―13、C期―8)。男性像はA期にさえ散見し、男根像もB1期に散見する。土製印章はB1期にのみ、それもオルトゥ川とプルト川に挟まれた遺跡(アリウシュド遺跡・ククテニ遺跡・ハバシェシュティ遺跡・ルジノアサ遺跡(ルーマニア))に限って出土する。押捺面に十字文を施すものが一点あるが、ほかはすべて渦巻文である(図76下)。

装身具としては、銅製の小物と非常にまれながら金製の小物があったほか、星形を含む土製ビーズが全時期を通じて着用された。銅製ビーズと孔を穿った鹿の歯は、トリポリエA期とB1期に限られるようである。四隅に穿孔した猪牙製の薄板も同じ時期に属する。B1期に広く見られる円錐形土製品(図75―B1期―8)は、人間を表現した遊戯具だったのかもしれない。もっとも、一点ながら粗雑な作りの人頭が載せられた品もある。

　バルカンの文化連続におけるトリポリエ文化期の位置はきわめて明瞭である。セレト川流域では、ボイアン文化の次にトリポリエA期が続く。他方で、破損した双眼鏡形土器が、ヴィドラ遺跡(一二四頁)の最古のグメルニツァ文化層において輸入品として発見されている。ワラキアのヴェルビコアラ遺跡では、B1期に属する多彩色土器片がサルクツァ文化層で見つかっている。そしてフェデレシェニ遺跡で出土した笏頭は、まさにサルクツァ文化に類品がある。オルトゥ川上流域では、トリポリエ文化の地域型であるアリウシュド式の遺物（B1期）が、ボイアン文化前期層の上から出土している。ドニエストル河畔のネズヴィシュカ遺跡では、ドナウⅠ期後半の村落の上に、B1期でも早い時期の土器を伴う集落が広がっている。ところがトライアン遺跡では、A期の層からドナウⅠ期の土器片が出土したと報告されている。したがって、A期はバルカンⅡ期のボイアン文化と部分的に重なっているが、A期の大半とB期はバルカンⅢ期のグメルニツァ文化およびサルクツァ文化に併行するに違いない。

　ドナウ地方の文化連続とのつながりは、それよりも曖昧である。ただ、土製押捺印章はトリポリエB1期とドナウⅡ期の併行関係を押さえる基準に使えそうである。また、モラヴィアの製品と同様に別造りにした二つの部品を結合するアリウシュド式の小像も、同じ基準に使えそうである。他方で、金属の相対的な潤沢さや、雛形土製品により実物の存在が示される闘斧、そしてハバシェシュティ遺跡出土の小突起を浮き出させた銅製円盤[69]は、すべてⅢ期にふさわしい特徴であろう。またB1期の高い台付きの甕は、Ⅲ期にも属する移行期のティッサポルガル土器と緊密な関係をもつ。トゥルグムレシュ〔ルーマニア〕では、B1期の多彩色土器とボドログケレスズトゥール文化の加飾土器が共存していたようである。トリポリエ文化の一集落で発見された、輸入品の可能性がある物品が、ドナウ地方の文化連続に照らして、その下限年代をも与えてくれるだろう。その物品とは、サバティノフカ遺跡で出土した瘤頭ピンである。もしこれがボヘミアかハンガリーからの輸入品だとすれば、トリポリエB1期の終焉がドナウⅣ期の開始に先行しないことになるだろう。だが、このピンがアジアからもたらされた可能性のあることはいうまでもない。C期がⅣ期になっても継続していることはほとんど確実であり、ことによるとⅣ期以後にも継続しているかもしれない。これまでトリポリエ文化はドナウⅡ・Ⅲ・Ⅳ期に割り当てられてきた。しかし、これら各期は一期ずつ遅く位置づけるべきであろう。

トリポリエ文化は、上記した工芸面に加えて、経済面でも根本的にドナウ文化的である。ドニエストル＝ドナウ文化圏と評してもよいくらいである。ドナウ文化の原理は、ごくかいつまんでいえば、先トリポリエ期にネズヴィシュカ遺跡などを築いた入植者に由来する。しかし、それ以前にも、氷河期以来この地に住み続けていたことが仮定される狩猟漁撈民がいたかもしれないし、たとえそうでなくても、初期のスタルチェヴォ文化人が住んでいた（一一〇～一一一頁）。事実、トリポリエ文化のあらゆる遺跡で発見されており、しかもユーラシア亜寒帯針葉樹林《タイガ》にいたいっそう北方的な狩猟漁撈部族とも関係のある粗製土器によって、上記した仮定上の狩猟漁撈民の存在は、現在ではほぼ確実になっている。もはや、トリポリエ文化の彩色土器を説明するうえで、中央アジアに注意を向ける必要はない。というのも、先住のスタルチェヴォ文化人は土器を彩色していたし、色調の明るい土器を作るのに必要な竪型窯を所持していたに違いないからだ。

トリポリエ文化の精神活動と、それが表現された入念な儀礼用品を、トリポリエ文化の農民と西南アジアの文化的先行者が共有していたことはいうまでもない。しかしそれだけでなく、近隣のグメルニツァ文化やヴィンチャ文化やドナウII期の社会とも同様に共有していた。つまり、もし早い時期に、スタルチェヴォ文化の入植者とこうした精神活動および儀礼用品を共有していなかったとしても、それらは近隣の諸社会からトリポリエ地方に到達していた可能性があるわけだ。

## 黒海西岸における冶金の開始

トリポリエC期までに（おそらくもっと早くからだろうが）、黒海のほとりのステップ地帯に、階層社会を支える在地の金属産業が勃興していた。それは、オデッサ付近の村落と墓地にちなんで名づけられたウサトヴォ文化にもっともよく表れている。牧畜社会の貴族階級の指導者である好戦的な首長は、支配下の牧畜民と従属者のトリポリエ文化人とが生み出す余剰財を吸収することで、金属武装の需要を効果的に満たすことができた。

ウサトヴォ遺跡の村落で無数の獣骨が見つかり、確実に家畜化されていた羊と馬の骨がとりわけ顕著なことから、新しい牧畜の側面が経済に表れていたことが明らかである。獣骨の割合は、羊三七・八パーセント、牛三一パーセント、馬一五・五パーセントで、豚はわずか二・二パーセントである。狩猟で捕らえた動物が全体に占める割合は二八・四パーセントにすぎない。

ウサトヴォ遺跡の支配者は墳丘下に埋葬された。それらの墳丘墓は村落付近に二箇所の墓地を構成している。縁部に板石を環状にめぐらす円丘墓の中央に竪坑墓を設け、一人の首長を横臥か仰臥の姿勢で屈葬した。ある墳丘墓では、板状の縁石に人と牡鹿、そしておそらく馬の刻線画が非常に粗っぽく描かれている。盛土を積み上げる前に、一〜二人の奴隷ないし従属者が殺され、陪葬墓に葬られたようだ。動物骨と小像も別の穴に埋められた。

こうした墳丘墓は、ほぼ王墓といえるものである。それと対照的なのが、おそらく農民を埋葬した無墳丘の平《ひら》墓《ばか》である。それは浅く掘った穴に一体の遺骸を屈葬し、一枚の板石で覆った墓である。そうした農民がトリポリエ文化の共同体の分派であったことは、同文化の精神活動と土器技法が残存的に認められることにより推測できるかもしれない。土偶がいまだに製作されていたが、人物像だと認識できないほど様式化が進んでいる（図77－6〜8）。

村落内からも、墳丘下の墓と平墓のどちらからも、トリポリエ技法で成形され彩色された焼成堅緻な土器が、それより出来の粗い縄目文土器と一緒に発見されている。彩色壺の文様は、トリポリエA期およびB1期の見事な渦巻文装飾が退化したものと見なせる。また、トリポリエ土器の古い器形を模倣した土器もある。縄目文土器は新たな牧畜的要素の表れに違いない。チューリンゲン文化のアンフォラの退化型と見なせる土器もある（図77－1・3）。しかし、押捺された縄目文様は、北ヨーロッパや中央ヨーロッパのいかなる縄目文様よりも入念に施

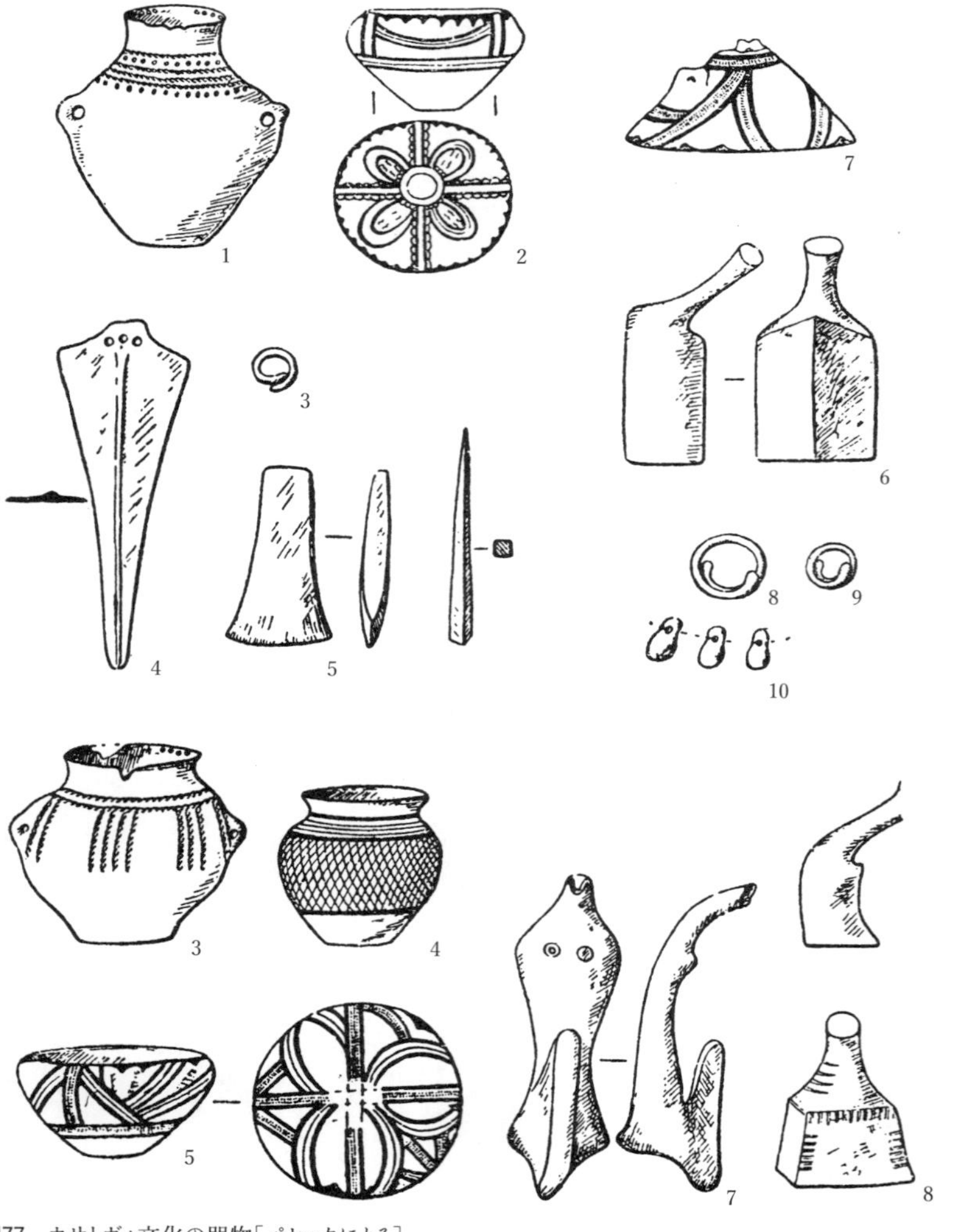


図77　ウサトヴォ文化の器物［パセックによる］
【上段】墳丘墓出土品
1号墳丘墓：縄目文土器と彩色土器（1・2：S=1/6）、銅製品（3～5：S=1/2）
2号墳丘墓：小像（6：S=1/4）、彩色土器（7：S=1/6）、螺旋状銅製品と狼牙（8～10：S=1/4）
【下段】ほかの墳丘墓出土品：縄目文土器と彩色土器（3～5：S=1/6）、土偶（7：S=1/4）　集落出土品：小像（8）

されているし、鎖編み状・芋虫状・馬蹄形状を呈する絡状体圧痕文も認められる。

交易を通じて、琥珀がおそらくバルト地方から、輝安鉱がトルコからもたらされたらしい。また、かなりの量の銅が供給されていた。銅を鋳造して、地方色に富む製品が生み出された。もっとも特徴的なのが、片面鋳で目釘孔をもつ洋凧形短剣である（図77－4）。扁平斧や断面方形の錐も製作された。ククテニ遺跡から典型的な短剣一振が出土しているので、同遺跡出土の柄孔斧もウサトヴォ技術文化《インダストリー》の産物かもしれない。鹿の歯を穿孔して連ねた頸飾りに加えて、小さな螺旋状銅製品や螺旋状銀製品が佩用された。金属に比べると、石の技術文化は貧相だった。有孔鹿角斧一点が首長の一人に副葬されていた。だからこの斧は、ブジェシチ＝クヤヴィ遺跡のドナウIII期の副葬品と同様に、闘斧としてあつかわれていたに違いない。

　ウサトヴォ文化の土器と金属器の型式は、トリポリエ地方と黒海に挟まれたステップ地帯に分布する多数の墳丘墓と、少数の周辺的なトリポリエ文化の村落から出土する。前者のステップ地帯のうち、ドニエプル川下流の支流域に位置するミハイロフカの城砦遺跡（ウクライナ）にある二つの村落には、これまた牧畜色の濃い血縁集団が居住していたと思われる。この地でも金属が加工されていたことは確かだが、ウサトヴォ文化に特徴的な型式の製品は、一九五六年現在まだ公表されていない。

　クリチェフスキーとタチアナ・パセックはウサトヴォ文化を、トリポリエ文化の経済が牧畜へと転換していった最終結果としてあつかった。しかしブリューソフは、ウサトヴォ文化がトリポリエB2期よりも（少なくともC期よりも）古い、トリポリエ文化とは別個の文化であることを、容易に示すことができた。実際のところ、トリポリエ文化の構成要素は十分なほど明らかである。牧畜的要素の起源については次章で考察することにして、金属の技術文化の起源はどこにあるのだろうか。

　特徴的な金属器の諸型式の分布状況から見て、その原材料が海路で黒海沿岸に届けられたことはほとんど疑いない。もしこのことが、探鉱者によって金属加工の知識がエーゲ海域ないし小アジアから黒海沿岸にもたらされたことを意味するにしても、この地で製作した金属器が南方の特定のモデルを模倣したものだとは主張できない。鎬のある短剣を単笵鋳造する技法は未開的なものであり、高度な冶金術を擁するいかなる流派とも相容れない。このような技法は、イベリア半島と南フランスにのみ類例がある。ウサトヴォ文化の金属器の諸型式は、製作者の起源に関しても、当該文化の絶対年代に関しても、手がかりを与えてくれない。相対年代でいえば、ウサトヴォ文化はバルカンの文化連続のⅣ期、もしくはⅢ期後半に位置づけてよいだろう。ドナウ文化連続に照らしても、同様の位置づけになるはずである。ウサトヴォ文化は間違いなくドナウⅤ期よりも古い。というのも、当該期のハンガリー産の青銅器がこの地域にごく一般的に見られるからである。ウサトヴォ文化とⅣ期の併行関係を支持する資料は、ごくわずかながらも東ポーランドとスロヴァキアのトマシュフ文化の洋佩形短剣に求めうるかもしれない。少なくともその平面形はウサトヴォ型式を彷彿とさせるし、連珠形ファイアンス玉とも共存する。しかも、この連珠形ファイアンス玉は、紀元前三千年紀における金属とサンビア半島産の琥珀の交易を示しつつ、トロイ第二層やウサトヴォ文化で出土する琥珀玉と関連するかもしれない。

*Chapter*
IX

# CULTURE TRANSMISSION OVER EURASIAN PLAIN?

第 9 章

# 文化はユーラシア平原を越えたのか？

一九世紀の人類学者はユーラシア平原を、**フン族***やタタール族の先駆者であるアジアの遊牧集団が、新石器文化を西ヨーロッパへ逐いやっていった回廊だと見なしていた。かれらの憶測は、踏み鋤という物証にかろうじて支えられていた。しかし当然ながら、確証を得るのは難しかった。牧畜的な性格が濃厚で、移動性の高い共同体だと仮定されるこれらの集団は、考古学者が認識できる耐久性のある装備を遺すとは限らないし、移動経路に層をなすテルを遺すこともないだろう。実は、畜産がユーラシア平原の西端付近よりも東端付近で早く始まったという考えは証明されていない。ただしそれは、東端付近では地質学的年代も花粉学的年代も利用できず、しかも現在（一九五六年）までに識別されている東端付近の文化連続は、西端付近の文化連続よりも多様性に乏しいのだから期間も短いはずだ、という理由にすぎないわけだが。広大で寒冷な森林地帯において、採集・狩猟・漁撈に基づく「旧石器時代」的な経済が、漁撈に重点を置くことで定住性を増しつつも、沼沢の岸辺や川沿いで長く存続していたことは疑いない。はるか南方の、黒海のほとりの広大な草原地帯とステップ地帯で採集されるフリント石器は、後期更新世から継続する居住を物語るのかもしれない。トランシェ技法で刃部を鋭くした切断具（一一頁）は、ヴォルィーニとポジーリヤ〔どちらもウクライナ〕の草原地帯とウクライナで報告されている。この古風なフリント石器の相対的な古さにしても、クリミアにある少数の洞窟の堆積層によって決定できるにすぎない。そうした遺跡では、細石器が尖底土器と共存するが、しかし幾何学形細石器はかなり後代まで残存することがあるので、これらの石器を無闇に古くすることはできない。

ましてや、砂丘の遺跡では動物骨が遺されていないのだから、上記の採集石器を早熟的な畜産の証拠として引用することもできない。アラル海とオーデル川に挟まれた砂丘地帯で採集されるフリント石器は、アトランティック期にデンマークにたどりついた牧畜民の祖先が遺した可能性もあるが、その証拠は微塵もない。

最初の新石器農民であるドナウ文化人・スタルチェヴォ文化人・トリポリエ文化人が入植していた広大な黄土地帯の縁辺に、牧畜民の共同体が現れた。そうした共同体について分かっているのは、ほぼ墓からだけである。かれらは、より農耕的なドニエストル＝ドナウ社会から分離した牧畜部族なのだろうか。それとも、近隣集団が食糧生産に転じたのを手本にして変貌を遂げた、在地の中石器集団なのだろうか。あるいは、はるか南方か東方のステップ地帯から到来した移住者なのだろうか。そこにもまた、特殊な種類の墳丘墓、いわゆる黄土墓があるのだ。

## ポントス草原の黄土墓文化

真のステップ地帯は、ドブルジャとカルパティア山脈の森林に覆われた辺縁部とに始まり、黒海沿岸を周ってコーカサスへと延びてゆき、さらにヴォルガ川を越えてアルタイにまで広がっている。このステップ地帯は、中世後期までのあらゆる時期に築かれた墳丘墓で埋め尽くされている。先史時代の墳丘墓は総じて小ぶりであり、小さな墓地に群集している。これらの墳丘墓はおそらく、ある種の部族領域を画すものであり、たいていは埋葬を継続的におこなっている。**ヴァシリイ・ゴロツォフ***は、自身が手がけたドネツ川とドン川に挟まれた地域の発掘調査に基づき、主に室墓の型式から区別される諸時期に主要三段階を設定した。すなわち最初が竪穴墳《ヤミー》、次が地下横穴墳《カタコンベ》、最後が木槨墳《スルビー》である。南ロシアの考古記録は、このように竪穴墳《ヤムナ》文化期・地下横穴墳《カタコンベ》文化期・木槨墳《スルブノ》文化期に区分された。現在、地下横穴墳の分布は黒海沿岸とドネツ川・ドン川・マヌィチ川の流域に限られていて、時期ではなく文化を規定していることが立証されているにもかかわらず、この時期区分用語がいまだに使用されている。他方で、金属を産出するコーカサス山脈の山腹には、内容がすこぶる豊かな墳丘墓が何基かあり、A・イエッセンはいっそう精細な型式学的区分をおこなって計五期を設定した。かれのⅠ期とⅡ期は、かつてのクバン前期におおよそ対応する。もっと大雑把になるが、ゴロツォフの竪穴墳文化期にも対応する。(70) そしてⅢ期は、クバン中期と地下横穴墳文化期に相当すると思われる。ただし、こうした円形墳の下に納めた埋葬は最古のものではない。ブリテン島における葬送の記録が長形墳下の集葬墓から開始されるのと同様に、南ロシアでも長い堀割内か長形墳下の多人数埋葬から葬送の記録が始まるのである。

このような墓はすべて、遺骸を伸展葬で納めている。赭土で遺骸を覆い、墓群に配列されるのが通例である。ドニプロ付近のヴォフニギ遺跡〔ウクライナ〕では、砂丘下に一三〇体の遺骸が三層をなして並んでいた。アゾフ海のほとりにあるマリユーポル遺跡〔ウクライナ〕では、成人一二〇体と子ども六体が長い堀割内に葬られ、堀割は赤土で埋められていた。(71) ナリチク遺跡〔ロシア〕では、不定形の低墳丘に一三〇体の遺骸が複数グループに分かれて屈葬されており、赤色顔料で覆われていた。以上に示した埋葬者数は、中石器時代の食糧採集民のいかなる墓地で確認される埋葬者数をも凌駕するので、上記の埋葬は新石器時代的ではないという意見は不当であろう。現にマリユーポル遺跡において、フリント製の局部磨製石斧が石製ビーズと石製腕輪、それに野獣の歯と猪牙を細工した多彩な装飾品と一緒に発見されている。この遺跡では、首長権の象徴と解釈される瘤状棍棒頭〔図65参照〕が二体の遺骸に副葬されている。ナリチク遺跡の一基の穴墓から女性石偶一体が出土し、別の穴墓からは土器が出土している。これらの共同体が食糧をどのように調達していたにせよ、経済的に孤立してはいなかった。ウラル地方から輸入された斑岩製垂飾一点がマリユーポル遺跡で出土している。銅製の髪留輪や光沢のある土製練玉、そして紅玉髄製ビーズが、ナリチク遺跡で出土している。紅玉髄製ビーズは、明らかにオリエント文明と接触した結果である。またマリユーポル遺跡の瘤状棍棒頭も、その型式が初期王朝時代以降のメソポタミアに一般的なものなので、やはりオリエント文明と関係した結果だと解釈してよい。

上記した墓葬は、カルメル山のワド洞窟〔イスラエル〕にある中石器時代のナトゥフ文化人の墓葬を実に彷彿とさせるが、ゴトランド島〔スウェーデン〕やオネガ湖に浮かぶオレニ島〔ロシア〕にある新石器時代の狩猟漁撈民の墓葬とも、いくつかの点で一致する。ただしこれらの墓葬は、いま挙げた理由に鑑みて、一般的な円形墳の下に葬られ金属器を副葬することもある単葬墓より、かならずしも古いとはいえない。事実、はるか西方の瘤状棍棒頭はドナウⅢ期、つまりバルカンⅢ期である（一五三頁）。その一方で、細石器がクバン前期の墳丘墓で発見される。

南ロシアのステップ地帯に見出せる最古の食糧生産者は、円形墳下の「竪穴墳《ヤムナ》」に葬られた者たちである。これらの墓には、羊の埋納が記録されているものの、家畜の埋納は例外的である。他方、狩猟と漁撈の物証である獲物の骨・フリント石鏃・骨製銛が見つかっている。しかし、人びとが暮らした遺跡の出土物を見ると、牛・羊・山羊が、そしておそらく馬と豚も飼育され、黍が栽培されていたことが分かる。この家畜の飼育者は、埋葬にあたって、棺台か藺草《いぐさ》製の床に膝を立てた（まれに脚を伸ばした）仰臥の姿勢で横たえられ、赭土が厚く振り掛けられた。天幕《テント》形の墓室に葬られることもあった。この墓室は、ミケーネの竪坑墓と同じように、側面の出っ張りに樺の柱を据えて屋根を支えるものである。ウクライナには、人の姿を粗っぽく象った石柱に覆われた墓もある。

副葬品が豊かな穴墓はない。壺一個と数点の狩猟具ないし漁撈具、歯を連ねた頸飾り、そして最末期に限られる骨製槌頭ピンが関の山である[72]（図78―5・6）。土器を副葬している場合は卵形ビーカー土器である。無文のことが多いが、折り返し口縁の下部に点文が施されていたり、縄目文が押捺されていることもある[73]（図79―4）。

考古記録には避けがたい欠落がある。そうした欠落を根拠にした否定的な結論がいかに当てにならないかを、ある幸運な偶然が劇的に暴露した。ドニプロ付近に位置する竪穴墳文化期の大墳丘墓である「ストロジェヴァヤ」の墳丘下で、葬儀車として使用された木製二輪車（車輪は径四八センチの堅固なもの）の残骸が、例外的状況が

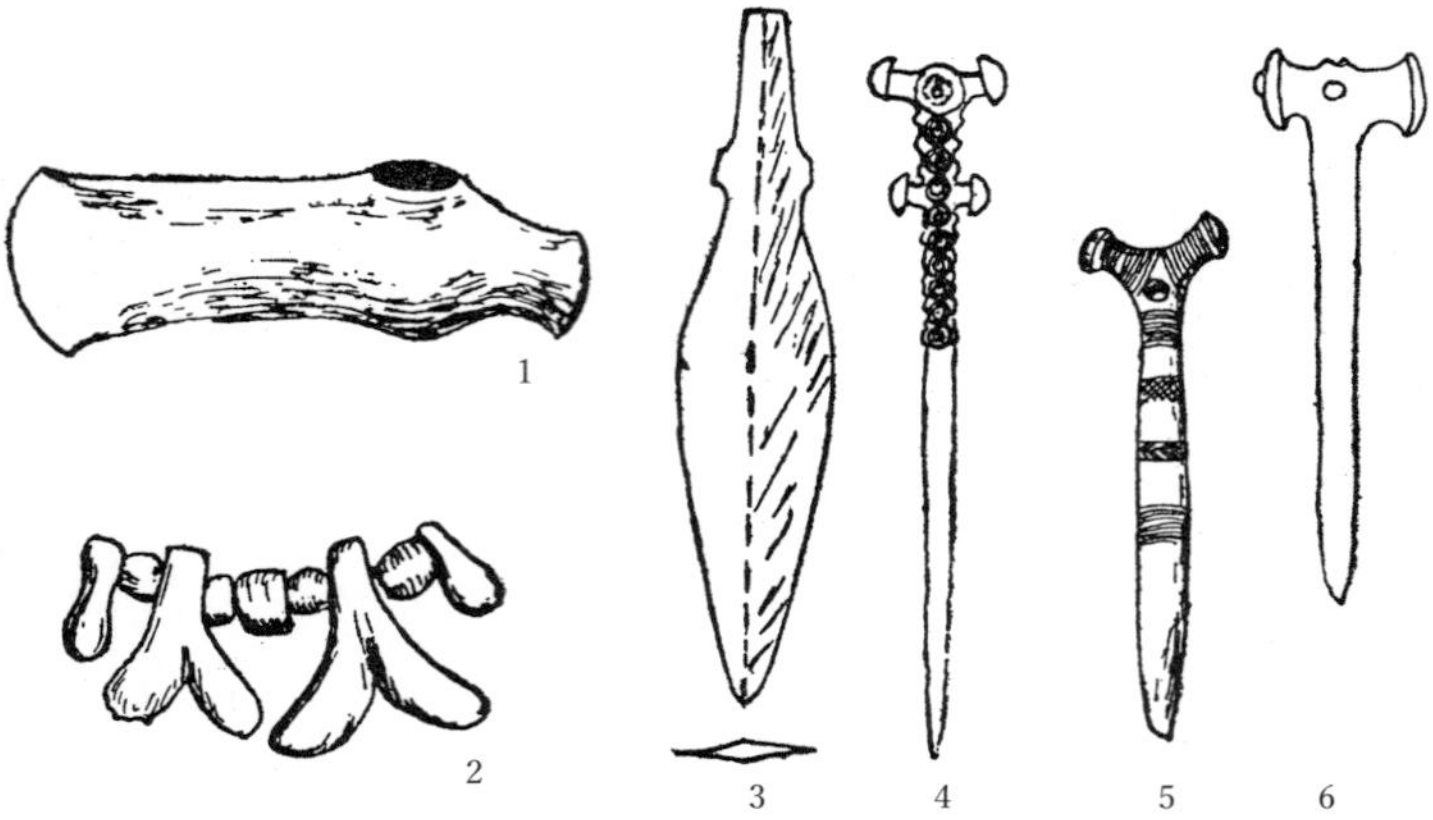

図78　銅製闘斧（1：ヴォズドヴィジヘンスキー〔ロシア〕出土、S=1/3）、銅製ビーズ（2：S=2/3）、銅製槍先（3：S=1/3）、銅製槌形ピン（4：S=1/2）と骨製槌形ピン（5・6：S=1/2）

いくつも絡み合ったおかげで保存されていたのだ。ステップ地帯の種族が車輌を使用していたことを、かれらが牛を（たぶん馬も）家畜化し、しかも牽引具を装着していたことを、そしてシュメールの王の特権を享受する首長を承認していたことを、この二輪車がたちどころに証明したのである。

　コーカサス山脈の山腹部にいた首長らは、もっと価値の高い権威の象徴や道具を獲得していた。マイコープ〔ロシア〕付近の名高い墳丘墓は、イエッセンの第一群〔I期〕を構成する一一基の豪奢な「王墓」の代表格である。その室墓は、丸石でぐるりと取り巻かれた深い竪坑に設けられた、三室からなる木室だった。金銀製の獅子と牡牛で飾られた天蓋の下に主室があり、そこに一人の貴人が埋葬されていた。男女各一人が残りの二室にそれぞれ納められていた。主室に比べて副葬品が豊かでないが、遺骸の全身が赭土に覆われていた。主室の武器（図80）には、横斧と（おそらく）縦斧、それに両者が組み合わさったような縦横両用斧が含まれ、さらに偏菱形のフリント鏃と中石器時代に祖型がある三日月形細石器も含まれていた。頸部に銀環をめぐらせる金製フラスコ、銀製瓶と石製瓶、還元焔焼成の灰色土器の模倣品は、疑いなくアジア的な物品である。トルコ石とラピスラズリのビーズはイ

図79　広口壺（1:ドネツ河畔の地下横穴墳出土、S=1/3 ／ 2・3:キーウ付近のヤツコヴィス遺跡の竪坑墓出土、S=1/6 ／ 4:ドネツ川流域の竪穴墳出土、S=1/4）、漏斗杯 B 式（5:デンマーク出土、S=1/4）

ランから、海泡石のビーズはアナトリアから輸入されたものである。二点の銀製容器には、この地の山岳風景と動物の行列（二種類の牛・ムフロン・飼い馴らされた猪・蒙古野馬・豹）が彫られている。

イエッセンのII期はクバン前期を年代的に細別したものだが、やや均質性に欠ける。そのII期を代表するのが、ノヴォスヴォボドナーヤ遺跡（誤って「ツァレフスカヤ遺跡」と一般に呼ばれる）（ロシア）にある二基の巨大積石塚の副葬品である。二基とも巨石の箱式石室であり、窓孔を空けた板石で二室に区切られている（図81－1）。二号箱式石室の法量（内法）は、長さ二・九五メートル（一・八メートルと一・一五メートルの二室）、幅一・六メートル、高さ一・二メートルを測る。そして、高さ一メートル超の**立石**《オルソスタット》*を環状にめぐ

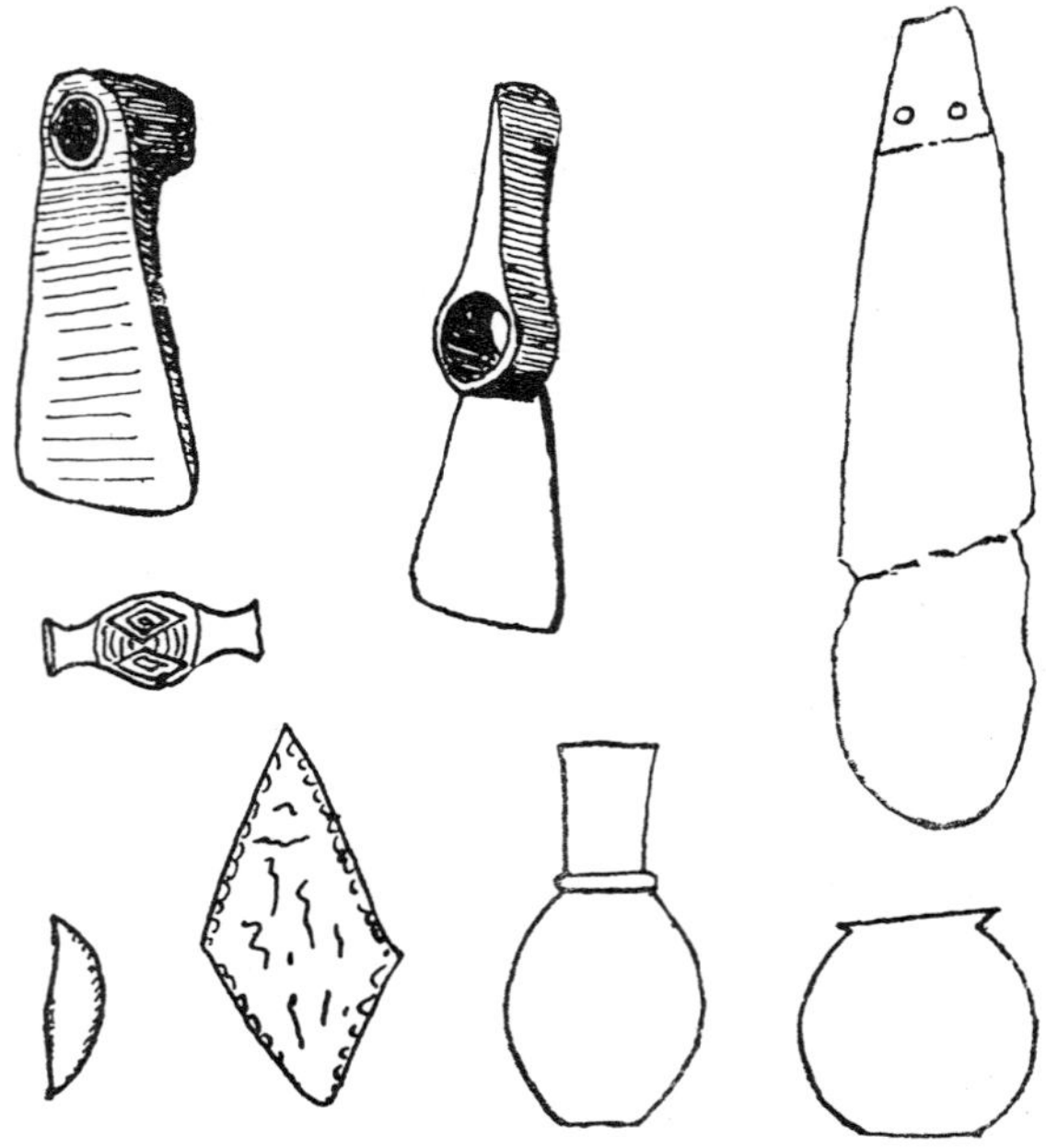

図80　横斧・縦横両用斧・ナイフ・金製壺と銀製壺（S=1/4）・紅玉髄ビーズとフリント鏃（S=1/1）マイコープ墳丘墓出土〔原書比 8:10〕

らす。王侯とおぼしき死者は、赤と紫に染めた亜麻布の衣服と黒い獣皮で覆われた駱駝《らくだ》の毛の外套をまとい、赭土をふんだんに振り掛けられていた。この死者には、銅製の柄孔斧・二叉槍《バイデント》・槍先・大釜・柄杓・杖・錐先・鑿、そしてフリント鏃や球状壺形土器などが副葬されていた（図82）。槍先はシュメール前期型式の系譜を直接に引いており、同じく二叉槍と鑿もシュメール前期の系統である。ただし、この二叉槍と鑿に、そして柄杓に（おそらく杖にも）瓜二つの品は、イラン北部のヒッサールIII期に求めうる。これに対して土器は、中央ロシアのファティヤノヴォ土器や中央ヨーロッパの球形アンフォラに疑う余地のないほど似ている（二一三頁・二四一頁）。

クバン前期であるイエッセンII期に該当する墓は、これ以外に一二基あり、当該期に帰属する型式のレパートリーを広げてくれる。そうした型式には銅製闘斧（図78－1）と石製闘斧が、そしておそらく幌《ほろ》付き荷車の土製模型も含まれる。この土製品が本当にクバン前期のものならば、ステップ地帯と同様にコーカサス山脈の山腹部でも牛の牽く車輌が使用されていた証拠になる。

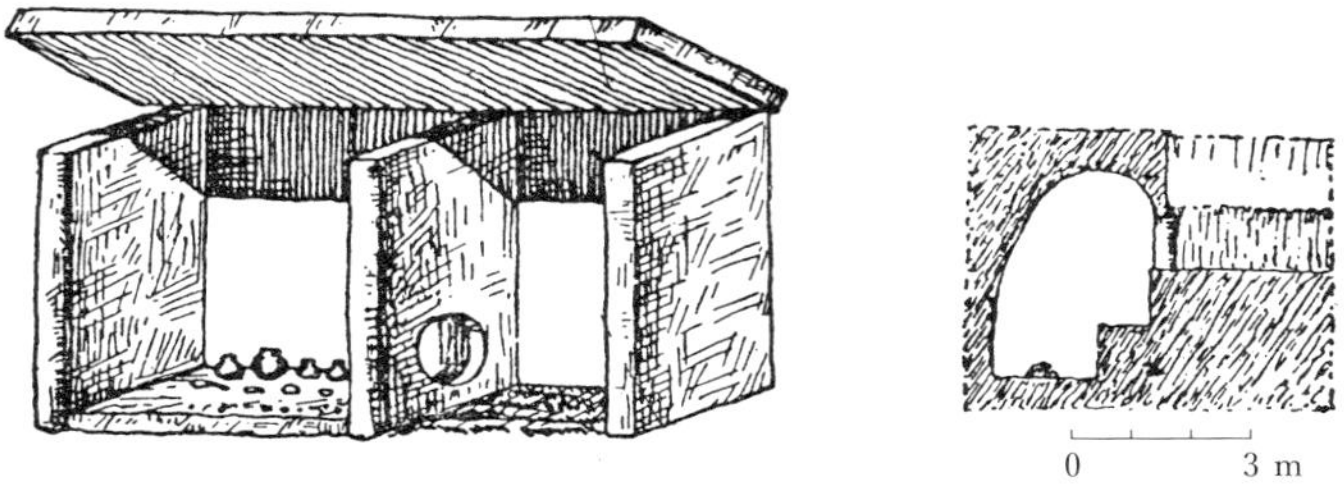


図81　巨石の箱式石室（左：ノヴォスヴォボドナーヤ遺跡）と地下横穴墳（右：ドネツ川流域）

イエッセンは、クバン前期の室墓から出土する金属器にコーカサス北部の在地製品が一切なく、すべてがコーカサス山脈以南の先進地域からの輸入品、もしくは掠奪品だと主張する。クバン中期までに、定住金属工もしくは巡回金属工が在地型式の道具・武器・装飾品を製作するようになり、オリエントからの輸入品は姿を消した。

コーカサス北部の金属工は、扁平斧、心棒に沿って成形し基部を折り曲げた不完全な袋穂をもつ鑿、把頭に向かって茎が広がる扁平短剣、長細い身部と斜めがちな柄孔をもつ斧、**失蠟法***によって線条細工を巧みに模倣した装飾品（槌形ピンの精製品（図78－4）を含む）を製作した。これら諸型式の大半が、はるか北方の地下横穴墳や同時期の竪坑墓からも出土する。その分布の広がりは、ウラル山脈の豊富な銅資源が利用され始めたことを示唆する。石皿・磨石・フリント鎌[74]・動物骨は、金属工と首長を養える本格的な農業経済が存在したことの物証である。

コーカサス山脈の麓、クバン川とテレク川の南には、クバン中期の墓が広がっている。クバン中期の墓は前期のものよりも多様で数も多い。上記した墓ほど明白な「王」墓はないが、墓の多くは小首長に属するものに違いない。オデッサ付近からドネツ川・ドン川・マヌィチ川・クバン＝テレク川上流の各流域に、さらにダゲスタンにまで広がる同時代の地方文化を特徴づける地下横穴墳（図81－2）は、実際には墳丘下の竪坑墓である。墓はたいてい単葬墓であるが、七人もの遺骸を納め家族墓としての役割を

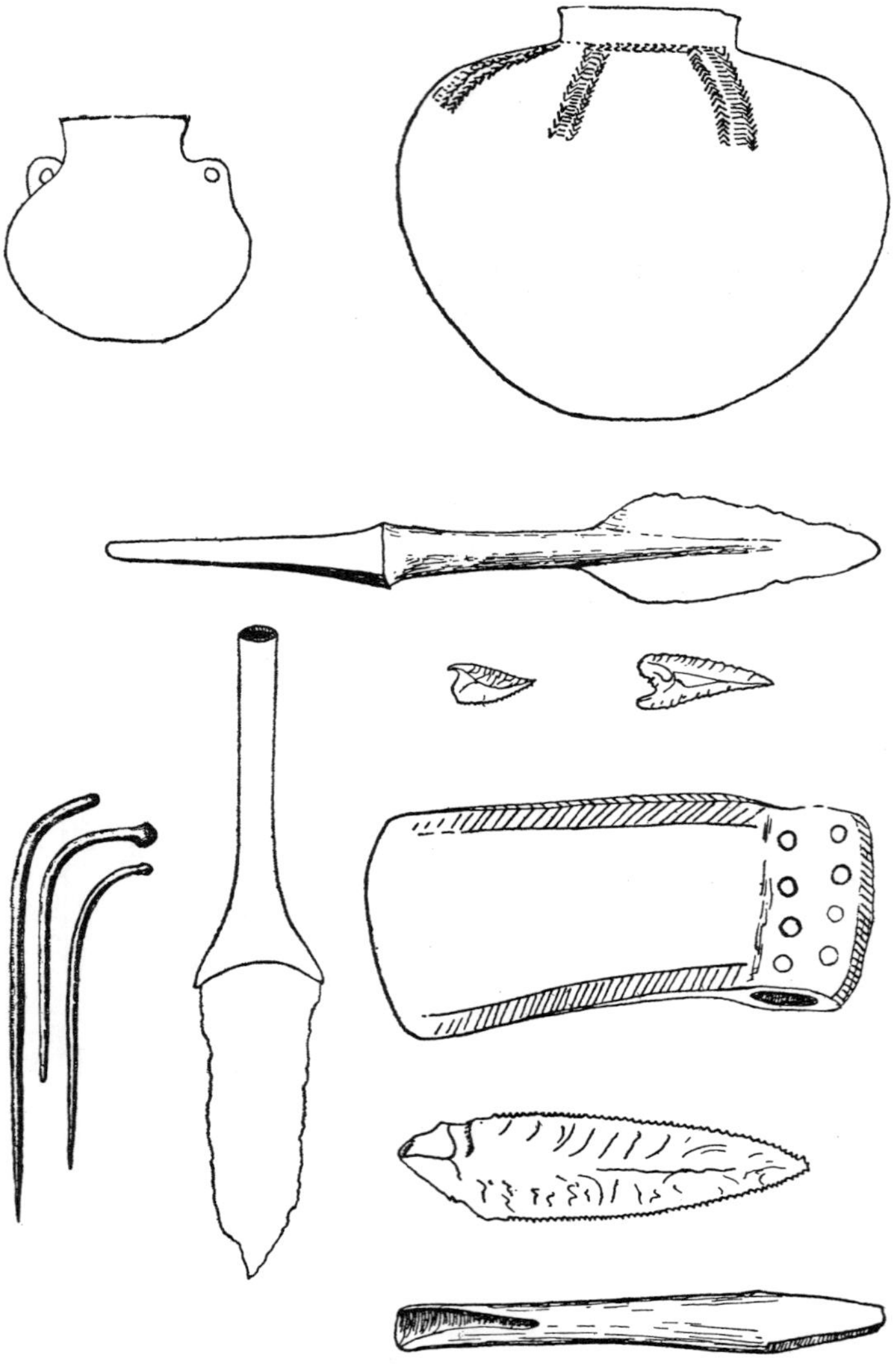

図82　ノヴォスヴォボドナーヤ墓の土器(S=1/6)・武器と道具(S=1/6)・ピン(S=1/3)
〔原書比 9:10〕

果たした墓もある。一人あるいは二人もの女性を、死せる主人に付き添わせるために殺した明証もある。短頭型の人びとが現れたが、これらはおそらく頭蓋を丸く変形させたものである。

地下横穴墳には、特有の武具のほかに、踵《かかと》状の柄溝のある闘斧[75]（例―図35左下）・矢柄研磨器・投弾が副葬された。当該期に特徴的な土器は、縄目・巻き縄や編み縄・貝殻による押圧文でふんだんに装飾する平底土器が代表的である。[76]この押圧文で渦巻文を描くこともある（図79－1）。マヌィチ群とクバン＝テレク群の地下横穴墳に特有の土器として、十字形の台脚をもつ灯火皿がある。これは内部を不均等な二区画に分割し、一体につながった中実の四脚で支える浅い皿であり、当該期の様式で鮮やかに飾られている。

これら以外の特徴的な土器や地下横穴墳文化の諸品目が、複数地域の竪坑墓から出土している。ヴォルガ川下流域にある巨大墳丘墓の下に、おそらく当該期に属する穴墓があり、三台もの荷車が納められていた。この荷車には三つの部品を組み合わせた円盤形の車輪がそなわっていた。また、荷車を納めた竪坑の上に「供献場」が設けられ、そこに幌付き荷車の土製模型が置かれていた。

地下横穴墳型式の室墓とその分布は、エーゲ海域から着想を得たことを匂わせる。**頭蓋変形**[*]はキプロスにおいて新石器時代からおこなわれてきた。翼形ビーズの銅製模造品（図78－2）や、地下横穴墳からの出土が報告されているファイアンス製とおぼしき若干の「練玉」も、エーゲ海域に由来するのかもしれない。ドニエプル川の河口付近に位置するセトコヴォ遺跡〔ウクライナ〕で見つかった金属製品の一括埋納は、おそらく当該期のものであり、そこに含まれる双頭斧はミノア製かギリシア本土製と思われる。これとは逆に、マケドニア前期のハギオス・ママス遺跡から出土した石製闘斧の未成品（八五頁）は、地下横穴墳文化期に初出する南ロシア特有の型式群に属するものである。他方でおかしなことに、十字形台脚をもつ灯火皿は、モルダヴィアとハンガリーで出土するスタルチェヴォ文化の器形に似ており（図46）、時期の下るヴチェドール型式にはもっと似ている。しかも、ヴチェドール遺跡にあるヴチェドール文化の「竪坑墓」は、むしろ地下横穴墳によく似ているのだ。

しかし、たとえ牧畜を営む氏族の首長が、エーゲ海域から黒海沿岸部に入植した者たちの流儀を真似たにしても、かれらの室墓から正確な時期を示す器物が一切出土していないのである。クバン中期〔地下横穴墳文化期〕とエーゲ前期が部分的に併行する正当な根拠として引きあいに出せるのは、ハギオス・ママス遺跡出土の闘斧くらいしかない。

クバン前期の室墓に見られるオリエントからの実際の輸入品は、上記の年代比定と矛盾しない。しかし、それらはどれも存続期間が長すぎるため年代の特定ができない。マイコープ墳丘墓から出土した横斧は、紛うことなきメソポタミア起源の型式である。しかし、紀元前三〇〇〇年からほぼ二〇〇〇年間も使用されていた。この型式の横斧は、カスピ海東岸のシャー・テペ遺跡〔イラン〕において土笵で鋳造されていた。他方、マイコープ墳丘墓で見られたような縦横両用斧は、同時期のヒッサールⅢ期の集落でも製作されていた[77]。この墳丘墓で出土した灰色土器は、Ⅲ期におけるイランの土器の器面を彷彿とさせる。ノヴォスヴォボドナーヤ遺跡から出土した柄杓・二叉槍・錐先もⅢ期に併行させうるが、むしろシュメール前期のウルの金属細工に併行させる方がよい。ただ槌形ピンだけは、その型式がわりと珍しいので、年代の解明にいっそう有用である。金製の槌形ピンは、アナトリアではアラジャ遺跡の王墓やアフラトリベル遺跡やトロイ第二f層で出土しており、ヘラディック中期のギリシアでも出土している。さらに骨製の槌形ピンが、デンマークの北方新石器Ⅲc期の墓道付石室墓や中央ヨーロッパのドナウⅢ期ないしⅣ期の穴墓から発見されている。いずれポントスのピンは、アナトリアの製品と中央ヨーロッパの製品の中間の時期に何とか収まることだろう。

だから、アナトリアの王侯の宝物にまれに見られる金製槌形ピンは、ポントス型式の豪華版であろう。もしそうであれば、紀元前二〇〇〇年頃に相違ないその絶対年代は、当該型式が南ロシアで創出された下限年代になる。槌形ピンは、北コーカサスにおいてクバン中期以前にはその存在が実証されておらず、ステップ地帯の竪穴墳期の終焉を画している。したがって、黄土墓文化の開始は紀元前三千年紀まで十分に遡るはずである。ポーランド東部の竪穴墳も、サブボレアル期の乾燥気候が黒土の形成を促進する以前に掘り込まれたものである。

このような編年的考察を踏まえてこそ、ステップ地帯の社会がはるか西方のヨーロッパ文化の発展に果たしえた貢献を評価できる。これらの社会が西方に様々なアイデアを実際に伝えたことは、上記した槌形ピンやルーマニア出土の動物形笏頭（一二九頁）によって証明される。そうした器物の一点がドブルジャの黄土墓から出土しているし、北コーカサスでも一点が出土している。それなのに、中央ヨーロッパの初期の冶金術がコーカサスの流儀に何かしらを負っていたことを証明できない。マイコープ墳丘墓のたった一例から、トランシルヴァニアに存在した縦横両用斧の一大グループを導き出すのは牽強付会に思われる。その後のハンガリーの管状柄孔斧も、マイコープ＝ノヴォスヴォボドナーヤ型式や、それから派生したクバン中期の諸型式と明らかに無関係である。ウサトヴォ遺跡においてさえ、明確にコーカサス型式だといえるものはない。ミハイロフカ遺跡では、おそらく竪穴墳文化の土器製作者が紀元前三千年紀に到来する以前から、最初期の集落で金属加工がおこなわれていた。

車輛と馬、そして羊さえも、以上とは別のカテゴリーである。ルーマニア・スロヴァキア東部・ポーランド東部の円形墳の下に設けられた真正の黄土墓は、ステップ地帯の牧畜民が温帯森林地帯に侵入してきたことをまさに証明している。しかし、ドナウ地方の文化連続に占めるこれらの墓の位置は、いまだ確定していない。さらに西方では、墳丘墓の埋葬施設(78)から出土する縄目文土器や、窓孔付箱式石室から出土する球形アンフォラが、ステップ種族のいっそう広範な拡大を示す指標だと主張されると同時に、当のステップ種族がドイツからやって来た証拠だと主張されてきたのだ。

さしあたって当面は、ヨーロッパ文化の中央アジア起源を示す証拠はない、と主張しておけば十分だろう。実際のところ、ヨーロッパと中央アジアの関係は、イェニセイ川に沿って探ることが可能だ。そこにはアファナシェヴァ文化と呼ばれる最古のステップ文化が広がっている。この文化は、ヨーロッパの竪穴墳の出土品に似る卵形土器を特徴とする。しかし、それよりも新しいようで、地下横穴墳文化型式の品目と共伴する。そしてこれらの品目は、ヨーロッパ人種型の人骨に伴っている。同時にまた、竪穴墳文化の卵形土器は、バルト地方からバイカル湖にかけて広がるユーラシア亜寒帯針葉樹林にいた狩猟漁撈民が作ったものに驚くほど似ている。ただし、こうした狩猟漁撈民のほとんどはラップ系人種であり、ステップ地帯の牧畜民はヨーロッパ系人種なのである。

## 闘斧文化

ドニエプル川中流域からライン川下流域に広がる森林性の北ヨーロッパ平原には、ドニエストル＝ドナウ文化圏の農民が入植していた。そうした領域の縁辺部に沿って、はなはだ多くの特徴を共有する諸文化が現れた。あまりにも多くの特徴を共有するので、これら諸文化を引っくるめて「闘斧文化」なる単一名称で呼んでもよいほどである。ただし、これらすべての文化が単一文化から派生した、という意味ではない。埋葬儀礼・武装・土器の相違から、多数の文化を区別できる。そのうちもっとも重要な文化は、(一) ユトランド半島の単葬墓文化(北西ドイツとオランダに親縁文化がある)、(二) バルト海東部に広がるスウェーデンの舟形斧文化、(三) ザクセン＝チューリンゲン文化、すなわち「典型的」な縄目文土器文化、(四) オーデル文化、(五) ドニエプル川中流域文化、(六) 中央ロシアのファティヤノヴォ文化群、の六つである。

これらの文化はすべて、畜産と狩猟を根幹とするが、常に穀物栽培を組み合わせていた。どの文化集団においても、少なくとも最古の穴墓は屈葬の単体埋葬[79]であった。墓壙に木材を敷き詰めることは、(一)(二)(三)(六) の文化集団で確認されている。(二)(四)(六) の文化集団を除くと、穴墓を墳丘で覆うのが通例である。すべての文化集団に共通する副葬品は、石製闘斧、歯を連ねた頸飾り、ビーカーとも呼ばれる飲用土器などである。この飲用土器は、どの文化集団においても縄目圧痕文で装飾されていることがある。この系列の闘斧はすべて、垂れ下がった刃部(つまり刃部が左右対称に広がるバーデン文化の闘斧や多角形の闘斧とは対照的に、下方にのみ広がった刃部）が特徴的である。闘斧の各グループは地方特有の型式により区別されるが、ほぼすべての地域で銅製闘斧（例―図63）の石斧版のような簡素な型式の実例が見つかっている。この型式の闘斧は、少なくともユトランド半島では、型式学的にも層位学的にも最古のものである。刃部が垂れ下がる闘斧のうち、初期の製品すべてに見られる縦方向の隆線は、鋳造の甲張りを模倣したものである。祖型は鹿角だったけれど、刃部を開いて金属の質感を強めている。

## 北海沿岸～バルト海沿岸の闘斧文化

ヴィスワ川とライン川に挟まれたあたりから、ヨーロッパ平原が西へと広がってゆくのだが、このあたりでは墳丘墓群に示される牧畜社会が、定住的な農民と対照をなしつつ併存していた。そうした農民がデンマークに到達したのち、漏斗杯《ファンネル・ビーカー》（図79－5）を縄目文で飾ることもある牧畜集団がアトランティック後期に、牧草地を手に入れるべくデンマークとスウェーデン南部の広大な土地を切り拓いた。ただ、せっかく切り拓いた牧草地も、すぐに回復する森林が覆ってしまうため、人びとが恒久的に住み着いたとは思えない。火入れによる徹底的な伐開が、ユトランド半島で改めておこなわれると、森林は再生しなかった。牧畜民の新たな波がユトランド半島に押し寄せ、好き放題に草を食む家畜が実生《みしょう》の幼木を食い尽くした。こうした牧畜民は、考古学的には墳丘墓の小群によって知られているにすぎない。そのためかれらは単葬墓族と名づけられている。

ユトランド半島ではこの単葬墓族が、この地に残留していたグデナ文化の狩猟漁撈民すべてにとってかわった。そして半島内を占拠するようになり、巨石建造者《メガリスビルダー》をこの地から締め出すにいたった。けれども交易をしなかったため、巨石文化の数時期が当地の全体的な先史編年の体系内に配列されてしまっている。しかし、この二つの文化集団、すなわち単葬墓族と巨石建造者の接触は頻繁であり、次章で提示する北方の石器時代編年（二一二頁）

を闘斧文化に適用できるほどである。これら諸文化の独自の発展を示す信頼に足る編年は、ポントス平原の場合と同様に、墳丘墓下に連続して営まれた埋葬に基づいて組み立てることができる。

最古の穴墓は地底墓《ボトム》（地下墓《アンダー》）である。未攪乱土を掘り下げて木材を敷き詰め、屈葬遺骸を単体埋葬するよう設計された墓壙である。[80] 墓内には見事な闘斧（金属製品にそっくりなことが多い）や、頸部を縄目圧痕で飾ったS字形ビーカー土器（図83）などが納められる。次に登場するのが墳丘下の地表面に築かれる地表墓《グラウンド》（下端墓《バンド》）である。遺骸を伸展葬するに足る広さがある。副葬品の斧は質が落ち、ビーカー土器は綾杉沈線文で飾られる。そして最後が、墳丘の封土内に築かれる上方墓《アッパー》（高所墓《オーバー》）である。器面に波状文を周回させる植木鉢形土器や低質化が進んだ斧が、さらには最新の巨石墓で発見されるようなフリント短剣までもが副葬された。これらの墓は、巨石建造者と闘斧族の融合を示し、そして闘斧族の勝利も示している。

上方墓の副葬品は、デンマークの闘斧文化の最新期が北方新石器Ⅳ期に相当することを示している。それ以前の発展期間は埋葬期間によって示されるが、一基の墳丘墓にわずか二〜三体しか埋葬されていないので、長大な年数に及ぶことはありえない。実際のところ、せいぜい三世代だろう。とはいえ、Ⅲb期ないしⅢc期にはすでに開始している。[81]

墳丘を築かず孤立して営まれるスウェーデンの屈葬墓は、農耕社会の巨石建造者の集葬室墓とも、在地の食糧採集民の伸展葬墓とも対照的である。当初の副葬品は、闘斧、フリント製か緑色岩製の丸鑿、面取りを施す磨製石斧、頸部を縄目圧痕で飾る浅いビーカー土器などであった。舟形斧と呼ばれる闘斧（図83）はどれも、金属器そっくりな外見を与える管状柄孔をそなえている。実際、東ロシアで発見された舟形銅斧の管状柄孔には、柄孔を穿った鹿角斧の枝角の基部を思わせるものがある。本型式の土器は、墓道付石室墓期の中頃（北方新石器Ⅲc期）に流行した土器に伴出するが、器面に周回施文した土器（図83下段）を伴う新しい穴墓は、明らかにⅣ期に属する。まったく同種類の闘斧を副葬する瓜二つの穴墓がノルウェーで、そしてバルト海を挟んで対岸に位置する

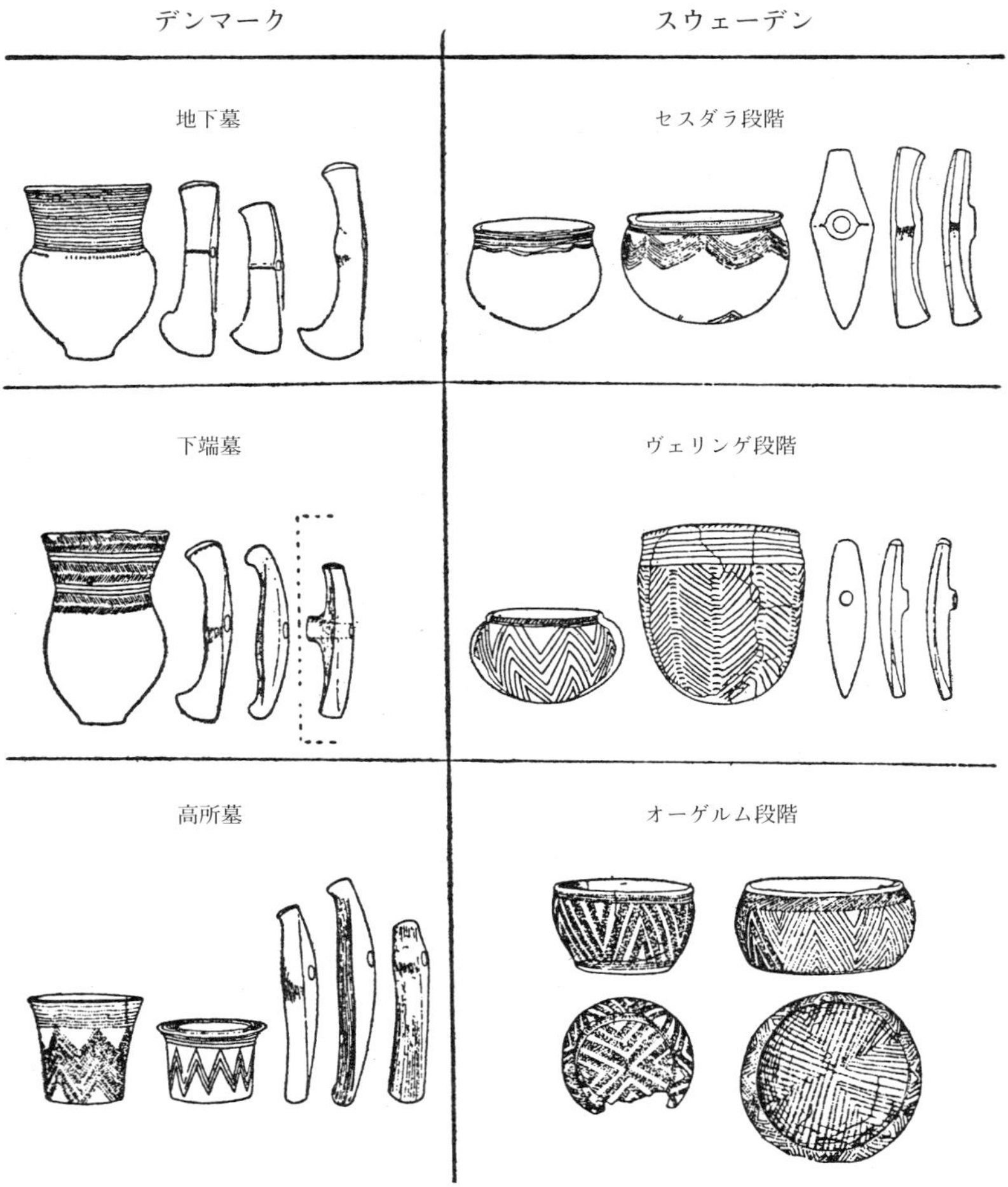


図83　ユトランド半島（左）とスウェーデン（右）の単葬墓出土の土器と闘斧（S=1/10）
［『古代の友』1922 年による］

エストニアとフィンランドで発見されている。そうした穴墓の分布はフィンランド南西部までに収まり、当地には先住の狩猟漁撈民の野営地との明瞭な境界があるので、舟形斧族が侵入者であったことは疑いない(82)。

北西ドイツとオランダの広大な荒れ地に、単葬墓を覆う多数の墳丘墓がある。そのうちの二基は、放射性炭素年代で紀元前二四八〇年と二二四〇年である。これらの墳丘墓により、闘斧文化がイギリス海峡まで広がっていることが明らかである。多くの墳丘墓は環状立石により画されている。おそらく北方新石器Ⅳ期に属する一部の墳丘墓は、内部に小規模な埋葬室があり、首長の室墓と位置づけてよい。初期の墓には、ユトランド型式に似るが出来栄えはさほどよくない闘斧や、縄目文か綾杉文を施すS字形ビーカー土器が、そして例外的ながらザクセン＝チューリンゲン形のアンフォラが納められている。ただし、闘斧族はこの地で、在地の巨石建造者や西方から到来した鐘形ビーカー族と接触し、混成《ハイブリッド》文化を発展させた。S字形ビーカー土器は、もっと新しい時期の巨石墓からしばしば発見される。闘斧族は鐘形ビーカー集団から弓とそれに適した手甲を引き継いだ。そのうえビーカー土器の施文に周回技法を採用し、鐘形ビーカー土器に常用されるやり方で、器面の全面に帯状の文様帯を展開させた。それにもかかわらず、この混成状況において、闘斧文化の構成要素は優位を保っていた。

北西ドイツとオランダの闘斧族は、金属を用いる西方の諸集団と緊密に接触していたにもかかわらず、北方新石器Ⅳ期を通じて新石器文化の装備に甘んじていた。デンマークの琥珀やイギリスの黒玉を散発的にどうにか輸入していたが、金属の恒常的な供給は確立できなかった。ただし、ハンブルク付近のザンデ遺跡〔ドイツ〕の火葬墓から、一点の扁平銅斧が一点のS字形ビーカー土器に伴って発見されている。ちなみにこの火葬墓は、本格的な骨壺墓地の一画を占めていた。この墓地は、ハンガリーにあるキサポスタグ遺跡の青銅器時代の骨壺墓地ほど古くはないが、おそらく北欧の火葬墓地の最古例であろう。

闘斧文化は、巨石建造者がしっかり根を張っていたデンマークの島々に遅れてやって来た。そのことは、主として墓道付石室墓期の後期の侵入的な要素に表れているが、真正の孤立墓に表れていることはきわめてまれである。この文化の闘斧は、後のユトランド型式のものに近く、スウェーデン型式のものにさえ近似する。葬送用の土器はずんぐりとしたS字形ビーカー土器である。口縁部が外反し、櫛描波状文や櫛描帯状波形文を全面に周回させており、鐘形ビーカー土器の様式に触発されたことが明らかである。それどころか、デンマークの島々に到達した闘斧族は、鐘形ビーカー文化の弓・手甲・矢柄研磨器を携えていたはずである。

## ザクセン＝チューリンゲン文化の縄目文土器と関連品

中部ドイツの荒れ地や漂礫土地帯において、そしてはるか東方の黄土地帯の縁辺部や中断部に広がる砂地において、食糧採集民が中石器時代から生き延びていたことは疑いない。しかし、この地の闘斧文化は最初の食糧生産者によるものではないし（それはドナウ文化人だ（一三五頁・一四九頁））、生き延びていた食糧採集民が文化変容を遂げた結果でもなければ、ドナウ文化の社会が内的に発展した結果でもない。中部ドイツとボヘミアにいた、いずれもドナウ文化人より牧畜色も戦闘色も濃い複数の人間集団のなかから、もっとも重要なザクセン＝チューリンゲン文化が現れたのである。なおこの文化名は、もとはといえばかれらが使用していた縄目文土器に付けられていた。

墳丘墓もしくは平墓から構成される独特な墓地が、ザーレ川流域に集中しているが、南東方面では中部ボヘミアまで、西方ではラインラントや中部スイスにまで広がっている。ザクセン＝チューリンゲン文化の墳丘墓は、黄土地帯にもよく見られる。しかし、あたかも狩猟と畜産が経済の基盤であったかのように、荒れ地や耕地により顕著に分布している。けれども、そうした墓地は移牧民のものにしては広大すぎるし、土器に認められる穀物圧痕は、何らかの耕作がおこなわれていた証拠である。

ザクセン＝チューリンゲン文化の縄目文土器の特徴は、アンフォラ（図84－1～3）を通常のビーカー土器（長

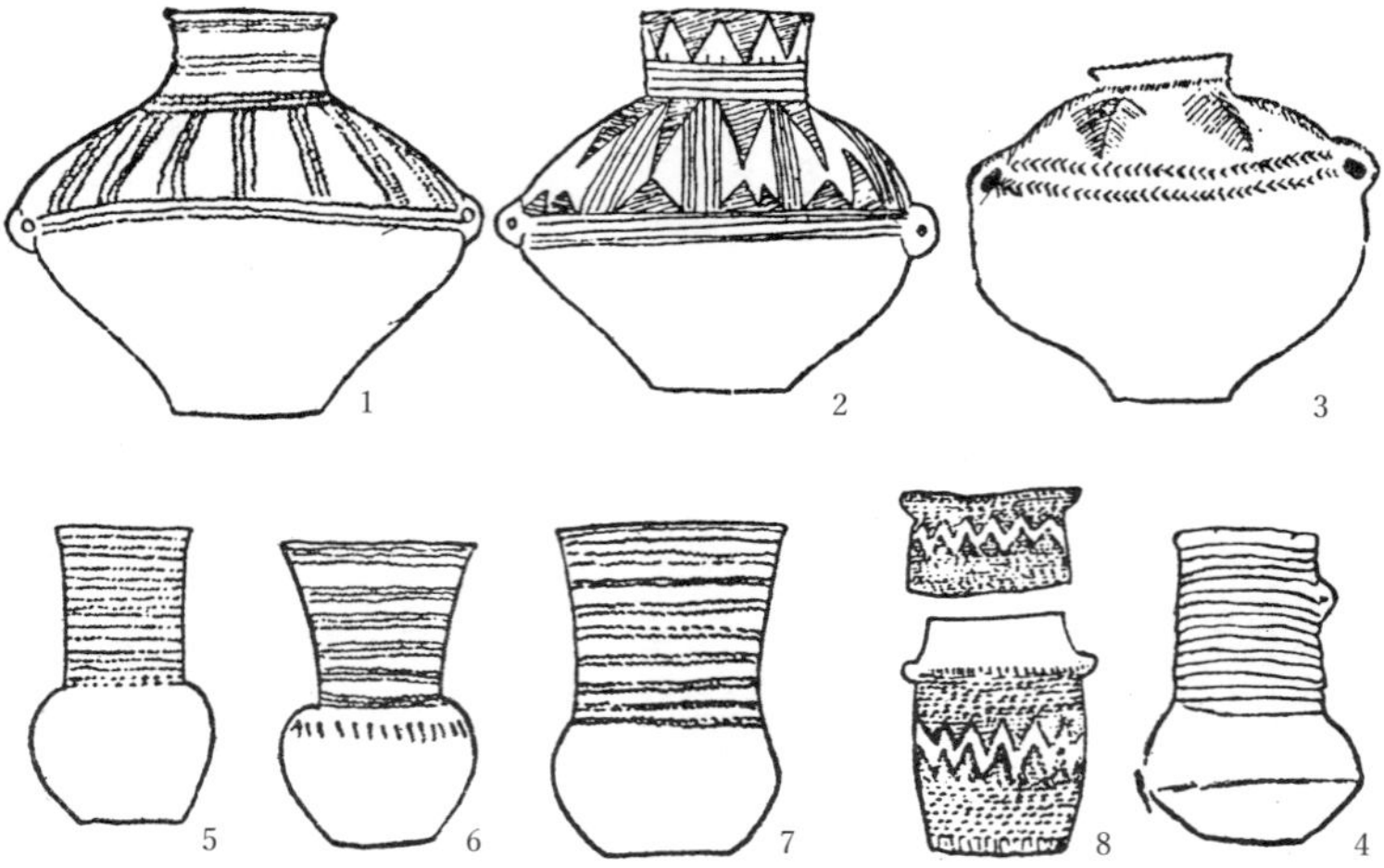


図84　ザクセン=チューリンゲン文化の縄目文土器（S=1/10）

く直立する頸部とコントラストをなす卵形の体部をもつ器形（図84－4～7）と組み合わせて使っていることである。初期の広口壺は、通例のように縄目圧痕で装飾の効果を出している。それが後に、綾杉文様の押捺施文（図84－3）に替わる。面取りを施す闘斧（図85－1）も同じくらい特徴的である。ただし、墓で発見されることはあまりなく、最古の土器に伴うこともあまりない。その特異な形状は、中石器時代の祖型である有棘棍棒頭（フォークトラント型式）からの何らかの影響を示すのかもしれない。ただし、遊離資料の銅製闘斧にまったく同形状のものがあり、鹿角製武器からの影響を認めてよい。武器としては、実用の鹿角斧、ドナウ文化の「犂先」に似た非対称形の石斧、手斧として装着されたフリント製ないし緑色岩製の杏仁形斧頭（鹿角柄に手斧のように装着された発見例がある）が使用された。時おり見られる扁球形の棍棒頭や粗製のフリント短剣も武器に使用された。

小さな銅環や粗悪な青銅を用いた螺旋状品が、装飾品として用いられることもあった。これらは地元の鉱石で作られたといわれるのに、ザクセン＝チューリンゲン文化人は新石器時代の装備と武装に甘んじたままだった。交易の存在を示す最良の物証は、サンビア様式の彫刻と少数の琥珀玉である。歯を連ねた通有の頸飾りに追加された特殊な物品として、地元の貝殻で作った十字文様入りの円盤がある。綾杉文のビーカー土器一点と銅製の有茎槍先（ないし短剣）一振を副葬する一人の男性は、ポントス型式の槌形ピン一点を頭飾りにしていた。

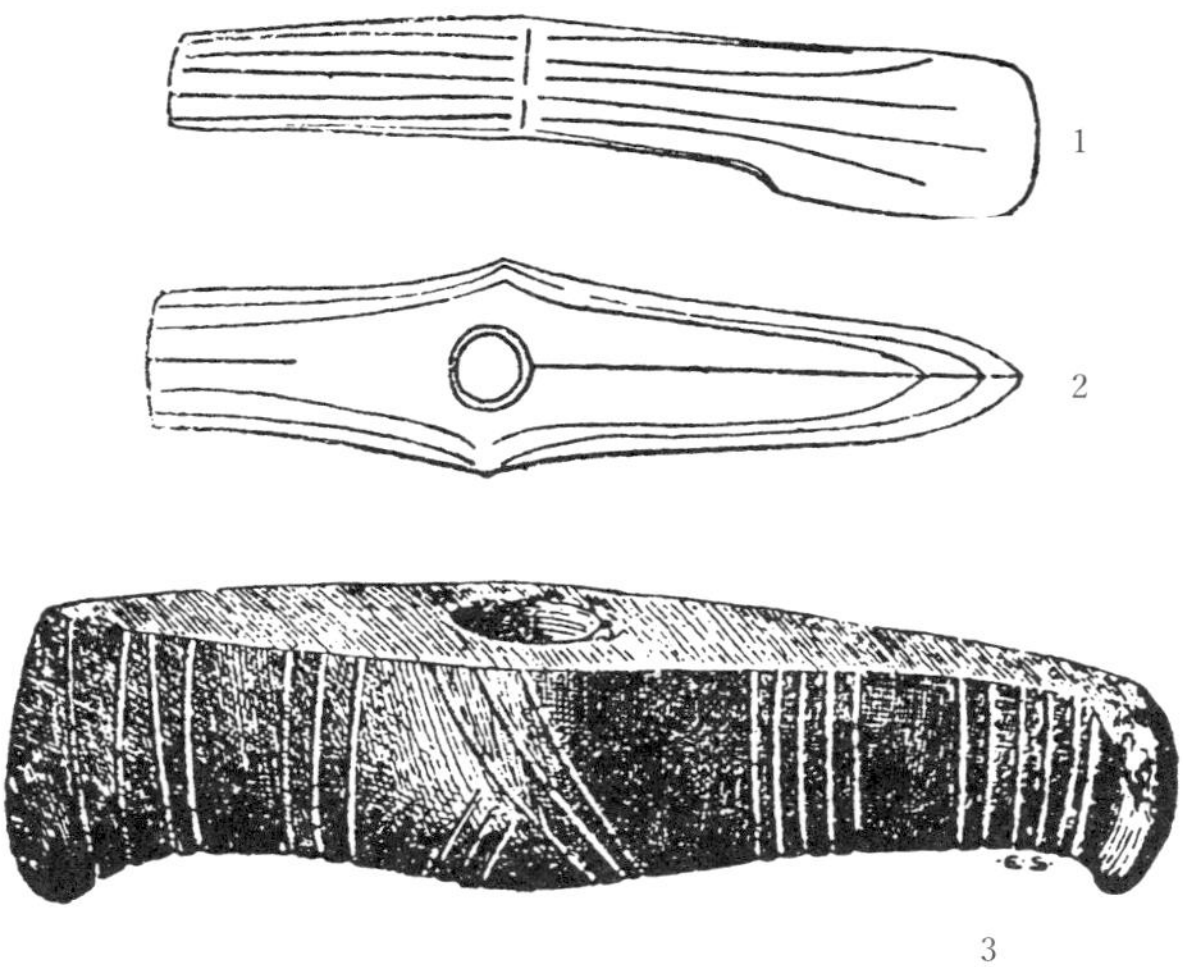

図85　チューリンゲンの面取り闘斧（1・2：S=1/3）とシレジアの闘斧（3：S=1/2）

ザクセン＝チューリンゲン文化人は、木材を敷き詰めた竪坑墓に葬られることもまれにあるが、通常は簡素な土壙墓に埋葬され、墳丘で覆われることは決してなかった。ウンシュトルト川〔ドイツ〕以北では、最大で三・五×二・二五メートルの控えめな巨石箱式石室が、しばしば集葬墓として使われた。この慣習は、おそらく隣接する北方の巨石建造者かホルゲン文化の巨石建造者から借用したのだろう。ただし、窓孔を空けた板石で石室内を仕切る事例（例—図81—1）があるので、クバン文化に触発されたのかもしれない。穿顱した頭蓋骨が、中部ドイツとボヘミアの両方の穴墓に見られる。遺骸を火葬にした室墓もあるが、それらの大半は時期が下り、中部ドイツよりも西ドイツに多い。例外的ながら、火葬にした遺骸を木製の埋葬室に納めた事例もある。この例外的な事例は、ザクセン＝チューリンゲン文化集団の一部が首長に率いられていたことと、居間に少なくとも玄関を付設する造りのしっかりした家屋に牧畜民が住んでいたことの証明になる。

ザクセン＝チューリンゲン文化の後期が、北方新石器Ⅳ期まで続いていることは疑いなく、当該文化の墓群は、球形アンフォラとヴァルターニーンブルク二期がⅢ期のなかで併行することを確証する。Ⅱ期の開始年代は、ドナウ文化の村落遺跡で出土する縄目文土器片や、一括埋納において靴形斧頭と共存する面取り闘斧から導き出せるかもしれない。ただし、この共存関係はそれほど信頼できるものではない。

西方では、縄目文ビーカー土器・アンフォラ・面取り闘斧を副葬する墳丘下の埋葬が、ライン川流域までザクセン＝チューリンゲン文化が拡大したことの証拠となる。ライン川を越えてスイスに入ると、アルプスの新石器文化の**湖畔住居***において、その最新の居住層から縄目文土器片が出土している。これは、中期新石器時代にホルゲン文化の住民との交替が生じたか、あるいはウサトヴォ遺跡で見たように、在地住民に牧畜社会の貴族階級が重層したことを示している。東方についても、アンフォラ（例─図84─1～3）からの由来を考えうる縄目文土器が墳丘墓の墓葬に伴うものとすれば、そうした墓葬もやはりザクセン＝チューリンゲン文化からの入植者のものと見なせる。サンビア半島にも、アンフォラとビーカー土器を副葬する穴墓があり、骨製槌形ピンを副葬する事例も二例ある。そして当地方では、少なくとも三点の面取り闘斧の出土が報告されている。当地方では、造りのしっかりした農民の住居からも縄目文土器が発見されている。その住人である農民は、耕作および牛・羊・豚の畜産を鳥獣の狩猟や骨製銛による漁撈と組み合わせていた。他方で、ザクセン＝チューリンゲン文化のものとおぼしき壺に、エルテベレ文化ないし北方初期新石器文化の東バルト的変種かもしれない壺が伴っている。

ヴィスワ川の大湾曲部の内側に広がるポーランドの黄土地帯には、すでに北方新石器Ⅱ期にドナウ文化人が大々的に入植していた。当地域では、縄目文ビーカー土器とアンフォラがオーデル文化の植木鉢形壺・把手付杯・漏斗杯と、そして他地域ではズウォタ文化なる別集団の指標になる球形アンフォラ（図86）と共存している。遺骸を屈葬した広大な墓地は、定住民のいた証拠である。こうした墓地は総じて平墓で構成されるが、たまに竪坑墓もある。牛・豚・馬の儀礼的埋葬は、これらの家畜の経済的な重要性を物語る。闘斧が副葬されることはあ

図86　ズウォタ文化の土器(1:S=1/5、2:S=1/4、3:S=1/6、4:S=1/2)
［コズラウスキーによる］

まりないが、副葬例は型式学的に古いものである。

モラヴィア東部のニェメティツェ遺跡〔チェコ〕には、アンフォラとビーカー土器各一点を副葬する竪坑墓を覆う墳丘墓があり、別の墳丘墓の竪坑墓には面取り闘斧一点が副葬されていた。しかし、この遺跡の別の墓には、ドジェヴォホスティツェ遺跡〔チェコ〕やプルシノヴィツェ遺跡〔チェコ〕の場合と同様に、シレジア型式の闘斧（図85－3）や、ヨルダノーヴァ群に由来する筒状頸部と帯革状把手をそなえ隆起帯を有する筒形杯が副葬されていた。さらに別の墓には鐘形ビーカー土器が副葬されていた。

そして東ガリシアでは、黒土の地面を整地してから盛土をし、環状の溝をめぐらせる墳丘墓（したがって二〇八頁で言及した墳丘墓より新しい）に、縄目文のアンフォラおよびビーカー土器、銅製の小形装飾品を副葬する穴墓が含まれる事例がいくつかある。トマシュフ文化の平墓も大規模な墓地を構成している。そうした墓地は、カルパティア山脈を横断してスロヴァキアのニトラ川流域にまで広がっていた定住民の存在を示している。[83] これらの埋葬には、ティサ川＝ムレシュ川流域の出土品（一六一頁）に似た連珠形ファイアンス玉が副葬されており、円基式の三角形短剣が副葬されることもある。したがって、トマシュフ文化の墓地は北方新石器Ⅳ期まで続いたことになる。

もっと東方に目を向けると、ウサトヴォ遺跡出土の縄目文土器（一八三頁）は、在地のトリポリエ文化の農民に重層した牧畜社会の貴族階級がザクセン＝チューリンゲン文化の系統に属する証拠だと主張されてきた。ドニエプル川中流域文化でさえ、ザクセン＝チューリンゲン文化の分派と見なされてきた。ところが「アンフォラ」が、ソフィフカ遺跡〔ウクライナ〕の骨壺墓地から間違いなく出土している。一四一体の火葬骨に伴う副葬品には、石製闘斧・扁平銅斧・銅製短剣・フリント斧頭・フリント鎌や、（ウサトヴォ遺跡でのように）トリポリエ後期様式で彩色された土器などがある。しかし、ドニエプル川中流域文化の墳丘墓にアンフォラが副葬されていたとは思えない。出土するビーカー土器は、竪穴墳の副葬品のように卵形を呈することもあるが（図79－3）、籠形の方が多い（図79－2）。

## オーデル文化とマルシュヴィッツ文化

上記したように、ザクセン＝チューリンゲン文化には、辺境の入植地といわれる集落がある。そうした入植地とザーレ川＝エルベ川流域の中枢地の間には、形状のまったく異なる縄目文土器と闘斧により識別される別個の文化集団が存在する。それがブランデンブルクのオーデル文化である。この文化とザクセン＝チューリンゲン文化は、どちらにも通常のビーカー土器がある。しかし前者の文化は、アンフォラをもたず円筒形の「植木鉢」形土器を有する（突出する把手をそなえることもある）点で、後者の文化とは区別される。「植木鉢」形土器は土壙墓で発見されるが、墳丘下から出土することもあり、そのうちの少なくとも一例では内部に赭土が詰められていた。また、中部ドイツ型式の箱式石室からも発見される。それ以外のオーデル文化の副葬品には、小型の闘斧・断面瞳形のフリント手斧・ザクセン゠チューリンゲン文化のものに似るドナウ型式の「犂先」などがある。若干の青銅製装身具とスカンディナヴィア式のフリント短剣は、球形アンフォラやヴァルターニーンブルク三～五期の土器と共存することもあり（二四〇頁）、オーデル文化が北方新石器Ⅳ期まで継続したことを示している。

オーデル文化の継続性は、シレジアとモラヴィアのマルシュヴィッツ文化において、いっそう詳細に立証できる。この文化の穴墓には、オーデル文化の器形をそなえる「植木鉢」形土器が副葬されている。ところがこれらの土器には、装飾は縄目文なのに器形はウネティィチェ文化前期の袋状水差し（図72－1）が伴っている。ファティヤノヴォ文化のものに形状がよく似るソボトカ〔ポーランド〕産の蛇紋岩製闘斧（図85－3）や、ビーカー族に由来する手甲、そして青銅製装身具さえ伴っている。総じてこの文化集団は、経済的にも地理的にも、ボヘミアの青銅器時代のウネティィチェ文化とオーデル川中・下流域の新石器文化との中間的位置を占めている。

## ファティヤノヴォ文化

中央ロシアの森林地帯において、新石器経済の存在を示す確かな証拠は、ファティヤノヴォ文化圏の穴墓から出土する穀物用磨石と家畜化された牛・豚・羊・山羊・馬の骨を嚆矢とする。O・クリツォーヴァ゠グラーコヴァはこれらの墓を、時期と分布を異にする三つの地域群に分類した。最古の群《グループ》は、オカ川とクリャージマ川の河畔に分布するモスクワ群である。次はヴォルガ川上流域のヤロスラフ群であり、名祖になった墓地が当地域にある。最後に現れるのが、オカ川とヴォルガ川の合流点付近のカマ川下流域に分布するチュヴァシュ群である。墓には墳丘がなく、屈葬の単体埋葬が通例である。男女合葬がまれにあり、火葬も散見する。六〜二〇基の墓がまとまって墓地を構成する。墓は狩猟漁撈民が長く居住した川沿いの低地にも、ヴォルガ川とオカ川の分水界の正面に横たわる高地にも築かれた。後者の高地は、食糧採集民が決して定住しなかった場所である。高地は冷涼な谷間よりも耕作と放牧に適していたので、このような墓の広がり自体が新たな経済の象徴といえる。ただし、新たな領土には森林が鬱蒼《うっそう》と生い茂っていた以上、男女の墓に一様に副葬される磨製フリント石斧の助力があってこそ、このような広がりが可能になったのである。同時にまた、貝殻のほかにカワカマスの骨や熊・狼・狐・大山猫・トナカイの歯が装身具に利用されていたのは、古い森林経済が存続していた証拠である。

ところが牧畜は、狩猟漁撈民が気ままに獲得していた以上のものを、いっそう深刻化した闘争への報酬としてもたらすようになった。そのため穴墓には、旧来の森林の居住地には異質な武具類が副葬されている。すべての男性墓に石製闘斧が副葬されている。もっとも見事な出来栄えの典型的なファティヤノヴォ式石斧（図87－1）は、ヤロスラフ群に限られる。それら以外のファティヤノヴォ式石斧の一部は退化型と見なしうるが、少なくともモスクワ群のトルソヴォ墓地から出土した一点は、ステップ地帯の地下横穴墳文化に固有の踵状柄溝を有する型式に属する。別の穴墓には一対の矢柄研磨器が副葬され、さらに別の穴墓にはポントス型式の槌形ピン一点が副葬されていた。ヤロスラフ群とチュヴァシュ群の首長墓では、柄孔銅斧が石製武器と共伴するか、それにとってかわっている。ただし、ヤロスラフ群の幼児埋葬にミニチュアの闘斧形土製品が副葬されている。[84]

フリントの火打石が火口《ほくち》とともに死者に副えられることもある。径五・五センチほどの有孔土製円盤は明らかに車輪の模型であり、車輌をよく知っていたことの物証である。

多くの土器が平底で球形を呈しがちである。装飾を施したり明瞭な頸部をそなえることもあるが、把手はまず付けない。それゆえ、アンフォラと呼べる土器はない。モスクワ群では、初期の壺が縄目圧痕で装飾される（図

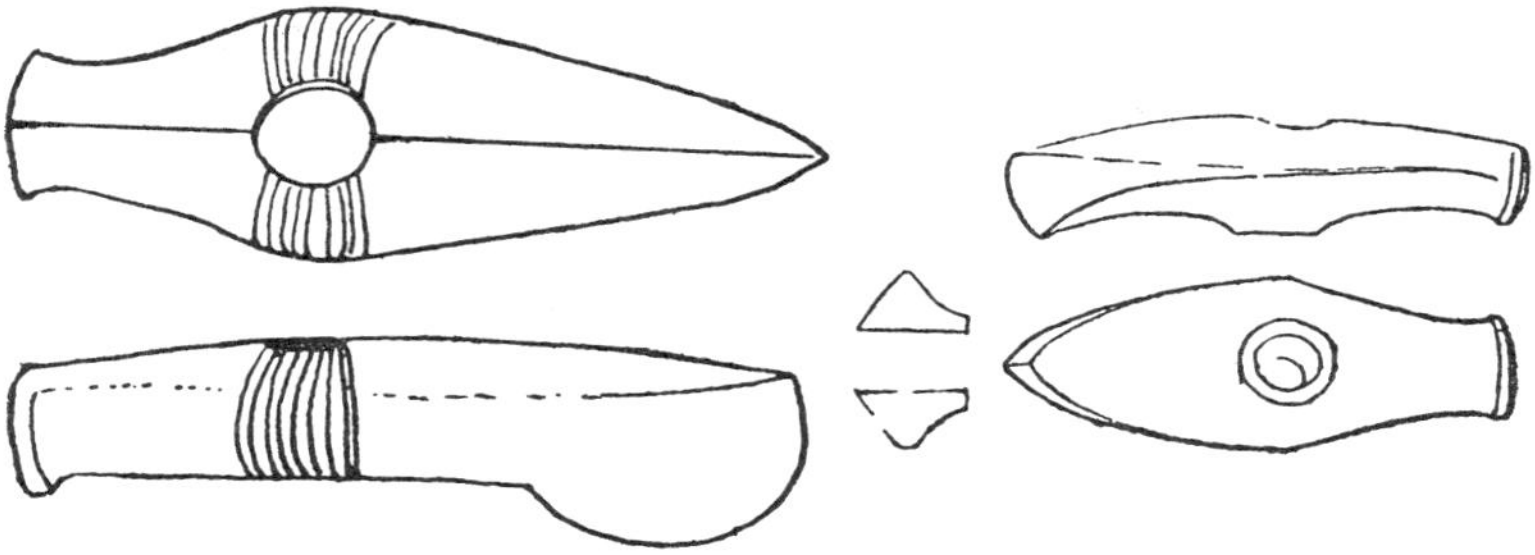


図87　ファティヤノヴォ文化の闘斧とフィンランドの舟形斧（S=1/3）

88－1）。ヤロスラフ群とチュヴァシュ群では、櫛などの押捺施文具が使用された。

不規則ながらも平和な貿易が、ファティヤノヴォ文化の戦士に琥珀玉・銀製耳飾・円盤形垂飾・髪留輪・腕飾・銅製頸飾りを時おりもたらした。

ヴァウロヴォ遺跡〔ロシア〕の墓地にある二基の厚葬墓は、どちらも男女一体ずつを合葬し、柄孔銅斧を副葬していた。これらの墓は首長墓に違いない。同じ墓地に、猪を納めた穴墓と、仔山羊を納めた穴墓がある。D・クライノフはこれを、二つの氏族のトーテムではないかと提言している。

中央ロシアの諸文化の相対的位置を全体的な文化連続のなかに落とし込む手がかりを、地下横穴墳文化期の諸型式が与えてくれる。すなわち、モスクワ群とステップ地帯の地下横穴墳文化期の部分的な同時性が定まるのである。クリツォーヴァ＝グラーコヴァは、ヤロスラフ群とウネティチェ文化の同時性を確証するべく、ミティシェンスク遺跡出土の腕飾を用いている。けれども、両者の時間的な一致度は不正確である。ヤロスラフ群にとってドナウⅣ期は上限年代であるはずだ。

ヤロスラフ群の墓地で出土した銅斧は、セイマ遺跡〔ロシア〕とガリチ遺跡で発見された一括埋納に含まれる銅斧（図89）によく似ている。これらはおそらく、紀元前一千年紀にきわめて重要であった毛皮交易を

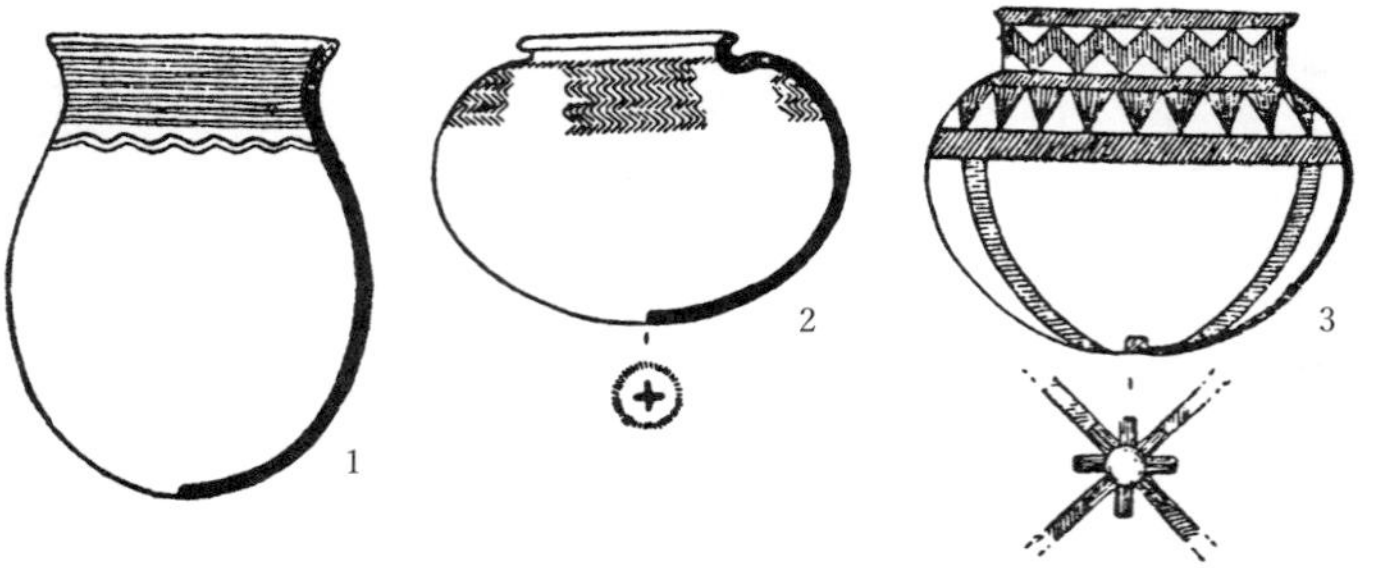


図88　モスクワ群(1)・ヤロスラフ群(2)・チュヴァシュ群(3)のファティヤノヴォ土器

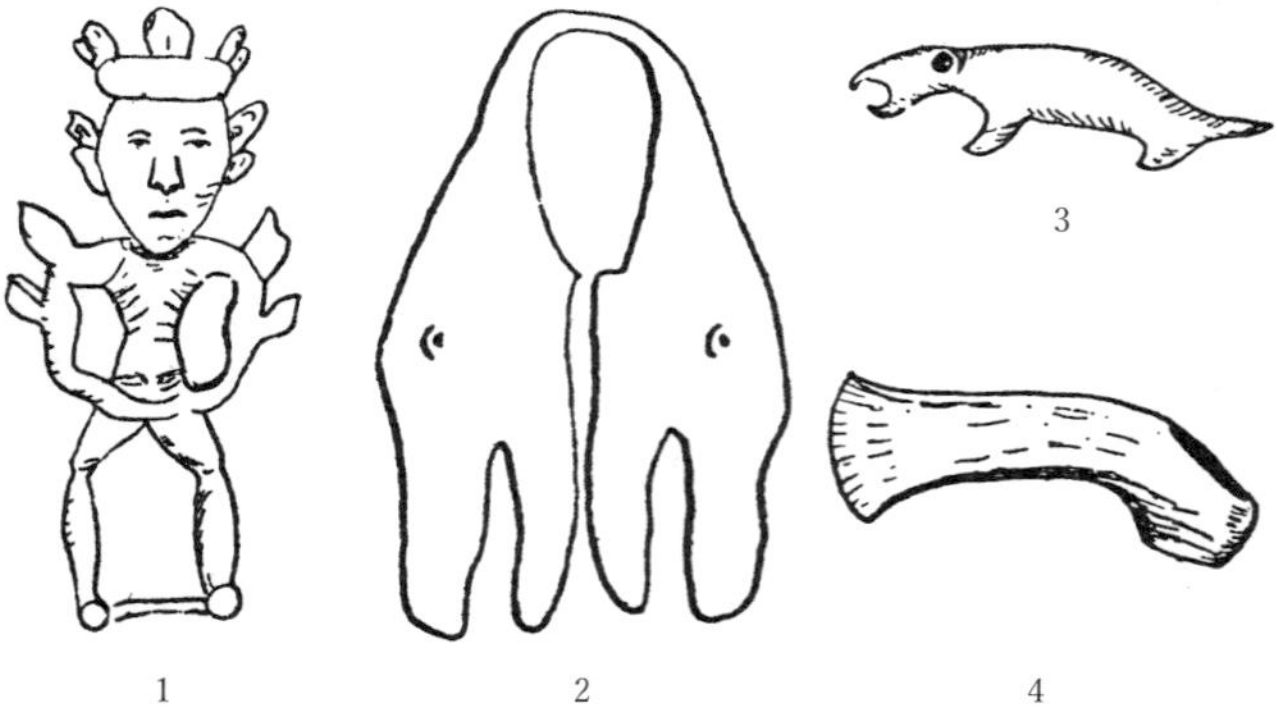


図89　ガリチ遺跡の一括埋納(S=1/3)

支配していたに違いないファティヤノヴォ文化人が、南方からの輸入品を横取りしたものであろう。ところが、これら二遺跡の一括埋納のどちらにも、ポントス文化連続の木槨墳文化期にいっそうふさわしい型式が含まれている。しかし当該期までに、ファティヤノヴォ文化のチュヴァシュ群は、金属を潤沢に用いるアバシェヴォ文化へと発展しつつあった。

　オットー・バーダーなど一九三〇年代のロシアの先史学者は、ファティヤノヴォ文化とは先住の狩猟漁撈民の文化が発展したものであり、穀物と家畜を導入することで利用可能になった新たな食糧資源を開発するにいたったと見ていた。穀物と家畜が外部から中央ロシアの森林地帯に導入されたことは明らかである。その後、T・トロフィモワによるファティヤノヴォ文化人の人体計測研究を通じて、この農耕牧畜民は移住民に違いないことが明らかにされた。すなわち、かれらの頭蓋骨はヨーロッパ人種ないし地中海人種のものであり、ラップ系人種の頭蓋骨をもつ先住の狩猟漁撈民と著しい対照を示すのである。ブリューソフは、少なくともモスクワ群がドニエプル川中流域文化に由来すると提言している。しかし、いかんせんドニエプル川中流域文化の起源がまったく不明であり、ブリューソフ自身もヤロスラフ群の起源がもっと西方にある蓋然性を認めている。ドイツを始め西欧の多くの先史学者は、典型的なファティヤノヴォ文化の壺とザクセン＝チューリンゲン文化および球形アンフォラ文化の壺が類似することを強調し（どうも誇張しているようだが）、この類似に基づいて、中部ドイツ・スカンディナヴィア・サンビア半島から中央ロシアに戦士が侵入したのだと推定した。しかしいうまでもなく、ファティヤノヴォの諸文化は、西方ないし南方にある既知の闘斧諸文化の一つが移植されただけのものではない。「アンフォラ」も、ザクセン＝チューリンゲン文化に由来するとは限らない。たとえばファティヤノヴォ文化の闘斧は、東ポーランドに由来するのだ。

## 闘斧文化の起源と意義

歴史時代にインド＝ヨーロッパ諸語を話していた諸民族集団の文化は、上記した諸文化からもっともらしい形で引き出せるだろう。ギリシア・マケドニア・トラキアで出土する縄目文土器片（八八頁）とトロイ遺跡やコーカサスで出土する闘斧を、バルカンおよびアナトリアの親縁文化であることの証拠と捉えるならば、インド＝ヨーロッパ語族の文化リストはさらに長くなるだろう。したがって、本章で考察した複数の文化が、どれもみな単一文化の地方変種であるとすれば、それこそインド＝ヨーロッパ語族の原祖として仮定される「アーリア」文化ないし「ウィロス」文化に同定できるだろう。

実際これまで多くの先史学者が、あらゆる個別文化の起源を本源的な単一文化に求めようとしてきた。この単一文化が拡大して地方で分岐したと考えれば、考古記録にのみ姿をとどめる個別諸文化の出現を説明できると見たのである。一九一〇年までに**グスタフ・コッシナ***は、エルテベレ文化の移住民と巨石建造者によるマグレモーゼ文化の変容を経つつ、ある仮定上の本源文化がユトランド半島で発展したのだと主張した。そして一九一八年に、ニルス・オーベリが自説を精緻に組み立てた。ユトランド半島で生まれた新石器文化（単葬墓文化）の担い手が、中央ヨーロッパを縦断してエーゲ海域やコーカサスへと拡散していったと説いたのである。

しかしデンマークの先史学者は、みな一様に単葬墓文化をユトランド半島への侵入者だと見なしている。ドイツの先史学者でさえ、「ヴェルサイユ条約の絶対命令」により自国からユトランド半島南部が割譲されて以来、単葬墓文化とそれ以外の闘斧文化の（つまりインド＝ヨーロッパ語族の）揺籃の地を、そっくりそのままドイツのザクセン＝チューリンゲン地方に移し替えたがるようになった。[85] この地こそが、バルカンやウクライナだけでなくスウェーデン・デンマーク・スイスへと戦士が拡散していった震源地だ、というわけである。

これに対して、五〇年近くも前にジョン・マイルズは、コッシナの移住説を逆転させて、単葬墓文化・ザクセン＝チューリンゲン文化・闘斧文化の起源をポントス草原に求めた。ヴィクトル・ボルコフスキーは、竪穴墳から出土する卵形ビーカー土器が中央および北ヨーロッパの広口壺の原型になりえた経緯を巧みに指摘した。ジョン＝エロフ・フォーサンダーは、窓孔付きの板石で箱式石室を仕切る観念を携えてコーカサスからやって来た球形アンフォラ（二四二頁）の製作者が、ザクセン＝チューリンゲン文化に根づいたままであった中央および北ヨーロッパの諸文化の発展に影響を及ぼしたと考えようとしている節がある。ポントス型式の槌形ピンが、北方新石器Ⅲc期のデンマークの墓道付石室墓や、これとほぼ同時期の中央ヨーロッパおよびサンビア半島における縄目文土器文化の穴墓で発見されている。これはポントス起源説にとって、決定的ではないにせよ、具体的な証拠になる。けれども、ステップ地帯で具体的に認識できる最古の文化である黄土墓文化には、闘斧文化に共通するいかなる特色の徴候すら見られないし、しかも闘斧文化のどれにも真似られていない要素を含んでいる。要するにポントス草原は、ユトランド半島やザクセン＝チューリンゲンとせいぜい同程度にしか、具体的な祖文化の姿を与えてくれないのだ。

闘斧や縄目文土器、そして装飾を施したアンフォラ（例―図42・図84）が、中央ヨーロッパ・中央ロシア・ギリシア・トロアド地域に分布する現象に対する十分な説明は、ヴィスワ川とドニエプル川上流に挟まれた森林地帯の初期牧畜文化に関するタデウシュ・スリミルスキーの仮説が与えてくれるだろう。スリミルスキーは、木製や皮革製の容器を用いていた仮定上の牧牛民が、それを土製に作り替えた結果、アンフォラの器形と装飾を帯びるにいたったのだと提言する。この牧牛民はまず中央ロシア・バルト海東沿岸部・バルカン東部に広がった。ただし、ユトランド半島とザクセン＝チューリンゲンまで広がったのは、黄土墓文化の牧畜民から墳丘墓埋葬の慣習を受容して以後のことである。この牧畜民は、少なくともはるか西方のヴィスワ川の源流地まで前進してきていた。スリミルスキー説の主たる欠陥は、仮定上の東ポーランド＝ベラルーシ文化の存在を直接に裏づける考古学的証拠がないことである。しかしともあれ、そのような証拠は発見しがたいであろうし（一八八頁）、そもそも揺籃地と仮定されている地域が実質的に未調査の状況にある。

ソヴィエトのマルクス主義先史学者は、移住や征服の観点から闘斧文化間の一致度を説明するのを拒絶してきた。そのような一致は、社会経済的な進歩という一般法則に準拠した地域社会の並行発展ないし収斂発展に起因すると考えるのである。温暖なヨーロッパでは、新石器文化の装備をもち狩猟と組み合わさった牧畜こそが、もっとも生産性の高い農業経済だった。そして、牧畜には家父長制的な社会組織や身分の分化、戦争が伴っていた。闘斧文化とは「未開の農耕民の群れから分離した牧畜部族」なのだろう。クリチェフスキーは注目すべき論文を発表し、ドナウⅢ期の闘斧文化のいかに多くの特徴（土器の縄目文装飾や墓での赭土の利用をも含む）が、それ以前のドナウ文化の墓地と集落に明白な前兆を見せていたかを明らかにした。このような説明は、経済を特権視しすぎているきらいがある。これでは、証明不能な仮定と証拠不在の経済に基づく最低限のラフスケッチにしかならない。ただしこの説明は、「闘斧」（すなわち鹿角斧を銅製品化したもの）や「車輛」（具体的にいえば木製円盤を作り、その上に在地の橇を載せるという着想）が伝播したという考えと矛盾するわけではない。征服者である牧畜民の大群が闘斧を振りかざし、移動する部族を荷車が運んだという仮定を必要とするのは、独断論者だけである。それでも、そこに人間がかならずや関与していたはずだ。上記したどちらの場合も、「交易者」は要件を満たさない。既知の闘斧文化とステップ文化の背後に、牧畜民（あるいは狩猟漁撈民）の集団が散在しつつ緩やかな連続体をなしていたと仮定してよいだろう。というのも、私たちが具体的に認識できる牧畜集団は、野蛮人の文化を一方的に変容させた結果の場合もあれば、未開人のなかで牧畜化が生じた結果の場合もあるからだ。季節的な移牧ないし遠出の狩猟があったなら、集団間で考えを十分に伝達しあえる交流が保証されただろう。このような伝達は、闘斧文化とステップ文化が十分に分化した時期に確立した。中央ヨーロッパにおいて、首長の葬儀に車輛が伴うことや犂耕が拡散したことを説明するためには、集団間での考えの伝達をもっと早い時期に仮定すべきかもしれない。

*Chapter*
X

# THE NORTHERN CULTURES

# 第10章
# 北方の諸文化

ユトランドの琥珀は、紀元前一六世紀にはその魔力的な効能が、はるか遠方のギリシアでも珍重されていた。垂涎《すいぜん》の的である琥珀が貿易を誘発し、デンマークに新たな考えや外来製品をもたらした。こうして活気づいた地元の農民は、氷床の直近の後退により残された肥沃な氷堆石性の土壌の上に、とびきり豊かな文化を築き上げた。同時にまた、広大な泥炭地が遺物の保存に、さらには遺物が作られ使われた環境の復元に、異例の好条件を提供してくれる。あまつさえ一九世紀初頭以降に、デンマークはいうまでもなくスウェーデンでも、才識に富む研究者が世代を重ね、古物が体系的に研究されてきた。一八一二年までに**クリスチャン・トムセン***は、現在もあらゆる先史学者が使っている**三時代法***を確立し、北方の先史時代を石器時代・青銅器時代・鉄器時代に区分した。一八七〇年までに**イェンス・ウォルソー***は、石器時代を前期と後期に区別した。後にそれは、中石器時代と新石器時代と呼ばれるようになった。そして**オスカー・モンテリウス***は、フリント石斧（図90）と巨石墓の型式学に基づいて、北方の新石器時代を四期（新石器I期～IV期）に細別した。

一九二〇年代には、モンテリウスの北方新石器I期が果たして独立して存在する時期なのか、深刻に疑問視されていた。というのも、出土状況が不明の尖基式フリント石斧のみで代表される時期だったからだ。残る三つの時期は、モンテリウスが捉えた巨石墓の特徴から命名された。すなわちドルメン期・墓道付石室墓期・箱式石室期である。しかし一九四五年以降、デンマークとスウェーデンの先史学者は、新石器時代を前期・中期・後期に三分する案を採用し、さらに各期を細別している。前期新石器時代の細別は、もともと漏斗杯の型式学に基づいてなされたものである。この土器は、当該期に優勢であった文化においてもっとも特徴的な広口壺である。当該

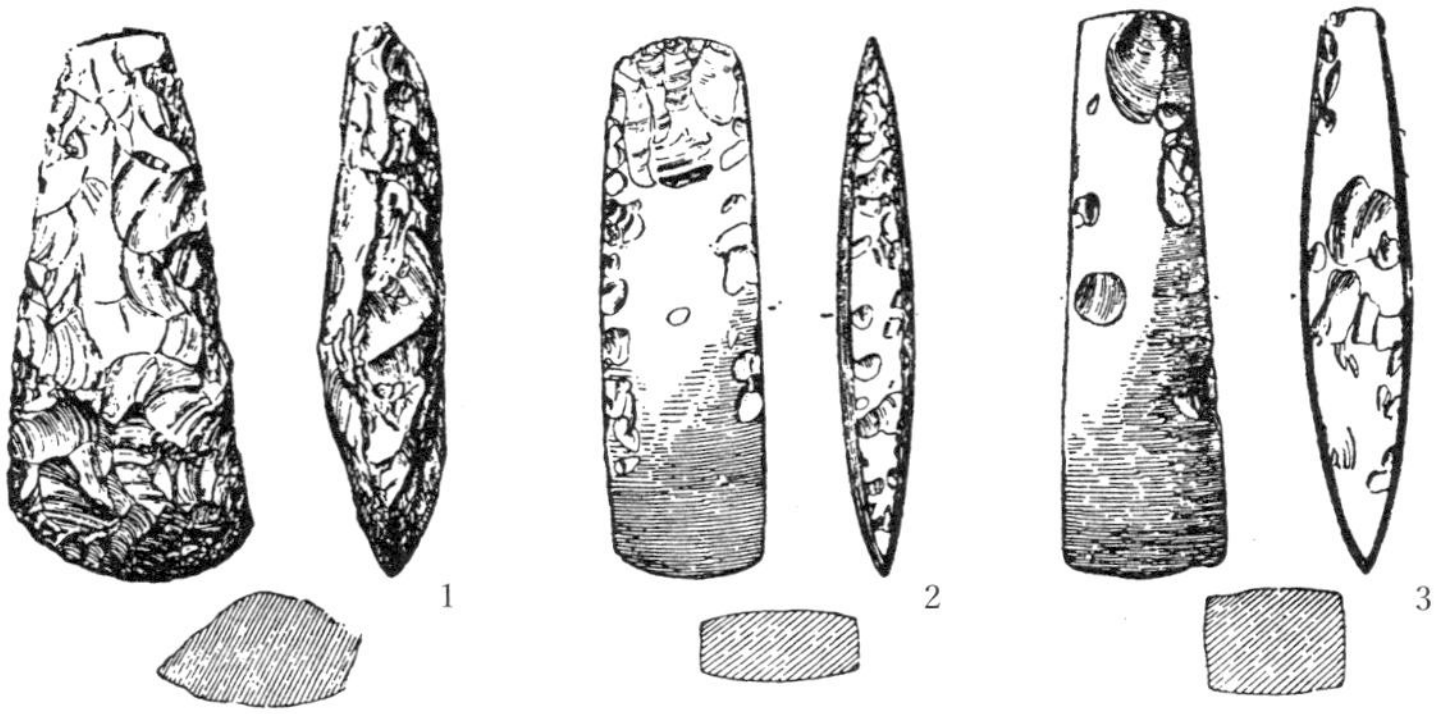


図90　モンテリウスの型式学に従って配列した北方のフリント石斧
［大英博物館理事会の許可を得て掲載］

〔北方新石器時代の四期編年〕

| モンテリウス編年 | 漏斗杯文化 | 室墓 | フリント石斧など |
|---|---|---|---|
| 北方新石器文化 I期 A期 B期 | 前期新石器文化 A期 B期 | | 尖基式 |
| II期 | C期 | ドルメン期 | 薄基式 |
| III期 a期 b期 c期 d期 | 中期新石器文化 I期 II期 III期 IV期 | 墓道付石室墓期 | 厚基式 |
| IV期 | 後期新石器文化 | 箱式石室期 | 短剣式 |

文化はこの土器にちなんで、まったく語呂がよくないものの、漏斗杯文化と呼ぶのが通例である。ところが実際問題として、前期新石器時代を細別したために、モンテリウスの新石器I期に相当する先ドルメン期を、やや違った形で復活させる結果を引き起こした。だから結局のところ、たとえ簡潔さのためだけとはいえ、数字を用いたモンテリウスの時期表示法は今後も維持されてゆくだろう。上に掲載した編年表を参照すれば、モンテリウスの分期名とほかの分期名との対応関係を効果的に使いこなせるだろう。

　モンテリウスの型式学の体系は、バルト海西沿岸部の一括発見物を基礎にして案出されたものであり、当地では現在なお十分に有効である。とはいえ今日では、**ドルメン**＊**・墓道付石室墓・箱式石室**が、この順で自立的に進化する各段階を示すなどと誰も考えていない。ところが、モンテリウスの弟子と追随者はこの体系を、考案された地域を越えて、怪しげな手つきで対象範囲を拡張し、中央ヨーロッパと南ロシアの、はてはトルキスタンの文化現象をもはめ込む参照枠として使ってしまった。かれらは誤解と歪曲の濃霧のなかから「北方神話」を呼び起こしたのだ。モンテリウスII期に具現化する「北欧」文化は、III期とIV期に拡大し、ついにはバルカン・アナトリア・コーカサスにまで及んだというのだ。こんな空想はデンマークでは断じて受け入れられなかったし、最近ではスウェーデンやドイツでさえ峻拒されるようになった。したがって、ここで反論を明示するのは蛇足というものだ。それでもなお、デンマークとスウェーデンの考古記録は、ヨーロッパ大陸の考古記録に比べてかならずしも長期にわたるものでもなければ、そもそも潤沢でもないが、その十全さでは比較にならないほど優れているので、本章の概観の基礎に据えておくと都合がよかろう。

## バルト海西沿岸部の前期新石器時代

デンマークに到来した最初の農民は、牛・羊ないし山羊の骨や、一粒小麦・エンマー小麦・クラブ小麦・矮性小麦・大麦の圧痕をもつ土器片に、その姿を見せている。こうした骨や土器片は、一括奉納品や確実な「エルテベレ文化の貝塚」で、そして一〜二の純然たる居住遺跡で発見されている。それらはみなアトランティック期に属する。そのいずれにおいても、農民が考古学的に示す性格は、平底の漏斗杯とベッカーA群のアンフォラに表されている。トロエル＝スミスの主張によると、これらの土器は器壁が薄いものの、標準的なエルテベレ文化の甕や灯火皿と同様に**輪積み法**＊で作られ、しかも多くの貝塚においてこれらと共存する。それゆえかれは、アトランティック後期のエルテベレ文化は事実上、北方初期新石器文化のA群農民の文化だと結論づけている。

ベッカーは一九五四年に、これとは逆の主張をした。通常の貝塚ではない遺跡から出土する、扁平な土製円盤（パン焼き皿か）などを含む漏斗杯A式の純粋な組合せ（図91）について論じ、侵入的な新石器農民と旧来の中石器狩猟漁撈民の後裔との対照性《コントラスト》を主張したのである。したがって、イギリスの研究者である私が現時点（一九五六年）において、デンマークの大地で認識される最古の（つまりA群の）新石器農民の経済や石器インダストリーを厳密に規定しようというのは時期尚早だろう。確実にいえるのは、せいぜいこれぐらいだ。

紀元前二六〇〇年頃（放射性炭素年代法の測定による）に、A群農民は一粒小麦や六倍体クラブ小麦やパン小麦などの穀物を栽培し、家畜を飼育していた。家畜は昼は繋留し、夜は畜舎に収容して、自由に放牧せず、冬季には餌として葉が与えられた。農民の登場と軌を一にして楡の花粉がやや減少するのは、冬季の飼料に楡の葉を用いたためだと考えられている。貝塚では獲物の獣骨および魚骨が依然として多数を占める。中石器時代の石器インダストリーに新たに加わった顕著な品目は、わずかばかりの尖基式の磨製フリント石斧（図90－1）だけである。

A期のものと見なせる墓は未確認だが、沼沢地の一括奉納品が当時の精神活動を垣間見せてくれる。この一括奉納品には、おそらく生贄にされた人間と動物の骨のほかに、早くもボレアル期にその魔術的価値が認識されていた樹脂である琥珀製の玉も含まれていた。

デンマークA型式のようなアンフォラと漏斗杯が、ド

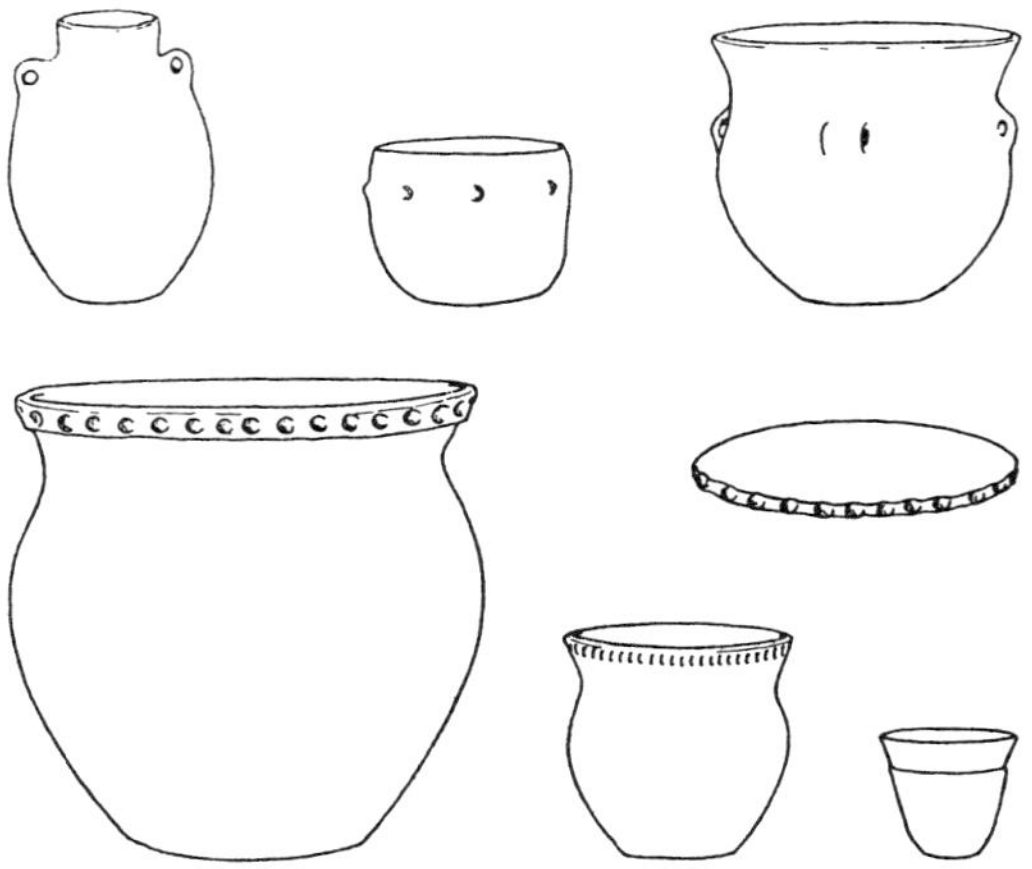

図91　漏斗杯A式(下段)・アンフォラ(上段)・「パン焼き皿」(中段)など(S=1/8)［ベッカーによる］〔原著比 8:10〕

イツ北東部とポーランドで発見されている。つまり、北方初期新石期文化はデンマークA型式の姿でバルト海以南の広大な森林平原に広がったということかもしれない。

デンマークでは、家畜を繋留して飼っていた農民の次に、もっと多くの家畜の群れを引き連れた別の農民がやって来た。かれらは広大な森林を焼き払って牧草地と耕地に変え、エンマー小麦と大麦を栽培した。沼沢地の灰層よりも上層は、どの樹木の花粉も激減しており、こうしたB群農民の到来を物語っている。羊や牛の群れは伐開地で自由に草を食《は》んでいたであろうが、いずれ森が再生してしまうので、その飼い主は同じ場所に長くとどまれなかった。かれらは先住者を追い出しはしなかった。シェラン島のハウネリウ遺跡では、無数のゴミ穴によってB群農民の集落が示されている。ゴミ穴の中身は、獲物の動物骨よりも牛・羊ないし山羊・豚の骨の方が多い。薄基式の磨製石斧が中石器時代の剥片石斧と併用されていた。石刃石器はエルテベレ型式の石器に劣るが、多角形の磨製闘斧（図92左下）がすでに使用されていた。漏斗杯は口縁下部を縄目文で押圧施文することもあった（図79－5）が、同時代のアンフォラや直立口縁フラスコ形土器のように丸底だった。他方で、同じシェラン島の浜辺からそれほど遠くないストランデゴール遺跡では、エルテベレ族が中石器文化の装備を用いて、もっぱら狩猟・漁撈・採集による暮らしを営んでいた。

同様にスカニア地方のシレトルプ遺跡（スウェーデン）でも、縄目文圧痕を施す（穀粒の圧痕も散見する）漏斗杯を用いる牧畜種族が、砂浜の細長い土地に二度にわたって居住していた。二度の居住の合間に、エルテベレ文化の狩猟漁撈民がこの場所を占めた。ユトランド半島のヴィアイング遺跡にある一基の穴墓はB群農民のものらしく、骨は遺っていないが、成人一体を屈葬するのに十分な広さがある。

北方初期新石器文化のB群の農耕牧畜民に特有の土器が、デンマークの全土で、さらには対岸のスウェーデン南部から東海岸にかけて発見されている。ただし大陸側、つまりデンマーク側では、B群の土器をA群の土器と容易に識別できない。

北方新石器Ⅱ期、すなわち新石器前期C期には、デンマークにおいてさえ北方初期新石器文化が分解して複数の地域的亜文化が生まれた。これらの亜文化はみな同じ示準資料を、すなわち漏斗杯・直立口縁フラスコ形土器・アンフォラ・薄基式のフリント石斧・多角形闘斧など特徴とする。しかし、土器の器形および装飾の相違や埋葬儀礼によって相互に区別される。またこの時期までに、デンマークとスウェーデン南部そのものが、最終的にヴィスワ川流域からライン川下流域まで拡大した広大な領域のほんの一部分になってしまう。

どの地域でも農業が生活の基盤であった。ただしデンマークには、先祖であるA群が採用していた畜産の慣習に従事する集団もあれば、新石器前期B期に見られるように、家畜を放牧する集団もあった。雑木林を焼いて、その灰を肥料に使うという賢いやり方で、かなりの規模の共同体が一世代以上にわたって共同生活を営むことができた。ユトランド半島のバーケーア村落遺跡は、十分な間隔を空け向かいあって二列に並ぶ計五四棟の単室家屋で構成されており、列の長さは八五メートルに及ぶ。

いまだ農民は、断面矩形の薄基式フリント石斧を木柄にそのまま装着して使っていた。他方、きめの細かい石材も利用するようになり、刃部を外開きにした刃広の石斧を使うこともあった。矢柄研磨器（例―図113―3）で扱《しご》いた矢柄にフリント製の打製直剪鏃を付けた矢、多角形闘斧、有茎棍棒頭（例―図92左上）など、多数の武器が現存している。刃部が刃広の石斧や石製闘斧は、明らかに金属斧を模倣したものである。現に多数の銅屑片がバーケーア遺跡で見つかっているし、ユトランド半島にある同時期のサルツン遺跡の土壙墓には、ブジェシチ・クヤヴィ遺跡（一五五頁）の穴墓の副葬品とほぼ同一の、小突起を浮き出させた銅製円盤一点が副葬されていた。輸入品であるこの銅製円盤は、北方新石器Ⅱ期（新石器前期C期）とドナウⅢ期前半の正確な同時性を確証するにとどまらず、贅沢品にすぎないにしても、北方新石器Ⅱ期にはすでに知られていた銅の供給源が奈辺にあったかも示している。

北方新石器Ⅱ期の土器（図93）はⅠ期に作られていた土器が発展したものである。しかし、縦方向に施文する

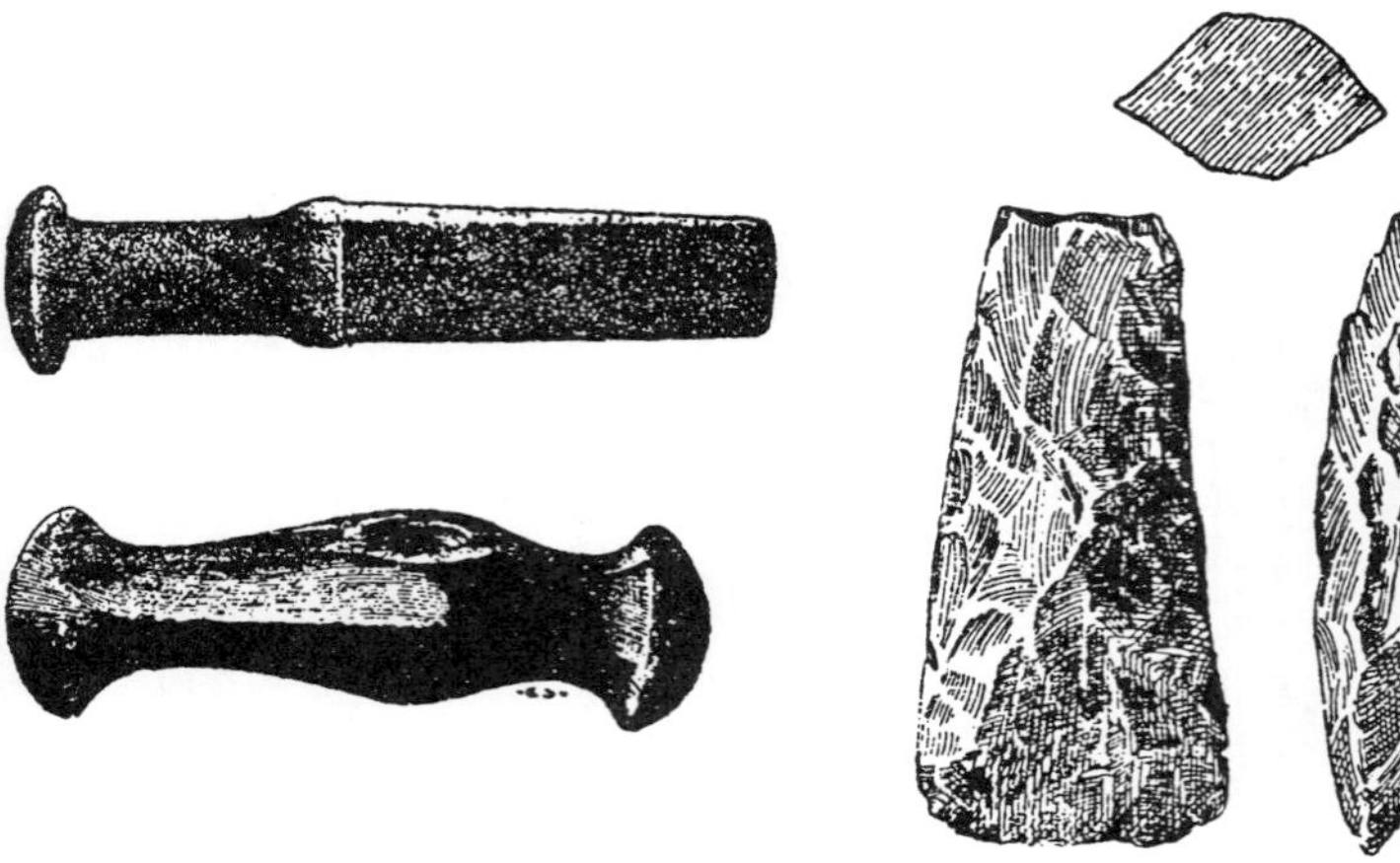

図92　有舌棍棒頭（左上：デンマーク出土、S=1/3）、多角形闘斧（左下：ヨルダノーヴァ遺跡出土、S=1/3）、東方型式のフリント石斧（右：S=1/2）

ために、点文や隆線、巻き縄の押捺文による装飾がいっそう盛んになった。技法と文様のヴァリエーションから、三〜四の地域群を区別できる。琥珀玉が護符や装飾品として用いられた。時にはマグレモーゼ期から受け継がれた穿孔技法で装飾され、つなぎ玉を間に挟みつつ紐で連ねた数連の頸飾りにして佩用された。

おそらく死せる首長のみになされた典型的な遺体処置法の一つが、北方新石器Ⅱ期にその名をあてがわれている巨石ドルメン（支石墓）での儀式的埋葬である。デンマークにおける支石墓の最古の形状は、四本の立石で巨大な天井石を支えて、長さ一・八メートル未満・幅〇・六メートル未満の小石室を造り出したものである。このような小石室は、単体埋葬用に設計されたかのように見える。六体もの遺骸が発見された事例があるが、それでも集葬室墓とは見なせない。その後、立石のうち端部の一石を残りの三石よりもおおむね低く据えて、それでできた隙間から、墓室の完成後に埋葬がおこなわれるようになったようだ。ドルメンのうち、稀例に属し古風な外見を呈する変種として、ちょうどポルトガルの事例のように、内傾させた板石を環状に配して頂部で収斂させ、天井石をもたないものがある。痕跡的な羨道をもつ多角形の小墓

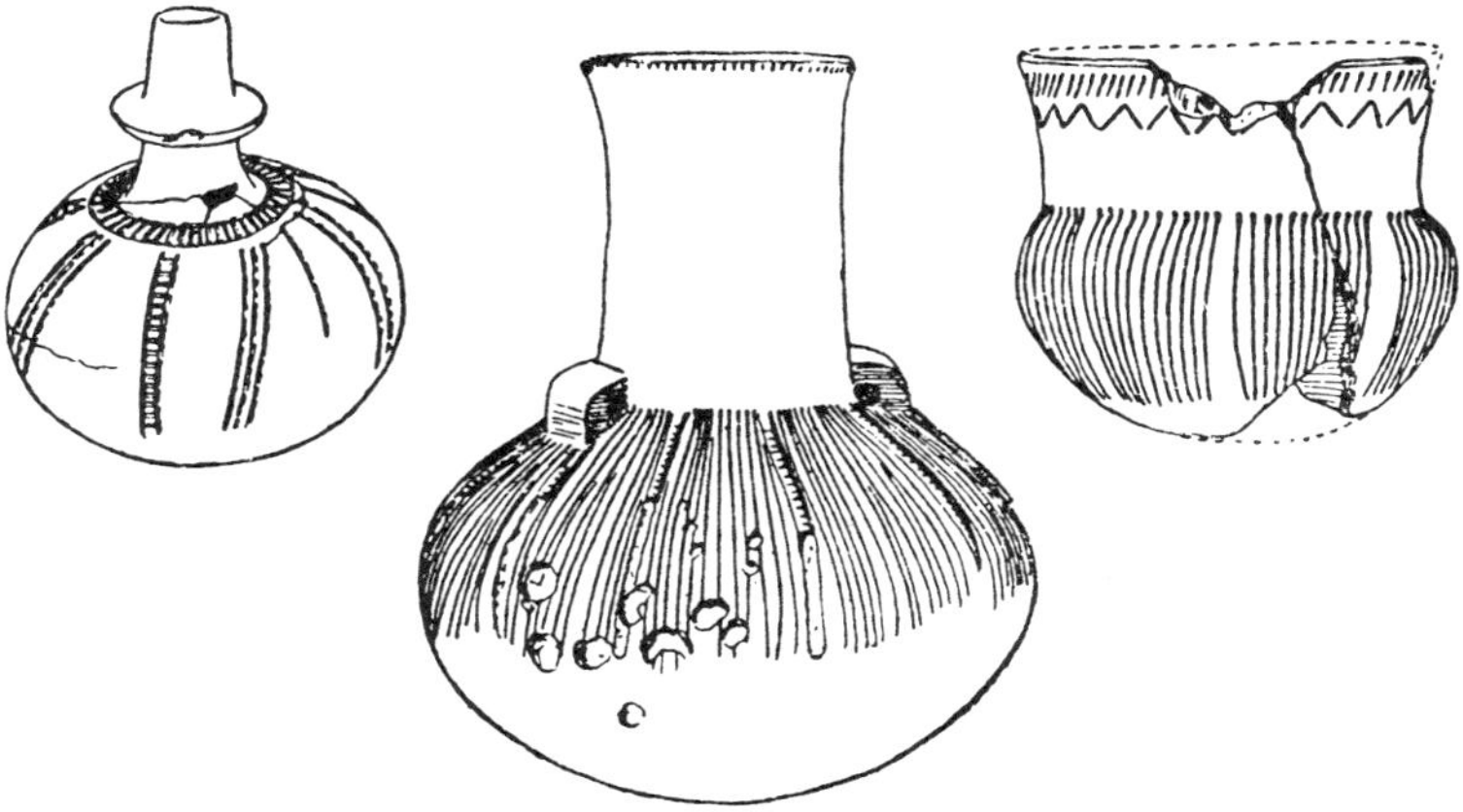

図93　デンマークの支石墓出土の土器(S=1/4)

室や、二枚以上の側石をもつ長方形の墓室にも、この種の構造の名残りがあり、それゆえデンマークの専門家はこれらも支石墓に分類している。どの型式のドルメンも、通常は盛土で半ば覆われている。盛土は円形を呈することもあるが、たいていは長方形であり、大きな丸石を周囲に配して墓域を画している。

デンマークの海岸部に沿って分布するドルメンは、熟練した船乗り集団の存在を示している。現に新たな経済基盤と石製品に模倣された金属器は、どちらも海路を通じてデンマークに到達したのかもしれない。しかし海路からも、ほかのいかなる経路からも、金属の恒常的な供給はなされなかった。中央ヨーロッパやブリテン島の社会がすでに銅器時代になっていた当時、ドルメン建造者は典型的な新石器経済を営んでいたのである。

しかし、デンマークやシュレスヴィヒ＝ホルシュタイン地域においてさえ、おそらくB群牧畜民の子孫であろう民族集団が、巨石を伴わない土壙墓に埋葬された。それらの墓には、「ドルメン」の典型的な副葬品である薄基式石斧や直立口縁フラスコ形土器などが納められた。そうした埋葬では、一体（まれに二体）の遺骸を四肢を伸ばした状態で地面に横たえ、

図94　ヨルダノーヴァ遺跡の 28 号墓［シーガーによる］

丸石を周囲に配した（例―図94）。円形墳下の土壙に屈葬する「闘斧文化」の墓葬とは対照的に、広めの盛土で埋葬を被覆することもあった。

## デンマークの墓道付石室墓

最後の海進が起こった頃の北方新石器Ⅲ期に、巨石墓の構造と設備に影響を与える新たな動きがあった。広々とした墓道付石室墓が、部分的ながらもドルメンにとってかわり、数世代に及ぶ氏族の集葬墓として用いられた。というのも、そうした石室に一〇〇体もの遺骸が納められ、数型式にわたる土器が副葬されている場合があるからだ。これら複数型式にまたがる土器群は、Ⅲ期を細別する基礎として役立つ。しかし、おそらくは旧耕地が疲弊して新たな土地が必要になるために、集落は以前にもまして頻繁に移動するようになった。だから、集落からは単一の様式期の土器ばかり出土するのが通例である。ランゲラン島にあるトレルゼビェア遺跡（デンマーク）の第一期の集落は、平面馬蹄形を呈する長さ四・〇～五・五メートルの数棟の小屋で構成され、蜿蜒《えんえん》と連なる長方形建物群の総延長は七一メートルに達する。そのうち明らかに家屋である二棟の建物は、いずれも長さ約二八メートルを測り、屋内を明瞭に仕切って片側に人が、もう片側に家畜が暮らせるようにしてあった。その屋根は高さ約三・三メートルの切妻式で、片側が傾斜して接地し、もう片側は高さ一・八メートルしかない壁に載っている。なお、この二棟はエーゲ海域とバルカンのメガロン型式とは明らかに無関係であり、バーケーア遺跡の家屋形状に直接由来する。こうした家屋は「自然家族」よりも大きな世帯（すなわち氏族）を収容し、成員に死者が出ると広々とした墓道付石室墓に葬ったのだろう。

狩猟は以前に比べて重要でなくなった。一粒小麦・エンマー小麦・亜麻に加えて六倍体小麦も確かに栽培されていた。しかしイングランドと同様に、大麦よりも小麦がはるかに普及していた。

フリント採掘に従事する共同体が存在したり、木工用の丸鑿のような専用工具があるのは、産業が専業化していた証拠である。交易が存分に発達し、そのおかげで墓道付石室墓の建造者は金属製の道具と装飾品をいくらか入手できた。ユトランド半島のビュグホルム遺跡で発見された一括埋納は、北方新石器Ⅲ期の最初期のものであり、扁平斧四点、片面に鎬を模造した短剣一振（例—図132—5）、筒状腕輪二点が納められていた。デンマークとシュレスヴィヒ＝ホルシュタイン地域における銅斧の分布図を見ると、これらの大半が内陸のハンガリーからもたらされたはずなのに、海路で輸入されたことがうかがえる。戈は斧と似た分布を示しており、アイルランドから海路でもたらされたことは疑いない。琥珀はおそらく金属と交換された主要輸出品であり、地元で加工して頸飾りにした可能性が高い。加工された琥珀玉はブルターニュ・中部フランス・イベリア半島にまで達した。すでに見たように、ウネティチェ文化期には中央ヨーロッパの全域に普及していた。デンマーク人はⅢ期までに、琥珀との交換を通じてポントス型式の槌形ピンを入手していた。ただしこうした物々交換は、石材や骨材に比肩するほどの金属を入手するにはひどく力不足だった。金属製装身具の輸入にいたっては、地元で模倣した骨製品から大部分を推定している始末である。

北方新石器Ⅲ期に闘斧族が出現したこと（二〇二頁）が、人口増に伴う土地争いの増大と相俟って、軍事主義

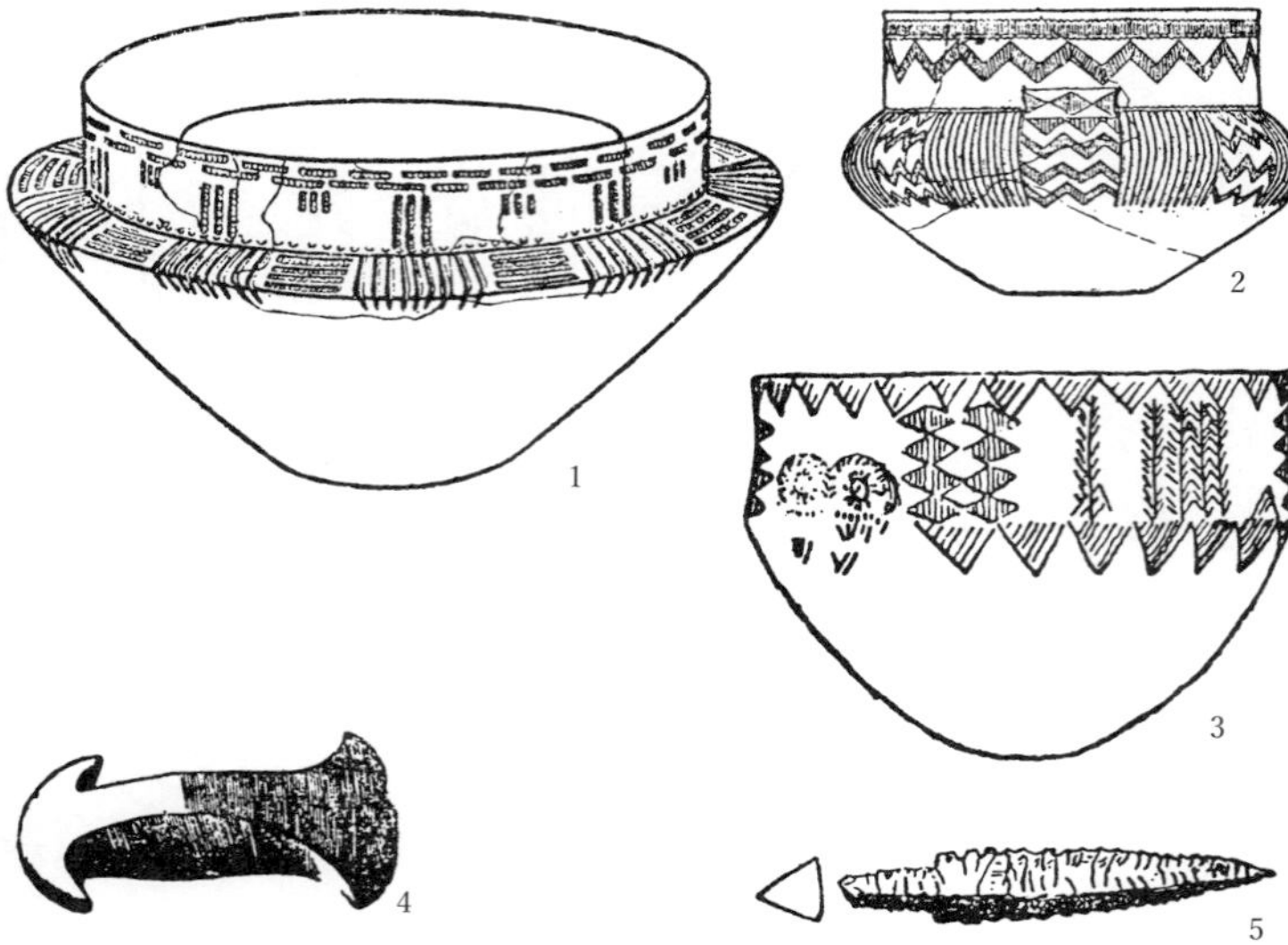


図95　デンマークの墓道付石室墓から出土する土器（1～3：S=1/7・1/6）・双頭斧（4：S=1/4）・石鏃（5：S=1/3）

が強まった。顕著な武器としては、ドナウ川を溯上して伝わったエーゲ海域の金属製品を模倣した双頭石斧（図95－4）、フリント短剣、ドナウ川流域に起源をもつ円盤形棍棒頭、そしてフリント製直剪鏃がある。

漏斗杯などの旧来の土器は、巻き縄か編み縄で縦方向もしくは区画内に施文しており、前期新石器時代の伝統を保持している。[86] さらに、トレルゼビェア遺跡の集落には、**ソフス・ミュラー***が「荘重《グランド》様式」と呼んだ土器に見られる深い切込文や押捺刻線文、さらにはカルディウム貝による施文などの特色ある新機軸が、ドナウ文化の新たな器形（台脚鉢や挿入式の柄杓）とともに、すでに出現している。[87] ブランデビィェルク遺跡のような、その後の北方新石器Ⅲb期の集落では、深い刻線文を施す技法がすっかり優勢になり、角張った土器に籠細工模様を施すのに利用された。このような土器は実物の籠に着想を得たものであり（図95－1）、北西ドイツあるいは中部ドイツの前期ヴァルターニーンブルク群にその起源が求められる。次のⅢｃ期の土器は、体部が丸みを帯び（図95－2）、おそらく鐘形ビーカー土器（二八二頁）に由来する周回施文が貝殻施文法にとってかわる。最後のⅢｄ期には、器形がさらに単純化し、そのうえ装飾を省力化するために、周回施文よりも単純な刻線文と押引列点文が好まれるようになった。ただし当期の文様には、目玉のモチーフ（図95－3）が含まれており、アルメリアの銅器時代を彷彿とさせる。

北方新石器Ⅲａ期のトレルゼビェア遺跡において、日用土器の五〇パーセントに装飾が施されていた。ところがⅢｄ期のリンド遺跡では、四パーセントまで落ち込んでしまう。それでも、在地のエルテベレ文化の伝統的な点文を施す土器がどの時期にも存在する。旧住民のいかに多くが新たな農耕社会に吸収されたのかが、このことからうかがえる。ただし、吸収されずに残された食糧採集民の集団がいたことはいうまでもない。

前期新石器時代の場合と同じく、北方初期新石器文化のうち巨石建造物を築かない分派が後代にも存続していた。しかし、北方新石器Ⅲ期の開始直後に、現在よく知られている巨石建造者の間で巨石墓道付石室墓に集団埋葬をする慣習が広まった。この巨石墓道付石室墓を、モンテリウスの弟子たちが主張したように、当時まだ利用されていた支石墓と無関係に発展したものとは見なせない。しかしまた、西方からの新たな影響を反映しており、大西洋岸の持送天井式のトロス（二六八頁）を明らかに模倣しているのである。その原型にもっとも近い最古の墓道付石室墓は、多角形の石室をそなえ（小室が付随することもある）、長い羨道をもち、円形の封土で覆われている。後にこの種の石室は、羨道と直角方向に長さを増す。墓道付石室墓はいうまでもなく家族墓所として使われ、一〇〇体もの遺骸を納めたものもある。他方で、追葬する場所を空けるために、先葬者を副葬品と一緒に墓室外へと移動して再埋葬する場合もあった。奉納品がⅢ期にも引き続き沼沢地に埋納された。また当該期には、斧崇拝の証拠がある。ただし、それ以前には認められない。耐久性のある素材で女性小像を製作する行為は、北方初期新石器文化の精神活動の一端を占めていなかった。

新石器中期Ⅱ期ないしⅢ期には、好戦的な牧畜民集団である闘斧族が新たにユトランド半島に侵入し（二〇〇頁）、他方でその親縁集団がデンマーク諸島を占拠した。その後、スカンディナヴィア半島にいた狩猟漁撈民の一団が、遠方のスウェーデンやノルウェーとの交易に用いるフリント素材を獲得するために、大ベルト海峡を渡り始めた。かれらは奇妙な形状の石鏃（図95－5）を発射できる強弓で武装していた。この石鏃は、もとをたどれば中石器時代のガルネス式尖頭器にゆきつくかもしれない。しかし直近の祖型は骨製品で、それを石材に転換したように見える。というのも、この石鏃の断面三角形の形状は、フリント加工よりも骨器加工にふさわしいものだからだ。

墓道付石室墓において、輸入品ないしその模倣品が層序をなして発見されることがある。そのおかげで、北方新石器Ⅲ期と他地域の文化連続との編年的関係が確証されるのである。たとえば、ボヘミア製であろう鐘形ビーカー土器が、北方新石器Ⅲｃ期とドナウⅢ期後半との併行関係を与えてくれる。またビュクホルム遺跡で出土した金属容器は、もしドナウ起源のものだとすれば、ドナウⅢ期後半よりもずっと古くはないはずだ。したがって、北方新石器Ⅲ期に在地で製作された果物台や挿入式の柄杓は、ドナウⅡ期の類品と同時期ではありえない。現にそれらは、バーデン文化型式やボドログケレスズトゥール文化型式から派生した把手付杯や把手付壺と共存している。そしてまた槌形ピンにより、北方新石器Ⅲ期と南ロシアのクバン中期および地下横穴墳文化期がおおむね同時であることが確証されるのである。

## 大陸部の北方初期新石器文化とその起源

バルト海西沿岸部の諸文化について、ここまで在地の前期・中期新石器時代の諸段階における発展を概観してきた。そうした諸文化はまさに、より広範な文化の地域的変種であり、先史学者はその一体性を、漏斗杯があれこれの姿を見せつつ遍在することをもって代表させてきた。漏斗杯《ファンネル・ビーカー》は、英語で話すと響きのよい文化名にならないし、フランス語〔漏斗杯《バーズ・ア・エントンノワール》〕だとなおさらよくない。しかも、ほとんどすべての広口鉢は〔紀元前四千年紀のメソポタミアの「アルパチヤ式のミルク椀」でさえ〕漏斗杯と呼びうるものなのだ。だから本書では、「漏斗杯文化」という名称に代えて「北方初期新石器文化」という名称を用いてきた。

この北方初期新石器文化は、スタルチェヴォ文化や最初のドナウ文化であるトリポリエ文化よりも均質性がはるかに低い。本章の前二節でその多様性を明らかにした北部地域に加えて、東部地域・南部地域・西部地域の北方初期新石器文化も一九一二年以降に認識されてきているが、北部地域よりもなお一体性を欠き、調査も十分ではない。けれども、土器以外の特定の特色において、四地域はみな共通している。どの地域の生業経済も、狩猟・採集と組み合わさった混合農業だった。とはいえ、花粉分析のみから明らかにされていることだが、デンマークでは畜産にヴァリエーションがあったらしく、また半島部よりも大陸部の方が狩猟が盛んであった。南部地域では、ルブリン付近のクレンジニツァ・ヤラ遺跡〔ポーランド〕から出土した、軛《くびき》のそなわる一対の牛形土製品によって、牛犂耕作の確証が得られている。しかし、犂耕が在地で生み出された特性であり、近隣文化〔たとえばバーデン文化〕から二次的に借用された特性ではないことが、まだ証明できていない。多くの集落で、馬骨の出土が報告されている。しかし、先ボレアル期以来、野生の馬が北ヨーロッパ平原を歩き回っていたので、これらは狩猟対象の骨である可能性もある。中央を穿孔した径約四センチの土製円盤は、紡錘車ではなく車輪の模型を表現したものかもしれない。ただし、車輌は残存していない。

狩人は通常は直剪鏃を、時には菱形尖頭器を付けた矢を使っていた。もちろん棍棒も使った。斧はフリント製が好まれた。ただし、東部地域と南部地域で使われていたのは図92－3に似た形状のもので、北部地域と西部地域で好まれていた断面矩形のものではなかった。石斧の素材であるフリントは、リューゲン島〔ドイツ〕から広範囲に輸出された。ガリシアでは縞模様のあるフリントが本格的に採掘されていた。ガブロニエツ・ヒルの村落遺跡〔ポーランド〕は石斧の製造場と見なすのが妥当である。

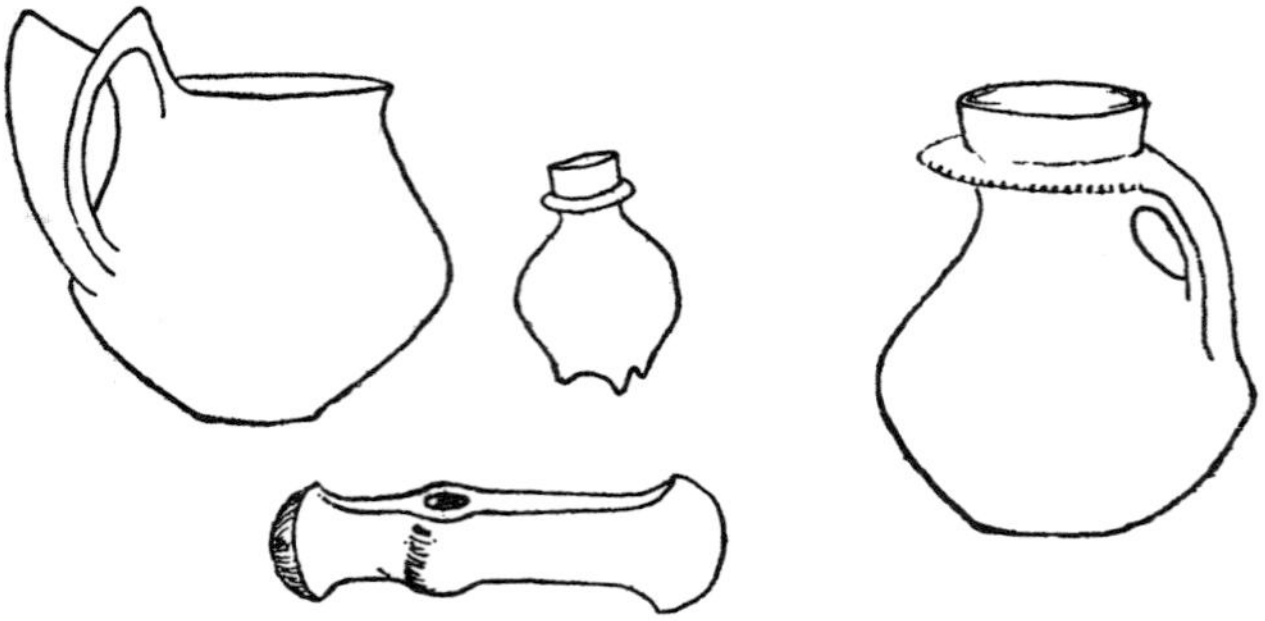
1　　2

図96　ツァストフ遺跡〔ポーランド〕の副葬品(S=1/7)とナウェンチュフ遺跡〔ポーランド〕の穴墓から出土した直立口縁フラスコ形土器(S=1/2)

このようにフリント交易は早くから組織されていた。しかしこの組織は、知られてはいたがほとんど使われていない金属の流通にまで及ぶことはなかった。琥珀製の装飾品が着用されることもあったが、地元の氷堆石から調達するほかは不定期的な物々交換で補っていたので、量はわずかだった。闘斧は多角形型式が通例で、闘斧文化の下方にのみ広がる刃部とは対照的に、常に上下に均等に開く刃部をそなえており、その好戦的行動をありありと示している。

土器においては、遍在する漏斗杯・直立口縁フラスコ形土器・アンフォラの器形と装飾に見られる様々な変容が、地方群間の嗜好の相違や他社会からの影響を物語っている。だから南群において、フラスコ形土器とビーカー土器に革状の把手や小突起状の脚部が付加されているのは、ましてや突縁状の把手が付加されている(図96－1左上)のは、バーデン文化からの影響を暗示しているのかもしれない。西群で流行した籠目装飾はレッセン文化から、あるいは仮定上の先住狩猟漁撈民の籠容器から着想を得たものであろう。ただしデンマークの場合と同じく、果物台と挿入式の柄杓は、もとをたどればドナウII期にゆきつくに違いない。

精神活動の領域だと、沼沢地への一括奉納品が東群でかろうじて報告されているにすぎない。女性小像はどの地域でも作られなかった。しかし、バーデン文化域と同様に、南群では動物形土製品が散見する。縁部に丸石をめぐらす土壙墓への単体伸展葬が、どの地域にも見られる特徴的な埋葬儀礼であった。しかし南群を除くと、長形墳か円形墳の下に設置した石室(もしくは木室とおぼしき墓室)に葬られるのは、一部の個人だった。それはおそらく「首長」だけだったろう。東群には、西ポーランドのクヤヴィシュ墓群がある。[88] 楔形の平面形を呈していたに違いない墳丘墓であり、最大で長さ八〇メートルを測る。縁石で墓域を画し、幅広い東端付近に埋葬施設がある(図97)。オーデル川の西側には、もう少し規模の小さい台形墳がある。入口用の羨道のない板石の箱式石室を墳丘内に設けている。このような箱式石室は長形ドルメンと呼ばれる。西群には、大きな丸石で墓域を画した長円形ないし長方形の墳丘墓が築かれた。当初は密閉された墓室を墳丘内に設けたが、後に墓室は墳丘長軸と同じほどの長さになり、墳丘長辺の中ほどに短い入口用の羨道を設けるようになる。後者は俗に「フン族の寝床」と呼ばれている。これら北西ドイツとオランダの墓道付石室墓は集葬室墓であり、おそらく円形墳下に築かれたデンマークおよびスウェーデンの集葬室墓と同一の精神活動に触発されたものだろう。前者の墓道付石室墓には、後者の集葬室墓と同様に、籠目文様を施す果物台と挿入式の柄杓が副葬された。さらにまた、同じように装飾された直立口縁フラスコ形土器も副葬された。

そうなると西群では、室墓型式とその副葬品とで矛盾した編年結果が導き出されかねない。北群用に組み立てた型式学によると、集葬室墓・土器の籠目文様・果物台と挿入式の柄杓は新石器中期に、直立口縁フラスコ形土器は新石器前期になるだろう。[89] 大西洋岸やドナウ地方からの革新の波が、デンマークとスウェーデンに届く前に、北西ドイツとオランダに到達したのだろうか。演繹的に考えれば、この解釈はありえそうだ。ところが、さらに南方のウェストファリアやヘッセンにおいて、パリ盆地(三九〇頁)や新石器後期のスウェーデンの玄関付長方形石室と同一の埋葬施設から、直立口縁フラスコ形土器が出土するのである。ヘッセンにあるチューシェン遺跡〔ドイツ〕の箱式石室の板石には彫刻が施され、それには牡牛が牽く荷車の表現があるようだ。他方、乏しい土器

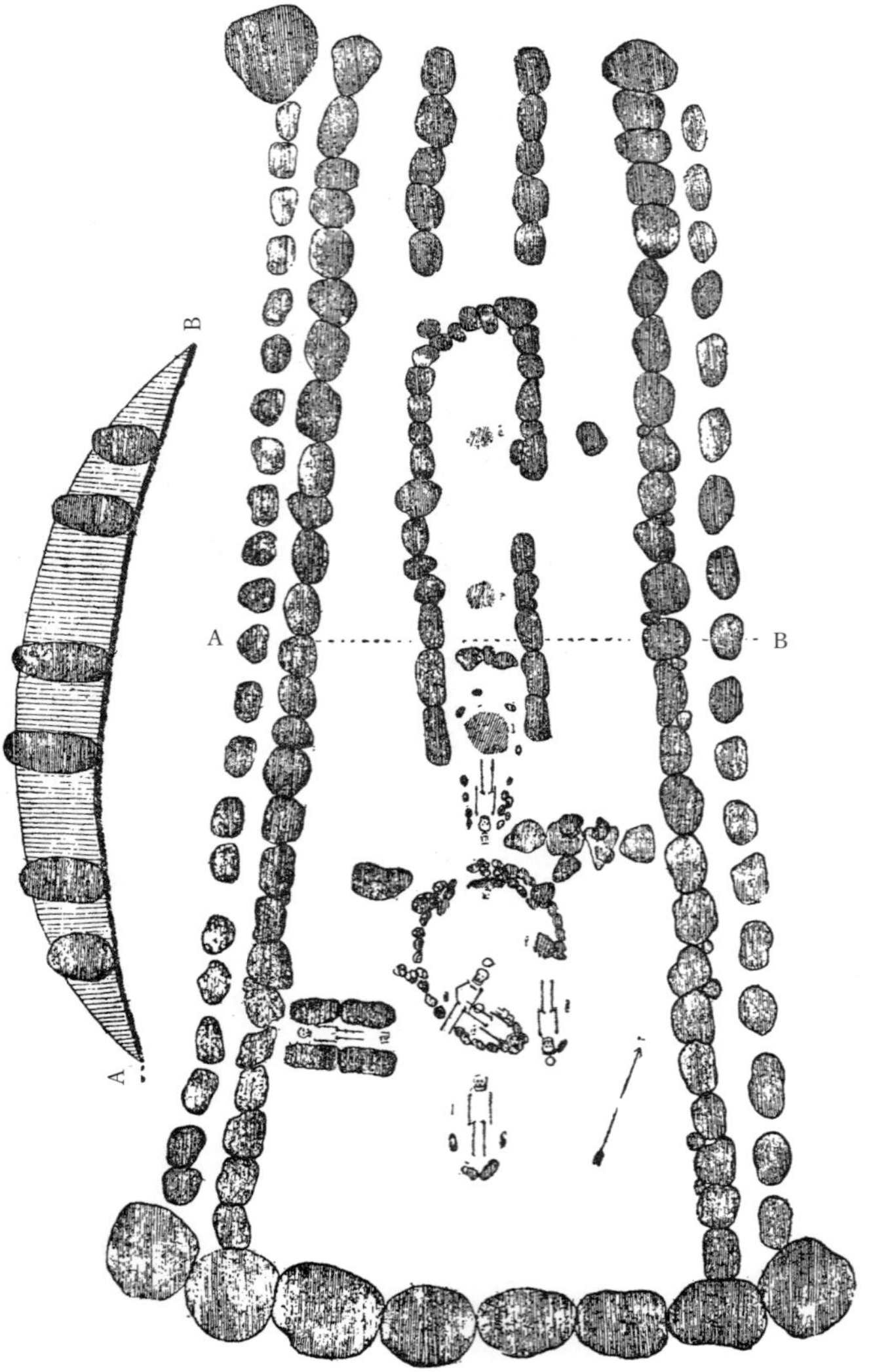


図97　シフィエルチン遺跡〔ポーランド〕のクヤヴィシュ墓群の 1 基
［コズラウスキーによる］〔原書比 9:10〕

のなかにあって、二基の室墓からレッセン土器の細片が出土したという。この土器片が本当に室墓の副葬品だとすれば、北方の文化連続に照らして、これら西ドイツの長方形石室を新石器前期だとする考えにおいては、直立口縁フラスコ形土器の時期と調和するだろう。しかしそうなると、同じ平面形を有する新石器後期のスウェーデンの室墓よりも、時期が全体的に古くなってしまうだろう。

一九一〇年にコッシナが、大陸部における漏斗杯・直立口縁フラスコ形土器・アンフォラの分布を、原インドゲルマン人がデンマークから拡大していった結果だと主張して以来、これらの土器を特徴とする大陸部の諸文化は、近接する北方新石器II期（新石器前期C期）のデンマークの類似文化よりも新しいのだと、暗黙裡に思い込まれてきた。このような関係は、西群には現在も該当するかもしれない。しかし、サルツン遺跡にあるII期の墓から出土した輸入銅製円盤一点（二二五頁）は、南群が当時すでにヴァルタ川とオーデル川の狭間に成立していた物証である。だから、漏斗杯・直立口縁フラスコ形土器・アンフォラを副葬するドルメン風の墓室や土壙墓を覆うポーランドと北東ドイツの長形墳が、新石器前期C期のデンマークのドルメンおよび土壙墓と実質的に同時期であることを疑う理由はもはやない。そうだとすれば、ヴィスワ川とエルベ川の間に分布する長形墳の下から二例の発見例がある、新石器前期A～B期の土器の類品は、デンマークの出土資料と同じくらい古いのかもしれない。このように、北方初期新石期文化の最古の姿は、バルト海西沿岸部においてもっともよく知られてはいるものの、当時すでに北海からオーデル川上流域まで、ヴィスワ川からエルベ川までの全域を占拠していたのかもしれない。したがって「北方初期新石期文化の起源」とは、このような広範な文化複合の起源だということになる。

そうした範囲から外に出ると、上記した諸特徴（土器の器形・闘斧・石鏃・埋葬儀礼・沼沢地への奉納）のすべてをそなえる文化は一切知られていない。ところが他方で、北方初期新石器文化には、中石器時代の森林文化の伝統（直剪鏃・直剪斧・鹿角斧・伸展葬など）が顕著に残存している。ボレアル期にさえ、森林文化は、残存する骨器が示すよりも広く大陸部に拡散していたはずであるし、土器が在地で発明された可能性も排除できない。したがって、北方初期新石器文化の考古学的内容は、活力と適応力に富んだ中石器時代の森林文化が自律的に発展を遂げた結果だと説明できるだろう。ただし、穀物と家畜はよそから導入された。とすると、森林部族はどこから穀物と家畜を得て、どこから耕作と飼育の技術を習得したのだろうか。北方初期新石器文化の起源をめぐる問題は、この論点に集約されるだろう。

もちろん、土器が手がかりを与えてくれるかもしれない。エリック・ヒンシュは、北方初期新石器文化の土器が西方新石器文化に由来するという主張を説得的に述べた。ベッカーも、自身の分類のB群土器に西方からの(より正確にいえばミヒェルスベルク文化からの)影響があったことを認めているようだ。しかしトロエル＝スミスは、A群の土器に加えて農村経済も、ミヒェルスベルク文化およびコルテヨ文化のものに一致すると主張する。これとは逆にエミール・フォークトは、ミヒェルスベルク文化は西方の文化ではなく、北方初期新石器文化の一分派なのだと断言した。かれの主張は、その後に発表した論文で、ミヒェルスベルク文化に特有のパン焼き皿を、北方初期新石器文化において最初期(A期)から不可欠の要素だったと見なしてかなり補強された。ブリテン島およびブルターニュの長形墳(四〇五頁)がクヤヴィシュ墓や長形ドルメンに驚くほど類似することについて、南西ヨーロッパで満足のゆく説明が出されたことはついぞない。だがこの類似は、前期新石器時代のウィンドミル・ヒル文化やアルモリカ文化のなかにさえ、北方初期新石器文化の要素を認めるか否かという論点をもたらすことになるかもしれないのだ。それでもやはり、北方初期新石器文化は既知のいかなる西方文化の分派でもない。

しかし、だからといって北方初期新石器文化が、それより古くて特殊化の度合いも弱い組合せから生じた可能性はない、というわけではない。そうした組合せから、ウィンドミル・ヒル文化やミヒェルスベルク文化のような西方諸文化も生まれたのかもしれない。あるいは、海岸部で森林文化が変容した見本例のような文化が、現在は水没している北海沿岸において、西方からやって来た開拓者から農業を習得していたのだ、という主張も可能かもしれない。しかしこの主張も、未知の事柄に過剰な要求を押しつけてしまっている。というのも、海岸部の中石器文化も、西方の開拓者の文化も、既存の考古記録に具体的に表れていないからだ。

他方で、ドナウ文化の最初の農民は、オーデル川とヴィスワ川に挟まれたバルト海沿岸とエルベ川の西側まで明らかに広がっており、後に北方初期新石器文化の農民が占拠する領域にまで進出していった。デンマークにはドナウ文化の集落は見られないが、エルテベレ文化の遺跡でドナウ文化型式の石器が発見されている。北方初期新石器文化の長形墳は、ドナウI文化の長形家屋の外見を永続的な形式で模倣したものだと見なしてよい[90]。そもそも、北方新石器IA期に栽培されていたことが明らかな一粒小麦は、ドナウ地方を経由しなければ北欧に到達できなかった。仮説寄りであることを承知のうえで述べると、オーデル川の東側にいた森林文化の狩猟漁撈民は、ドナウ文化の辺境地にいた開拓集団から畜産と耕作を習得できたのだろう。

とはいえ、土器も特殊な石器の一式《キット》ももたず、葬送モニュメントや土偶に表現されるイデオロギーももたない、主に牧畜を営む諸部族が、南東方面からヴォルィーニを経由して押し寄せてきた可能性も残されている。むろん、そのような侵入を支持する確実な証拠はない。

## 大陸部の北方中期新石器文化

中石器文化集団の生き残りやレッセン文化・ヨルダノーヴァ文化・ミヒェルスベルク文化の名残りと接触のあった北方初期新石器文化の西群・南群・東群は、北方新石器中期に相当する期間に多数の地域集団へと分解した。そうした地域集団の存在は、おおむね墓の出土品から知られ、主として土器の特徴によって区別される。

西群ではエルベ＝ヴェーザー文化が、「フン族の寝床」や土壙墓という墓葬の伝統と籠形土器の伝統とを引き継いでいた。しかし、「フン族の寝床」においてさえ発見される鐘形ビーカー土器とS字形ビーカー土器は、北方初期新石器文化の構成集団に対してビーカー族および闘斧族がますます優勢を占めつつあったことを、そして

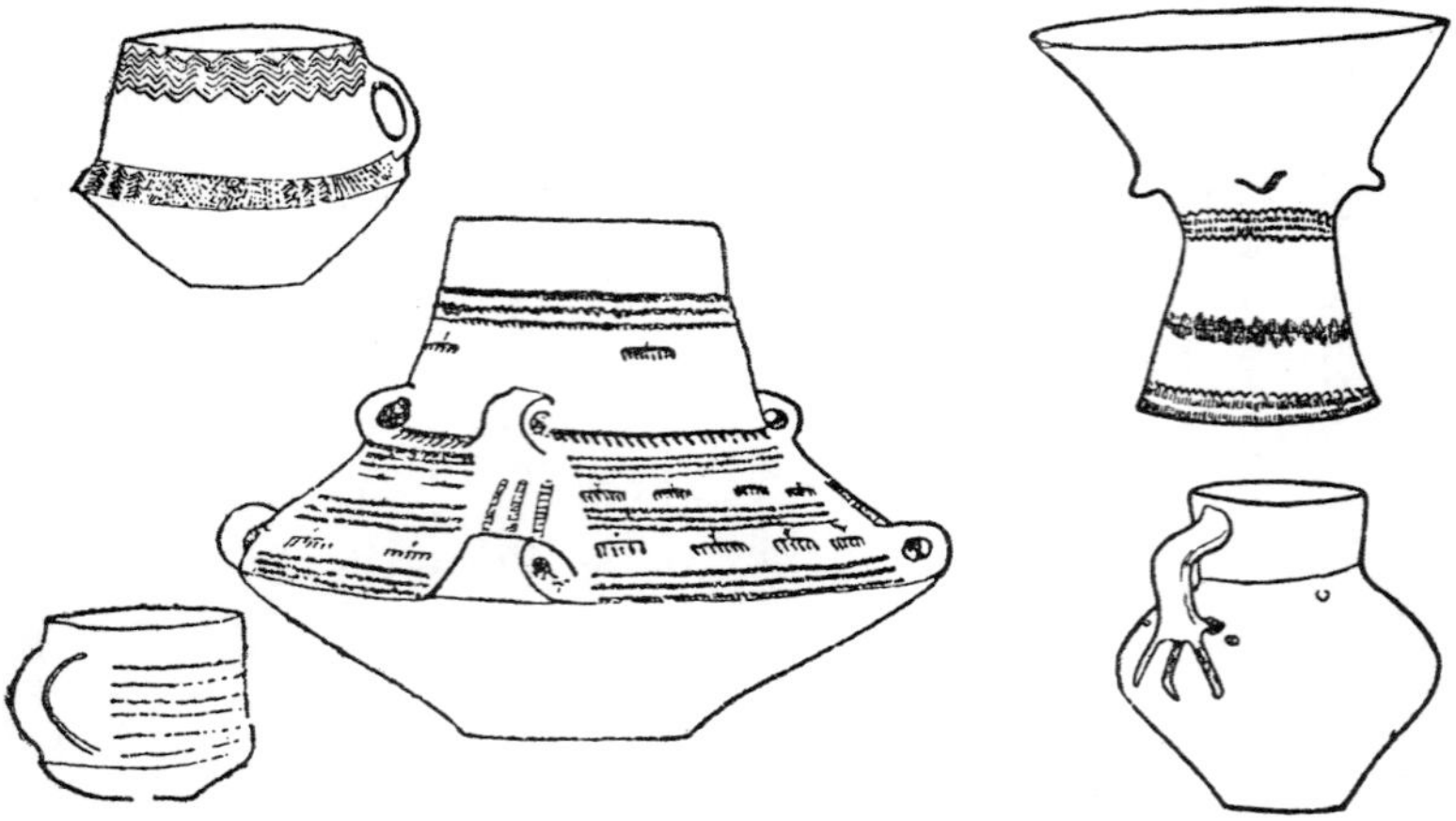

1　2

図98　広口壺（1：ヴァルターニーンブルク遺跡出土）・太鼓形土器（2 上：ラートドルフ遺跡出土）・水差し（2 下：バールブルク遺跡出土）

ドナウⅢ期の文化が遅くまで残存していたことを物語っている。シュターデ付近に位置するヒンメルスフォルテン遺跡〔ドイツ〕の土壙墓から出土した、端部の肥大する金製腕飾一点は、現にドナウⅣ期に属するはずだ。

ヴァルターニーンブルク＝ベルンブルク文化は、バールブルク文化と名づけられた北方初期新石器文化の地方分枝から、新石器中Ⅰ期のいわゆるザルツミュンダー文化を経て、ザーレ川下流域とハーフェラント〔ドイツ〕で発展を遂げた。ヴァルターニーンブルクⅠ期に特徴的な角張った広口壺（図98－1）は、明らかに籠製品を真似たものである。だがその後、籠に起源があることは忘れ去られたようだ。この種の土器は、小規模な墓地に群在する簡素な土壙墓や、巨石箱式石室もしくは巨石通廊《ギャラリー》形石室墓、側面に羨道を付す「フン族の寝床」、そして薄い板石の箱式石室から発見される。斧頭の素材には南ハルツ山地で産出するヴィーダ頁岩を好んで用いた。ヴァルターニーンブルク文化で使われたそのほかの道具は、北方や北方外の様々な諸文化から雑然と取り入れたらしい。それらの品目に

図99　ポジーリャの骨製帯留具（上段：S=2/3）とザクセン=チューリンゲンおよびポジーリャの球形アンフォラ（下段：S=1/3）

は、墓道付石室墓期の型式の双頭斧、琥珀玉、ポントスの槌形ピンにおそらく由来する松葉杖状ピン、ウネティチェ型式の金属製装身具とその骨製模倣品といったものがある。こうした品目から見て、ヴァルターニーンブルク文化は北方新石器Ⅲ期に開始し、ドナウⅣ期まで続いた。

以前には東群と南群が占めていた諸地域の一部に、球形アンフォラを標準型式とし、それにちなんだ名をもつ文化が現れた。この型式の広口壺は、決まって共存するほかの土器と同様に、明らかに皮革容器を模倣したものであり、常に頸部の周りをすこぶる独特に飾り、肩部に吊り紐用の耳が付く（図99下段）。この特徴的な広口壺には、フリント製の小型台形斧や鑿（ガリシアで採掘された多様な有縞フリントで作られることが多い）、直剪鏃や有茎鏃、穿孔した歯や猪牙、琥珀玉が、そしてオーデル川の東側では骨製帯留具が伴出する。鹿角斧や双頭石斧やフリント製ナイフなどの品目は、同時期の他群から借用されることもあった。スカンディナヴィアの長方形石室に特徴的な骨製環状垂飾などの装身具や、青銅製の環状品および螺旋状品は、北方新石器Ⅳ期に球形アンフォラ文化が残存していたことを物語る。

球形アンフォラ文化人は、せいぜい一二基までの簡素な堀割墓で構成される墓地に伸展葬される場合もあれば、概して七体以下の遺骸を納める集葬室墓に、火葬骨を納めるかおおむね蹲踞の姿勢で葬る場合もあった。集葬室墓は巨石の箱式石室であったり、薄い板石製の大型箱式石室の場合もあった。後者はしばしば二区画に仕切られ、仕切板に窓孔を穿孔することもあった。

球形アンフォラは主にザーレ川＝エルベ川流域とハーフェラントに集中するが、北方はリューゲン島まで、南方はボヘミアまで、東方はガリシアを経てヴォルィーニとポジーリャまで広がっている。ボヘミアだと丘頂の城砦集落で発見されることもあるが、ヴォルィーニとポジーリャにおいてさえ、六体以下の遺骸を納める特徴的な仕切式の箱式石室から単独出土するのが通例である。クバン川流域のノヴォスヴォボドナーヤ遺跡にある、窓孔を空けた板石で二室に仕切った二基の箱式石室（一九三～一九四頁）から出土した土器でさえ、球形アンフォラを彷彿とさせる。

明らかに球形アンフォラ文化人は、小集団で広域かつ遠方まで動き回る養豚者であった。たぶんかれらは、主に狩猟と豚飼いに従事しつつ、時には強奪や交易にも手を染めたに違いない。したがってかれらは、琥珀やガリシア産のフリントの流通を、さらには金属小品の流通をも担っていたが、私たちが認識できるような専業化された独自の産業を発展させなかった。

ホルシュタインだと球形アンフォラは、北方新石器Ⅲd期やⅣa期の土器と共存していたが、クヤヴィシュ墓群だとそれは最新の侵入的要素である。クライン・リーツ遺跡〔ドイツ〕で球形アンフォラがドナウⅠb期の土器と共伴したという報告が頻繁に引用されるが、これはまったく信頼できないし、そもそもありえないことだ。ドナウ地方の文化連続において、球形アンフォラがドナウIII期よりも古いことなどありえない。つまり球形アンフォラが出土するボヘミアの遺跡は、もっとも古く見てもバーデン文化に属するのだ。

コッシナは球形アンフォラの起源をデンマークのドルメン出土の土器に求め、バルト海西沿岸部から拡大したインドゲルマン人の第二波のシンボルとした。現在でも、ドイツの研究者はみな、球形アンフォラに代表される文化を「北欧的」だと考え、エルベ川とオーデル川の間で発展を遂げ、そこから東方に拡散したのだと思い込んでいる。しかし、もしそうであるなら、なぜ西方にも拡散しなかったのだろうか。フォーサンダーはこれとは逆に、この文化はポントス地帯のどこかで生まれ、その創始者たちがガリシアの有縞フリントだけでなく、先述したノヴォスヴォボドナーヤ遺跡のような窓孔付箱式石室も北欧にもたらしたのだと提唱した。この考えでいくと、中部ドイツからスウェーデンとパリ盆地の両方に広がったことになるだろう。実際には、この文化の起源を単純に北方初期新石器文化に求めるのは容易でない。本質的に森林地帯の文化にとどまっており、ヴォルィーニにある辺境の前線的な遺跡にしても、対比できる発見物のない広大なステップ地帯によって、窓孔付箱式石室を有するコーカサス群と隔てられているのである。

奇妙な筒状土器（図98－2上）が球形アンフォラと共存することが時おりある。十字文などの象徴的な図形で美しく飾られることが多い。良好な民族誌的な類例に頼って、一般に太鼓だと解釈されている。その多くがザクセン＝チューリンゲン地域とボヘミアのエルベ川流域で出土しているが、特定の一文化に特有のものではない。たとえば、ラートドルフ遺跡出土の水差し（図98－2下）はバールブルク型式であり、モラヴィアの太鼓形土器はバーデン文化にかかわる状況で発見されている。

したがって、土器の独自性によって、また時には埋葬儀礼や副葬品の独自性によって相互に区別される多数の小集団が、同じ時期に北ヨーロッパ平原を動き回っていたと想像しなければならない。とくに中部ドイツでは、それぞれヴァルターニーンブルク文化、球形アンフォラ文化、闘斧文化の伝統を担う集団が同時併行的に、しかも空間的に緊密に接触しながら存在していたに違いない。そうした諸集団は、直立口縁フラスコ形土器の製作集団や種々雑多な巨石建造者はいうまでもなく、刺突帯文土器やヨルダノーヴァ土器をそれぞれ製作していたドナウ文化の農民にも遭遇していたはずである。このような諸集団が頻繁に考えを取り交わし、おそらく通婚していたとしても、別に驚くことではない。驚くべきは、かれらが各自の土器伝統の個性をかくも長く維持していたことである。異なる土器型式の多さのために、北方新石器Ⅲ期の人口密度および存続期間について、かなり誇張した見方になりやすい。実際には、比較的小さな移牧集団が複数種類の土器を作っていたはずであり、そうした集団の一部は隣接して暮らしていたに違いない。それらの全集団を単一の文化連続に配列しようとすると、特定の遺跡では現にうまくゆく場合もあるが、Ⅲ期が極端に間延びしてしまう。しかし、当該期がドナウⅣ期と重なりをもつことを、球形アンフォラやヴァルターニーンブルク土器と共存する金属小品から再証明できるかもしれないのだ。

## 北方新石器後期

北方新石器Ⅳ期に、巨石建造者と闘斧族の明確な差異が、デンマークとスウェーデン南部において解消し始めた。そのどちらも伝統的な埋葬習俗を保持していたにもかかわらず、巨石墓の伝統を引く長方形石室という集葬室墓の内容と、闘斧族の上方墓（孤立墓）の内容には、ほとんど相違がない。ただし、闘斧族の文化が優勢だった。

集落の広がりに変化はなかったが、人口はおそらく増えた。たとえばヴェステルイェートランド地方（スウェーデン）では、北方新石器Ⅲ期に属する遺物が三一〇六点であるのに対し、Ⅳ期に属する遺物は四二六六点

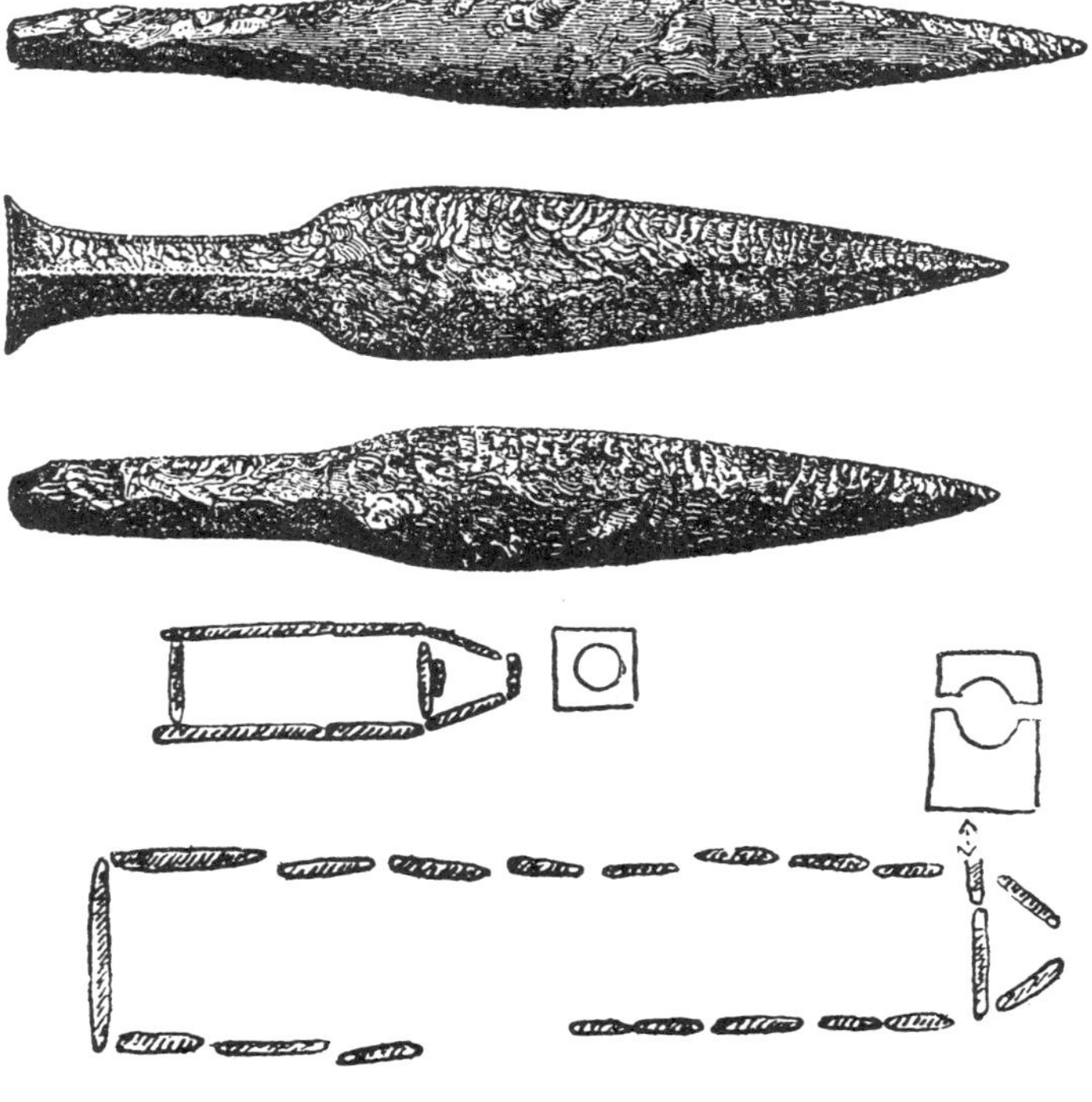

図100　モンテリウスⅣ期のフリント短剣（上：デンマーク出土、S=1/3）と
窓孔付箱式石室（下：スウェーデン出土）

である。これらの点数はさらに、箱式石室期が墓道付石室墓期よりも短期間ではほぼありえないことも示している。しかし、経済全般に変化はなかった。農業の重要性は、金属鎌を真似て刃部を湾曲させたフリント鎌の数から推測してよい。しかし、やはり武器こそもっとも顕著な遺物である。フリント石斧は金属斧を常に真似て、刃広に作るようになった。ただし、器面が磨かれることは滅多になかった。現に、Ⅲ期に製作された磨製フリント石斧がⅣ期において出土する場合、使用のせいでいたるところが欠けていることがある。闘斧はまだ使用されていたが、形が崩れ、金属感が減っている。当期に典型的な武器は短剣だった。当初は柳葉形を呈していたが、当

期のうちに名高い魚尾形になり（図100上）、全盛を極めた。石鏃はイベリアの銅器時代と同じく凹基式である。

　フリント製の魚尾形短剣が中央ヨーロッパの有柄青銅短剣の模倣品であることは疑いない。実際に、フリント製の魚尾形短剣を始めとする石製武器の手本が、時おり輸入されていた。イタリア・中央ヨーロッパ・ブリテン島から若干の青銅器がもたらされた。この時期の青銅器が、遊離資料や一括埋納品として残存している。そして当期のうちに、シュレスヴィヒ＝ホルシュタイン地域において、さらにはスウェーデン南部においてさえ、地元の市場向けに青銅製品を作る金属工が現れていたかもしれない。武装用の金属を得るために、北方人は主に琥珀の輸出に頼らざるをえなかった。貴重な樹脂である琥珀は、断片のすべてにいたるまで対外交易用に備蓄されるようになり、もはや地元で護符用に使えなくなってしまった。室墓の副葬品では、頁岩製の長垂飾品《ロングペンダント》や石製ないし骨製の環状垂飾、そしてウネティチェ型式の若干の金属小品が、琥珀玉にとってかわった。しかし、そのような犠牲を払ったにもかかわらず、北方人の装備と経済は北方新石器Ⅳ期を通じて本質的に新石器文化の状態にとどまった。

　墳丘内に別々に設けた孤立墓への埋葬と並んで、集葬の慣習も存続していた。しかし墓道付石室墓は、おおむね地中に埋設される長方形石室に、あるいは通廊形石室墓に席を譲った。モンテリウスが考えたように、長方形石室および通廊形石室墓は墓道付石室墓が退化した結果ではない。これらのある群は、ドルメンからの進化と捉えてよいかもしれない。しかし、たとえそうだとしても、そのような進化は北方地域外からもたらされた新しい観念に触発されたものに違いない。薄い板石で構築され、しばしば窓孔付板石で内部を区画する、スウェーデンの箱式石室の一群の起源は、おそらく先述した（二三五頁）ウェストファリア群を介してパリ盆地に求められるはずである。フランスのホルゲン文化（三九三頁）に特徴的な、底部が外に張り出す土器でさえも、スウェーデンとデンマークにおいて変形した姿で再現された。以上の新たな観念は、既存の共同体に加入した移住民の家族がもたらしたに違いない。ところが当期の通常の土器は、木製品を真似た花瓶形の壺であり、おそらくオーデル川流域の闘斧文化に由来する波状文帯をぐるりと施文する〔図83下段左〕。

ウネティチェ文化のピンの模造品と金製装飾品は、初期のフリント短剣とさえ共存する。このことは、中央ヨーロッパとブリテン島で前期青銅器時代が確立するまでは、北方新石器Ⅳ期は始まりすらしなかったことを示している。金属工と交易者が北方へと広がっていったにもかかわらず、北方の石器時代はドナウⅣ期以後まで続いた。デンマークとスカンディナヴィアにおける真正の青銅器時代は、ハンガリーとブリテン島の中期青銅器時代に始まるのである。それまでは金属が不足しすぎていたため、もっとも富裕な首長でさえ青銅武器を墓に副葬できなかった。それ以前の、在地の北方青銅器産業の製品が副葬されたシュレスヴィヒ＝ホルシュタイン地域のリースビュッテル遺跡〔ドイツ〕の墓群の一基には、ブリテン島の青銅器中Ⅱ期に特徴的な型式の輸入青銅製槍先が含まれている。この槍先に型式学的に併行するブリテン島の青銅製有段斧頭《パルスターブ》が、同時期のデンマークの一括埋納に含まれている。もしブリテン島の青銅器時代に先行する時期が、その頃に輸入されたファイアンス玉〔四二三頁〕から紀元前一五世紀に正しく位置づけられるとすると、その時期まで金属製武器がデンマークとスウェーデン南部、そして隣接する北ドイツ各地の土着の穴墓に通常は副葬されなかったという意味で、北方新石器Ⅳ期は紀元前一四〇〇年まで続いたに違いない。しかしながら、ユトランド半島北部において、青銅器時代の形式の穴墓から一点の連珠形ファイアンス玉が発見されているのである。

## ザーレ川＝ヴァルタ川流域の青銅器時代

ザーレ川流域とエルベ川流域の岩塩鉱床と金属鉱脈の周辺に、そしてそこからバルト海東沿岸部の琥珀海岸まで延びる交易路に沿って、独特な姿をとるウネティチェ文化が北方新石器Ⅳ期の開始期までに生まれていた。ヨルダノーヴァ文化期には金属が、ドナウⅢ期にはすでにビーカー族によって武器が、その地にもたらされていた。

ウネティチェ文化の、あるいは正体不明の探鉱者が、フォクトランド〔ドイツ〕の鉱脈を採掘し始め、獲得した銅を聖なる双頭斧形の地金にして輸出したのかもしれない。本物の柄を通すには柄孔が小さすぎる双頭斧がこの地域に集積され、そこからスイスを経由して中部フランスに拡散された。これに加えて、東方のポントス地帯とのつながりを、先述した槌形ピン（二〇七頁）が証明してくれる。ウネティチェ文化の農民はその後、エルベ川とオーデル川を下ってザーレ川流域とヴァルタ川流域に拡散した。そうした農民の穴墓は貧相であり、わずかばかりのウネティチェ文化の装飾品が副葬された。ただし、瘤頭ピンなど最古の形状のものは見当たらない。地方の保守性を帯びた土器には、ドナウⅣ期の最古期以降のチェコスロバキアでは廃れてしまった袋状の器形が保持されていた。

在地の青銅器産業は、ウネティチェ文化と同じ伝統下にあった。しかし、ブリテン島およびアイルランドの製品の輸入を通じて、そしておそらくアイルランドからの工人の移入を通じて、青銅器産業が豊かなものになった。[91]その製品は、なお新石器段階にあった北方〔北欧〕へ輸出され、未加工の琥珀と交換された。交換された琥珀の一部は未加工のままイングランドへ再輸出され、その地で琥珀杯や三日月形頸飾りに仕上げられた。在地の首長は琥珀交易で得られる利益を集めることに成功した。こうして、青銅器産業をさらに発展させてゆく資本を蓄積したのである。壮大な墳丘に設けられた首長らの豪勢な埋葬は、ウネティチェ文化の農民の平墓と著しく対照的であり、当地の青銅器時代にはクバン文化をすこぶる彷彿とさせる特有の性格がうかがえる。

ロイビンゲン遺跡〔ドイツ〕の墳丘墓を例に挙げると、板石と楢の梁で合掌形に築いた墓室（図101）に、老人男性と若年女性が一体ずつ葬られていた。周囲には径二〇メートルの環状の壕をめぐらしている。円基式の青銅短剣、ウネティチェ型式の金製ピンと髪留輪、アイルランドの系列に由来する戈一振、大型の金製腕輪一点、有孔石斧（ないし犂先）一点が副葬されていた。

さらなる厚葬墓が、ポズナンのウェンキ・マウェ〔ポーランド〕にある墳丘墓の墓地で一九五三年に発見された。

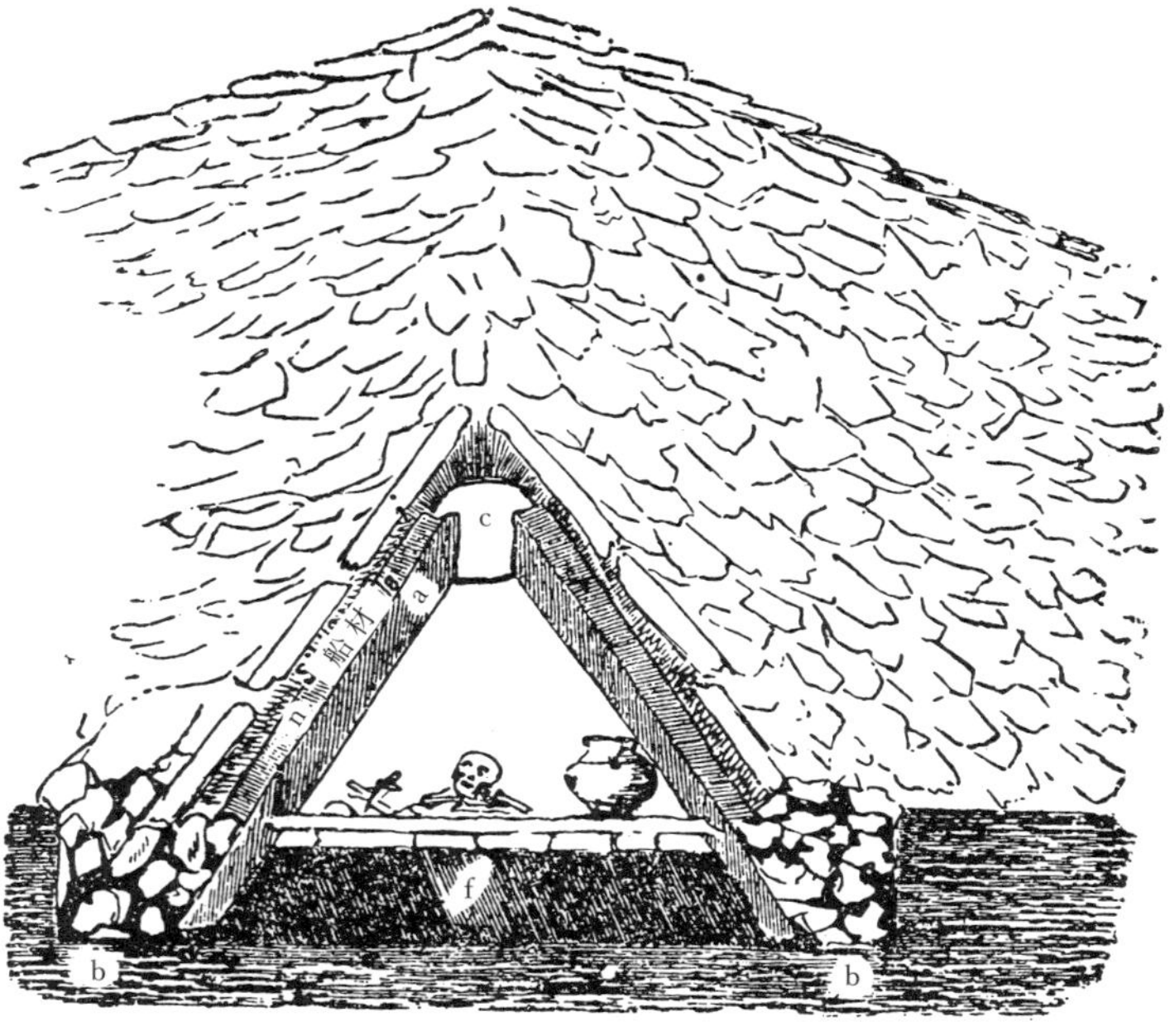


図101　ロイビンゲン遺跡の墳丘墓の断面図

径三〇メートルの墳丘墓の中央部に設けられた竪坑墓の木室に、男女各一体の遺骸が葬られていた。男性には柄付銅戈（例—図102—1）・扁平ナイフ形短剣・ウネティチェ式扁平斧・粗悪な青銅製の瘤頭ピンが各一点、金製髪留輪二点が副葬され、女性には青銅製腕輪二点のみが副葬されていた。周辺の一基の副次埋葬には、エルベ＝オーデル型式の有柄青銅短剣・斧・ボヘミア式銑眼形ピンが各一点、金製髪留輪三点が副葬されていた。墳丘下に遺された葬送饗宴の跡には、馬・牛・豚・羊の骨がこの頻度順で認められた。

このように厚葬をした墳丘墓は、自身の領地を通過する交易者に通行料を課すことで経済力と権威を獲得した首長のものに違いない。かれらは、狭隘な部族的領地を超える秩序と安全を保証する王国を築くにはいたらなかった。青銅器と琥珀玉を納めた商人の一括埋納が大量に存在することは、

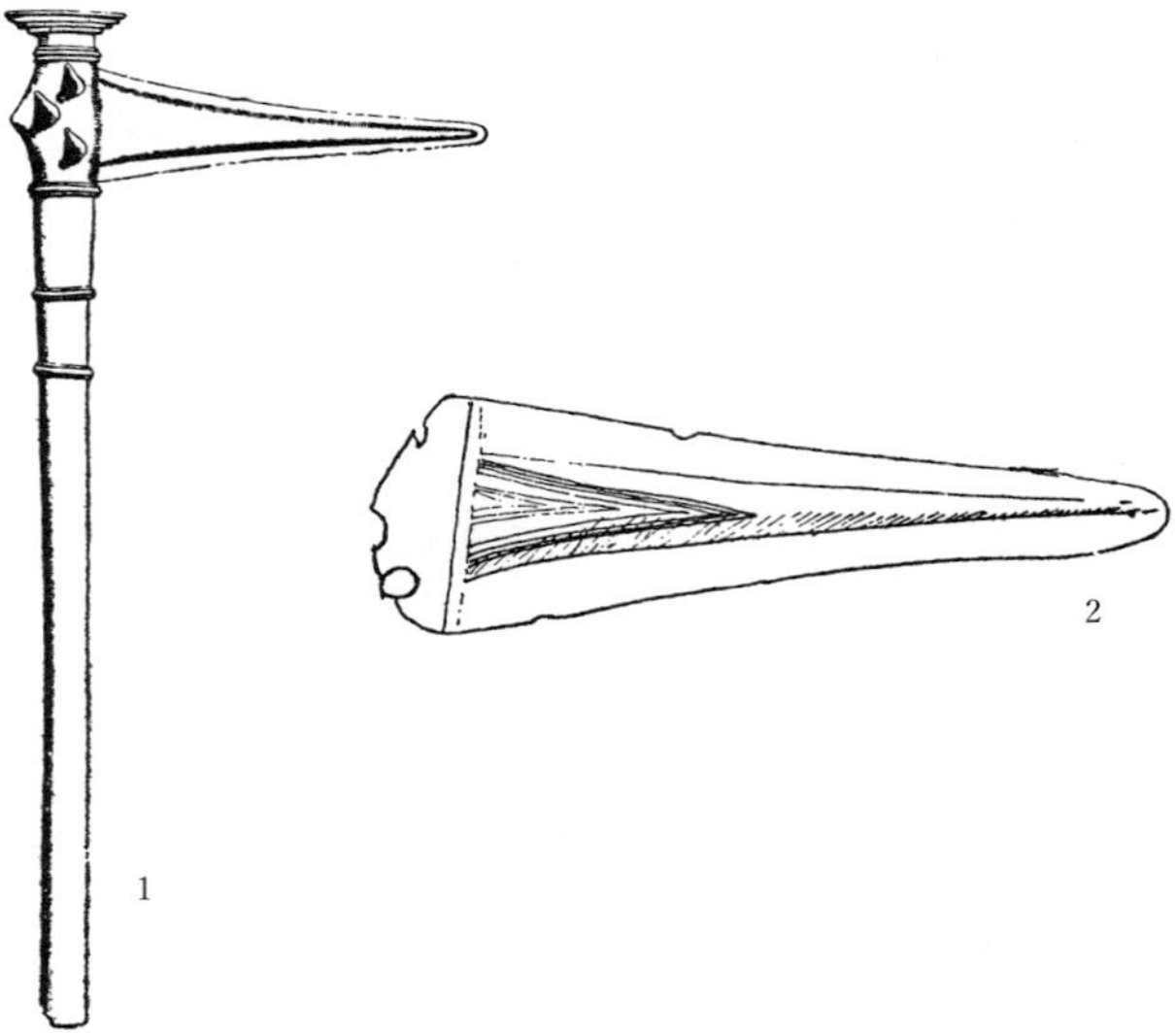


図102　柄付銅戈（1：S=1/6）と銅戈の刃部（2：ロイビンゲン墳丘墓出土、S=1/3）〔原書比 8：10〕

交易者と巡回金属工が首長の領地間でさらされていた危険を如実に物語っている。

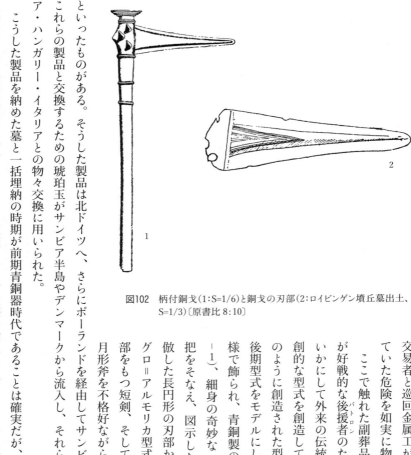

　ここで触れた副葬品と一括埋納は、在地工人が好戦的な後援者《パトロン》のために器物を製作する際に、いかにして外来の伝統を融合して、多様かつ独創的な型式を創造していたかを示している。そのように創造された型式として、アイルランド後期型式をモデルにしつつ、隆線溝と三角形文様で飾られ、青銅製の柄に装着された戈（図102–1）、細身の奇妙な「双頭斧」、単笵鋳造した把をそなえ、図示したような短剣（図70）を模倣した長円形の刃部か、金鋲をちりばめたアングロ＝アルモリカ型式の武器のような扁平な刃部をもつ短剣、そしてウルの諸王の優美な三日月形斧を不格好ながらも模倣したとおぼしき斧、といったものがある。そうした製品は北ドイツへ、さらにポーランドを経由してサンビア半島へと輸出された。これらの製品と交換するための琥珀玉がサンビア半島やデンマークから流入し、それらはイングランド・ボヘミア・ハンガリー・イタリアとの物々交換に用いられた。

　こうした製品を納めた墓と一括埋納の時期が前期青銅器時代であることは確実だが、それでもドナウⅣ期の古い時期である必然性はない。ブリテン島と比較すると、実際の輸入品はブリテン島の青銅器前Ⅱ期とのみ併行する。中央ヨーロッパの用語でいうと、真正の中期青銅器時代（パウル・ライネッケのB～C期）の型式を含む墓と一括埋納は、中部ドイツとポーランドにおいては、首長墓の造営地域に存在しないも同然である。これらの地域に考古記録が再び現れるのは、一般にドナウⅥ期に比定されるルサチア文化であるようだ。そのことから、ザーレ＝ヴァルタ文化がⅤ期にも重なることがうかがえる。[92] 他方でイングランド南部とブルターニュでは、厚葬の墳丘墓が突如として出現する。それらの内容は依然として前期青銅器時代にとどまっている。とはいえ、ザーレ＝ヴァルタ文化の首長墓に由来するわけではないにせよ、そうした首長墓と内容面で密接な親縁関係を示している。[93] したがって、このようなイングランドの墓は、エーゲ海域との関係から見て紀元前一六〇〇～一四〇〇年に比定しておくのが、まずは妥当なところであろう。

*Chapter*
XI

SURVIVALS OF THE FOREST CULTURE

# 第 11 章

# 森林文化の残存

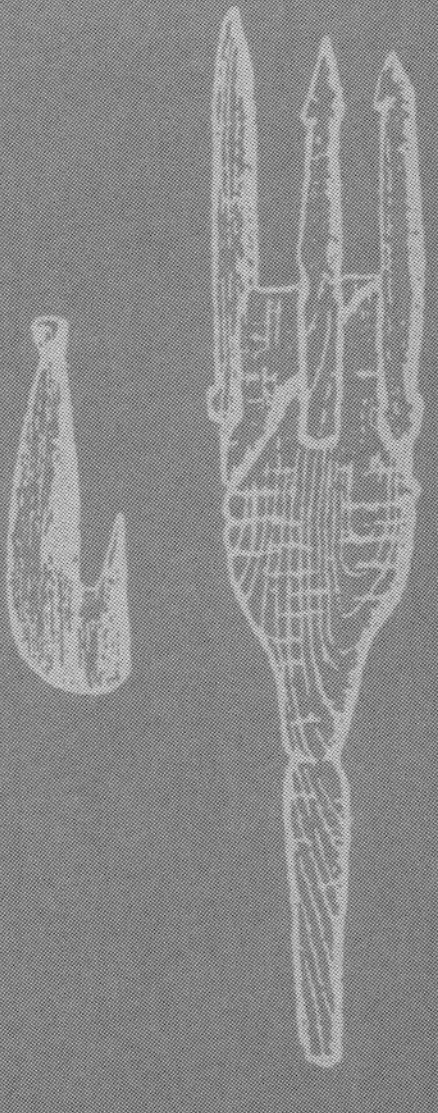

ノルウェー沿岸部からバルト海と北ヨーロッパ平原を横切ってシベリアにまで広がるユーラシアの周極地帯は、新石器農民に好適な土壌を与えてくれなかった。しかしこの地帯は、中石器時代の森林種族がボレアル期に北海やバルト海西沿岸部の周辺で狩猟し採集していたような、獣・野禽・魚・堅果・漿果に恵まれていた。森林種族は中石器時代までに、これらの天然資源を利用する効率的な装備を完備していた。かれらは、デンマークとスウェーデン南部に農民が入植して以降も、同様の装備を長らく使い続けた。というのも、針葉樹林やその北方の亜寒帯針葉樹林が、ボレアル期のブリテン島およびデンマークに酷似する植生環境を形成していたからである。そこにはマグレモーゼ文化の要素がふんだんに残っていた。ところで、装備が残存していたということは、その製作と使用を規定する伝統が継続していたことをも意味する。そして伝統の継続とは、人間集団のある程度の継続を意味する。移住や侵入の波が押し寄せて、当地の人間集団の遺伝子構成をどれほど変容させてしまったにせよ、文化的伝統はその地で八～九千年にわたって保持されていたのである（一六頁参照）。

しかし、文化の連続性は文化の不変性と同じではない。実際のところ、当時の環境は静的でも斉一的でもなかった。当時の諸文化は、新たな好機を活用するべく変容し、在地の資源を活用するべく分化し、発明や借用を通じて豊かになった。ヨーロッパ亜寒帯針葉樹林帯の住民は均質でもなかった。サブボレアル期にはモンゴロイド・ラップ系人種・ヨーロッパ人種・混血型がいたことが、墓からうかがえる。

森林種族は当該期間を通じて食糧採集民にとどまっていたと考えられる。森林種族はみな犬を飼っていた。魚を犬の餌にすることもあった。しかし、スウェーデン東部を除くと、動物を食用に飼う地域はなかった。ス

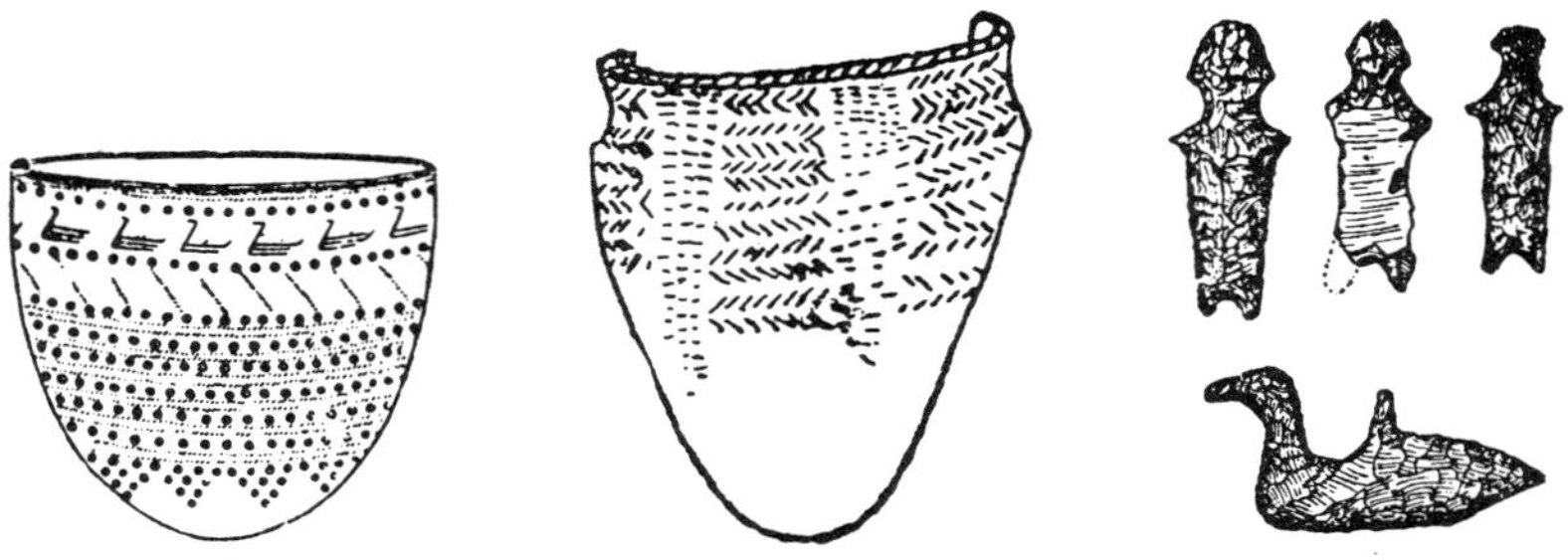

1　2　3

図103　フィンランドII期の櫛目文土器（1:カレリア地方出土、S=1/6）・東スウェーデン様式の土器（2:オーランド諸島出土、S=1/6）・フリント製小像（3:ヴォロソヴォ遺跡〔ロシア〕出土、S=3/10）

ウェーデン東部では狩猟漁撈民が、おそらくB群牧畜民（二二四頁）という手本に触発されて、在来種の豚を飼育していた。ノルウェー沿岸部やバルト海周辺部、そして白海の沿岸部では、水生哺乳動物の捕獲が食糧供給の重要な要素であり、そのため銛・砕氷道具《アイスピック》・脂肪割り用石斧といった特殊装備が生み出された。他方で漁撈は、いたるところで主要な経済活動になっていた。そのため永続性がもっとも高い集落は、海岸に近接するか、湖沼や河川に沿って築かれていた。このような「集落」でさえ、一〇世帯に満たない人びとが一時的に集まった野営地にすぎなかったようだ。ゴトランド島に四九基からなる大型墓地があったり、オネガ湖のディア島に一五〇基からなる大型墓地がある[94]にしても、かならずしも大型かつ恒久的な村落が存在したことを意味するわけではない。

しかし、ノルウェー北部を除く狩猟漁撈民はみな、わりと移牧的な生活様式であったにもかかわらず、サブボレアル期から土器を作っていた。これらの土器は、地域群や年代群を明確にするうえで有用である。スウェーデンからシベリアにかけて、土器はどれもこれも輪積み法という同じ技法で製作され、すべてが下方にすぼまって丸底を呈し、すべてが列状の水平列点文で装飾されているようであり、しばしば櫛状圧痕帯[95]が伴っている。したがって、これらの土器群は「櫛目文土器」と総称されている。しかし、バルト海以西の多くの土器は、円錐形の体部が肩部で屈折して頸部が内湾するが、はるか東方では無頸の卵形土器が盛行する。このような類別内で、施文の技法および配置の違いから様式群と時期が区別される。スウェーデンとフィンランド[96]では、典型的な土器片が出土する海岸部の集落とリトリナ海の海岸後退現象との関係によって、四つの連続する様式を年代順に配列できる。なぜなら、当地の陸地は隆起を続けていたため、現在の浜辺よりも高地にある野営地ほど古いことになるからだ。スウェーデンの編年体系は、前章で示した北方新石器編年の細別期と関連づけうるが、フィンランドの編年との関連づけはあまり正確にできない。フィンランドの編年を北・中央ロシアにまで拡張する試みが、フィンランドの先史学者によってなされてきた。他方でロシアのニーナ・グリナは、オネガ湖および白海周辺の観察記録に基づき、両者の大まかな併行関係を描き出した。しかし、グリナ以外のロシアの専門家は、このような一般化を拒絶し、櫛目文土器がウラル地方にまで広がっていること自体を全否定している[97]。それでも本章では、フィンランドの編年体系をユーラシアの周極地帯の全域に適用し、フィンランドⅠ期・Ⅱ期・Ⅲ期・Ⅳ期という表現を用いて、これらに類似する様式（Ⅰ～Ⅳ様式）を表示し、そして全域の同時併行性ではなく、むしろ地域的な文化連続における相対的位置を示そう。さらに、おそらく土器出現以前である、土器と共存しない組合せをフィンランド〇《ゼロ》期にあてる。

そうすると、フィンランド〇期はスオムスヤルヴィ文化だということになる。この文化を特徴づけるのは、粗製の石製手斧（図104－2）、フィンランドではアトランティック期に関連して登場しウラル地方でも出土する頁岩製尖頭器、そしてロシアの花粉分析者が同時期に位置づける北西ロシアのマグレモーゼ型式の組合せである。Ⅰ期の土器は、幅広の文様帯で装飾され、撚り紐で押捺施文されることもある。こうした土器は、バルト海沿岸部からオネガ湖や白海にいたる地域で報告されている。また、ドニエプル川上流域の一遺跡からも出土が報告されている。Ⅱ期は中央ロシアでも良好に認められるようだが、水禽の様式化した表現（図103－1）を含めるならば、

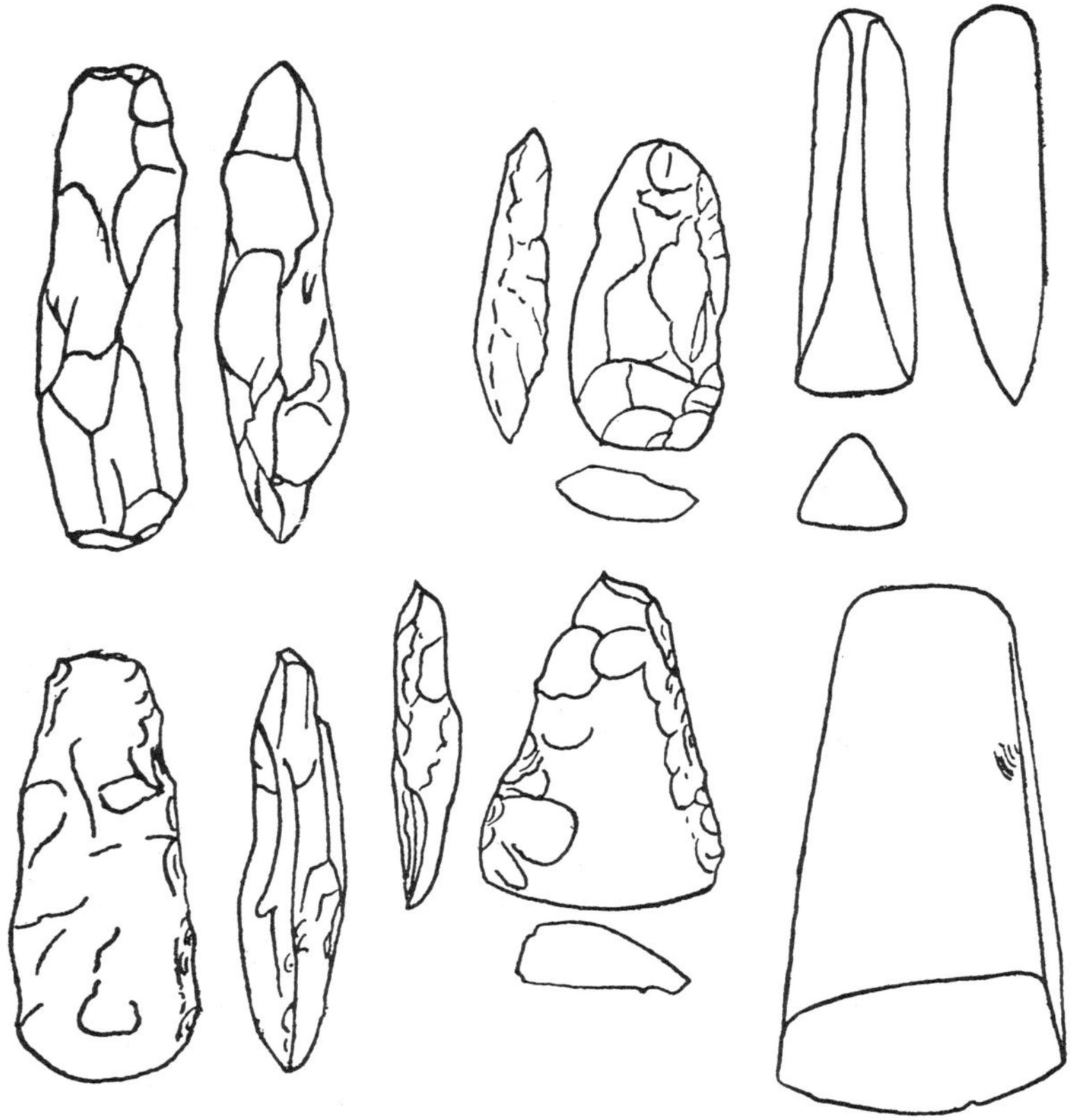

1　　2　　3

図104　ノストヴェット文化の石斧(1:S=3/8)・スオムスヤルヴィ文化の石斧(2:S=3/8)・磨製石鑿と磨製石製手斧(3:S=1/2)

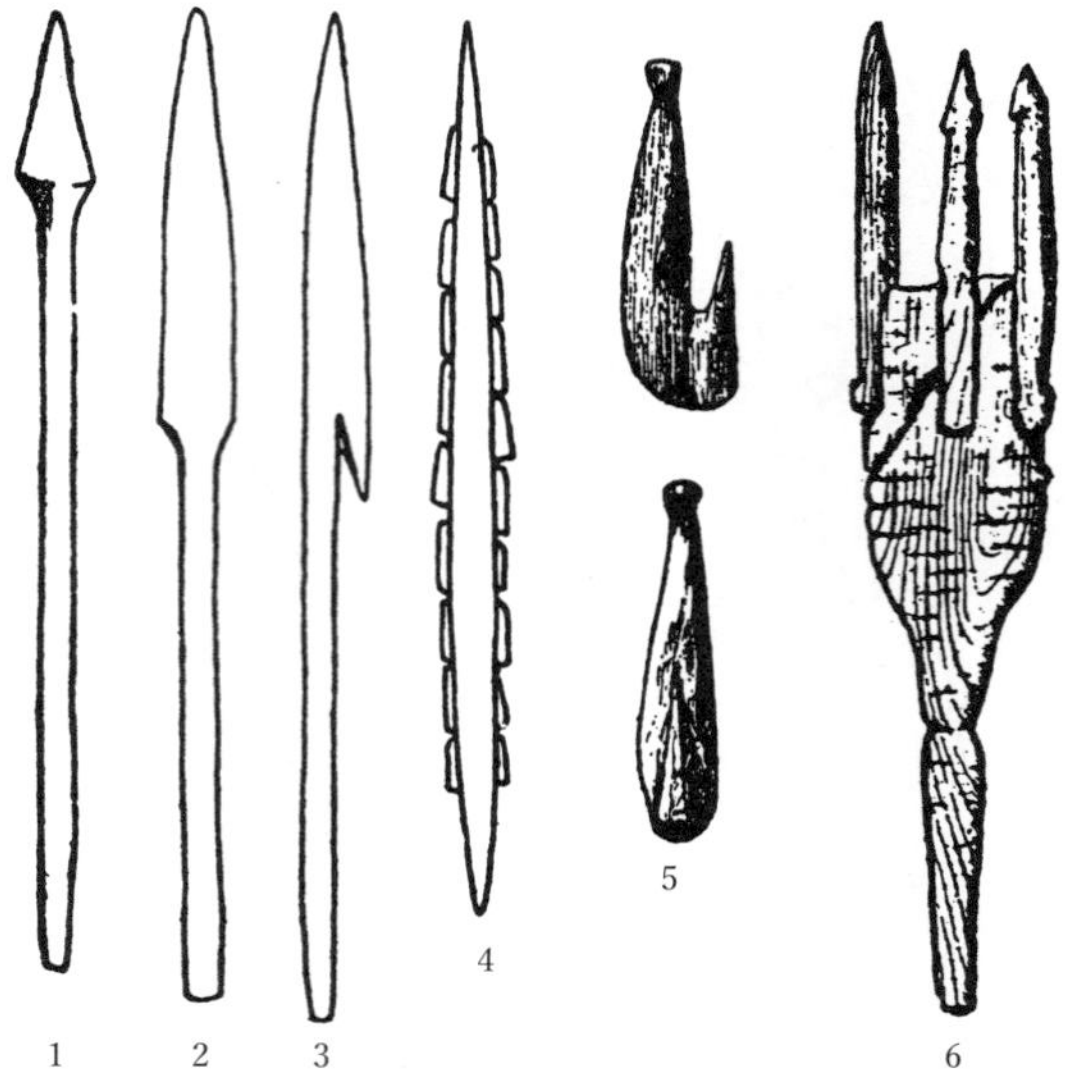


図105　東方マグレモーゼ型式の漁撈具（S=1/3）。エストニア出土（1〜4）・ウクライナ出土（5）・ウラル地方の泥炭地出土の魚扠（6：S=1/6）

ウラル地方にまで広がっている。その後は、おそらくバルト海沿岸部と中央ロシアに闘斧文化が勃興したために、地方ごとの分岐が著しくなりすぎて、地方文化間の相互関係が分からなくなってしまう。しかし、青銅器時代後期型式の若干の袋状斧が、そして鉄器さえもがフィンランドとロシア北部に伝わろうとしていた頃、いまだに狩猟漁撈民がフィンランドIV様式の櫛目文土器を作り続けていた。

漁撈に関して、マグレモーゼ文化のものに多少なりとも似る、骨製の刺突部をもつ魚扠（図105－6）が、フィンランド期を通じてノルウェーからシベリアにかけて使われていた。また、ボレアル期のパルヌ型式の釣針（図105－5）も北ロシアにおいて、そしてデスナ河畔においてすら残存していた。しかしサブボレアル期までに、石製ないし骨製の抉入《えぐりいり》軸部と逆刺部を別造りにした組み合わせ道具がこの地帯全域に加わった。ただし、少なくともこれらと同じくらい網漁法が重要だった。[98]

マグレモーゼ文化の狩猟具のうち、骨製植刃器がいたるところに残存していた。円錐形の骨鏃と片逆刺付の骨鏃（図105－3）が遠方のウラル地方でも残り、フィンランド〇期からIV期まで残存した。**打瘤**《バルブ》*面にわずかな剥離調整を加えたフリント片製の石鏃と槍先は、〇期とI期の遺跡から出土する。これらはスウィデリアン文化に由

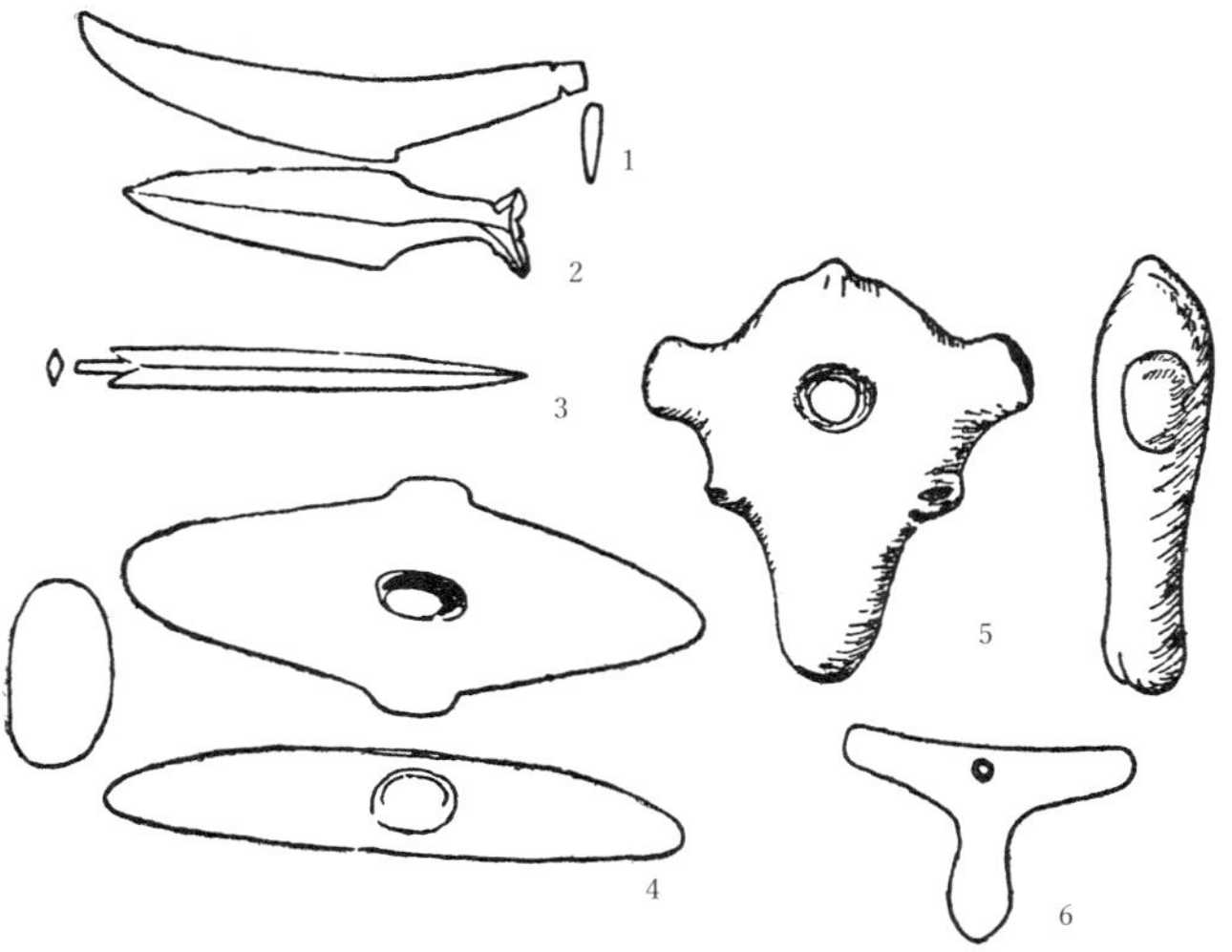


図106　頁岩製のナイフと投槍(1～3:スウェーデン出土、S=1/4)・石製棍棒頭(4・5:フィンランド出土、S=1/4)・頁岩製垂飾(6:S=1/2)〔原書比 9:10〕

来するものかもしれず、頁岩で模倣された。フィンランドやオカ川沿いの初期の遺跡において、I期の最古の土器とまれに共存する直剪鏃は、バルト海西沿岸部だけでなくウクライナにも起源があるかもしれない。一般に木の葉形鏃と呼ばれる両面加工鏃の初現はII期であり、III期には断面三角形ないし偏菱形の旧式のフリント鏃（図106－3）もしくは骨鏃と同様に頁岩製に変わった。ノルウェーからウラル地方およびヴォルガ川下流域[99]に流布していた平面偏菱形の棍棒頭（例－図106－4）は、マグレモーゼ文化の有棘状武器に由来するのかもしれない。

木工に関しては、鹿角楔と骨製袋状鑿が、北・中央ロシアと同じようにノルウェーでも使い続けられていた。ただし北方では、もっと作業効率のよい磨製の石製手斧・石製丸鑿・石製鑿が加わった（図104－3）。なお中央ロシアでは、このような磨製石器はファティヤノヴォ文化が興隆する以前に明確な発見例がない。マグレモーゼ文化の猪牙製ナイフも、ノルウェー・スウェーデン・中央ロシアで残存していた。ただし北方では、頁岩製に変わり、図示したような形状のナイフ（図106－1）を誕生させた。

陸上輸送に関して、ボレアル期の人力橇に犬橇が付け加わった。橇の存在は、スウェーデンからウラル地方にかけて発見される滑走部によって示され、フィンランドではⅡ期という早い年代に位置づけられる。トナカイによる牽引に適した重い橇は、フィンランドでは「石器時代から青銅器時代への移行期」に比定されている。スキー板の存在も、フィンランドとスウェーデンで実証されている。水上で利用した革舟は、マグレモーゼ文化のものと推定されており、現にノルウェーの岩石彫刻に表現されている。またマグレモーゼ型式の櫂が、ウラル地方の泥炭地から発掘されている。

狩猟漁撈民の小集団は自給自足でありえただろう。ただし、経済的自立とはいっても、物資と素材の交換が排除されていたわけではない。実際、捕食的な生業様式を余儀なくされる季節的な遠征狩猟は、共同体間の物々交換と結びついて、交易目的の遠征へと円滑に発展していったであろう。ロシア産のフリントは、このようにしてフィンランドⅡ期に盛んにフィンランドに輸入された。しかし、Ⅲ期にはスカンディナヴィア産のフリントに駆逐された。石製鑿（例―図104－3）はバルト海の東側で製作されたが、スウェーデンに輸入された。森林種族はサンビア半島で琥珀の鉱床を発見し、自分たちの自然主義的な様式に即して琥珀を彫刻した。そしてノルウェー・中部ドイツ・フィンランド・中央ロシアへと輸出した。ベッカーは、スカンディナヴィア北部に規則性をもって存在するフリント斧頭の一括埋納に裏づけられる、スウェーデン南部ないしデンマークにおけるフリントの驚くほど広範な分布が、森林文化の狩猟漁撈民によるものだと確信をもって位置づけた。他方で**グレアム・クラーク**＊は、フリントに対する見返りとして、ノルウェーから干し鱈が輸出されたのではないかと想像する。

精神活動は、考古記録に表れている限りにおいていえば、基盤となる経済と同様に斉一的だった。野営地内の墓でも、野営地とは別個に設けられた墓地でも、死者は常に伸展葬され、しばしば赭土の塊を副えられるか、赤色顔料が振り掛けられた。墓地の規模はすこぶる小さいのが通例で、八〜一二人が葬られた。ただしゴトランド島のヴェスタビィエル遺跡には四九基からなる墓地が、オネガ湖のディア島には一五〇基以上からなる墓地がある。[100]ディア島の墓地では、深い墓壙に五体の遺骸が直立葬され、フリント製および骨製の狩猟具と装身具からなる異例なほど豊かな副葬品が伴っている。このうち狩猟具はみなフィンランド〇期にふさわしい型式である。これらの墓は首長に属するものに違いなく、狩猟漁撈社会の内部に地位差《ランク》があったことを明らかにしている。

少なくともバルト海の東側では、骨製ないし木製の人物像（一部は明らかに男性像）が彫刻で作られた。後には粘土で造形された。[101]そうした人物像は、間違いなく観念的な目的に供されていた。しかしこの目的は、新石器農民によって作られていた馴染み深い女性小像が果たしていた目的とは同じでなかっただろうし、様式もまったく異なっている。ノルウェーでは、マドレーヌ文化と同じ写実的な様式で、ヘラジカと赤鹿が岩に刻まれた。スウェーデンと北ロシアでは、動物・鳥・人間の姿が、そして儀礼の情景さえもが、氷河で滑らかになった岩の表面に、いっそう定型的な表現で彫り出された。森林文化の狩猟採集民の諸部族はみな、骨・石・木に鳥獣を写実的に彫刻した。他方、奇妙で小さなフリント彫刻が、オカ川流域から白海にいたるロシア東部にいくぶん集中している。

これら諸文化はわりと斉一的であったが、その担い手は同質の人種集団ではなかった。北・中央ロシアの遺跡から出土する頭蓋骨の大半はラップ系人種だと見なされ、一部がヨーロッパ人種・モンゴロイド・混血型だと見なされている。ゴトランド島では、一個の頭蓋骨がモンゴロイドだと診断されている。

本章で概観した狩猟漁撈民の諸文化について、もっとも簡潔に説明しようとすれば、ボレアル期の北海〜バルト海西沿岸部におけるマグレモーゼ文化人に由来し、そこから分岐的に適応した諸文化として、それら全部をあつかうことになるだろう。上記した人類学的データは、このような過度の単純化を排除するに足るものであろう。ベッカーは、当然ながらこれら諸文化のマグレモーゼ文化的な構成要素を否定することなく、スカンディナヴィアの櫛目文土器に象徴される文化を、バルト海の彼方から当地に直接もたらされたものと見なしている。ロシアの先史学者は、中央ロシア・ウラル地方・シベリアの文化的諸様相がバルト地方の諸文化に全面的に依存していたという考えを厳しく否定している。ブリューソフ[102]によると、ウラル地方は後氷期の早い時期に、アラル＝カスピ低地や中央ロシアからの入植があり、バルト海東沿岸部にはポントス地域からの入植があっただろう。だとすれば、櫛目文土器によって区別される典型的な諸文化は、オカ川＝ヴォルガ川上流域とドニエプル川上流域において具体的な姿で現れたことになるだろう。しかしブリューソフの説明には、無知のなせるひどい素案が含まれている。北ポントス地帯とカスピ海東岸の初期の文化は、いまだひどく不明瞭である。ウラル地方の泥炭地出土品の組合せや、オカ川＝ヴォルガ川流域における砂丘地の遺跡出土品の組合せ、そして白海からオネガ湖を経てラドガ湖へといたるベルト地帯出土品の組合せ、バルト地方の周辺で採集された組合せの編年的関係は、きわめて曖昧なのである。花粉出現頻度図はほとんど公表されていないし、バルト海西沿岸部の帯状分布に関する花粉出現頻度図の解釈にも議論の余地がある。

バルト海周辺のボレアル期に特有の諸型式が、ウラル地方の沼沢地から確かに出土するが、その出土状況は不明である。理窟からいえば、それらは東方にではなく西方に拡散した可能性がある。しかし、年代を示す独自の証拠がない以上、最終判断は下せない。また技法面でスウェーデンとフィンランドの土器に似る卵形の土器が、シベリア[103]でも、そしてポントス草原を越えてコーカサスでも発見されている。この粗製土器は、全時期を通じてトリポリエ土器と共存し、技法的には櫛目文土器に近い。フィンランドI様式とII様式に影響を与えた可能性がある巻き縄文様は、ウクライナとドニエプル川流域においてすこぶる盛行した時期がある。しかし、これらの相対的な古さは、どれもこれも不確かである。ウラル地方周辺と中央ロシアとウクライナの文化連続は、表面的には短期だったように見える。そのため、バルト海西沿岸部が時期的に先行したかのように見えてしまう。しかしその短さは、調査と刊行物の不足によるところもある。また、考古学的な事象が気候変動や陸地運動によって引

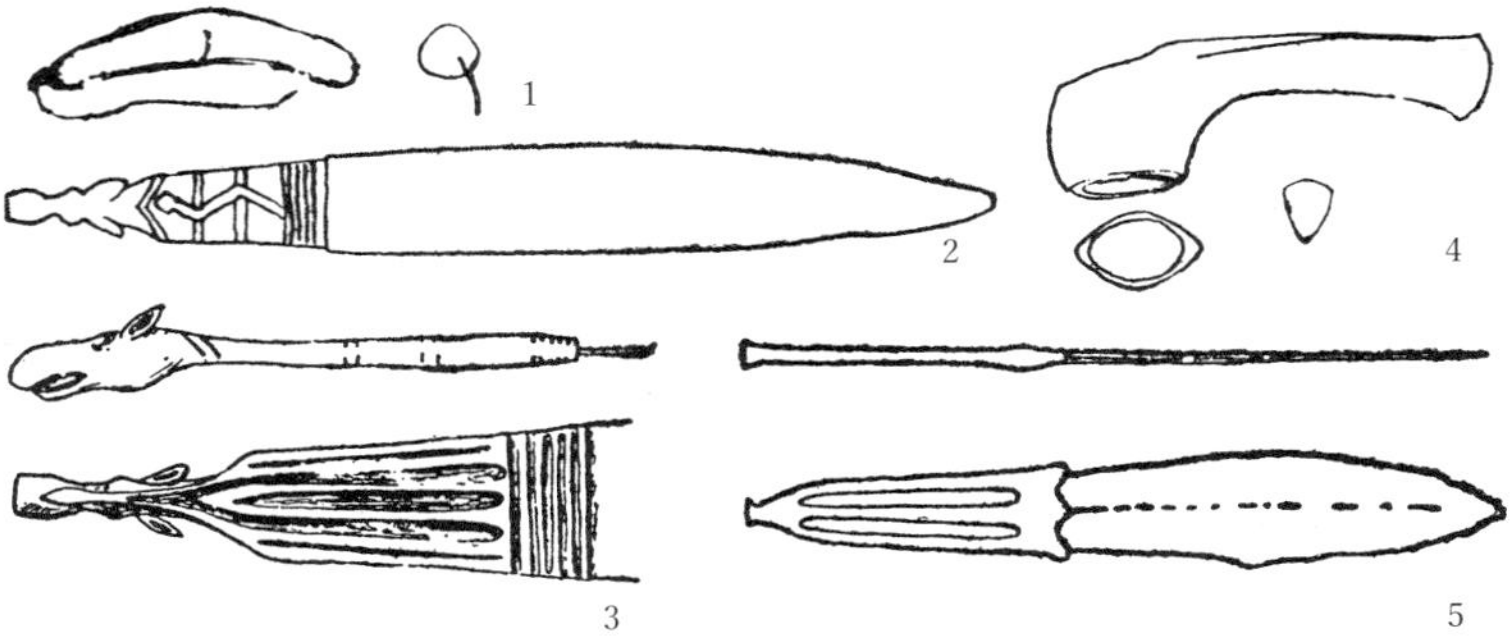


図107　セイマ遺跡の一括埋納のナイフと斧（1：S=1/2 ／ 2：S=1/6 ／ 3：2 の細部、S=1/3 ／ 4・5：S=1/6）

き起こされるという点からいえば、大陸の環境の方がずっと安定しているという理由もある。

ここで手短に述べた考古学的データは、亜寒帯針葉樹林帯の狩猟漁撈民が、いかに疎らに散在していたとはいえ、ユーラシアの周極地帯の全域において、そして当地帯と南方の草原地帯およびステップ地帯との間で、文化を伝達しあう連続体を形成していたことを証拠だてている。またこのデータは、文化伝達が一方通行だったことを示すものではないが、かといって東方・南方・西方からの文化伝達が果たした貢献の相対的重要性を判断する基準になるものでもない。フリント剥片やフリント石刃の両面調整技法は、南西方面よりも南東方面から北方へと伝わった可能性が高い。同時代の琥珀への愛好は、逆方向をたどって伝播したに違いない。櫛目文土器を用いていた交易者がデンマークにもたらした強弓は、シベリアではセロヴォ期までに存在が証明されている複合弓であったかもしれず、トルコ＝モンゴル型式の複合弓の祖型になるものかもしれない。ただしマグレモーゼ文化の弓でさえ、腱で補強されていた。亜寒帯針葉樹林の食糧採集諸文化を経由して、ヨーロッパ文明に貢献した様々なものがアジアから伝わっていった姿は、実際のところボレアル期よりもサブボレアル期の方がしっかり証明されている。ただし、まだ正確な評価にはいたっていない。

このように構成されていた諸文化の連続体は、舟形斧文化およびファティヤノヴォ文化の好戦的な農民および牧畜民が到来したことで分裂した。舟形斧文化はバルト海東沿岸部を占拠した。しかし、フィンランドで明瞭に画される境界の向こうは、旧来の狩猟漁撈民が乱されることなくそのまま残された。この狩猟漁撈民は、櫛目文土器という旧来の土器伝統をそのまま保持したが、石綿を胎土の混和剤として用いることもあった。そしてこの頃には、スウェーデンのメーラル型式と東ロシアのアナニノ型式の袋状斧が若干ながら輸入されていて、デンマークとスウェーデン南部に末期青銅器時代がすでに到来したことを高らかに告げていたのに、採集漁撈民は石製の道具および武器と舟形斧の在地模倣品とに頼り続けた。中央ロシアでも、ファティヤノヴォ文化の戦士がヴォルガ川流域の旧住民に置き換わることはなかった。野営地の遺跡からは、旧来の製法で作られた土器が出土するが、時おり織物圧痕で施文されるようになった。このことは、ゴルキ西方のオカ河畔に所在するセイマ遺跡〔ロシア〕の一括埋納に代表される、袋状斧などの若干の金属器が、木槨墳文化期の後期青銅器時代の諸文化から南方と東方に滲透していた頃に、新石器文化の狩猟漁撈民が優勢を占めながら残存していたことを物語っている。セイマ遺跡の一括埋納から出土したナイフの柄には、ヘラジカの頭部が写実的に表現されている（図107－2・3）。これはシベリアや中国の青銅細工に実によく似ている。しかしこれは、ユーラシアの狩猟漁撈民の自然主義的芸術から生まれたものであって、ノルウェーからウラル地方にかけて出土する石製闘斧だけでなく、オネガ湖のディア島の墓地から出土する骨製短剣にも比肩しうる。しかし、このような石器時代からの時代遅れの残滓は本書の対象外である。

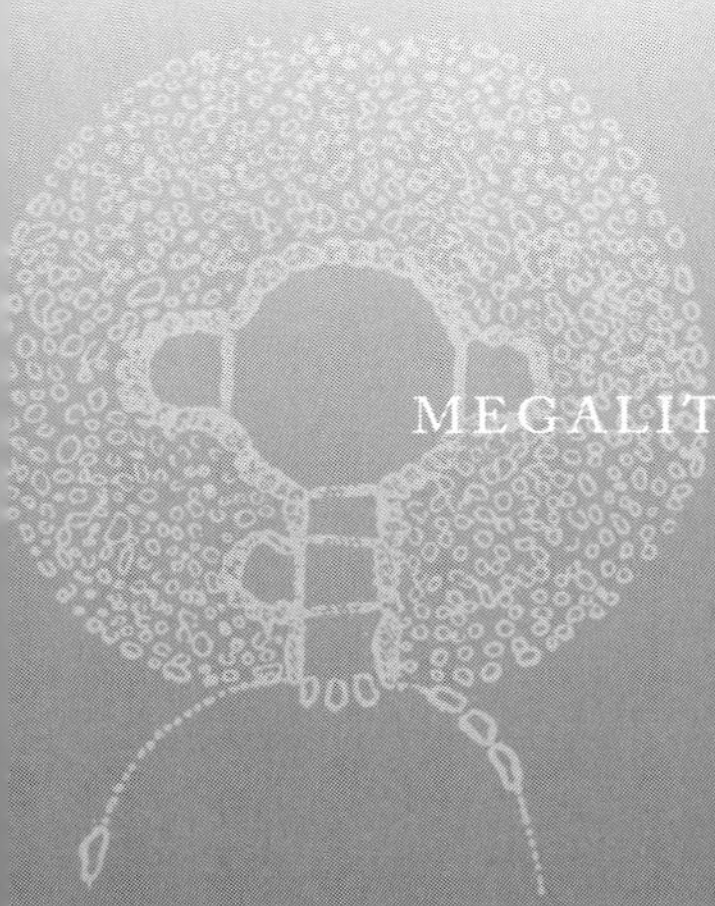

*Chapter*
XII

# MEGALITH BUILDERS AND BEAKER-FOLK

# 第12章

# 巨石建造者とビーカー族

## 巨石墓

西ヨーロッパへのオリエント文化の伝播は、ある程度までは海上交通によって引き起こされたに違いない。そうした交通の証拠は、地中海沿岸と大西洋沿岸に、そしてこれらの沿岸と結ばれた陸路沿いに、意味ありげに広がる室墓群の構造が与えてくれるように思われる。それらの内容から判断すると、こうした室墓群は単一の文化に属するのではなく、したがって単一の民族集団が建造し使用したものではない。しかし、実にいろいろな場所で、室墓構造の細部があまりに強い規則性をもって現れるため、当該期の室墓構造の主要型式について概要調査を実施する場合、何基もやらなくてすむほどである。

一連の室墓群のうち、もっとも興味をそそり、それゆえ考古学者の注目を最初に惹いた墓は、途轍もなく巨大な石で建造されている。だからそうした墓は「巨石」墓と呼ばれている。しかし、平面形は同じなのに、小ぶりな石を空積みして建造した室墓もあれば、岩面を穿って構築した室墓（「岩穴墓」）もあるので、すべてに巨石墓の名を適用すると誤解を招く。たとえばポルトガルでは、狭くて低い羨道から出入りする蜂窩状墓室が、掘削しやすい軟質の石灰岩のある山腹に掘り込まれている。同じ平面形の室墓を築く場合でも、下層土が薄くて岩が堅硬な場所だと、地表上に**空石積み**＊で構築し、その土地の砂岩や片岩が自然に割れていて手頃な板石になっている場合だと、持ち送り積みの屋根を架けた。岩が花崗岩のように硬すぎて手に負えない場所だと、大きな天井石や楣石を支える大きな塊石（「立石」）を直立させて据えて、墓室と羨道の骨組みを構築した。以上の三通りの工法

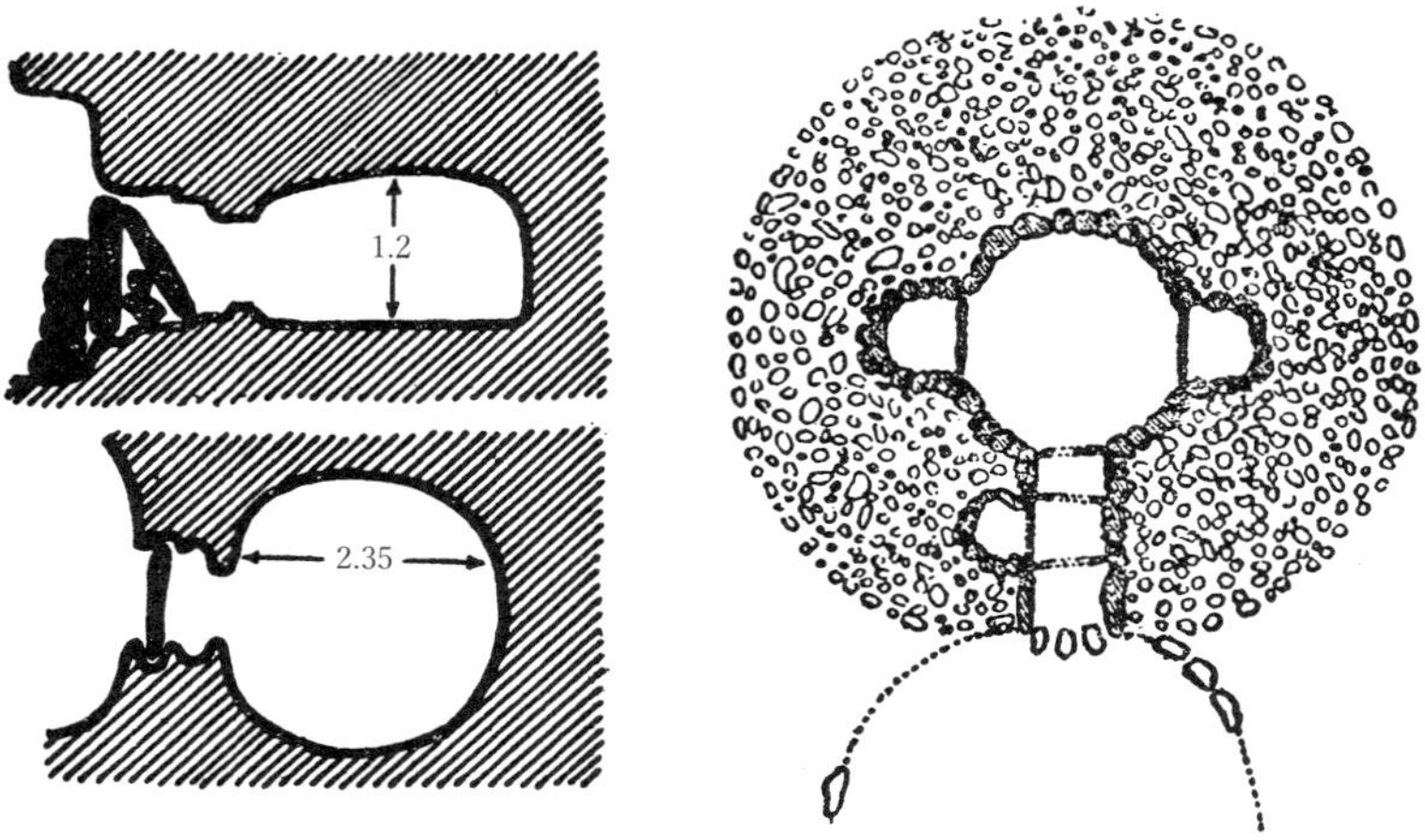


図108　カステルッチオ遺跡〔イタリア〕の岩穴墓(左)とロス・ミリャレス遺跡〔スペイン〕の持送室墓(右)

で建造された室墓には、しばしば同じ設備が含まれている。それゆえ多くの専門家が、このような地域における工法は地元の地質に制約されているにすぎないと主張する。[104] この説は、普遍的に適用できないという条件はつくが、いずれは承認されるだろう。「岩穴」墓は、イングランドの白亜丘陵では簡単に掘削して構築できただろう。ところが実際には、当地の室墓は常に地上に造られた。スペイン南部のアンテケーラ遺跡などにある墓地(三四三頁)では、平面形の異なる立石室墓と持送天井室墓が並び建っている。このような場合、室墓の構築法はもっぱら室墓建造者の伝統的な予断に規定されていたに違いない。ともあれ、分析の下ごしらえをしている現段階においてもっとも重要になるのは、平面形の共通性である。

地方ごとに偏差を見せ、途方に暮れるほど多様な巨石墓も、主要二型式に分けておくと便利である。すなわち「**墓道付石室墓***」と「**長方形石室墓***(**通廊形石室墓***)」である。前者は墓室本体よりも低くて狭い羨道から墓室に出入りする構成をとる。後者は墓室自体が狭長で、手前に羨道がなく、玄門からそのまま墓室に出入りする。ただし、このような型にはまった区別に固執すると、かなり恣意的な分類に陥ってしまう。たとえば図153のような室墓は、平面形で見ると図109のような通廊形石室墓と同じだが、その中身や構築法においては図152のような墓道付石室墓と同じグループに属している。長方形石室墓は長形墳丘や円形墳丘で被覆されることもある。墓道付石室墓も同様である。セーヌ＝オワーヌ＝マルヌ文化（三九〇〜三九一頁）がパリ型式の長方形石室墓と決まって共存することを除くと、特定の遺物群からなる複合体がただ一つの巨石墓型式に特有なことはない。したがって、西ヨーロッパにおいてさえ、「巨石墓の観念」が墓道付石室墓と長方形石室墓（通廊形石室墓）という別個の二形式の姿をとって伝播したという仮定を、上記した事実は承認してくれないのだ。

墓道付石室墓はもっとも広い分布を示す巨石墓の型式であり、東地中海の全域・シチリア島・サルディニア島・スペイン南部・ポルトガル・ブルターニュ・中部アイルランド・スコットランド北部・デンマーク・南スウェーデン・オランダに広く認められる。付属小室が主室につながる室墓だと、岩穴墓が東地中海・サルディニア島・バレアレス諸島（スペイン）に、いくらかの持送天井室墓がスペイン南部・ポルトガル・アイルランド・スコットランドに、若干の立石室墓がブルターニュとデンマークにある。略円形の墓室は、クレタ島とキクラデス諸島の持送天井室墓や、それよりも古いシチリア島の岩穴墓の、そして南スペイン・ポルトガル・ブルターニュ・アイルランド・スコットランド・デンマークの墓所（デンマークが最古）の特徴となっている。円形プランの持送天井墓室をもつ墓道付石室墓は、トロスと呼ばれることが多い（図44・図108）。

岩穴墓の羨道は墓室に向かって下り傾斜を呈することが多い。地表面がほぼ水平な場合、羨道は階段状の竪坑に切り詰められ、竪坑墓が生み出された（図25－2）。このような竪坑墓については、すでにギリシアと南ロシアの事例を紹介しているし、シチリア島の事例については再述する。崖面を掘り込んで墓室を築く場合、シチリア島に頻見するように、羨道が省略されて単なる玄門になってしまうこともある（図108左）。大きな立石を伴い区画がはっきりしている種類の墓道付石室墓は、非分化墓道付石室墓と名づけられてきた。というのも、墓室に向

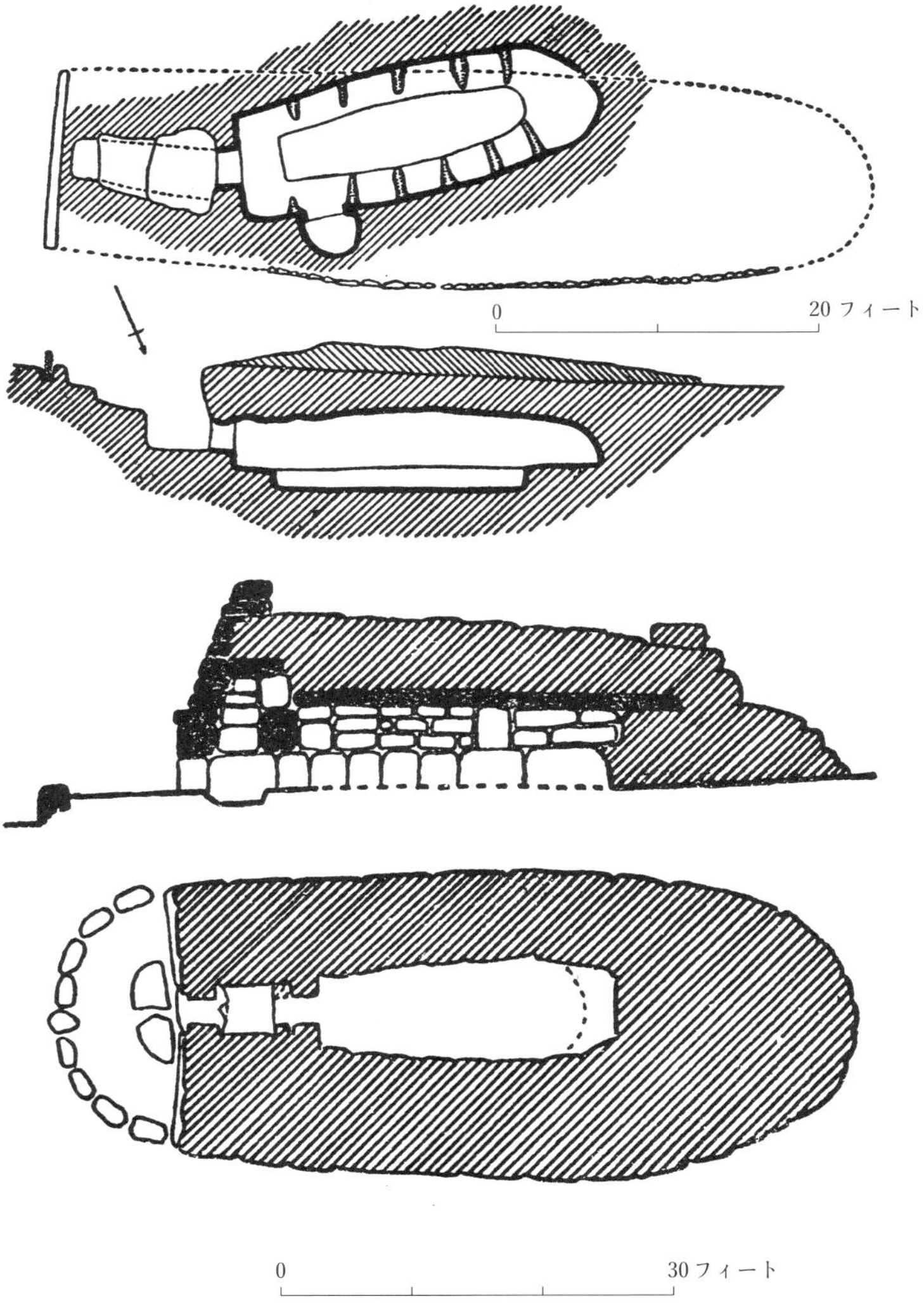


図109　マヨルカ島〔スペイン〕の岩穴墓（上）とメノルカ島〔スペイン〕の「ナベタ」（下）

かって羨道が徐々に広がってゆき、一般に羽子板形を呈するからである。アルル〔フランス〕付近やバレアレス諸島に分布する岩穴墓は、狭長な墓室の手前に羨道がないが、付属小室が墓室につながっていることがある（図109上）。メノルカ島〔スペイン〕では、これと同じ型式の墓が、「ナベタ」と呼ばれる空石積みの墓として地上に再現されている。

長方形石室墓もしくは通廊形石室墓は、バレアレス諸島における平面プランを立石積みで再現したものである。サルディニア島では、空石積みの内壁を立石で支え、内壁が持ち送りにされて半円筒天井を形成している。しかし、パリ盆地・ブルターニュ・ジャージー島〔イギリス〕・ベルギー・西部および中部ドイツ・スウェーデンに実例のある典型的な形状だと、直立する石柱が楣石を支え、狭長な長方形墓室の手前に墓室と同じ幅をもつ短い玄門が設けられている。パリ型式の箱式石室の大半は、半地下状に地面を掘って築かれている。南イタリア・サルディニア島・スペイン北部・フランス・ブリテン島・デンマーク・オランダには、長方形石室墓の変種が存在する。ピレネー山脈の山腹部やアイルランド北部や南西スコットランドの通廊形石室墓は、仕切石と呼ばれる横向きの板石で区切られつつ連接する一連の区画に分割されている。直立石の玄門と組み合わさることもある。このような室墓は「区画型箱式石室」として知られている（図110）。

「ドルメン」なる用語は巨石墓全般に適用されることもあるが、一般には入室用の羨道をもたず三～六本の直立巨石で構成される、小型の長方形ないし多角形の墓室に対してのみ用いられる。ただし、このように限定したところで、ドルメンなる名称が適用されるモニュメントは、起源と機能の面で多様なので、曖昧さが生じてしまう。たとえばサルディニア島やコッツウォルド〔イギリス〕の「ドルメン」のなかには、本来はもっと複雑だったモニュメントを後世の耕作者や道路建設者が破壊してしまい、もっとも頑強な部分が残っただけのものがあるようだ。集葬室墓ではなく密閉された墓室もある。明らかに通廊形石室墓を簡略化しただけのものもある。(105) 混乱を避けるために、構造に加えて内部設備からも特定型式として区別されるドルメンに対して、デンマーク語の

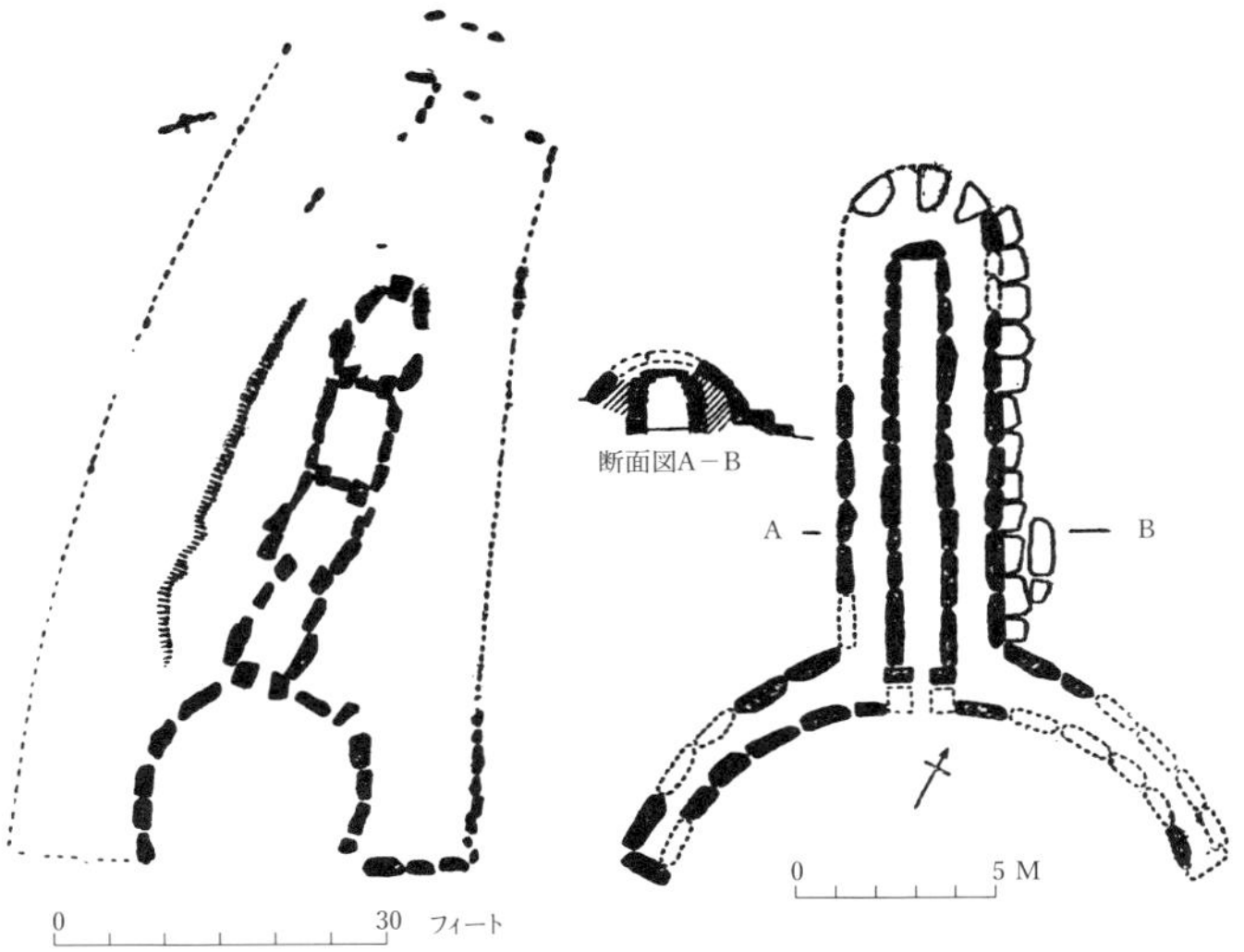


図110　角形積石塚（北アイルランド）の区画型箱式石室と「巨人の墓室」（サルディニア島）

「支石墓《ディス》」という名称が用いられてきた。しかし、二二六頁で定義した典型的な支石墓でさえ、たった一区画にまで簡略化された区画型箱式石室と見なしてよいかもしれない。

　室墓の玄門をとくに注意深くあつかってきたが、ここでは窓孔付板石と呼ばれる形式に触れておかねばなるまい。差し渡し四五～八〇センチの円形ないし長方形状の窓を板石に穿ち（あるいは二枚並べた板石の接合部にそうした窓を穿ち）、そのような板石で墓室や羨道への入口を塞いでいる（図81・図100）。窓孔付板石はコーカサスの「ドルメン」に頻見し、インドの「ドルメン」にさえ見られる。窓孔付板石は、シチリア島の巨石箱式石室や岩穴墓の、サルディニア島の通廊形石室墓の、スペイン南部の持送天井式などの墓道付石室墓の、セーヌ川流域・ブルターニュ・ジャージー島・中部ドイツ・スウェーデンのパリ型式の長方形石室墓の玄門を構成している。マルタ島の巨石神殿にさえ組み込まれている。構築式の室墓の玄関口は自然ないし人工の洞窟の入口に似ているが、窓孔付板石はこの類似性をいっそう高めていることが多い。それどころか、両者の類似性を強調したいという願望が、窓孔付板石の起源に関する説明として提言されてきた。しかし窓孔付板石は、モンテ・サリア遺跡〔シチリア島〕において脆い岩を穿った室墓の玄門に使用されているので、かならずしも洞門を写実的に再現しているとはいえない。

墓室のある室墓を構築する場合、わざわざ穴を掘って建造しない際には、墳丘か積石塚のなかに決まって設置されただろう。積石塚の室墓は常に丹念に構築され、かならずではないものの、石積みの擁壁や巨大な直立縁石で支えられていることが多かった。石積みの擁壁は、バレアレス諸島の「ナベタ」やアルメリアの一部の円形積石塚に、そしてコッツウォルドやスコットランド北部の長形積石塚に良好な実例がある。しかしブリテン島において、見事に築かれたこのような石壁が人目に触れることを意図して造られたかといえば、それは疑問である。というのもその表面が、板石を斜めに積み上げた「追加擁壁」によって意図的に隠されてしまっているからだ。

墓室を有する室墓の羨道と玄門はしばしば前庭に面している。前庭はすこぶる入念なプランで設定されているので、この部位は葬送儀礼において不可欠の役割を果たしたに違いない。半円形を呈する前庭は、シケル文化の一部の室墓では岩を掘り込んで墓室の手前に設置され、サルディニア島の通廊形石室墓や北スコットランドの墓道付石室墓では、前面に築いた壁で境界を画され、アルメリアの**ロス・ミリャレス遺跡***〔スペイン〕のトロスやポルトガルの墳丘墓や北アイルランドおよび南西スコットランドの区画型箱式石室〔図108・図110〕では、前面に建てた立石で境界を画されている[106]。イングランドの前庭は、ミケーネ・デンマーク・スウェーデン・アルモリカの一～二基の墓道付石室墓に連結する前庭と同様に、先端が尖った平面形を呈していることが非常に多い。室墓やそれを覆う墳丘の周辺をもっと注意深く調査すれば、これら以外の地域でも前庭の存在が明らかになるはずである。イギリスの前庭は、丹念に構築しているにもかかわらず、概して土と小石で塞がれた状態で見つかる。この閉塞行為は意図的なものかもしれない。いかなる事例でも、室墓の入口は意図的に閉塞され隠されているのが普通である。だからといって、ウィルフリッド・ヘンプが推論したように、このような室墓で発見される多数の遺骸がすべて同時に安置され、しかる後に墓室が最終的に密閉されたと見なす必然性はない。墓内に入る者は、ミケーネの場合と同じく（一〇二頁）、そのつど入口を見つけ出し、閉塞物を取り除いたのだろう。ミケーネだけでなく、スコットランド・ブルターニュ・デンマークの一～二基の墓においても、室墓が継続的な埋葬に使用されたことを示す動かぬ証拠が提示されつつある。

室墓の分布は、葬送儀礼に表現されている何らかの宗教観念が拡散した結果と思われる。エジプトを除くと、室墓はどの地域においても集葬墓もしくは家族墓所の役割を果たしていたようである。同じ室墓に埋葬された遺骸に家族的な親縁性があることは、ミケーネだけでなくイングランドとデンマークでも報告されている。またクレタ島において注意された、墓室内の火熱痕や骨の攪乱といった特徴（二九頁）は、どの地域でもほぼ普遍的に認められる。中石器時代のパレスティナにおいてさえ、集団埋葬の慣習が天然洞窟でおこなわれていた（二九頁）のだから、集団埋葬のみが統一的な観念の表れだと見ることはできない。室墓は洞窟の納骨所を模造したものにすぎないという意見も出されてきた。**モーティマー・ウィーラー***は巨石墓の建造を評して、天然洞窟に集団埋葬をする慣習をもつ集団による「人工洞窟の大量生産」だという。しかし、スコットランドなどの地域では、埋葬にうってつけの天然洞窟があるのに顧みられなかった。それに集団埋葬は、巨石を用いた墓葬建築と同時にもたらされたのである。ただし巨石墓は、常に共同納骨所として使用されたわけではなかった。もっとも精美な巨石墓であるミケーネのトロスは、一人の首長とその配偶者であろう者のために設計された。マルヌ河畔の精巧な岩穴墓には数体の遺骸しか納めておらず、ほかの岩穴墓には一〇〇体ほどが納められている。しかも、葬法もまるで斉一的でなかった。一般に屈葬の姿勢で土葬するのが、どの地域でも見られる普通の葬法だった。他方で火葬も、南スペイン・南フランス・アルモリカ・ブリテン島といった多くの地域の室墓で報告されており、アイルランド北部では決定的な証拠が得られている。

窓孔付板石や前庭といった付属施設や平面プランという、任意に案出されたかに思われる独自性が、細部にいたるまで一致する。この事実こそが、巨石墓の観念が伝播した物証と見る解釈を正当化している。ところが副葬品を見ると、この解釈を支持する余地はほとんどない。副葬品は当初、純粋に在地的な特性を示し、型式学的な年代差を示唆するようである。エジプト・キプロス・エーゲ海域では、最古の室墓にさえ金属製品が比較的豊富に納められている。このような金属製品は、シケル文化やサルディニア島の最古の穹窿墓においてさえ珍しいものではない。しかも、これらすべての地域において、室墓が造営され続け、鉄器時代に入っても利用され続けた。マルタ島と同様にポルトガルの巨石墓にも、純粋に金属器以前と思われるものがある。しかし、イベリア半島や南フランスの大半の室墓は、多数の石器が納められているにもかかわらず、その副葬品は明らかに銅器時代のものである。他方で、青銅器時代のうちに、墓室への集葬は廃れていった。ブルターニュの室墓では、金属製品は例外的にしか見つからない。イギリスを始めとする北西ヨーロッパの各地では、そのような室墓の内容はもっぱら新石器時代のものであるが、青銅が利用できるようになると、それらは総じて用いられなくなった。

この相違は、はるか遠古の石器時代に極北かポルトガルで発案された巨石墓が、銅器時代に南スペインに、もっと後の青銅器時代にエーゲ海域に伝わったとする説を支持するために利用されてきた。しかし実際のところ、室墓から出土する金属の量は、絶対年代の基準にならない。すでに確証しておいたように、中央ヨーロッパがすっかり青銅器時代になっていた頃（すなわちドナウⅣ期）に、せいぜい「石器時代」の後半期であった北ヨーロッパでは、墓道付石室墓と長方形石室墓が用いられているし、ドナウⅢ期よりも明らかに古いはずの支石墓が存在しないのである。第13章で概要を示す短編年（四二三〜四二四頁）によると、デンマークの巨石墓建造は紀元前二五〇〇年頃に始まったはずである。この年代は、エジプトの室墓はいうまでもなく、ミノア前期やキクラデスの室墓よりも数世紀は遅いことになる。

ヨーロッパの北部および北西部の巨石墓には、金属を始めとする輸入品が極端に少ない。この事実は、エジプトの地か、あるいはそれ以外の東地中海の中枢地を発《た》った「探鉱者」、すなわち「**太陽の子**[*]」が巨石墓建造の観念を伝播させたという説に、ほぼ致命的な異議を突きつけるように思われる。この説によると、「太陽の子」は、生命力を与えてくれる魔術的特性ゆえに珍重される鉱石や貴石が見つかる地域に住み着いたのだという。このような物質（たとえばイベリア半島・ピレネー山脈・サルディニア島・アイルランド・ガロウェイ〔スコットランド〕・クリナン〔スコットランド〕の銅、ガリシアやコーンウォール〔イングランド〕の錫、ブルターニュ・アイルランド・キルドナンの谷床平野〔スコットランド〕の金、オークニー諸島の真珠、ユトランド半島の琥珀など）の分布と巨石建造物の拠点には大まかな相関関係があるが、しかし厳密な相関関係にはほど遠い。巨石墓の副葬品を見ると、このような資源が開発されていた証拠は驚くほど少なく（スコットランドの巨石墓からは地元産の銅・金・真珠すら見つかっていないのだ）、そうした資源を輸出する見返りにエジプトやエーゲ海域から得た輸入品も全然ない。それでもこのような製品は、在地の蛮人を苦心して説得し、いくぶん粗野ではあるが地元における自らの地位にふさわしい墓所を模倣させうるほどの名声を博した商人王の墓に副葬されたのではないかと思われる。また、真珠と黄金ビーズを連ねた頸飾りによって自身の不滅性を確実にする欲望も掻き立てられたことだろう。

巨石墓とは無関係に組み上げられた文化連続によって、巨石墓の相対年代ないし絶対年代を確定しうるわけだが、巨石墓から輸入品の出土がまれであること、あるいは皆無であることは、両者の相関関係を築くうえで深刻な障碍となる。ほぼあらゆる形状の巨石墓において、鐘形ビーカー土器かその派生的な土器が発見されている。そのような事例は、サルディニア島・イベリア半島・南フランス・ブルターニュでは頻見し、スコットランドとデンマークでは散見し、シチリア島では一例が認められる。このように巨石墓からビーカー土器が出土するものの、共存的な関係があるのは巨石墓のうち後次的な埋葬だけであることが、ブルターニュ・スペイン・スコットランド・デンマークの個人墓を通じて確証されてきた。したがってビーカー族は、「巨石墓の観念」の第一波が伝播した際の媒介者ではありえないし、ドナウIII期という遅い時期にドナウ川流域に到達したビーカー族の拡散が、それ以前の室墓の相対年代を確定させることもありえない。

中部フランス・ブルターニュ・ジャージー島の通廊形石室墓には、そしてバレアレス諸島とスウェーデン南部の通廊形石室墓においてさえ、ホルゲン文化の遺物が決まって副葬されている（二四六頁）。なるほどホルゲン族が、パリ型式の長方形石室墓をブルターニュへ、そしてドイツを越えてスウェーデンへと伝播させたといえるかもしれない。中央ヨーロッパでもホルゲン文化はドナウⅢ期後半に属し、Ⅳ期まで続くようである。ところが巨石墓は、確実な時期比定がなされているホルゲン文化の集落には付随していない。どうやら長方形石室墓は、ホルゲン文化に二次的に付け加わったもののようだ。

十分な根拠をもって時期比定できない場合、型式学に頼りたくなる。スカンディナヴィアでは、支石墓（ドルメン）・墓道付石室墓・長方形石室墓という順序が実際に妥当なようである。それでもこの順序は、モンテリウスが見なしたように、進化と退化からなる自己完結的なプロセスだとはもはや見なせない。これと同様の順序を、エドワード・リーズ、ヒューゴ・オーベルマイアー、ペレ・ボスチ＝ヒンペラがイベリア半島に適用し、またダンカン・マッケンジーがサルディニア島に適用した。ボスチ＝ヒンペラは、ポルトガル北部の何基かの荒墓に「ドルメン」の名を付けたうえで、立石式墓道付石室墓から岩穴墓へ、そして最後はトロスへという発展を描き出した。他方でイベリア半島に関して、ダリル・フォードは、「小規模な羨道付ドルメンの中身は貧相だが、それより古いものがないので、周辺地域における典型的な地方的堕落の表れである」と、すこぶる率直に書いている。しかしその後になって、ポルトガルの立石式墓道付石室墓のなかには、実際にはどのトロスよりも古いものがあることが立証された。副葬品は未公表だが、単体埋葬墓と思われる「小型ドルメン」がさらに古く遡ることを確証するといわれている。マッケンジーのいうサルディニア島の「ドルメン」は、よく調べるとひどく荒廃した「巨人墓」にすぎないことが判明する。簡素な型式の方が年代的に古いことが副葬品から判明したのはデンマークだけである。しかしデンマークにおいてすら、数百基に及ぶ支石墓のうち、内容物から北方新石器Ⅱ期に位置づけられるのは五七基にすぎない。大多数が造営されたのは、墓道付石室墓と同じくⅢ期に違いない。

ここで新たに型式学的分析を試みる必要はない。本書で引証した工法上の一致は、巨石墓の分布地域が文化的な連続体をなしていることを明らかにする。文化はその連続体の内部で、東地中海から西方と北方を通過してスコットランドやデンマークへと進むにつれ、あらゆる面で貧相になってゆく。ドナウ回廊およびユーラシア平原で明らかにされたのと同種の文化の帯状分布が、ここでも看て取れるのである。

## 交易するビーカー族

ビーカー族は通交関係を広げ、通商関係を確立させ、冶金業を伝播させるうえで主要な役割を果たした媒介者であった。中央ヨーロッパにおけるビーカー族の活動についてはすでに述べたが、この先も西ヨーロッパに関する記述に頻出するので、ここでかれらの特徴について簡単に説明しておくと都合がよい。

ビーカー族は、その経済活動からだけでなく、地域を問わず墓で共存する特徴的な武器と装飾品、それに何よりも土器からも認識できる。ビーカー土器に付きものの酒杯は、その使用者である「ビーカー」族の名祖になっているのだが、容易に認識できる外形的な特徴以上のものがあるようだ。たとえばウォッカ瓶とジン瓶が、それぞれヨーロッパによるシベリア支配とアフリカ支配を露呈させるように、ビーカー土器はビーカー族の影響力の一源泉であるビールを象徴的に示している。現に黍の穀粒がポルトガルのビーカー土器内から発見されている。

ビーカー族の存在は主に墓から知られるのだが、そうした墓が大墓地を形成することはない。ビーカー族の土器を始めとする遺物が集落で発見される場合、おそらく中部スペインを除くと、他集団の特色を示す遺物と混在しているのが普通である。したがってビーカー族とは、銅・金・琥珀・緑色石《カライス》などの稀少物資の交易に従事した武装商人団だったように見受けられる。それらの稀少物資は、かれらの墓からしばしば発見される。この一団には金属工もいた。たとえば、西ヨーロッパ式の短剣を鋳造した鋳型がモラヴィアのビーカー墓から発見されている。この一団には女性もふくまれ、どの地域においても、器形と装飾が細部にいたるまで伝統に即すように、細心の注意を払って特色ある土器を製作していた。こうした一団はモロッコの海岸部やシチリア島から北海沿岸部まで、またポルトガルやブルターニュからティサ川やヴィスワ川まで動き回っていた。天然資源が豊富な地域や重要な交通路の合流点に好んで定住することもあった。既存の異文化の共同体に対して経済的・政治的な権限をもつこともあったし、そうした共同体との混成集団を形成することもあった。そうした共同体を率いて、さらに遠方を転々と移動することすらあった。とすると、ブリテン島に侵入したビーカー集団は、複合的な起源をもつことが示唆される。

ビーカー土器を詳細に研究しても、単一的かつ一方向的な拡大は見えてこない。このことから、移住の迅速さと移住民の保守性だけでは説明できないほど初期の斉一性が著しく、その後に別個の地域集団が出現しても、少なくとも両者の一部で交流が維持されたことがうかがえる。「典型」様式すなわち「汎ヨーロッパ」様式のビーカー土器（図111－3・4）は、細砂を混和する比較的精良な胎土で作られ、剥離しやすい光沢性の化粧土が塗られ、赤茶色から黒色の色調を呈し、平行斜線文と無文帯を交互に帯状にめぐらせて装飾した。「周回」装飾は、短い歯が密集しおそらく縁部が屈曲する櫛で施文された。この櫛によって、実質的に連続する「点線」（点は円形か長方形で後者の方が多い）が生み出され、低く仕切られる。水平にめぐらせる文様帯が、底部から延びる放射状装飾と組み合わされることもあった。

この典型的な汎ヨーロッパ様式は、ビーカー族が到達したほぼ全域に見られる。しかし、ライン川とブレンナー峠で結ばれる南北線から東方へゆくほど、この様式は一般的でなくなり、特徴も薄れてゆく。そして、ビーカー族が定住したあらゆる地域において地方様式が成長した。これらの地方様式は一般に、起源を同じくする土器様式が後次的に特殊化した変種だと考えられている。他方で、鋭い線刻文や押捺線を施すイベリア様式（シェンポスエロス遺跡（スペイン）やパルメラ遺跡（ポルトガル）に良好な実例がある）（図111－1・2）は、典型様式よりも古い

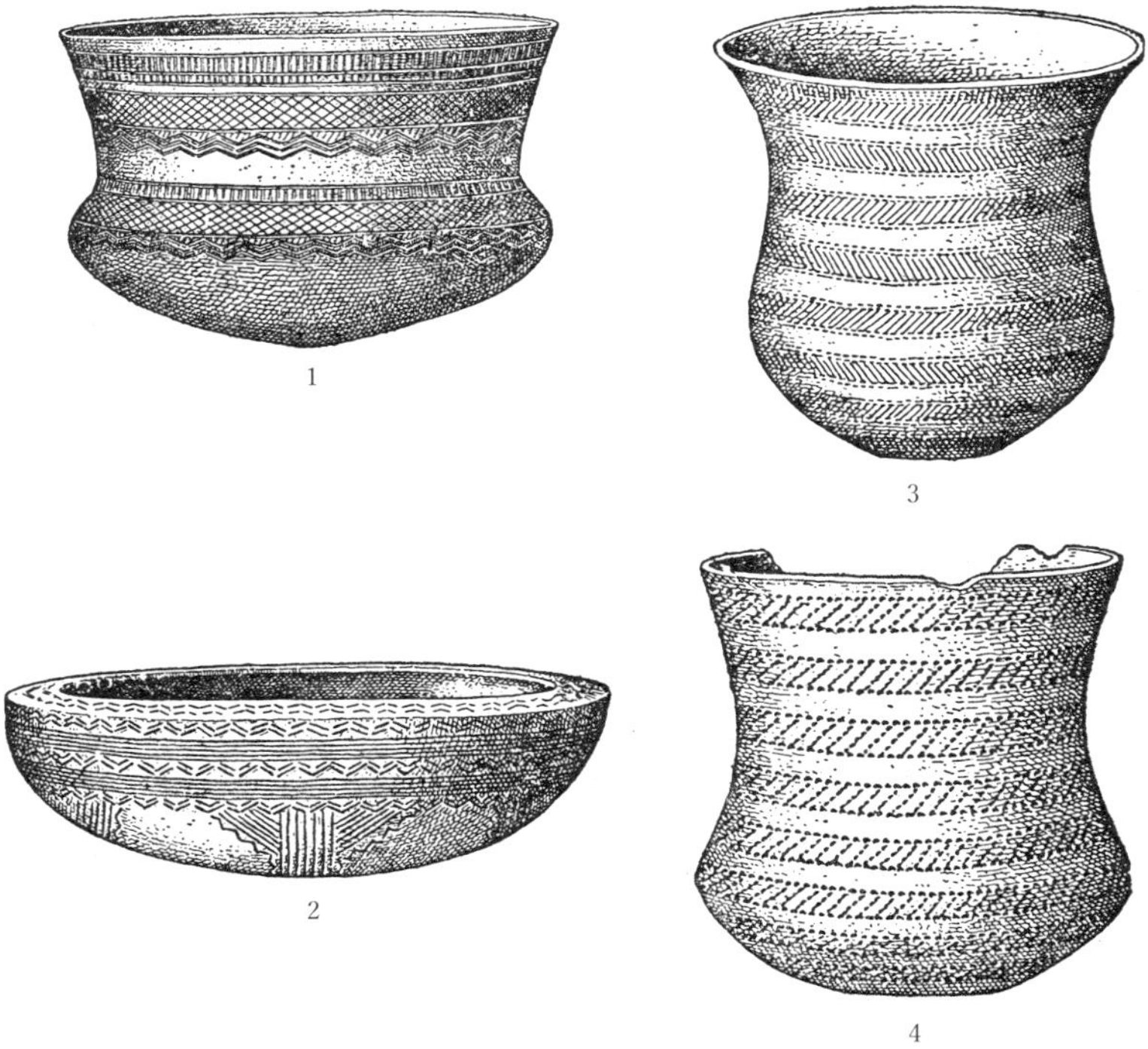


図111　ビーカー土器。パルメラ遺跡〔ポルトガル〕出土（1:S=1/3、2:S=1/5）、ラ・アリアッド遺跡〔南フランス〕出土（3:S=1/3）、ヴィッラフラーティ遺跡〔シチリア島〕出土（4:S=1/2）

可能性がある。[107] たとえそうだとしても、一部の地方様式や派生様式には広範な分布を示すものもある。周回施文様式の分散状況が一次的な拡散に起因するものだとすれば、こうした広範な分布は、二次的な交流を示しているに違いない。たとえば、広口壺の器面を縄目文でぐるりと螺旋状に装飾するビーカー土器は、オランダ北部・スコットランド・ブルターニュ・南フランスに認められる。

イベリア半島・南フランス・中央ヨーロッパのビーカー土器は、同じ技法で装飾された半球形の浅鉢と穴墓でしばしば共存するが、それらは底部から放射状文様が延びていることが多い（図111－2）。

図112　シレジア出土のビーカー土器・手甲・共伴土器（S=1/4）［シーガーによる］

いたるところでビーカー文化複合と共存する特徴的な武器として、西ヨーロッパ式の有茎ナイフ形短剣（図113－2）がある。茎部が突縁状を呈することもあるが、この場合は把を刃部に鋲留めせず、エジプト流の方式（一六三頁）で装着部を凹ませていた。この有茎ナイフ形短剣の模造品が、葬儀用などの代用品としてフリントで盛んに製作された。ところがビーカー族はもともと弓を使っていた。石鏃は打製品が普通で、西ヨーロッパではフリント製の有茎逆刺付石鏃であり、オランダ・中央ヨーロッパ・北イタリアでは凹基式石鏃である。中央ヨーロッパ（イタリアとポーランドを含む）・オランダ・イギリスでは、まれにブルターニュでも、さらに孤例ながらスペインでも、ビーカー族の墓に葬られた射手の身に、弓弦の反発から手首を防護する手甲として、四隅を穿孔した凹形の石板が着装されていた（図112中央）。南フランス・ブルターニュ・ボヘミアでは、金の薄板（図113－4）が同じ目的から同じように穿孔されている。この手甲と同じ規格で、しかも扁平かつ四隅に穿孔した土製の厚板が、ポルトガルとスペインのビーカー文化の遺跡から発見されている。これも手首を護る手甲として使用されたのかもしれない。ボヘミア・ポーランド・サルディニア島でビーカー族が使用していた石

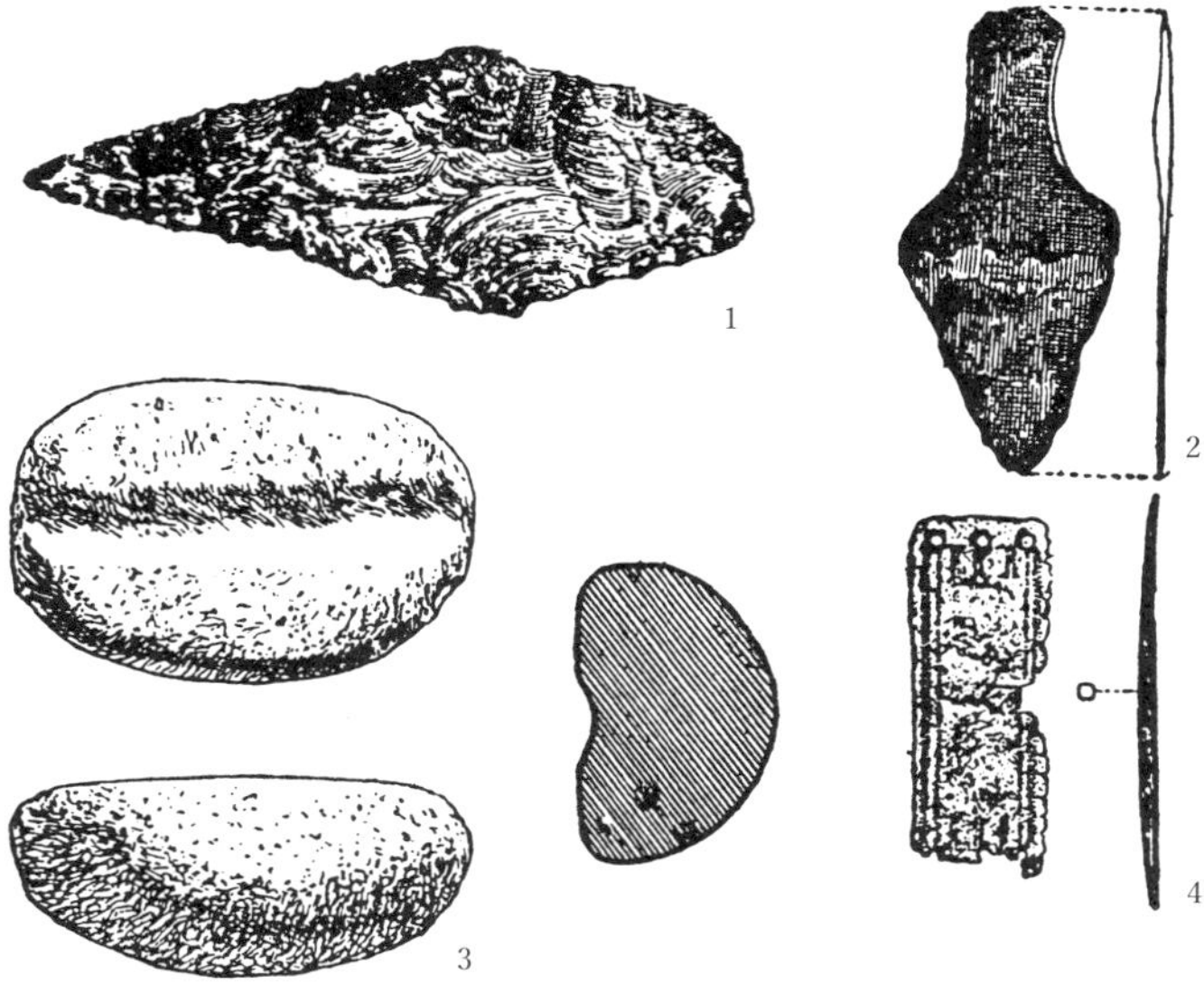


図113　西ヨーロッパ式の短剣(2:ボヘミア出土)とそのフリント製模造品(1:シレジア出土)、矢柄研磨器(3:ウィルトシャー州出土)、手甲の一部である金の薄板(4左)と銅錐(4右、左右ともボヘミア出土)(S=1/2)

製矢柄研磨器は、当初はかれらの装備になかったようだ。なぜなら、中央ヨーロッパではビーカー期以前からあったものだし、ブリテン島ではビーカー族の侵入がすんでしばらく経った中期青銅器時代の前半になってようやく登場するからだ。

ビーカー族の服装に特有の要素として、片面穿孔を施した石製・骨製・琥珀製・黒玉製のボタンがある。

シチリア島北部・サルディニア島・イベリア半島・南フランス・ブルターニュ・チャンネル諸島〔イギリス〕では、ビーカー土器およびそれと常態的に共存する武器が、集葬墓(天然洞窟[108]・岩穴墓[109]・トロス[110]・立石式墓道付石室墓[111]・通廊形石室墓[112]・区画型箱式石室[113])において、他文化に特有の遺物を伴って発見される。しかし、初葬に明白に伴う事例がない一方で、共伴遺物はないが二次埋葬だと分かる事例がある(四〇九頁)。つまりビーカー族は、このような集葬墓に葬られる資格をもつ一族や氏族への加入を許されることもあったが、そうした土地に到着したのは、当の集葬墓が建造されて以後のことだった、ということである。北イタリアや中央ヨーロッパの全域のビーカー族の墓は個人埋葬であり、簡素な堀割墓に厳格に屈葬した。

堀割墓の墓地は、モラヴィアでは三〇基もの多数で構成されている。しかし通常は、あたかも一箇所に定住する共同体は小規模だったかのように、これよりかなり小規模である。だがビーカー族は、中央ヨーロッパに定住し、増殖していたに違いない。というのも、記録済みのビーカー墓の総数が、ボヘミアで約三〇〇基、ザクセン＝チューリンゲン地域で一〇三基、オランダのフェルウェという小地域でも一五〇基に及ぶからである。中央ヨーロッパに定住したビーカー族は、他集団との接触を通じて混成文化を形成していった。モラヴィアでは、一部のビーカー族が、おそらく闘斧族の火葬と墳丘下埋葬を採用した。ラインラント・オランダ・北ドイツのビーカー族は、闘斧族の墳丘埋葬や闘斧、それにおそらく縄目圧痕による土器装飾までも含む諸要素を採り入れた。それどころか、こうした接触を通じて、複合的な文化と芸術を有する混成集団が生まれたのである。ブリテン島に侵入したビーカーB2集団とC集団は、少なくともこのような混成集団の分派である。

マドリード付近のシエンポスエロス遺跡で、鐘形ビーカー土器を伴って埋葬されていた民族集団は短頭型であり、中央ヨーロッパとブリテン島においてほぼ同じように埋葬されていた人びとも短頭型である。短頭型の頭蓋骨は、鐘形ビーカー土器が出土するほぼすべての集葬室墓で発見される。サルディニア島やシチリア島のように地中海人種が優勢な地域でさえ発見される。ドイツのビーカー墓地から出土する頭蓋骨は、厳密に均質な人間集団ではないものの、イベリア半島でよく知られている新たな人種タイプを整然と構成しており、祖型をたどると東地中海人種にゆきつく。この事例では、文化と人種があたかも一致しているかに見える。したがって、ビーカー人種について語るのは正当であろう。中央ヨーロッパにおいてさえ、ビーカー族の頭蓋骨は穿顱されていた。

典型様式の鐘形ビーカー土器とそれに共存する鉢は、その器形も装飾も、現在のスーダンで作られているようなアフリカハネガヤ製の籠容器の模倣土器に似ている。このような籠容器を土製に置換したと思われる、刻線文帯で飾ったビーカー土器風の広口壺が、エジプトの「タシアン」文化の初期に認められる。ナイル川流域の西端に位置する、アルマント〔旧ヘルモンティス〕の年代不詳の集落で出土した土器片や、スーダンなどの小アフリカにおいて「新石器時代」のコンテクストで出土した土器片には、周回施文が認められる。ただし、典型様式のビーカー土器に比べるといささか粗い施文である。他方、モロッコの海岸部の洞窟から典型様式のビーカー土器が発見されている。先王朝時代のナイル河畔で見つかった凹基式の把は、西ヨーロッパ式の短剣に決まって取りつけられる把に似ており、フリント製と銅製の刃部に取りつけられていた。凹基式の石鏃は、「新石器時代」のファイユームや先王朝時代前期のエジプトに特徴的なものである。このように、ビーカー文化にはアフリカ的要素の形跡が若干ある。それでも大半の専門家は、私たちの知るビーカー文化の起源に関して、型式学的に妥当な論拠からすれば北西ドイツ起源説に有利であるにもかかわらず、アンダルシア〔スペイン〕かタホ川下流域〔スペイン〕で形成されたと考えている。

ビーカー族は、その揺籃の地がどこであれ、急速に拡大したと考えられる。そのため、ビーカー文化以外の点では分断されている複数の地域をまたぐ、共時的な年代関係が都合よく形成されている。ただし、各地におけるビーカー土器の数量と装飾の多様性からすると、ビーカー土器は数世代にわたって流行していたに違いないことが暗示される。したがって、すべてのビーカー土器を同時代のものとしてあつかうのはとんでもない間違いである。むしろビーカー土器は、かなりの期間にわたって存在していたし、あらゆる地域で一律の存続期間だったわけでもない。中央ヨーロッパのビーカー土器は新石器Ⅲ期まで遡る。他方でモラヴィアとボヘミアでは、さらにはライン河畔においてさえ、ビーカー土器は穴墓においてⅣ期に典型的な円基式鋲留短剣と共存し、オーストリアでは盛期のウネティチェ文化の諸形式と共存する。また、ボヘミアとサルディニア島のものに瓜二つのビーカー土器一点が、Ⅲc期にデンマークに到達していた。さらにⅣ期の青銅器は、ビーカー土器にも施される文様でしばしば装飾されている。つまりビーカー土器は、中央ヨーロッパにおいてⅣ期まで流行し続けており、したがってビーカー文化とウネティチェ文化は重なりあっているのである。ビーカー土器は特定の一時点を指し示すものではない。他方でビーカー文化は、同じ経済水準にある諸地域に遍在する。器形と装飾から判断すると、ブリテン島と中央ヨーロッパのビーカー土器の大半が「典型型式《タイプ》」に後出するようであり、ビーカー文化の周縁部（スコットランドとポーランド）のビーカー土器はとりわけ時期が下るようである。

*Chapter*
**XIII**

# FARMERS AND TRADERS IN ITALY AND SICILY

# 第13章

# イタリアとシチリア島の農民と交易民

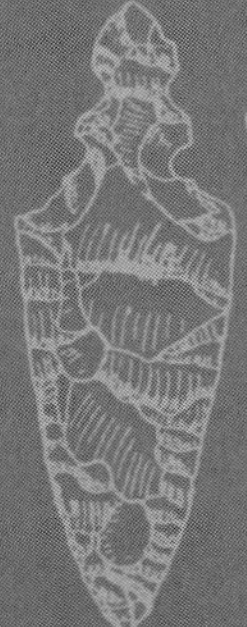

海路で西に広がった新石器時代の経済は、ギリシアの次にアペニン半島に到達すると予想される。プッリャ〔イタリア〕やシチリア島、それに隣接するエオリア諸島、そしてティレニア海沿岸部に、かなり早い時期の集落があるので、この予想には正当な理由がある。しかし生態学的に見ると、イタリアはギリシアほど均質ではない。イタリアの南部とティレニア海沿岸部では、レヴァントで功を奏していた農村経済がいっそう機能していただろう。しかし、大陸的な環境条件がより強くのしかかるアペニン山脈の北側の山腹では、この条件に対処するべく、抜本的な調整が必要になっただろう。現に新石器時代になると、アペニン山脈を挟んだ半島の南北はそれぞれまったく異なる運命をたどった。しかし青銅器時代には、驚くほどの斉一化が果たされた。

イタリアの先史時代の概要は、一九世紀にルイジ・ピゴリーニとパオロ・オルシが描き出し、エリック・ピートがイギリスの読者のためにそれを要約した[114]。それから五〇年の停滞を経て、ルイジ・ベルナーボ＝ブレアがリグリア州・エオリア諸島・シチリア島で実施した層位学的発掘の成果により、それらの書籍は大きく修正され補訂された。かれがイタリアの新石器時代を前期・中期・後期に区分したことについては後述する。

## 新石器時代のイタリアとシチリア島への入植

イタリア南部とリグリア州における新石器時代の記録は、次のような土器を最大の特徴とする集落とともに始まる。それは、見た目は粗いが焼成は良好であり、器形がすこぶる洗練された土器である。そして、バルカン半島に遍在することを第6章で見たスタルチェヴォ文化の「泥漿仕上げ」土器と、技法・器形・装飾の面で酷似している。この土器の製作者が海路で到来したことは、出土遺跡が海岸部に分布し、トレーミティ諸島とエオリア諸島の小島が居住されていることから明らかである。新石器時代の初期の航海者をエオリア諸島に惹きつけたのは、豊富な埋蔵量を誇る黒曜石であったに違いない。というのも、土地は肥沃だが、水の供給がまったくなかったからだ。現に火山性ガラスである黒曜石は広く輸出され、イタリア本土の全域とシチリア島の新石器村落で用いられた。これら最初の入植者は、バルカンから直接やって来たのかもしれない。しかし土器を見ると、簡素な粗面仕上げのほかに、貝殻（一般にカルディウム貝）の縁部で施した文様（とくにいわゆる千鳥状の交互押捺）が認められる。このことから、粗面仕上げの土器と同時期だが無関係な土器が、新石器時代の土器に押型文モチーフを盛んに用いるレヴァントから移動してきたことがうかがえるかもしれない。けれども「押型文様」は、貝殻の縁部でなくとも刻み目入りのスタンプで施文したものが、ウラルやスーダン、そして北アフリカの広域において、「新石器時代」の土器に見られるので、まことしやかに単一の起源を求めることなどできやしない。この特徴的な土器が、ほかの土器様式と混在せずに発見されることは、ごく例外的にしかない。それゆえ、海洋入植者がもたらした前期新石器文化は、これ以上詳しく定義できない。シチリア島では、この前期新石器文化がステンティネロ文化へとそのまま発展していった。この文化は、シラクサのすぐ北側にある海岸部の村落遺跡を名祖とする。しかし、この文化を代表するのは、マトレンサ遺跡とメガラ・ヒュブラエア遺跡という相似た村落遺跡である。この三つの村落遺跡はすべて海岸部に近い平地にあるが、岩を掘削した壕をめぐらし、その内側に何らかの塁壁をめぐらせていた。マトレンサ遺跡の環壕は、イングランドやライン川地方の新石器時代の野営地と同様に、土手道によってあちこちが途切れている。これらの遺跡では、シチリア島の別の遺跡やリーパリ島のカステッラーロ遺跡〔イタリア〕と同様に、見た目の粗い粗面仕上げ土器が精製土器と共存している。それらの精製土器は、豊富な種類のスタンプの使用と多彩なモチーフ、整然とした文様構成（爪形文や貝殻押捺文を無造作に散らす「粗製土器」と対照的である）、多様性に富んだ器形を特徴とする。精製土器には、第15章で触れる「西方新石器文化」に属するような簡素な丸底型式から、たとえば口縁部から立ち上がる環状把手をもつ洗練された土器まで含まれている。

経済の基礎は明らかに耕作・畜産・狩猟・漁撈・採集であった。武器は投弾のほか残されていない。石刃石器には地元のフリントかリーパリ島産の黒曜石を用いた。両面加工石器も幾何学型式の石器も含まれていない。磨製石斧はまれにしかない。

ステンティネロ文化に属する埋葬は一例しか知られていない。それは円形墓壙の縁部に板石を並べ、墓壙内に単体埋葬したものである。アジア＝バルカン型の豊穣儀礼を裏づける女性小像も残されていない。獣頭形土製品が若干あるが、儀礼用か単なる装飾用であろう。

ステンティネロ文化がシチリア島でいまだ繁栄を謳歌していた頃、プッリャではそれと別の文化が到来するか在地発展しつつ、中期新石器時代がすでに開幕していた。この文化は彩色土器を特徴としており、ここではモルフェッタ文化と呼ぶことにする。この文化は、航空写真が明らかにした多数の環壕によって存在が知られているが、そのうち発掘されたのはわずかにすぎない。これらの周壕状遺構《エンクロージャー》は、平面プランだけからいえば、村落と屋敷地に分類できる。村落に分類される周壕状遺構は広大な面積を占め、内側の周壕状遺構一基と広い外部空間に細分されていることが多い。前者は周壕内に居住域であるいくつかの小さな円形囲い地があり、後者の外部空間はおそらく畑地か牧草地であろう。内側の囲い地のうち、径三〇メートルに及ぶものは村落であろう。径一五～一八メートルのものは、アイルランドの円形土塁《ラース》と同じく、一基が一世帯に対応する庭地に違いない。屋敷地に分類される周壕状遺構も、〇・四ヘクタールほどの耕地ないし中庭と、その外部に広がる所有地に区分されている場合がある。ジョン・ブラッドフォードは、航空写真だけを手がかりに、四〇〇〇平方キロメートルに満たない範囲に二〇〇以上の村落および屋敷地を確認した。したがって、たとえすべての遺跡が中期新石器時代のものではなくとも、この地の新石器時代の人口密度はかなり高かったに違いない。

住民は牛・豚・羊を飼育していた。水牛が飼われていたともいう。その一方で、鎌の刃部と鞍状石皿[115]から穀物栽培が裏づけられ、収穫物は中庭で発見される無数の穴に貯蔵された。この地でも物証のある武器は投石器だけである。黒曜石はエオリア諸島から輸入された。両面を粗雑に剝離した礫器が磨製石斧を補っていた。土器は大きく二種類あり、一方は堅緻に焼成した磨研土器で、一般に赤色を呈し、焼成後に直線文様を刻んで装飾することが多い。他方は明色の地肌に赤色、あるいは赤色と黒色で彩文した土器である。クレタ島のトラペザ式土器と同じように、口縁直下に両目と鼻を表した土器もある。同様の彩色土器は、モルフェッタ文化がエオリア諸島・イスキア島〔イタリア〕・カプリ島〔イタリア〕へと拡散したことを物語るのかもしれない[116]。ただしシチリア島では、そのような土器の実例は、ステンティネロ文化の遺跡で遊離資料として発見される彩色土器（図114－3）しかない。リーパリ島では、こうした土器のなかに、器壁にはめ込まれた縦方向の把手をもつものがある。このような工夫は、中央ヨーロッパのバーデン文化複合に予兆的に現れていたもので、これから中部イタリアのリナルドーネ文化について説明する際にも登場する。また彩色土器は黒色磨研土器と関連しており、前期新石器時代のギリシアのように幅広の帯状把手を付けるものもある。これらの黒色土器は、焼成後に赤色か黒色で上塗りしたり、雷文もしくは渦巻文を線刻することもあった。この施文方式は、ディミニ文化やバルカン＝ドナウ文化の方式を彷彿とさせる。

モルフェッタ文化はバルカン半島からプッリャに伝わったと考えるのが通例である。しかし現在のところ、リーパリ島の雷文と渦巻文を除くと、アドリア海のバルカン半島側に決定的な類似点を見出せない。

## 後期新石器時代

中期新石器時代を二分した後半期（新石器中Ⅱ期）は、イタリア本土とエオリア諸島だと、マテーラ付近に位置するセルラ・ダルト遺跡（イタリア）に典型例がある「精製彩色土器」によって簡便に規定できる。当時、周壕状遺構をめぐる土塁はすでに崩れ、[117] 溝は埋まっていたが、なお人が住み着いているか、葬地として使用されていた。かつての文化はほとんどが存続していたが、土器の器形と装飾は実に新奇であった。リーパリ島でまれに出土する角状口縁土器を含めて、これらの土器は淡黒色のみで彩色され、ずんぐりした渦巻文か雷文、そして階段文・梯形文・風車状文が施された（図114－1・2）。プッリャで出土した一点の広口壺には、人の足を象った脚部が付いている。水平に長く延びる管状把手には、軸方向に穿孔を施しており、きわめて特徴的である。こうした把手の上に、様式化した牡牛か牡羊の頭部表現が取りつけられたのだろう。

死者は石で縁取った墓壙に膝折葬され、墓壁には両足を据える凹みを特別にしつらえた。エーゲ海域＝バルカンの施文スタンプとは対照的な長細い土製スタンプ（「ピンタデラ」[118]）がまれに出土するが、これは精神活動に属する道具かもしれない。他方、リーパリ島を除いて土偶は見つかっていない。

一般にセルラ・ダルト文化は、その先行文化と同様に、バルカンに起源をもち、プッリャに侵入してきたと考えられている。実際に、セルラ・ダルト文化のものに似た彩色土器が、レフカス島のキロスピリア洞窟遺跡から発見されているし、ピンタデラはバルカンの土製スタンプに由来する可能性がある。しかし、セルラ・ダルト文化にぴったり対応する文化は、イタリア外部で確認されていない。サルヴァトーレ・プリージは最近、**イタリアの踵***にあたるプッリャのエルバ洞窟遺跡において、典型的な「精製彩色土器」と共存するミケーネ土器の破片について報告した。かれの観察所見が追認されれば、南イタリア・シチリア島・マルタ島を覆う文化連続の総体が劇的に縮減されることになるだろう。しかし、リーパリ島のアクロポリスに見られるセルラ・ダルト文化の土器

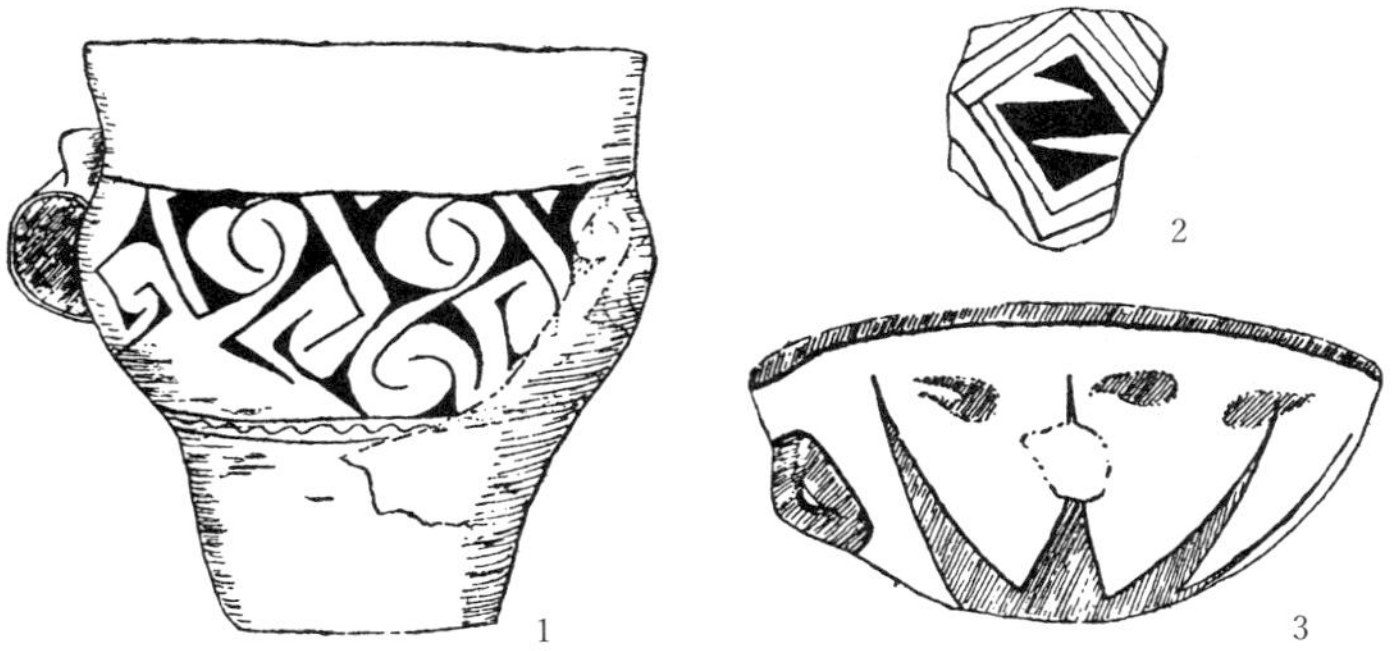


図114　中期新石器時代の彩色土器。黄褐色地黒彩のセルラ・ダルト土器（1・2：新石器中Ⅱ期）と黄褐色地赤黒彩土器（3：メガラ・ヒュブラエア遺跡出土、S=1/4）

は、ミノア後Ⅰ期の輸入土器をふんだんに含む層よりも明らかに下層から出土しているし、この土器とは主に型式学から区別されるディアナ群などの土器群《グループ》は、この広域《ホライズン》文化相以前に組み込まれるはずである。

後期新石器時代において、彩色土器はイタリア本土の出土品よりもリーパリ島のディアナ文化の村落出土品の方が顕著な特徴をそなえていたが、すでに時代遅れであり、精製の赤色磨研土器にとってかわられた。この赤色磨研土器には、セルラ・ダルト文化の土器に見られた水平に延びる管状把手が依然として付けられていた。この把手は、当初は大げさなほど長く、端部はラッパ状の突起風になっていた。その後は形骸化して、孔のない隆起になった。しかし当該期には、この地方に新たな刺激が届いていた。たとえばリーパリ島のディアナ遺跡から、若干ながら両面加工の凹基鏃が、さらには金属滓すら出土している。イタリア本土だと、タラント付近のベラヴィスタ遺跡において、岩穴墓の小さな集合室墓からディアナ文化の把手および注口部をもつ磨研土器が発見されている。

## 青銅器時代への過渡期

いま述べた現象は、伝統的に銅石時代と呼ばれる、考古記録上の新しい時期に移行してゆく先触れであり、シチリア島にもっとも明瞭な証拠がある。同島のセルラ・ダルト文化は、西端に近いパレルモで発見される少数の典型的な土器に代表されるにすぎない。ディアナ文化様式の土器はもっと広く拡散し、おそらく当地への侵入者の穴墓からではあるが、ステンティネロ文化の遺跡においてさえ出土する。しかし、シチリア島の銅石文化においてステンティネロ文化の伝統は、新たな外来の刺激と混交するか、あるいはこの刺激によって変容を遂げたようである。

それでサン・コーノ文化では、モルフェッタ遺跡でのように石で縁取った土壙墓に単葬する一方で、岩を穿った単体埋葬用の竪坑墓も少なくとも一基見つかっている。土器は暗色を呈し、時に刻線文や赤色ないし白色の引っ掻き線を施した。焼成前に明赤色に塗彩した土器も散見する。従来はまれだった小型の磨製石斧が一般的になり、ディアナ遺跡に見られるように両面加工鏃が現れた。金属の実例はほとんどないが、黒曜石は大量に輸入された。粗製の斧頭がイブレア山脈の山腹に常置された製作場で作られ、組織的に流通した。これらの斧頭には、トランシェ技法で刃部を鋭くしたものもある。シチリア島の北西部において、サン・コーノ文化からコンコ・ドール文化への発展が生じた。後者の文化は、主に竪坑式の単体埋葬（まれに二体埋葬）墓の小群によって知られている。一基の竪坑墓に墓室が二つそなわっていることもある。副葬品には凹基式石鏃・石製ビーズ・斧形護符があり、また多様な土器も納められた。線刻文で装飾し、まれに白彩した素焼きの土器のほかに、暗色の化粧土を全面に塗布した明黄褐色の土器が製作された。化粧土は白色塗料で文様を描く下地にされたのだろう。杯や筒形杯には頑丈な把手が付けられた。突起状の把手もある。「塩入れ」と呼ばれる、高い環状把手でつながった一対の鉢が異彩を放っている。室墓型式や土器の器形、暗色の化粧土を施した土器は、漠然と東地中海からの影響を暗示する。他方で、サルディニア島かスペインから輸入された鐘形ビーカー土器が一点、ヴィッラフラーティ〔イタリア〕にある埋葬洞窟で発見されている。また、在地で模倣したとおぼしきもう一点のビーカー土器が、カリーニ〔イタリア〕にあるコンコ・ドール文化の室墓から出土している。コンコ・ドール文化は、カステルッチオ文化がシチリア島南東部に成立するまで継続した。そして紀元前一五世紀に、ミノア後I期の土器がエオリア諸島に到達した。

その頃までにシチリア島南部のセッラフェルリッキオ土器様式が発展を遂げ、そして姿を消した。この様式の土器は赤地黒彩であり、把手付筒形杯・アンフォラ・注口付水差しが含まれる。それらはエーゲ様式の土器にそこはかとなく似るが、その文様にもっとも似るのはアカルナニア〔ギリシア〕の「新石器」土器である。エオリア諸島において当該期を代表する村落遺跡であるピアノ・コンテ遺跡では、器壁に縦方向の紐通し孔か横方向の中空把手をもつ在地の土器が、輸入されたセッラフェルリッキオ様式の土器と一緒に発見されている。

## シチリア島の青銅器時代

これらのやや漠然とした過渡期の諸文化に予兆的に認められる外来の影響は、ついにはシチリア島南東部におけるカステルッチオ文化（オルシのシケル文化I期）の興隆と相成った。カステルッチオ文化は、エーゲ海域の文化と土器および建築物が類似することに加えて、実際にエーゲ海域からの輸入品があるので、暦年代の共時的な広がりを、シラクサ周辺だけでなくマルタ島やエオリア諸島にももたらしてくれる。

シチリア島東部では、エオリア諸島と同様に、それまで海岸低地部にあった村落が、自然の要害である丘頂や岬に設けられ頑強に要塞化した小市街にとってかわられた。囲壁エリアはいまだ小規模であり、たとえば二箇所の小市街遺跡は一ヘクタールの広さだと推定されている。しかし、集葬室墓からなる大規模な墓地が存在するの

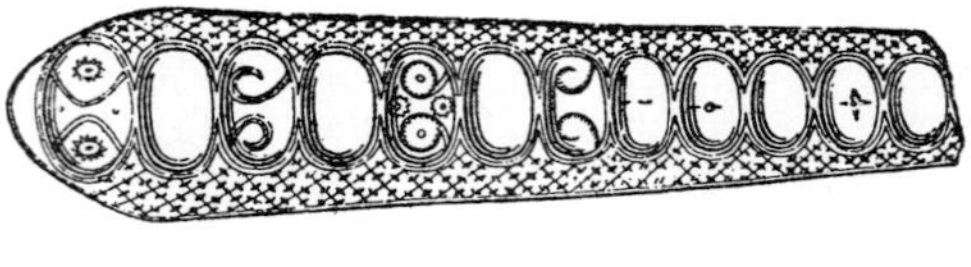

図115　浮出文付きの骨製装飾板(カステルッチオ遺跡出土、S=1/2)［エヴァンズによる］

で、かなりの数の住民が一箇所に数世代にわたって定住していたことが暗示される。現にカステルッチオ遺跡では三二基、シラクサ遺跡では二〇基、モンテ・サリア遺跡では一一基の室墓が調査されており、しかも各室墓には五〇～二〇〇体の遺骸が葬られていた。食用動物の骨に加えて馬骨も報告されるようになったが、依然として住民が主に農業に依存していたことはいうまでもない。とはいえ、工人や交易者を扶養する余剰が生み出されていた。

モンテ・タブト遺跡において、おそらく専業者である熟練の鉱夫が組織的にフリントを採掘していた。金属が輸入され、簡素な扁平斧や三角形鋲留短剣、そして眼鏡形渦巻品や銅線巻管製品のような装飾品が、明らかに在地で製作された。なおこの扁平斧は、数点の葬送用のミニチュア製品しか知られていない。しかし、金属はきわめてまれであり、そのため磨製石斧や粗く打ち欠いた鶴嘴が依然として製作され、室墓の掘削にさえ使用された。石製ビーズの製作も始まった。

対外交易がおこなわれていたことは、浮出文付きの骨製装飾板（図115）によって明白である。というのも、シチリア島内の数基の室墓から出土したこの物品は、トロイ第二層の廃墟やレルナ遺跡のヘラディック中期の層（九五頁）から、そしてマルタ島の「新石器時代」のタルシーン神殿から出土しているからである。対外交易の影響は、トロイ遺跡の把頭（図21－3）と同型式の骨製把頭や、モンテ・サリア遺跡の五号墓から出土したヘラディック中期の鈍彩杯、そして多数の斧形護符にも認めうるかもしれない。しかし、「琥珀」製といわれるビーズは在地産かもしれない

土器生産は家内工業にとどまっていたが、手捏ねの土器（砂時計形の把手付壺・把手が高く付く筒形杯（図116－4・5）・把手が体部と脚部をつなぐ台脚鉢）の器形はステンティネロ文化の伝統とは異質なものである。これらの土器は

図116　アペニン文化前期の銅器時代および前期青銅器時代の土器。オトラントの竪坑墓出土(1・2)、ビシェーリエの「ドルメン」出土(3)、カステルッチオ土器(4・5)(S=1/4)

無文であるか、赤地黒彩で幾何学文様を施している。ヴァレルンガ遺跡出土の広口壺には、白地に黒色で輪郭を描き、ディミニ土器を思わせる効果を示すものもある。

死者は東地中海様式の岩穴墓(図108左)に葬られるようになった。一般に墓室は、程度の差はあれ円形プランを呈する。小型の前室をそなえる墓室もある。切り立った崖面を掘削する場合、閉塞石を受け止めるために入口が小窓状の開口部になるのが普通である。カステルッチオ遺跡における室墓の閉塞石には浅浮彫の渦巻文が施されていた。同じ墓地にある別の室墓の入口は、彫刻入りの二枚の板石で塞がれており、この二枚を組み合わせると(図117)、フランスの多くの巨石墓や先述したトロイ第一

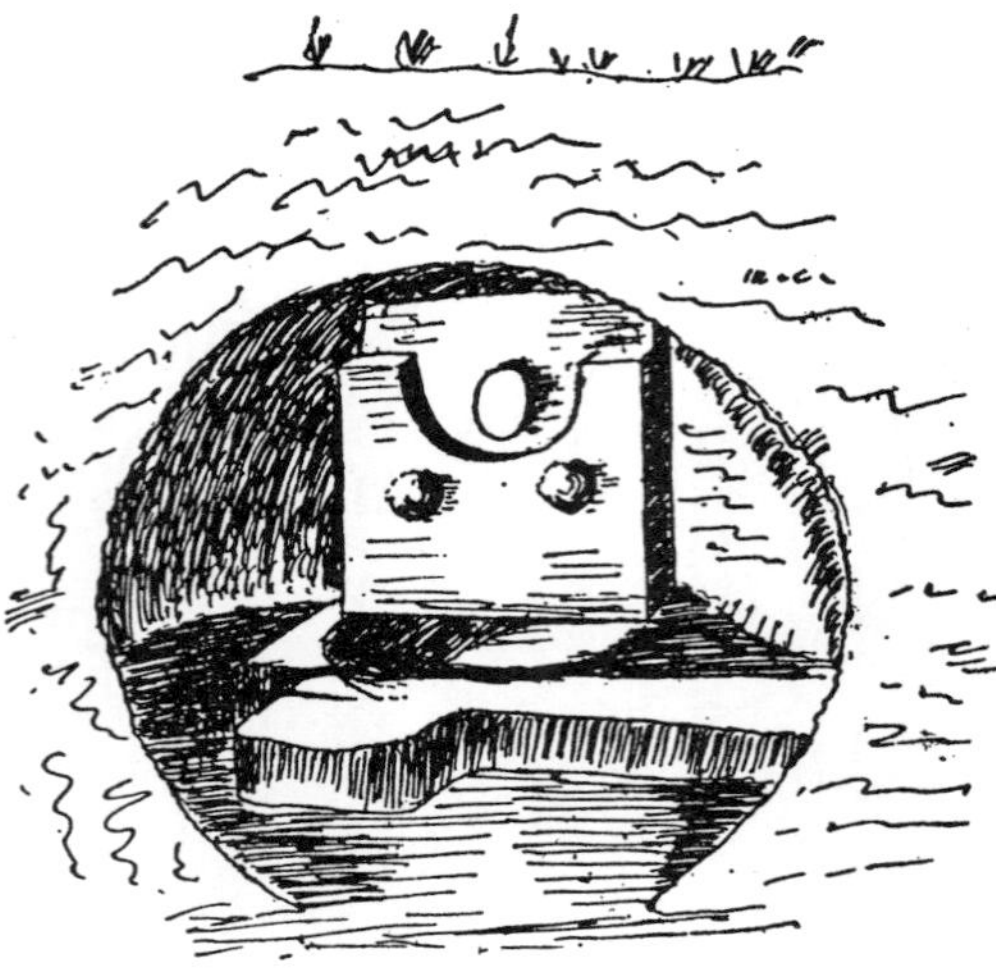

図117　カステルッチオ遺跡の室墓の内部

層の板石（五〇頁）に彫られた葬送の女神と同じ効果が生じる。室墓の前面には、岩を削った半円形の玄門や前庭をしばしば配し、それらの壁面の少なくとも一例に柱形表現が刻まれている。それらにやや後出するモンテラセロ遺跡の室墓では、四枚の大型板石で組み立てた長方形箱式石室（縦二・〇五メートル、幅一・二メートル）の床面上に丸天井が再現されており、この板石の一枚の端に四角窓を穿って、一種の窓孔付板石にしている。フリント採掘場の廃坑も埋葬の場として利用された。以上の室墓はみな、家族墓所の役割を果たし、そこには多数の遺骸が納められた。宴席にいるかのように座った状態で葬られることもあった。居住遺跡から出土する儀礼用品に角形土製品があるが、これはたぶん**邪視***に対抗するためのものだろう。しかしこのような角は、すでにセッラフェルリッキオ遺跡や同時代のエオリア諸島の遺跡ですでに用いられていた。

一般的にいえば、カステルッチオ文化の経済と葬送儀礼は、ギリシアのヘラディック前期文化の興隆と西方展開を引き起こした原因がさらに拡大した結果かもしれない。ところが、この文化の墓葬建築は、東方よりも西方に似ている。土器に関しては、ヘラディック前期の土器に似る（たとえば図116－2の筒形杯と類似する）が、しかしベルナーボ＝ブレアのように、アナトリアの土器（とりわけ紀元前一九五〇～一八五〇年にアッシリアの入植地がキュルテペにあった頃に使われていたカッパドキア式土器）と比較するのが妥当である。浮出文付きの骨製装飾板は、それ以前のアラジャ遺跡の王墓から出土した金製装飾品を翻案したものかもしれない。しかし、もっとも酷似する物品は、トロイ遺跡とヘラディック中期のレルナ遺跡で発見されている。モンテ・サリア遺跡で出土した鈍彩杯は、おそらく紀元前一六〇〇年以前ではなく以後にヘラディック中期のギリシアと接触があったことを、疑問の余地なく示している。より正確な年代の範囲は、エオリア諸島にもたらされたエーゲ海域からの輸入品により推測できる。

当時のエオリア諸島の島々は、エーゲ海域と西方海域を結ぶ沿岸交易の積換地点に、あるいは海賊が掠奪に出向く隠れ家になっていた。以前の開放的な村落とは対照的に、前期青銅器時代のグラツィアーノ岬文化の集落は、自然の要害に立地するか城砦化されていた。なおこの文化は、フィリクディ島の岬にあるグラツィアーノ遺跡〔イタリア〕から名づけられた。リーパリ島のアクロポリスにある集落は、一〇棟以上の小屋とそれよりずっと大きな建物一棟で構成されている。小屋は石壁を基礎にした内径三・二×三・〇メートルおよび四・五×三・一メートルの楕円形を呈し、それらがまとまって大型の楕円形建物を取り巻いている。この大型建物は囲いの内部にあり、首長の宮殿というよりも聖域のようである。この文化は青銅器時代の文化だと呼ばれているが、金属は残されていない。金属器をいくらか副葬していたかもしれない集葬室墓は、遠い昔に盗掘されてしまった。黒曜石がいまだに採掘され加工されていた。しかし、ミノア文化とミケーネ文化の土器がわりと豊富に出土しており、エーゲ海域との頻繁な接触を裏づけている。土器片はほとんどがヘラディック後Ⅰ・Ⅱ期のもので、後Ⅲa期のものはごくわずかしかないようだ。したがって、グラツィアーノ岬文化の村落は、主に紀元前一五〇〇年から一四〇〇年の間に繁栄していた。エオリア諸島の遺跡では、カステルッチオ土器の破片はわずか数点しか確認されていない。他方でマルタ島の青銅器時代最古の土器は、在地のグラツィアーノ岬文化の土器と関係があるし、輸入した後者の土器がヴィッラフラーティのコンコ・ドール文化の室墓から出土したと報告されている。[119]

したがって、シチリア島北西部においてコンコ・ドール文化は、紀元前一五〇〇年まで継続していたに違いない。その後にようやく、カステルッチオ文化に置き換わった。シチリア島の南東部においてカステルッチオ文化は、紀元前一四〇〇年までにタプソス文化にとってかわられた。この文化はタプソス遺跡の墓地にちなんで名づけられたもので、オルシのシケル文化Ⅱ期にあたる。

エーゲ海域の貿易組織に組み込まれたことにより、この頃までにシチリア島の経済は完全な中期青銅器時代型の経済に変貌を遂げていた。ヘラディック後Ⅲ期の土器・金環・青銅容器・鏡・長剣・ファイアンス玉がギリシアから輸入された。エーゲ海域からの影響があまりにも強かったため、エヴァンズはミノアの王侯によってこの島が植民地化されたのではないかと考えた。

しかし、タプソス文化は基本的にシチリア島の土着の伝統に根差していた。土器生産は産業化されていなかった。手作りの灰色土器は、彩色はないし装飾も新様式のものだったが、カステルッチオ文化の器形を多く保持していた。岩穴墓からなる大規模な墓地も、やはり旧套をとどめていた。しかし、墓地を構成する室墓はずっと多くなったものの、各墓室に葬られる遺骸は格段に減り、ミケーネの場合と同様に、一家族の葬所として機能していた。

イスキア島やエオリア諸島、その近隣にあるシチリア島のミラッツォ岬も、ミケーネ交易圏に組み込まれた。しかし、タプソス文化には組み込まれていなかった。これらの島々は、むしろエーゲ海域とヨーロッパ大陸（西ヨーロッパ）を結ぶ貿易組織の境界的な拠点であったと思われる。ミラッツォ遺跡の墓地は、室墓ではなく甕棺墓で構成されている。甕棺墓はスペインのエル・アルガール文化やアナトリアやヘラディック中期のギリシアの埋葬慣習を再現したものである。ただし、ミケーネの埋葬慣習を再現したものではない。副葬品には、バルト地方から輸入された琥珀や、エーゲ海域から輸入されたファイアンスが含まれている。リーパリ島のアクロポリスとパナレーア島のミラッツェシ（イタリア）にある天然の城砦において、ミケーネから輸入した広口壺とタプソス文化の土器が村落遺跡から出土している。これらの村落遺跡は、石造の基礎の上に建てられた平面楕円形（例外的に長方形）の家屋から構成され、ミラッツェシ遺跡では二三棟が残っている。在地の広口壺にはミノアの線文

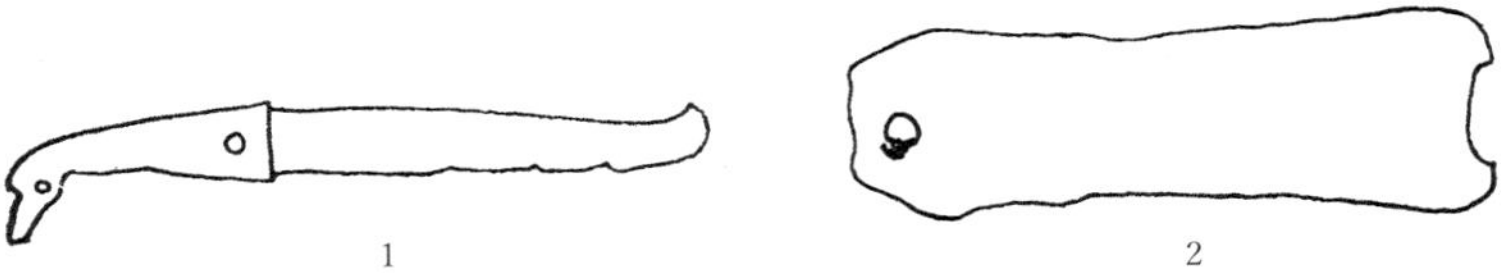

図118　パンタリカ文化のナイフ(1)と剃刀(2)(S=1/2)

字Aに由来する文字が刻まれており、これらの島々の文化にエーゲ海域の影響がいかに深く滲透していたかを示している。土製の儀礼用品がこれらと共存している。この土製品は、ほぼ一〇〇〇年前のエーゲ前期のギリシアおよびトラキアで盛行していた錨形装飾品と、形状およびサイズがほぼ同じである。サリーナ島〔イタリア〕で発見された輪入ビーズの一括埋納には、ブリテン島全土でこれまで発見された点数よりも多くの連珠形ファイアンス玉が含まれていた。他方で、これらエーゲ海域とシチリア島の諸要素と並んで、アペニン文化前期の土器片も存在している。これらから、紀元前一三五〇年という早い時期に、実際の入植活動ではないにせよ、イタリア本土からの強い影響があったことがうかがえる。その後、エオリア諸島は、アペニン文化のもとにあるイタリア本土に併合された。これはおそらく、アウソネス人が侵入した結果であろう。この侵入については、ディオドロスが伝説を記録している。

　この動向がシチリア島にまで波及したことを、ミラッツォ遺跡の骨壺墓地から推測できるかもしれない[120]。火葬は青銅器時代の盛期のイタリア半島に特有の儀式である。骨壺はアペニン型式のものである。ただし、骨壺のうち少なくとも一点は、旧来のタプソス様式で装飾されている。したがって、火葬の習俗をもつ人びとは、遅くとも紀元前一一五〇年頃にはこの地に到来していたはずである。この年代は、**ヘラニコス**[*]と**トゥキディデス**[*]が考えたシケル人の到来年代と驚くほど一致しているのだ。ところがシチリア島南東部では、パンタリカ文化とカッシビレ文化（オルシとピートは両文化ともシケル文化II期に含めている）において、室墓に土葬する旧套が保持されていた。ただし、この両文化でも土器様式は変化しており、ミケーネからの輸入は途絶え、集落と墓地は海岸平野からもっと防御に適した内陸の要害地に移転した。金属細工の一部はミケーネの伝統に基づいている〔例―柄孔斧や図118－1のようなナイフ〕。剃刀と留針ブローチは大陸の諸型式に準拠している。後期青銅器時代までに、シチリア島でさえも温帯ヨーロッパの伝統に支配されるようになった。

## 南イタリアの前期金属器時代

テルと洞窟では、アペニン型式の無文の革色磨研土器を含む層は、セルラ・ダルト土器の出土層の直上にあるように思われる。したがって、前者の土器を標識とする在地のアペニン文化は、ミケーネ土器の輸入期から鉄器時代まで存続した。このミケーネ文化の層はシチリア島のタプソス文化期に、そして北イタリアの中期青銅器時代に相当する。それ以前の諸段階は、埋葬洞窟や室墓や「ドルメン」に代表させてよい。

この「ドルメン」は、単室の墓道付石室墓か長方形石室墓である。前者は墓室が羨道よりも広くなく、後者のうち一基は実質的に区画型箱式石室である。この区画型箱式石室には窓孔付板石が一枚そなわっているが、小口側にではなく長側に配されている。副葬品として、若干の琥珀玉と斧形把手付杯〔図116－3〕が現存している。リグリア州・南フランス・カタルーニャ州〔スペイン〕で見かける同一の杯については後述するが、南フランスとカタルーニャ州の杯は在地の巨石文化の遅い時期に関係している。それゆえ南イタリアのドルメンは、南フランスの巨石文化の分派であるかのように見える。プリージは、南イタリアのドルメンが、コルシカ島とサルディニア島を経由してきた牧畜民によってもたらされたと示唆した。アペニン文化の担い手であるこの牧畜民は、トスカナに上陸し、陸路で南イタリアの南端部まで歩を進めながら、アペニン文化の発展に一役買ったのだろう、と考えたのである。

しかし、室墓と天然の埋葬洞窟の一部にディアナ土器〔二九一頁〕が、あるいはテッサリアⅢ期のものに酷似する土器が含まれているので、これらの墓葬にはドルメンより古いものがあるかもしれない。シチリア島の室墓と同じく、南イタリアの室墓自体がエーゲ海域からの影響を示しており、したがって同じくらい古い可能性があるのだ。

もしそうであるなら、これと同様の葬送習俗が中部イタリアにも同じ影響を及ぼしたことが明らかになるはずである。ともかく歴史時代に関していえば、ギリシア人が西方に設けた入植地の嚆矢はナポリ付近のクマエであり、シチリア島でもイタリアの踵であるプッリャでもなかった。サレルノ付近のパエストゥム（ガウド）遺跡（イタリア）にある竪坑墓の墓地は、これより一千年も昔に先駆的な入植者がいたことを示しているのかもしれない。この竪坑墓の墓室には、一体（多くても二体）を膝折葬している場合がほとんどだが、なかには一七体、あるいは二六体もの遺骸を納める正真正銘の集葬室墓もある。一つの墓壙に二室が開かれている場合も散見する。葬送に供した土器は単色で、通常は黒色を呈し、まれに線刻文様が施される。すこぶるエーゲ風の器形も含まれ、とくにアスコスと紐通し穴の付く蓋をもつピュクシスが際立っている。また「塩入れ」や帯革状把手をもつ球形土器などの土器型式は、プッリャの土器だけでなくコンコ・ドール文化の土器（二九二頁）にも類比できる。室墓の一基から直剪鏃が発見されている。ただし、出土品のうち両面加工の有茎鏃や槍先、鎬が突出する銅製短剣一振は、もっと北のリナルドーネ文化に特有の型式である。分析された一三個の頭蓋骨のうち、五個が短頭型で三個が長頭型である。

このような「入植地」から発せられた交易は、中部イタリアにおいてリナルドーネ文化の興隆を促したかもしれない。この文化はピア・ラヴィオサ＝ザンボッチが一九三九年に、北イタリアのレメデッロ文化と初めて区別した。この文化はラティウム[121]とトスカナの竪坑墓や天然洞窟への埋葬によって代表される。トスカナには錫鉱脈があり、ブラドニ山の埋葬洞窟には片面穿孔の錫製ボタン二個、ミノア前期の製品に類似する短剣一振（例―図121―a）、そして短頭型の遺骸が納められている。これ以外のリナルドーネ文化の室墓からは、洋凧形ないし三角形の短剣や扁平斧が出土する。例外的ながら、突縁を敲打成形した扁平斧も出土する。しかし、リナルドーネ文化の室墓の形状や金属具はエーゲ海域から着想を得たものかもしれないが、それ以外の副葬品はそうではない。両面加工のフリント短剣と有茎フリント鏃は、イタリア半島の「銅石」文化すべてに共通して存在する。左右対称に刃部が開く石製闘斧は、北方新石器Ⅱ期の「多角形」武器やその祖型であるドナウⅢ期の銅製闘斧と関係があるに違いない。土器は暗色を呈し、器面を磨くが装飾はない。もっとも特徴的な器形は瓶であり、把手は付かないが、器壁に縦方向の紐通し孔を穿つ。この紐通し孔は、ドナウⅢ期のバーデン文化やリーパリ島の新石器中Ⅰ期のものに似ている。ところがグロッセートに位置するプンタ・デッリ・ストレッティ洞窟〔イタリア〕において、良好なリナルドーネ型式の土器が斧形把手をもつ杯（例—図116－3）と共存しているようである。

このように、南方と西方からの影響がテヴェレ川とアルノ川の回廊地帯に沿って北上してゆく場合、この回廊は温帯に適応した文化が南方へと拡散してゆく経路にもなった。そしてアペニン半島では、このようなことが実際に起こりえたのである。

アペニン文化は中部イタリアでリナルドーネ文化に後続し、ミケーネ時代までにティレニア海沿岸部と南イタリアに到達した。アペニン文化について分かっているのは、きわめて特徴的な土器くらいなものである。この土器はトスカナの円形積石塚の下に築かれた準巨石墓から見つかっている。コース・ドードの時期の下る墓道付石室墓に似ているので、南フランスと南イタリアの「ドルメン」を結びつけるのに必要な手がかりを与えてくれるかもしれない。しかしこれらの室墓は、エトルリア時代に再利用され、土器以外の副葬品はすべて盗掘されてしまっている。土器の大半は、ひどく侵食された丘頂の集落や、長期にわたって集葬に利用された洞窟から出土している。独特な単色の磨研土器は、木製品に着想を得た異様な把手（図116－1～3、図119－1）の過剰発達が特徴的である。ブトミル文化やヴィンチャ文化のように、線刻した列点帯状文による渦巻文や雷文で飾る土器や、あるいは西アルプスのヴチェドール文化のように、木彫模様細工を模倣した彫出装飾を施す土器もある。アペニン文

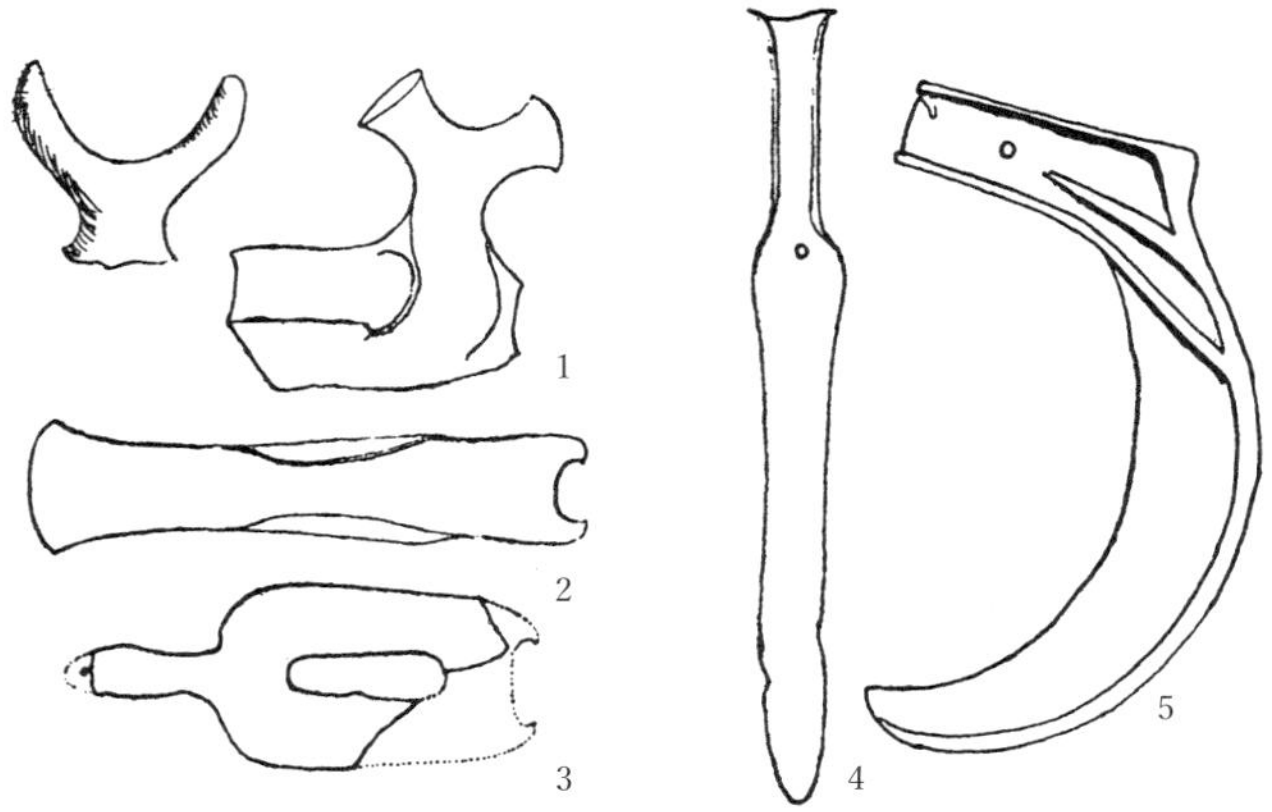


図119　アペニン文化の土器の把手（1：S=2/9）とプント・デル・トンノ出土の青銅器（2：翼状斧、3：剃刀、4：ペスキエラ式短剣、5：曲刃鎌、S=1/4）

化に関連する金属細工は、すべて北イタリアと中央ヨーロッパの伝統に根差しているが、中期および後期の青銅器時代の伝統に根差していると考えるのがいっそう適切である。

ブレンナー峠を越えてギリシアに向かう琥珀交易が、アドリア海に沿って、あるいはアルノ川やテヴェレ川を介してイタリアに渡ってきたことは疑いない。しかし、アドリア海のイタリア側の海岸部は荒れ果てており、便利な停泊地を商人に提供してくれなかったし、中部イタリアの粗野な牧畜民と農民は、中継貿易による利益を得ていなかったようである。アペニン文化の多くの遺跡から、新石器と見紛うばかりの石器が実に数多く出土している[122]。ポー川流域より南のイタリアでは、ドナウⅣ期に特有の金属器型式はきわめてまれである。グロッセート付近のモンテメラノで見つかった単独の一括埋納には、鏑を三条入れた短剣一振と戈が含まれていた。この一括埋納は、マテーラ付近のパルコ・ディ・モナッチにある、同じく孤立した箱式石室とつながりのある唯一例であり、扁平斧・有柄青銅短剣・戈（推定）各一点が副葬されている。中部イタリアの埋葬洞窟から確かに琥珀玉が出土する。ただし、ドナウV期以前には知られていない短剣・剣・有翼斧・留針ブローチなどの諸型式と共存している。この頃までに、タレントゥム付近のプント・デル・トンノにある新石器中II期の集落が、青銅器時代の村落へと成長を遂げた。長期にわたってこの地に居住したため、この集落遺跡は整然としたテルに姿を変えた。この遺跡からは、有翼斧・北イタリア式突縁鎌・ペスキエラ式短剣(図119―4)・剃刀・留針ブローチ(例―図122)各一点がアペニン式の土器の把手と一緒に発見されている。ミケーネ後期の輸入土器と小像が、それよりも浅い位置で発見されたというし、有翼斧はイタリアからミケーネに移住した金属工が紀元前一二五〇年頃に作った製品(一〇三頁)に、既知のものではもっとも類似する。したがって、アペニン文化の成熟期とドナウV期の終焉段階(ライネッケD期)は、どちらも紀元前一二五〇年までに当地に到達していたのである。その頃までにイタリア南端まで島全体がヨーロッパ大陸型の諸文化に占められるようになり、中央ヨーロッパの冶金の伝統がイタリア半島全体を支配するようになっていた。

## イタリア北部の新石器諸文化

ベルナーボ=ブレアが一九三九年からアレーヌ・カンディード洞窟において実施してきた清新な発掘調査のおかげで、リグリア州に限られはするものの、イタリア半島の第三の自然地帯において、層序観察に基づく文化連続を利用できるようになっている。ただしこの文化連続は、イタリア北部の全体に適用できない。リグリア州はいまなお地中海地帯に属しており、歴史時代には後進的で鄙びた地域だったからだ。そのためこの洞窟では、出土土器から紀元前五~四世紀に比定される最終居住層にいたるまで、石斧がふんだんに出土する。それでも本洞窟の連続する居住層は、利用可能な唯一の基準を与えてくれる。厚く堆積する旧石器時代と中石器時代の居住層の上に、土器を含む計二八層を識別できる。二八層のうち下層の計一九層は、三つの主要期を代表する層として一括され、発掘者のベルナーボ＝ブレアはそれぞれを前期《ロウワー》・中期《ミドル》・後期《アッパー》新石器時代と名づけた。上層の計八層には、銅石時代・青銅器時代・鉄器時代・ローマ時代の遺物が含まれている。

この洞窟や、イタリアおよびフランスの海岸地帯にある多くの洞窟に住んだ最初の新石器時代人は、シチリア島や南イタリアにも上陸した海洋入植者の一派であった。アレーヌ・カンディード洞窟からリーパリ島産の黒曜石が出土していることは、シチリア島や南イタリアとの接触が継続していたことを物語る。他方で、在地の中石器住民とのいくらかの融合が、おそらくリグリア州で生じた。

中期新石器時代の層（第二四～第一七層）では、中石器住民の古い伝統がドナウⅡ期および西方の諸要素と混交している。挿入式の柄杓・土製スタンプ（ピンタデラ）・女性小像・スポンディルス貝製の腕輪といったものが、ドナウⅡ期の諸要素の見本例である。女性小像は別造りにした二つの部品を結合したものである。細石器・無文土器片・弧状垂飾（例―図147）・兎の指骨製垂飾[123]は、南フランスの「コルテヨ文化」にも見られるので、西方的な要素に位置づけてよいかもしれない。リーパリ島出土の黒曜石および新石器中Ⅰ期の様式の彩色土器片は、南方との関係が継続していた証《あかし》であり、そしてリグリア州の文化連続と南イタリアの文化連続の併行関係を示している。リグリア州の中期新石器時代の土器は、総じて平滑であり、暗色を呈し、すべてではないが引っ掻き線で装飾している。もっとも特徴的な器形は角状口縁土器（図120―2）である。ポー川流域でも同様に普及していた器形であり、リーパリ島では新石器中Ⅰ期にかかわる状況で時おり出土する。引っ掻き線の文様のなかに「ドナウ文化」の渦巻文がある。

死者は洞窟内にしつらえた小さな箱式石室に屈葬の姿勢で単葬された。ローヌ川上流域のシャンブランド式の箱式石室に酷似しており、ひいてはアオスタ盆地〔イタリア〕の類似の墓葬とも関連しているかもしれない。したがって、こうした箱式石室を通じて、中期新石器時代にアルプスを越えた人びと（おそらくは畜群を引き連れた牧畜民）の動きが明らかになるだろうし、スイスの前期新石器時代とリグリア州の中期新石器時代の同時性を確証

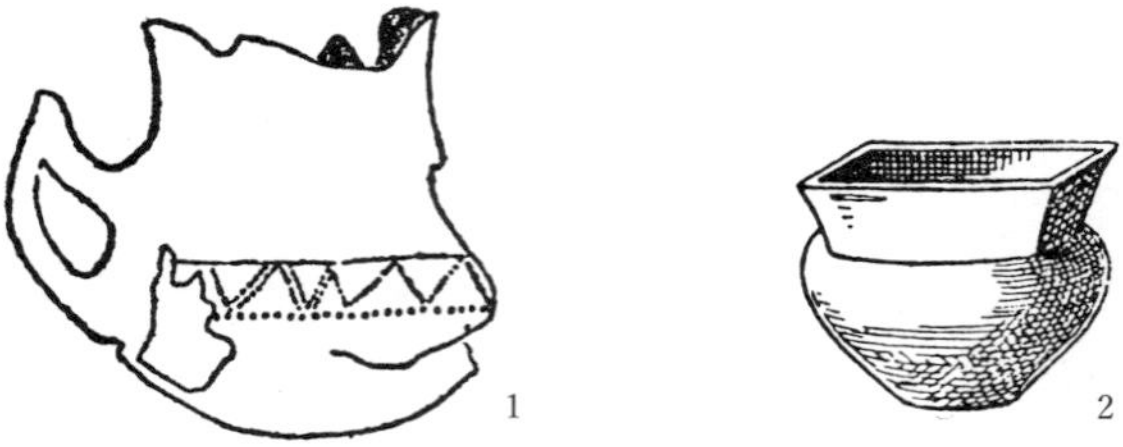

図120　湖畔住居出土の広口壺(1:ポラダ遺跡出土、S=1/4)と新石器時代の角状口縁土器(2:アレーヌ・カンディード洞窟出土、S=1/6)

するのに役立つだろう。

アレーヌ・カンディード洞窟では、後期新石器時代の層(第一三〜第九層)になると、小像・ピンタデラ・加飾土器が消滅する。ロンバルディアのラゴッツァ文化よりも南フランスのシャセ文化に類似する西方の無文土器が、当該層を特徴づけている。たとえば当該層では、葦笛状の把手がフランスと同じくらいよく見られる。本書で南イタリアの前期金属器時代に位置づけた斧状把手付杯が、その直上の諸層から現れる。リグリア州の後期新石器時代にしても、おそらく中部イタリアおよびポー川流域の銅石時代に対応する。

リグリア州よりも大陸的な環境であるポー川流域とアルプス山麓の新石器文化は、ティレニア海沿岸部の新石器文化ほど明確に定義されていないし、まずもって同質的でない。ロンバルディアに湖畔住居を営んでいたラゴッツァ文化は、その土器から判断すると、疑いなく「西方」的である。しかし、スイスで湖畔住居を営んでいたコルテヨ文化と同じではないし、アレーヌ・カンディード洞窟の後期新石器時代の文化とさえ同じでない[124]。他方でフリント製細石器は、中石器時代の伝統が残存していたことを示唆する。ポー川以南のエミリアでは、故フェルナンド・マルヴォルティが、フィオラノ文化・チオッツァ文化・ペスカーレ文化の順の継起連続を確定した。これらの文化は土器様式の域を出ないものの、チオッツァ文化における黒曜石と角状口縁土器[125]はリグリア州との関係を示唆し、さらにリグリア州の中期新石器時代との準同時性も示唆している。

## 北イタリアの青銅器時代

イタリアの考古記録は、「銅石併用時代」になって初めて整然としたものになり、ポー川流域においてレメデッロ文化が満開に花開いた。ブレシアのレメデッロ遺跡で一一七体、クマロラ遺跡で四一体、フォンタネッラ遺跡で三六体というように、屈葬ないし膝折葬の遺骸を納めた大規模墓地が形成された。整然と列をなすこともある大規模墓地は、数世代にわたり同じ場所に居住した確固たる共同体の存在を示している。冶金業と原初的な交易が農耕・狩猟・漁撈と組み合わさるようになった。銅器工人は扁平斧や二種類の短剣（図121）を製作した。戈を製作することもあった。扁平斧は基部に抉りを入れたり、テルミ遺跡の出土品のように敲打成形の低い突縁を設けるものもある。二種類の短剣の片方は、円錐鋲で茎を把に留めるもので、明らかにミノア前期群の派生形である。もう一方の形状は洋凧形をしており、エジプト式のやり方で、凹基式の把に身部をはめ込んで小さな鋲で留めた（一六三頁参照）。

ブラドニ山で出土した有茎短剣（三〇一頁）からうかがえるように、トスカナの錫が当該期に開発されていた。それにもかかわらず、レメデッロ文化の金属工に青銅の材料としての錫を供給できるほど交易は恒常的でなかった。銅でさえどちらかといえば乏しかった。そのため磨製石斧が依然として使われ、青銅製の有茎短剣・洋凧形鋲留短剣・西ヨーロッパ式無鋲短剣が、それぞれ在地においてフリントで模倣された（図121）。斧は方孔を穿った鹿角製雇柄に装着した。さらに銀さえも、おそらくサルディニア島から入手していた。ただし、銀器工人が製作した銀器の形状を見るに、さらに遠くまで交流が広がっていたことがうかがえる。レメデッロ文化の一点の槌形ピンは、かなり遠隔地ではあるが、ポントスの竪穴墳文化型式のものに似ている。ヴェローナ付近のヴィラフランカ遺跡（イタリア）にある室墓出土の頸甲一点は、アイルランドの新月形《ルニュア》製品を彷彿とさせるが、ボヘミアのヴェルヴァル遺跡にあるIII～IV期の室墓から出土した銅製頸甲と比較してもよいだろう。瘤頭を呈することもあ

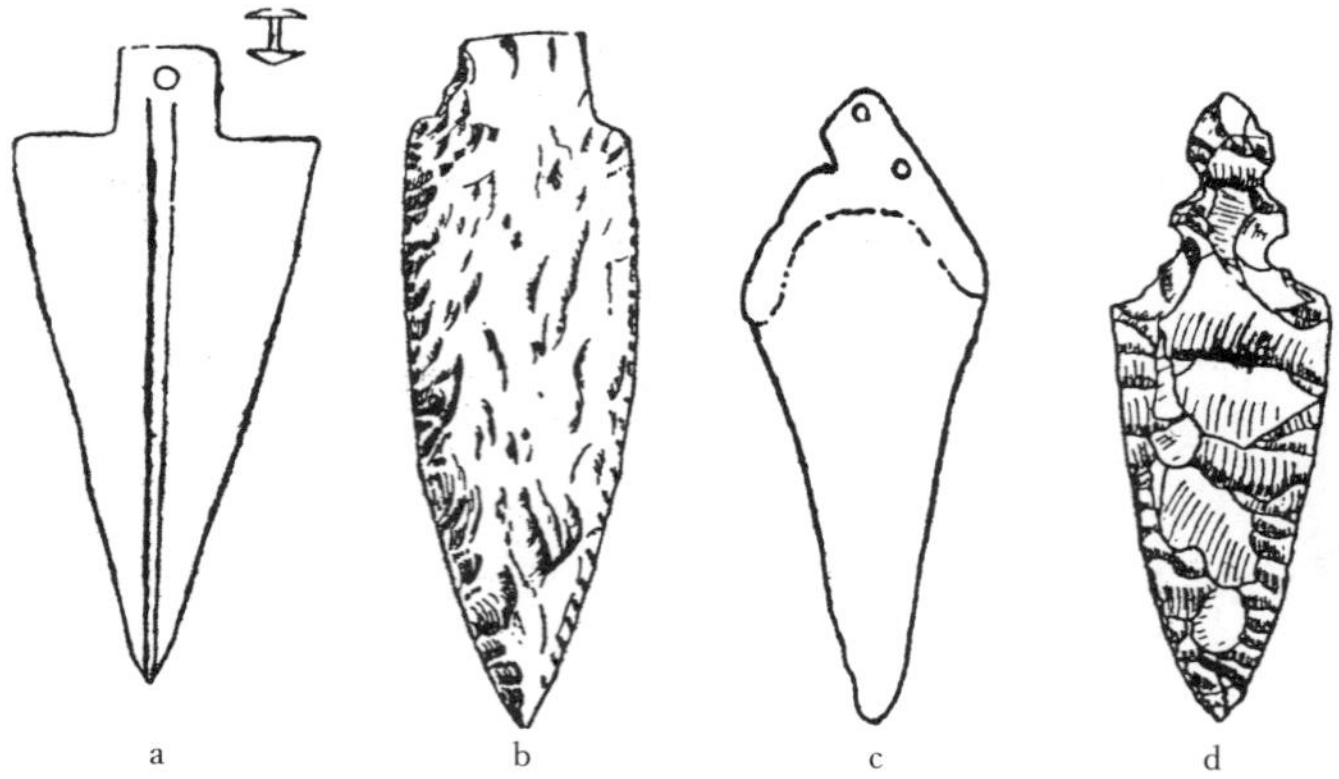


図121　レメデッロ文化の銅製短剣（a・c）とフリント製の模倣品（c・d）（S=1/3）

る石製闘斧は、上オーストリアの銅採掘者との交流を反映したものと見なせよう。また、上オーストリアのモント湖とアッター湖の湖畔住居から、レメデッロ型式の偏菱形短剣や基部に抉りを入れた石斧が発見されている。ピッチオーニはこれらを銅製品の祖型と誤解したが、実際には銅製品の模倣品である。

それでも銅器時代の遺物の大半は在地製品である。直剪鏃は中石器時代の名残りと推定される。他方でもっと一般的に見られる有茎鏃は、両面に見事な加工を施したものであるが、それ以前の石器文化《インダストリー》と共通点が皆無であり、南イタリアやドナウ川流域の石器文化とさえ共通点がまるでない。土器には親指状ないし鼻梁状の痕跡化した把手を付ける土器が含まれる。そうした土器の伝統は、マケドニアからスペインにいたる地中海以北の山地すべてに共通する（図120）。レメデッロ文化人の頭蓋骨は、地中海人種の長頭型と少数派の短頭型とで構成されている。

その背景に何があったにせよ、レメデッロ文化の性格の一端は、エーゲ海域との交流が北に拡大したことに起因していた。この交流の動機はトスカナの錫鉱脈にあり、そのことはポー川流域の場合と同じく、ミノア前期型式の短剣が出土していることにより証明されている。そしてまた、鐘形ビーカー族の寄与も認めなければならない。ブレシア地方〔イタリア〕にある三基の穴墓から鐘形ビーカー土器が発見されているが、そのうちの一基では西ヨーロッパに特徴的な短剣と一緒に出土した。また、出土状況は不明だが、当のレメデッロ遺跡から鐘形ビーカー土器の破片が出土したことが報告されている。[126] 鐘形ビーカー族は、西方から戈を、そしておそらく頸甲も導入した可能性があり、またドナウ川流域との交流の開拓に寄与したかもしれない。闘斧が中央ヨーロッパから、おそらくはさらに東方からももたらされた可能性は十分にあるが、闘斧族が侵入してきた証拠とするには不十分である。ミノア前期型式の短剣は、漠然ながらもレメデッロ文化の開始年代の上限を与えてくれる。それはおおよそ紀元前二三〇〇年頃である。琥珀玉とファイアンス玉が穴墓から出土しないので、紀元前一六〇〇年頃にミケーネとボヘミアの組織的な交易が確立する以前に、レメデッロ文化の墓地は廃絶したのだろう。ドナウⅣ期の青銅器の諸型式も、レメデッロ文化の墓地には欠落している。確かにビーカー墓は、ドナウ地方の文化連続のⅢ期と関係がある。しかしこうしたビーカー墓が、レメデッロ文化の墓地に示される長期間の開始期に属するのか、それとも終末期に属するのか、誰にも分からないのだ。

この地の青銅器時代は、ドナウ地方の貿易組織が北イタリアへと拡張されたことに始まる。ドナウⅣ期の諸型式（突縁斧（例—図69—3）・円基式の短剣・有柄青銅短剣・地金頸輪・ウネティチェ文化の少数の銃眼形ピン）は、別に珍しいものではない。この銃眼形ピンのように、アルプスを越えて輸入された品目が存在するに違いない。当該期の多くの金属器は、巡回金属工か定住金属工によって地元で製作された。かれらは住民の多い集落（東部の湖沼岸に営まれた湖畔住居群、ポー川の南に位置するラガッツィ遺跡のような沼沢地村落、沼沢平地の南縁にある名高い黒土堆積集落《テラマーレ》）において、そしてアペニン山脈の山腹にある洞窟において仕事に従事した。

東部の湖畔住居については、レードロ遺跡やバルケ・ディ・ソルフェリーノ遺跡が十分に調査されているが、なかでもポラダ遺跡が標式遺跡とされている。こうした湖畔住居は、ラガッツィ遺跡のように、**テラマーレ***が形成される前に築かれた可能性がある。これらの住居からは、古いレメデッロ文化の伝統を受け継ぐ土器や、凹基式フリント石鏃、矢柄研磨器、若干の手甲、ドナウⅣ期に遡る片面穿孔ボタンなどが出土したが、それ以後のV期に特有の青銅器はわずかしか出土していない。対照的に、テラマーレは正真正銘のテル（すなわち多くの世代にわたって居住された村落遺跡）であり、中・後期青銅器時代の遺物があるほか、Ⅳ期に特徴的な遺物はごくわずかしか出土しない。それらは軒並み農村である。その農地は犂耕していたはずである。というのも、ヨーロッパ最古の木製犂がレードロ遺跡で出土しており、それより高地のアルプスにあるビーゴ山周辺の岩石彫刻には、二頭ないし四頭の牡牛が牽く犂が描かれているからだ。木柄にフリントの刃部を付けた鎌で穀物を収穫した。[127] そうした型式の鎌は、ソルフェリーノ遺跡から出土した完存品により例証されている。この型式は中期青銅器時代に金属製に替えられた（図119－5）。テラマーレの住人は、牛・豚・羊・山羊に加えて馬を飼い、鹿角製の馬銜《はみ》で制御していた。それ以前の湖畔住居の住人は、たぶんそのようなことはしていなかった。頑丈な円板状の車輪をそなえる荷車は、おそらく牡牛が牽いたのだろう。ところが、ソルフェリーノ遺跡から出土した六本の輻《スポーク》をもつ車輪の模型やメルクラゴ遺跡〔イタリア〕で出土した車輪の完形品は、輓馬戦車に取りつけたものだった可能性がある。この完形品の車輪はⅥ期に属すると思われ、後代の古典期ギリシアの農村荷車に見られる独特な型式の実例である。

湖畔村落であるレードロ遺跡は〇・五ヘクタールの広さしかなかった。ラガッツィ遺跡は一〇棟の小屋（おそらく円形）がまとまったものである。ところがテラマーレは一・六～七・三ヘクタールの範囲を覆っているようだ。ピゴリーニが普及させた整然たる集落プランなるものは、かれの想像の産物であることが明らかになってきた。実際には、家屋のプランも分からないし、村落が当初から環濠や頑丈な塁壁で防御されていたかどうかすら分からない。ちなみにヨースタ・サフルンドは、これらの防御施設は後期青銅器時代に付け加えられたものだと考えている。

土器は木製品をそっくりそのまま模倣している。そうした木製品の実物は、レードロ遺跡において製作工程のあらゆる段階のものが遺存していた。レメデッロ文化の伝統を受け継ぐポラダ土器群では、比較的簡素な鼻梁形把手とL字形把手（図120－1）が主流であり、アナトリア北部からトラキアとマケドニアを経てピレネー山脈に及ぶ山岳地帯のいたるところで見られる流儀の端的な表れである。おそらくラゴッツァ式土器に由来するラガッツィ式土器は、把手に風変わりな凝《こ》りを加え始めた。その凝りの延長に叉状型式（図119－1）がある。この型式はテラマーレ文化において全盛期を迎え、やがて南方に拡散してゆき、イタリア半島の踵部にまで到達した。

　青銅器時代前期型式の青銅器の鋳型が多くの集落で出土している。ただしそれらは、巡回する商人兼工人が使用したものかもしれない。かれらはブレンナー峠越えの琥珀交易の副業として、金属製品を流通させていた。ボローニャ付近のファルネート洞窟に残されていた一点の鋳型は、突縁斧の鋳型の唯一の現存例である。地金頸輪や短剣などといった前期青銅器時代の諸型式を納めた一括埋納が多数あることは、こうした商人が遍歴していたことと、それに伴う危険があったことを物語っている。それに比べると、青銅器時代中期型式の青銅器は一括埋納にあまり見当たらない。それはあたかも、ドナウV期までに、ポー川流域とアディジェ川流域の全域にある程度の安全が確保されたかのようである。鋳型などの冶金設備はテラマーレに比較的広く認められ、定住金属工の工房を示すのだろう。早い時期の金属器は、ほとんどがウネティチェ文化に由来するものである。それはまるで、在地の青銅器工人がドナウ文化の流派において訓練を積んだかのようである。他方で戈は、イベリア半島のものにいっそう似ている。もしそうであれば、北イタリアの流派が芽生え始めた頃に、西方の流儀が取り込まれたことを暗示する。以上のほかに、在地で発展を遂げたレメデッロ文化の伝統を付け加えなければならない。上述のように、この伝統はエーゲ文化の早い時期の手本に触発されたものであった。レヴァントとの新たなつながりは識別できない。

　北イタリアの金属工は、前期青銅器時代にさえ斧と短剣の元来の形状に手を加え、中期にはこれらを独自型式へと発展させた。一般にかれらは、創意に富むいくつかの新案、とりわけ紀元前一三世紀にギリシアに持ち込ま

図122　ペスキエラ式安全ピン（留針ブローチ）(S=1/2)

れ、主にドナウVI期に中央ヨーロッパへと伝播した安全ピン（図122）に関する新案に功績があったといわれている。しかしこの主張に対して、功績はウネティチェ文化にあったという反論がなされてきた。この時期にミケーネ（一〇三頁）で見出した後援者のために内折有翼斧を鋳造したのが、北イタリアの一工人であったことは疑いない。北イタリアで成し遂げられたこれ以外の革新としては、突縁の鎌（図119－5）・両刃剃刀（図119－3）・「ペスキエラ式短剣」（突縁状茎部をもつ両刃ナイフ）（図119－4）・斬突両用の剣[128]などがある。

前期青銅器時代の湖畔住居に暮らした人びとの墓も、テラマーレに暮らした人びとの墓も知られていない。ヴェローナ付近のポヴィリアーノ遺跡にある中期青銅器時代の墓地には、伸展葬した遺骸に中央ヨーロッパ式の長剣が伴っていた。アルプスを越えて来た侵入者集団の墓地だろう。サフルンドは、テラマーレに付随する骨壺墓地を、後期青銅器時代になって既往の村落に押し寄せて来て、そこを占拠し城砦化した新たな征服者によるものだと考えている。なおアペニン地方の牧畜民は、天然洞窟に集葬する慣習を維持していた。

青銅器時代の諸社会が営んだ精神活動の一端が、沿海アルプスの標高二一〇〇メートル線付近に聳《そび》えるビーゴ山周辺の名高い岩石彫刻に表現されている。そこには戈を振るう戦士と、犂耕などの農作業を営む平和な情景とが並んで描かれている。これと同時代だが、別集団の所産と思われる図像として、三角形短剣を携行する男性を描いたアディジェ川流域の彫像立石が挙げられる。これらは様式的に南フランスの図像に類似する（三八九頁）。これらが西方の祭儀に触発されたものだとすると、地母神が戦士神に変貌していることになる。この変貌は、母系の社会秩序から父系の社会秩序への転換を反映しているはずである。

北イタリアにおいて多様な伝統が融合して形成された豊穣かつ複雑な文化は、青銅器時代が終焉を迎える前に、イタリア半島全域とシチリア島を支配するにいたった。プント・デル・トンノとリーパリ島においてその姿を明然と見せるこの文化は、紀元前一三〇〇年までにポー川流域で成熟を迎えたに違いないことを示している。

*Chapter*
**XIV**

# ISLAND CIVILIZATIONS IN THE WESTERN MEDITERRANEAN

# 第 14 章

# 西地中海の島嶼文明

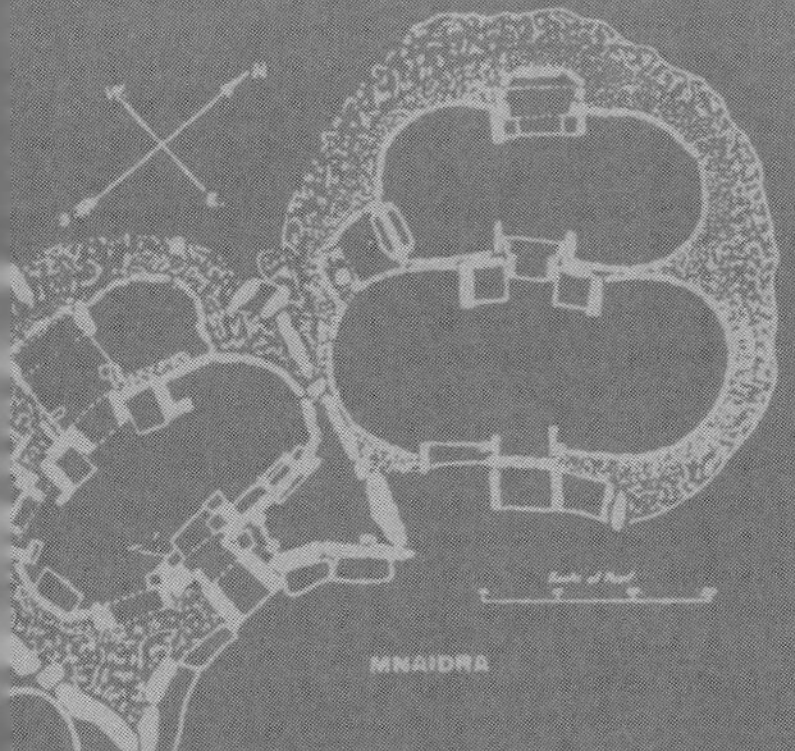

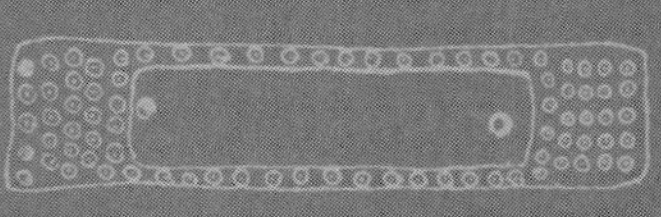

エーゲ海域からイタリアへ、そしてシチリア島まで、陸地を見失うことなく海岸沿いに航海できる。しかし、そこからさらに西進することは、船乗りが航路を決めるために利用する北極星のような天空の指針もなしに、道なき海原へと漕ぎ出すことを意味していた。シチリア島は、地中海の北岸沿いに交流する限りにおいて、エーゲ海域と西方世界を結ぶ正規の通交の境界になっていたに違いない。もちろん、いかに難路とはいえ、北アフリカを横断する陸路や、人を寄せつけない地中海南岸沿いのルートも利用できた。しかし、そのような難路が横切る諸地域に関して、考古学的調査がほとんどおこなわれていないので、そうした難路沿いの交通の効果については推測すらできない。したがって、西地中海の島々が、東から西へと文化がまるごと伝達されてゆく飛び石として、考古記録に明瞭に現れることはほとんど期待できないし、アフリカから北方への伝達において果たしたかもしれない役割についても十分に評価できない。

## マルタ島の巨石文明

不毛な小島であるマルタ島とゴゾ島は、かつてアフリカからヨーロッパに延びていた陸橋の最後の名残りである。不運にも吹き流されてしまった船乗りや、東地中海から西方への航路を意図的に探っていた船乗りに、自然の停泊所を提供してくれる島々であった。旧石器時代の狩猟民には不都合な島であり、それゆえ本当にこの島にいたのか疑わしいネアンデルタール人を除いて、この島に人は住み着かなかった。**完新世***になると、この島々は驚くほど高い人口密度を支えるようになり、その地の農民は主要な二時期[129]を通じて、活気に溢れた島嶼文化を発展させた[130]。

マルタI期においてもっとも永続的かつ顕著なモニュメントは、実に巨大な石で構築された巨石「神殿」と、石灰岩を石器で巧妙に削り出した迷宮のごとき穹窿墓である。二〇世紀のマルタ島の文化を代表する正真正銘の在地モニュメントは、ヴァレッタ付近のモスタにある村の教会であり、**セントポール大聖堂***よりも大きな丸天井を擁している。同島の新石器時代の神殿と室墓は、この教会と同様に、目下の需要を超える余剰を生み出すよう島の農民を鼓舞するという、非物質的な目的に供されていたことを雄弁に物語っている。そしてまた、神殿と室墓という非生産的なモニュメントを通じて、いかにして余剰財の「循環」が奏功したのかが示唆されるのであり、まさに何も産み出さないがゆえに、そのようなモニュメントの建設を幾度となく繰り返すことができたのだ。

マルタI期は土器の様式と神殿のプランからA期・B期・C期に細分される。この細分の正しさは、層位学的な観察によって裏づけられている。考古記録に明確な痕跡を残し、おそらく神殿と室墓の建設という非生産的な活動を開始した最初の入植者は、シチリア島からやって来たようである。というのも、かれらはマルタ島に押捺文土器のステンティネロ型式版を持ち込んだからである。IA期の神殿は、何の調整も施していない石材で構築されており、簡素な三葉形のプランを呈している。IB期には外側に張出部が追加され、IA期よりも入念な造りになった。そしてIC期には、複雑さが最高潮に達した。このIC期には、石槌を使って板石を美しく装飾し、時には板石の全面に装飾的な穿孔も施した。板石に浅浮彫で渦巻文を彫刻したり、あるいは動物と人間の行列を彫刻することさえあった。

この神殿建築と西ヨーロッパの集葬室墓の墓葬建築との伝統面における共通点が、プランと構築法の細部に数多く認められる。それはたとえば、聖堂の前面にある半円形の前庭部（図123）、巨大な塊石の意図的な使用、出入口としての窓孔付板石、持ち送りによる張出部の天井架構、立石の広い面を並べた壁面とそこから直角に突き出

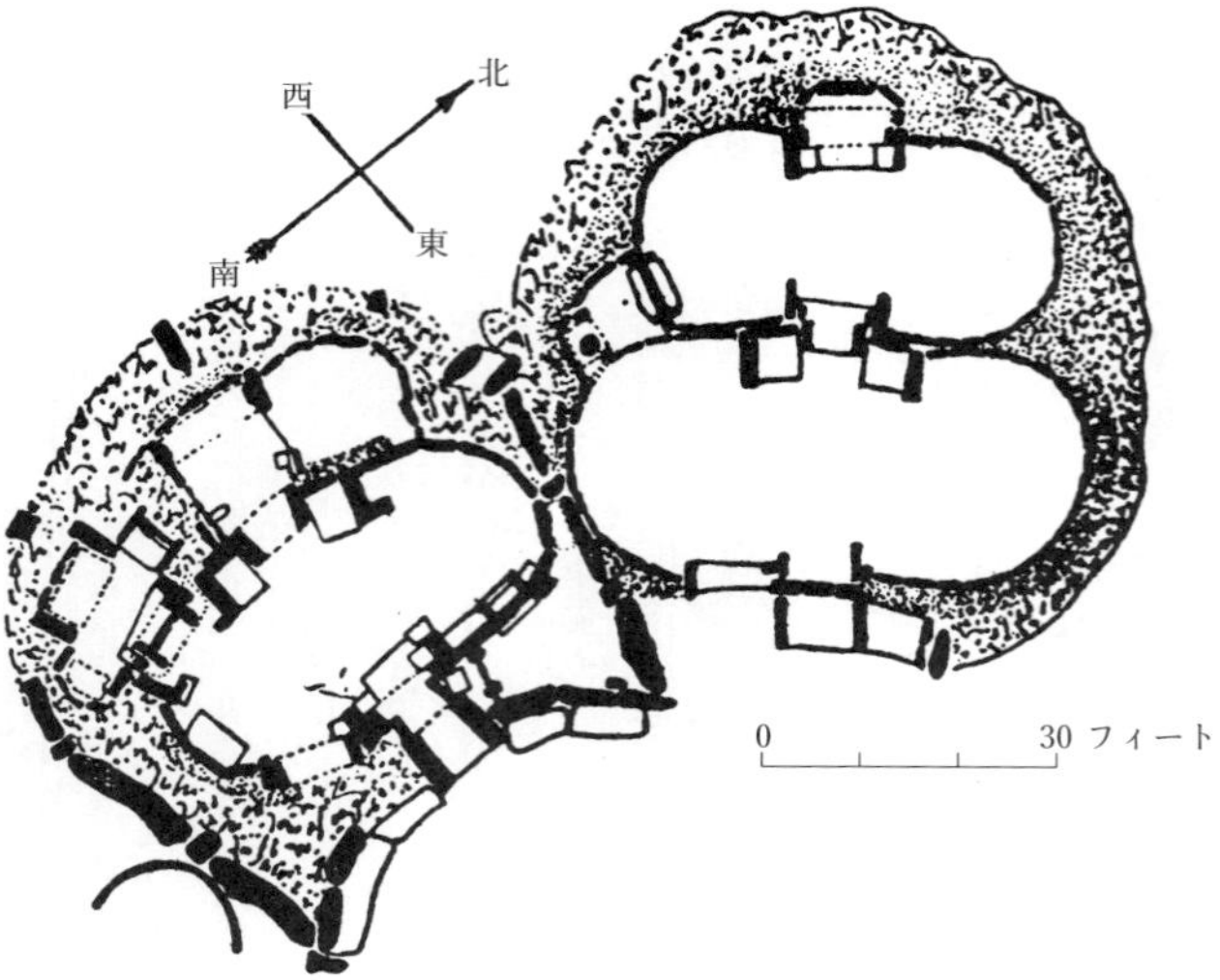


図123　マルタ島のイムナイドラ「神殿」の平面図（I C 期）〔原書比 12:10〕

る板石を交互に配する壁[131]などである。多くの石に盃状の凹痕が認められる。

実はマルタ島とゴゾ島には、集葬を収容するために岩を掘削した室墓がマルタI期を通じて存在した。IA期においてすら、神殿の三葉形プランを模倣した室墓があった。しかし、初期の室墓の大半は、赭土を振り掛けた遺骸を納める岩穴墓の域を出なかった。ところがヴァレッタ付近のハル・サフリエニ遺跡では、自然の岩盤を掘り込んで広大かつ複雑な地下墳墓《ハイポジウム》が造れていた。出土土器から判断すると、この地下墳墓はIA期に簡素なものとして始まった。その後、徐々に拡大されてゆき、すでにIB期には中央広間につながる複数の墓室を伴う多くの地下室から構成されていた。IC期にはさらに精巧さを増し、螺旋状の彩画や擬人的な彫刻で飾られた。

マルタIC期の神殿から出土した祭儀品には、肥満した女性の立ち姿や座った姿、長椅子に凭《もた》れた姿を表現した、高さ三〇センチないしそれ以上の石灰岩像や、聖石・鈴・祭壇などの石製模型などがある。なお女性像には、ミノアやシュメールのファッションを彷彿とさせるスカートが表現されていることがある。祭儀品の大半がＩＣ期に属する。ただし、ゼバク付近のＩＡ２期の室墓から、南フランスのものやトロイ第一層の石碑に類する彫像立石の破片が出土している。

これらの作品はいずれも金属道具を使わずに作られている。この意味においてマルタＩ期は新石器文化である。ＩＡ期にはフリントがおそらくシチリア島から輸入され、少なくともＩＣ期にはリーパリ島から黒曜石が輸入されていた。打製石器は両面加工を伴わない簡素きわまりないもので、磨製石斧はきわめてまれである。石皿はシチリア産の溶岩石で作られた。また、護符や装飾品を製作するために、きめの細かい岩石が輸入されていた。これらのうち斧形護符がすこぶる広く見られ、鳩形などの形象垂飾は少ない。浮出文付きの骨製装飾板一点は、カステルッチオ文化の室墓の出土品と同じもので、またトロイ遺跡やレルナ遺跡、タルシーン神殿の出土品にも似ており、一般にＩＣ期に比定されている。すでにＩＡ期に認められる片面穿孔の半球形ボタン、スポンディルス貝製および骨製のビーズ、そしてＩＣ期の翼形ビーズは、装飾品と見なしてよい。

石製容器も製作された。おそらくマルタＩＡ期にはすでに作られており、ＩＣ期には精巧な技術で作られた。そして、土器によくあるすこぶる複雑な器形が石で再現され、中空把手や鼻梁形把手まで付けられた。ハジャール・イム神殿から出土した巨大な石製杯は直径一・八メートルもあり、突出する鼻梁形把手をそなえている。

マルタの土器生産は石細工と同じくらい優れていた。一九一〇年までに、少なくとも二六種類の土器がハル・サフリエニの地下墳墓で識別されている。エヴァンズはこれらの土器を層位学に基づいて年代順に並べた。かれはまた、これらの土器とシチリア島および南イタリアの土器との類似性を確認した。最古の土器は中期新石器時代のステンティネロ土器と密接に関連する。マルタＩＡ期（エヴァンズのＡ２期）においてさえ、後期サン・コーノ土器群と、そしておそらく若干の黄褐色地赤彩土器および後期新石器時代のディアナ型式の管状把手とも、いっそう強い関連を示す土器が出現する。ＩＢ期の土器は引っ掻き線で施文されるが、赤色ないし白色に塗彩し曲線文様を構成するものもある。Ｌ字形や三角形の把手が、ＩＢ期の一部の土器にすでに取りつけられていたが、

ＩＣ期になると、本格的な鼻梁形突起や斧形把手にまで発達した（例―図116―3）。他方で管状突起は、在地での発展を通じて、いわゆる中空把手へと改造された。この中空把手は、土器の内壁に水平に取りつけた土製の管であり、内壁に空いた孔と管部の両端がつながっている。このような把手は、エオリア諸島の銅石時代であるピアノ・コンテ期に姿を見せており、後述するようにサルディニア島でも認められる。斧形把手もイタリアの前期青銅器時代に比定される。

したがって、土器の類似性から判断すると、マルタ島の神殿建造期と室墓掘削期は、前章で用いたイタリアの編年体系における中期新石器時代後半に開始し、次期の銅石時代にもしっかり継続していたはずである。タルシーン神殿出土の浮出文付きの骨製装飾板をマルタＩ期に比定するのが正しければ、ＩＣ期はシチリア島のカステルッチオ文化と重なることになる。しかしＩ期はこの時点で終了するはずである。というのも、Ⅱ期の最古の土器はエオリア諸島のグラツィアーノ岬文化に併行させるのが最適であり、この文化はカステルッチオ文化およびミノア後Ｉ期と同時期でありうるからだ。ところが墓葬建築を見ると、イタリアとの併行関係が少し違ってくるようである。イタリアに室墓が築かれるのは、もっとも古く見ても後期新石器時代であり、銅石時代に顕著に造営された。西方を見ても、片面穿孔ボタンがもっとも普通に共存するのは、後期銅石時代の鐘形ビーカー土器である。

マルタ島とゴゾ島への最初の入植者が、土器の嗜好においてシチリア的であったとすれば、その精神活動はむしろ東地中海的であった。ところが、精神活動を表現した建築物はいっそう西地中海的である。たとえば三葉形神殿にもっとも類似する事例を、ロス・ミリャレス遺跡〔スペイン〕の持送天井墓室に見出せるかもしれない（三四一頁）。精神活動面での巨石主義は、やはり西ヨーロッパの病弊だったようだ。彫像立石は、トロイ遺跡から南フランスにもたらされたわけだが、その途上においてもまさにシンボルたりえたのだ。他方で、片面穿孔ボタンは明らかに西方のものである。マルタ島とゴゾ島に刮目すべき文化が誕生した背景に、西ヨーロッパからの刺激があったことをかならずや考慮しなければならない。マルタＩＣ期の華々しい開花を促したのは、東方からの新鮮な刺激であったのではないかと疑われもする。とはいえこの時期には、ミノア中期のカマレス杯に見られる渦巻彩文やミケーネの竪坑墓の石柱に見られる渦巻文彫刻との類似点が認められはするものの、具体的な証拠が欠けている。

その起源が何であるにせよ、マルタＩ期の巨石文化は武力侵攻か宗教革命によって暴力的な終焉を迎えた。その結果、タルシーン神殿群は本来の用途から外れて、火葬埋葬用の墓地にされた。その副葬品には、銅製か青銅製の小型三角形短剣や扁平斧（もしくは敲打突縁斧）、まったく新しい伝統に則った土器、奇妙に様式化して突出付き円盤と化した土偶[132]といったものがあった。新たな土器には、目玉文様をもつ土器・把手付筒形杯・アスコス・二層骨壺といったものがある。銀・ファイアンス・貝殻のビーズを装飾品として身に着けていた。

東地中海とイタリア半島に対して有効な型式学の体系によると、金属製装飾品は東地中海ではエーゲ前期、イタリア半島では銅石時代のものであろう。それなのにサルディニア島では、この金属製装飾品とほとんど同じくらい古風な青銅製品が、紀元前一千年紀に比定される一括埋納に残されている。土器の器形も確実にエーゲ前期のものであり、銅石時代のパエストゥム遺跡の墓地に漠然ながらも類品を見出せる。ところがシチリア島とサルディニア島では、アスコスとそれに類似するエーゲ化した器形が、紀元前一二〇〇年以降に再び登場する。この新たな埋葬儀礼は、およそこの頃にシチリア島北部に侵入してきた骨壺墓地と関係しているのかもしれない。現に骨壺墓地とそれ以外のマルタⅡａ期の遺跡から、少数ではあるがアペニン土器の破片が出土している。しかしながら、紀元前二千年紀のかなり早い時期にボガズキョイ遺跡とトロイ遺跡で火葬がおこなわれていたので、火葬はそうした方面からマルタ島に直接もたらされたのかもしれない。とはいえ、Ⅱａ期の土器にもっとも近いものが、フィリクディ島の岬にあるグラツィアーノ村落遺跡で見つかっている。この村落の居住期間はカステルッチオ文化（ミノア後Ｉ～後Ⅱ期）とおおむね同時代であるが、ほぼ紀元前一四〇〇年まで継続していた。だからといって、火葬の習慣をもつ侵入者がエオリア諸島からやって来たということにはならない。そうではなく、マルタ島の青銅器時代が紀元前一四〇〇年の少し前に始まったことが示唆されるのである。

マルタ島の青銅器時代は発展しそこなった。マルタ島の宗教的な物品は、フリントや黒曜石をあつかう旅商人を満足させていたが、青銅商人はそのような物品を受け取ろうとはしなかった。そしてマルタ島人には、ほかに提供できるものがなかった。またマルタ島人は、エオリア諸島人のようにミケーネと西方の貿易の仲介者になれなかった。スペインに向かう紀元後一五世紀の航海者ですら、吹き荒れる西風にさらされながらティレニア海を直接渡るよりも、北側の沿岸ルートを選んでいた。(133) 紀元前一五世紀であれば、なおのこと後者のルートが選ばれただろう。この時期以降の青銅器はマルタ島とゴゾ島に残されていない。そして新たな入植者がまたぞろ到来し、ボージ・イン＝ナドゥール遺跡のような古い神殿の跡地を要塞化した村落に変えた。かれらはタルシーン地下墓地から出土するのとはまったく異なる新たな土器型式を持ち込んだ。また、陶製の錨形装飾品を作った。一点のみが知られているミケーネの酒杯《キュリクス》（ヘラディック後Ⅲb期）は、マルタⅡb期に残されている唯一の輸入品（もしくは掠奪品）である。このキュリクスは、Ⅱb期を紀元前一三世紀に比定し、さらにⅡa期の年代を確証するのに役立っている。そのうえ、シラクサ周辺のタプソス墓地から出土した土器のなかに、ベルナーボ＝ブレアがボージ・イン＝ナドゥール文化からの輸入品だと考えたものがある。ところが、錨形装飾品（例—図38）が、ほぼ同じ時期のエオリア諸島のミラッツェシ遺跡でも出土している。これらはギリシアのヘラディック前期のものであり、マルタ島に届くまで一千年もの歳月を要したのだ。

それ以後のマルタ島は、ヨーロッパの文化に何の貢献も果たさなかった。実際のところ、マルタ島の文化が独自で創造的だったのはマルタⅠ期だけだった。そのⅠ期でさえ、後のヨーロッパに遺したのは取るに足りないものにすぎず、それは幻のごときものだったただろう。

## サルディニア島

サルディニア島は、旧石器時代には人が暮らしていなかったようである。しかし、山がちな島であるにもかかわらず、谷間や平原に数多く孤立的に散在する農業共同体を支えるのに十分な広さがある。しかも黒曜石・銅・銀といった天然資源があり、産業に従事する入植者を惹きつける。この島の考古記録が明確になる頃には、これらの資源はすでに軒並み利用されていた。考古学的な証拠は、何世代にもわたって集葬墓として利用された天然洞窟や岩穴墓から主に得られている。そのため、異なる時代の遺物が総じて混在しつつ出土する。

層位学的に識別が可能なのは、同島の南に位置するカリアリ付近のサン・バルトロメオ洞窟だけである。本洞窟の上層には、ビーカー土器、ビーカー土器の様式で装飾された三脚浅鉢（図124－1）、西ヨーロッパ式の銅製短剣および扁平銅斧、片面穿孔の角柱形骨製板などで構成される副葬品がある。これらは典型的な「銅器時代」の組合せである。この下層にあり、石器の層とは区別される「銅器時代」の墓葬から、より古い副葬品と遺骸が出土している。この副葬品は、簡素な黒曜石製の石器と半球形の胴部屈折鉢（うち一点は精細な平行線刻文帯による星形文様で飾られている）からなる。技法面から見て、半球形の胴部屈折鉢はシチリア島のヴィッラフラーティ洞窟、マルタ島のハル・サフリエニの地下墳墓、南フランスの前ビーカー広域文化相から出土する一部の土器を彷彿とさせる。サルディニア島のオツィエーリにあるサン・ミケーレ埋葬洞窟から出土した土器に、これと同型式のものがある。他方で、マルタ島のものに酷似する中空把手をもつが貝殻施文技法と押引列点技法による半円文で装飾した土器もある。後者の土器はサン・バルトロメオ洞窟に実例があるが、上層のみから出土する。

サルディニア島のビーカー期および後《ポスト》ビーカー期の文化は、地元で「魔女ジャンナの館」と呼ばれる岩穴墓が良好な形で代表している。サン・バルトロメオ洞窟の下層に実例のある線刻文土器の破片が出土することから、こうした家族墓所のなかには、先ビーカー期に掘削されたものさえあるかもしれない。だがそれ以外のものは、

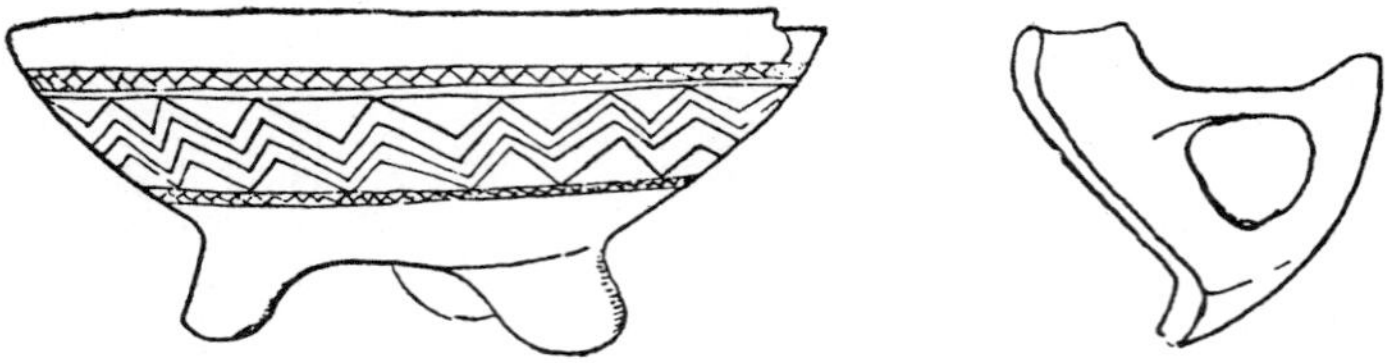

1　　　2

図124　三脚浅鉢（1：サン・バルトロメオ洞窟出土、S=1/6）と鼻梁形把手型式の広口壺（2：アンゲル・ルーユ遺跡出土、S=1/2）

紀元前一千年紀に掘削されるか、どのような形にせよ利用され続けた。室墓は一般に単独で存在するか、二〜三基がまとまっている。しかしアンゲル・ルーユ遺跡では、少なくとも三一基の室墓からなる墓地が組織的に調査されている。当遺跡の墓室は長方形プランを呈する傾向があり、しばしば墓室の手前に前室を設け、階段付きの竪坑か羨道から出入りする。副室が主室につながっている場合もある。内部の玄門には、キプロスの初期室墓の正面《ファサード》に似た、楣石を配する木製扉を思わせる彫刻を施す場合もある。そのうち二例では、墓室内に聳える岩柱が残されている。このような柱や壁面には、牡牛の頭部や舳先《へさき》が屹立する船が浅浮彫で刻まれている（図125）。二基の室墓では赭土の痕跡が床面で見つかっている。遺骸は屈葬が通例であるが、二基の室墓（一五号墓と二〇号墓）において火葬骨が小さな壁龕《へきがん》から見つかっている。また二〇号墓では、乳児の遺骸が甕に納められていた。

地下に築いた「魔女ジャンナの館」から、地元で「巨人の墓室」と呼ばれる地上に築いた巨石墓にいたるまで、その間にはいくつもの型式がある。たとえば、巨石墓の方式で持送天井をそなえさせた岩穴墓、岩穴墓の前面に建て増した巨石建築、入口部の上部と周辺の岩を彫刻して「巨人の墓室」の玄門と前庭を再現した「魔女ジャンナの館」、といったものがある。同じくマッケンジーは、簡素な「ドルメン」から典型的な「巨人の墓室」にいたる型式組列を構築した。なお、典型的な「巨人の墓室」の構造は次の通りである。巨大な板石で狭長な通廊の壁面を築き、持ち送りで天井を架構し、それらを積石塚で覆う。

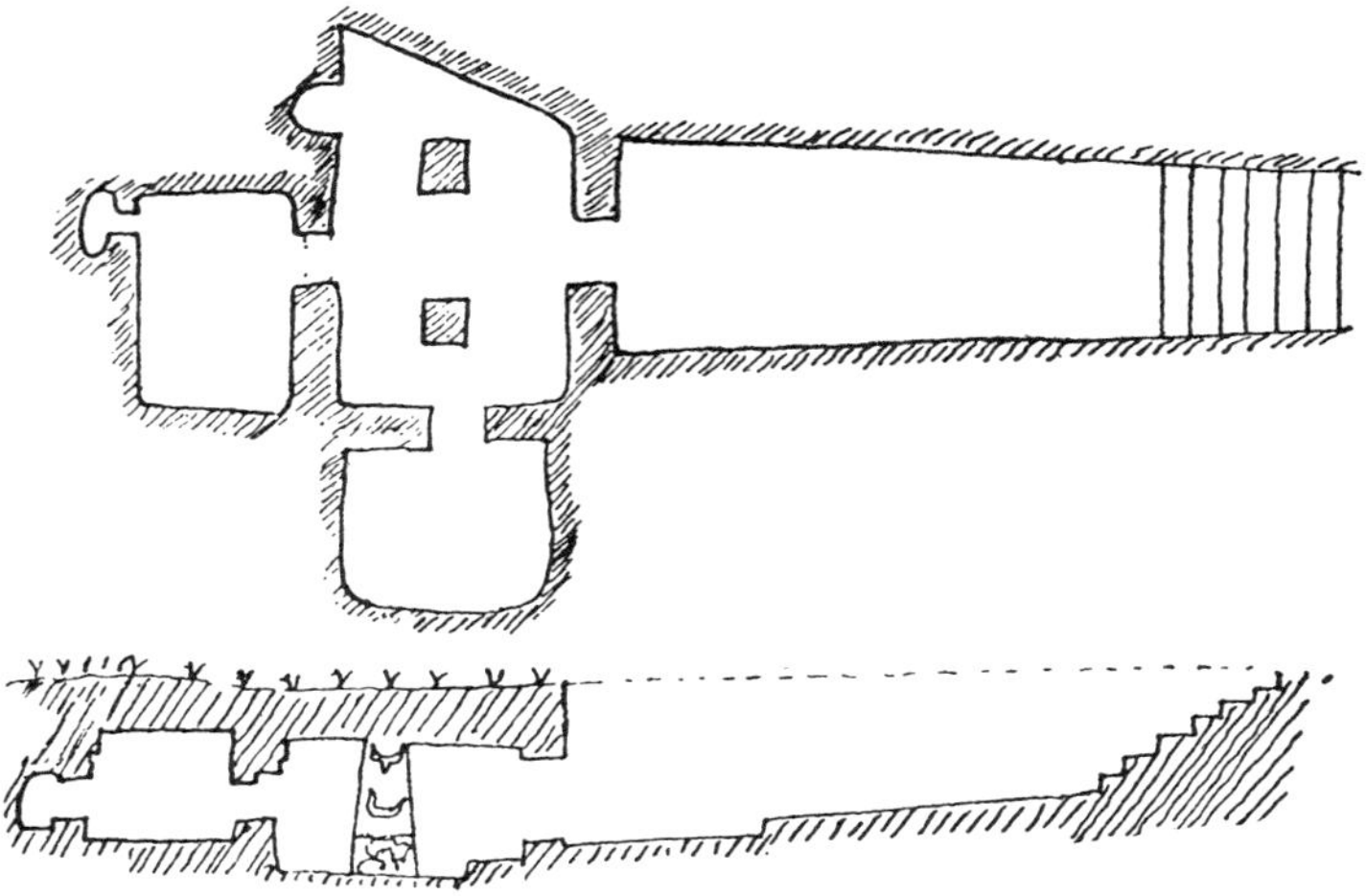

図125　アンゲル・ルーユ遺跡の20号墓の平面図と断面図

その積石塚を、石積みの壁で囲繞する。墓内には、まず石壁の側面に空けた半円形の隙間から入り、そして高く直立する板石ないし石柱にアーチを架け渡した入口から入室するのである（図110）。もちろん、このような組列は純粋に演繹的な構成物であり、一括副葬品による信頼できる組列に裏づけられていない以上、その順序が逆転する可能性もある。いわゆる「ドルメン」から、年代を特定できる副葬品は出土していない。「ドルメン」のなかには、「巨人の墓室」の残骸にすぎないものさえある。「巨人の墓室」の分布は「**塔状石造構築物**《ヌラーゲ》*」の分布とさほど厳密には一致せず、両者の同時代性を証明できない。「巨人の墓室」からヌラーゲ期の遺物が発見されているし、ローマ時代の遺物さえ発見されている。しかしもちろん、こうした発見品があるからといって、「巨人の墓室」の建造年代が鉄器時代や後期青銅器時代に定まるわけではない。

アンゲル・ルーユ遺跡で出土した副葬品は、ヌラーゲ期以前のサルディニア島の文化について、もっとも有効な姿を復元してくれる。とはいえ、大昔におこなわれた盗掘のせいで、その姿は完全ではなくなっている。金属が使用されていたが、ささやかなものだったようだ。大昔の盗掘者

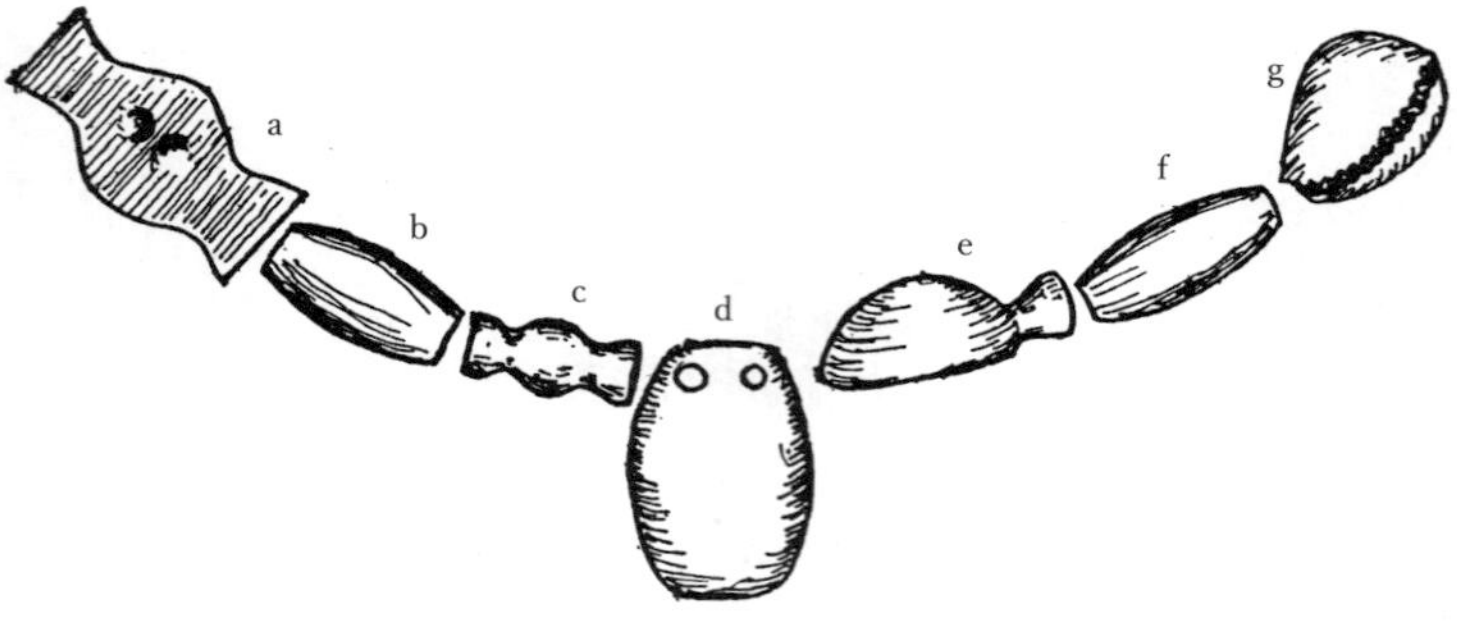


図126　アンゲル・ルーユ遺跡出土の頸飾り（S=3/5）

の掠奪を免れた金属製品は、西ヨーロッパ式の銅製短剣二～三振、扁平銅斧一点、銅鏃一点、断面方形の銅錐数点、それに若干の銅製ビーズ・銅製腕輪・不定形の銅製ピン、さらには銀製の涙滴形ビーズおよび銀環一点にすぎない。軍事活動の存在を多数の武器が示している。武器としては、銅製短剣・石製扁球形棍棒頭・フリント鏃（三角形・有茎・有茎逆刺付・鋸歯状）・手甲（ただしほとんどが二孔しかないので、クレタ島のように砥石として使用された可能性がある）・軽石製の矢柄研磨器などがある。土器に関しては、以下のように区別してよいだろう。すなわち、（i）漠然ながらエーゲ海域の器形を呈する胴部屈折広口壺と円筒形ピュクシス。（ii）半円文などで装飾する土器で、文様構成は細かな平行線刻文を帯状に施す（a）か押引列点文の直線を施す（b）。（iii）鐘形ビーカー土器と三脚浅鉢（例―図124―1）。（iv）鼻梁形把手をそなえる胴部屈折杯などの容器（図124―2）（ヌラーゲ期まで存続する）。

装飾品や護符として、石製の腕輪・指輪・斧形護符、貝製の平玉、亀甲玉（図126―a・c・e）、片面穿孔の円錐形ボタンが身に着けられた。また三基の室墓から大理石製の偶像が出土している。これらの偶像は地元産の石材で作られているものの、キクラデス前期のモデルを意図的に模倣しているように見える。

アンゲル・ルーユ遺跡の銅器時代の文化には、明らかに多くの潮流が収斂している。この文化がクレタ島に多くを負っていることを、ジョヴァンニ・パトローニは次のように見事に要約した。「室墓の形状だけでなく、一部の土器の器形および装飾もクレタ島の再現である。壁面に彫られたシンボルや大理石の小像は、いかなる対外的な通商関係よりも優れた性質の諸関係を示している。つまりそれらは、思想と文化における深遠な親近性を表示しているのだ」。V・ジュフリディ＝ルギエリは、これに人類学的な検討を追加した。かれは、アンゲル・ルーユ遺跡で出土した頭蓋骨のうち五三個が長頭型、一〇個が短頭型であり、同様の混在状況がクレタ島でも検知できることに注目した。そして、サルディニア島は紀元前三千年紀の末頃に混合人種であるクレタ人に侵略されたと結論づけている（本書の議論を踏まえると「ビーカー族のなかに再び現れた、短頭型を含む東地中海人」と表現しておくのが無難だろう〔二八二頁参照〕）。この侵略者が、地中海人種でもある小規模な先住民と結合して、サルディニア島の銅器時代文明と青銅器時代文明を創出したのである。

ジュフリディ＝ルギエリの考えが正しいとすれば、先に提示した土器群の（ii）細線刻文土器は、「先住民」を代表するものと見なせるかもしれない。これらの土器は間違いなく、一方ではマルタ島・プッリャ・シチリア島と、他方では南フランスと関係がある。しかしだからといって、当該土器群の起源がこれらの地域にあると決まるわけではない。実際に寄与したのはビーカー族であったことが、土器・武器・装飾品から証明されるのである。アンゲル・ルーユ遺跡出土のビーカー土器のなかには、アルメリア出土のビーカー土器にとりわけ似たものがあるが、ボヘミアやデンマークのものとほとんど同一のビーカー土器も一点ある。在地製品ではあるが、矢柄研磨器も西地中海における中央ヨーロッパ的な特色である。他方でクグットゥの岩穴墓から出土した一点のビーカー土器には、痕跡化した親指状の把手が付いている。

この痕跡化した把手、そしてこれに関連する鼻梁形把手などの多くの特色、とりわけ片面穿孔の亀甲玉と角柱形ボタンは、カタルーニャ州および南フランスとのとりわけ親密な関係を示している。このような把手は、南フランスでは上記の（ii）群土器よりも明らかに後出する広域文化相に属し、全体として後ビーカー期のものである（三八八頁）。サルディニア島ではヌラーゲ期まで存続している。

産業面での発展や広域的な文化間関係がアンゲル・ルーユ遺跡で証明されているにもかかわらず、サルディニア島に都市文明は生まれなかった。またこの島は、年代のわかる外来製品を考古記録に与えてくれる広範な対外貿易組織から遠ざけられていた。墓葬建築から判断すると、同島の文化は気づかないくらい緩やかに、極端な島国的性格を有するヌラーゲ期へと発展していった。ただしこの発展は、東地中海との新たな接触なくしては生じえなかった。ミケーネ文字が刻印されたキプロス＝ミケーネの銅インゴットがサルディニア島で発見されている。紀元前一二〇〇年頃に、**海の民**《シャルダナ》*と呼ばれる海洋侵略者がエジプトの記録に登場する。かれらは角付きの冑と丸楯で身を固め、剣で武装した姿で描かれている。その姿はサルディニア島のヌラーゲから出土した青銅小像にそっくりである。この海の民、すなわちシャルダナが、エトルリア人のように小アジアに起源をもち、エジプトを襲撃した後に西地中海に入植したにせよ、あるいは銅器時代のサルディニア島人の子孫であったにせよ、かれらの東方での経験が西地中海の発展を刺激したことが明白であるのと同じように、かれらがヌラーゲ期のサルディニア島と関係を有していたことは疑いない。

ところが、以上のようなことがあったのに、エトルリア人が創設したような都市国家の組織はサルディニア島に構築されなかった。この島で最高位の社会単位は、族長の空石積みの塔（ヌラーゲ）を戴く円形小屋の集合体だった。建築面でも社会構成面でも、このような複合体は現在のナイジェリアの村落に著しく似ている。鉱坑や製錬炉が知られているし、大半が鋳造工人に属する多数の一括埋納も発見されているので、活発で効率的な金属産業が存在したことが明らかである。

実際のところ、全体的に見てサルディニア島の後期青銅器時代の産業は、イタリア半島やシチリア島の産業と同様に、中央ヨーロッパの伝統に基づいていた。けれども、一括埋納を構成する多様な型式は、エーゲ海域（闘斧と縦横両用斧）および大西洋沿岸（双耳式有段斧頭と「鯉舌」形長剣）との交易、もしくは両地域への襲撃を示唆するだろう。しかし、同島の産業は並外れて保守的だった。ヌラーゲ期の一括埋納には、型式学的に銅器時代ないし前期青銅器時代に位置づけられる扁平斧や突縁斧から後期青銅器時代の袋穂式斧まで、あらゆる種類の斧が含まれていたり、古めかしい円基式短剣から「鯉舌」形長剣にわたる刺突武器が含まれている場合がある。幸いにも若干の輸入品があるので、これら大昔の型式が紀元前八世紀に（あるいは紀元前七世紀にさえ）なお流通していたことが明らかになっている。時あたかも、エトルリアの鉄器時代がイタリアで満開に咲き誇っていた頃だった。

しかもヌラーゲ期の青銅器は、アンゲル・ルーユ遺跡の岩穴墓にヌラーゲ期の土器がすでに現れているのとまったく同じように、銅器時代の諸型式の直後の考古記録に姿を見せている。つまり私は、気づかぬうちに本書が対象とする年代の範囲を踏み越えてしまっていたのだ。期せずして余談に及んでしまったわけだが、ここから明らかになるのは次のことである。一点目は、ドナウ地方やブリテン島の貿易圏において有効な型式学の体系を、西ヨーロッパに適用するのがいかに危ういか、ということである。そして二点目は、先史の銅器時代ないしビーカー期と紀元前八世紀の原史の青銅器時代とを隔てる長大な合間に、道具・容器・武器・室墓の発展を盛り込むことがいかに難しいか、ということである。一〇〇〇年という隔たりは考古学的にうまく処理できるものでなく、いま述べた二点はどちらも信憑性に乏しい。

## バレアレス諸島

バレアレス諸島の考古記録は巨石文化から始まる。マヨルカ島（スペイン）では、標準的な家族墓所は岩穴墓である。墓室は狭長な通廊状であり（図109）、その周囲に細長い台状部が走り、畝状に低く削られた岩により複数の小室に区画されている。単数もしくは複数の小室は墓室につながっており、手前に前室が設置される場合もある。入口は岩を掘削した低いアーチか窓であり、山腹に掘り込まれた屋根のない前庭に面していることもある。

メノルカ島では、地下に設ける通廊形式を、巨石墓室の形で地上に再現している。この墓室はナベタと呼ばれ、巨大な石積み壁で構築した船形建造物に取り囲まれたものである。平面プランを見ると、墓室の開口部の端部は直線的であり、墓室側に凹んでいることすらある。

バレアレス諸島とエーゲ海域の早い時期の接触を示す証拠は、キクラデス中期型式の嘴形の鈍彩水差し土器（例—図41—3）一点しかない。これは疑いなく輸入品であり、メノルカ島で見つかっているが、明確な出土状況は分からない。外部世界との最初期の接触を示すそれ以外の証拠としては、フェラニチュ〔スペイン〕の岩穴墓で出土したビーカー土器片一点と、サン・ムレト〔スペイン〕の室墓出土の片面穿孔の円錐形ボタン一点がある。このどちらもマヨルカ島でのビーカー族の活動を示している。他方で、バレアレス諸島の室墓プランがローヌ川流域およびセーヌ川流域の室墓プランに明らかに類似しているのと同様に、サ・ヴァル〔スペイン〕の岩穴墓から出土したホルゲン文化に典型的な底部張出土器は、北方とのつながりを証拠だてている。

しかしながら、岩穴墓から出土する葬送土器の大半は無文の壺である。直立する突起が付くこともあるが、実用の把手をもつものはない。技法面からいえば、この土器は東スペインの青銅器時代のアルガール土器に似ており、器形のいくつかも合致する。しかし、簡素な丸底の胴部屈折鉢は、西ヨーロッパ最古の新石器時代の土器の伝統を保持している。

金属製の副葬品はほとんど残されていない。サ・ヴァル墓などのいくつかの室墓から、「青銅器時代前期」型式の円基式短剣が出土している。ところがそのうちの一基から、これと同一形状の鉄製短剣が出土しているのだ。

バレアレス諸島とサルディニア島の文化史は実に類似している。岩穴墓に代表される「銅器時代」文化と「円錐石塔村落《タラヨット》」に代表される「銅器時代」文化との間に、明らかな断絶はない。タラヨットとは城砦化した小村落であり、サルディニア島にあるヌラーゲを擁する集落に対応する。そうした集落と同様に、タラヨットには鉄器時代にも人が住み続けた。[134] サルディニア島と同様に、バレアレス諸島の考古資料は、在地の巨石文化の年代をかなり古く引き上げるに足るほどの型式学的発展を示していない。ヘンプのように、マヨルカの岩穴墓をフランスにおける通廊形石室墓の組列の起点としてあつかってみたところ、やはり私は、両者の前後関係を逆転させれば、室墓の内容とそれに基づく編年がはるかに整合的になるだろうと主張しなければなるまい。

Chapter
XV

THE IBERIAN PENINSULA

# 第15章 イベリア半島

イベリア半島は、北アフリカの陸路か地中海沿いの海路を通じて伝わるオリエントからの影響が、大西洋岸のヨーロッパに滲透してゆく際の自然の経路になっていた。この半島では、旧石器時代に相当数いた住民が、更新世の末期になると、カプサ文化の伝統を担う細石器の製作者が加わっておそらく増大した（九頁）。かれらのなかには、萌芽的な農業は持ち込まなかったにしても、少なくとも飼い馴らした羊と山羊を持ち込んだ者がいたかもしれない。フリント加工と洞窟美術というかれらの伝統は、明白に新石器時代である諸文化にまがりなりとも認めうる。

スペインの先史学者が現状で認識しているのは、「新石器時代」のⅠ期とⅡ期、それに続く「青銅器Ⅰ期」（かつての「銅器時代」に相当する）である。後者は青銅器時代のⅠA期とⅠB期に細分される。そうすると、かつての「前期青銅器時代」（エル・アルガール文化期）は、青銅器Ⅱ期になる。かれらは長らく、新石器時代にアルメリア文化と洞窟文化という二文化が併存していたのだと認識してきた。

## 新石器時代の海岸集落

洞窟文化はすこぶる異種混交的な組合せを示しがちである。というのも、いつの時代であれ、狩猟民・牧畜民・海賊・浮浪者が、長短の差はあれ洞窟に仮の宿を求めたからである。しかし現在では、リグリア州の場合と同じく、イベリア半島と南フランスのいくつかの洞窟においても、厚い堆積物の底から繰り返し出土する土器と道具の組合せを認識できるようになった。これはまさに、すでに南イタリアとリグリア州で見出されていた、カーディアル土器によって特徴づけられる文化である。この文化は、北アフリカ・イベリア半島・南フランスなど、西地中海沿岸部のいたるところで発見される。しかし、少なくともその初期に関しては、地中海の環境がもっとも特色ある形で保持されている沿岸地域に厳密に限定されながら現れている。

この文化の担い手は、狩猟民と牧畜民の集団であった。この集団については、居住していた洞窟から知られていることがほぼすべてである。こうした状況のせいで、この文化の経済に畜産が果たした役割が不当なほど誇張されてきた。このように評するのは、牧畜民には恒久的な農村に帰るべき自宅があって、洞窟には定期的に仮宿りしていたにすぎないからだ。現にカーディアル文化の牧畜民は穀物を栽培していた。その堆積物からは、大麦の穀粒や鎌の刃部や石皿が見つかっている。それだけでなくスペインとプロヴァンス地方のどちらからも、バルカンのスタルチェヴォ族が穀粉を掻き集めるのに使用した特殊な型式の篦状骨製品（三三四頁）が発見されている。おそらくかれらは、雑木林を焼き払って、焼け残った立木の間に穀粒を植えるという、コルシカ島やリグリア州で現在も観察できる耕作方式に従っていたのだろう。他方で狩猟に際しては、細石器を鏃にした矢と弓、敲打穿孔した石製頭部を付けて重くした棍棒(135)が用いられた。これらはいずれも、在地の「タルドノア文化人」から借用した可能性がある。

フリント加工は一般にきわめて簡素である。手斧よりも好まれた斧はきめの細かい岩石から作られた。土器は革製品の形状を呈し、総じて丸底であり、小ぶりな帯革状把手を取りつけることもあった。生乾きの器面に貝殻の縁部を押しつけたりスタンプを押捺したりして、装飾をふんだんに施した。押捺文を配列して、土器以前の容器の籠目を彷彿とさせる材質転換文様を構成するのが通例だった。

穿孔した歯を連ねた頸飾りに加えて、貝製と石製の腕輪も装飾品として身に着けられた。集葬墓所として使われた洞窟に死者は埋葬されたようである。

海岸部に分布するこの文化が、船乗りを通じて伝播したことは疑いない。北アフリカからティベスティ山地（チャド・リビア）やハルツーム（スーダン）にいたるまで、酷似する土器がきわめて広域に分布しているとはいえ、この文化がバルカンないしレヴァント海岸部ではなく小アフリカから海伝いに伝播を開始したことを支持する、説得力のある根拠はない。北シリアにおける新石器時代最古の土器の一部に、カルディウム貝による施文が見られる。他方でスタルチェヴォ土器はカーディアル土器と関連しており、篦状骨製品と共存する。この篦状骨製品は、スタルチェヴォ文化と関連する状況でしか出土しない。バルカンと西地中海の環境にそれぞれ適応した最古の新石器諸文化は、少なくとも共通のルーツから発生したのだろう。西地中海においてカーディアル文化の牧畜民は、その地に残存していた中石器狩猟民やカプサ文化の伝統を担う新石器農民と混交していた可能性が高い。したがって洞窟堆積物に、伝統の連続性を看取できるかもしれない。これまで刊行された書籍では、これら多様な土器様式と種々の石器は「洞窟文化」の構成物として一括されていた。しかし、これら各種の土器と石器は、アレーヌ・カンディード洞窟の複数の層から発見された遺物と同様に、文化的に均質ではないし、年代的に同じでもない。ただしスペインにおいて、これらの遺物が層位的に区別できることはほとんどない。しかしながら、少なくともバルセロナ付近のエル・パーニャ遺跡では、青銅器Ⅰ期の鐘形ビーカー土器よりも下層から、カーディアル土器を伴う集団埋葬が見つかっている。

## アルメリア文化

この時期にアフリカからやって来た新石器時代の入植者の第二波（おそらくこれ以前も波もあった）が、別の文化を持ち込んだ。この文化はアルメリアで最初に認識されたので、アルメリア文化と名づけられている。

新石器時代の入植者は、標式遺跡であるエル・ガルセル遺跡のような、丘頂にあって肥沃な谷間を見下ろす場所に定住するのが一般だった。現在は木のない丘に松の木が生えていた頃に、かれらはやって来た。畜産と穀物栽培に加えて、オリーブ栽培を導入した可能性がある。というのも、オリーブの実を磨り潰す石器が発見されているからだ。ところが、出土した葡萄の種子は野生のものだといわれている。先王朝時代のエジプトのファイユーム出土品に似る、鋸歯のフリント鎌で穀物を刈り取り、地下のサイロに貯蔵し、鞍状石皿で挽いた。村落民は果樹の耕地に縛りつけられつつ、円形もしくは楕円形の小屋に住んでいた。一部の小屋は竪穴式で、編枝荒壁土造りの上部構造に屋根を架けた。狩猟民は細石器の石鏃を使い続けた。エル・ガルセル遺跡で発見された細彫器は、そうした石鏃を製作する過程で生じた副産物かもしれない。

大工は磨製の石製斧・石製手斧・石製丸鑿を用いた。算盤玉形の紡錘車は、織物業があったことをうかがわせる。土器には装飾がなく、壺には実用の把手が付けられなかったが、有孔突起が一〜二個付けられた。器形には、エジプトの古い時期（ゲルゼー期）や北アフリカのものに似た尖底瓶《かめ》（図127－3）、北アフリカでも出土する楕円形の奇妙な瓶《びん》、エジプトのファイユームやメリムデで出土する新石器時代の土器と関連する革袋形土器などがある。革袋状の器形は、これ以降もアルメリア文化の全段階において流行し続けた。トレス・カベゾス遺跡[136]（スペイン）に代表されるアンリ・シレの新石器Ⅱ期において、革袋形土器には直立する有孔突起がそなわった（図130－1）。また鉢の胴部を屈折させることがあったり、あるいはメリムデと同じく双子壺さえ作られた。アフリカハネガヤを編んだ容器もあった。

アフリカのカプサ文化人も作っていた貝製平玉、そして二枚貝製および石製の腕輪、緑色石製（後には凍石製）のビーズが装飾品として着用された。死者は天然洞窟の墓所か石積式の箱式石室に集葬された。後者は円形プランを呈し、低い盛土で覆われるのが通例だった。エル・ガルセル遺跡にいたっては、きわめて粗雑ながらバイオリン形の石造品が見つかっている。これは図示した石製小像（図8－14）にやや似ており、「地母神」を表しているのかもしれない。しかし、新石器Ⅱ期とおぼしき室墓から出土する石製小像は、もう少し地母神だと認識しや

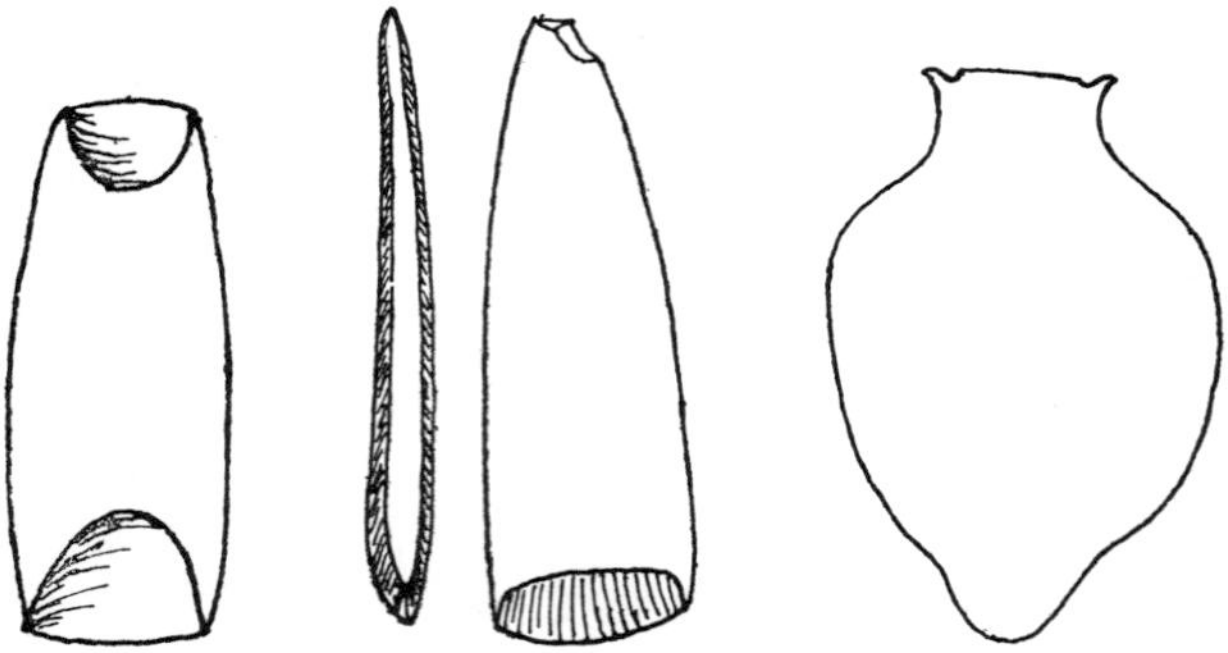

1　　2　　3

図127　石製丸鑿（1：エル・ガルセル遺跡出土、S=1/2）、片岩製手斧（2：ポルトガル出土、S=1/2）、瓶（3：エル・ガルセル遺跡出土、S=1/6）〔原著比8：10〕

すいものである。

　レイモンド・ヴォフレは、「エル・ガルセル遺跡の組合せの全体」（フリント・斧頭・土器）は、マグリブ地方の全域で見出される「新石器時代のカプサ文化の伝統をほぼ正確に複製したものだ」と報告している。アルメリア文化の起源がアフリカにあることは、このようにして立証されている。しかし、アルメリア文化の新石器Ⅰ期以降には、両面加工の石鏃もふんだんに装飾される土器も姿を消す。したがって、ヴォフレが追跡した主要な拡散がアフリカで起こる前に、カプサ文化がジブラルタル海峡を渡った可能性がある。だから、マグリブ地方における新石器時代のカプサ文化に対して弾き出された紀元前三〇五〇年という放射性炭素年代を、カプサ文化がヨーロッパに到来した上限年代として受け取る必要はない。

　エル・ガルセル遺跡の出土品に似る無文の袋形土器と細石器が、せいぜい新石器Ⅱ期にしか遡らない巨石墓道付石室墓（三四五頁）で発見されることから、同様の入植が西海岸でもおこなわれていたと推測してよいだろう。ポルトガルの「ドルメン」の副葬品について公表されれば、西方への入植がなされた第一次段階が証拠づけられるだろう。こうした「ドルメン」は巨石箱式石室であり、各一体の遺骸と古風な細石器が納められ

図128　スペインの洞窟美術の様式化の諸段階（A：マイモン洞窟、B：フィグラス洞窟、C：ラ・ピレタ洞窟）［オーベルマイアーによる］

ていると報告されている。

スペインの先史学者は、簡素な土壙墓に葬られた一連の屈葬埋葬を手がかりに、東海岸においてアルメリア文化が北上してカタルーニャ州にまで拡散したことを跡づけた。その副葬品には有茎鏃・直剪鏃・二枚貝製腕輪・緑色石製ビーズ・無文の「西方式」土器（うち一例は「角状口縁土器」）などがある。これら北方のアルメリア文化の墓地は、形式的に見れば新石器文化のものだが、それより時期が下るかもしれず、特徴的な無文土器が少なくとも一点、ビーカー土器の出土層よりも下層から発見されている。

アルメリア文化人は北上する途上で、カーディアル文化の牧畜民だけでなく、もっと古い中石器文化の諸部族の末裔とも接触したはずである。東スペインの岩陰美術の一部に、不思議とアフリカ的な特徴が見られるのは、後者との交流に起因するに違いない。ルイス・ペリコット・ガルシアは、岩陰の壁面に動物と狩猟の情景を生き生きと、しかし印象主義的に描く慣習が、旧石器時代のソリュトレ期に始まったと確信している。他方で羊や馬、そして騎乗者までもが賑やかに寄り集まって活動する様子を生き生きと表現した絵画も、依然として描かれていた。もしもこれら新石器時代の諸要素が、カプサ文化人の（つまり北アフリカ人の）伝統を有するアルメリア文化に由来するものであれば、東スペインの絵画におけるリビアやローデシアのものとの様式的な類似性が、いっそう理解可能になるだろう。しかし、ここで問題にしている絵画は、銅器I期の土器や墓壁に描かれた様式化の進んだ絵画（図128）よりも明らかに古い。時代の下る様式化の進んだ岩陰美術は、東海岸に限定されず、イベリア半島の広域に認められるし、地中海の沿岸沿いにも、そしてローヌ川の東側にさえ分布している。そうした美術は、放浪する狩猟集団や牧畜集団の作品に違いない。かれらの旧石器時代的な伝統は、アルメリア文化人を始めとする新石器農民との交流を通じて豊かなものになった。

## 金属産業の興隆

イベリア半島では金・銀・銅・鉛が、そして錫さえ豊富に産出した。こうした天然資源が発見されたことで、東地中海地域と同様に、産業と交易が農村人口の一部を吸収できるような新たな経済の発展が可能になった。思うにそうした新経済は、東地中海方面からやって来た探鉱者によって、おそらくは正真正銘の入植地において始められたのだろう。現にこの推定は、地中海沿岸に隣接するアルメリア文化の諸遺跡において初めて、そしてすこぶる鮮やかに立証されている。はるか東方から海路で到来した入植者は、立地条件のよいこれらの遺跡から、近場にある含銀性の銅鉱脈や鉛鉱脈へ出向いて採掘と加工に従事できたのである。ロス・ミリャレス遺跡は標識的な拠点集落である。現在のアルメリア港からアンダラクス川を一〇数キロ溯ったところに位置し、五ヘクタールの規模を有し、周壁と壕で防御された、あらゆる面でエーゲ海の街並みのような集落だった。周壁の外側には一〇〇基余りの集葬室墓からなる墓地が広がり、一〇〇人単位で埋葬されていたといわれている。アルマンソラ川の河口から数キロほど上流のアルミザラケ遺跡にも同様の集落があった。それ以外の集落は、ベルモンテ遺跡・プルチェナ遺跡・タベルナス遺跡の持送室墓から推測できる。

もちろん街の住民はほとんどが農民であり、エンマー小麦・六倍体小麦・大麦・豆類・亜麻を栽培していた。しかし住民のなかには金属工もいた。かれらはおそらく、東地中海地方で技術を授けられ、とくに銀と金に関心を抱いていた。アルミザラケ遺跡で出土した鉱滓は、銀・銅・鉛の選鉱がおこなわれていた証拠である。シレは、両端に穿孔し長さ二二センチを測る弓形土製品が反射炉の一部であると考えた。しかし、青銅器I期のほとんどの遺跡から特徴的に出土するこれらの弧状土製品は、アナトリアの出土品と瓜二つなので、実際には織錘として使用されていたことが示唆される。銅器工人はもっとも単純な鍛造と平炉鋳造の技術しか習得していなかった。したがって、かれらが製作していたのは、ウサトヴォ文化に見られるような片面鎬の短剣（例—図132—5）、あるいは（西ヨーロッパ型式の）極端に扁平な有茎短剣、キクラデス文化に見られるような長細い扁平手斧や切削工具、そして断面方形の錐や鋸だけだった。

アフリカから河馬《かば》の牙や駝鳥《だちょう》の卵殻が、産地不明のトルコ石・緑色石・琥珀・黒玉が、交易を通じてロス・ミリャレス遺跡にもたらされた。しかし、斧頭には金属ではなく相変わらず石材が用いられるのが通例であった。ナイフや鎌の刃部だけでなく鏃や短剣ないし戈の刃部（図129—9）も、フリントに見事な押圧剥離技法を施して作られた。依然として使用されていた直剪鏃を除くと、ロス・ミリャレス遺跡から出土した石鏃の六八パーセントが凹基式、一七パーセントが有茎逆刺式、七パーセントが木の葉形である（図129—11）。四隅を穿孔した土製厚板は手甲か織錘として使われた可能性がある。(137) ベルモンテ遺跡出土の両端に穿孔のある石板は砥石として使用されたものである。

全体的に見て、土器は在地のアルメリア文化の伝統を受け継いでいる。ただし一部の土器は、目玉のモチーフ（例—図130—2）や様式化した牡鹿（図130—3）の線刻文様で装飾したり、小突起を付けたり、明色地に淡黒色で塗彩したりしていた。新たな器形には、ずんぐりした鳥の巣形ピュクシス（石膏製の頸部を取りつけることもある）・円筒形大杯・小型球状短頸壺が、そして少数の多連結土器がある。ビーカー土器は、ロス・ミリャレス遺跡の四基のトロス、ベルモンテ遺跡・プルチェナ遺跡・アルミザラケ遺跡の各一基のトロス、そして五基の箱式石室から、明らかに侵入的な要素として発見されているだけである。また、駝鳥の卵殻を真似て石膏で容器が作られたり、

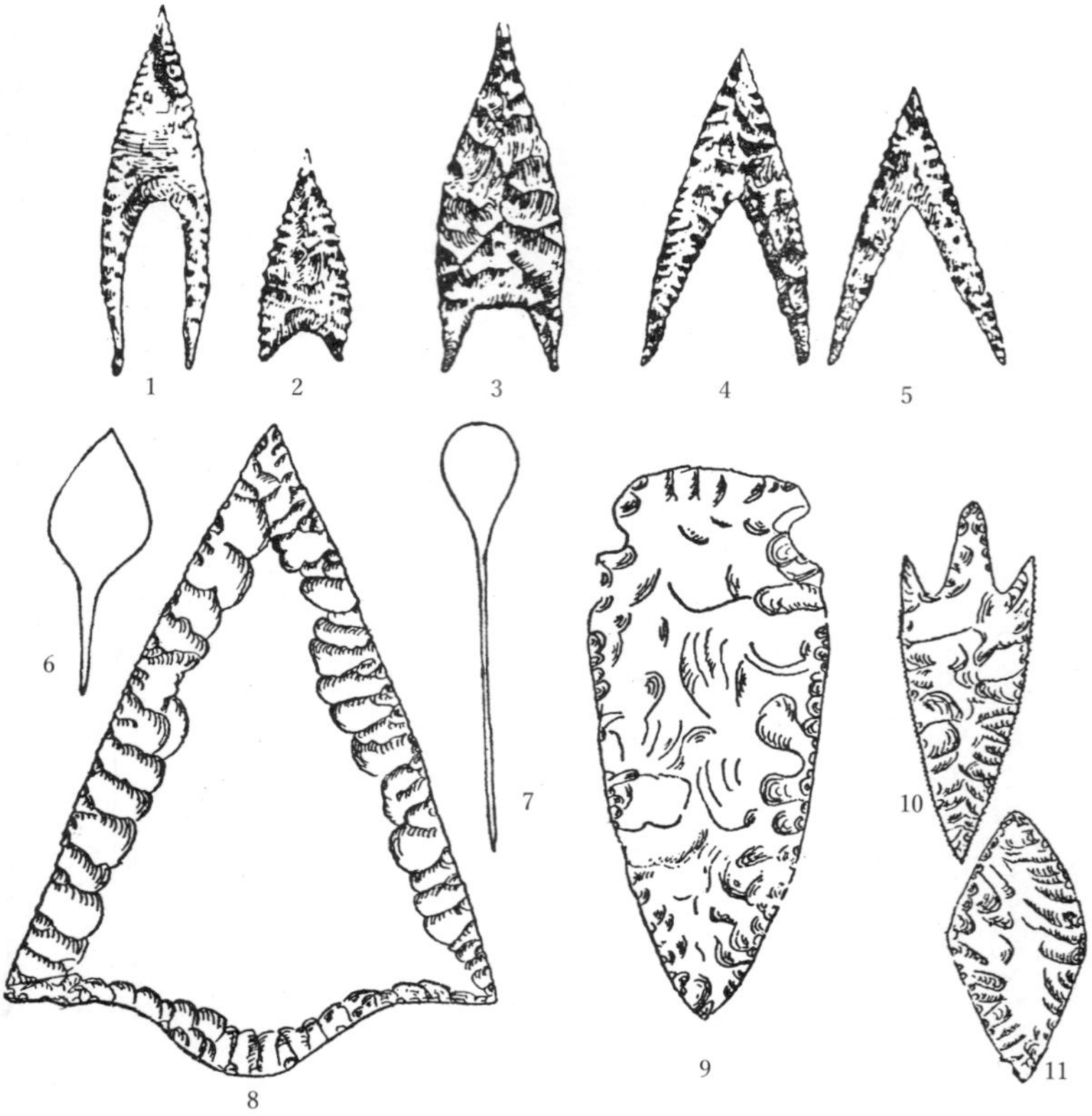


図129　フリント石鏃(1〜5:アルカラ遺跡出土、S=1/1 ／ 10・11:ロス・ミリャレス遺跡出土、S=1/2)・戈の刃部(8:カーサ・ダ・モウラ遺跡出土／ 9:ロス・ミリャレス遺跡出土、S=1/2)・パルメラ式銅鏃(6・7:S=1/2)

象牙や白色石灰岩を彫って「軟膏瓶」が作られた。

化粧用品と装飾品として、ロス・ミリャレス遺跡では骨製ないし象牙製の櫛が身に着けられた。また、石製の脚付きボタンで衣服を留め、石製・貝製・滑石製・輸入素材製の簡素な平玉や臼玉を紐通しして頸飾りにした。アルミザラケ遺跡では、片面穿孔の円錐形ボタンおよび角柱形ボタンや、トロイ遺跡とアリシャル遺跡で発見される型式の骨製有溝留めボタンが、衣服の留具として使われていた。またタベルナス遺跡のトロスでは、そし

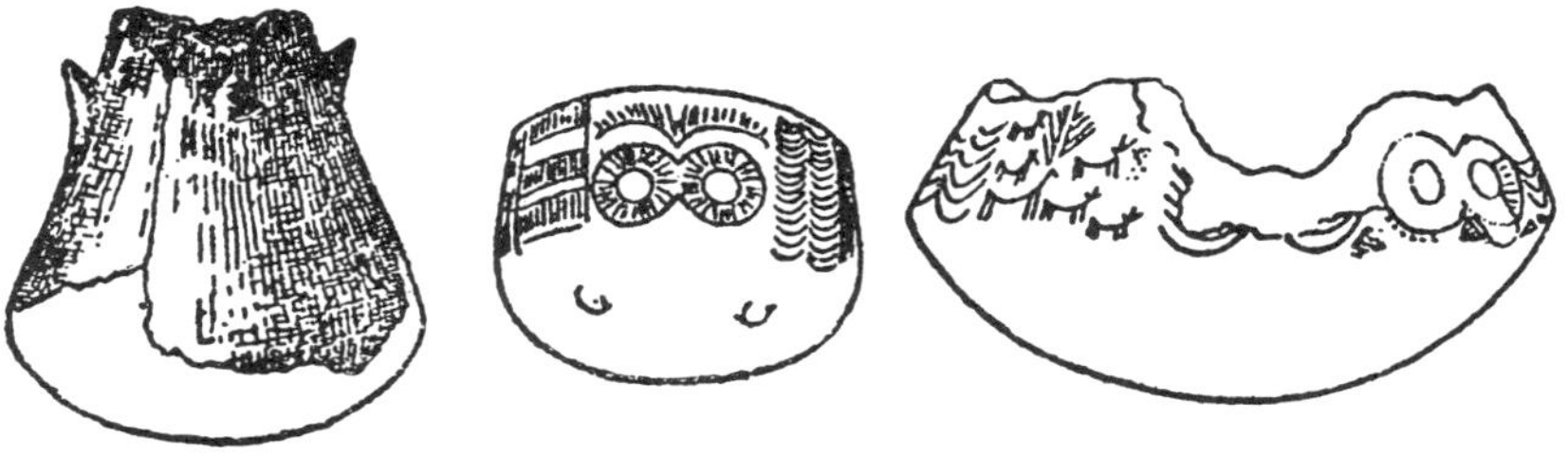

1　　2　　3

図130　「後期新石器時代」の土器（1:トレス・カベゾス遺跡出土）とシンボル的な土器（2・3:ロス・ミリャレス遺跡出土）

ておそらくアルマンソラ河畔にあるリャノ・デ・ミディア・レグア遺跡のトロスからも、円筒形有溝頭部を有する骨製ピン（例—図132−2）が発見されている。

だがアルメリア文化人は、非物質な方面に深く心を奪われていた。たとえば集葬室墓が念入りに構築されていた。ロス・ミリャレス遺跡にある六五基の集葬室墓は、アルミザラケ遺跡・ベルモンテ遺跡・タベルナス遺跡と同様に、持送天井のトロス（図108）であり、しばしば墓室や羨道に通ずる小室が設けられたり、入口に窓孔付板石を設置していた。それらを円形の積石塚で覆い擁壁で支えた。擁壁の上に直線ないし曲線の壁を築いて前庭を形成する場合もあった。墓室の天井は木柱で支えていたといわれている。ロス・ミリャレス遺跡における初期の室墓の数基は、長さ二〜五メートルの長方形ないし台形を呈する巨石箱式石室であり、手前に入口用の短い羨道が付く。儀礼用品には、牛の指骨に彩色して作った梟《ふくろう》の目をした女性小像（図131−1）、石製や象牙製の円筒製品、片岩の無文板（ロス・ミリャレス遺跡）、顔のない石製板状小像（例—図8−13）、骨製模造サンダル（アルミザラケ遺跡）などがある。ロス・ミリャレス遺跡などでは、斧形護符がお守りとして身に着けられていた。

しかし、ロス・ミリャレス遺跡とアルミザラケ遺跡において認められるアルメリア経済の都市化は、オリエントの諸都市の金属需要を間接的に反映したものだと思われる。他方で、このようにして創設された市街は、需

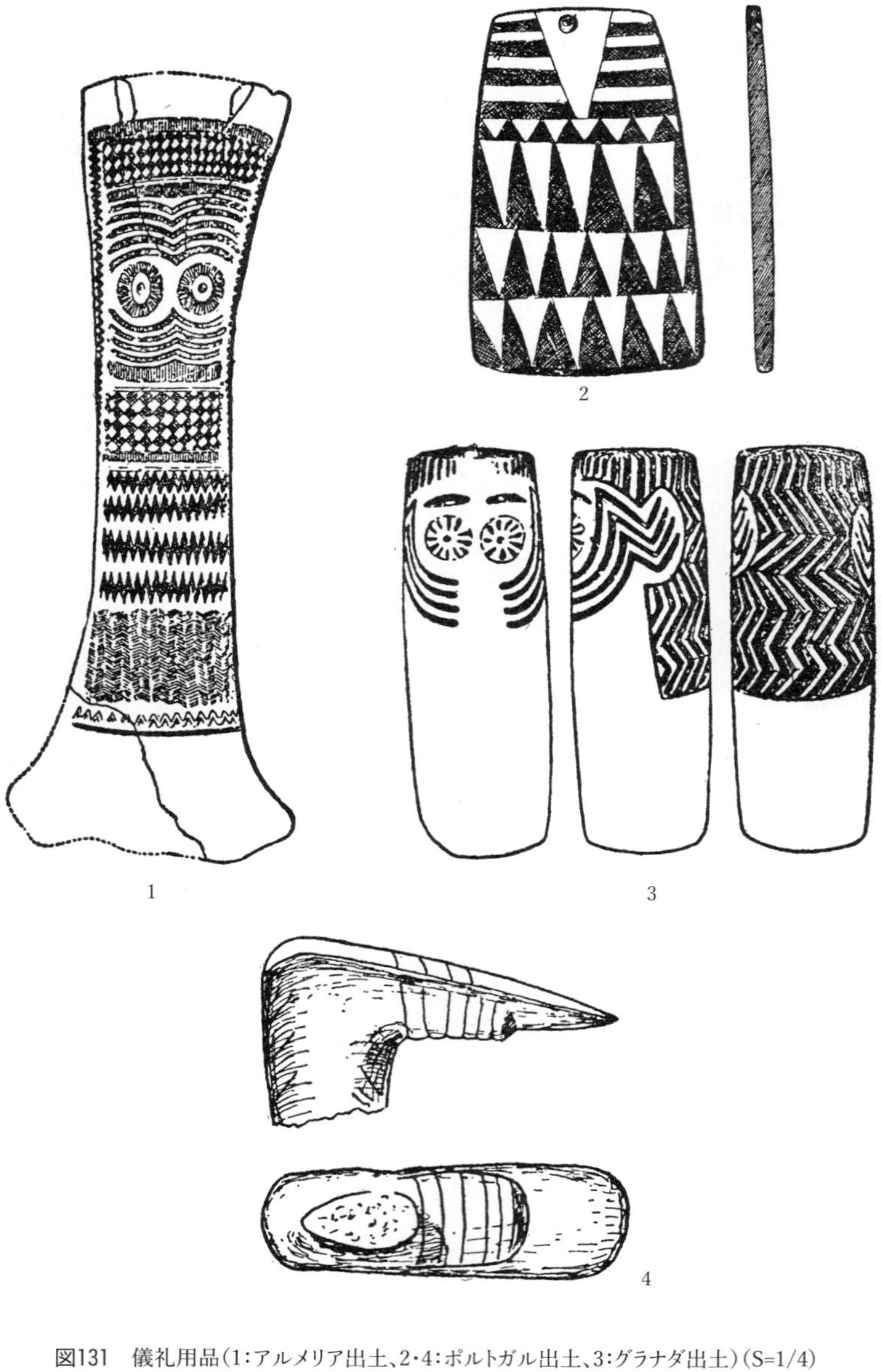


図131　儀礼用品（1：アルメリア出土、2・4：ポルトガル出土、3：グラナダ出土）（S=1/4）

要が集まる二次的な地方センターとなり、その影響をイベリア半島の全域に広く及ぼした。西方では、自然ルート沿いにアンダルシアからポルトガルの海岸部までの全域において、続いて現代の鉄道路線に沿うようにアルメリアからアルガルヴェにかけて、こうした市街に匹敵する集落が、あるいはそれらが入植した集落が生まれた。そうした集落は主に、現在でも交通路の合流点である要衝地や金属資源に富む地域に築かれた。

グラナダの台地には、グアディクス、ゴル、ゴラフェの周辺に集葬室墓からなる大型墓地がいくつもある。その一部はトロスだが、多くはアルメリア形式の箱式石室であり、入口に窓孔付板石が設けられていることが多い。室墓には典型的なアルメリア文化の製品（目玉モチーフの壺・石製扁平偶像・指骨製偶像・畝状円筒頭部ピン）と少数のビーカー土器が含まれる。だがこれらの墓地では、上記と同じ形式の別の室墓に、アルメリア文化に後続するエル・アルガール文化（青銅器時代）に特徴的な土器と青銅器が含まれている。さらに西方に位置するアンテケーラや古代のバエティカ地方では、交通路を扼するように見事なトロスが造営されている。ところが、アンテケーラのロメラルにある王侯的なトロスの付近に、岩穴墓からなる小さな墓地があるのだが、それらの平面プランはこのトロスを小さく再現したものであるのに、その内部には主にエル・アルガール文化の青銅器が納められている。他方でヘレスとカルモナの付近の村落で出土する装飾的な磨きを施す土器は、東地中海からダイレクトに伝わった新鮮な刺激を示している。ところが、カルモナ付近のカンポレアーレ遺跡やボンソール遺跡において、「サイロ」（実際には墓室）内の埋葬が、磨製石斧や無文土器、アルメリア文化のものに似た小型彩色土器、特徴的な弧状土製品を伴って発見されているのである。

金属資源に富む地域であり、空石積みに適した岩石があるアルガルヴェにおいて、アルカラ遺跡の七基のトロスからなる墓地が、ロス・ミリャレス遺跡の小型版である当遺跡を際立たせている。これらの室墓から、扁平手斧、片面ないし両面に鎬のある抉入短剣（図132－4・5）、銅製の錐と鋸、加工が見事な凹基式フリント鏃（図129－1～5）、アルメリア型式の無文土器、大理石製の彩色壺、弧状土製品、槌形ビーズ、琥珀・緑色石・黒玉のビー

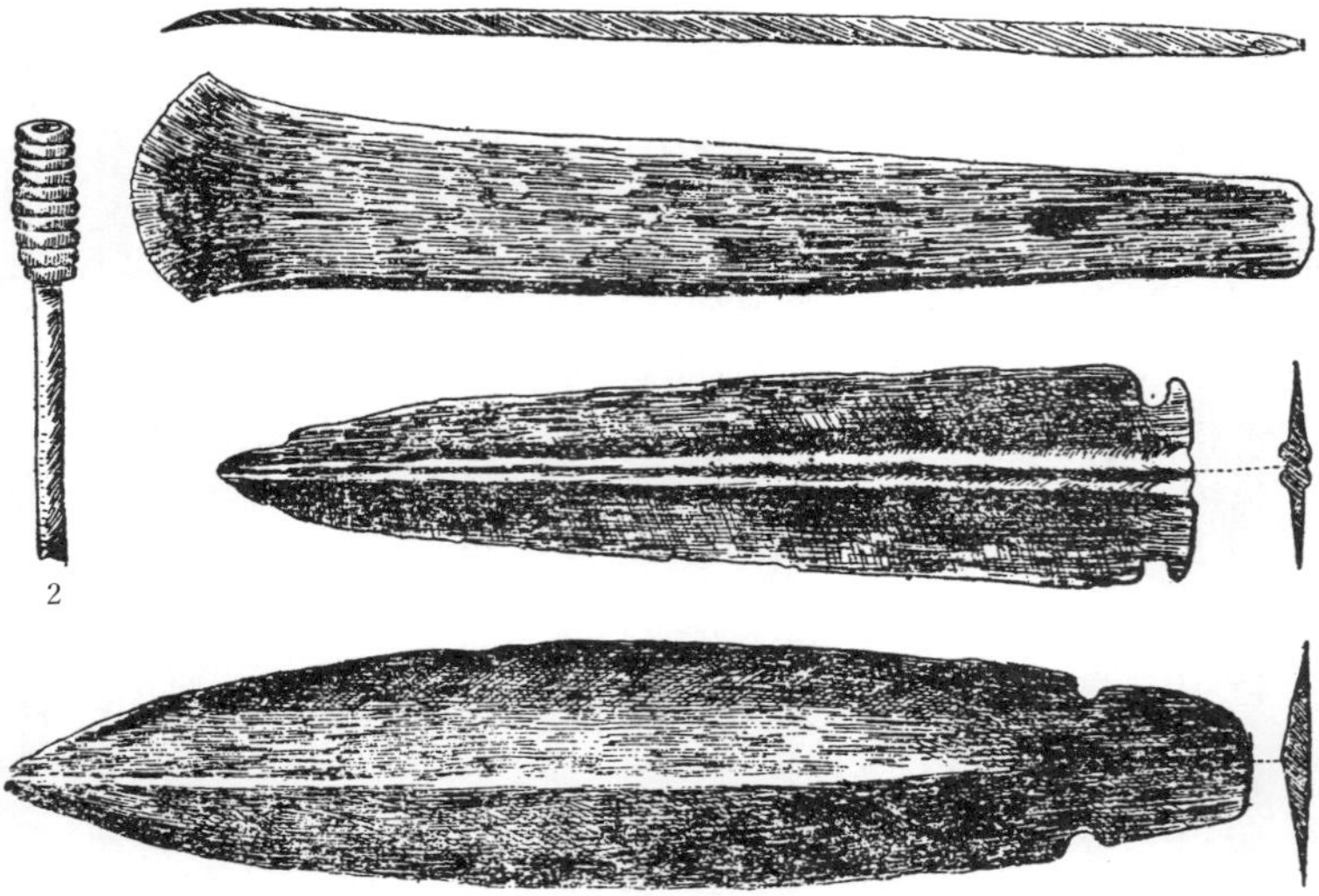


図132　銅製の短剣（4・5）と手斧（3：アルカラ遺跡出土）、骨製ピン（2：ミニストラ山頂遺跡出土）（S=1/2）

ズが出土している。しかし、ビーカー土器も西ヨーロッパ式の短剣も出土していない。ポルトガルの海岸部に沿って、北はトレシュ・ベドラシュ遺跡（半円形の前庭をもつ岩穴墓と土盛墳がある）まで、持送天井墓が広がっている。モンジュ、サン・マルティーニョ、シントラにある室墓は、岩を掘削したものだが、持送天井をそなえている。これらは構築式のトロスから岩穴墓への移行を示す事例である。

この岩穴墓のプランはトロスと合致し、パルメラ遺跡・アラプライア遺跡・エストリル遺跡などタホ川の河口周辺の遺跡において、本格的な墓地を形成している。またトロスと同様に、墓室の手前に副室を設置したり、岩を掘削して前庭を造成したり、岩を掘削し窓孔付板石で区画する長い羨道を設けたりすることもある。このようなパルメラ文化の墓地は、河口に立地することや室墓の内容から見て、アルミザラケ遺跡やロス・ミリャレス遺跡のように、東地中海からやって来た海洋入植者のものかもしれない。

現にこれらはおおむね同時期である。

しかし、錫を産出する台地を含む、ポルトガル北部の海岸の後背地には、巨石墓道付石室墓（「アンタス」）を覆う四～五基の円形積石塚からなる墓地がある。この積石塚は墓葬建築の古い伝統を体現しており、先祖である在地の新石器文化集団（未公表の「ドルメン」の建造者）に属すものだろう（三三六頁）。ほぼすべてのアンタスが、一七世紀に盗掘されてしまった。盗掘を免れて残っているのは、せいぜいのところビーカー土器とパルメラ文化の典型的な遺物である。ただし、アンタスのうち少なくとも二基は、「アルメリア型式」のトロスよりも明らかに古い。というのも、同じ積石塚内で、このアンタスの上にトロスが築かれているからである。また、きわめて単純な二基の墓道付石室墓（図133）から、埋葬時そのままの状態で副葬品が検出された。それぞれの埋葬には、斧と手斧が各一点、幾何学形細石器のセット、「西方式」の無文丸底土器二点、赤化粧土を塗った皿一点が伴っていた。したがって、ポルトガルにおける最初の巨石墓道付石室墓は、少なくとも文化的にスペインの新石器Ⅱ期に相当する時期に、アルメリア文化人に似た新石器住民によって建造されたのである。けれども、それより大規模な、そしておそらく新しい室墓は、区画された羨道と窓孔付板石をそなえたトロスと岩穴墓などといった、立石積み室墓のあらゆる特徴を再現しているのである。

ヴィーラ・ノーヴァ・デ・サン・ペードロ遺跡は、調査がおこなわれたポルトガルの集落遺跡である。この遺跡は海岸部ではなく、リスボンからかなり内陸に入った後背地にある。ビーカー土器が在地で盛行するようになる以前に築かれた集落である。しかし、「銅器時代」（青銅器Ⅰ期）を通じて居住され、Ⅱ期にも居住が続き、在地でアルガール型式の土器が製作された。住民は六倍体小麦・大麦・豆類を栽培し、畜産と狩猟に従事していた。在地産の銅鉱石は現地で製錬され、扁平斧や鋸などに加工された。ただし、このようなことはⅡ期以前にはおこなわれなかっただろう。家内生産された土器は、縁部が補強されるという特徴をもち、新石器時代のブリテン島の土器に驚くほど似ている。しかしこの遺跡では、岩穴墓で発見されるビーカー土器など、別の土器も使われて

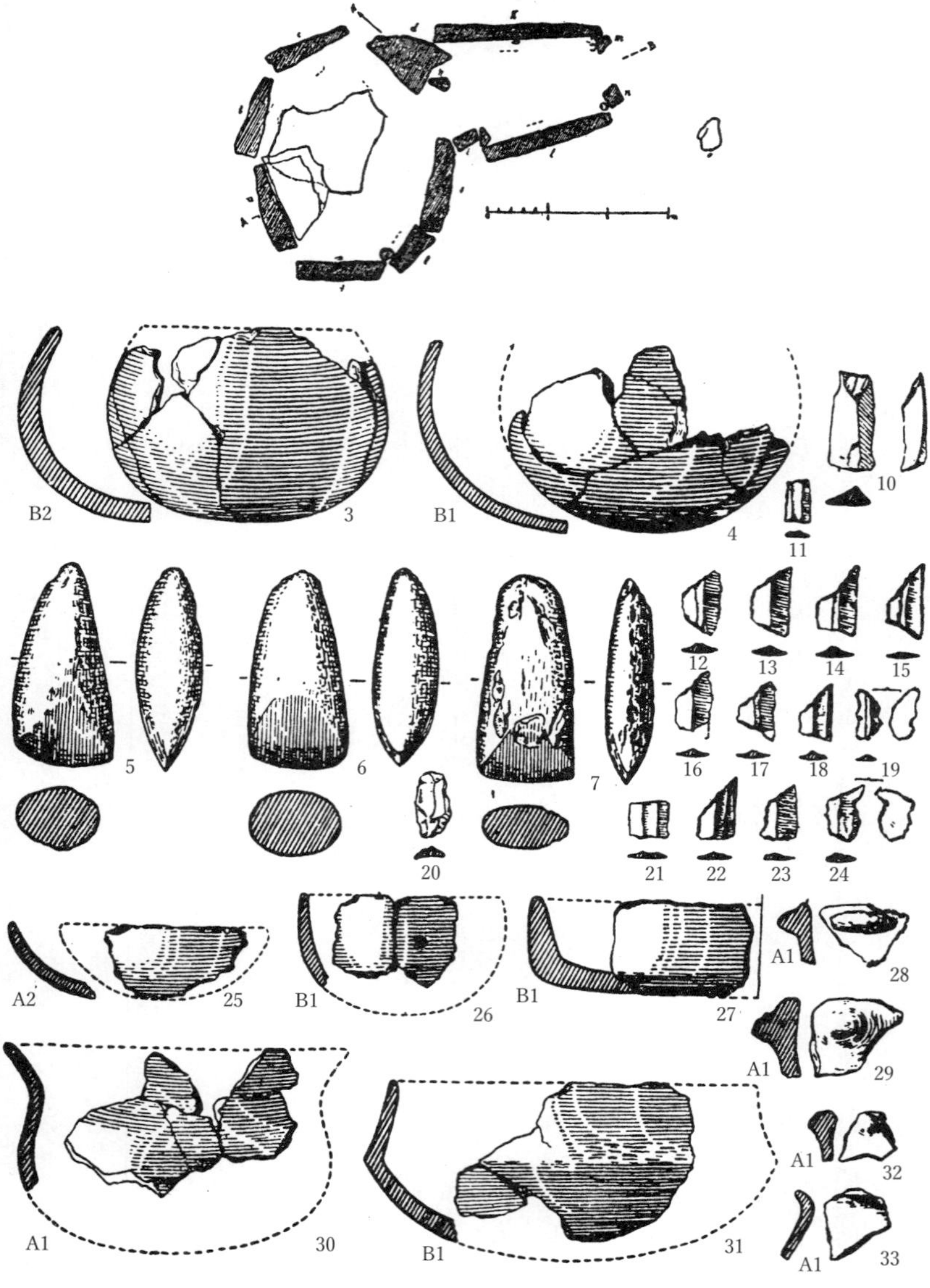


図133　「新石器時代」の墓道付石室墓（「アンタ」）の平面図と出土品の一部（アルメテージョ〔ポルトガル〕出土）。土器と石斧（S=1/5）・フリント石器（S=2/5）［レイズナーによる］

いた。全体としていえば、この遺跡はパルメラ文化の地方変種版であることをありありと示している。

アルガルヴェ文化においてほど十分ではないが、ミリャレス文化の経済の本質的特徴がパルメラ文化に保存されている。金属製の道具と武器は、岩穴墓ではまれであり、実質的に奇妙な形状の鏃[138]（例―図129―6・7）に限られる。産業における銅器の位置を、石斧や石製手斧、そして見事に加工したフリント石器が占めている。こうした石器には、金属器を模倣するかのように表面を研磨することもある戈の刃部（例―図129―9）も含まれる。石鏃にはいまだ細石器の型式が含まれていた。しかし、パルメラ遺跡では凹基式・有茎式・木の葉形の石鏃が、それぞれ七二パーセント・一九パーセント・九パーセントの割合で出土している。これらの石鏃は、繊細さの点でアルカラ遺跡の石鏃とは比較にならない。交易を通じて金・緑色石・琥珀・象牙がもたらされた。また、室墓から出土する円筒頭部ピンや、同時代の諸集落から出土する四隅に穿孔する板状土製品は、アルメリアとの関係を明快に裏づけている。しかし、パルメラ遺跡とヴィーラ・ノーヴァ・デ・サン・ペードロ遺跡から出土した亀甲玉は、サルディニア＝プロヴァンス型式（図126―a）に準拠したものであるし、エルマゲイラ遺跡（ポルトガル）の岩穴墓から出土した一対の金製籠形耳飾は、よく知られているアイルランド型式（例―図154）を再現したものである。

パルメラ文化の土器においてもっとも顕著な構成要素は、「荘重様式」（図111―1・2）のビーカー土器と周回文様帯で飾られた「典型」様式のビーカー土器である。他方で無文の丸底土器と胴部屈折鉢は、巨石墓に例示されている在地の「新石器文化」の伝統を受け継いでいるのかもしれない。ナデ磨きを施す土器片がトロスと埋葬洞窟で検出されている。また、凹線文や諸種の線刻文で飾った土器も、洞窟と集落に認められる。

儀礼用品に目を向けると、パルメラ文化の室墓には、よく知られたミリャレス型式の物品のほかに、様々な種類の奇妙なポルトガル形式の物品が含まれている。そのようなミリャレス型式の物品には、指骨製偶像（サン・マルティーニョ遺跡）、円筒形偶像、片岩製サンダル（アラプライア遺跡）が、ポルトガル形式の物品には、線刻文様でごってり装飾した板状偶像（図131－2）、同様の装飾を施した片岩製杖頭、柄付鍬の刃部の大理石製模造品、石灰岩製の大型三日月形「頸輪」[139]、兎形垂飾がある。室墓の立柱に、葬送の女神の梟顔や銅製短剣の図像を彫り込んだり、彩画していることがある。

同様に、アルメリアから北上してカタルーニャ州にいたる東海岸でも、農業共同体は死者を天然洞窟の墓所に葬り続けた。こうした農業共同体は、斧の素材を主に石材に頼っていた。その一方で、銅製品や緑色石製のビーズを入手し、金属の加工法を習得し、円筒頭部ピンや指骨製彩色偶像のようなアルメリア型式の物品を在地で模作した。ところが、ポルトガル形式のフリント短剣と凹基式鏃はアルメリア以北で発見されていない。当地の土器はアルメリア文化の丸底形状を保持しているが、装飾された「洞窟土器」およびビーカー土器と混在しているのが一般である。これらの洞窟のほとんどにおいて、短頭型の頭蓋骨は少数派である。

銅器時代の多くの室墓と集落から、馬骨（もしかすると驢馬《ろば》の骨かもしれない）の出土が報告されている。そうした出土例はとくにポルトガルで顕著だが、アルメニアでも認められる。

したがって、銅器時代にアルメリア文化（ミリャレス文化）・アンダルシア文化・アルガルヴェ文化・ポルトガル文化・東スペイン文化を承認してよいかもしれない。もっとも、東スペイン文化を除く四つの文化は、すべて引っくるめて前期スペイン文化の地方的諸相としてもよいかもしれない。では、イベリア半島の第六の文化として、「純粋」なビーカー文化を識別すべきだろうか。汎ヨーロッパ型式のビーカー土器（例－図111－3・4）は、たいてい西ヨーロッパ式の短剣と鏃を伴いつつ、しかし手甲とは共伴せずに、銅器時代のあらゆる室墓型式（トロス・岩穴墓・巨石墓・天然洞窟）において発見されてきた。ただし、その出現頻度は、アルメリアよりもポルトガルの方がはるかに高い。しかし、汎ヨーロッパ型式という標準型には地方変種が存在する。図示した土器（図111－1・2）は、ポルトガルにおいて汎ヨーロッパ的な形状の室墓で見つかる変種の実例である[140]。この様式で装飾されるビーカー土器は、ベティカのカルモナ付近にあるアセブチャル遺跡（スペイン）で出土したエル・アルガール文化の器形を呈する杯《カリス》と共存する。ベティカのガンドゥルにある二基の室墓においてビーカー土器と共存するのは、もっとも新しい時期（銅器I期）の、しかも後から入り込んできたとおぼしき埋葬だけである。したがってこのビーカー土器は、室墓の建造よりも新しいに違いない。同様にヴィーラ・ノーヴァ・デ・サン・ペードロ遺跡では、最古の居住層にビーカー土器が欠落している。他方でゲオルク・レイズナーは、ビーカー土器をロス・ミリャレス遺跡の最古段階に位置づけている。だから、イベリア半島南部において、ビーカー族のものとして考古学的に識別される遺物の組合せと儀礼を、前期スペイン文化をになっていた相互に関連しあう諸文化から分離させることは不可能なのだ。ビーカー族は身体面から見れば、疑いなくこれら諸社会内の存在である。だから、かれらの起源が東地中海にあると仮定すれば、これら諸社会を創設した入植者の草分けに含まれていたはずだ。だが、この身体型に代表される東地中海でもパエストゥムでも、まだビーカー土器は知られていないので、かれらはビーカー族としてこの地に到着したのではなかった。

おそらくビーカー族は、イベリア半島において入植者の草分けから分離していったのだろう。マーガレット・スミスは、ビーカー土器がベティカの天然洞窟文化の土器から派生したものではありえないことと、第12章で記述したビーカー土器の広域拡散の中心地としてもっとも可能性が高いのはタホ川の河口であることを示した。しかし、シレが提言したように、かれらが携行していた精製の両面加工石鏃が、イベリア半島において細石器から発展を遂げたものでないとすれば、サハラからやって来た弓使いの派遣団がかれらに加わったのではないか、と疑ってみてもよいかもしれない。サハラでは、アテル文化の伝統を在地で引き継いでいたにせよ、新石器時代のファイユーム文化から着想を得たにせよ、この種の石鏃がふんだんに作られていたのである。

イベリア半島において銅器時代の諸文化が築かれたのは、イタリアやサルディニア島の場合と同様に、東地中海の探鉱者が入植した結果だと一般に考えられている。しかし、そのような入植者は、フェニキア人やギリシア人のように様々な製品を船に積んでやって来たわけではない。エル・アルガール文化期以前のイベリア半島のいかなる遺跡でも、東地中海からの輸入品は一点たりとも確認されていないのだ。移住してきた金属工が在地で製作した金属製装飾品は、紀元前三千年紀に東地中海で流通していたものよりも技術面で劣っていた。「探鉱者」が探し求めていたのはやはり銀と金であって、銅ではなかったのだろう。ミリャレス文化の土器の器形には、クレタ島のミノア前期の共同墓所から出土するものにおおむね似たものがあり、石製小像はキクラデス諸島やアナトリアのものにあからさまに似ている。板状製品や土器に刻まれたり、指骨や洞窟に描かれたりした梟顔の表現は、シュメール人が葬送用の瓶の把手に、トロイ人が石碑や人面骨壺に描いた、同じ「女神」の顔なのである。板状偶像（例―図131―2）はエジプトのブロック像（二五頁）もしくはキプロス前期の土製「偶像」に酷似する。弧状土製品は、アルミザラケ遺跡出土の留めボタンと同様に、アナトリアのものと瓜二つである。また、パルメラ遺跡出土の連珠形石製ビーズはミノアの出土品（例―図12―2）によく似ており、ベティカ出土のナデ磨き土器（三四八頁）は東地中海の土器と同一である。集葬室墓を人工的に造るという着想は東地中海的であり、紀元前三千年紀のクレタ島とキクラデス諸島では、持送天井の墓室へと転換された。現にロス・ミリャレス遺跡のトロスは、クレタ島のクラシ遺跡のトロス（三〇頁）にいくぶん似ており、時期を同じくする箱式石室はアッティカのハギオス・コスマス遺跡の箱式石室（九〇頁）に類似する。

それでもやはり、このような類似はひどく曖昧である。イベリア半島ではすでに新石器時代に集葬がおこなわれていたらしい。ポルトガルだと、構築式の集葬室墓ですら新石器時代に属する場合がある。当地でもやはり、巨石墓がトロスよりも明らかに古い。レイズナーは、アルメリアのトロスに対してさえ、新石器時代の円形箱式石室から進化したことをもっともらしく説いている。アンテケーラやアルカラ遺跡のトロスとミケーネのトロスとの類似性はとくに顕著である。アンテケーラ付近の岩穴墓からなる墓地は、この類似性をさらに際立たせている。というのも、この岩穴墓とトロスとの関係は、室墓の墓室とミケーネのトロスとの関係と同じように思われるからである。しかし、このようなプラン上の類似性はたぶん見せかけのものだろう。なぜなら、羨道を見ると、ギリシアでは天井がないのに、イベリア半島だと常に天井を架けているからである。いずれにせよ、イベリア半島のトロスの由来をミケーネ文化に求めるのは、イベリア半島のトロスをポルトガルの墓道付石室墓の原型にすること以上に、もはや妥当ではない。実際のところ、ミケーネ文化のトロスはイベリア半島に由来すると見るのが現状では妥当である（一〇一頁）。だからイベリア半島と東地中海との関係は、前期スペイン文化の銅器時代に対する確実な限定年代を与えてくれないのである。

東地中海から入植がなされた結果であろうとなかろうと、銅器時代にイベリア半島に住み着いていた複数の社会は、多様な土器様式を有していたり、護符を流行させていたり、鏃を好んでいたりといった点で、自律性をありありと示しつつも、石器や金属器や武器、そして服装や装身具において、海岸部の西端から東端まで相当な斉一性を達成していた。この文化的な斉一性が政治的な結合に対応している必然性はない。少数のモニュメンタルな室墓が、共同体の墓所や家族の墓所というよりも王侯の墓らしく見える地域は、アンダルシアと（おそらく）アルガルヴェのみにすぎない。

銅器時代の室墓から出土する外来の素材（トルコ石・琥珀・黒玉・緑色石）や外地の器物（亀甲玉など）は、とくに北西地域との通商関係を具体的に示している。その埋めあわせとなる輸出品は、少なくともビーカー文化の拡大が生じる以前においては、大して重要でない性格の器物（たとえば祭儀に使う諸品目）だったようである。ブルターニュの墓道付石室墓は、建造面と内容面でポルトガルの墓道付石室墓ときわめて密接な関係にある。それは、後の紀元前八世紀にタルテソス人がおこなったような、直接的な海上交流の先触れだったことを示唆する。北方にある墓道付石室墓は、そのような交流関係がさらに拡大した結果だろう。ロス・ミリャレス遺跡から琥珀が出土する理由は、そうした交流関係にあるのかもしれない。ブルターニュおよびスコットランドの土器装飾の象徴性と技法は、同じ方向を示している。またアイルランドの青銅器に施される魔術文様は、パルメラ文化の神聖美術に触発されたものである。ビーカー族がスペインを発ったと仮定するならば、かれらがその後に中央ヨーロッパと北イタリアの青銅器時代の創始に決定的な役割を果したのは当然のことである。しかし、イベリア半島が果たした大西洋岸ヨーロッパと北西ヨーロッパへの主たる貢献は、「巨石信仰」であったに違いない。チャールズ・ホークスに従えば、ポルトガルの沿岸部を出航した巨石建造者は、新大陸征服者《コンキスタドール》のように、その信仰のために新天地を征服したと想像してよいだろう。あるいは、ケルト教会の聖人の方が、類推の対象に適しているかもしれない。現にかれらのなかには、巨石墓で画されたルートをたどった者がいた。とはいえ巨石建造者は、コンキスタドールが十字架の威信を正当化するべく携えていた銃火器に対応する、優れた銅製武器を何ら遺していない。

偉大なる創造の時は束の間だった。大規模な拡大が終わると、紀元前一七世紀にイベリア半島の文化は沈滞するにいたった。ブリテン島や中央ヨーロッパと比較すれば、凋落したといえる。銅器Ⅱ期においてさえ、衰退を看取できる。レイズナーによると、ロス・ミリャレス遺跡の後期の室墓に納められた副葬品は、前期よりも貧相で種類も乏しい。続く青銅器時代（青銅器Ⅱ期）には、錫が手に入るようになり、銅と混ぜて合金にして鋳造する技術が向上したものの、スペイン文化は進歩性に乏しくなったようで、その範囲は縮小している。

## 青銅器時代

東スペインでは、ロス・ミリャレス遺跡の銅器時代文化が発展し、エル・アルガール文化がこれに続いた。あるいは、エル・アルガール文化へと発展を遂げた。エル・アルガール文化は、内容があまりはっきりしない青銅器時代の準都市的な文化であり、標識的な拠点集落であるエル・アルガール遺跡にちなんで名づけられた。この文化の創始者たちは丘頂の市街、すなわち城砦に居住し続けたが、以前よりも堅固に要塞化された。城砦の周壁に歩廊を設けることさえあった。家屋は長方形の部屋の集合体であり、石造の基礎の上に建てられた。しかし集落の総面積は狭く、たとえばエル・オフィシオ遺跡〔スペイン〕の城砦部は一ヘクタールの広さである。死者は集葬室墓には葬られなくなり、家屋間に設けた箱式石室や甕棺に単体埋葬されるようになった。エル・アルガール遺跡では七八〇基の穴墓が実際に確認されており、青銅器時代のエル・アルガール文化の住民の多さと存続期間の長さに関して、いくらかの示唆を与えてくれる。銅器時代よりも大規模に金属が地元で採掘され、加工された。そして東スペインの全域に効率よく流通した。裏腹に長距離交易が低迷した。ペルジャモス遺跡〔ルーマニア〕の穴墓で出土したようなエジプト製の連珠形ファイアンス玉やわずかな緑色石製ビーズがもたらされただけだった。錫が不足しており、金属工は概して銅のみか低質な青銅で満足せざるをえなかった。しかし金属工は、刃広の扁平斧、敲打成形による突縁をもつ扁平斧、錐、鋸、円基式短剣（長大化し七〇センチの長剣（図134）になることもあった）、特殊化した戈（銅器時代のフリント戈の形状を在地で金属器に転換したらしい）を製造することができた。銀は鋲として時おり使用された。両端を穿孔した砥石が常用された。しかし依然として、大量の磨製石斧がエル・アルガール文化のあらゆる集落に存在していた。

丸底土器と胴部屈折土器は、銅器時代の伝統（図134）をいくらか受け継いでいるように見えるが、技法面からいえば、その器面（赤色・黒色・まだら色）は驚くほどアナトリアの青銅器時代の土器やドナウⅣ期の類品に似ている。胴部が屈折する器形も、把手を欠くことを除けば、ウネティチェ文化の器形によく合致する。ただし、オリウエラ〔スペイン〕付近の典型的な墓地から出土した一点の筒形杯には把手が付いている。

装飾品には、銀製の頭飾り《ディアデム》（図134上）、金・銀・銅製のビーズ・指輪・簡素な腕輪、銅線の小環を付けた有孔猪牙、貝殻、魚の椎骨、各種ビーズ（琥珀製を欠く）などがある。頭飾りを副葬する稀少な墓葬（図134上）は、首長か貴人に属するものに違いない。男女合葬墓は、妻の殉死を示す事例だろう。以上のようにして、社会の階級区分と家父長組織の存在が証明されている。また、女性小像の製作が放棄された。女性小像の製作が地母神信仰に触発されたものである限り、後者は前者と時期を同じくして放棄されたことになる。実際、たとえばカンポス遺跡

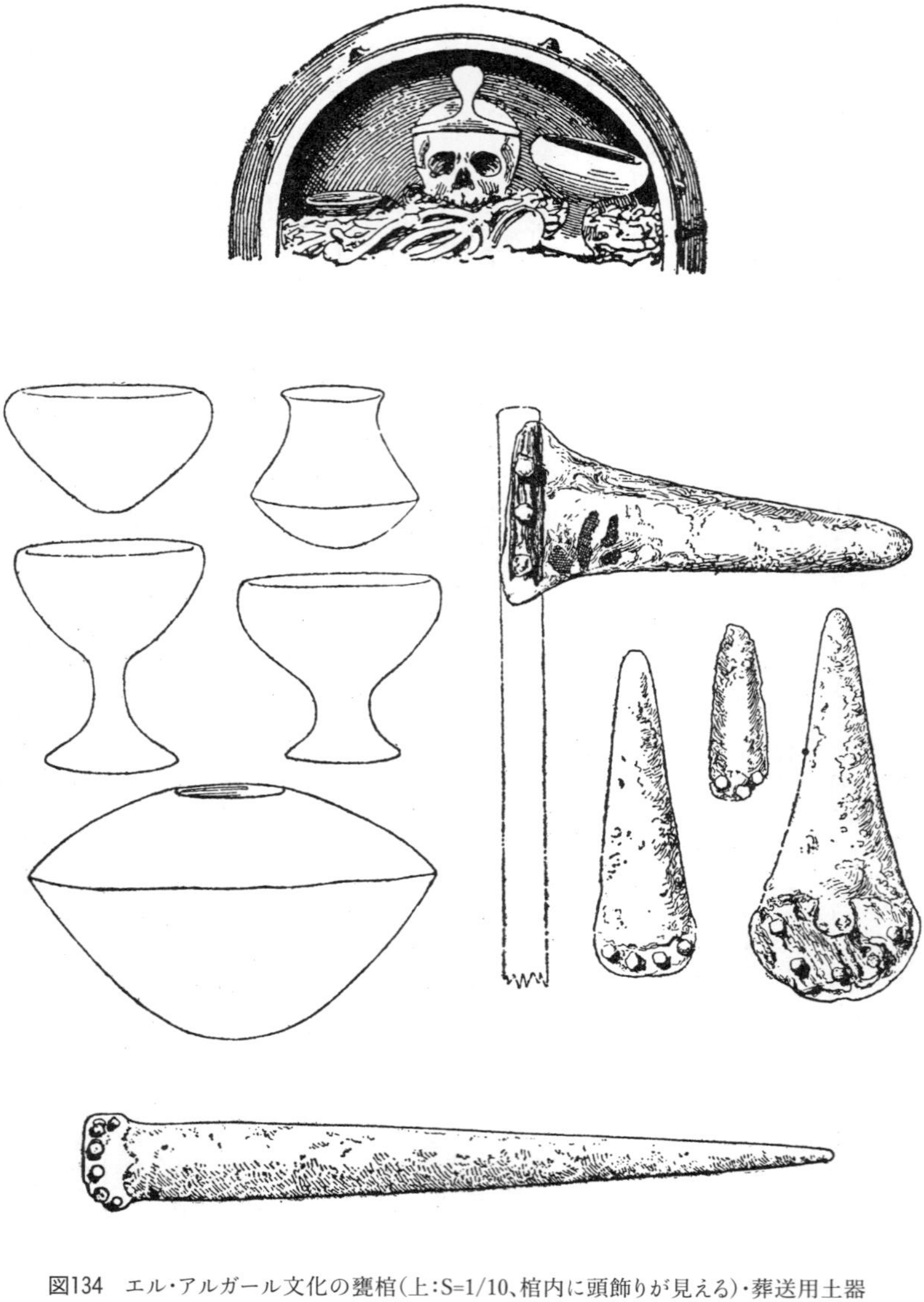

図134　エル・アルガール文化の甕棺（上：S=1/10、棺内に頭飾りが見える）・葬送用土器（中左：S=1/5）・戈と短剣の刃部（中右：S=1/3）・剣（下：S=1/6）
［大英博物館理事会の許可を得て掲載］

〔スペイン〕では、「聖別の牛角」を載せた「祭壇」を除くと、儀礼用品はもはや目立っていない。住民は混交しており、多数派を占める地中海型の頭型〔長頭型〕に短頭型が混在していた[141]。

エル・アルガール文化とは、旧来のアルメリア文化が、外来の諸要素とともに導入した技術進歩を借用した後に、その外来要素を脱ぎ去りつつ継続した文化だと見なしてよいかもしれない。巨石への迷信から解放されたアルメリア文化人は、かつて巨石とともに導入された冶金術を地元独自に発展させていった。巨石墓という新たな埋葬習俗は、ミリャレス文化にとってと同じくらい、エル・ガルセル文化にとっても異質であった。しかし、中央アナトリアにとっては伝統的なものであり、ヘラディック中期のギリシアにおいて採用された。このことは、いま述べた解放が東地中海人からの助力なしには奏功しなかったことを示唆する。実際、東地中海人がアルメリアに入植したのが銅器時代ではなく青銅器時代の初期であったことを示す良好な証拠がある。埋葬習俗の一致ぶりは、いっそう具体性に富んでいる。典型的なエル・アルガール文化の杯《カリス》は、エーゲ文化の木製ないし金属製の酒杯《キュリクス》が在地の土器に変換されたものである。それは、この酒杯がギリシアにおいてミニュアス土器もしくは彩色ミケーネ土器に変換されたのと同じことである。ファイアンス玉はエーゲ海域から実際に輸入されたものである。他方で、エル・アルガール文化が成し遂げた数々の革新が北イタリアに由来すると見る考えもある。ところがイタリアの先史学者は、北イタリアにおいて戈を振りかざしていた者たちを、イベリア半島からの移民であったと見なしたがる。

いずれにせよ、フエンテ・アラモ〔スペイン〕で出土した連珠形ファイアンス玉は、エル・アルガール文化が遅くとも紀元前一四〇〇年までには繁栄を迎えていたことを証明している。ミニュアス土器のキュリクスですらヘラディック後期のものなので〔九三頁〕、エル・アルガール文化がエーゲ海域からの入植者によるものであったなら、その開始期が紀元前一五〇〇年よりもずっと遡ることはありえないだろう。この文化がいつまで続いたかについては、もっと不確かである。紀元前一〇〇〇年以後に鉄器時代が始まるまで、エル・アルガール文化には城砦と穴墓のほかに関連遺物がない。したがってアルメリアは、年代の手がかりという点で、サルディニア島とまったく同じ窮状に置かれているわけだ。アルメリアの外部になると、もっと状況が悪くなる。

アルメリアからずいぶん北に位置するアリカンテやバレンシアの典型的なエル・アルガール文化の墓地には、金属製の道具が十分にある。このことは、アルメリア文化の経済システムが効果的に拡大したことを物語っている。ところが、アリカンテ県内のアルコイ地区にある、モラ・アルタ・デ・セレス遺跡やマス・デ・メネンテ遺跡の丘頂に築かれた城砦では、アルガール型式の斧が鋳造され、あるいはアルガール型式の鋲留短剣が使用されていた。ただし、輪郭の鋭くなったアルガール型式の土器とは対照的に、丸底鉢や球形瓶がアルメリア文化の伝統をより純粋に保持している。また依然として、磨製石斧が常用されていた。

西方のグラナダでは、ゴル、ゴラフェ、ロス・エリアレスの墓地にある数基の巨石墓から、エル・アルガール文化の青銅器や装飾品や土器が出土する。アンテケーラ付近のアルカイデ遺跡には、構築式のトロスのプランを正確に再現した岩穴墓があり、やはりアルガール型式の遺物が出土している。これらを除くと、南スペインでは鉄器時代まで何も見つかっていない。ポルトガルでは胴部屈折土器（アルガール型式か？）を含む箱式石室からなる墓地はまれであり、そうした墓地は主にアルガルヴェに集中している。短小な箱式石室の天井石に、発達した型式の金属斧の表現が彫り込まれていることがある。箱式石室を別にすれば、銅器時代と後期青銅器時代の間に横たわる葬送記録上の間隙を埋めるのに使えるのは、巨石墓道付石室墓と天然洞窟墓だけである。たとえば、そうした墓葬から出土する胴部屈折土器は、そして把手付土器さえも「青銅器時代」のものだろう。他方で、すこぶる特殊化した型式の青銅器、とりわけ双耳式有段斧頭は、後期青銅器時代の北ポルトガルとガリシアに重要な冶金センターが生まれていて、そこで作られた製品が、旧来の交易が復興するなかで、ブリテン島へと輸出されたことを示している。そのことは、アイルランド形式の耳飾がエルマゲイラ遺跡から、新月形製品がガリシアから出土していることに反映している。

交易の復興に伴って、イベリア半島の大西洋岸は、あるいはそのうち少なくとも錫を産出する北部地域は、再び冶金と交易をめぐる創造的な中心地になった。アウィエヌスの詩にその記憶がとどめられている。だが、大西洋岸の後期青銅器時代は、紀元前一〇〇〇年以後にようやく始まったにすぎない。そのため、中期青銅器時代を型式学的な示標から定義できないのだ。この空白に、前期青銅器時代の貧相な箱式石室を、さらには銅器時代の集葬室墓の一部までも、容易に滑り込ませうるかもしれないのだ。紀元前一五五〇年から一四〇〇年の間に、ブリテン島とミケーネ時代のギリシアとの間接的な貿易が、西回りルートでおこなわれていたことは、はっきりと証明されている。アルカラ遺跡とロス・ミリャレス遺跡はそのルート上に位置していたのだろうか。これについては肯定的な回答をしておくのが、きわめて妥当なようである。[142] だから、ここで引証した紀元前三千年紀の漠然とした併行関係だけでは、スペインの銅器時代の超短期編年に反駁できないのである。しかしそうなると、温帯ヨーロッパの編年も同じように短縮しない限り、イベリア半島こそがビーカー族の揺籃の地であるという主張が危ういものになってしまうだろう。

Chapter
XVI

WESTERN CULTURE IN THE ALPINE ZONE

# 第16章

# アルプス地帯の西方文化

ピレネー山脈以北とライン川以西およびアルプス高地以西の多様な地域は、氷河期にはステップと草原だった。続く森林期になっても当該諸地域は、マドレーヌ文化のトナカイ狩猟民と鮭漁撈民の子孫であり、アフリカから移住してきたタルドノア文化人の子孫であり、かつ南方に広がっていた森林種族の子孫でもあるアジール文化人に、依然として生きる糧を与えていた。これら先住の食糧採集民は、外来の新石器文化が伝播してきたことで、徐々に食糧生産経済へと転換してゆき、新たな生業の好機に応じて人口を殖やし、新石器文化の拡大を促進した。この転換は、実際にはプロヴァンス地方とピレネー山脈周辺で生じたのかもしれない。前章で示したように、これらの地域では、カーディアル文化の牧畜民が新石器時代の文化と経済を扶植していた。けれども一般的には、移住民の第二波によってこの転換が起こったと考えられている。この移住民が西方新石器文化を導入し、より温暖な諸地域に、ひいてはアルプスやイギリス海峡にまで拡散させたと考えられているのである。ただしこの考えでも、第一波の西方農民は明らかに在地の食糧採集民と交雑し、その農業経済を新たな環境に適応させてゆくなかで、自分たちの経験と装備を巧みに利用したとされる。しかも南フランスでは、西方からの移住民だと仮定される集団は、移動の足跡に漠然とした痕跡しか残さず、かれらが携えていたはずの西方文化は、ロンバルディア・スイス西部・中部および北部フランス・イングランド南部の「西方」諸文化から大まかに推定されたものにすぎない。

南フランスの多くの洞窟において、その上層で革袋状の無文土器がカーディアル土器にとってかわることは疑いない。前者の土器は、一方において精度の差はあれラゴッツァ文化、コルテヨ文化、シャセ文化、ウィンドミル・ヒル文化の土器と合致するし、他方でアルメリア文化とそれに対応するポルトガル文化の土器とも合致する(三三七頁)。またこれと似た土器が、カーディアル文化の牧畜民が入植した狭小な地帯の外部にある、洞窟の基盤層から出土している。それ以外の目立った特徴が、南フランスにおいてこれほど早い時期に現れるのか否かは、あまりはっきりしていない。もし現れるにしても、西方新石器文化の特徴であるのかどうか明確ではない。たとえば木の葉形石鏃は、ブリテン島における新石器時代の最古期に見出され、当該期に特徴的なものであるが、しかしラゴッツァ文化やコルテヨ文化の特徴ではない。コルテヨ文化にすこぶる特徴的な斧用の鹿角製雇柄は、オード県とアリエージュ県〔どちらもフランス〕で早い時期に現れている。しかしガール県〔フランス〕では、ラゴッツァ文化やウィンドミル・ヒル文化においてと同様に、最下層ではこのような雇柄は出土しない。兎の指骨製垂飾は、南スペインやコルテヨ地方、そしてリグリア州の前期〜中期新石器時代においてと同様に、ガール県でも出土する。このように南フランスの洞窟では、ビーカー土器の出土層よりも下層から、アルメリア文化と中期新石器時代のリグリア文化およびアルプス型コルテヨ文化との中間としてあつかえる文物が出土している。アルプス型コルテヨ文化の組合せは、西方新石器文化の全容を、ひいては知りうる限りのヨーロッパの新石器文化の全容を示している。

## 西アルプスの湖畔における前期新石器文化の様相

スイスの湖は、湖水が有機物を保存してくれたおかげで、新石器時代の装備と経済の独特な実像を提供してくれる。それだけでなく、西ヨーロッパにおける文化的発達に関するもっとも明瞭な記録も与えてくれるのである。この記録は第一に、パウル・ヴォウガが一九一九年に着手したヌーシャテル湖の層位的発掘の賜物である。そしてまた、この発掘に後続するエミール・フォークトらの観察の賜物である。この観察を通じて、ヴォウガが示した継起連続が明確になり、そして他地域へ拡張されることになった。コルテヨ＝ミヒェルスベルク、ホルゲン、縄目文土器という名称は、アルプス全域の湖と沼沢地において、この順序で登場する文化期を意味する。ただし当地域では、新石器時代の最古期に入植がおこなわれたことが、湖畔での居住にまったく表れていない。その時期の入植は、現在なお乾燥地である土地にあったであろう未確認の集落に隣接する耕地から、風に流されてきて泥炭苔《ピートモス》に埋もれた穀物花粉によってのみ分かっているにすぎない。

したがってスイス西部で最古の「湖畔住居」は、新石器文化の全装備を携えてこの地に到着した農民が建立したものであり、後にコルテヨ文化と名づけられた文化を形成していたのである。この文化は、現在では前期と後期に区分されている。なお、現在（一九五六年）のスイスの先史学者の大多数は、これらの住居が湖面上に突き出す杭上に建てられたのではなく、帯状に繁茂する葦と雑木林の中間に位置する、湖岸の堅固な（やや湿ってはいるが）大地上に建てられたのだと確信するようになっている。そのような場所は、アトランティック期後期とサブボレアル期に湖水が後退したために、当時は乾燥状態にあった。同様に、いわゆる「積層壇」は沼沢地に浮かぶ人工島ではなく、堅固な泥炭地に建てられた家屋であり、その床面が沈下するので頻繁に修繕《リニューアル》する必要があった。

農民は小麦（一粒小麦・二粒小麦・パン小麦）と大麦、そしてエンドウ豆・豆類・レンズ豆を栽培していた。プラムと林檎は少なくとも採集されていた。林檎はやがて湖畔住民が栽培するようになったが、コルテヨ文化期に栽培されていたのか不確かである。林檎から一種のサイダーを醸造していた。有角牛（短角牛）が、豚の小さな群れや羊および山羊の小さな群れと一緒に飼育されていた。[143] 牛は冬季に繋留され、飼料として葉が与えられた。新石器時代（コルテヨ文化期か）の軛が一点残存している。ヴォウガは何らかの石器が犂の刃部として使われたと考えているが、おそらく鹿角製の鍬のみで地面を耕していたのだろう。[144] 家畜に比べると、猟の獲物は共同体の食事にまるで貢献していなかった。狩猟者は両端の尖る骨鏃（図135右）を使用し、それよりまれだがフリント製の直剪鏃や三角鏃も用いていた。魚は罠で捕らえたり、有溝石錘と樺皮の浮きを付けた網で捕らえたり、あるいは鹿角製「銛」（図135左）で刺突した。

木工は石斧（まれに石製手斧）を使っておこなわれた。それらは適当な形状の礫から作るか、あるいはきめの細かい石材を削って作った。斧頭はまっすぐな柄に直《じか》に装着するか、先細りする鹿角製雇柄（図139－A）に装着して、その柄をまっすぐな木製柄にはめ込んだ。方形柄孔をもつ鹿角製の斧や鶴嘴も使用された。

在地産の亜麻が、種子と繊維を採るために栽培されていた。その繊維は亜麻布に織り上げられた。ただし、糸紡ぎに紡錘車は使われなかった。皮革が広く着用されていたことは疑いない。たとえば、ミヒェルスベルク文化やウィンドミル・ヒル文化の鹿角製櫛のような棘状骨製品を束ねたものは、皮革製の衣服の着付けに使用されていたのかもしれない。籠がきわめて巧みに編まれていた。

コルテヨ文化前期の土器は、単純な革袋状の器形を呈し、突起はあるが把手は付かない（図136）。この突起には縦方向の穿孔がいくつか施されることがある。後期には、はるかに洗練された器形が製作されるようになった。壺にはしばしば樺皮の条片を樺の樹脂で貼りつけて装飾文様にしたり、あるいは人間の胸部を模して一対の乳首を付けたりした。文様には、コンギュエル遺跡（フランス）やビーチャー遺跡（イギリス）で流行を博した魔術的な同心円文などがあった（三九六頁・四〇八頁）。

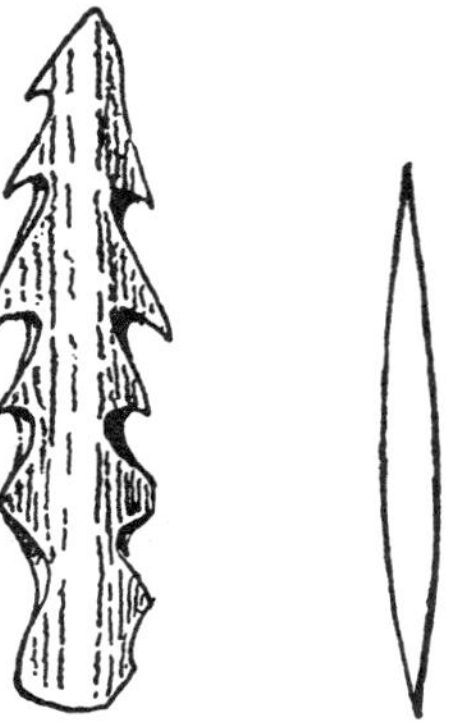

図135　鹿角製銛(S=2/5)と骨製鏃(S=1/3)
スイス出土

コルテヨ文化後期の遺跡からは、レッセン文化の様式をそなえる土器や、あるいは少なくともレッセン文化に影響を受けた土器が出土し、またミヒェルスベルク文化のものに類似する土器も出土する。コルテヨ文化のどの遺跡からもフリント石器が出土するが、それらはもっぱら半透明の黄色フリント製である。

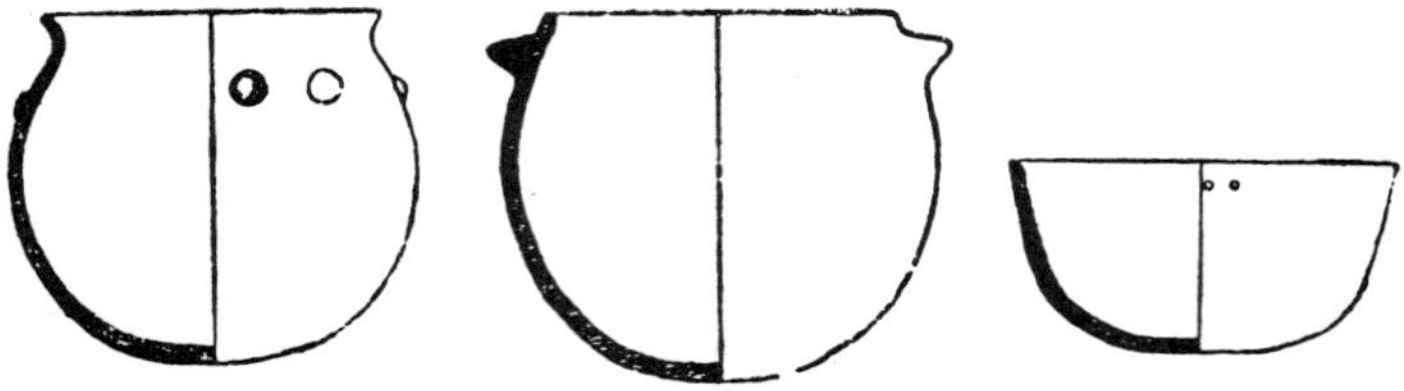

図136　コルテヨ文化の土器(S=1/4)［『アンティキティ』より］

このフリントはヌーシャテル盆地では未知の石材で、産地不明のものである。このフリントを除くと、コルテヨ文化の遺跡において交易の決定的証拠は得られていない。

髪用の櫛は木製だった。凍石製ビーズ・木製ビーズ・穿孔した歯・頭蓋骨製護符（三八九頁）・分節枝角製垂飾・有孔兎指骨製垂飾・両端穿孔の猪牙・木製の棍棒雛形などが装飾品として着用された。

湖畔の村落に付属する墓地は未発見である。ところが、骨髄を取り出すために割られた人骨が、村落内で発掘されている。まるで農民が人肉食風習《カニバリズム》をおこなっていたかのようだ。なお、計測可能な頭蓋骨二個は長頭型であることが判明している。他方でマルク＝ロドルフ・ザウターは、シャンブランド型式の箱式石室がコルテヨ文化人に属すると主張した。屈葬遺骸を単体埋葬するか男女を合葬するそのような箱式石室の墓地は、アーレ川流域のバーゼル〔スイス〕近郊からローヌ川上流にかけて、そしてそこからアオスタ渓谷沿いにグラン・サン・ベルナール峠を越えて、イタリア北部にまで広がっている。副葬品は、磨かれていないフリント石斧・三角形斧槌・凹基式石鏃・珊瑚《さんご》と地中海産の貝殻・銅製円盤・頭蓋骨製護符・片面穿孔ボタンなどであり、すこぶる貧相なことが明白だが、時期的に新しいもののようだ。それゆえ一般に「シャンブランド文化」は、スイスの新石器時代の中期ないし後期に比定されてきた。しかし、この文化の分布はコルテヨ文化の分布と実によく一致しており、しかもその墓葬型式はアレーヌ・カンディード洞窟の中期新石器時代の層位に特徴的な墓葬型式と同一なのである。

コルテヨ文化を編年的に見ると、少なくともその後半段階をレッセン文化〔やはり主に後半の状況〕と同等視できることは疑いようがない。したがって、スイスの前期新石器時代とドナウⅡ期に、部分的ながらも同時性が与えられる。しかし、シーマッテ遺跡〔スイス〕のコルテヨ文化後期層から出土した瘤付闘斧一点は、スイスの前期新石器時代がドナウⅢ期および北方新石器前期C期まで続いたことを意味するに違いない。先レッセン文化期のコルテヨ文化に属するエゴルツヴィール第三遺跡〔スイス〕の放射性炭素による推定年代では、前期新石器時代の明確な最古段階は紀元前二七四〇±九〇年である。この数値は、ドナウⅡ期の年代としても文句なしに妥当である。ただし、妥当であるのは「長」編年の場合のみである。

鹿角製屋柄に装着する斧頭、鹿角製銛、細石器石鏃といったコルテヨ文化の諸要素は、経済面では中石器時代が遺した伝統にその起源を求めることができる。コルテヨ文化を新石器文化にしている構成要素のうち、一粒小麦はドナウ文化に由来するに違いない。しかし、それはレッセン文化の入植者が持ち込んだ可能性がある。というのも、この入植者が及ぼした影響に先立つ事象が実証されていないし、レッセン文化よりも必然的に古いドナウ文化の独特な人工物が、西アルプス地域で未発見だからである。したがって、南フランスにおける類似例は漠然としているものの、湖畔村落以前の栽培と先レッセン文化期のコルテヨ文化であるエゴルツヴィール遺跡(145)とを生み出した、外部からの最初の影響〔たとえば革袋形容器・頭蓋骨製護符・兎の指骨製垂飾といった伝統を伴う穀物と家畜〕が、ローヌ川流域へと北上したと見るのが、やはりもっとも妥当なようである。

## ミヒェルスベルク文化

コルテヨ地域〔スイス〕の北部、ボーデン湖畔〔スイス・ドイツなど〕の村落、スイス北部とヴュルテンベルクの湿原村落、南西ドイツの丘頂の野営地、ベルギーのスピエンヌ遺跡のフリント採掘場などにおいて、コルテヨ文

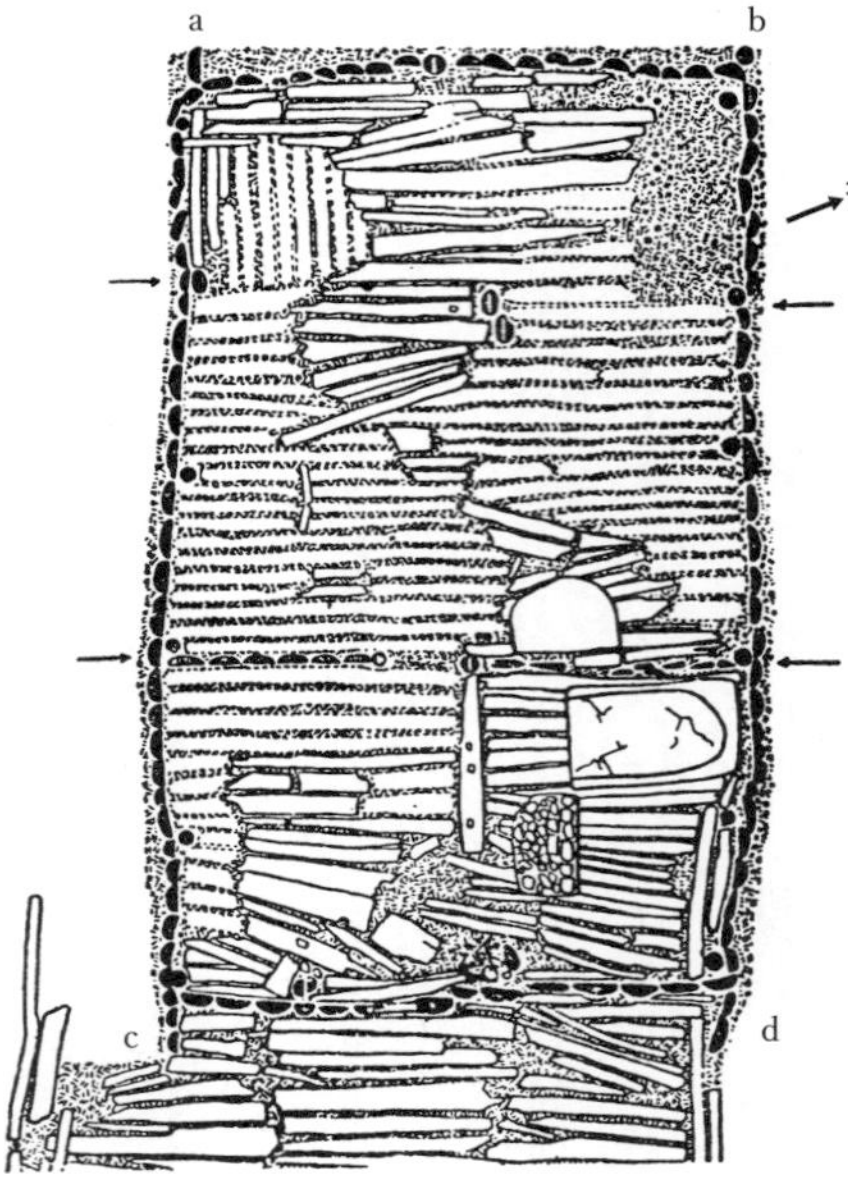

図137　アイヒビュール遺跡の家屋プラン（S=1/150）

化がまったく別の文化にとってかわられた。その文化は、バーデンのミヒェルスベルクにある丘頂の野営地にちなんで、ミヒェルスベルク文化と名づけられている。

湿原村落では、整然とした丸太道に沿って最大二四棟の家屋がまとまって並んでいることがある。湿原ではない陸地の集落では、七五棟もの家屋が記録されている事例がある。ただし、家屋は家主の死に伴って取り壊される場合があったので、すべてを同時期とは見なせない。これらの家屋も長方形を呈し、規模は六・〇×三・六メートルから五・三×三・二メートル以下まで様々だが、通常は二室に区分され、室内には一基の炉が、室外には一基の竈がそなわっている（例―図137）。ドイツの乾燥地の拠点地は、平底の溝と柵で防御しているのが通例だった。多くの野営地の溝は、イングランドの場合と同じく、土手道によりところどころで途切れている。

ミヒェルスベルク文化の農村経済は、コルテヨ文化や北方初期新石器文化のA群の農村経済に酷似しているように見える。しかし、より牧畜的な氏族がミヒェルスベルク文化の村落民集団から分出し、おそらく家畜を自由に放牧していたことを示す徴候がいくらか認められる。ヴュルテンベルクの湿原村落の主要作物は大麦であったが、小麦（一粒小麦・エンマー小麦・スペルト小麦・パン小麦）も栽培し、林檎や苺などの果実も採集された。ヴァルター・ウルリッヒ・グイアンによると、小麦粉はパンにせず、粥《かゆ》状にして食べていたという。しかし、たいていの村落では竈が非常に顕著なので、それらはパン焼き竈だったに違いない。村落民は移動耕作をおこない、周期的に自宅を放棄し、以前に伐開した灌木が再び生えると、すぐさまそこに戻ってきたのだ、とグイアンは確信している。村落の居住期間がかなり長かったことは疑いなく、その期間に少なくとも家屋の床面を何度も張り替えなければならなかった。たとえばウルム付近のエーレンシュタイン遺跡〔ドイツ〕では、床面を一三回も張り替えていた。しかし、この物証が示唆しているのは、同じ場所に時間を空けて改めて何度も住み直したことではなく、一四年もしくはそれ以上の期間にわたって、同じ場所に住み続けたということである。ミヒェルスベルク文化の生業経済では、コルテヨ文化の農民の生業経済よりも、狩猟の果たす役割が際立っていた。たとえば狩猟動物（馬を含む）の骨が、食物残滓において高い割合を占めている。

ミヒェルスベルク文化の経済において、第二次産業と交易が明確な役割を果たしていた。上記のスピエンヌ遺跡には、坑道と地下道の掘削に熟練した専業のフリント採掘者の共同体が居住していた。それどころか、この地に入植したミヒェルスベルク文化人は、専業的な産業共同体を構成し、フリント採掘鉱の産物と工房での製品を輸出して生業を補っていた。スピエンヌ遺跡の事例は、ミヒェルスベルク文化という西方的な複合体において、孤立した現象ではなかった。それはまた、遠出の狩猟や移牧が組織的な交易に多少似たものに発展したことも暗示している。ドイツ南部に分布する西方式の斧を納める一括埋納は、ミヒェルスベルク文化の交易者のものかもしれない。このような交易の結果、タインゲン付近のワイアー遺跡〔スイス〕のように、やがて銅斧や琥珀玉を入手するようになった共同体もあった。

しかし全体的に見て、ミヒェルスベルク文化の道具は典型的な新石器文化のものであり、コルテヨ文化の道具と総じて一致する。たとえば斧が手斧よりも好まれ、鹿角製雇柄にしばしば着装された。土器は一般に無文であり、多くが革袋状の器形と呼んでよいものである。他方で平底の器形が多く、水差しには実用の把手が付いている。「チューリップ形ビーカー土器」（図138－1・12・14）とパンケーキを焼くのに用いたといわれる平たい丸皿と

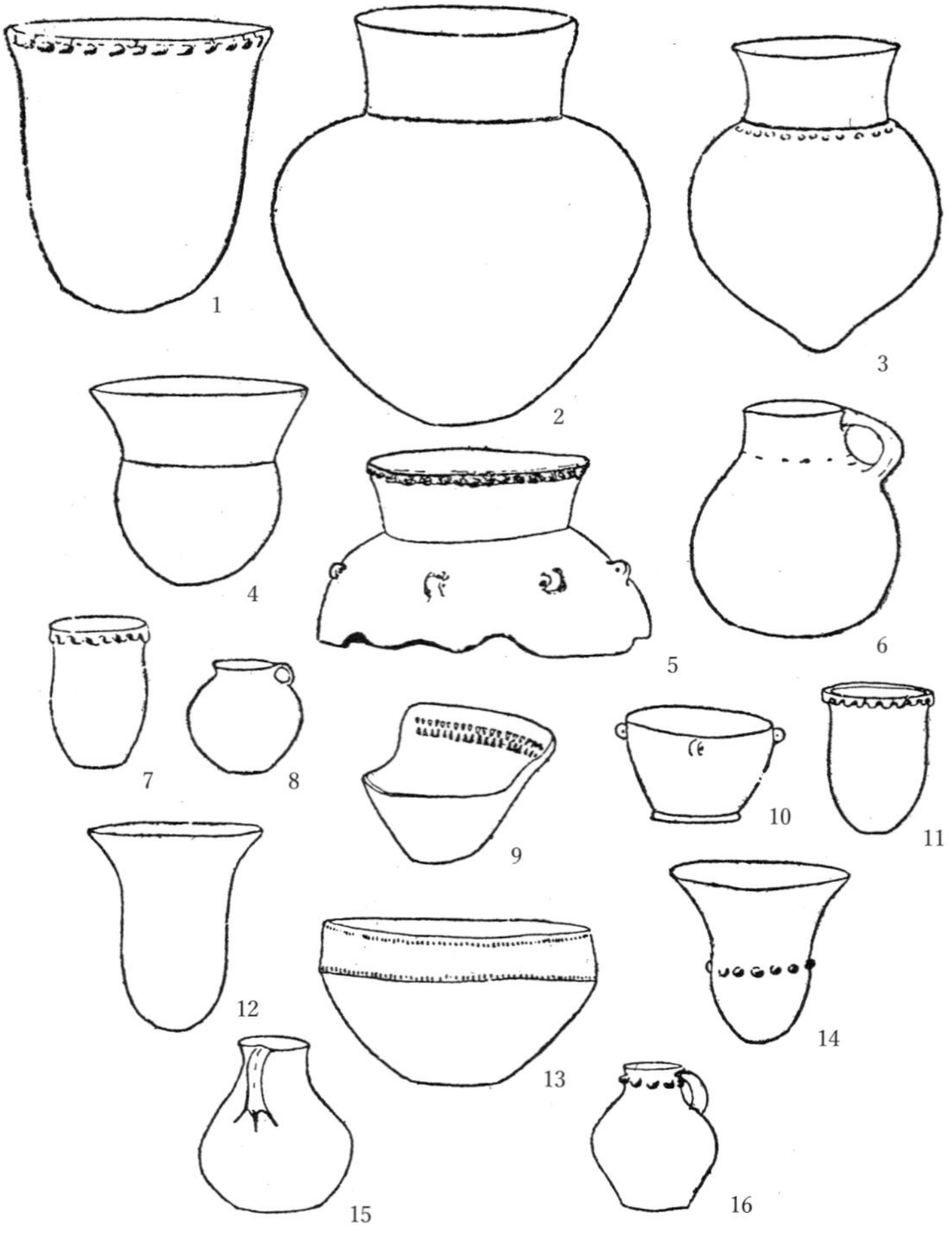

図138　ミヒェルスベルク文化の土器

が、特徴的な器形であろう。しかし後者は、北方初期新石器文化に関係する状況で出土する（図91）。ヴュルテンベルクに所在するいくつかの同時代の遺跡から、程度の差はあれミヒェルスベルク文化的な器形の土器が出土している。ただし、これらの精美な線刻文様はシャセ文化の装飾を彷彿とさせる（三八一頁）。これらの土器は「シュッセンリート」様式を代表するものであるが、固有の文化として定義するには不十分である。[146] イングランド南部と同様に、スピエンヌ遺跡でも束ねた鹿角製の櫛を皮革製の衣服の着付けに用いた。

死者は通常、集落の範囲内に屈葬か伸展葬で埋葬された。ただし墓地は小規模であり、その構成基数は、記録されているものだと最大でも七基である。他方でベルギーのオッテンブルグ遺跡とボワフォール遺跡では、長形墳下の火葬埋葬が報告されている。しかし、ボワフォール遺跡に関しては、墳丘ではなく城砦集落の土塁かもしれない。調査された頭蓋骨は、長頭型から中頭型までであり、短頭型はなかった。

スイスでは、ミヒェルスベルク文化がコルテヨ文化と部分的に併行しており、このどちらもレッセン文化と局所的に重複している。ところが、ずっと東のヴュルテンベルクにあるゴルトベルク遺跡では、ミヒェルスベルク文化の集落がレッセン文化の城砦集落に後続している。したがって、ミヒェルスベルク文化が、ドナウ地方の文化連続のなかでII期の末期より古く位置づけられることはありえない。ミヒェルスベルク文化が優にドナウIII期まで存続することは、当該文化の集落から出土する多角形闘斧から、さらには銅斧からさえ推測できる。実際に、スイス東部の複数の遺跡から出土する土器に、バーデン文化からの影響が看取されるのである。

ミヒェルスベルク文化の集落は、主にネッカー川流域とライン川中流域に集中している。ザール川流域・ボヘミア・ザルツブルク〔ドイツ〕近辺に、辺境的な入植地が存在する。ベルギーやアーレ川流域の集落も同様に周辺的なもののようだ。このような分布状況を見ると、ミヒェルスベルク文化の起源を西方に求める伝統的な考えへの疑問が湧いてくるかもしれない。現にフォークトは、ミヒェルスベルク文化は前期新石器時代の〔北方〕初期新石器文化が南西方面に拡大したものにすぎないと主張している（二三八頁）。実際にミヒェルスベルク文化の農村経済は、トロエル＝スミスが北方初期新石器文化A群と表現した農村経済と驚くほど似ており、しかもフォークトが思い描いた以上に土器も強く一致する。ドイツ西部の森林文化の狩猟漁撈民が、移住してきたドナウ文化の農民によって文化変容を遂げたのだと仮定すれば、以上の事柄をすべて説明できるかもしれない。そしてそれは、もっと東方で北方初期新石器文化を生み出したと想定される文化変容にも匹敵する。しかし、後者の起源がさらに南東にあるとすれば、少なくとも最初に移住してきた西方新石器文化人に関する記録がいっそう良好になるまでは、フォークトの説がもっとも妥当であるように思われる。

## 中期新石器時代のホルゲン文化

ヌーシャテル湖では、前期新石器時代の拠点集落を呑み込んだ洪水の後に、以前とはまったく異なる文化に属する民族集団が、かつての集落に再び居住したり、新たな集落を築いたりした。それがホルゲン文化である。この文化は、グライフェン湖畔にあるミヒェルスベルク文化の集落の上層にも、そのほか多くの湖畔にも、そしておそらく陸上の拠点集落にも認められる。経済面から見ると、中期新石器時代には文化的後退が生じている。ヌーシャテル湖では、「犂先」がなくなるなど農具が貧弱になる。食肉の供給には畜産よりも狩猟の寄与が大きくなった。家畜の獣骨に対する獲物の獣骨の割合は三〇パーセントから四五パーセントへと上昇した。また、輸入石材に代わって地元のフリントが使われるようになった。他方で、有孔三角斧がローヌ川流域に到達し、双頭銅斧が石製品に模造され、無穿孔の西方式斧頭を有孔ないし踵状溝付きの鹿角製屋柄に装着して斧にしたり、袋穂に装着して手斧にした（図139−B）。共同体間専業が継続していたことは、アールガウのムンプ遺跡〔スイス〕の石斧製造場が例示してくれる。土器は粗製で、焼成が甘く、装飾は隆起紐状文だけである。その粗さゆえに、かつては古く見なされてきた。底部は平底だが、外に張り出すものもある（例—図146−1）。石製紡錘車が使われる

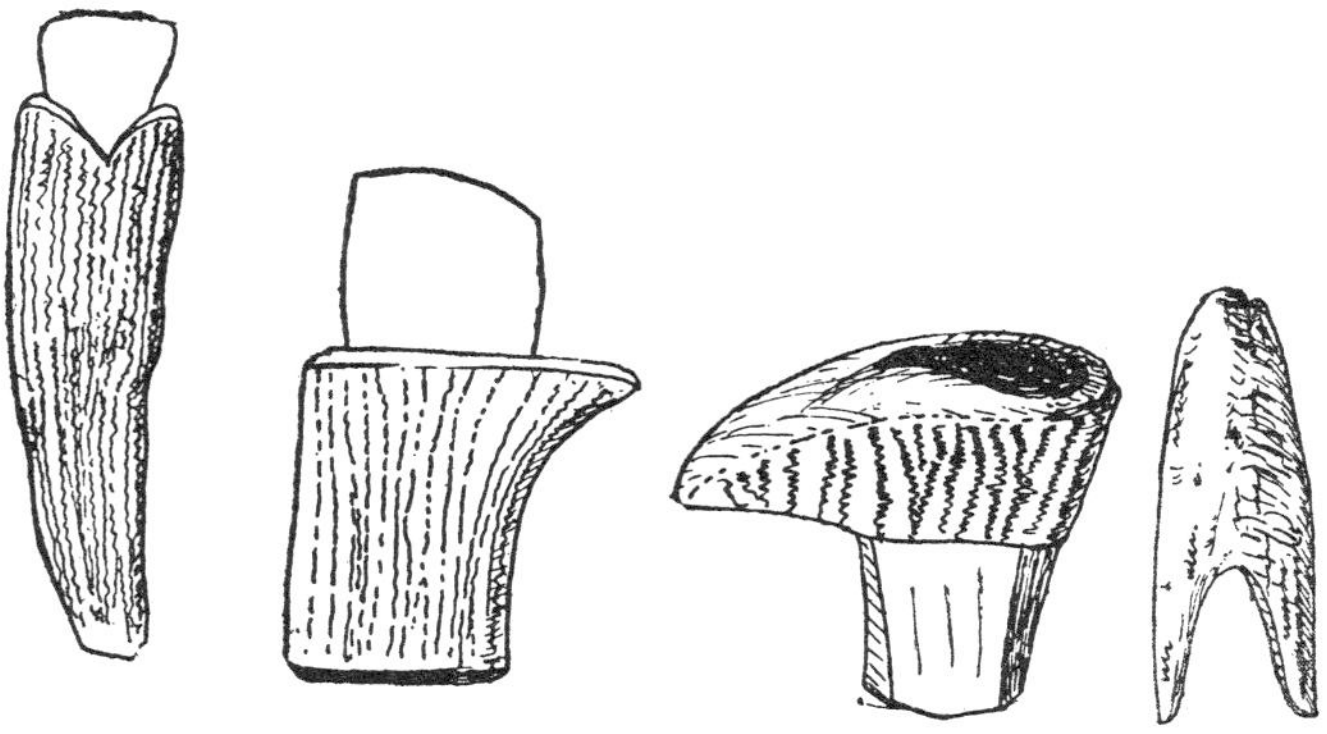

A　B　C　D

図139　斧用の鹿角製扉柄の諸型式。A・B：前期新石器時代、C：中期新石器時代初頭、D：後期新石器時代初頭（ヌーシャテル湖出土、S=2/5）

ようになった。

建築物までが衰退した。たとえば、ボーデン湖畔におけるホルゲン文化に属する数棟の家屋は、アイヒビュール遺跡〔ドイツ〕の場合と同じく長大な長方形を呈しているが、それ以外の遺跡〔例―デュレンリート遺跡〔スイス〕〕の住人は、尖り屋根の小さな長方形家屋に甘んじていた。こうした家屋は、定住耕作民よりも移牧民に適したものである。

このような狩猟と牧畜への先祖返りは、西アルプスの農民が逆境に立たされたことに起因すると考えられてきた。しかし実際には、中石器文化の伝統をより濃厚に有する新たな入植者が到来したことを反映しているのである。ホルゲン文化は、土器・有孔鹿角製扉柄・弧状土製品などの人工物から判断して、セーヌ川・オワーヌ川・マルヌ川流域の集葬室墓内に見出される諸側面〔三九一頁〕の一面にすぎない。そのうえ、パリ型式の通廊形石室墓さえヌーシャテル湖付近やライン川上流域に築かれ、当該地域には五基の巨石箱式石室も知られている。

ドナウ川上流域のアルトハイム文化は、ホルゲン文化が東方に拡大したものと見なしてよい。ヴュルテンベルクのゴルトベルク遺跡は、デュレンリート遺跡に似た四～五棟の単室家屋が群構成をなすアルハイム文化の村落である。ミヒェルスベルク文化の集落の廃墟の上に積み重なっており、それゆえスイスの諸遺跡におけるホルゲン文化層と同じ層序的位置を占めている。この遺跡もドナウⅢａ期に属するが、アルトハイム文化は東アルプスと密接な関係があるので、後掲の「アルプス東部」の節で考察するのが最善である。

## 後期新石器時代と銅石時代

ヌーシャテル湖畔は、新石器時代の中期および後期に「洪水層」で分断させられているが、本質的にホルゲン文化から継続的に発展したことを示している。たとえば新型式の鹿角製雇柄（図139－D）・有茎逆刺付石鏃・凹基式石鏃が見られる。他方で闘斧は、好戦的な諸部族がすでに西側の湖沼まで到達していたことを物語る。チューリッヒ湖畔では、ホルゲン文化の直接の後継村落から典型的な縄目文土器が出土している。これは、闘斧文化の戦士がこの地をすでに支配していたことの物証である。

銅石時代になると、ヌーシャテル湖畔における戦士の支配が、西方へと拡大していった。その証拠に、銅石時代の村落から縄目文土器片や精美な闘斧が発見されている。侵略者である戦士の火葬墓を覆う墳丘墓が内陸部に築かれた。しかし、西方の湖畔村落には土着の伝統が根づいていたことを、指頭圧痕隆帯文で装飾した粗製土器が例証してくれるだろう。同時にこの装飾は、北スペイン・南フランス・リグリア州の一部の土器に見られる装飾を彷彿とさせる。レマン湖畔では、ピレネーの広口壺（図144）に似る多脚鉢が、南西方面との関係を明らかに物語っている。おそらく闘斧文化の首長が収奪した余剰を、外部物資の購入に利用できるようになった。そうした物資には、たとえば扁平斧や鋲留短剣などの稀少金属製品、中部フランスのグラン・プレシニー産のフリントがある。レマン湖畔では、南フランスからもたらされた翼形ビーズ（例―図143－ｊ・ｎ）が湖畔住居から出土している。しかし、定期的な通商を通じて原材料を入手できるようになった青銅器工人が、湖畔の村落に腰を落ち着けるようになるのは、後期青銅器時代を待たねばならなかった。遊離遺物であるがドナウIV期に（V期にも）ふさわしい斧・三角形短剣・偏菱形短剣と、ウネティチェ文化のピンの骨製模造品（図140）が、多数の「新石器時代」（ヴォウガの「銅石時代」）の湖畔住居で採集されている。しかしその経済は、形式的に新石器文化にとどまっていた。

## 西アルプスの青銅器時代

だが、ローヌ川流域とアーレ川流域に分布する、厚葬の平墓で構成される墓地は、乾燥地で栄えた村落に所属するものに違いない。そうした墓地には屈葬遺骸が葬られ、突縁斧・三角形ないし柳葉形の短剣・地金頸輪・環頭ピン・三翼形ピン・三葉形ピン・ラケット形ピン・球頭ピン・瘤頭ピン・ボヘミア式銃眼形ピンなどが副葬された。これらすべての型式が中央ヨーロッパの原型に由来し、したがってドナウ地方の冶金の伝統が西方へと拡大したことをありありと示している。実際に、ドナウ地方に発する二つの流れを識別できる。一つは、典型的なウネティチェ文化のピン・地金頸輪・斧を特徴とする流れであり、ドナウ川上流域およびアーレ川流域を経由して、ボヘミアの伝統をローヌ川流域にもたらした。もう一つは、板金の装飾品（ヴォウガの「板金様式」）を選り好みする流れであり、上オーストリアやバイエルンを経由してキサポスタグ文化やシュトラウビンク文化の伝統をライン川上流域やヴァレー〔ドイツ〕にもたらした。

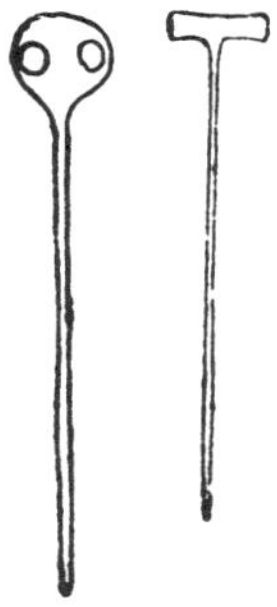

図140　ウネティチェ文化のピンの骨製模造品（S=1/2）

金属工はアルプス高地の奥深くまで入り込み、その地の小鉱脈で銅を採掘して利用した。かれらは小さな城砦村落（たとえばリヒテンシュタインのミュッター＝フェラーズ遺跡・クレスタルタ遺跡・ボルスチ遺跡）を本拠地にして活動を展開した。[147] 村落民は基本的に農民であり、小麦と大麦を栽培し、畜牛・羊・乳牛・豚・山羊を（おそらく馬も）飼育していた。[148] また、この地の村落は恒久的に居住されていたらしいので、現在の当地域における適応ぶりとほとんど同じくらい、村落民はアルプスの環境にしっかり適応し、農村経済に工夫を凝らしていたに違いない。村落にいた金属工は地元の鉱石を製錬し、ドナウ文化の製品をモデルにして在地の諸型式（篦形斧、ローヌ型式の有柄青銅短剣、見事な彫金を施した多様な装飾品）を開発した。それらは北イタリアやフランスに輸出された。輸出の見返りに、クレスタルタ遺跡には琥珀玉とガラス玉がもたらされ、それと同時代のスイス北東部にあるブライヒ＝アルボン遺跡の住民は、環状ファイアンス垂飾を入手していた。製作されていた諸型式から判断すると、スイスの輝かしい青銅器産業は、主にドナウⅣ期後半期からⅤ期にかけて隆盛を見た。だがスイスの金属工は、その進取性と独創性にもかかわらず、地元の市場に製品を供給することに甘んじていたようである。西アルプスの前期青銅器文化は、地中海への幹線交易路から遮断されていたので、北イタリアやハンガリーの文化のように、都市化に向けて大きな進歩を見せなかった。

## アルプス東部

ランツフート付近のアルトハイム遺跡、バイエルン、上オーストリアのモントゼー遺跡、スラヴォニア（クロアチア）のドラヴァ川下流域のヴチェドール遺跡、スロヴェニアのリュブリャンスコ・ブラット遺跡（ライバッハ・ムーア遺跡）は、ヴュルテンベルクにあるゴルトベルク遺跡からサラエヴォ付近のボスナ河畔にあるデベロ・ブラド遺跡まで、アルプス東側の山腹に沿って拡大した、相互に関連する一連の諸文化の明白な拠点である。これらは湖畔住居群であるか、丘頂の城砦化された野営地である。たとえばアルトハイム遺跡では、径四〇メートルのエリアを環壕と柵列からなる三重の同心円で囲繞している。住民は穀物に加えて林檎と豆類も栽培し、牛・

羊・豚・馬を飼育し、狩猟と漁撈をして暮らしていた。穀物はフリントの剥片一枚から作った三日月形の鎌で収穫した。上オーストリアでは、二叉の骨製魚扠を使っていた。斧用に石を用い続けていた。石斧は鹿角製雇柄に着装する場合もあれば、基部に抉りを入れて装着する場合もあった。石は武器用にも用いられ、多角形の瘤付闘斧・扁球形の棍棒頭・短剣・凹基式鏃・投弾があった。

しかし銅も、扁平斧や偏菱形短剣（例―図121－c）や装飾品に普通に使用されていた。さらに銅は、オーストリアの湖畔やリュブリャンスコ・ブラット遺跡やヴチェドール遺跡において、在地で加工されていた。というのも、集落内で鋳型（リュブリャンスコ・ブラット遺跡出土の一点は図64－3のような銅斧の鋳型）に加え有溝槌石も発見されているからである。それどころか、トラウン川の航行可能な最上流部に住んでいたオーストリアの湖畔村落民は、銅鉱石を製錬して得た銅原料をドナウ川の支流へと舟で運んで、農産物を補っていた。リュブリャンスコ・ブラット遺跡もサヴァ川の航行可能な最上流部に立地しており、ドナウ川中流域からアドリア海までを結ぶ交易拠点であったローマ時代のナウポルトゥスの前身だったかもしれない。エンス河畔などにある「石斧の製造場」は、共同体間専業の姿をいっそう詳しく物語る。

アルプス東部のどこにおいても、土器はたいてい粗製であり、装飾は紐状文だけである。ただしそれらは平底で、把手付杯や水差しも含んでいる。他方、アッター湖畔やモンド湖畔、そしてザルツブルクの内陸部に位置する拠点集落の土器は、押引列点技法で線刻した同心円文で装飾し、白色の練土を充填している（図141）。ドラヴァ川下流域・サヴァ川流域・ボスナ川流域のヴチェドール式土器（すなわちスラヴォニア式土器）には、同じ魔術的モチーフが、木製容器の木彫模様細工を模倣した彫出文様と組み合わさって表現されている。また、木製容器に特有の器形が土器に再現されている。そうした土器のなかには、スタルチェヴォ文化の土器と同じように、十字形の台脚をもつ浅鉢や灯火皿がある。ただし、ポントスの地下横穴墳から出土する灯火皿にいっそう似ている（一九七頁）。他方で、リュブリャンスコ・ブラット遺跡出土の土器のなかには、マルタ島の「新石器B

図141　モンド湖畔の土器(S=1/3)

期」やリーパリ島のピアノ・コンテ期やサルディニア島の出土土器と同じく、中空把手を付けるものがある。

　オーストリアの湖畔では動物の雛形土製品が作られた。スラヴォニア文化の精神活動は、盛装の人物像・鳥形土器・小屋の模型・机の模型の製作に、そしておそらく「聖別の牛角」の製作にも表現されていた。ヴチェドール遺跡の死者は、黄土を掘り込んで造った「地下室」に埋葬された。この「地下室」は、地中海の竪坑墓やポントスの「地下横穴墳」と形式的に類似している。

　ドラヴァ河畔・サヴァ河畔・ボスナ河畔のヴチェドール式土器は、いま簡潔に説明した組合せとのみ共存するので、スラヴォニア文化を明確に定義づけるのに役立つかもしれない。ところが、これらと同じ様式で装飾され、しかも十字形台脚の灯火皿を含む土器が、ハンガリー・

オーストリア・スロヴァキア・モラヴィア・ボヘミアの多くの地点（通常は丘頂の城砦集落）で発掘されている。[149] ただしそれらは、ほかの文化（たいていはバーデン文化）に特有の遺物と常に共存している。それでも、スロヴァキアのチャカにある小規模墓地には、スラヴォニア文化の土器のみが副葬されており、うち一例では骨壺として使われていた。この墓地では火葬がおこなわれていたのである。

ゴルトベルク遺跡では、アルトハイム文化の集落がミヒェルスベルク族による居住に後続する。ヴチェドール遺跡では、スラヴォニア式土器がバーデン土器の上層から出土している。したがって東アルプスの新石器文化が、ドナウIII期以前に開始することはありえない。他方で、オーストリアの湖底と湖畔において、V期の地金頸輪や金属器さえ発見されているにもかかわらず、湖畔村落から精製の多角形闘斧が多量に出土している。このことは、東アルプスの新石器文化の基礎がV期の早い時期に敷かれたことを示唆している。同類の闘斧は、スラヴォニア文化やイタリアのリナルドーネ文化に関連する状況で出土している。リナルドーネ文化との関連は、東アルプスとイタリアの銅石時代との部分的な同時性を示している。

さて、モンド湖畔の土器を飾る象徴文様は、キプロス前期の青銅器時代の土器に頻見するモチーフと同一だと妙に喧伝されるが、なるほどモンド湖畔の短剣は、少なくともその形状は東地中海のものである。したがって、中央ヨーロッパの冶金術が、レヴァントの海岸部出身の頸輪運搬者によって創始されたものだとすれば（一六八頁）、これらの文様は、アジアからやって来た少数の探鉱者がバーデン＝ホルゲン文化の先住民集団に入り込んでいたことの、精神活動面での反映である可能性が高い。この探鉱者は、先住民の労働力を募って、近場の銅鉱脈の開発に従事したのである。北イタリアのペスカーレ遺跡から出土したスラヴォニア式土器の装飾との類似性や、中央イタリアのリナルドーネ文化におけるヴチェドール式の室墓との類似性（三〇一頁）は、たとえ信憑性に乏しいとしても、探鉱者の行路の標識として解釈できるかもしれない。しかし他方で、ポントスの地下横穴墳とその出土品である十字形台脚をもつ灯火皿[150]（一九七頁）は、もっと酷似しているので、かれらが黒海沿岸部からたどってきた迂回路の標識と見てもよいかもしれない。

いずれにせよ、たとえドナウⅢ期という早い時期に、交易所がモンド湖畔に設置されていたとしても、Ⅳ期にはその重要性が低下していたのである。南方面との交易は、ブレンナー峠越えのルートに変えられた。[151] カリンティア・スロヴェニア・スラヴォニアは、Ⅳ期の金属器が北イタリアやムレシュ川流域へと流通してゆくシステムの外部に位置していた。スラヴォニア文化はⅣ期まで存続していたと推定される。しかし、当該文化を構成する金属器型式は、カリンティア・スロヴェニア・スラヴォニアに到達しなかったため、新石器文化のままだったように見える。東アルプスにいたっては、Ⅵ期になってようやく、銅採掘と岩塩採掘を基盤に当地が繁栄を遂げるようになり、農村経済がアルプスの環境を最大限に活用するべく適応するにいたったことを、ヘッティング骨壺墓地文化の厚葬墓が証明している。前節で説明した西アルプスの前期青銅器時代に対応するものは、東アルプスにも北西バルカンにも認められないのである。

*Chapter*
**XVII**

# MEGALITH BUILDERS IN ATLANTIC EUROPE

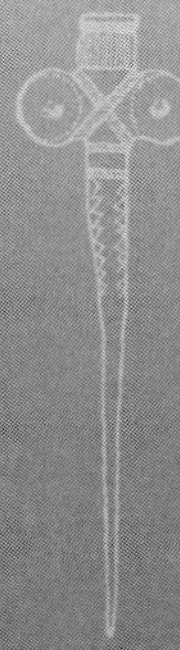

**第 17 章**

# 大西洋岸の巨石建造者

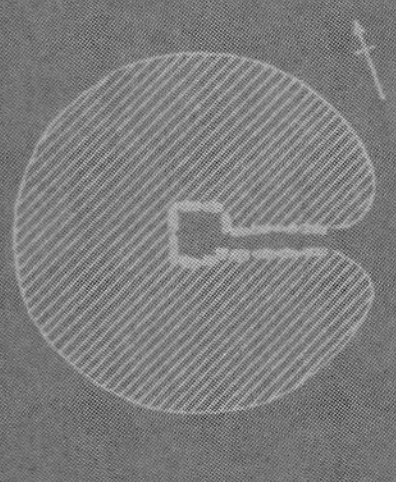

ガロンヌ川とローヌ川に挟まれた回廊地帯は、地中海から大西洋岸に抜け出る通路になっており、歴史時代にはコーンウォール産の錫をリオン湾周辺のギリシア植民地に運ぶ交易路が縦断していた。その一千年ほど前に、同じくリオン湾岸の入植地を通じた先史時代の交易に引き続いて、おそらくこの交易路に沿って巨石信仰が拡散した。しかし、それよりなお以前に、西方から当地にやって来て北東方面に拡散したと仮定される農民（15章）が、北西方面に向かって中部フランス・ノルマンディー・ブルターニュにも広がっていたはずである。巨石という観念が南フランスに及ぼした影響について論じる前に、このような拡大に起因する結果について考察しておくと都合がよい。

## シャセ文化とフォール・ハロール文化

ソーヌ＝エ＝ロワール県にあるシャセ遺跡（フランス）は、有名なのに発掘状況がよくない拠点集落である。西方新石器文化が拡大したと仮定した場合、その舞台にふさわしい存在である。丘頂を城砦化した集落であり、西スイスの前期新石器時代のコルテヨ文化に特徴的な多くの器物（無文の革袋形土器、斧用の先細りする鹿角製雇柄、分節枝角垂飾）が収集されてきた。しかし、この遺跡の収集品には、鹿角製雇柄（例—図139—B）や有孔石斧や有茎鏃のように、ヌーシャテル湖畔の中期新石器時代よりも、それどころか後期新石器時代よりも古くならない型式が含まれている。たとえこれらの収集品が後次的な居住によるものであるにしても、単にシャセ式土器[152]と呼ばれ

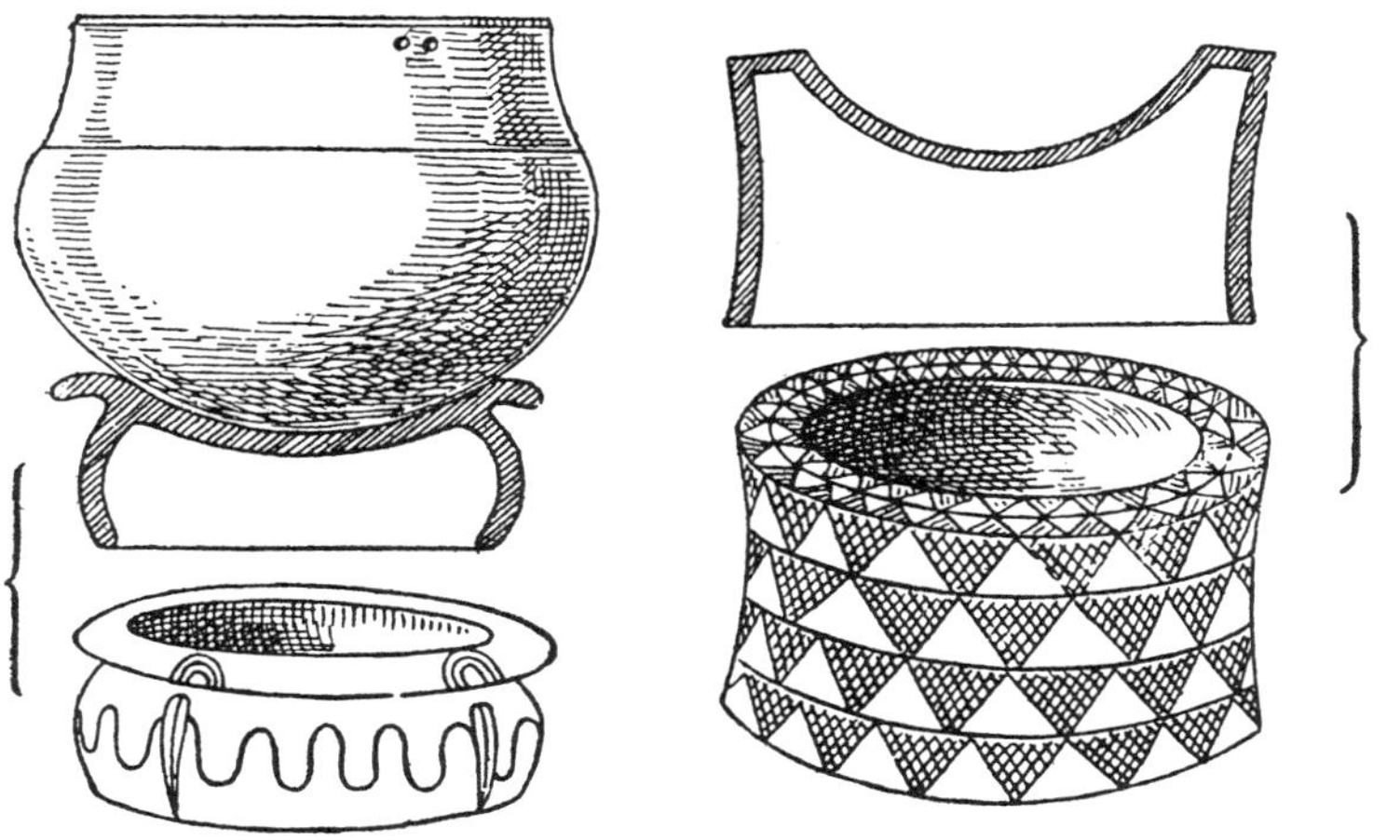

1　　2

図142　シャセ様式の壺受け台（1：カルナックのル・ムストワール遺跡〔フランス〕出土、2：シャラント県のモット・ド・ラ・ガルド遺跡〔フランス〕出土）

ることの多い加飾土器がどの時期に属するのかを決める、層位学的な観察所見が存在しないのだ。シャセ式土器には、焼成後の器面か、焼成直前の乾燥して硬くなった器面に、綾目を伴う帯状文が施されている（図142－2）。特徴的な器形に、いわゆる「壺受け台」（図142－1）がある。このような装飾はスイスのコルテヨ文化の遺跡には見られないが、さらに東方のシュッセンリート様式の土器に類例を見出せる。リグリア州では、平行線文は中期新石器時代のものである。

新石器時代の入植者は、フランス中央高地を越えて北部の低丘陵地域に到達しただろう。この地域にはフリントが潤沢にあり、[153] おそらく森林文化に属する中石器時代の狩猟漁撈民がすでに住み着いていた。認識可能な最古の新石器集落において、農民は食糧採集民の装備（石核斧・剥片斧・直剪鏃など）を数多く採用していたようである。そのため当時の地域諸文化は、混成的な「**二次新石器文化***」の様相を呈している。そうした諸文化の新石器文化的な要素は、西方の人びとのほかに、ベルフォール峡谷を抜けてはるかヨンヌ[154]にまで広がっていたレッセン文化の農民や、マース川流域からソンム川流域やマルヌ川流域にまで前進していたドナウ文化人によってもたらされたのかもしれない。このような曖昧な混成状況の実像がもっともよく表れているのが、約七ヘクタールの広がりをもつ岬の野営地であるフォール・ハロール遺跡（ウール＝エ＝ロワール県）〔フランス〕である。フィリップ神父はこの遺跡で、新石器時代の二つの層を識別できた。

この村落遺跡の住民は、穀物（種類未同定）を栽培し、主に有角牛を飼育して生活していた。豚と山羊もいくらか飼っており、ごくわずかながら羊も飼っていた。狩猟と漁撈にはほとんど依存していなかった。[155] 地面の一部を掘り下げた不定形の平面楕円形の小屋に住んでいた。紡錘車と土製織錘を使って織った布を身にまとっていた。大工仕事には、輸入石材製の磨製石斧が使われることも時おりあったが、主に「中石器文化」のフリント製直刃斧と「鶴嘴」が使われ、まれに鹿角斧も使用された。弓射には直剪鏃が用いられたが、そのほかに三角鏃も時おり使われた。当該期が終焉を迎える前に、琥珀玉や片岩製弧状垂飾が輸入されたのと同じように、グラン・プレシニー産のフリントも輸入された。

遺跡内の小さな窯で焼成された土器は、典型的な西方式である。ただし、単純な革袋状の器形のほかに、ミヒェルスベルク文化複合に見られるようなパン焼き皿、葦笛のように縦方向に穿孔する縦長の突起やトロイ第一層のラッパ状突起のように端部が広がる水平方向の管をそなえる広口壺、シャセ様式の壺受け台や加飾壺などが含まれている。

この野営遺跡から視認できるところに、一基の巨石墓と数基の小規模な長形墳があるが、村落民は囲い地内に伸展葬された（一例は屈葬）。女性小像は土製であるが、これは西方文化圏においてきわめて例外的な祭儀慣習である。

土器から判断すると、本遺跡以外の北フランスの遺跡、とりわけセーヌ川下流域に築かれた名高いカンピニー遺跡の城砦集落（かつては中石器文化の明白な拠点地と見なされていた）やオワーズ県のカトノア遺跡の野営地は、フォール・ハロールI期と同時期に居住されていた。カンピニー遺跡では、新石器時代の第二層が、旧来の文化からの発展を物語っている。牛の飼育が盛んであったが、旧来の小型牛の群れに共存させつつ、大型の短角牛の飼育を大々的におこなうようになった。山羊の飼育は廃れたが、獲物として捕らえるようになり、その出土骨は全体の八パーセントにもなる。牡蠣などの貝類が海岸部から輸入された。グラン・プレシニー産のフリントで製作した短剣や槍先などの完成品も、物々交換で入手された。しかし、「中石器時代」の石核斧や剥片斧を含む旧型式の石器も使用され続けていた。土器はシャセ様式からの発展形であり、以前よりもずっと粗い線刻文を粗面仕上げ土器に施した。

後期シャセ様式は、イングランド南部における中期青銅器時代初頭の「香炉形土器」の装飾に影響を与えている。したがって、フォール・ハロールII期は少なくとも西方の「ビーカー」期に該当するに違いない。またスイスの湖畔集落と同様に、集落の記録を見るとIII期にあたる後期青銅器時代まで居住が続いているので、実際のところ後期シャセ様式はII期以降まで存続したのかもしれない(156)。以上からいえるのは、フランス北部の牧畜民の共同体は、南西フランスを行き交う文化的刺激から影響を被ることなく、自らの新石器経済を維持していたということである。

したがって、フォール・ハロールI期の開始年代までも、相対的に遅くなるかもしれない。とすれば、スイスにおけるグラン・プレシニー産のフリントと同様に、スイスとリグリア州の文化連続における弧状垂飾も中期新石器時代に下がってくる。言い換えると、I期は明らかに巨石文化以前ではないし、セーヌ＝オワーヌ＝マルヌ文化の室墓以前でもないわけだ。巨石文化以前に西方からの入植があった証拠である土器でさえ、ミヒェルスベルク文化においてもフォール・ハロール文化においても明白でない。ミヒェルスベルク文化に関して、ありえそうな説明として提示された文化変容と同様に、北フランスの森林狩猟民がドナウ文化人によって文化変容を被った可能性も排除できない。実際、ミヒェルスベルク文化が、北方初期新石器文化の南西方面への拡大を代表するものだとすれば、I期のフォール・ハロール遺跡はそのずっと西方の辺境入植地であったと主張してよいかもしれない。それでも現時点（一九五六年）において、もっとも優れた専門家たちは、北フランス文化の新石器文化的要素を西方に由来するものと考えている。

ブルターニュにも、西方新石器文化の牧畜農耕民が巨石時代以前に到達していた可能性がある。かれらはテヴィエック島の海岸狩猟採集民の生き残りと協力していたのだろう。現にクロウ・コレ遺跡やリゾ遺跡の石壁に囲まれた「野営地」から、ブルターニュ半島の巨石墓に頻見する凹線文土器や後期シャセ様式の土器が出土している。しかし、小規模な箱式石室から発見される革袋状の土器は、おおむね無文であり、まれに平行線文を施し、ラッパ状突起を付けることもあるが、これらは西方の新石器文化において標準的な型式である。箱式石室はテヴィエック島の中石器時代の墓を彷彿とさせるが、しかし火葬人骨が含まれている。たとえばマニオ遺跡のように、箱式石室群のなかには、細長い土盛墳丘や積石塚で被覆されるものがある。それらの平面形は、西ヨーロッパ型式の類例のうちブリテン島の長形墳にもっとも似ている。

## 南フランスの巨石文化

巨石信仰が、東地中海から到来した入植者によってリオン湾周辺に扶植されたとすれば、アルル付近のローヌ川河口デルタに散らばる島々の宏壮たる集葬室墓の墓地は、ロス・ミリャレス遺跡に比肩する橋頭堡的な拠点に所属するといってよかろう。岩を掘り込んだ室墓は天井と楣石を設けており、円形の墳丘で被覆している。そのプランは狭長な通廊形石室墓であり、南西フランス・ピレネー山脈以南・カタルーニャ州・バスク地方の巨石墓で多数派を占める構築式通廊形石室墓の原型なのかもしれない。[157] 区画型箱式石室はカタルーニャ州（プイ・ロド遺跡）、バスク地方、タルブ付近のハリアード遺跡（フランス）に認められる。ハリアード遺跡の事例は、長さ一四・二メートルを測り、仕切石で七区画に分けられ、片方の端に一区画を付け足している。そしてそれらを積石塚で被覆している。カルカソンヌ付近のサン・ウジェニー遺跡[158]のように、内部に設けた玄門で区画するものもある。

他方で、リオン湾周辺の墓道付石室墓は、スペインから着想を得たものかもしれない。プロヴァンス地方とガール県の持送天井式墓道付石室墓群は、ロス・ミリャレス遺跡と直接的な関係を有する可能性がある。空石積みの羨道から入る長方形の立石墓室は、リオン湾岸部からガール県のデュルフォール付近の銅鉱床および鉛鉱床まで、意味ありげに線状に並んで分布する。これらの立石墓室は、建築面から見てプリージのいうトスカナの「ドルメン」(三〇〇頁)に類似しており、建造者は牧畜民だったようだ。当地域の多くの洞窟は、前期新石器時代と同じく、巨石時代にも集葬墓所として使用され続けていた。巨石墓への埋葬が貴族的な氏族の特権であったとすれば、庶民は洞窟に埋葬されたのかもしれない。

こうした多様な墓の内容は、伝統的に銅石時代と呼ばれてきた長期間における、北スペインおよび南フランスの諸文化の姿を明らかにする主要な情報源である。なお、当該期間は間違いなく細分できる。二つの時期に際立った特徴がある。第一期(ペリコットの青銅器I期)には、鐘形ビーカー土器が広く流布していた。この土器は第二期(ペリコットの青銅器II期およびIII期)には廃れた。ドナウVI期の型式の装備を携えた骨壺墓地文化人が侵入してくるまで、第二期は継続したであろう。ナルボンヌ付近に関しては、ルトゥルヴェ・フィリップ・ヘレナが、ビーカー土器以前の巨石期(銅石I期)を、ビーカー土器の伴う二時期(銅石II期・III期)と区別できると主張した。[159]しかしほかの専門家は、かれが銅石時代をI期とII期に分離したことを承認していない。したがって、前章で論じた複数の新石器文化が単一の「銅石」文化へと変容したのは、巨石建造者とビーカー族が同時に到来したためなのか否か、あるいはビーカー族は巨石建造者に遅れて到来したのか否かが争点になっているのだ。そのどちらを選択しても、この変容の原因は、ほかならぬ新来者であり、そして旧来の新石器集団と中石器集団であることに変わりはない。

いずれにせよ、以上のように明らかにされた銅石時代の生業経済は、それ以前の「西方新石器文化」よりも牧畜的性格が強く、定住的性格が弱かったようである。居住に使われた洞窟を除くと、既知の集落遺跡は二つしかない。それはガール県のフォンブイ遺跡とクロンヌ遺跡である。前者は、石造の基礎の上に建てられた平面円形および長方形の小屋が無秩序に並んでいた。後者はローヌ川河口デルタ付近の城砦遺跡で、ロス・ミリャレス遺跡やヴィーラ・ノーヴァ・デ・サン・ペードロ遺跡に比肩しうる。

しかし、副次的な産業や交易が食糧生産と組み合わされるようになったことは疑いない。地元の銅や鉛の鉱石が、そしておそらく錫の鉱石も加工されていた。けれども、アルプスの谷間で興起したような（三七三頁）、地元の需要を満たしうる金属産業の基礎は形成されなかったようだ。地元での発見物が示しているのは、鋳造の初歩的な技術だけである。西ヨーロッパ式の短剣がビーカー族のために製作されたことは疑いなく、ロゼール県のフレシネル付近にある奇妙な火葬場から、片面鎬の抉入短剣が何振か発見されている。この短剣は、平炉による鋳型鋳造品である。それ以外だと、金属は主に装飾品に使用された。金属製短剣は、これを模倣した両面加工のフリント剥片石器にとってかわられた。片面を研磨して金属製品との類似度を高めたものもある。ビーカー期以降（ヘレナの銅石IV期）になってようやく、少数ではあるが青銅器時代の諸型式が登場する。短剣・三葉形ピン・球頭ピン・ラケット形ピンといったものがあり、それらは東地中海からではなく、中央ヨーロッパかスイスからの輸入品である（図143）。

金はビーカー期に入手され、手甲のカバー（例—図113－4）にするなどの用途に使われた。時期を同じくして緑色石も輸入されたが、カタルーニャ州ではもっと早かった。琥珀の到来はもっと遅く、ヘレナによれば銅石III期に、ペリコットの分期によれば青銅II期にのみもたらされた。地中海からの輸入品として、出土状況を問わず認識できるのは、オード県のリュイソー洞窟の墓所から出土した連珠形ファイアンス玉(160)だけである。マルセイユ港

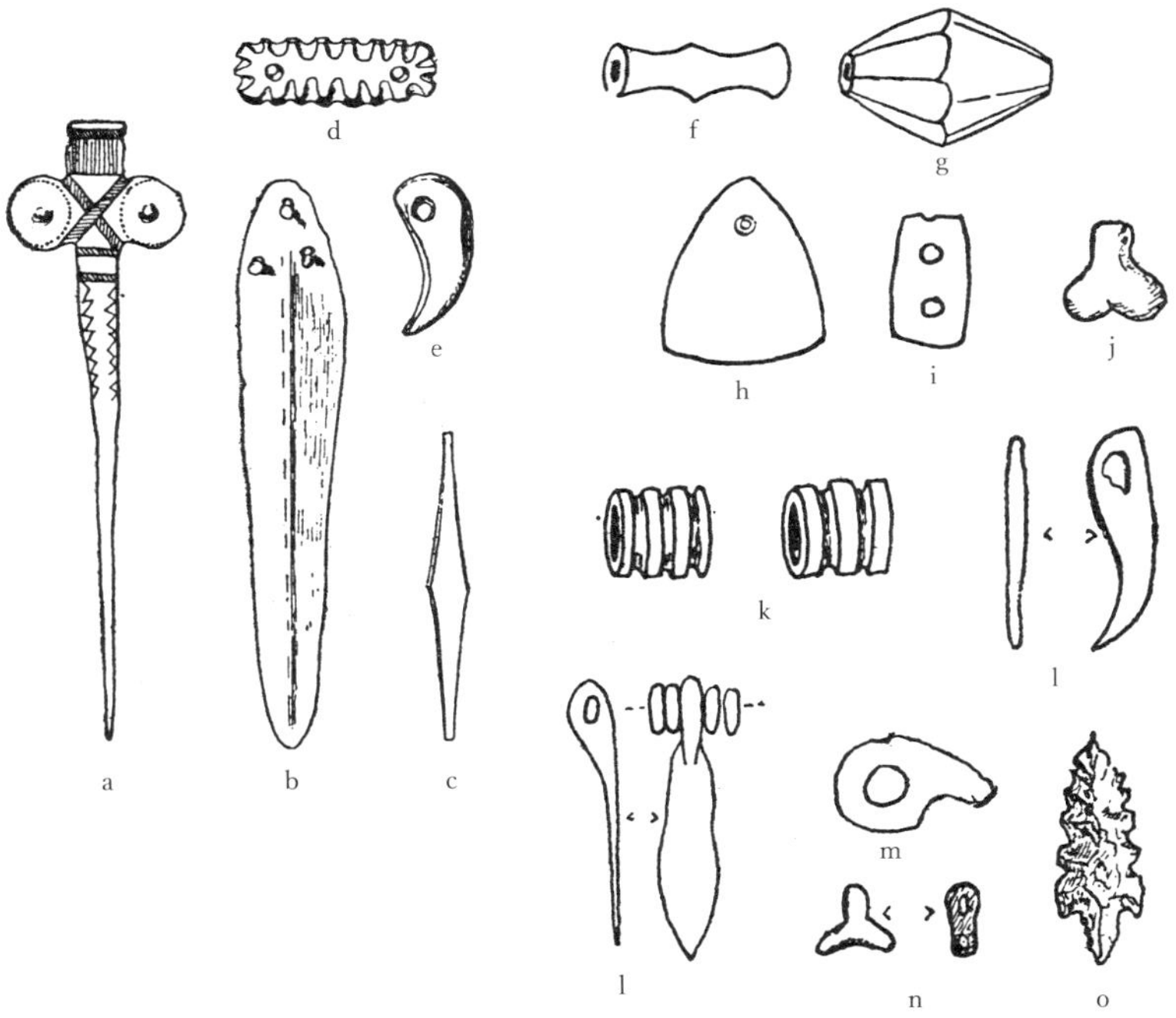


図143　セヴェンヌ地方の箱式石室出土の後期銅石時代の諸型式（a〜e：リキッス洞窟出土、f〜i：キッセ洞窟（ガール県）出土、j〜o：アヴェロン県の「ドルメン」出土）（S=2/3）

で引き揚げられたキクラデス中期の水差し一点（図41－3）と、プロヴァンス地方で遊離資料として発見された同時期のキプロス式短剣二振を、これに追加してもよい。以上の三例は、アルメリア出土のビーズと同様に、コーンウォールとの半島間の錫貿易だけでなく、西方との沿岸貿易の結果として説明できるかもしれない。けれども紀元前一千年紀には、この歴史上のルートに考古学的な刻印を遺しているはずのギリシアとシチリア島の製作物がかなり疎らである。キクラデス諸島の水差しをギリシア古典期の壺と同等のものだと認めてよいならば、このルートは紀元前一六〇〇年以前に開かれていたことになる。

図144　多脚鉢（ハリアード遺跡出土、S=1/4）

銅石時代の土器の大半は、それ以前の在地の伝統に根差している。ただし、鐘形ビーカー土器が侵入的な土器であることはいうまでもない。汎ヨーロッパ型式の鐘形ビーカー土器がおそらく最古であるが、在地の変種がいくつか成長を遂げた。在地の変種には、木製品に着想を得た肩部に線刻を施す多脚鉢（図144）が共存する。[161] ただしこの種の鉢は、ブリテン島の食糧容器《フード・ベセル》形土器（四二〇頁）と少なくとも間接的な関係をもつ一方で、中央ヨーロッパやサルディニア島のビーカー土器類（二七八頁・三二一頁）とも間接的に関連している。粘土紐を器面に螺旋状に巻きつけて装飾した精製の鐘形ビーカー土器は、中央ヨーロッパの縄目文土器への反応かもしれない。若干の石製闘斧は、この土器の関連遺物かもしれない。線刻文と刺突文で施文した土器は、ロス・ミリャレス遺跡の土器や後期シャセ様式と関係があるはずだ。しかし、同心円文で装飾された凹線文土器は、ミノア前期の凹線文土器の祖型かもしれず（三九頁）、ポルトガルの凹線文土器に対応するものかもしれない。ヘレナの見解によると、この凹線文土器は銅石Ⅰ期の最初期の巨石墓と共存する。しかしフォンブイ遺跡だと、この種の土器はビーカー期以後、つまり青銅器Ⅱ期だといわれている。

青銅器Ⅱ期に平底の広口壺が出現する。貼付隆線で装飾されることもあり、おそらくホルゲン土器と関係がある。斧形把手付きの胴部屈折杯はこれとほぼ同時期に比定できるだろう。この杯は南イタリアのドルメンから出土する杯の祖型であるか、その派生形である（図116－3）。アペニン土器と同じ彫出文様で装飾する少数の土器は、イタリアからの輸入品かもしれない。

ピレネーやプロヴァンス地方の社会は、たとえ新型式の産業品を創出しなかったにせよ、独特な化粧用品と装飾品を開発し、それらは他集団へと輸出されたり他集団から模倣された。ビーカー族は他地域と同様に、衣服の留具に片面穿孔ボタンを使用した。ただし、地方的な変種が考案され輸出された。たとえばピレネー東部の周辺では、長細い角柱型式のボタンが青銅器Ⅱ期にとりわけ好まれた。オード県は亀甲玉の創出地と思われるが、この玉はサルディニア島やポルトガルに伝播した。東地中海に祖型がある翼形ビーズは、南フランスに二次的な製作センターを見出せる。オード県のトレイユ洞窟やジロンド県のカビュにあるドルメンで出土した骨管製品は、エーゲ前期の型式（図27－1）とそこはかとなく似ている。

ピレネーおよびプロヴァンス地方の社会において、主要な創造的衝動は精神活動的な目的に転用された。葬送の祭儀が圧倒的に重要だったことは、無数の巨石墓と洞窟墓に明瞭に表れている。ただしその祭儀に、主流となる厳格な正統派はなかった。時期は不明だが、一部の氏族は火葬を採用していた。いくつかの洞窟で一種の集団火葬がおこなわれたことが報告されている。ロゼール県のフレシネル付近にある積石塚の下から、その場で火葬された五〇体の遺骸が発見されている。

南フランスは、儀礼的な穿顱が実施された中心地の一つであり、おそらく主たる中心地であった。とはいえ、この迷信的な行為はタホ川の河口周辺[162]やセーヌ＝オワーヌ＝マルヌ文化においても影響力が強かった。セヴェンヌ地方の巨石墓や洞窟[163]から出土する頭蓋骨のうち、驚くほど多くが穿顱されており、しかもそのうちの一部は生前に実施されているのだ。この外科手術の産物から作られた頭蓋骨製護符が、スイスのコルテヨ文化の遺跡で発見されているので、この慣習はおそらく南フランスでは巨石時代以前に遡るだろう。ただし、ほかの多くの慣習と同様にしばらく存続した。アヴェロン県・ガール県・エロー県・タルヌ県の単石《モノリス》には、斧で武装した女神の姿が彫られている。このような彫像立石の一例が、ガール県のコロルグにある持送式巨石墓において、楣石として使われていた[164]（図145－a）。明らかにこれは「人物彫刻」ではなく、同じく一枚岩に彫られたトロイ第一層の「市民」と同じ神を表現している。この女神は、マルヌ川流域について後述する際にも登場する。こうした彫像立石

a　　b　　c

図145　ガール県の彫像立石（a・c）とプティ・モラン川流域（マルヌ県）の彫刻室墓（b）

はおそらく、北方から当地にもたらされたのでなければ、当地から北方への移動ルートに足跡を遺しているだろう。この神は、女神から男神への性転換を伴いつつ、おそらく南フランスを発った移住民によって東方の北イタリアへと運ばれたのだろう（三一二頁）。このような神格表現は土器にも認められるが、アペニン半島の物質文化に対して、犂や戈が果たしたような貢献をしなかったようだ。南フランスの彫像と外科手術は、私たちが理解するような実用目的とは無関係に、都市生活の埒外で発達を遂げた。そうした社会では、たぶん一千年にわたって物質文化が凍結されたままになってしまったのだ。

## セーヌ＝オワーヌ＝マルヌ文化

シャンパーニュの白亜丘陵とパリ盆地の周辺で暮らしていた森林集団が巨石信仰を導入したことで、ほぼ集葬室墓によってのみ知られる注目すべき文化が生み出された。その文化は、セーヌ＝オワーヌ＝マルヌ文化（略称ＳＯＭ文化）と名づけられている。墓所は天然洞窟であったり、白亜を掘削した人工洞窟であったり、特殊な型式の通廊形石室墓である「パリ式箱式石室」であったりした。マルヌ川流域では岩穴墓が標準的な墓地を構成している。

プティ・モラン川流域だけでも約五〇基の岩穴墓がある。それらはすべて長方形の墓室であり、ミケーネの室墓のドロモスと同様に、下降する傾斜路から出入りする。少数ながら一部の室墓はほかのものより入念に掘削されており、前室が設けられている。前室の壁面には、南フランスの彫像立石（図145）に見られるのと同じ、斧を携える葬送の女神の姿が彫刻されるか木炭で描かれていることがある。小規模な室墓には四〇体かそれ以上の遺骸（火葬骨も含む）が納められたが、それより入念に仕上げた墓室には、せいぜい八体までしか葬られなかった。後者の副葬品は前者よりもはるかに豪華である。したがって、後者の墓室は「首長」に属するものであり、貧しい庶民は家族用の納骨所に詰め込まれた。一般にエーヌ川・セーヌ川・オワーヌ川・ウール川の流域の通廊形石室墓（「パリ式箱式石室」）は、長細く掘った溝に板石を立て並べて、小口側の片方に一区画を設け、区画と本体を窓孔付板石で区切って入口にしている（例—図100下）。その入口部に葬送の女神がまたもや表現されている。この女神はマルヌ川流域のものより総じて様式化が進んでおり、そのため胸部しか認識できない。

畜産と狩猟によって暮らしながら、ほぼ確実に農耕も営んでいた好戦的な集団、という姿が、副葬品から明らかにされている。かれらがフリント採掘に果たした役割は不明だが、グラン・プレシニー産のフリントを入手できた。マルヌ川流域の首長は琥珀・緑色石・水晶のビーズと銅製の小形装飾品さえも入手できた。セーヌ＝オワーヌ＝マルヌ文化の通廊形石室墓からは、青銅製突縁斧さえ出土したことが報告されている。しかしながら、副葬品の構成品目は、穿孔した鹿角製雇柄に装着するのが通有の磨製フリント石斧、方孔柄孔の鹿角斧、膨大な直剪鏃と尠少な木の葉形族、グラン・プレシニー産のフリント製短剣、やや粗製の底部が張り出す特徴をもつ土器（図146－1）といったものである。装飾品には、貝殻・腕輪・指輪・石製弧状垂飾（図147）・鹿角製脚形護符・斧形護符・頭蓋骨製護符などがあった。当該集団のほぼ三分の一が短頭型で、真の長頭型は四分の一未満である。南フランスと同様に、儀礼的な穿顱を施した個体がきわめて多い。

室墓の平面プランや彫刻や穿顱した頭蓋骨は、巨石信仰がローヌ川下流域からセーヌ川・マルヌ川流域に到来

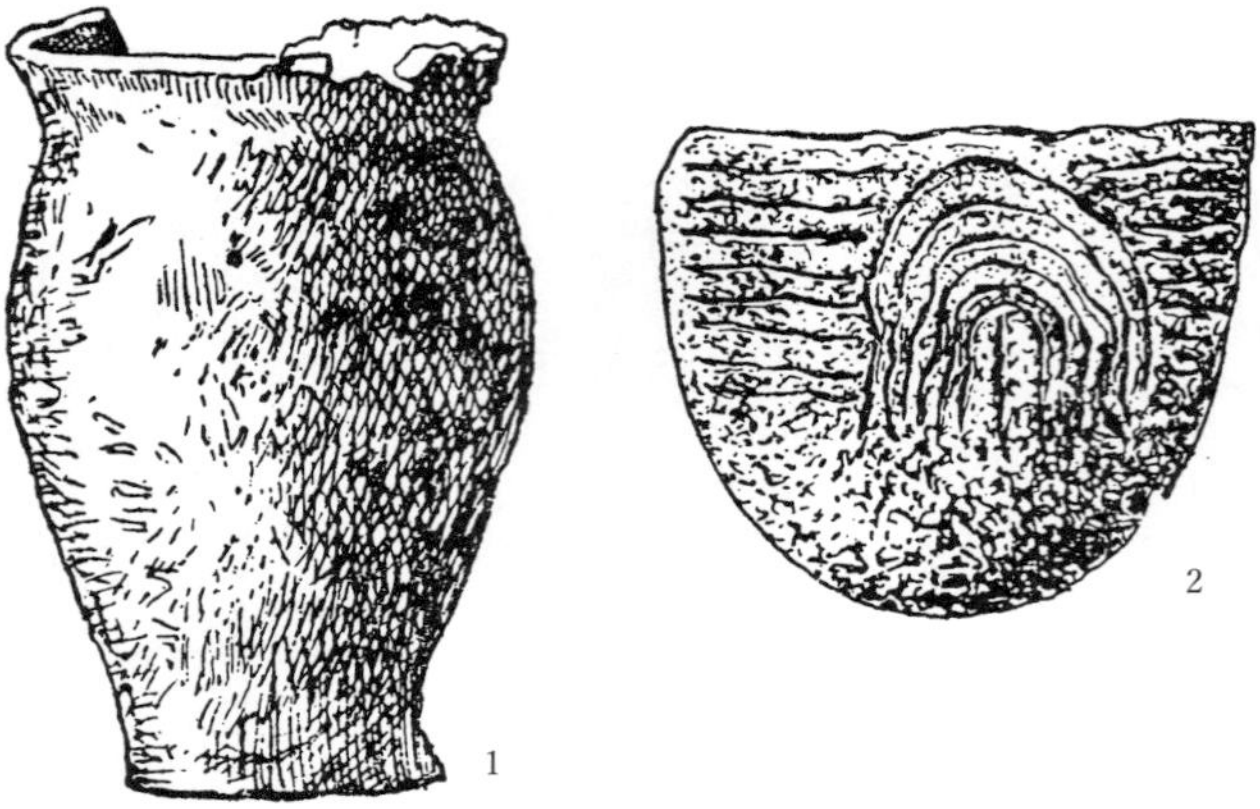

図146　ホルゲン文化の土器(ミュローの「パリ式箱式石室」出土、S=1/5)と凹線文土器(モルビアン県のコンギュエル遺跡出土、S=1/3)

したことを示唆している。溝に板石を立て並べるパリ式箱式石室は、アルル付近の岩穴墓の平面プランをすこぶる忠実に再現したものであり、マルヌ川流域の白亜を掘り込んだ室墓は、ピレネー山脈およびアルプスの以北でもっとも地中海的な墓室である。巨石信仰の伝道者は迅速に移動し、信仰の鮮度を維持していたに違いない。しかし、セーヌ＝オワーヌ＝マルヌ文化は中石器文化の特色をきわめて多く保持しているので、巨石信仰への改宗者の大部分は在地の森林種族の子孫であったに違いない。この「野蛮人」を農民へと変貌させたのは、巨石信仰の「伝道者」というよりも、むしろソンム河畔・マルヌ河畔・セーヌ河畔に前哨的な辺境入植地を築いたドナウ文化の農民であり、あるいは証拠は不十分だが西方から到来した人びとであろう(三八一頁)。

このように巨石信仰によって統合された混成的な好戦集団は、まもなく征服と入植の聖戦に乗り出した。その過程で信仰にかかわる一部の物品が、あるいは少なくとも耐久性のある表現が逸失するか歪曲されることになった。西方だと、特殊化した通廊形石室墓・窓孔付板石・底部張出土器など、巨石信仰にかかわる複合体がまるごと、まだビーカー土器が使用されていたブルターニュ・ノルマンディー・ジャージー島に伝わった。ただし、ガーンジー島〔イギリス〕には伝わらなかった。単なる一対の乳房表現に堕したとはいえ、葬送の女神さえもこのようにして大西洋岸へと運ばれた。北東部だと、このセーヌ＝オワーヌ＝マルヌ文化はベルギーの洞窟に典型的な実例があり、パリ式箱式石室がベルギー・ウェストファリア・ヘッセンに築かれた。南スウェーデンの長方形石室（二四六頁）は、パリ式箱式石室の平面プランを再現しているだけでなく、セーヌ＝オワーヌ＝マルヌ文化の底部張出土器を副葬している。南東部のホルゲン文化（三七〇頁）には、宗教的指導者のために造営された室墓は比較的少なかったものの、やはり同様の入植に起因する文化であるに違いない。さらに南方だと、ドゥー・セーヴル県にあるブゴン墓の副葬品は、紛れもなくセーヌ＝オワーヌ＝マルヌ文化の入植地を示す形跡である。また、セヴェンヌ地方にある数基の「窓孔付板石ドルメン」や南フランスおよびバレアレス諸島から出土する既述の土器は、野蛮化された巨石信仰が伝播の起点に逆戻りしてきたことを示すのかもしれない[165]。

この拡大状況から、セーヌ＝オワーヌ＝マルヌ文化が勃興した年代的範囲をいっそう正確に推定できる。ビーカー土器片は、パリ盆地の三基の室墓から発見されているだけでなく、ブルターニュ地方における前哨的な辺境入植地の室墓からも発見されている。したがってセーヌ＝オワーヌ＝マルヌ文化は、フランスの文化連続において少なくとも銅石Ⅱ期（ペリコットの青銅器Ⅰ期）まで遡ることになる。つまり、セーヌ＝オワーヌ＝マルヌ文化のスイスへの到来は中期新石器時代に開始されたのである。北方新石器Ⅱ期に特有の直立口縁フラスコ形土器は、ウェストファリアやブルターニュのパリ式箱式石室から出土する。ただし、ヘッセンのパリ式箱式石室（二三五頁）から出土した数点のレッセン土器の小片から判断すると、セーヌ＝オワーヌ＝マルヌ文化は、たとえドナウⅡ期でないにせよ、Ⅲ期の開始期に近い頃に当地に到来しているはずである。だとするとこの文化は、温帯ヨーロッパにおいて巨石宗教がもっとも早く発現した文化の一つであったに違いない。それなのに、

図147　石製弧状垂飾（S=1/5）

この文化は長期間にわたって、はっきりした進歩や変化を見せることなく存続した。この文化は、北方新石器Ⅳ期（つまりドナウⅣ期であり前期青銅器時代）になってようやく、スカンディナヴィアに到達した。この文化の本拠地において、前期および中期の青銅器時代の葬送記録を示すものは、パリ式箱式石室と洞窟だけであり、当該期間の考古学的な型式が異常に少ない。この地域は青銅器時代の交易の主流から取り残され続け、祭儀に没頭する住民は新石器文化段階の暮らしに甘んじていたのである。

## アルモリカの巨石文化

巨石時代には、チャンネル諸島にまで広がるアルモリカ半島が巡礼の目的地になり、そのため諸文化が異様なほど雑多に混じりあって、先述した西方新石器文化の第一波（三八四頁）に覆い被さっていった。ブルターニュは、イベリア半島からコーンウォールの錫鉱脈やアイルランドの金鉱地に向かって北上する航海において、最初に上陸する地点である。そしてまた、落日の下にある至福の島々を探して放浪する旅において、地上の果てとなる場所でもあった。そのうえ、この地の古い岩には金が、そしてたぶん錫と緑色石も含まれている。ヨーロッパにおいて集葬室墓がもっとも密集し、かつもっとも多様性に富む地域は、モルビアン湾の周辺に見出される。そうした集葬室墓は、この中心地からロワール川の河口やジャージー島（巨石時代にはおそらく大陸部とつながっていた）やガーンジー島へと、海岸に沿って拡散していった。多様な室墓の平面プランと異質な諸要素からなる品々がそれぞれの墓を構成しており、アルモリカ文化を形づくる多様な伝統とそれらが織りなす複雑さを示している。

持送式墓道付石室墓は当地の海岸部と島嶼部に集中しており、明らかにイベリア半島の（直接的にはポルトガルの）原型に触発されたものである。立石建造物に対応する当地の墓は、地元の岩石にいっそう適した巨石墓道付石室墓である。片袖式の平面形を呈し（図148）、まれにではあるがモルビアンの標準型式のように側面に小室を設ける。チャンネル諸島では、南スペインのものと同じく、羨道と玄室が区分されない非分化墓道付石室墓が一般的である。他方で通廊形石室墓は、もっと内陸部に分布し、海を渡ってガーンジー島に到達することはなかった。したがって通廊形石室墓を構築するという考えは、パリ盆地から陸路で移住してきた牧畜民の一族がもたらしたものである。この外来の墓をモデルにして、在地で様々なヴァリエーションが考案された。教会の翼廊のように、一対ないし二対の側室を本体である通廊の両脇に配する非分化墓道付石室墓は、ロス・ミリャレス遺跡にあるような側室を設けるトロスに由来する可能性がある。そうした墓道付石室墓は、アルモリカ半島とチャンネル諸島において一般的である（例―ジャージー島のラ・ウーグ・ビー遺跡やガーンジー島のデフ遺跡）。通廊が曲がる墓道付石室墓や、同様に通廊が「屈折」する墓道付石室墓は、アルモリカに特有のものである。

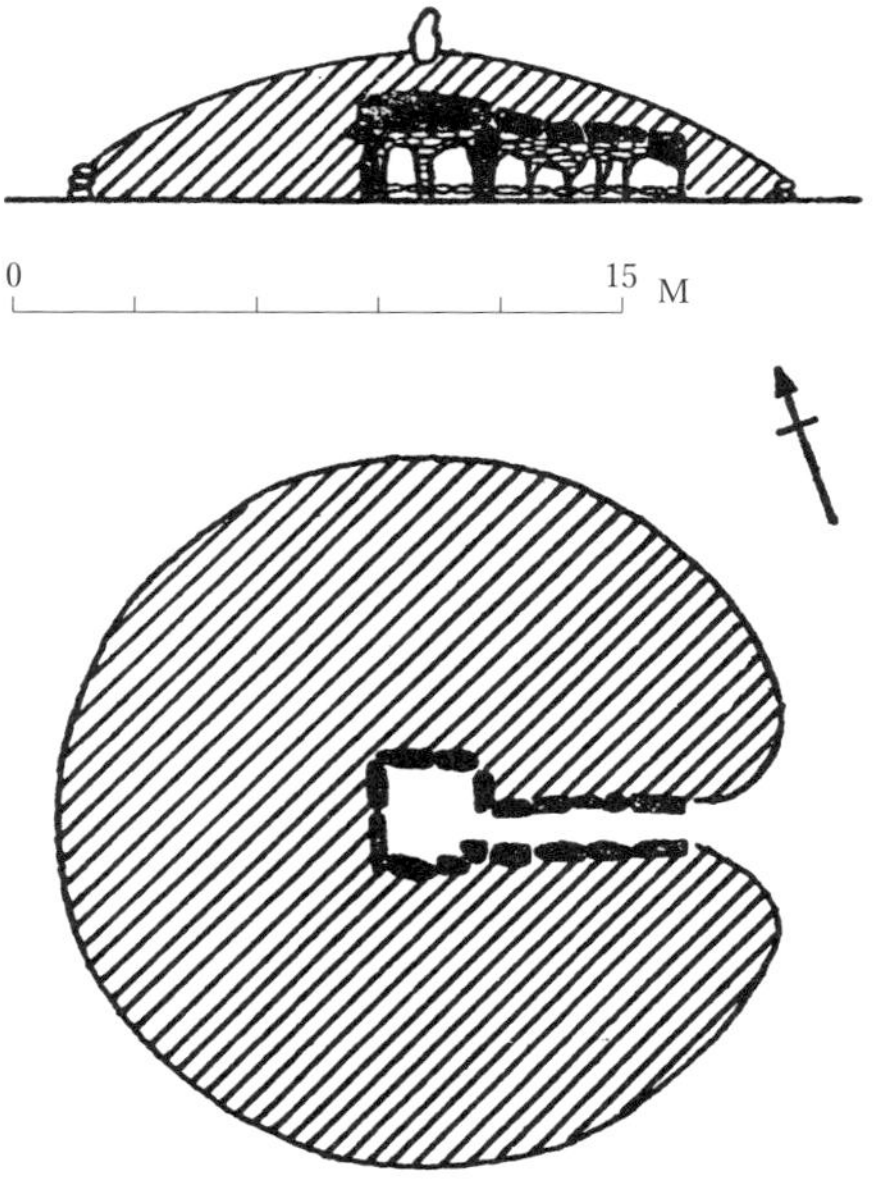


図148　ケルカド遺跡（モルビアン県）の墓道付石室墓

室墓はたいてい積石塚か盛土で被覆された。一般に墳丘は円形を呈し、入念に造営されている。他方で、二基ないし三基の室墓を単一の墳丘で覆うこともあり、そうした場合は墳丘が長方形を呈することもある。柄付斧や人脚などを念入りに表現した彫刻が、モルビアン県の巨石墓の特徴である。ブルターニュの室墓には、しばしば火葬した遺骨が納められている。これと同様の異端的な儀礼が、やはり巨石崇拝に関する新たな特徴に結びついている。その儀礼はヨーロッパ西端に特有のものだが、ブルターニュとブリテン島でも広く認められる。現在なかば水没している小島のエルラニック島に、楕円形もしくは馬蹄形に配列した直立巨石群がある。この巨石群は後期シャセ様式の列点文様で装飾した壺受け台と共存していた。ただし、直立巨石の根もとに、ほぼ確実に人骨と思われる火葬骨を納めた小さな箱式石室がある。これらはブリテン島の「ヘンジ・モニュメント」（四〇六頁）内の火葬土壙墓と比較する必要がある。巨大な直立石を一直線に配列したものもある。そのうちの一つは、前述した長形墳の一基を横切っているので、イングランドの**狭長周壕状遺構**《クルスス》*（これも長形墳と共存する）に相当するアルモリカの遺構なのかもしれない。

　ほとんどの室墓がローマ時代に破壊され、一九世紀にさらなる攪乱を受けている。そのため副葬品は、複合的な巨石墓の内容を解明し、そこで実施された諸行事《イヴェント》の流れを確定するうえで、期待されるほど役には立たない。ほとんどの型式の室墓からビーカー土器が出土しているので、ビーカー期にパリ式の通廊形石室墓が到来し、現地で様々な変種に改良されていたことが分かる。ただし、ビーカー土器の数と種類から見て、ビーカー期は長期に及んだことが分かる。ザカリー・ル・ルジックとジャケッタ・ホークスは、モルビアン県とジャージー島の持送式墓道付石室墓をビーカー期以前に位置づけている。確かにこれらの墓道付石室墓からビーカー土器は出土しない。巨石墓の一部が実際にビーカー期以前であることは、キブロンのコンギュエル遺跡にある墓道付石室墓（壁面の片側が自然の岩である）における一連の埋葬から立証されている。この墓道付石室墓では、後次的な埋葬のみにビーカー土器が伴っており、早い時期の埋葬にはポルトガルや南フランスに見られるのと同じ凹線半円文様を施す土器（図146－2）が伴っている。そうした土器はほかの室墓でも、さらにはクロウ・コレ遺跡の城砦集落でも発見されている。これらの土器を介して、ピレネー文化もしくはポルトガル文化とスコットランドのビーチャー文化が結びつくことになる。

　シャセ土器のうち主に壺受け台が、アルモリカ半島の本土とジャージー島の多くの室墓に認められる（図142）。ジャージー島では、複数層からなるル・ピナクル集落遺跡において、ビーカー土器層の下から壺受け台が発見されている。それはおそらく中部フランスから陸路でもたらされた。したがって、壺受け台の到来と時を同じくして、グラン・プレシニーとの関係が始まったのだろう。しかし、シャセ土器もグラン・プレシニー産のフリントも、ガーンジー島には到達しなかった。

ポルトガルからやって来た最初の巨石建造者と同じく、ビーカー族も海路でこの地に到来したらしい。ビーカー族はガーンジー島にまで及んだ。ただし陸地には、海岸からそれほど遠くないガロンヌ川とローヌ川の間に一基の穴墓を遺しただけだった。[166] ブルターニュのビーカー土器には、典型的な周回施文様式のほかに紐状装飾が頻見するが、南フランスに特有の変種は見当たらない。手甲の実例は、南フランス出土品に似るマーヌ・ルッド墓出土の金薄板一点や、石製品が数点ある。後者は疑問品であり、実際には砥石の可能性がある。西ヨーロッパ式の短剣が、ブルターニュで二振、ガーンジー島で一振発見されている。

パリ盆地のセーヌ＝オワーヌ＝マルヌ文化の通廊形石室墓からは、窓孔付板石・葬送の女神の彫刻・底部張出土器・弧状垂飾が見つかる。そして北方からは、琥珀玉と舟形斧がもたらされた。ただし「直立口縁フラスコ形土器」[167]は、北方初期新石器文化ではなく在地のセーヌ＝オワーヌ＝マルヌ文化の土器かもしれない。

これらすべての外来要素が混交した文化が、モルビアン県において厳格に新石器文化的な様相を保っていた。尖基式の珪線石製斧や緑色岩製斧が製作されていた。それら大型かつ薄手の見事な磨製石斧は、明らかに儀礼用であり、おそらく時期が下るものだが、[168]驚くほど頻見し、ポルトガルやイングランドに輸出されていた。基部が瘤状の斧頭がモルビアン県で遊離資料として発見されているが、これはエジプトの手斧の模造品と思われる。双頭石斧はミノアの金属斧かフォークトラント出土の「地金斧《インゴット》」を模造したものである。[169]矢に関しては、直剪鏃と有茎逆刺付鏃が好まれた。木の葉形鏃は例外的だった。吸収された外来の土器に加えて、二本一組の縦隆線で装飾される胴部屈折鉢が、西ヨーロッパ式の伝統を踏まえたブルターニュの変種として際立っている。こうした土器は、ジャージー島では、器形は似ているが水平線文と刺突文で装飾する土器にとってかわられた。

お守りとして、滑石製・緑色石製・水晶製・金製のやや簡素なビーズ、斧形護符、打ち延ばした金製の腕輪を身に着けていた。緑色石と金は現地で入手できたかもしれないが、グラン・プレシニー産のフリントは疑いなく輸入品である。ポルトガルと南フランスで出土する緑色石がアルモリカ産でないとしたら、アルモリカ半島から輸出されたのは非物質的なものであったに違いない。輸出されたものが何であれ、実用的な素材ではなく魔術的な材料を得るためにそれは用いられた。社会全体が葬送の祭儀に心を奪われていたため、物質的な進歩が無視されてしまっていたのだ。

したがって、もっと物質主義的な社会になら適用できる編年基準を、ブルターニュの巨石文化の年代決定に利用できないのである。ブルターニュの巨石文化は、新石器文化的な外見を呈するにもかかわらず、巨石以外の面で青銅器時代に入っていた可能性がある。現にガーンジー島には、イングランドの成熟した青銅器時代にふさわしい「香炉形土器」や骨壺が出土する巨石墓が存在する。モルビアン県のテュミアックやモン・サン・ミシェルやマーヌ・エル・フロックにある、巨大な墳丘下の密閉式の巨石墓室は、ル・ルジックの型式学的根拠[170]に則ると青銅器時代に比定される。ところがそれらの墓室には、より標準的な巨石墓にふさわしい儀礼用の緑色岩製石斧・緑色石製腕輪・緑色石製ビーズ・水晶玉が副葬されているのだ。

## アルモリカ文化の青銅器時代

大西洋沿岸における巨石墓の分布域のいたるところで、立派な埋葬への願望が余剰財富の生産を刺激していた。そして、巨大な室墓の建造と魔術的な物資の輸入が、蓄積された財富の流通を持続させていた。しかし、そのような財富は、専門の金属工の扶養にも鉱石の購入にも充《あ》てられなかった。フランスにおいて、青銅器および青銅武器の副葬や青銅器の一括埋納が広く開始するのは、中期青銅器時代に墳墓造営者が中央ヨーロッパからやって来て、中部高地沿いに拡散するようになってからだった。そうしたなかで、青銅器時代前期型式の武器を潤沢に副葬する墓の一群が認められるのはアルモリカだけである。

そうしたグループに属する室墓は、空石積みで構築した密閉式のものである。時には持送天井を架構し、常に積石塚で被覆する。死者は通常（かならずではない）、火葬後に武器と装飾品を副えて墓室内の木板（木棺の残部か?）の上に葬った。副葬武器の典型的な組成は、扁平斧ないし敲打突縁斧を一〜二点・短剣数振・精美な方形逆刺付有茎鏃、といったものだった。短剣は、鎬で強度を増した円基式か、刃部に平行する血流しの溝を彫り込んだり時に痕跡的な茎が付く三角式である。木製の把（もしくは鞘《さや》）に小さな金鋲をあしらって点描文様にした事例が八例ある。装飾品には、環頭ピン一点・螺旋状銀環数点・琥珀玉・連珠形ファイアンス玉一点がある。[171]代表的な土器は、二つないし四つの把手を縁部から肩部に架け渡す算盤玉形の骨壺である（図149）。

明らかにこれらの墓は、裕福で好戦的な首長のものである。そうした墓はアルモリカ半島の北部と内陸部に集中しており、一般に巨石墓の主要な中心地を避けている。中心地では、旧来の家族墓所が依然として使用されていたと考えられる。したがって、青銅器時代の軍事指導者は、巨石墓に葬られたかつての首長やビーカー族の子孫ではありえず、かれらの装備も継承していない。銀はおそらくアルメリアかサルディニア島からもたらされた。環頭ピンは中央ヨーロッパ型式である。有溝短剣はザーレ＝ヴァルタ文化のものと深い関係があるようだ。しかし、金属の主要な供給源であり、当地の金属加工を大いに触発したのは、ブリテン諸島だったに違いない。たとえばブリテン諸島では、金鋲をちりばめた短剣の把も出土している。ブリテン島との関係は実に緊密であり、しばらくの間アルモリカとウェセックスが、途切れなく連続する文化領域になっていたほどである。

図149　ブルターニュの青銅器時代の広口壺

**スチュアート・ピゴット***はこの連続性を、ブルターニュからイングランド南部への侵入によるのだと説明した。ジャン・コーニュとピエール＝ローランド・ジオは、この経緯を反転させた。あるいは、後にはるか北方からヴァイキングがやって来たように、船乗りがこの両地域を同時に占領したのだと仮定した。実際のところ、最後に示した見解がもっとも可能性が高く、その場合、ザーレ＝ヴァルタ地域が本源的な出発点である。ホークスは、アルモリカ文化を西ドイツの墳丘墓文化に結びつけようとしているが、根拠として挙示できているのは、ライン地方と大西洋岸の間にある二基の孤立した「青銅器時代」の墳丘墓だけである。[172] しかしむしろ、ザーレ＝ヴァルタ文化との関係の方が明瞭かつ直接的である。以上から、アルモリカの青銅器文化の出現年代が限定され、しかもウェセックス文化と厳密に併行するその年代は、ファイアンス玉から判断して青銅器前Ⅱ期（ドナウⅣb期）に等しいので、紀元前一四〇〇年まで存続するはずである。この地を征服した貴族たちは、現地住民を巨石儀礼への過度な献身から解放したかもしれない。しかし、貴族の庇護下で花開いた金属産業は発展しそこなった。この指導者たちは船出してしまったか、現地住民に吸収されてしまったのだ。ブルターニュの墓には、ドナウⅤ期に属する型式の副葬品はない。多数の一括埋納を見ると、後期青銅器時代になってようやく（あるいは鉄器Ⅰ期になっていたかもしれない）、ブルターニュが金属製装飾品の恒常的供給を保証する貿易組織に組み込まれたことが分かるのである。

*Chapter*
**XVIII**

THE BRITISH ISLES

# 第18章

# ブリテン諸島

ここまで考察してきた南方からのルートは、すべてブリテン島に収斂する。ブリテン島は、ポルトガルから進発する大西洋岸沿いの「巨石」航路の北の終着点である。フランスを縦断する陸路は、イギリス海峡を渡ってサウスダウンズ丘陵へと続いてゆく。ドナウ川という大幹線と北ヨーロッパ平原が形成する幅広い回廊とが北海沿岸で収斂し、ケント州とイーストアングリアへと続いてゆく。ブリテン諸島は、木々が一掃された丘陵地と原野を、素晴らしいフリント・銅・金を、そして何よりも錫を差し出して、航海者・移住者・探鉱者を定住へと誘う。だが、新石器時代にはすでに、そうした者たちはブリテン諸島に存在していた。脆い船に乗ってこの地にやって来た入植者気取りの連中は、不要な道具を捨て、束縛の厳しい部族的慣習を緩和しなければならなかった。輸送の条件がかなり限られていたので、ブリテン島に持ち込まれた文化は島国化せざるをえなかった。ブリテン島の文化の形成には、多くの流れが寄与した。しかし、すでに島国化していた構成内容が混交して、必然的にすこぶる個性的な合成文化が生み出された。

ブリテン島は一枚岩でもなかった。西部と北部には山々と太古の岩石からなる高地帯《ハイランド・ゾーン》があり、南東部に比較的新しく形成された「低地帯《ローランド・ゾーン》」と対照をなしている。高地帯の向こうにアイルランドがある。アイルランドと高地帯からは錫・銅・金が産出する。しかし、当地に直接通じていたのは巨石ルートだけだった。「近海渡航」を欲した諸民族集団と諸文化は、まず低地帯に上陸し、すでに島国化していた当地の諸文化を吸収し、しかる後に当地を越えてようやく高地帯に到達したに違いない。

ヨーロッパ大陸から到来した諸文化は、低地帯ではしばしば祖文化の容貌を保持している。それと対照的に高地帯は、頑固な島国根性の仮面を被っている。

イギリスとアイルランドは、中石器時代の狩猟民と漁撈民が比較的多く住んでいた。しかし、西方タイプの特徴をもつ新石器文化は[173]、北フランスかベルギーからイングランド南部に渡ってきた農民が、この地に先住していた食糧採集民と混じりあうことなく導入したものであった。サセックスでは、先住の食糧採集民が緑色砂地に居住し、新石器農民が白亜地に入植した。新石器農民は、先駆者であり競争相手でもある中石器文化人の装備から何も引き継がなかった。

## ウィンドミル・ヒル文化

最古の新石器文化は、サセックス東部から少なくともデヴォン州とコーンウォール州にいたる丘陵地と高地に沿って分布する、丘頂の野営遺跡によってもっともよく知られている。この文化の内容が初めて実際に明らかにされたのは、なんと近年の一九二五年のことである。その範例的な遺跡こそ、ウィルトシャー州のエイヴベリー付近にあるウィンドミル・ヒル遺跡であり、今後の議論において確固たる基点になるべき遺跡である。この遺跡の丘頂部には、平底の周壕が三〜四重に整然とめぐらされている。周壕は、ミヒェルスベルク文化の野営地のように、土手道によってところどころで途切れている。周壕には柵列が追加されている。このように囲まれたエリアは狭い場合が多い。周壕の内径は、ウィンドミル・ヒル遺跡の七五メートルからトランドル遺跡の一二〇メートルまでの間に収まる。ただし、その外部にも居住空間があり、**メイドゥン・カースル遺跡***は約五ヘクタールの広さがある。しかし、「野営地」がどこまで広がれば恒久的な村落と見なせるのか、まだはっきりしない。ピゴットはそうした野営地を、むしろ秋季に牛を寄せ集めておく囲い地だと見なしている。野営地内に家屋は確認されていない。しかし、デヴォン州・ウェールズ・アイルランドでは、新石器時代の家屋が孤立的に存在する事

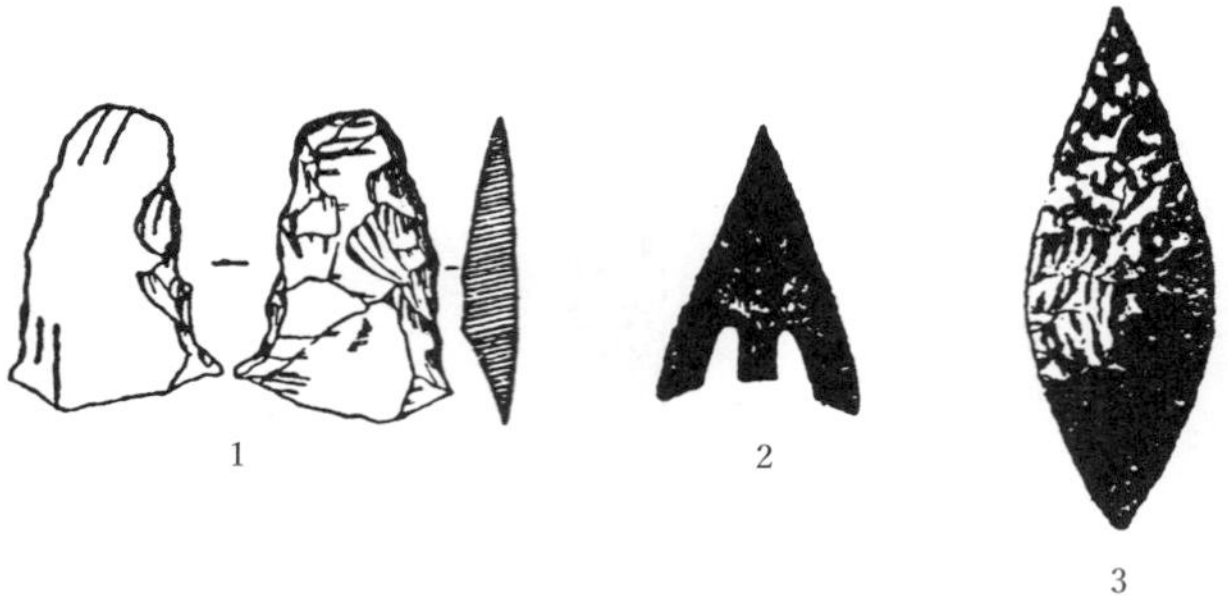

図150　不整形石鏃(1)・有茎逆刺付石鏃(2)・木の葉形石鏃(3)
(ブリテン島出土、S=1/2)

例が知られている。そうした家屋の平面プランはたいてい長方形である。

野営地の住人は、主に牛を飼って暮らしていた。おそらく輸入種の短角牛と在来種のオーロックスを交配させた頑健な品種であった。他方でかれらは、少数の羊・山羊・豚を飼い、穀物を栽培していた。栽培していたのは主に小麦（エンマー小麦の割合が高く、一粒小麦の割合が低い）であるが、わずかながら大麦もあった。もちろん、鹿を狩ったり、木の実や貝を採集したりしていた。狩猟には木の葉形の石鏃（図150－3）を用いた。フリントが潤沢な地域では、それで石斧が作られた。そうした石斧には、磨製品のほかに古式の「鶴嘴」も含まれる。たとえばデヴォン州のような他地域では、きめの細かい石材で作った磨製石斧がフリント石斧と競合していた。イングランド南部とノーフォークでは、高度な技術を誇る専業集団が組織的にフリントを採掘していた。かれらはおおむね、自製の産業製品の輸出に頼って生活していたに違いない。フリント採掘は早くも新石器時代に開始されたが、盛んになるのは次のビーカー期である。ノーフォークでは、そしてウィルトシャー州においてさえ、「ピーターボロ族」がフリント開発に関与していた。織物産業の明証はないが、フリント掻器や鹿角を束ねた櫛は、皮革製の衣服の重要性を際立たせている。

最古のウィンドミル・ヒル文化の広口壺（図151）は、革袋状を呈す

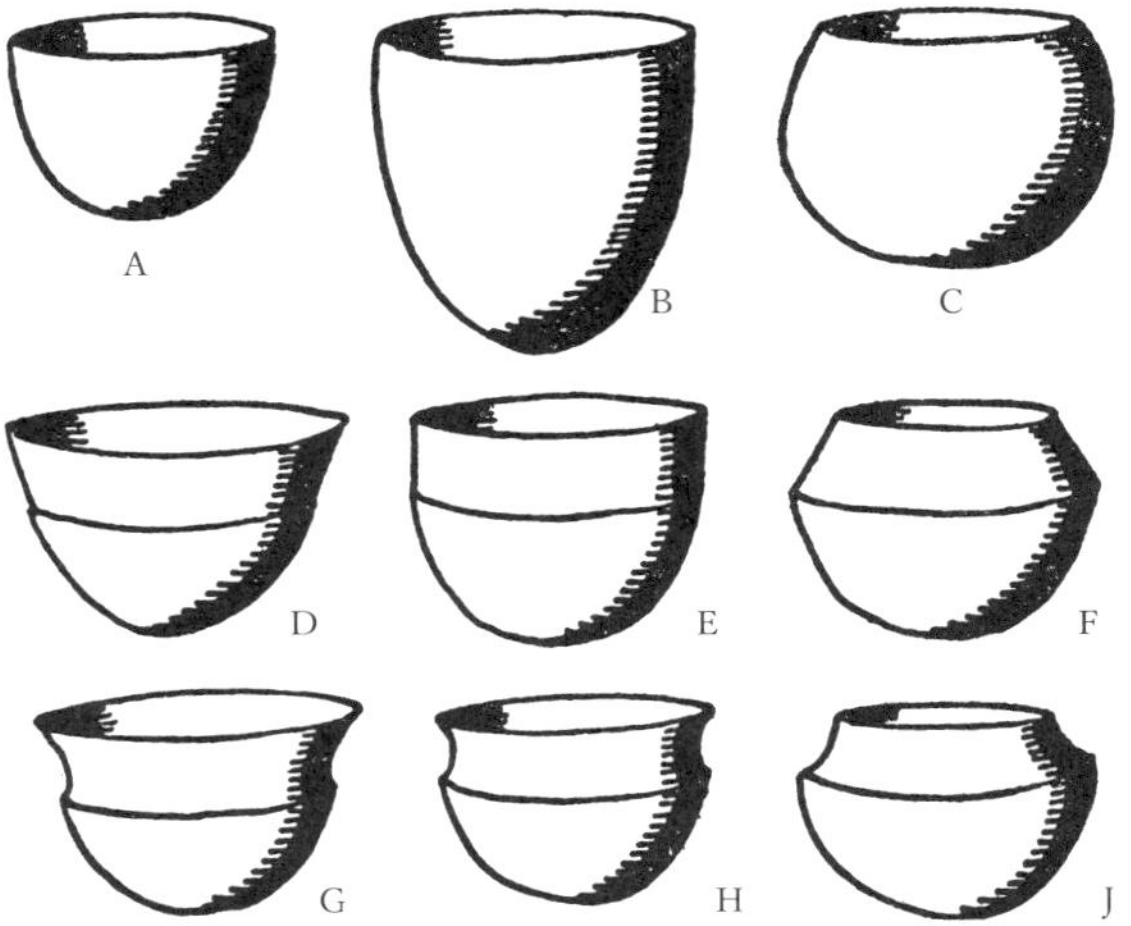


図151　ウィンドミル・ヒル文化の土器の器形［ピゴットによる］
〔原書比 8:10〕

る素縁の丸底壺である。縦方向に穿孔した突起をそなえることもある。ピゴットの考えでは、湿った粘土を押しつけたり反転させて口縁部を肥厚させることは、イングランド南部では当該文化の後半期を画する特徴であり、高地帯ではいっそう顕著な特徴である。線刻文や凹線文による装飾や、生乾きの器面に指先で引いた浅い凹線文も、同じく後半期の特徴である。ドーセット州とデヴォン州に限定されるラッパ状突起は、ブルターニュとのとりわけ密接な関係を示している（三八四頁）。

儀礼用品として残存しているものは、若干の白亜製の小像と男根だけである。これらは彫刻が粗雑すぎて比定に大きな疑問がある。ウィンドミル・ヒル文化の精神活動は、葬送モニュメントに表現されるものの方が長続きした。多くの専門家は、この文化の農民かその「首長」が「無墓室長形墳」の下に葬られたと確信している。これらは洋梨形の平面形を呈し、最大で長さ九〇メートルにも達する墳丘墓であるが、被葬者が占めるのは広い方の端部近くの小スペースにすぎない。被葬者は一～二五体で、骨化した遺体の関節を外して埋葬したり、白亜の壇上か火葬溝で火葬したりした。広い方の端部に木材で擁壁を構築した墳丘墓が二例ある。これはブリテン島の高地部にある墓室付長形墳の前庭を再現しようとしたもののようである(四〇八頁)。そのため無墓室長形墳は、石材を欠く地域における、大西洋沿岸の巨石墓の代用物だと提言されてきた。しかし、途方もなく長い墳丘は、一般的な巨石墓の伝統から見て異質に思われるし、墳丘内の平面プランや埋葬の配置は、北ヨーロッパ平原のドイツおよび西ポーランドにある長形ドルメンやクヤヴィシュ墓に驚くほど似ている。そして、イングランドの低地部は、まさに北ヨーロッパ平原の西端にあたるのだ。

このような巨大な墓所が、特別な地位や神聖性を有する一族のためのものだとすると、庶民はおそらく火葬した後に、準環状の土堤や内壕で囲まれた墓地内に環状に配した土壙群に埋葬されたのだろう。これらのいわゆる「第I類ヘンジ」のいくつかから、純正なウィンドミル・ヒル文化の遺物が出土しているが、「二次新石器文化」の諸型式も含まれている。しかし、これらのヘンジにしても、当初は墓地として造成されたわけではない可能性がある。そして、伝統的に「狭長周壕状遺構」として知られる、土堤と壕で範囲を画した長さ一・六〜九・七キロの囲い地である、非葬送的な祭儀モニュメントも、これらのヘンジと同時代に属している。長形墳と共存しているので、「狭長周壕状遺構」をウィンドミル・ヒル文化のものとする考えは正当である。

断欠周壕状の野営地はテムズ川以北で確認されていない。しかし、発見されている土器と長形墳から判断すると、ウィンドミル・ヒル文化の農民はイーストアングリアとヨークシャー丘陵に入植し、イングランド北部やスコットランド東部、はてはマレー湾にまで広がっていったことがうかがえる。ただしかれらの文化は、高地帯では巨石墓からしか知られていない。

## ブリテン島の巨石墓

巨石信仰を伝道した使徒は、おそらく大西洋航路でブリテン島に到着した。というのも、かれらがもたらしたはずの室墓が、上陸地点の西海岸とアイルランド海周辺に広がりを見せているからだ。これらの室墓の平面プランには、程度の差はあれ西ヨーロッパの室墓との類似点を見出せるが、墓の中身とそれを覆う狭長な積石塚はブリテン島に独特であるようだ。したがって、ブリテン島において巨石建造者は、新石器農民からなる新来の派遣団として登場するのではなく、むしろウィンドミル・ヒル文化の農民を率いて、スコットランドとアルスター〔アイルランド〕の岩がちの沿岸部や隣接する島々に入植した宗教的貴族として登場するのである。墓葬建築の特色から見て、イギリスでは少なくとも三つの巨石信仰の伝道集団を認識できる。

コッツウォルド＝セヴァン墓群の設計者にとって、ブリストル海峡がイギリスへの入口だったのだろう。これらの室墓はみな、狭長な積石塚で被覆され、半円形ではなく尖頭形の前庭をそなえている。型式学的に見て最古の墓室は、通廊につながる一対以上の翼廊ないし側面の小室をそなえ、持送天井を架構する長細い通廊形石室墓である。積石塚の被覆は、広い方の端部にしつらえた偽の入口で終わっている。ただし側面から、二枚の窓孔付板石を通って小室に入れるようになっている。このような積石塚は、後出的な退化形であろう。コッツウォルド＝セヴァン墓群の室墓はブリストル海峡の両岸に認められ、コッツウォルドから北ウィルトシャーやバークシャー州の白亜丘陵にかけて広がっている。それらすべてのなかでもっとも素晴らしい室墓が、エイヴベリーとウィンドミル・ヒルの付近にある、**ウェスト・ケネット墓***の墳丘下に築かれている。この墳丘墓はイングランドの典型的な長形墳である。初葬にはウィンドミル・ヒル式土器が伴うが、この室墓はビーカー土器やピーターボロ式土器が流行するようになるまで開口したままだった。

南西スコットランドおよびアイルランド北部の入江部から内陸部にかけて広がっていたクライド＝カーリングフォード墓群は、マン島やウェールズ、そしてダービーシャー州の石灰岩台地にも分布している。この墓群を特徴づけているのが区画型箱式石室である。この墓群のうち、マン島とスタッフォードシャーにある各一基には、窓孔付板石をくぐってなかに入る室墓がある。内部には最大一六体の遺骸が納められた。それらは土葬が通常だ

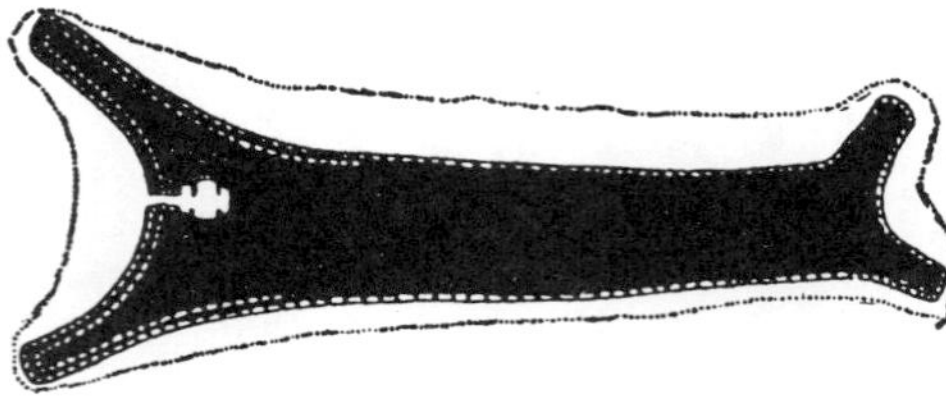

図152　双角状積石塚の墓道付石室墓（ケイスネスのヤロウズ墓、全長 73 メートル）

が、火葬も散見する。副葬品の組成は、典型的なウィンドミル・ヒル式土器と石鏃のほかに、ブルターニュのコンギュエル遺跡の土器（図146－2）と同じように、凹線や縄目圧痕による半円文を区画内に配するビーチャー式の壺や、「二次新石器文化」に分類される諸型式である。なお、ビーカー土器が最終埋葬に伴う事例が三例ある。室墓とその開口部に位置する半円形の前庭（図110）という墓葬建築は、ピレネーの伝統から、あるいはサルディニア島の伝統からも着想を得たもののようである。前庭は、積石塚の被覆範囲外である。ビーチャー式土器も同じ方面から伝わった可能性がある。しかし、その装飾技法は、イングランド南部の巨石墓のない地域でも用いられていたので、魔術的な半円形モチーフだけは、南西方面から新しく伝わったと見なす必要がある。

北スコットランドおよび隣接する群島には、樹木のない原野と砂浜が広がる。そうした地に分布するペントランド墓群の室墓は、形式的にいえば墓道付石室墓である。しかし、隅部が「角」状を呈し、両端が半円形の前庭となる、途方もなく長い積石塚に被覆されたものもある（図152）。また、持送式の墓室は、側壁から対になって突き出す脇柱によって、少なくとも三区画に分割されているのが通例である。オークニー諸島の仕切部屋式の積石塚では、これと同じ仕組みを繰り返して、狭長な持送式通廊形石室墓をベンチ付きの六～一二室に細分している（図153）。オークニー諸島の円形ないし楕円形の積石塚でも、細長い持送式墓室に三つ以上の小室がつながっている。ペントランド墓群でも、ビーカー土器は最終埋葬にのみ伴っている。古相の副葬品には、木の葉形鏃や発展型のウィンドミル・ヒル式土器がある。この土器には、ビーチャー様式の装飾を施す広口壺が一点見られるほかは、オークニー諸島のアンスタン遺跡に最良の実例がある押引列点文様で装飾したものや、二次新石器文化の諸型式がある。こ

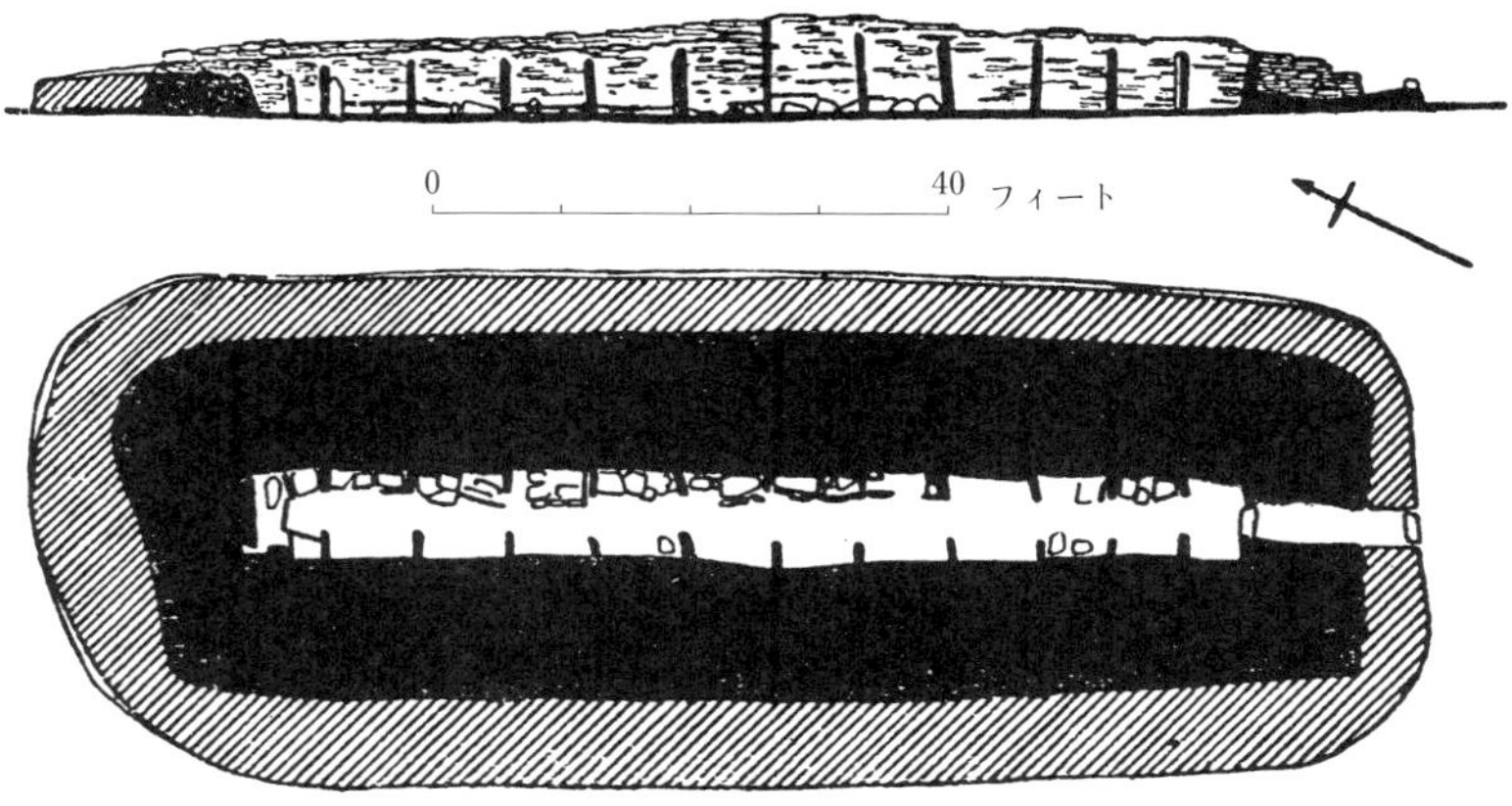


図153　仕切部屋式の長形積石塚（ラウジー島のミッドホウ墓）

の墓群でも火葬の事例が報告されているが、通常の埋葬習俗は土葬だった。

室墓の分布の分散状況から判断すると、各室墓が共同墓所であるとすれば、それぞれが単一の宅地に対応するのかもしれない。しかし、埋葬の編成単位と埋葬数からすると、このようなモニュメントを造営する労働力を提供するには小規模すぎるだろう。むしろこうしたモニュメントは、無墓室長形墳と同様に、小地域集団の指導者の家族墓所であるはずだ。かれらは依然として、純然たる農民だった。仔牛・羊・狩猟動物の骨が多量に見つかる（コッツウォルドでは馬骨さえ見つかる）ことは、畜産と狩猟に主たる基礎を置く経済であったことを示唆する。ただし、オークニー諸島では大麦が（しかし小麦はない）、アルスターでは一粒小麦が栽培されていたことが実証されている。副葬品に金属製品は皆無である。軟石製の若干のビーズが、イングランド南部の断欠周壕状の野営地にも認められる。さほど遠隔地でない石斧製造場の製品が、唯一の輸入品である。編年的に見て、ビーカー族が当地方に到来する以前にこれらの巨石墓が造営されたことは明白であり、到来後に新たに築かれた巨石墓はない。つまり、侵入者である短頭型のビーカー族が、巨石墓を造営していた貴族にとってかわったのである。だから、もしこの貴族たちが、かつてアルモリカ半島かイベリア半島からやって来たのであれば、その出発はビーカー族がその地で台頭する以前であったに違いない。他方で、クライド＝カーリングフォード墓群やペントランド墓群ではすこぶる顕著な二次新石器文化の諸型式は、イングランド南部に少しは認められるにしても、それは当地にビーカー族が侵入する少し前だったようである。現に青銅器前Ⅱ期の穴墓から若干ながら出土する。

アイルランド島にヨーロッパ南西方面から巨石文化の影響が直接に及ぶ状況は、同島にクライド＝カーリングフォード集団などのブリテン島の新石器農民集団が入植した後にのみ見出せる。それは、ビーカー族の一団がリムリックやスライゴ〔どちらもアイルランド〕に定着した直後のことである。入植が及ぼした影響は、「ボイン文化」の唯一のモニュメントである円形積石塚内に構築された墓道付石室墓という形で認識できる。

ボイン文化の室墓のうち、標準的かつもっとも広域に分布する型式は、十字形プランのものである。長い羨道を通って入室する持送式の玄室を有し、玄室の両側壁と奥壁にそれぞれ小室を一つずつ対称的に配している。一般にこのような室墓は、人目につく高台に立地する。そして散在的な墓地を形成する。キャロウキールやスライゴにある石灰岩質の小山、ボイン川沿い、ラフクルー丘陵といった場所にある墓地〔すべてアイルランド〕がとくによく知られている。室墓の壁石や積石塚を支える石は、彫刻か敲打により入念な文様が施されていることが多い。そうした文様には、様式化した小舟や渦巻文、葬送の女神を伝統的な様式に即して変形した文様などがある。そのような女神像は、ロス・ミリャレス遺跡やパルメラ遺跡に見られる。大半の室墓が盗掘を被っている。もっとも精美な室墓において、当初の設備として現存するのは巨大な石の承盤だけである。キャロウキール墓では、火葬骨が板石の上に置かれているが、本来は骨製か鹿角製の串ピンで留めた革袋に納められていた。この火葬骨はおそらく初次埋葬であり、食糧容器形土器に納めた火葬骨がそこに混入したのかもしれない。現存する副葬品には、硬石製の石球や片面穿孔ボタン、槌形ビーズなどの硬石製ビーズ、焼成の甘い土器片などがあるが、金属片はない。

このような壮大な墓は、貴族のリネージのために建造されたのだと推測される。アングルシー島〔イギリス〕とアントリム〔アイルランド〕にある何基かの装飾室墓は、そうした貴族による支配がウェールズの海岸部やノース海峡の海岸部にまで拡大したことを示している。ガロウェイやマレー湾周辺には、これらよりも簡素な室墓があり、そうした海岸部から拡散したことを示しているのかもしれない。ボイン文化の創設者はポルトガルから海路でやって来たというのが、専門家の大方の見解である。また、かれらがポルトガルを発ったのは、その地でビーカー期が始まる前ではなく後だという点でも、専門家の意見は満場一致ではないが合意を見ている。[174] ボイン文化が興起する際に、探鉱者と金属工がやって来たはずである。かれらはアイルランドの銅と金の採掘を開始し、スペインの文物と技術を導入した。かれらがブリテン島で作った製品（装飾斧や金製籠形耳飾）は、ビーカー族がまず購入した。ブリテン島の物品で、ボイン文化の室墓の副葬品に対応するもっとも顕著なものは、次期のウェセックス文化の穴墓から出土する槌形ビーズである。他方で、ブリテンB式ビーカー土器の破片が、スライゴのモイティラにある異例な室墓から発見されている。この室墓はボイン文化に属している。ボイン文化がイングランドのビーカー期と同じほど早く開始したと思い込む根拠は、以上のようにかなり貧弱なのである。それどころかラフテリーは、少なくともラフクルーにある一基の装飾室墓が、鉄器II期という遅い時期に造営された証拠を発見しているのだ。

## 最古の青銅器時代と二次新石器文化期

ブリテン諸島の青銅器時代は、短頭型の侵入者の一団がイングランドとスコットランド東部に到来したことで開始したのだと、伝統的に考えられている。かれらは死者を単葬墓に個別埋葬した。円形の墳丘下にビーカー土器を副えて埋葬するのが通例だった。ビーカー土器および共伴する副葬品のヴァリエーションから、三つあるい

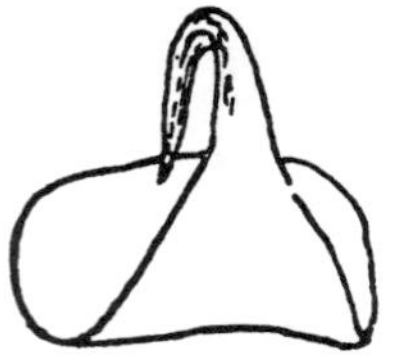

図154　金製耳飾（S=2/3）

は五つの主要な侵入者集団を識別できる。最初に侵入してきた集団はＢ１式ビーカー土器を用いていた。この土器は周回する簡素な文様帯で装飾され、汎ヨーロッパ様式のビーカー土器の輪郭を保っている。この集団は、大陸部にいた頃と同様に、西ヨーロッパ式の短剣・有茎逆刺付石鏃・石製手甲を使用していた。また、金製籠形耳飾[175]（図154）や十字文様入りの金製太陽形円盤を装飾品として身に着けていた。Ｂ３式ビーカー土器は、Ｂ１式と器形は同じだが、渦巻状の縄目押捺文を施し、西ヨーロッパ式やラインラント式に酷似する。ということは、この土器がブリテン島から拡散していない限り、ラインラント地方からの侵入があった可能性を物語る。主要な侵入者集団の第二陣は、この時期にオランダからやって来て、イングランド北部とスコットランドの沿岸部に上陸し、上記した第一陣の侵入集団のものと同じ石鏃と手甲を持ち込んだが、もっと粗く角張ったＣ式ビーカー土器も持ち込んだ。しかし、ビーカー族のなかでおそらくもっとも目立つ集団は、Ａ式ビーカー土器を特徴とする集団であろう。この土器は一般に縫合線状の文様で装飾し、その輪郭は鐘形ビーカー土器よりもむしろ縄目文土器に似ている。これらの土器は大陸部に対応するものがなく、石製闘斧やフリント短剣と、そしてまれにではあるが円基式の青銅短剣と共存する。したがってＡ式ビーカー文化は、侵入してきた北ヨーロッパの闘斧文化が、すでに在地で根づいていたＣ式ビーカー土器の伝統と（おそらくＢ式ビーカー土器の伝統とも）局地的に融合して生まれたものだと考えられる。

　ビーカー族は、上陸地である南海岸および東海岸から、ブリテン島を横断して急速に拡大し、ついには分遣集団をアイルランドにまで派遣したに違いない[176]。分遣集団は、ボイン文化の巨石建造者とまったく同様に、アイルランドの銅と金の採掘および輸出を組織したわけだが、在地住民にたちまち吸収されたに違いない。なぜなら、ブリテン島の葬送遺構にはビーカー族の姿がすこぶる顕著なのに、アイルランドの葬送遺構にかれらの姿がほとんど見られないからだ。他方でビーカー族は、ブリテン島においてさえ、すでに異種混交的であった新石器住民のなかで小規模な支配階級を、あるいは累代的な支配階級を形成し、「巨石貴族」にとってかわっていたに違いない。ビーカー族の到来は、牧畜へと向かう全体的な趨勢を加速させ、小麦よりも大麦を優先する栽培を促進した。しかし、純然たるビーカー族の集落は知られていない。ビーカー土器は、南イングランドにおける断欠周壕状の野営地の二次的居住層で出土するにせよ、高地帯の沿岸部における野営遺跡で出土するにせよ、アイルランド西部の小屋で構成される村落で出土するにせよ、後期新石器時代の土器やフリントと常に混在しているのである。

ビーカー族は横領した余剰のおかげで、ブリテン島において金属製装飾品の最初の購入者になれた。しかし、既知のビーカー墓のわずか五パーセントからしか金属製品は見つかっていない。しかも、出土する青銅斧はアイルランド製であり、青銅製の円基式短剣は中央ヨーロッパ製であろう。ビーカー族は金属交易に従事するだけでなく、フリント採掘場で製作した石斧や、湖水地方のラングデール遺跡〔イギリス〕・北西ウェールズのペンマインマウル遺跡・アントリムのティーブバリアー遺跡〔アイルランド〕などの製造場で製作した石斧の流通を組織していた可能性がある。こうした製造場の製品は、イングランドとスコットランドの全域に流通したが、二次新石器文化に関連する状況で常に出土する。

宗教的な貴族にとってかわった侵入者は、ブリテン島の農民と牧畜民を巨石への迷信から解放した。ただし、アイルランドではそうはならなかった。ところが侵入者は、在来の崇拝を後援したり、あるいは地元の農民と牧畜民に対して、地下世界ではなく天上世界への指針を示したりした。そして、巨石を用いた**環状列石***が建立された。旧来の第I類ヘンジが建立されることもあれば、あるいはビーカー族が造営し始めた、入口が二つある新しい第II類ヘンジが建立されることもあった。南西ウェールズのプレセリ丘陵から、有斑粗粒玄武岩〔ブルーストーン〕の巨大な石塊をソールズベリー平原まで運んできて、二次新石器文化の第I類ヘンジ内にそれを建立して、II期の**ストーンヘンジ***ができあがった。この途方もない偉業は、なんと直径四三〇メートルもある**エイヴベリー**

**遺跡***（北ウィルトシャー）の巨大な第Ⅱ類ヘンジの造営と同じく、ビーカー族の貴族によって、あるいはそれ以前のコッツウォルド＝セヴァン文化の宗教的指導者によって保証された、政治的統一もしくは神聖なる平和の程度を物語っているに違いない。そしてまた、ウィルトシャー丘陵の新石器農民が生み出し、ビーカー族の貴族もしくはそれ以前の宗教的指導者が思うがままに使えた資源を反映しているに違いない。

この短頭型の侵入者は、先住の新石器住民を根絶やしにしなかった。大陸から出来あいの新文化を持ち込んできて、新石器住民の文化に代えることもなかった。とはいえ、この侵入者が支配階級としての地位を確立している間に、旧来のウィンドミル・ヒル文化は、ピゴットが「二次新石器文化」と名づけた諸文化へと変容を遂げるか、あるいはそうした諸文化に置き換わっていった。それら諸文化のすべてにおいて、かつての「西方」新石器文化よりもなお生業経済に占める畜産の役割が顕著であり、それと同調して製陶技術が低下した。小型直剪鏃（例―図3－6・7）から派生した不整形石鏃（図150－1）のような中石器文化に祖型をもつ諸型式が、あたかも先住の狩猟漁撈民の伝統が新石器社会の伝統に組み入れられてしまったかのように再登場する。刃部磨製の細いフリント製ナイフ・鹿角製棍棒頭・石製座布団形棍棒頭・石製乳棒形棍棒頭・骨製ピン（横付け環頭式や球頭式もある）・猪牙垂飾などの新型式が使用されるようになった。これらは、イングランド南部の一次新石器文化であるウィンドミル・ヒル文化の遺跡には見られないが、イングランド北部の長形墳や、クライド＝カーリングフォード墓群およびペントランド墓群、そして第Ⅰ類ヘンジから発見されている。さらには、円形墳丘下や環状周溝墓の中央に設けられた単葬墓からも出土する。けれども、これらの新型式はいずれもビーカー文化の標準的な構成要素でなく、ブリテン島外部のいかなる組合せの標準的な構成要素でもない。したがって、これらはみな在地の創造力の島国的発露であると認めてよいだろう[177]。

新たな土器様式は、大陸から出来あいのものとして持ち込まれたわけではなかった。ピーターボロ式土器とのみ共存する特定諸型式の組合せは存在しない[178]。現在、ピーターボロ式土器には三つの連続する様式が確認できている。最古のエブスフリート様式は、卵形気味の壺に明瞭な頸部があるが口縁部は単純である。口縁直下に列点文を施すが、線刻格子目文帯を列点文の上部に付加したり、縦方向の縄目押捺文を付加することもある。エブスフリート様式から派生したモートレイク様式は、口縁部が肥厚し、列点文に付加する形で、絡状体圧痕文や「櫛」状押捺文ないし羽状押捺文を器面全体にふんだんに施す（図155）。さらに後出するフェンゲート様式の広口壺は、「中期青銅器時代」の鍔状口縁骨壺の前身であり、その直前に位置づけられる。エブスフリート様式の土器は単独で発見されるか、サセックスにある二基の断欠周壕状の野営地やコッツウォルド＝セヴァン墓群の一基でのように、通常のウィンドミル・ヒル式土器と共存して発見されるか、あるいはチルターン丘陵の一基の墳丘墓でのように、通常のウィンドミル・ヒル式土器および石鏃と共存して発見される。モートレイク様式の土器は、断欠周壕状の野営地や巨石墓で、そして長形墳の周辺で、しばしばウィンドミル・ヒル式土器を伴って（通常はビーカー土器も伴って）出土する。ただし、当初の居住や埋葬に伴う堆積よりも上層から決まって出土する。だから、ピーターボロ式土器がスウェーデンの「居住地」出土の土器やバルト以遠の櫛目文土器と驚くほど似ているからといって、この類似の説明にバルト地方からの侵入を仮定する必要はない。むしろこのような類似は、ブリテン島に定着し、中石器文化人の血を引く子孫と交雑し、モートレイク様式段階にはビーカー族の貴族に従属するようになった、ウィンドミル・ヒル文化の農民に起因すると見なす方が、説明として無駄がないだろう。

リニョー＝クラクトン式土器は、その後の「ライオネス海進」で水没したイーストアングリアの土坑《ピット》やウィルトシャー州のヘンジ・モニュメントから発見される。それ以前だと断言できないビーカー土器と共存することもある。リニョー＝クラクトン式土器は、特色ある文化をうまい具合に特徴づけており、オークニー諸島のものがもっともよく知られている。この文化を創設したのは羊飼い（牛飼いでもある）の部族であり、ビーカー族よりも前にこの地に到着していた。オークニー諸島は風が強く、羊や牛の群れを放牧するのに理想的な場所だった。しかし、ほかの場所では木造だった住居や家具を石造に替えることを余儀なくされた。小屋は約四・五メートル四

図155　ピーターボロ式の鉢（上：テムズ出土、S=1/4）と破片（下：ウェスト・ケネット長形墳出土）［大英博物館理事会の許可を得て掲載］

方の大きさであり、小村落に七～八棟がまとまっており、同じ場所に何度も再建された。屋内の中央に炉を据えて、その両脇に寝台《ベッド》が固定されていた。板石で寝台の骨組みを造った。天蓋状の屋根には革を張った。奥壁に調理台をしつらえ、寝台の上に食器棚を設け、床に水槽をはめ込んでいた。衣服は革製で、革鞣《なめ》しと縫製用に無数のフリント彫器や骨錐などの骨角器が製作された。石製の磨製手斧は穿孔した鹿角製雁柄に装着された。土器は焼成が甘く、平底であり、刻線や貼付隆線や小瘤で菱形文・波状文・渦巻文を施した。

骨製・牛歯製・セイウチ牙製のビーズ、猪牙を薄く剥ぎ取った弧状垂飾、横付け環頭式の骨製ピンなどの装身具が、地元の原材料から巧みに作られた。

リニョー＝クラクトン文化は島国ブリテンで創生した文化だが、大陸の新しい伝統を導入したことは疑いない。リニョー遺跡の家屋はホルゲン文化の小屋（三七一頁）の石造版であり、当遺跡出土の鹿角製雇柄と弧状垂飾もホルゲン文化の傾向を示す。広口壺の装飾文様は、カタルーニャ州の後期洞窟式土器やブルターニュの後期シャセ土器、その派生形であるウェセックス式土器、そしてボイン文化の室墓の彫刻に類比できる。他方でリニョー遺跡の最古の居住層では、「西方」新石器文化のアンスタン式土器が在地の土器と一緒に使われており、あたかも在地の土器がアンスタン式土器から成長して生まれたかのように見える。エセックスのリニョー＝クラクトン式土器はライオネス海進よりも古く、オークニー諸島では当地で最古のビーカー土器よりも古い。それにもかかわらず、リニョー＝クラクトン式土器の装飾はウェセックス文化の香炉形土器の装飾に類似している。このことからリンジー・スコットらは、リニョー＝クラクトン文化がイングランド南部のウェセックス文化（すなわち青銅器前II期）より古い必然性はないとの確信を示した。いずれにせよ、リニョー＝クラクトン式土器の伝統は、イギリスにおける中期・後期青銅器時代の外飾骨壺や紐状文骨壺に引き継がれた。

## ウェセックス文化と国際交易

ビーカー文化がイギリスの前期青銅器時代の第一段階を代表するものだとすると、この段階はウェセックスとコーンウォールに新たな戦士貴族が出現し、そしていっそう隔絶した戦士的首長がイーストアングリアやヨークシャーやスコットランドに出現することをもって終わりを告げる。後者の戦士的首長は、入念に構築した墳丘下の埋葬によってのみその存在が知られる。ウェセックスの首長は、サセックスからドーセット州に及ぶ白亜丘陵を支配し、ブリストル海峡を挟んだ両岸に前哨的な辺境入植地を築いた。かれらの遺骨や遺灰は、豪奢を極めた副葬品とともに埋葬された。刳抜式木棺に葬られることもあった。副葬品には、金製・琥珀製・頁岩製の把手付杯、三角形の（後には柳葉形の）有溝短剣（把に金鋲をちりばめたり、把頭が琥珀製のこともある）、有茎槍先（図156―2）、扁平斧ないし低突縁斧があり、さらにはブルターニュ風の精美な有茎逆刺付フリント鏃、矢柄研磨器、石製闘斧があった。この石製闘斧はビーカーA型式から派生したものだが、妙なことに北方新石器中期の型式（図95―4）に似ている。首長の貴婦人たちは、金を巻きつけた円盤、琥珀製有文つなぎ玉を配する三日月形頸飾り、琥珀製・金製・青銅製の戈形垂飾、双頭斧、黒玉製・琥珀製の（さらには地中海から輸入したファイアンス製の）槌形ビーズなどのビーズ類を佩用していた。

ブルターニュの後期シャセ土器の伝統に着想を得たことが確かな、列点帯状文や瘤状文で飾られた「香炉形土器」は、ウェセックス文化の墓に特徴的な土器である。なお、この文化の墓に在地製の土器は知られていない。他方で同時代の骨壺土器は、従属民の二次新石器文化の伝統を反映している。「香炉形土器」は当地の青銅器時代の貴族墳墓から発見されていないものの、ウェセックス文化の葬送土器の類似品がアルモリカ文化に存在することは、ウェセックス文化の首長をブルターニュからの移住者と見なす最大の論拠になる（三九九頁）。ただし、それ以外の副葬品はブルターニュ由来ではありえないので、「香炉形土器」の起源がブリテン島にないと見る限りにおいて、ウネティチェ文化（ザーレ＝ヴァルタ文化）の土器がモデルになったと考えられる。[179] A式ビーカー族（＝闘斧族）が強勢化したのがウェセックス文化の支配者なのだ、と単純に見なさないとすれば、かれらはザーレ川流域から直接やって来た可能性がもっとも高い。

ウェセックス文化の首長の出身地がどこであれ、その財富は主に白亜丘陵に放牧された羊と牛の群れの生産物に基づいていた。そうした財富は交易の利潤により激増した。というのも首長らは、アイルランド産の金・銅およびコーンウォール産の錫を用いたバルト地方・中央ヨーロッパ・エーゲ海域との交易を統制していたからである。その見返りとして、琥珀の塊やウネティチェ文化後期のピン（例―図71―6・8・9）を確保した。こうやっ

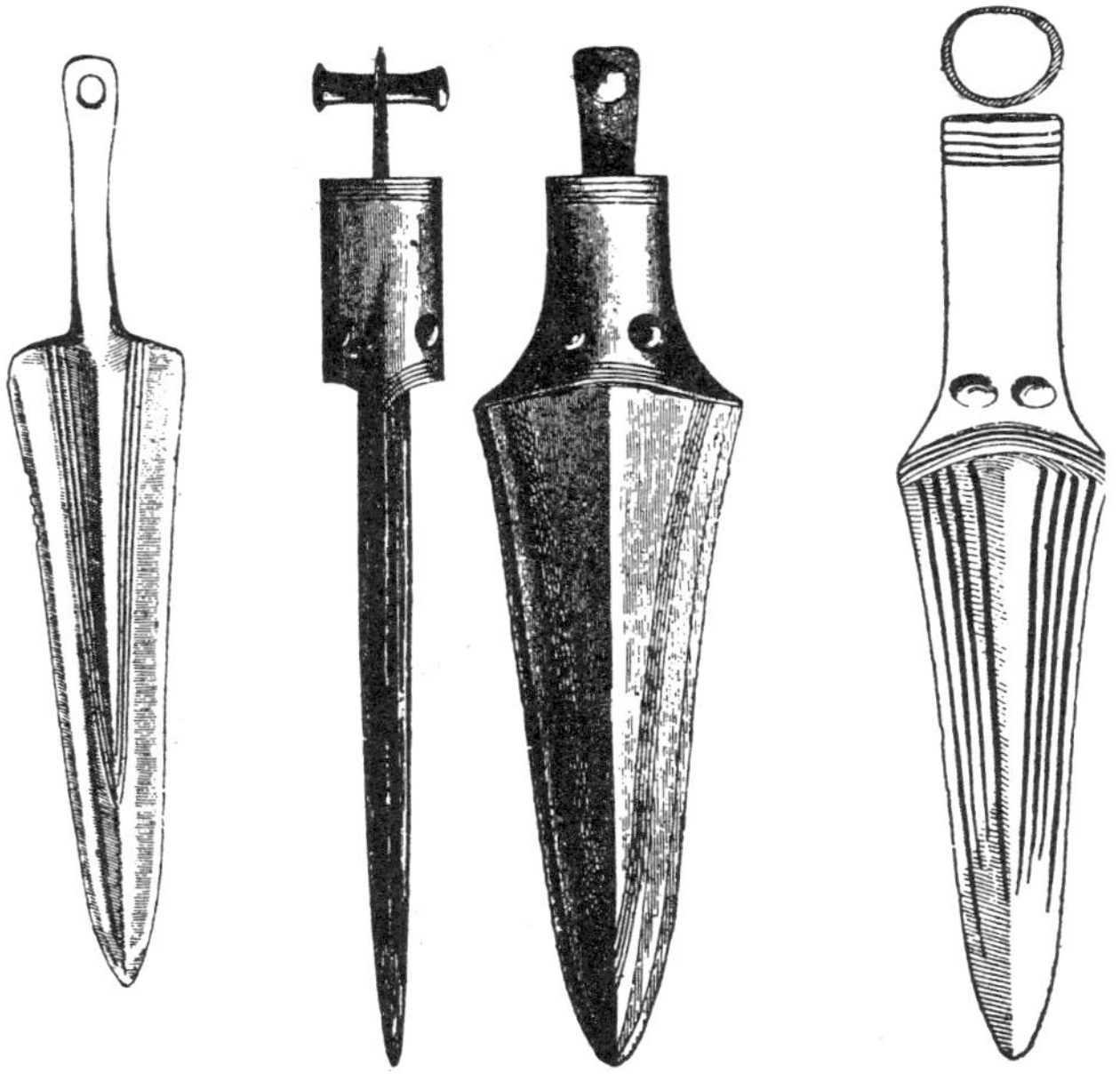

1　2　3

図156　ブリテン島における袋穂式槍先の発達（1：サフォーク州のヒントルシャム遺跡出土、2：グロスターシャー州のスノーヒル遺跡出土、3：ワイト島のアルトン・ダウン遺跡出土）（S=1/4）［グリーンウェルによる］

て蓄えた財富のおかげで、高度な技能を有する工人を奉仕させられるようになり、かれらはブリテン島独自の製品を案出した。ボヘミアで中子鋳造を習得した金属工が、たとえばブリテン島独自の型式である袋穂式槍先（図156－3）を開発した。宝飾工人は高地帯の三日月形頸飾りを琥珀製に変えて、アイルランド産の金と琥珀製円盤を取りつけた。これらの製品は文明化したエーゲ海域の市場にさえ姿を見せた。たとえばクノッソス出土の琥珀製円盤（四一頁）やミケーネおよびカコヴァトスで出土した頸飾り（一〇一頁）は、「イングランド製」として位置づけられるはずである。当然ながら、ウェセックスの首長らは見返りを受け取った。それはたとえば、未開人にふさわしい装身具である連珠形ファイアンス玉（図157）だった。しかしかれらは、

図157　連珠形ファイアンス玉（ウィルトシャー州出土、S=1/4）
［大英博物館理事会の許可を得て掲載］

もっと魅惑的な報酬を手に入れていたに違いない。ストーンヘンジⅢ期の三石組石《トリリトン》*に刻まれた短剣図像は、ミケーネから輸入した短剣を表している可能性がある。実際の輸入品として、ミケーネのヘラディック後Ⅲb期の短剣の把（例―図15－1）が、コーンウォール南海岸に近いペリントの墳丘墓から回収されている。ただし、典型的なウェセックス文化の墓からは見つかっていない。

同時にまたウェセックスの首長らは、先人が築いた壮大きわまりない聖所を改造し増築することに財富の一部を捧げて、自身の権力を神聖化した。ストーンヘンジⅢ期には、馬蹄形状に並べたトリリトンとサルセン石塊のサークルに、マールボロ丘陵から四〇キロほど引きずってきた神聖なるブルーストーンを新たに配列した。見事に整えた直立石は、ウェセックス文化の墓で発見される斧の図像やおそらくギリシアから輸入した短剣の図像によって神聖化された。また直立石の年代を、これらの図像から決めることができる。

その一方で、葬送容器にふさわしい質素な食糧容器形土器が、ビーカー族の貴族にふさわしい酒杯に徐々にとってかわっていった。このことは、ブリテン島の高地帯でビーカー族の貴族が在地に埋没していったことを象徴的に示している。食糧容器形土器は二次新石器文化の広口壺に起源を求めうるが、ビーカー土器と融合していることもあるし、闘斧文化の土器の諸型式と融合していることもある。同時にまた、個人埋葬が最終的に巨石墓への集葬にとってかわった。ただし、単葬墓は第Ⅰ類ヘンジと同じく、小さな墓地にしばしば群在しているし、また土葬が徐々に火葬へと移行している。この点でも、新石器文化の儀礼と観念の復活が立証される。おそらくイギリスから新たに押し寄せた移住民の波により、食糧容器形土器が、なかでも肩部が鋭い稜をなし、しばしばそこに線刻が施されるヨークシャー式のもの（図158－2）が、アイルランドに持ち込まれた。その結果、アイルランドにおいても集葬が徐々に個別埋葬に移行していった。ボイン文化の何基かの室墓では、後次的に割り込んできた火葬に食糧容器形土器が伴っていた。しかし、アイルランドとスコットランド西部では、鉢型式の食糧容器形土器（図158―1）が木製鉢の代用品として発達を遂げた。そうした木製鉢の器形と装飾は、ピレネーの多脚鉢（例―図144）や関連品であるビーカー土器（例―図111―2）からも推測できる。

ビーカー族が大切にしていた牧畜中心の経済は、食糧容器形土器文化の諸社会によって維持された。そうした社会は、ウェセックス文化の社会に比べると階層化が不明瞭であったが、やはり産業と交易が盛んだった。アイルランド製の戈と装飾斧は、ウェセックスの首長に貢納されずに、ブリテン島北部を海路で南下して、ヨーロッパ北部へと輸送された。はるか遠方のポルトガルにまで及んだ大西洋岸沿いの直接的な海上交通の存在を、円筒頭部ピン（例―図131）から推測してよい。このピンはゴールウェイ〔アイルランド〕の穴墓において、ヨークシャー式の食糧容器形土器と一緒に発見されている。また、そのような墓の板石に彫刻された盃状穴が、ガリシアやポルトガル北部の岩面陰刻《ペトログリフ》と厳密に一致することからも推測してよい。さらに、ブルターニュやノルマンディーにおける金製新月形製品（例―図159）の分布状況から、そしておそらくポルトガルにおけるその模造品（三五六頁）の分布状況からも推測してよい。この金製新月形製品に関して、その影響元を突き詰めれば、エジプトの貴族が身に着けていた金製襟首飾りに最終的にたどりつくにしても、直接的には三日月形の黒玉製頸飾りをアイルランドにおいて金製薄板で作り替えたものである。この三日月形の黒玉製頸飾りは、スコットランドにおいて食糧容器形土器と繰り返し共存するし[180]、ウェセックスでは琥珀製品に模造されていた。

最終的に、火葬の慣習を有し二次新石器文化人の血統を引く人びとが、イングランド南東部から高地帯へと拡散していった。かれらはピーターボロ式土器から派生した土器を骨壺土器として使っていた。連珠形ファイアンス玉がまだ流通していた時期に、かれらはアイルランドに到来した[181]。他方で別の一団も、北海を渡って来て、低地諸地域に入植した。骨壺土器文化における埋葬は、骨壺それ自体と同様に、在地の新石器文化の伝統を、食糧容器形土器文化に伴う伝統よりも明瞭に保持している。骨壺土器は群在して小さな墓地（すなわち骨壺墓地）を形

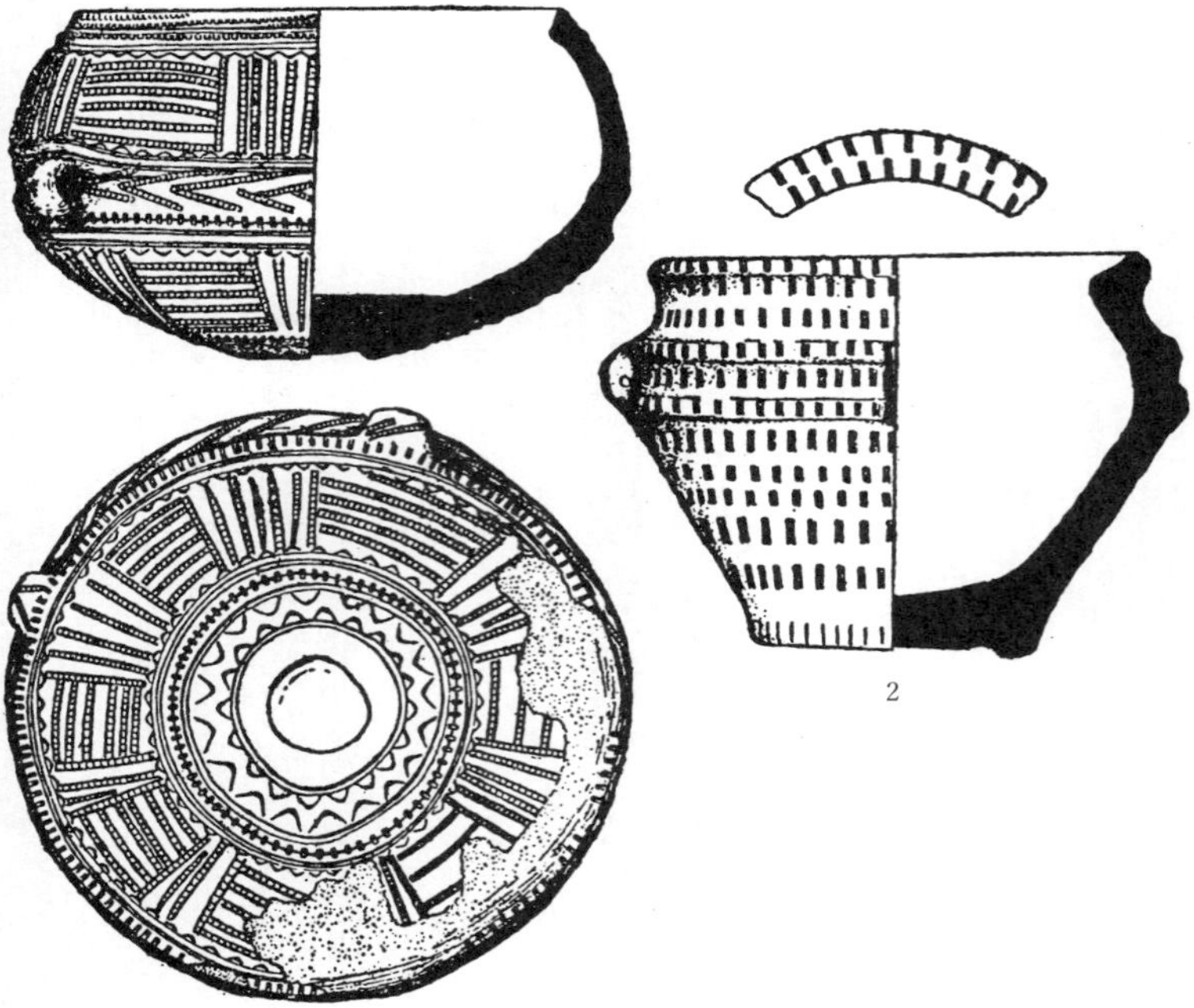
2

1

図158　食糧容器形土器。アーガイル出土の鉢(1)とイースト・ロージアン出土の壺(2)(S=1/3)

成し、第I類ヘンジのように準環状の土堤と壕で囲繞されている場合もある。そうした墓地は以前よりもいっそう貧相で、貴族らしさを欠いていた。それでも、時期を同じくする青銅器中II期の一括埋納は、たとえウェセックス文化の首長が駆逐されるか吸収されてしまったにせよ、確立した青銅器産業が繁栄を続け、新たな諸型式（ブリテン式の環頭槍先や有段斧頭や長剣が特徴的である）を創出したことを、そして金細工師が様々な種類の素晴らしい装飾品を考案し、その技巧は浮き出し文様をふんだんにあしらった金の薄板製肩掛け（フリントシャーのモールドにある穴墓の発見品）で頂点に達したことを示している。

ブリテン＝アイルランドの金属加工が広域に伝播し、そして多様な製品がブリテン諸島に到来して交換された。

このことは、ヨーロッパ大陸の青銅器時代の黎明期にブリテン諸島が果たした主導的な役割と、イギリスの島国文化を豊かにした多様な影響関係を実証している。それだけでなく、複数地域の文化連続を関係づけ、その暦年代を決めるうえで、比類ない機会を与えてくれる。ミケーネの竪坑墓（九九頁）とカコヴァトス墓から出土した三日月形の琥珀製頸飾りは、ウェセックス文化の興隆に対して、紀元前一六〇〇年という下限年代を与えてくれる。もっとも、輸入された連珠形ファイアンス玉は、ウェセックス文化が紀元前一四〇〇年まで続いたことをおそらく示している。ドナウ地方の編年と北欧の編年は、この年代を用いて点検できる。

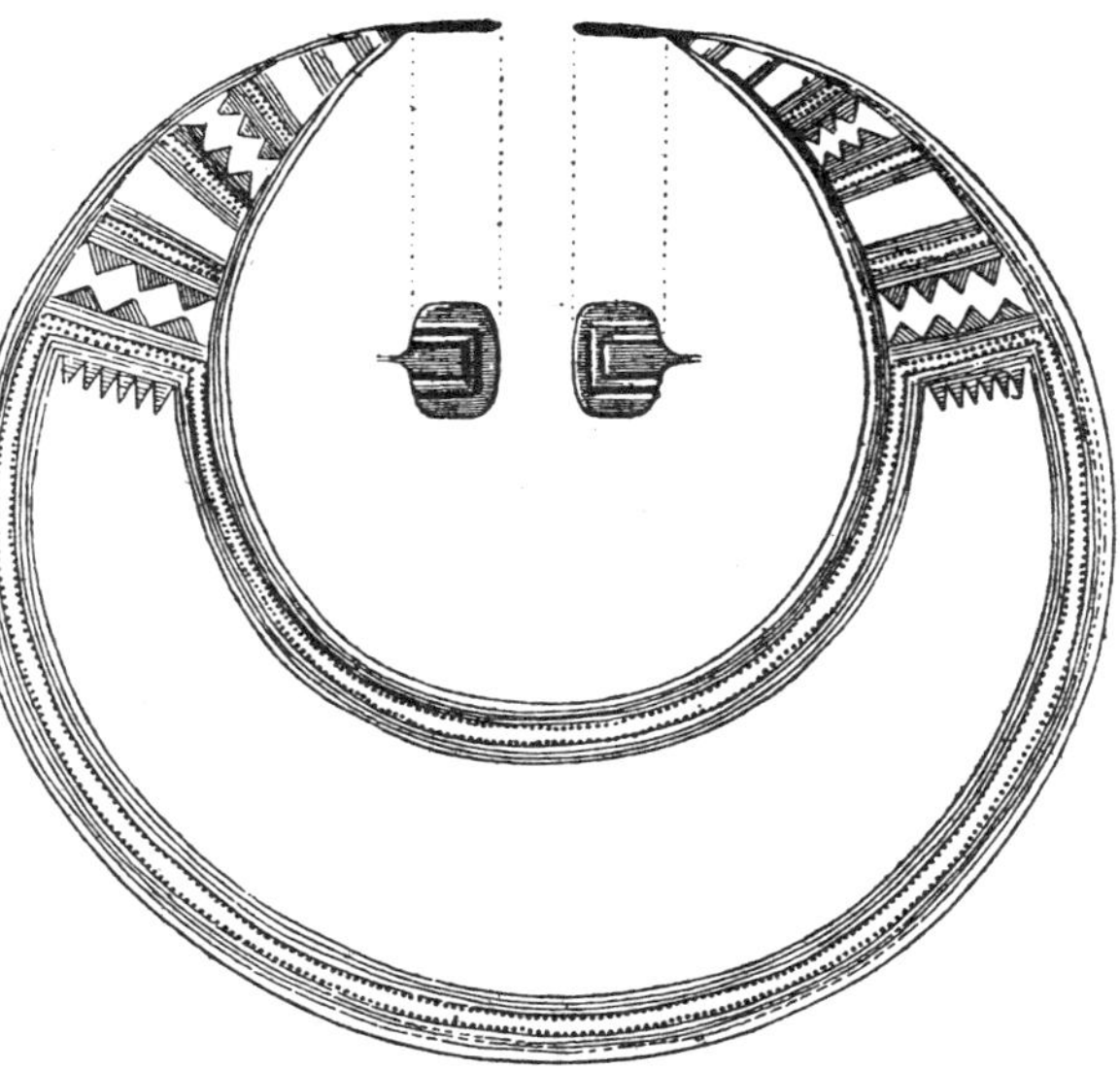

図159　金製新月形製品（アイルランド出土）
［大英博物館理事会の許可を得て掲載］

年代点検用の材料として、一方にウェセックス文化の穴墓から出土するウネティチェ文化後期の形状を呈するピンがある（四一八頁）。そして他方に、ウネティチェ文化の一括埋納から出土するアイルランドの斧や戈が、そして棒状の金製装飾品さえある。とすると、ブリテン諸島の青銅器前Ⅱ期はドナウ地方の文化連続のⅣ期に収まることになる。ブリテン諸島においてＡ式ビーカー土器と共存する青銅器前Ⅰ期の円基式短剣は、型式学的にはウネティチェ文化最初期の短剣の形状と併行関係にある。実際、ボヘミアとラインラントの鐘形ビーカー文化後期の穴墓は、この併行関係と整合的である。したがって、先行するＢ１式ビーカー土器は、これに対応する中央ヨーロッパのビーカー土器と同時期のはずであり、ドナウⅢ期の後半期に遡るはずである。北方新石器Ⅲa～Ⅲb期（新石器中Ⅲ期）との併行関係については、J・J・バトラーが先述の太陽形円盤（四一二頁）を用いて実証できている。北方新石器Ⅳ期はイギリスのウェセックス文化と実質的に併行する。しかし、北方新石器Ⅳ期はモンテリウスの北方青銅器Ⅰ期と同等であるにもかかわらず、当該期のイギリスには金属器があまりにも寡少だったために、当地に特徴的な長方形石室墓に副葬されることはなかった。だが、シュレスヴィヒのリースビュッテル遺跡にある最古の北方式墓群の一基は、金属製装飾品を副葬し、まさしくモンテリウスの青銅器Ⅱ期を代表する存在であるが、イギリスの青銅器中Ⅱ期に特徴的な型式のブリテン式槍先も副葬している。それとは逆に、北方新石器Ⅱ期（北方新石器前期C期）とクライド＝カーリングフォード（巨石）文化の特定段階との同時性については、ビーカー式土器に顕著な、そしてデンマークおよびスウェーデンの漏斗杯C式に顕著な、西方式の半円形モチーフが採用されていることや、一部のビーカー式土器の装飾に縄目押捺文という北方的な趣向が凝らされていることから推論できるかもしれない。

イベリア半島との関連性はそれほど決定的なものではない。連珠形ファイアンス玉は、ウェセックス文化と南東スペインのエル・アルガール文化（スペイン青銅器Ⅱ期）との時期的重複を、疑いようもなく証拠だてている。ところがアイルランドにおいて、食糧容器形土器に伴って発見された円筒頭部ピンは、当地では青銅器Ⅰ期に属するものであり、他方でウェセックス文化の穴墓から出土する香炉形土器とそれに共存する骨壺土器は、ロス・ミリャレス遺跡および同時期の諸遺跡の線刻文土器や石製容器と著しい類似性をそなえている。ロス・ミリャレス遺跡やアルカラ遺跡においてと同様に、片面鎬の短剣もスコットランドとアイルランド南部において骨壺土器と一緒に発見されている。したがって、ブリテン島の証拠からすると、ロス・ミリャレス文化の当該段階は、青銅器Ⅰb期（ロス・ミリャレスⅡ期）に比定されることになり、少なくともイベリア半島では、汎ヨーロッパ様式のビーカー土器が盛行する時期に後出することになる。となると、汎ヨーロッパ様式のビーカー土器は青銅器Ⅰ

a期（レイズナーのいうロス・ミリャレスI期）に比定すべきであり、これはイングランドのビーカー期におおむね併行するだろう。ただ、たとえそうであっても、ポルトガルの新石器時代の墓道付石室墓は、少なくとも新石器III期の北方の墓道付石室墓と同じくらい古いかもしれないのである。

*Chapter*

**XIX**

# RETROSPECT: THE PREHISTORY OF EUROPEAN SOCIETY

第 19 章

# 本書の回顧——ヨーロッパ社会の先史時代

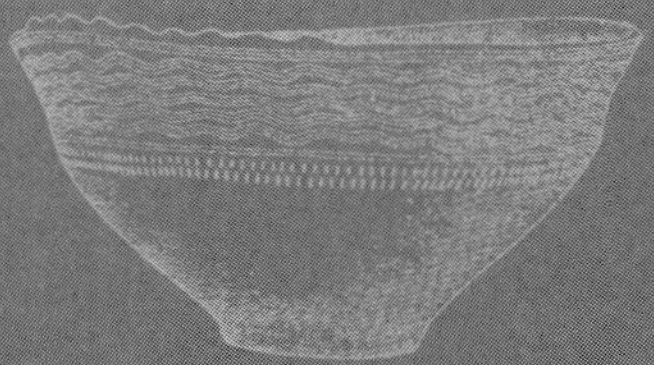

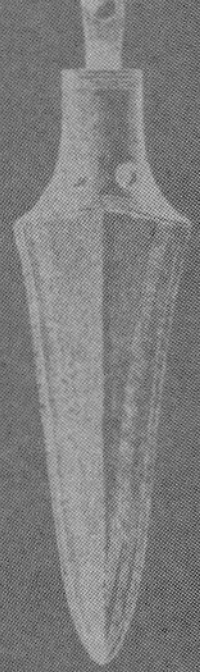

前章まで、複雑に入り組んだ細々とした事柄について要約的に論じてきた。それらから、いかなる意義を引き出せるだろうか。いかなる構図《パターン》をもってすれば、断片的な考古学的データが統合されるだろうか。この論点を明確にするために、検討から引き出された要約的な内容を、巻末の編年表と地図に図式的に表現した（四三五～四四一頁）。この編年表と地図は、諸文化の時空間的な分布を描き出している。つまり、人間社会の特徴的な行動パターンを反映しているはずの考古学的諸現象の組合せの時空間的な分布を描き出しているのである。

これらの地図は、一見すると同時併存する諸文化が織りなす複雑きわまりないモザイクであるかに見える。だが、現実の歴史はさらに複雑だったはずだ。このモザイクは、あまりに多くの部品《ピース》が欠落しているため、空間パターンでさえ曖昧になってしまっている。そこで地図から多数の組合せを省略して、意図的に単純化した。そうした組合せの一部については、本書で言及しているものの、その大半が現時点（一九五六年）において土器様式にすぎないものである。当惑してしまうほどの多様性は、学徒にとって厄介なものであるし、地図上でも混乱をきたしている。しかし、この多様性こそが、ヨーロッパ先史時代の構図の重大な特徴なのだ。多様性の先に、別の構図を見出せるかもしれない。地図Ⅰと地図Ⅱは、新石器農民（もしくは少なくとも農業にかかわる人びと）が、存続年代は不明だが連続する二時期（Ⅰ期とⅡ期）の期間に、南東方面から徐々に拡大していった様子を、実に明瞭に示している。もっとも、「西方諸文化」が地図Ⅱのやや東寄りに位置することに若干の疑問が募るのだが。地図Ⅲａおよび地図Ⅲｂ（Ⅲ期）は、Ⅰ期とⅡ期よりもかならずしも長くないが、しかし考古学的に認識できる事象はずっと多い期間における諸集団の存在を、そして諸集団の織りなす複雑な関係とそこに及ぼされた外部ないし周辺の諸文化からの影響を、示唆しているはずである。Ⅲ期の開始期に識別できる主要な文化をアルファベットで示し、その境界を実線で示している。地図Ⅲa・bの複数種の網掛けは、先行する文化から生まれたか、先行文化に重層した文化を示している。そして地図Ⅳ（Ⅳ期）は、前期青銅器時代の経済から恩恵を被った主な地域と、そうした地域間の関係およびミケーネ期のギリシアへの依存関係を示している。

四葉の地図に記載された文化の分布状況は、本書で展開した編年に関する議論に基づいている。そうした諸文化の分布と編年を要約的にまとめた表も巻末に掲載した（編年表1・2）。表の縦欄のほとんどにおいて、文化の実際の順序、すなわち文化連続が適度に確立している。ただし、ここでもやはり、本書の本文を参照すると、西端と東端の配列に関する疑点が露わになるだろう。

だが、表の縦欄はそれぞれが実質的に独立しており、それゆえ各欄固有の巻軸から自由に垂れ下がる単独の巻物と見なすべきだろう。〔実年代の考古学的な手がかりがないために〕巻物の下端は常に撓《たわ》んでいる。だから、純然たる考古学に依拠する限り、各巻物を紀元前一四〇〇年代の「〓」ラインまで巻き上げることになりかねない。この年代は、連珠形ファイアンス玉から推定されるものである。原子物理学者が実に自信なさげに提出した暫定的な放射性炭素年代が、何幅かの巻物を引き延ばすピンの役目を果たしてくれるかもしれない。そうなれば、縦欄15の（湖水地方にあるエーンサイド・ターン遺跡の）ウィンドミル・ヒル文化は紀元前三〇〇〇年頃[182]に、二次新石器文化のストーンヘンジⅠ期は紀元前一八五〇年頃にピン留めされるかもしれない。縦欄7のコルテヨ文化前期は紀元前二七四〇年頃に、縦欄14の漏斗杯の最古段階であるA式は紀元前二六五〇年に、縦欄2の（ドイツの）ドナウⅠ期は紀元前四〇〇〇年より前に遡るかもしれないのだ[183]。しかし放射性炭素年代は、あまりにも多くの潜在的な誤差要因に影響されていることが明らかなため、そうした年代を提示する物理学者と同じくらい、ヨーロッパの先史学者はその測定結果を遠慮がちに受け止めている。いずれにせよ、これらの測定年代は、ヨーロッパの青銅器時代をめぐって競合する考古学的年代（一六八～一六九頁）を確定するには不十分である。ストーンヘンジの測定年代（紀元前二〇〇〇年以前）は、ウネティチェ文化の開始年代（紀元前一六〇〇年以後）にとって過剰に古く、やはりありえそうにない年代である。とはいえ、紀元前一九五〇年から一六五〇年に収まる年代なら、擁護が可能だろう。幸い、少なくとも絶対年代に関するいくつかの明確な結論に対して、これらの不確実な放射性炭素年代は重大な問題になっていない。

どちらの年代案が最終的に正当だと立証されるにせよ、オリエントの優位性は揺るがない。新石器革命は西南アジアで成し遂げられた。その所産である栽培穀物と家畜は、当地からゆっくりと伝播してヨーロッパを通過していった。それらがデンマークに到着したのは、エジプトとシュメールにおいて都市革命が完了してから三世紀ほど後のことだった。エジプトとメソポタミアでは、都市革命よりも前に銅の製錬と鋳造の技術が発見され、巧みに応用されていった。そして、紀元前三千年紀に地中海周辺へと伝播していった。しかし、アルプス以北に伝播したのは、紀元前三千年紀の終わり頃か二千年紀に入ってからだった。ギリシアで、そして続いて温帯ヨーロッパで起こった産業と貿易の発展は、一九世紀に起こったインドと日本の産業化がそれぞれイギリスとアメリカの資本に依存していたのと同じくらい、オリエントの資本に強く依存していた。

その一方でヨーロッパの諸社会は、オリエントが与えてくれるものを受け身の姿勢で受け取ることは断じてなかった。それどころかオリエントの発明を、エジプトや近東にいた当の発明者の直系の後継者以上に、独創性と創意を発揮しつつ発展させた。そうした姿は、温帯ヨーロッパの青銅器時代にもっとも顕著に認められる。近東では、多様な型式の金属器が二千年間も変化しないまま持続していた。ところが温帯ヨーロッパでは、道具と武器の進化と多様化が、わずか五〇〇年間で桁外れなほど活発に進んだ。

ヨーロッパ先史時代の驚くべき進歩の速さは、ヨーロッパの血と地の神秘的特性から人種的に説明されるべきものでも、物質的な生息環境に関してのみ説明されるべきものでもなく、むしろ社会学的・歴史学的な観点から説明されなければならない。ヨーロッパのクロマニヨン人が、後期旧石器時代に独特な芸術を創造し、その後継者である中石器時代人が、環境を開発するための巧妙な道具を数多く考案し（一六頁）、現在のヨーロッパに伝え遺してくれたことは疑いない。深く入り組んだリアス式海岸、都合のよい位置に連なる山脈と航行可能な河川、錫・銅・貴金属などの資源といったものが、ヨーロッパ大陸に、ほかの大陸とは比較にならないほどの利点を授けてくれたことも、地中海が航海者を訓練する比類ない学校でもあったことも疑いない。しかし、このような自然の恩恵が創造的に利用されたことについては、社会学的な観点から解釈されなければならない。

潤沢な配水と無限に広がるかに見える耕作地のおかげで、初期の新石器農民は住民を無制限に拡散させることができた。他方、乾燥した揺籃の地である近東において穀物を栽培するためには、集団は密集して成長してゆかざるをえず、そうした場所での定住農業は、わずかなオアシスか、涸《か》れることのない河川の堤防沿いの狭隘な区域でのみ可能であった。そのため、近東における最古の新石器集落として知られるイェリコ遺跡では、ヨーロッパの初期新石器村落の一〇倍もの住民が暮らしていたであろう。だが、このように密集した集団には厳格な規律が必要である。水が不足していたからこそ、社会は厳格な規律を強いることができた。だからオリエントの環境では、当初から社会への服従が重んじられたのである。他方でヨーロッパでは、新たな耕地を切り拓いて煩わしい社会慣習の束縛から逃れることが、危険なことではあれ常に実行できた。歴史時代のことではあるが、少なくともイタリアの村落において、現にそのような逃避が、「聖なる泉」を通じてうら若い子どもたちに課されていた。しかるに、新石器時代の自給自足の環境下では、このような逃避的な分散が伝統の分岐と自主的な社会の構築を促した。製陶技術・葬送儀礼・装備・経済の相違として区別される諸文化が、比較的狭い地域内で増殖するという形をとりつつ、まさにそのような分散の姿が不完全ながらも新石器II期に反映しているのである。そのためヨーロッパは、巻末に掲載した簡略な地図においてさえ、ハラフ文化とウバイド文化が広大な地域に連続的かつ斉一的に広がる近東と対照的な姿を見せているのである。精神活動の領域でも、巨石建造物が多様性を示すこと（実際の多様性は本書で示せた程度をはるかに上回る）は、おそらくオリエントに存在した単一の正統的信仰が無数の地方宗派へと分裂したことに対応するのだろう。だとすると、それは宗教改革後のキリスト教の分裂に類比できるかもしれないし、紀元前三千年紀に、ペルシア湾からオロンテス川にかけて神殿プランが忠実に複製されていたことと対照できるかもしれない。要するに、新石器時代の多様な諸社会は、多岐にわたる伝統により区別されつつも、決して相互に孤立してはいなかったので、ヨーロッパの農民に比較と自由選択の可能性を与えてくれていたのである。

むろん看取される多様性は、少数の移住民社会と外来の諸伝統が分裂したことのみに起因するわけではない。新石器文化の技術を吸収するか新石器文化の諸社会に吸収された、先住の中石器文化集団の多彩さによって、さらにはアフリカ・レヴァント・アナトリアに、そしておそらく中央アジアにも影響を及ぼしていた複数の外的刺激によっても、多様性が促進され強調されることになった。

それでも物質的な進歩は、資本の蓄積、すなわち社会余剰の集中なくしては不可能だった。エーゲ前期と温帯ヨーロッパのドナウIII期における資本の蓄積は、宗教的ないし世俗的な首長もしくは貴族の出現によって成し遂げられた。その結果、軍事行動の強化に随伴して促進された信頼できる金属製武器への需要が奏功することになった。けれども、このような支配者に忠誠を負わねばならない牧畜民・農耕民・漁撈民の独立的な小集団は、金属産業や効率的な製品流通組織を自力で発展させるだけの資産を蓄積できなかった。そのために、ナイル川、ティグリス・ユーフラテス川、インダス川の流域のほんの一握りの神官・王・貴族の手によって、何千人もの灌漑農耕民が生み出す余剰を集中させる都市革命が必要とされたのである。幸いにも、このようにエジプトとメソポタミアで集積された富の所有主を通じた有効需要により、エーゲ海域の農民と漁撈民が余剰の分け前にあずかれるようになった。こうして、エジプトやメソポタミアと同程度の政治的統合にも階級区分にも屈することなく、独自に余剰を蓄積していった。青銅器時代のギリシアの最盛期に関する考古学的実像は、独立しつつも緩やかに連合する多数の君主国というホメロスの描写とよく合致している。それらの君主国は、サルゴン王以前のメソポタミアの神殿諸国家よりも小規模だが数は多かった。

その後、錫・金・琥珀に対するミノアやミケーネの需要を通じて、温帯ヨーロッパの独特な製品をあつかう確かな市場が生み出された。かくして中央ヨーロッパおよびブリテン諸島の未開社会は、都市革命を通じて蓄積された資本の分け前を間接的に獲得したのである。かれらは都市文明の抑圧的な規律に服することなく、あるいは都市文明に伴う階級区分に苛《さいな》まされることなく、自分たち独自の採取産業・製造産業・流通産業を発展させるべく、そのような分け前を入手したのだ。専業工人は食糧生産への専念から解放されたものの、一人の専制君主の宮廷や神殿や封建所領に扶養されることはなかった。専業工人が自らの製品と技倆を後援者に売りつけねばならなかったことは疑いない。しかし、ボヘミアやドナウ川中流域のような無階級社会であろうと、ザーレ＝ヴァルタ地域やウェセックスのような首長制社会であろうと、専業工人の製品と技倆をめぐって多大な競合があった。ホメロスが語るギリシアのように、工人はいたるところで歓迎された。それゆえかれらには、自身の卓抜した技術と創意工夫を発揮するあらゆる動機があった。それどころかヨーロッパの青銅器時代において、金属工は国際市場に向けて生産していた。

古代の東方社会では、都市革命の影響を被った社会は最終的に経済面で対立する二つの階級に分裂してしまい、物質的進歩の先駆者であった工人は下層階級へと不可逆的に逐いやられてしまった。先史時代のヨーロッパとミケーネの諸社会は、たとえ単に小規模で貧しいという理由からであれ、社会の分裂はそれほど深刻でなかった。少なくとも工人が、奴隷や農奴のような階級に転落することはなかった。

## 編年表１　ヨーロッパの考古諸文化の相互関係と年代(1)

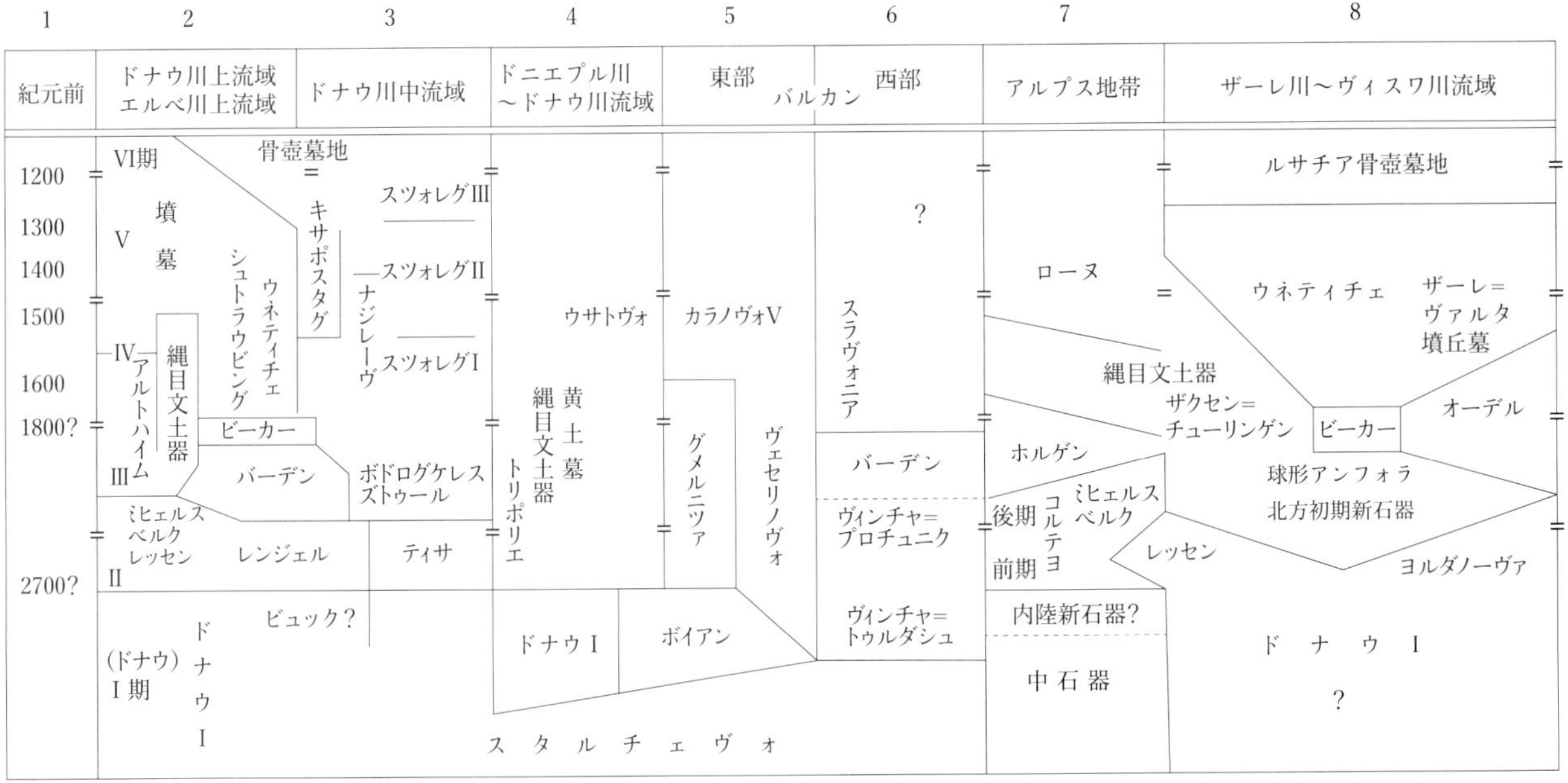

## 編年表2　ヨーロッパの考古諸文化の相互関係と年代(2)

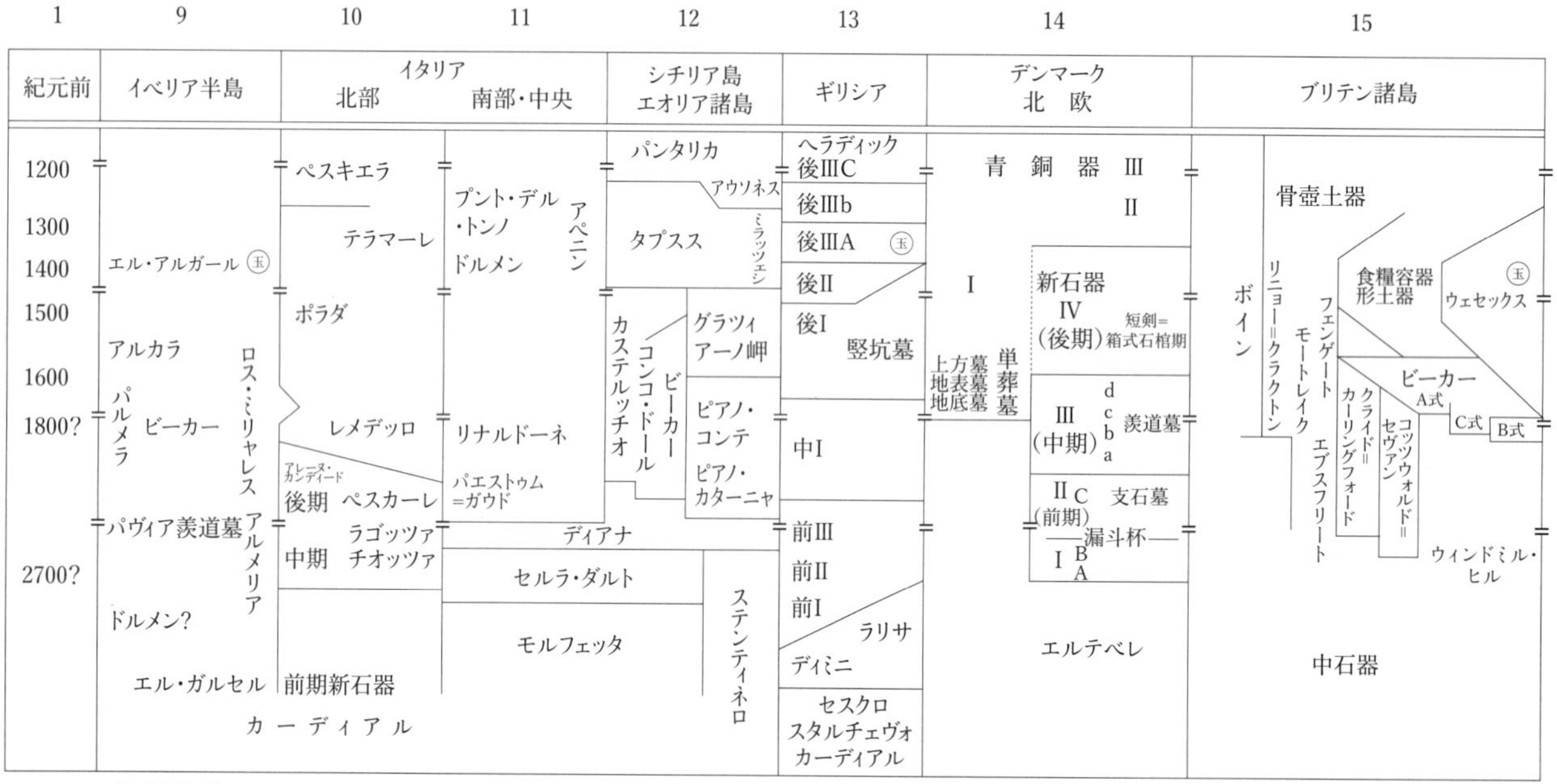


*㊀=連珠形ファイアンス玉

地図Ⅰ　Ⅰ期のヨーロッパ

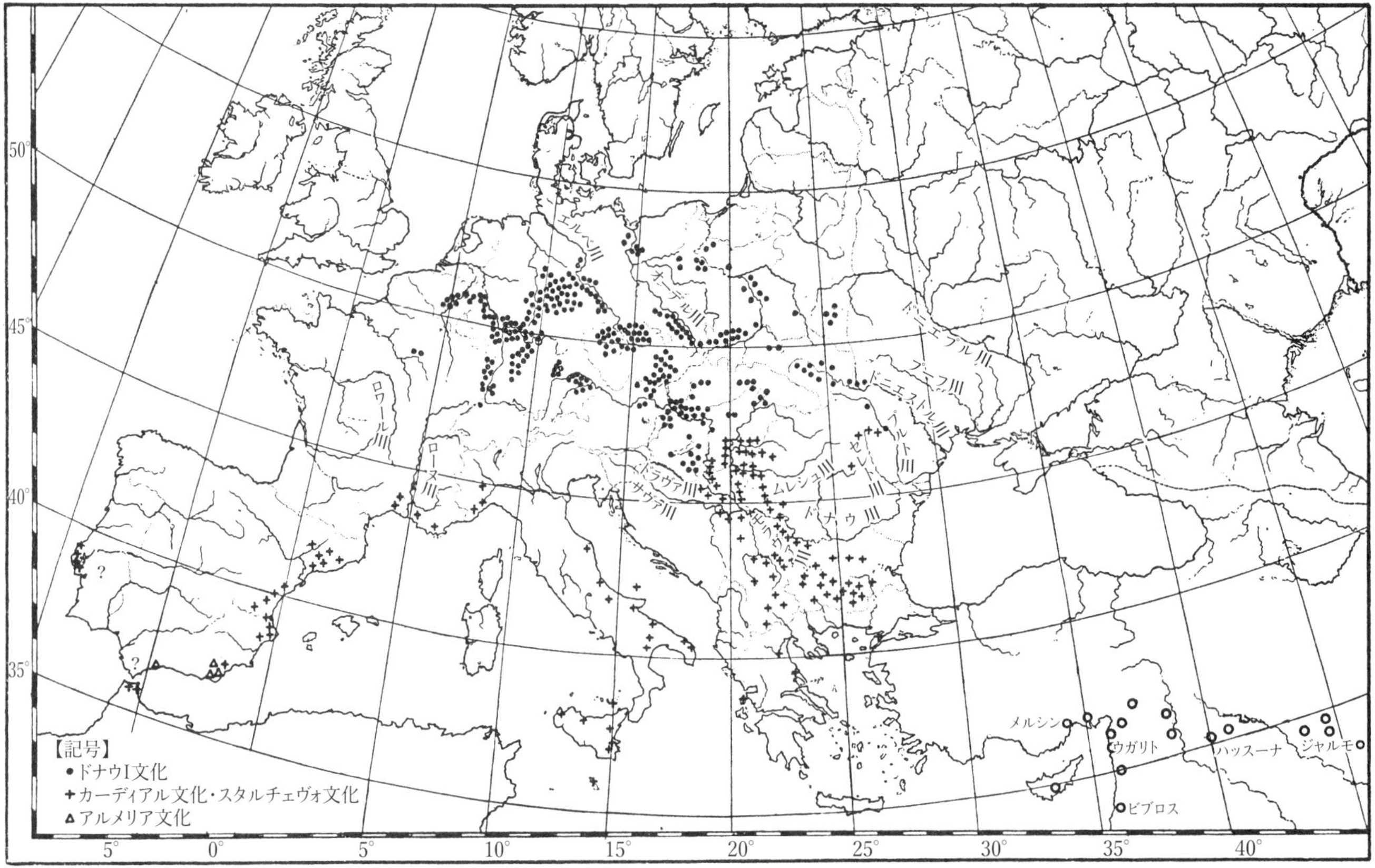


訳注：以下、地図Ⅰ～地図Ⅳは、原著掲載の地図において記号・網掛けの判別が困難な部分があり、またチャイルド本人による表現の再掲を有益と考えて、図中テキストの入力以外は原著の図版に手を加えていない。

地図II　II期のヨーロッパ

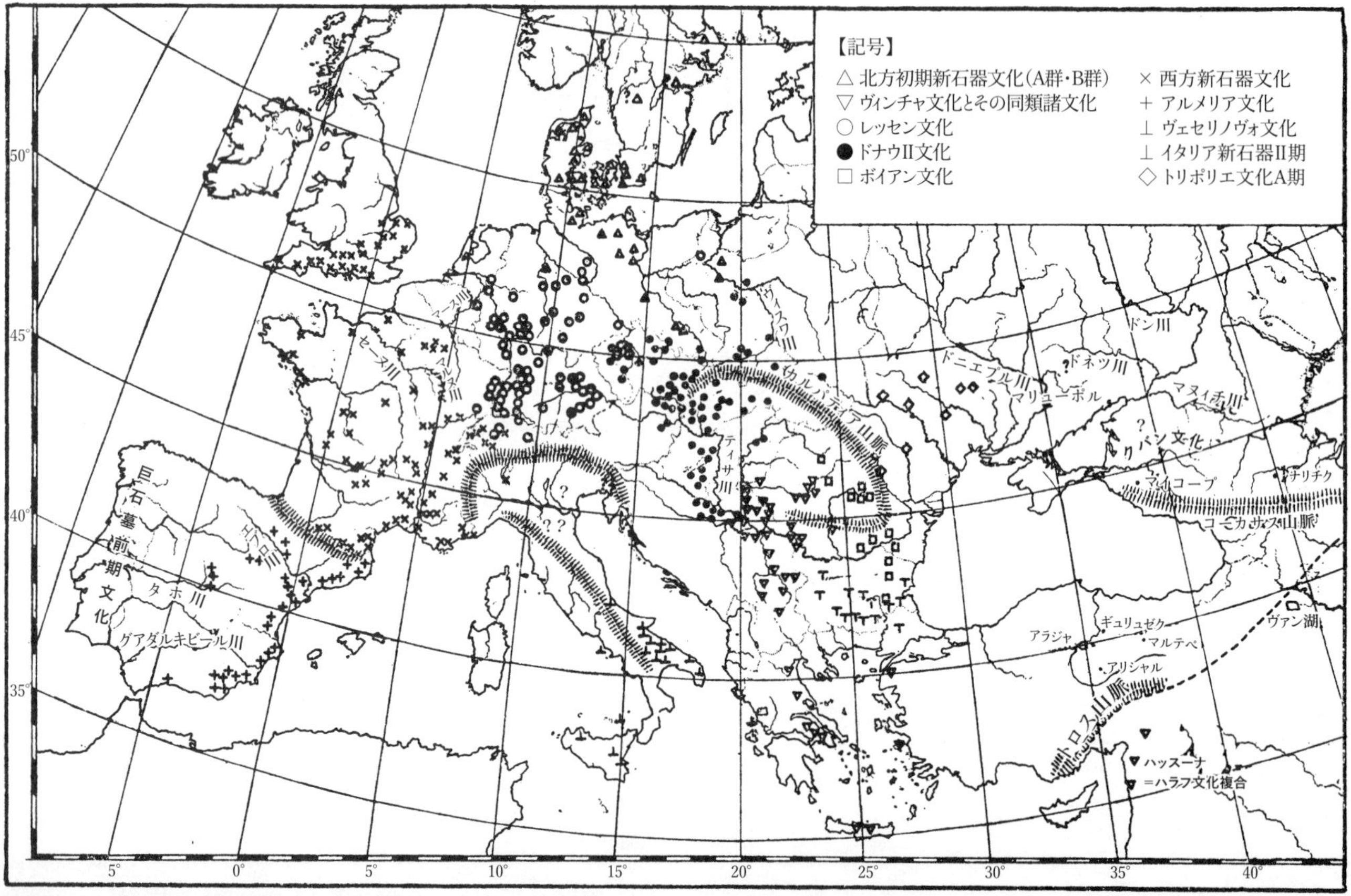

地図III a　III期のヨーロッパ――巨石墓の初期拡散

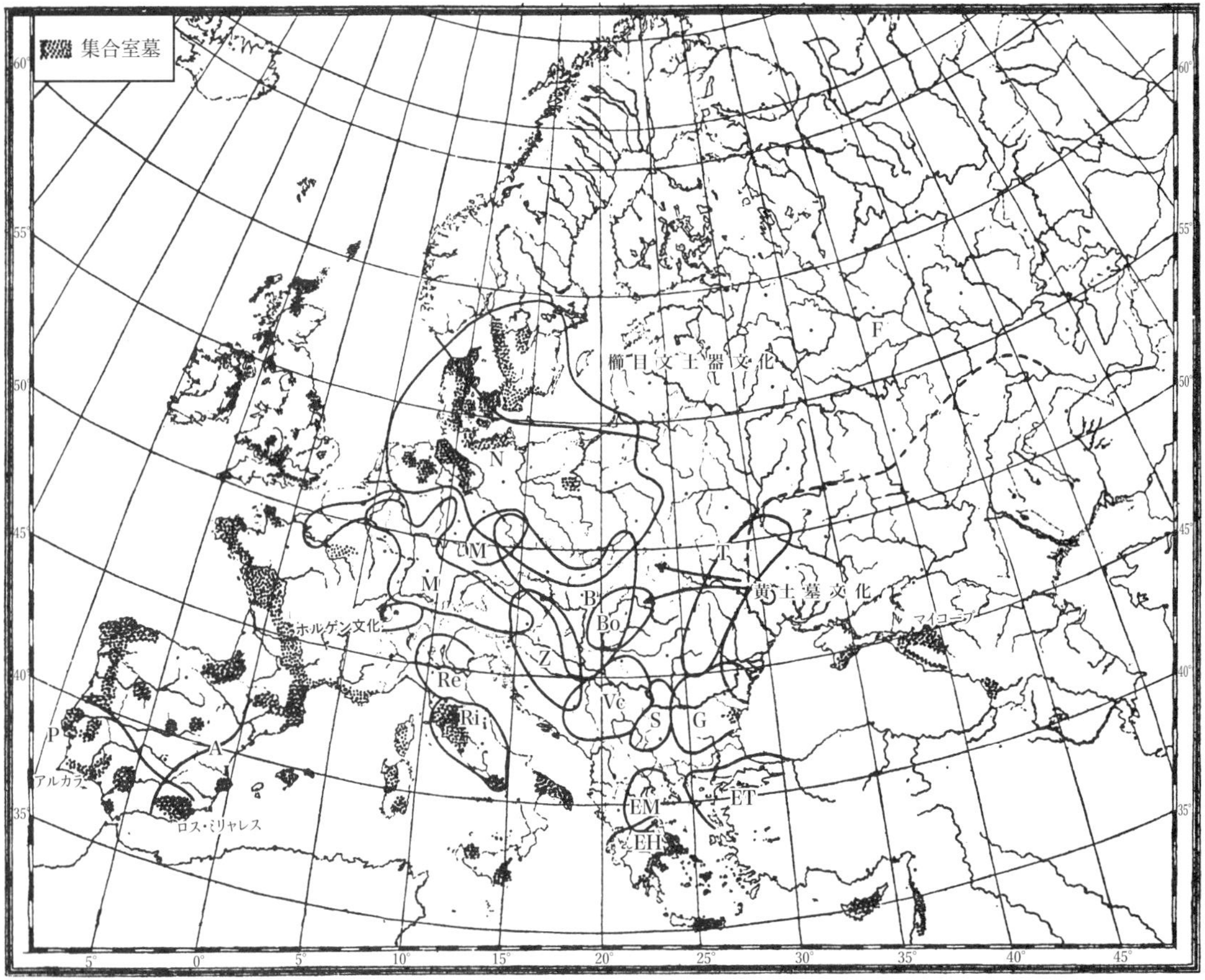


訳注：アルファベット記号の凡例は次頁の地図II bを参照。

地図III b　III期のヨーロッパ――ビーカー諸文化と闘斧諸文化

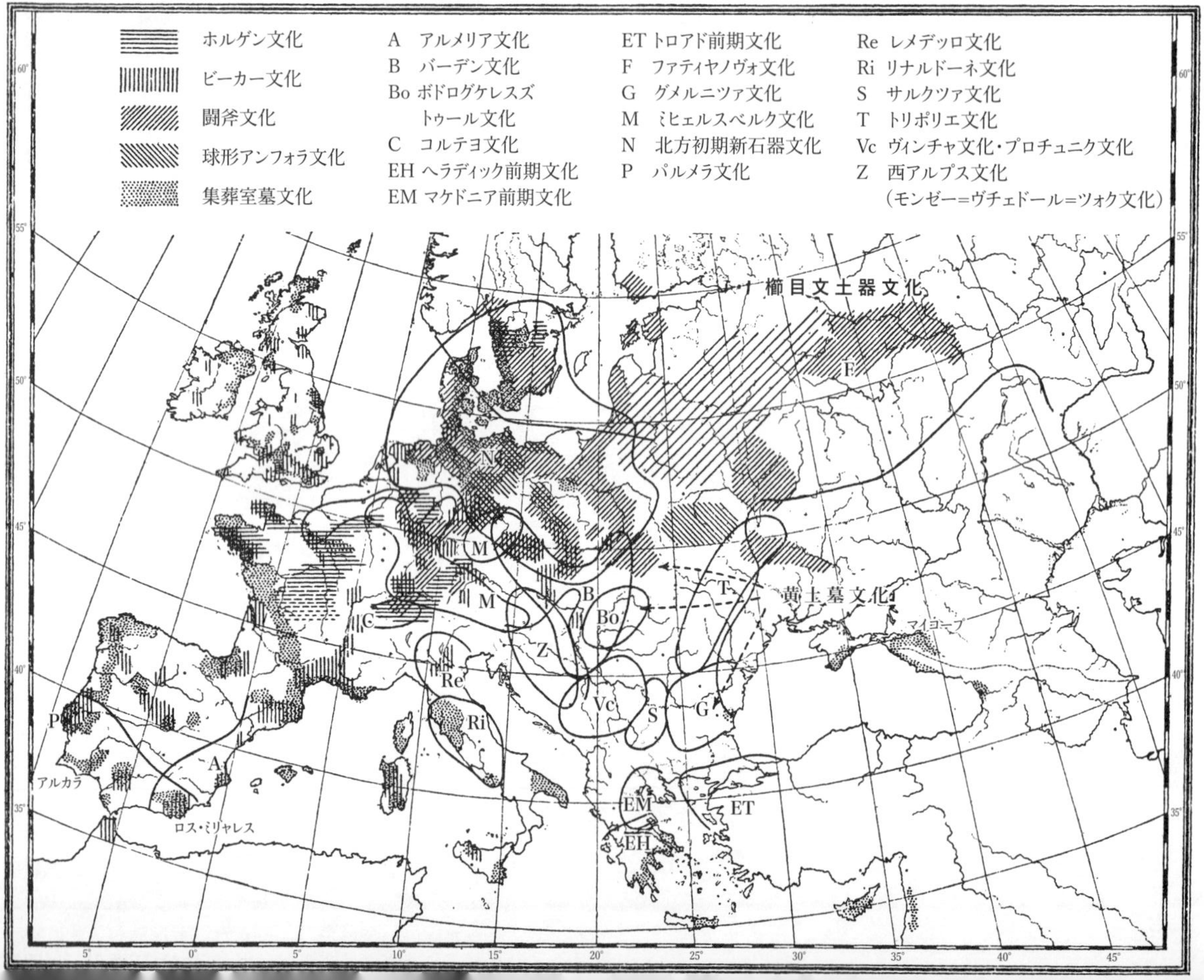

地図IV　IV期のヨーロッパ――前期青銅器時代の諸文化と交易路

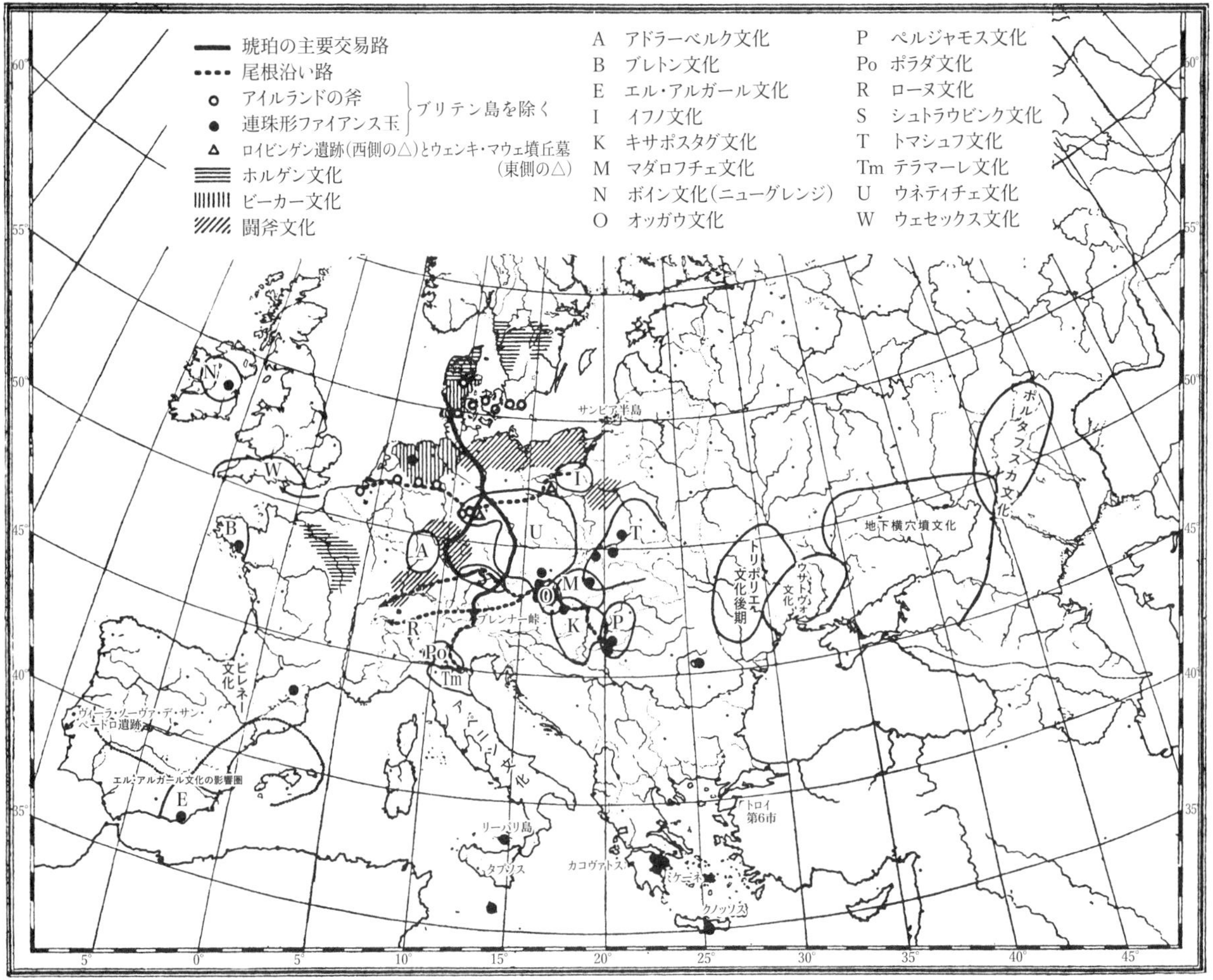

# 註（原註）

## 第1章

（1）フレデリック・ズーナーは著書『過去を測定する』（一九五四年）で花粉分析の証拠を簡便にまとめている。
（2）この文化は実質的に森林地帯に限定して広がっている。
（3）たとえばロット＝エ＝ガロンヌ県のソーヴテール遺跡（フランス）において、タルドノア文化の細石器が爪形文を施した紐状飾り付き土器や逆刺《かえり》付有茎鏃と共存していた。
（4）装飾をもつ「洞窟」式の土器片が少なくとも貝塚の上層から出土している。
（5）ペカルナ洞窟のマドレーヌ文化層や、これと時期を同じくするドルニー・ヴィエストニツェ付近のパヴロヴツェ遺跡の野営地で出土している。
（6）橇の滑走部がフィンランドのボレアル期の泥炭地から発見されている。
（7）ブリューソフはクンダ文化がバルト地方のマグレモーゼ文化の西部ではなく東部に由来すると考えているようだ。
（8）これらの「斧」とそれ以前の「手斧」は、切断にあまり役立たなかっただろう。というのも、残存資料の柄は長さ五〇センチにもなるのに、太さは二センチ未満のハシバミの幹だからである。
（9）短頭型が長頭型を三対二で上回っている。
（10）スキエルニエビツェのヤニスワビツェ遺跡〔ポーランド〕で見つかった、ラップノイド種族の特徴を示す座葬は、当該期に比定されている。

## 第2章

(11) アナトリアでは、ヒッタイト帝国（紀元前一九五〇〜一二〇〇年）のもとで類似の形状が流行した。

(12) クレタ島のヘラクリオン付近にあるミノア後II期の室墓から出土した閃緑岩製のアンフォラには、トトメス三世（在位：紀元前一五〇〇〜一四四七年）〔現在では紀元前一四七九〜一四二五年に訂正されている〕のカルトゥーシュが刻まれており、この年代比定に正確さを付加している。

(13) ハギア・トリアダ遺跡〔ギリシア〕とプリソス遺跡〔ギリシア〕で出土している。

(14) クルディスタンのジャルモ遺跡でも同じ現象が見られる。

## 第3章

(15) たぶんもう少し遅い時期ではあるが、一粒小麦がトロイ遺跡とクスラ遺跡で確認されている。エンマー小麦が確認されているのはテルミ遺跡だけであり、この遺跡では葡萄の痕跡も若干見つかっている。

(16) アフラトリベル遺跡（アンカラ付近）の銅器時代の町でも、同様の工夫を施した製品が見られる。

(17) 紀元前二七五〇年頃のメソポタミアでは、これらに酷似する小像が、あたかも輸入されたかのように散発的に出土する。

(18) もちろんこれは、それ以前のクレタ島（三七頁）や紀元前三千年紀のシュメールにおいて、槍先に袋穂を取りつけるのに使われた手法である。

## 第4章

(19) アモルゴス島出土の一振の短剣は純銅製であるが、一点の銅環には一三・五パーセントの錫が含まれている。

(20) 「フライパン」は南群と北群のどちらの副葬品でも、同心円文様で飾られているので、連続渦巻文様を施す製品の方が古いのかもしれない。

(21) これらの化粧板は四隅に穿孔が施され、ビーカー文化複合《コンプレックス》の手首防具に似ているが、あくまで表面的に似ているだけである。

## 第5章

(22) ツァニ遺跡では大麦がA期に、セスクロ遺跡とディミニ遺跡では小麦・大麦・イチジク・梨・エンドウ豆がB期に存在したことが証明されている。またラクマニ遺跡の第四（D）層から小麦が、マケドニアのセルヴィア遺跡の第一層からデュラム小麦が出土している。

(23) 器面の色調は焼成で決まる。酸化焔焼成だと赤色に、還元焔焼成だと黒色になる。

(24) ただし、ビブロスの土製印章は新石器時代のものである。

(25) キリキアのメルシン遺跡〔トルコ〕の銅石時代と原《プロト》銅石時代から出土する土器は、さらに良好な類似例である。

(26) 両遺跡の城砦とメガロン式宮殿はヘラディック中期に属し、それゆえディミニ文化とは無関係の可能性もある。

(27) ゴニア遺跡とアルゴスのヘライオン遺跡で出土している。

(28) オリュントス遺跡やマケドニアのいくつかの遺跡では、水差しに実用の把手が付く。しかしウォルター・ヒュートレイは、そうした水差しはエーゲ前期の手本に影響を受けており、実際には「新石器文化」的ではないと信じている。

(29) 在アテネ英国研究所が保管する二点の銅製闘斧は、ギリシア半島において共伴資料なしに発見されたもので、ヘラディック前期に属する可能性がある。

(30) この器形は縄目文土器のアンフォラ（図84）に似ているが、アナトリアの器形にも似ている。

(31) この墓から出土したもう一振の刃物が戈に同定されているが、これは誤りである。

(32) フリッツ・シャッハーマイヤーは、エジプトのアーモス一世に手を貸してヒクソスを放逐した際に、ミケーネ人は戦車の製造法と使用法を習得したと提言している。

(33) アーサー・エヴァンズはこれに反対して、「アトレウス」墓を最古のトロスだと考えた。しかしこの考えは、新しい円形墓地が発見されたことで突き崩された。

(34) パトラス付近にある一基の室墓から発見されている。

(35) 石製鋳型の現物が発見されている。

## 第6章

(36) ただし、おそらく羊も山羊もいなかっただろう。

(37) ミオドラグ・グルビッチが報告したスボティツァ〔セルビア〕出土の「未焼成土器」の正体は、砂地にしつらえた瓶形貯蔵穴に内貼りした粘土である。そうした貯蔵穴内から通常のスタルチェヴォ土器が発見されている。

(38) ヴィンチャ遺跡では、少数の上塗り土器片が報告されているが、ほとんどがヴィンチャII期の層からの出土である。

(39) ミロイチッチの編年研究は、ルーマニアのデータが利用可能になる前に書かれており、ボイアン文化だけでなくグメルニツァ文化もヴィンチャI期と同一視している。

(40) フムスカ・チュカ遺跡で出土した「ミニュアス」土器片と「ヘラディック前期」の土器片を、ガラシャニンとミロイチッチが引用しているが、実のところあまり参考にならない。これらの起源がエーゲ海域にあるというのは全然ありえないし、ヴィンチャの文化連続と関係があるという考えにも議論がある。

(41) 情報は発掘担当者から得た。

(42) 馬骨と闘斧の層位的位置はいまだ不明である。カラノヴォ遺跡では、このどちらも原位置で発見されていない。

(43) このほか、わりと上の層に三六基の埋葬があったことが報告されている。

(44) プロブディフのヤサテペ遺跡とバニヤタ遺跡の第三層に出土例がある。

## 第7章

(45) 本章で触れていない点については、拙著『先史時代のドナウ川』(一九二九年)を参照されたい。

(46) エンマー小麦が報告されたのはラインラントとベルギーだけ、パン小麦が報告されたのはポーランドだけである。そのどちらも他集団から借用したものかもしれない。

(47)トンパ・フェレンツがレンジェル文化を拡張して「ティサ」文化と名づけてしまったせいで、いま論じているまったく異なる組合せとの混同が生じてしまった。

(48)「北西ドイツの巨石文化」からレッセン文化が派生したという理論が、かつてドイツで支配的だった。しかしこの理論は、アルビン・ストッキーに反論され、さらにはカール・エンゲルに完膚なきまで反駁された。

(49)ストッキーが論じるように、レッセン文化とトロアド文化の「樽」は、どちらもレンジェル文化の樽状楕円形土器に由来する可能性がある。

(50)アナトリア北部のシワス付近のマルテペにおいて、典型的なミルク水差しらしきものが発見されている。

(51)この遺跡の穴墓はドナウI期の長形家屋の基礎を攪乱していた。

(52)鹿角製の鏢《ひょう》をペーツェル文化のものとするのは疑問である。

(53)パロタバソク遺跡〔ハンガリー〕の家屋は四・五×三・四メートル、プラハのブベニチュ遺跡の家屋は八・〇×五・五メートルを測る。

(54)スツォレグ遺跡〔ハンガリー〕では二号墓と二一一号墓のみで、ジェスク遺跡〔ハンガリー〕では一四号墓のみで出土している。

(55)とくにニトラ付近のヴィーチャピ＝オパトヴィチェ遺跡で目立つが未報告である。

(56)ドゥナペヌテレ〔現ドゥナウーイヴァーロシュ〕のキサポスタグ文化期の穴墓で出土している。

(57)ニェムチツェとイジーコヴィツェで見つかっている。

(58)クロード・シェーファーはこのような金属工を「頸輪運搬者」と名づけた。

(59)ミロイチッチはこうした「アジア」型式がⅣ期初頭にすべて同時に出現したのではなく、A1期・A2期・B期にそれぞれ別個に登場したと指摘している。

(60)その由来はコーカサスかクレタ島に求められる。

(61)この文化はトーセグ遺跡のテルの最下層にちなんで、ナジレーヴ文化と名づけられている。

(62)スロヴァキアでは、キサポスタグ式土器とウネティチェ式土器は埋葬に伴って出土する。

(63)たとえば、ハインブルク＝タイヒタル遺跡〔オーストリア〕には四〇〇基からなる墓地があり、ゲマインレバルン遺跡〔オーストリア〕には二五五基からなる墓地がある。

(64) 以前はウネティチェ文化とは別の「マルシュヴィッツ文化」の所産とされ、ドナウⅢ期のものとされていた。

(65) 一〇三頁参照。弓形の留針ブローチですら、ドナウⅥ期の骨壺墓地での出土が信頼できる初現である。ボヘミアのポレピ遺跡にあるウネティチェ文化期の一基の穴墓から破片が出土しているが、小片すぎて信頼に足る判断を下せない。また、ゲマインレバルン遺跡においてもう一例が知られている。これはウネティチェ文化後期の墓地に属す可能性と同じくらい、同遺跡の骨壺墓地に属す可能性がある。

## 第8章

(66) エフゲニー・クリチェフスキーは、屋根を架ける前に床面を焼き固めたと主張している。

(67) 発掘報告書ではスキタイの大釜の土製模造品がこれと同じ文化層から出土したとされており、そのためこの報告書の信頼性に対する疑問が募ってくる。

(68) セレト河畔のトライアン遺跡においてとくに顕著である。

(69) この円盤は、ブジェシチ・クヤヴィ遺跡のドナウⅢ期の穴墓から出土した円盤（一五五頁）に酷似する。

## 第9章

(70) デゲン＝コワレウスキーとミハイル・アルタモノフは、クバン前期の墳丘墓の年代はずっと新しいと提言している。

(71) アヌンシオ・ストリヤルはこれらの墓葬を計四期以上に割り当てている。

(72) 型式学的に見て「竪穴墳文化」期からも発見されるが、「木槨墳文化」期の墓からの出土がもっとも多い。

(73) 西はドニエプル河畔から東はスターリングラード〔現ヴォルゴグラード〕まで発見されている。

(74) 金属製の曲刃鎌はイエッセンⅣ期に作られた。

(75) イエッセンは北コーカサスにおけるこの種の闘斧をⅣ期に位置づけている。

(76) T・ポポーワはこれらの土器を六つの地域変異型に区分しているが、それらのなかには地下横穴墳文化をまるで代表しないものもある。
(77) この型式そのものである縦横両用斧の実物が、ウズベキスタンとインダス川流域で知られている。
(78) しかし、墳丘下の土器を伴わない竪坑墓は、ザクセン＝チューリンゲン地域〔ドイツ〕においてでさえ、もっと古い可能性がある。
(79) 時おり見られる男女の殉葬例は除く。
(80) 環状の溝に取り巻かれていることもある。
(81) ピーター・グロブは上方墓の開始年代を、新石器中Ⅱb期（北方新石器Ⅲa期）にそれとなく位置づけ、カール・ベッカーは中Ⅲ期（Ⅲc期）にはっきりと位置づけている。
(82) 舟形斧族の頭蓋骨は、ポントスの竪穴墳から出土する頭蓋骨に酷似する。
(83) ニトラ〔スロヴァキア〕に所在する三〇〇基の穴墓から遺物が出土しているが未報告である。
(84) その手本であるミカリク遺跡やトリポリエ遺跡の闘斧が儀礼用品とは限らないことが、このことから分かるわけだ。
(85) ごく最近だと、ロータール・キリアンが著書『ハフ海岸文化』（一九五五年）において、闘斧のほかアンフォラに刻印ないし彩画された材質転換的な文様をも根拠に加えて論じている。

## 第10章

(86) ここでは、『先史学大事典』（マックス・エーベルト編、一九二一〜二七年）第九巻のエクホルムの時期区分ではなく、テルケル・マティアッセンが『考古学報』第一五巻（一九四四年）で集落出土品により確証した時期区分に従う。
(87) これらの土器型式は、ハンガリーとモラヴィアのドナウⅡ期に特有のものだが、エルベ川＝オーデル川上流域から間接的にデンマークにもたらされた可能性がある。もしそうであれば、ヘルマン・シュバーベディッセンが示唆する北方新石器Ⅲa期とドナウⅡ期の同時性は正当化されないだろう。

(88)ヴァルデマル・フミレフスキはこれらを集葬室墓と見なしているが、記録されている被葬者数は最大で一〇体であり、しかも遺骸は一室のみに合葬されているわけではない。
(89)またフリント石斧は薄基式だが、デンマークの石斧と形状がかけ離れている。
(90)エルンスト・シュプロクホフは、このような長形墳と「勾配の緩い切妻屋根をもつ家屋」との類似性を強調している。
(91)ディースカウ遺跡〔ドイツ〕で出土したアイルランド製の銅斧には錫が多く含まれるが、同遺跡の一括埋納の「青銅製品」に錫がまったく含まれていないことに留意されたい。
(92)ザーレ＝ヴァルタ型式の柄付銅戈一振が袋状斧一点と一緒に発見されているという。
(93)したがって、ウェセックス文化とアルモリカ文化の特徴的な短剣は、エルベ＝オーデル型式に由来するようであり、アングロ＝アルモリカ型式の金鋲付把はザーレ川流域において模倣され、ウェセックス文化の琥珀製垂飾は有柄銅戈の模倣品であるようだ。

## 第11章

(94)住民は形質的にはヨーロッパ人種とモンゴロイドの混血である。
(95)M・ヴォエヴォドスキーが例示したように、この施文原体は最初、平たい小石の角を刻んだり打ち欠いて作り、後に短い歯の付く骨製櫛になった。
(96)アールネ・アイラパーは、スウェーデンにおける相関関係について論じている。
(97)『フィンランド博物館紀要』五七号（一九五〇年）に良好な縄目文土器が引用されているので、この否定は間違っている。
(98)網代《あじろ》痕が櫛目文土器の器面にしばしば見られる。
(99)「黄土墓」に屈葬した遺骸に伴って発見されている。
(100)ウラジスラヴ・ラヴドニカスはこの墓地の時期をフィンランドⅢ期ないしⅣ期に比定している。ところがブリューソフは、アトランティック期すなわちフィンランド〇期に比定している。

(101) おそらくディア島I遺跡出土の骨製小像を除くと、すべて時期が下るようである。
(102) アイラパーも、櫛目文土器の南東起源説を支持しているようである。
(103) ただし、櫛目文に加えて網代痕をもつ土器もある。

## 第12章

(104) グラフトン・エリオット・スミスはこの解釈の草分けである。
(105) たとえばダヌーン付近の「アダム墓」〔イギリス〕は、区画がたった一つにまで減らされた区画型箱式石室である。
(106) このような前庭の名残りをバレアレス諸島のナベタで見ることができる。またイングランドの無墓室長形墳では、木材の擁壁と一緒に認めることができる（四〇五〜四〇六頁）。
(107) ただしボッシュ＝ヒンペラが依拠したソマエン遺跡〔スペイン〕の層序は、出典情報からうかがえるように、本書の「典型」様式と「荘重」様式の関連性を示す手がかりを何ら与えてくれない。
(108) シチリア島のヴィッラフラーティ遺跡、ナルボンヌ付近のモンジュ洞窟遺跡〔フランス〕、スペインの中部および北部とポルトガルでよく出土する。
(109) サルディニア島のアンゲル・ルーユ遺跡、ポルトガルのパルメラ遺跡とアラプライア遺跡に出土例がある。
(110) ロス・ミリャレス遺跡などのアルメリアの遺跡やヴァール県〔フランス〕に出土例がある。
(111) ブルターニュとポルトガルに出土例がある。
(112) ブルターニュとパリ盆地に出土例がある。
(113) カタルーニャ州のプイ・ロド遺跡とオート＝ピレネー県のハリアード遺跡〔フランス〕に出土例がある。

## 第13章

(114)『イタリアとシチリア島の石器時代と青銅器時代』(Oxford, 1909)。ベルナーボ＝ブレアがシチリア島でオルシの体系を刷新したことを除くと、この書籍を乗り超えるほど包括的な調査研究はまだ出ていない。

(115) ただしリーパリ島では、この石皿は受け皿形であり、槽状を呈すものすらある。

(116) カプリ島・リーパリ島・シチリア島に代表されるこの彩色方式は、プッリャの方式からかけ離れている。

(117) アンジェロ・モッソは崩壊した土塁を街路だと勘違いしてしまった。

(118) イタリアの「ピンタデラ」の類品は、キリキアのタルススにあるゲズリュ・カレ遺跡の初期エーゲ文化層や新石器時代のビブロスから出土している。

(119) 同じ地方変種の土器を伴っているものの、ビーカー文化と同じ室墓には見られない。

(120) この墓地は甕棺墓の墓地とは別の場所にある。

(121) チヴィタヴェッキア付近のサッソーにある埋葬洞窟には、一〇〇体の遺骸が埋葬されている（うち一体は穿顱されている）。投弾はあるが石鏃がないことから、発掘者は「中期新石器時代」に比定しているが、長い把手をそなえる杯一点は後期新石器時代の方がふさわしいように思われるし、なんならアペニン文化の脈絡と見るのもよい。

(122) ベルナーボ＝ブレアによると、ベルヴェデーレ遺跡は実際にはリナルドーネ文化段階に遡る。

(123) 兎の指骨製垂飾はアレーヌ・カンディード洞窟の中期新石器時代の層（第二一・二三・二四層）だけでなく、後期新石器時代の層（第二五・二七層）からも発見されている。

(124) スイスの湖畔住居にきわめて顕著な鹿角製雁柄などの各種の骨角製品は、コモとヴァレーゼ（どちらもイタリア）にある博物館のラゴッツァ文化コレクションにまったく存在しない。同じく葦笛形の把手風突起も欠落している。

(125) ヴェローナ付近のクインツァーノ遺跡（イタリア）にある屈葬墓からなる墓地からも発見されている。

(126) 墓地との関係は不確実である。

(127) レードロ遺跡において一粒小麦・二粒小麦・大麦・黍が見つかっている。

(128) サフルンドは、紀元前一一九八年に歿したセティ二世のカルトゥーシュをもつ剣をテラマーレ型式だと考えている。

## 第14章

(129) この文化連続は、ジョン・エヴァンズが築いた客観的な基礎の上に確立されたものである。

(130) マルタ島のモニュメントと遺物の図面および平面図を収めた最良の出版物は、ルイージ・マリア・ウゴリーニによる『マルタ――地中海文明の起源』(Rome, 1934) である。ただし、そこで表明されている見解は説得力に乏しい。

(131) その結果、初期エジプトのマスタバやシュメールの神殿の正面《ファサード》を飾る扶壁と壁龕《へきがん》が交互に並ぶという効果が生じている。

(132) こうした土偶は奇妙なことに、ドナウ地方の鉄門渓谷の近くに位置する中期青銅器時代の遺跡から出土する土偶に似ている。

(133) 一四〇三年にカディス〔スペイン〕からコンスタンティノープル〔トルコ〕に向かったルイ・ゴンザレス・デ・クラビホは、航海の途中でミノルカ島からボニファシオ海峡を通過してティレニア海沿岸にいたったが、メッシーナ海峡を通過する前にリーパリ島の沖合で避難を余儀なくされた。

(134) それゆえタラヨット文化の斧には扁平斧と袋穂斧の両方が含まれる。

## 第15章

(135) ジュリアン・サン・ヴァレロ・アパリシは、こうした棍棒の頭部は掘り棒の重しだと主張している。同様の物品は北アフリカのカプサ文化に広く分布している。しかし、掘り棒とするには軽すぎる。

(136) シレは著書『金属時代』において、この遺跡には連珠形骨製ビーズ・四隅を穿孔した土板・鉱石塊があるので、むしろ銅器時代に比定されると示唆した。

(137) トレス・カベゾス遺跡〔新石器時代〕、ベレス・ブランコ遺跡、アリカンテのマス・デ・メネンテ遺跡〔青銅器時代〕から出土している。

(138) レオンのヴァルデナビ遺跡〔スペイン〕において、この種の「刺突具」が頭蓋骨に刺さった状態で発見されている。

(139) マヌエル・アフォンソ・ド・パソーは、これらの頸輪をアイルランドの金製新月形製品と比較している。しかし、後者が端部に穿孔するのに対して、前者は穿孔がある場合でも、端部ではなく中央付近である。それでもよいならば、弧状土製品と比較するのも同じくらい正当だろう。

(140) ボスチ゠ヒンペラは、パルメラ様式を汎ヨーロッパ様式よりも古いとするが、この見解を裏づけるとされる層位学的な証拠は、カスティリョによって粉砕されている。

(141) カールトン・クーンは、「銅器時代」の住民との対比性を主張している。

(142) リンゼイ・スコット卿は、ブリテン島の中期青銅器時代の「香炉形土器」とロス・ミリャレス遺跡および銅器時代の同種の遺跡から出土する石製容器および土器との酷似ぶりについて指摘している。

## 第16章

(143) 食用動物の割合は、牛三九パーセント・豚二一パーセント・羊と山羊が各一八・五パーセントである。狩猟動物骨は全動物骨のわずか三〇パーセントにすぎない。

(144) 木製柄の鹿角鍬の現物が出土している。

(145) スイス中部における本遺跡などの村落遺跡の文化は、ヌーシャテル湖で親しまれていた文化から派生したものである。レッセン文化から影響をまったく受けなかったコルテヨ文化なのかもしれない。

(146) ウォルフガング・キミッヒは、この様式をミヒェルスベルク文化とレッセン文化の雑種と見なしている。

(147) ホルゲン文化およびミヒェルスベルク文化の集落に後続する前期青銅器時代の村落は、いずれも層序をなしている。

(148) クレスタルタ遺跡〔スイス〕では、牛骨二二点・羊骨二三点・豚骨二二点・山羊骨一〇点・馬骨七一点が確認されている。

(149) ボフスラフ・ノヴォトニーは、ボヘミアの一五遺跡、モラヴィアの三遺跡、スロヴァキアの二二遺跡の一覧表と地図を作製している。

(150) 器形に関する限り、どちらの土器群もI期のスタルチェヴォ型式からそれぞれ独立して派生した可能性がある。しかし、スラヴォニア式土器と地下横穴墳出土の灯火皿の装飾も、非常によく似ている。

(151) アディジェ川〔イタリア〕からイン川までの運搬距離は、ジュリア・アルプス山脈を越えるルートよりも、ブレンナー峠越えのルートの方がはるかに短い。ローマ人がナウポルトゥスへの道路を敷設した際に、前者のルートが後者のルートにとってかわったのである。

## 第17章

(152) 多くの研究者が、フランス出土の無文の西方式土器をすべてシャセ式土器として説明している。他方でジャン・アーナルとギー・ベナゼは、当地の「シャセ式装飾」を西方式の無文土器よりも古く考え、両者を区別している。

(153) これは、北フランスに「フリント文化」が存在したというボスチ＝ヒンペラの命題《テーゼ》の根底をなす事実である。言い換えると、当地域にはフリントが多いが、きめの細かい石材が乏しかったので、斧用の素材にさえフリントが一般に使用された、ということである。

(154) ネルモン遺跡〔フランス〕では、ドナウ文化の土器が西方式の土器に先行したようである。

(155) 実際の割合は、牛六八パーセント・豚一八パーセント・羊一〇パーセント・山羊一・五パーセント・狩猟の獲物二・五パーセントである。

(156) ただし後期青銅器時代のピンのほかにも、銅器時代の湖畔住居から出土するような松葉杖状ピンが出土している。

(157) ルイス・ペリコット・ガルシアは著書『巨石墓』（一九五〇年）で、スペインと南フランスの室墓と副葬品について包括的に検討している。

(158) この遺跡の室墓には、「三〇〇体」の遺骸と少なくともビーカー土器七点・パレット一二点・金製ビーズ・有茎鏃が納められていた。

(159) これに対してベルナーボ＝ブレアは、アルルの室墓から出土した若干の土器片のみが、リグリア州の文化連続における（後期）新石器時代のものである可能性があり、それ以外の室墓出土の土器はすべて銅石時代のものだとしている。

(160)ヘレナはこれを「石」だと誤認した。なお、ジロンド県のカビュにある「ドルメン」から出土した連珠形骨製ビーズは、連珠形ファイアンス玉の模造品だろう。

(161)ハリアード遺跡を始め、アキテーヌやファーブルなどの諸遺跡で出土している。これと似た鉢がコート・ドール県のハルシュタット期の穴墓で発見されている。

(162)オーエン・マクホワイトは当地域で出土した一五例の穿顱骨を列挙している。

(163)ロゼール県では、「ドルメン」からの出土が五二例、洞窟からの出土が一〇五例ある。

(164)通常の平面プランとしては間違っている。

(165)しかし、もし巨石信仰がロワール川流域から、ノルマンディーの沿岸部から、あるいはコーカサスからヘッセンを経由して、セーヌ川・マルヌ川流域に伝わったものだとすると、パリ式箱式石室やマルヌ式彫刻こそ、南フランスの岩穴墓や彫像立石へと発展してゆく原基であったに違いないのだ。

(166)シャラント川下流域のトリゼ付近にある「小ドルメン」では、西ヨーロッパ式短剣一振・逆刺付有茎鏃・帯状金製品が伴出している。

(167)ラン・ブランの屈折墓道付石室墓(モルビアン県)とトレガステルのセーヌ＝オワーヌ＝マルヌ文化の通廊形石室墓(コート・デュ・ノール県)から出土している。

(168)銅斧を模倣して刃広にしたものもある。

(169)柄孔が小さすぎて柄の通らない双頭銅斧が中部フランス・スイス・ドイツ南部で出土している。

(170)フォードはこれらの墓室の支柱が、通常の集葬室墓の支柱と同様に彫刻されていることに言及している。

(171)ゲラン公園のトロスから出土している。なおこのトロスは、青銅器時代型式の単葬墓に改造されている。

(172)アリエ県とドルドーニュ県にあるこれらの墳丘墓を除くと、ヴィエンヌ県・シャラント県・ロゼール県にある貧相な非巨石の箱式石室が「青銅器時代」のものかもしれないが、金属器は一基に副葬されていただけである。もちろんソーヌ川以東には、スイスの墓と関連する前期青銅器時代の穴墓があるが、数基から磨製のフリント石器や緑色岩製石斧が出土している。

## 第18章

(173) 新石器時代のブリテン島については、ピゴット著『イギリス諸島の新石器文化』（一九五四年）を参照されたい。
(174) ボイン文化の室墓出土品のうち、スペインから輸入された可能性のある唯一の物品が、スペインの埋葬洞窟にも見出せる。
(175) ただしこの耳飾は、B1式ビーカー土器ではなくB3式ビーカー土器と共存する。
(176) たとえばブリストル海峡からリムリックへ、スコットランド南部からアルスターへ派遣された。
(177) 横付け環頭式の骨製ピンは、スウェーデンの舟形斧文化に属する墓と、エストニアの別文化の墓から出土している。これらはみな、似た形状をもつウネティチェ文化の（稀少な）金属ピンの模造品かもしれない。
(178) これはピゴットの見解だが、イゾベル・スミスの研究成果に照らして修正する必要がある。
(179) たとえば、これより古いウェセックス文化の短剣は、その起源をエルベ＝オーデル型式の短剣に求められそうである。戈形垂飾はザーレ＝ヴァルタ型式の柄付銅戈を再現したものである。
(180) ヨーロッパ北部で発見された金製新月形製品がアイルランド製でないことに注意されたい。
(181) このような玉は、一九五五年にショーン・オリオーダン教授によって、タラの丘〔アイルランド〕にある「人質の塚」の二次埋葬で発見されている。

## 第19章

(182) 『放射性炭素年代測定法』（ウィラード・リビー著、一九五三年）。イギリスの先史学者は、こぞってこの年代を否定している。
(183) これらの数値は考古学者によって頻繁に言及されるが、測定を担当した物理学者によって正式に公表されていない。

# 用語説明

―土器―

本書において特別な意味、もしくは限定的な意味で使用した、土器に関する用語の定義および装飾の説明。

**上塗り** 焼成後の器面への着色（塗彩）。
**凹線文** 比較的広くて浅い、底面が丸みを帯びる刻線。
**押引列点文** 軟らかい粘土を先の尖った道具で刺突し、刺したまま少しだけ後ろに引いてまた刺突する、といったことを繰り返して、連続した線を生み出す装飾。
**カーディアル土器** 二枚貝の貝殻の縁で押し引いた線により施文した土器。
**線刻文** 幅広の刻線文。通常、底面は丸みを帯びない。
**粗面仕上げ** 一般に化粧土を厚く塗布した器面を、指つまみや刷毛調整などによりざらざらにする装飾。いわゆる「泥漿仕上げ」。
**彫出** 器面に押圧ないし切削を施して、小さな三角形か四角形の凹みを規則的に生み出した装飾（「雷文細工」「木彫模様細工」「偽浮彫」）。
**沈線文** 鋭い細線のみで区切られた沈線装飾。
**引っ掻き線** 刻線文であり、線を白色で充填したり塗彩したりする。
**紐状文** 浮出状の粘土紐を添付した装飾。
**まだら色** 焼成の結果、胎土の酸化鉄が空気に触れ酸化して赤くなる部分と、酸化鉄の還元により黒くなる部分が生じてできる色合い。エジプトの黒頂土器はその一種。

**絡状体圧痕文**　鞭状に編んだ紐を押捺した文様（図155参照）。

## ―斧―

「斧頭」は、以前だと石製ないし金属製の切断具について記述するために使用されていた用語であり、斧・手斧・丸鑿・鑿・鍬先に対して適用できた。本書では可能な限り器種を区別しているが、とくに以下の器種について記述しておく。

**手斧**　長軸の断面形が非対称な斧頭（例―図29－B・D）であり、たぶん「斧」としては使えなかっただろう。柄に直角になるように斧頭を装着する。

**斧**　したがって斧とは、長軸の断面形が対称的な斧頭を指す。ただし、手斧として使用できることも多い。現在の斧頭のように柄孔のある斧（ないし手斧）は、「柄孔斧」（ないし「柄孔手斧」）と呼ばれる。ただし、斧尻が細長く丁寧に成形されているものは、「闘斧」と呼び慣わしている。

## ―埋葬―

膝を顎に向けて折り曲げ、脊柱と膝の角度が九〇度未満になる埋葬姿勢を「屈葬」と記述する。この角度が直角を超える場合には、「膝折葬」という用語を用いる。本書の典拠文献ではこの区別が曖昧なため、本書では厳密な区別を維持できなかった。

*Reallexikon der Vorgeschichte*, edited by Max Ebert, Berlin.
*Revista Guimarães*, Guimarães.
*Révue Anthropologique*, Paris.
*Révue Archéologique*, Paris.
*Révue de l'Ecole d'Anthropologie de Paris.*
*Révue des Etudes grecques*, Paris.
*Révue des Questions scientifiques*, Bruxelles.
*Rivista di Antropologia*, Rome.
*Rivista di Scienze preistoriche*, Florence.
*Rivista di Studi liguri*, Bordighera.
Römisch-germanische Kommission des archäologischen Instituts des deutschen Reiches.
*Russ. Antropologicheskiĭ Zhurnal*, Moskva.
*Slovenská Archeológia*, Bratislava (Slovenská Akadémia Vied).
*Slovenské Dejiny*, Bratislava (Slov. Akad, Vied) 1947.
*Soobshcheniya GAIMK.*, Leningrad.
*Sovietskaya Arkheologiya*, Moskva-Leningrad.
"Stenalderbopladser i Aamosen," by T. Mathiassen, J. Troels-Smith, and M. Degerbøl, *Nordiske Fortidsminder*, iii, 3, Copenhagen, 1943.
*Studii şi Cercetări de Istorie Veche*, Bucuresti.
*Suomen Muinaismuistoyhdistyksen Aikakauskirja = Finska Fornminnesföreningens Tidskrift*, Helsinki.
*Suomen Museo*, Helsinki.
*Sussex Archaeological Collections*, Lewes.
*Swiatowit*, Warsaw.
*Trudy Gosudarstvennogo Istoricheskogo Muzeya*, Moskva.
*Trudy Setksiĭ Arkhelogiĭ, RANION*, Moskva.
*Ulster Journal of Archaeology* (3rd ser.), Belfast.
*Wiadomości archeologiczne*, Warsaw.
*Wiener Prähistorische Zeitschrift*, Vienna.
*Zeitschrift für Ethnologie*, Berlin.

*Journal of Near Eastern Studies*, Oriental Institute, Chicago.
*Journal* of the Royal Anthropological Institute, London.
*Journal* of the Royal Society of Antiquaries of Ireland, Dublin.
Junta superior para excavaciones archeológicas, Madrid.
*Kratkie Soobshcheniya o dokladakh i polevykh issledovaniyakh* Instituta Istoriĭ Materialnoĭ Kultury, Moskva–Leningrad.
*Kratkie Soobščeniya,* Arkh. Institut, Ukrainian Academy of Sciences, Kiev.
*Man,* London (Royal Anthropological Institute).
*Mannus,* Berlin–Leipzig (Gesellschaft für deutsche Vorgeschichte).
*Materialy i Issledovaniya po Arkheolgiĭ* SSSR., Institut Istoriĭ Materialnoĭ Kultury Akademiya Nauk, Moskva–Leningrad.
*Matériaux pour l'histoire primitive et naturelle de l'homme,* Paris.
*Mémoires* de la Société des Antiquaires du Nord, Copenhagen.
*Mitteilungen* der anthropologischen Gesellschaft in Wien.
*Mitteilungen* der antiquärischen Gesellschaft in Zürich.
*Mitteilungen* der deutschen Orient-Gesellschaft, Berlin.
*Mitteilungen des archäologischen Instituts des deutschen Reiches, Athenische Abteilung.*
*Monumenti Antichi,* Rome (Accademia dei Lincei).
*Museum Journal,* Philadelphia (University of Pennsylvania Free Museum).
*Nachrichten aus Niedersächsens Urgeschichte,* Hannover.
*Nachrichtenblatt für deutsche Vorzeit,* Leipzig.
*Notizie degli Scavi di Antichità,* Rome (Accademia dei Lincei).
*O Archaeologo Portuguès,* Lisbon.
*Obzor praehistoricky,* Praha.
Oriental Institute, University of Chicago (*Communications, Publications,* or *Studies in Oriental Civilization*).
*Oudheidkundige Mededeelingen* uit's Rijksmuseum van Oudheden te Leiden.
*Pamātky archeologiské a mistopisné,* Praha.
*Papers* of the British School at Rome.
*Praehistorische Zeitschrift,* Berlin.
*Préhistoire,* Paris.
*Problemy Istoriĭ Mat. Kult.,* Leningrad.
*Proceedings* of the Devon Archaeological Exploration Society, Exeter.
*Proceedings* of the Prehistoric Society, Cambridge.
*Proceedings* of the Prehistoric Society of East Anglia, Ipswich.
*Proceedings* of the Royal Irish Academy, Dublin.
*Proceedings* of the Society of Antiquaries of Scotland, Edinburgh.
*Przeglad Archeologiczny,* Poznan.
Razkopki i Proučvaniya Sofia (Naroden Arkheologiceski Muzeĭ).

*Archiv für Orientforschung*, Vienna.
*Archives suisses d'Anthropologie générale*, Geneva.
*Archivo de Prehistoria Levantina*, Valencia.
*Arkheolog Pamyatki U.R.S.R.*, Kiev (Ukrainian Academy of Sciences).
*Årsberättelse K. Humanistiska Vetenskapssamfundets i Lund.*
'Αρχαιολογιόν Δελτίον, Athens.
Association française pour l'avancement des Sciences (Reports of congresses).
*Badische Fundberichte*, Baden-Baden.
*Belleten*, Ankara (Turk Tarih Kurumu).
*Bericht der römisch-germanischen Kommission* des arch. Instituts des deutschen Reiches, Frankfurt.
*Blätter für deutsche Vorgeschichte*, Königsberg.
*Boletín* de la R. Academia de la Historia, Madrid.
*Bulletin de correspondance hellénique.*
*Bulletin* de la Société d'Anthropologie de Paris.
*Bulletin*de la Société préhistorique française, Paris.
*Bullettino di paletnologia italiana*, Parma, Roma.
*Bulletin et Mémoires* de la Société d'Anthropologie de Bruxelles.
Comisión de investigaciones paleontológicas y prehistóricas, Madrid (Junta para Ampliación de estudios científicas).
Congrès international des sciences préhistoriques et proto-historiques.
*Cuadernos de Historia Primitiva*, Madrid.
*Dacia: Recherches et Découvertes archéologiques en Roumanie*, Bucuresti.
*Dolgozatok* a m. kir. Ferencz Jószef-tudományegyetem archaeologia intézetéböl, Szeged.
'Εφημερίς 'Αρχαιολογική, Athens.
*Eurasia septentrionalis antiqua*, Helsinki.
*Finskt Museum*, Helsinki.
*Folya Archaeologica*, Buda-Pest.
*Fornvännen*, Stockholm (K. Vitterhets, Historie och Antikvitets Akademien).
*Fra Nationalmuseets Arbejdsmark*, Copenhagen.
*Gallia*, Paris.
Institut de Paléontologie humaine, *Mémoire*, Paris.
Institut international d'anthropologie, *Congrès.*
*Iraq*, London (British School of Archaeology in Iraq).
*Izvestiya* Gos. Akademiya Istoriĭ Materialnoĭ Kultury, Leningrad-Moskva.
*Jahrbuch für prähistorische und ethnographische Kunst*, Köln.
*Jahresschrift für die Vorgeschichte der sächsich-thüringische Länder*, Halle.
*Jahresschrift für Mitteldeutsche Vorgeschichte*, Halle.
*Journal of Hellenic Studies*, London (Society for Promotion of Hellenic Studies).

Sprockhoff, G. *Die nordische Megalithkultur* (Handbücher der Urgeschichte Deutschlands, 3), Berlin, 1938.

——— *Die Kulturen der jüngeren Steinzeit in der Mark Brandenburg* (*Vorgeschichtliche Forschungen*, I, 4), Berlin, 1926.

Stocký, A. *La Bohème préhistorique*, Praha, 1929.

Vaufrey, R. *Préhistoire de l'Afrique*, I, *Maghreb*, Paris, 1955.

Wace, A. J. B., and Thompson, M. *Prehistoric Thessaly*, Cambridge, 1912.

Xanthudides, S. *The Vaulted Tombs of the Mesará*, Liverpool, 1924.

Zeuner, F. E. *Dating the Past*, London, 1952.

## 参 考 文 献（定期刊行物・論集等）

*Aarbøger for Nordisk Oldkyndighed og Historie*, Copenhagen.

*Acta Archaeologica*, Copenhagen.

*Acta Archaeologica Hungarica*, Buda-Pest.

*Actas y Memorias* de la Sociedad Española de Antropología, Etnografía y Preistoría, Madrid.

*Altschlesien*, Breslau (Schlesische Altertumsverein).

*American Anthropologist* (New Haven, Conn).

*American Journal of Archaeology* (Archaeological Institute of America).

American School of Prehistoric Research, *Bulletin*, New Haven, Conn.

*Ampurias*, Barcelona.

*Annals of Archaeology and Anthropology*, Liverpool.

*Annual* of the British School at Athens.

*Annual Report* of London University Institute of Archaeology, London.

*Antiquaries' Journal*, London (Society of Antiquaries).

*Antiquity*, Gloucester.

*Anuari de l'Institut d'Estudis Catalans*, Barcelona.

*Anzeiger für schweizerische Altertumskunde*, Zurich.

*Archaeologia*, London (Society of Antiquaries).

*Archaeologia Cambrensis*, Cardiff.

*Archaeologia Hungarica*, Buda-Pest.

*Archaeologiai Ertesitö*, Buda-Pest (A Magyar Tudomanyos Akademia).

*Archaeological Journal*, London (R. Archaeological Institute).

*Archeologiské Rozhledy*, Praha (Čeckoslovenská Akademie Věd).

*Arheoloski Vestnik*, Ljubljana (Slovenska Akademija Znanosti).

*Archiv für Anthropologie*, Brunswick.

Evans, Arthur. *The Palace of Minos and Knossos*, London, 1921–8.
Forssander, J. E. *Die schwedische Bootaxtkultur*, Lund, 1933.
——— *Der ostskandinavische Norden während der ältesten Metallzeit Europas*, Lund, 1936 (Skrifter av K. Humanistiska Vetenskapssamfundet, XXII).
Frankfort, H. *Studies in the Early Pottery of the Near East*, London, 1925–7 (R. Anthrop. Institute, *Occasional Papers*, 6 and 8).
Garrod, D. *The Stone Age of Mount Carmel*, I, Oxford, 1937.
Gerasimov, M. M. *Vosstanovlenie Litsa po Čerepu*, Moskva (Trudy Instit. Etnografiĭ, XXVIII), 1955.
Giffen, A. E. van. *Die Bauart der Einzelgräber*, Leipzig, 1930 (Mannus-Bibliothek, 44).
Hančar, F. *Urgeschichte Kaukasiens*, Vienna, 1937.
——— *Das Pferd im prähistorischer und früher historischer Zeit*, Vienna, 1956.
Hawkes, C. F. C. *The Prehistoric Foundations of Europe*, London, 1940.
Heurtley, A. W. *Prehistoric Macedonia*, Cambridge, 1939.
Kosay, Hamit Zubeyr. *Ausgrabungen von Alaca Höyük*, Ankara, 1944.
——— *Alaca Höyük Kazisi*, Ankara, 1951.
Kostrzewski, J. *Prehistoria Ziem Polskisch*, Poznan, 1948.
Loë, A. de. *La Belgique ancienne*, Brussels (Musées du Cinquantenaire), 1928.
Laviosa-Zambotti, *Le più antiche Culture agricole Europee*, Milano, 1943.
Leisner, G. and V., *Die Megalithgräber der iberischen Halbinsel, I., Der Süden*. (Römisch-germanische Forschungen, 17) Berlin, 1943.
MacWhite, Eoin, "Estudios sobre las relaciones atlánticas de la península hispánica" (*Dissertationes Matritenses*, II), Madrid, 1951.
Mariën, M. E., *Oud-België*, Antwerp, 1952.
Milojčić, V. *Chronologie der jüngeren Steinzeit Mittel- und Südosteuropas*, Berlin, 1949.
Nordmann, C. A. "The Megalithic Culture of Northern Europe," Helsinki, 1935 (*S MYA.*, XXXIX, 3).
Osten, H. H. van der. *The Alishar Hüyük*, Chicago, 1929–37 (Oriental Institute Publications, XIX-XX, XXVIII-XXX).
Patay, P. "*Frühbronzezeitliche Kulturen in Ungarn,*" *Dissertationes Pannonicae*, S. II, no. 13) Buda-Pest, 1939.
Pendlebury, A. *The Archaeology of Crete*, London, 1939.
Pericot, L. *España primitiva e romana* (*Historia de España*, I), Madrid, 1947.
——— *Los Sepulcros Megalíticos Catalanes y la Cultura Pirenaica*, Barcelona, 1950.
Pittioni, R. *Urgeschichte des österreichischen Raumes*, Vienna, 1954.
Schaeffer, C. F. A. *Missions en Chypre*, Paris, 1936.
——— *Stratigraphie comparée de l'Asie occidentale*, Oxford, 1948.
Schmidt, E. *Excavations at Tépé Hissar, Damghan*, Philadelphia, 1937.
Schmidt, R. R. *Die Burg Vučedol*, Zagreb, 1945.

# 参考図書

＊複数の章で参照した書籍のみを掲示する。


Åberg, N. *Bronzezeitliche und früheisenzeitliche Chronologie*, Stockholm, 1930–5.

Arik, Remzi Oğuz. *Les Fouilles d'Alaca Höyük*, Ankara, 1937.

Bagge and Kjellmark. *Stenåldersboplatserna vid Siretorp i Blekinge* (K. Vitterhets, Historie och Antikvitets Akademien), Stockholm, 1939.

Bailloud, C., and Mieg de Boofzheim, P. *Les Civilisations néolithiques de la France*, Paris, 1955.

Banner, J. *Das Tisza-Maros-Körös-gebeit*, Szeged, 1942.

Berciu, D. *Arheologia preistorică a Olteniei*, Craiova, 1939.

Bernabo Brea, L. *Gli Scavi nella Caverna degli Arene Candide*, Bordighera, 1946, 1956.

Blegen, Caskey, *et al. Troy*, Princeton, 1950, 1951, 1953.

Böhm. J, *Kronika Objeveného Věku*, Praha, 1941.

Bosch-Gimpera, P. *Etnología de la Península Ibérica*, Barcelona, 1932.

Brøndsted, J. *Danmarks Oldtid*, Copenhagen, 1938–9.

Brinton, G. *The Badarian Civilization*, London, 1928.

Briusov, A. *Očerki po istoriĭ plemen evropaĭskoĭ časti SSSR. v neolitičesku epokhu*, Moskva, 1952.

Buttler, W. *Der donauländische und der westische Kulturkreis der jüngeren Steinzeit* (Handbuch der Urgeschichte Deutschlands, 2), Berlin, 1938.

Castillo Yurrita, A. del, *La Cultura del Vaso campaniforme*, Barcelona, 1928.

Caton-Thompson, G. *The Desert Fayum*, London, 1935.

Childe, V. G. *The Danube in Prehistory*, Oxford, 1929.

——— *New Light on the Most Ancient East*, London, 1954.（『アジヤの古代文明』禰津正志訳、伊藤書店、1944 年）

——— *Prehistoric Communities of the British Isles*, Edinburgh, 1940.

Clark, G. *The Mesolithic Age in Britain*, Cambridge, 1932.

——— *Prehistoric Europe: the economic basis*, London, 1952.

——— *The Mesolithic Settlement of Northern Europe*, Cambridge, 1936.

Coon, C. S. *The Races of Europe*, New York, 1939.

Correia, V. *El Neolítico de Pavía*, Madrid, 1921 (*CIPP. Mem.* 27).

Déchelette, J. *Manuel d'Archéologie préhistorique, celtique et gallo-romaine*, Paris, 1908–14.

Ehrich, R. W. (ed.). *Relative Chronologies in Old World Archaeology*, Chicago, 1954.

Engberg and Shipton. "The Chalcolithic Pottery of Megiddo," *Oriental Institute Studies*, 10, Chicago.

# 用語解説

訳者による。当該用語の初出箇所にアスタリスク（*）を一個付した。

**鉄門渓谷**《アイアン・ゲート》 Iron Gates　ドナウ川の峡谷で、セルビア南部とルーマニア北部の境界部に位置し、広く見れば一三四キロの長さに及ぶ。この一帯に沿ってヴィンチャ文化が発展を遂げた。

**アガメムノン** Agamemnon　伝説上のミケーネ王であり、ギリシアのトロイ遠征軍の総大将。戦後に帰還した際に王妃クリュタイムネストラと愛人アイギストスに謀殺された。

**アジール文化** Azilian culture　フランスのマス・ダジール洞窟を標式遺跡とする南西フランスとスペインの初期中石器時代の文化。後氷期の最初期に位置づけられ、細石器の登場を特徴とする。マドレーヌ文化の後裔的文化。

**アシュール文化** Acheulian　フランスのサン・アシュール遺跡を標式遺跡とする前期旧石器時代後半の文化。ヨーロッパ、アフリカ、西アジアに広がり、ミンデル氷期からリス・ヴュルム間氷期の終わりまで三〇万年以上続いた。

**アトレウス** Atreus　伝説上のミケーネ王でアガメムノンの父。王妃の不倫に対する残虐な復讐が神々の怒りを買い、その呪いは子孫に数々の悲劇をもたらした。

**アナウ遺跡** Anau　トルクメニスタンに所在するテル遺跡。パンペリー調査隊により新石器時代〜鉄器時代の四層が確認された。

**穴墓** grave　地面に窪みを掘り込んで造られた墓。

**アラジャ・ヒュユク遺跡** Alaca Hüyük　トルコのアンカラの東方一六〇キロに位置するテル遺跡。紀元前四千年期末の銅石時代からヒッタイトが崩壊する紀元前二千年紀末に営まれた。前期青銅器時代（紀元前三千年紀後半）の一三基の豪壮な「王墓」群が有名。

**アリシャル遺跡** Alişar　トルコのアンカラの東方二〇〇キロに位置するテル遺跡。銅石時代からイスラーム時代にかけて居住された。

**アンフォラ** amphora　古代ギリシア・ローマ世界に特徴的な土器の器形。頸部と細長い胴部をつなぐ二本の把手をもつ。ワインやオリーブ油などの貯蔵や輸送に用いられたが、棺や骨壺に転用されることもあった。

**イェリコ遺跡** Jericho　パレスチナ自治区の死海の北西に位置するテル遺跡。中石器時代から鉄器時代まで継続的に居住された。農耕開始期から都市形成にいたるまでの人類の生活様相が明らかにされた。

**イタリアの踵《かかと》** heel of Italy　イタリアの外形をブーツになぞらえた場合、その踵の部分にあたるプッリャ地方を指す。

**イリアス** Iliad　『オデュッセイア』と並ぶホメロスの二大叙事詩の一つ。トロイ戦争の最終局面とトロイ陥落が描かれる。

**イリオン** Ilion　トロイの古名。四代目の王イロスにちなむ。『イリアス』の舞台。

**インド＝ヨーロッパ人（語族）** Indo-European　現在のヨーロッパ、西・南・中央アジアの諸言語の祖語であるインド・ヨーロッパ祖語の担い手と想定される集団。その原郷と発生年代をめぐって激しい論争が繰り広げられてきた。現在、黒海北岸の南ロシアのステップ地帯説とアナトリア説が有力説である。

**ウィーラー** Wheeler, Mortimer（一八九〇―一九七六）　イギリスの考古学者。インド政府考古学局長、ロンドン大学考古学研究所所長などを歴任。ロンドン大学考古学研究所ではチャイルドの同僚であった。インダス文明の遺跡やイングランドのローマ時代遺跡などの発掘を数多く手がけた。積極的にテレビ出演をするなど、考古学の普及に努めた。発掘の方法論と実践論を手際よくまとめた *Archaeology from the Earth* は名著の誉れ高い。邦訳書『インダス文明』『インダス文明の流れ』。

**ヴィンチャ遺跡** Vinča　セルビアに所在するドナウ川沿いのテル遺跡。二〇世紀初頭にミロエ・ヴァシチが発掘し、前期新石器時代（紀元前六〇〇〇年頃）から青銅器時代（紀元前四五〇〇年頃）にかけての編年構築に重要な資料をもたらした。バルカン北部の中期〜後期新石器時代文化の標式遺跡。

**ウェスト・ケネット墓** West Kennet　イギリスのウィルトシャー州に所在する長形墳で、墳長一〇〇メートルを測る。新石器時代（紀元前三六〇〇年頃）に造営され、その後一〇〇〇年あまりにわたって儀礼の場として利用された。

**ヴェントリス** Ventris, Michael（一九二二―五六）　イギリスの建築家。アマチュアながら線文字Bの解読に挑み、見事に解明した。

**ウォルソー** Worsaae, Jens（一八二一―八五）　デンマークの考古学者。トムセンの弟子であり後継者。北欧の先史学研究の先駆者として多数の業績を挙げた。邦訳書『デンマークの古代』『北方の先史』。

**海の民** Sh'rd'n'　紀元前一三〜一二世紀に東地中海沿岸に移住を試みた諸集団の総称。エーゲ海や小アジアなどにいた諸族の緩やかなまとまりと考えられるが、詳細な正体は不明。当時の気候変動と連動して、広域的な動乱状態を引き起こした。

**ウル遺跡** Ur　イラク南部に位置するシュメールの巨大都市遺跡。紀元前四五〇〇年頃のウバイド期から紀元前四世紀頃まで継続した。ジッグラトや神殿、「王墓」群などが発掘されている。

**ウルク遺跡** Urk　イラク南部に位置するシュメールの巨大都市遺跡。紀元前五千年紀から七世紀まで居住された。『聖書』にはエレクと記される。ウルク期の標識遺跡であり、神殿やジッグラトなどが発掘されている。

**エイヴベリー遺跡** Avebury　イギリスのウィルトシャーに所在する新石器時代の複合的祭祀遺跡。ウェスト・ケネット墓やヨーロッパ最大のヘンジ・モニュメントなどを擁する。

**エヴァンズ Evans, Arthur**（一八五一―一九四一）　イギリスの考古学者。オックスフォード大学教授。クレタ島のクノッソス宮殿を三五年にわたって発掘し、ミノア文明の解明とミノア編年の構築に絶大な功績を遺した。クノッソス宮殿の復元については賛否両論がある。

**エルテベレ文化** Ertebølle culture　デンマークを中心に栄えた後期中石器時代の文化。デンマークのエルテベレ遺跡を標式遺跡とする。貝塚が多く、当時の生活を復元しやすい。

**オーリニャック文化** Aurignacian　フランスのオーリニャック洞穴遺跡を標式遺跡とする後期旧石器時代前半の文化。南欧を中心に広がりを見せる。

**立石**《オルソスタット》 orthostat　補強用の小石を使うことなく縦長に立てた巨大な一枚岩。

**下限年代** terminus ante quem　ラテン語で「それ以前の終端」の意。特定の遺物や遺構や堆積物が、それよりも新しくならない年代上の限界点を示す用語。たとえば昭和三〇年の紀年が記された定礎の下層から出土した土器は、昭和三〇年以後のものではありえないので、これがこの土器の下限年代になる。

**カッパドキア文書** Cappadocian tablets　トルコのキュルテペ遺跡に設けられた紀元前一九～一八世紀頃の商業区から出土したアッシリア語の経済文書の総称。

**空石積み** dry-stone masonry　漆喰や粘土を詰めずに石塊だけを積み上げる工法。

**カラノヴォ遺跡** Karanovo　ブルガリア東部に所在するテル遺跡。四層にわたる新石器文化と三層にわたる青銅器文化からなる集落遺跡で、農耕と牧畜の証拠が見つかった。

**カルディウム貝** Cardium　ザル貝の一種。この貝で施文したカーディアル土器を有するカーディアル土器文化（紀元前六千年紀）が農耕・牧畜採用期の地中海岸で栄えた。

**還元焔焼成** fired in a reducing atmosphere　窯内部を高温にしたあと空気の供給を減らした状態での窯焼成。

**環状列石** circles of stones　ストーンサークル。柱状や板状の石を環状に配列した構造物。イギリスのストーンへンジや日本の大湯環状列石などが典型例。

**完新世** Holocene　地質時代の年代区分の一つ。新生代第四期の後半期で、ヤンガー・ドリアス期の終焉後に温暖化が始まった一万一七〇〇年前から現在までの期間。かつては沖積世とも呼ばれた。

**カンタロス** kantharos　古代ギリシア・ローマで使用された飲酒用の高脚杯で、大ぶりの把手が二本、胴部に垂直に付けられる。本書でいう「カンタロス」はそこまで厳密に規定していないようである。

**切り合い関係** intersection　複数の遺構が重複している場合、新しい時期の活動痕跡が古い時期の活動痕跡を壊すか上書きしている。遺構の平面図で見ると前者が後者を「切り」、後者が前者に「切られている」ので、両者の関係を切り合い関係という。

**クノッソス遺跡** Knossos　クレタ島の中央部に位置する宮殿遺跡。アーサー・エヴァンズにより発掘され報告された。迷宮に喩えられる複雑で巨大な宮殿跡は、ミノア時代の繁栄ぶりを教えてくれる。

**クラーク** Clark, Grahame（一九〇七—九五）　イギリスの考古学者。環境と生業を重視した発掘調査と分析研究を推進し、ヨーロッパの中石器文化の究明に貢献した。邦訳書『中石器時代』『石器時代の狩猟民』『空間、時間、そして人類』。

**クラン** clan　共通の先祖を有する単系出自集団。日本古代史の「氏姓」の「氏」とは異なる。

**クリュタイムネストラ** Clytemnaestra　伝説上のミケーネ王アガメムノンの妻。不義の末にアガメムノンを謀殺し、わが子オレステスに殺害される。

**狭長周壕状遺構**《クルスス》 cursus　細長い帯状の土地の両側を土堤が平行に走り、さらに外側を併走する溝が両端で合する遺構。イングランドの南部と東部に限定的に分布する。ドーセット・クルスス（紀元前三三〇〇年頃）は全長一〇キロに及ぶ。

**クロマニヨン人** Cro-Magnon　化石現生人類の一種で、後期旧石器時代に生息した。フランスのクロマニヨン洞穴で発見されたのを皮切りにヨーロッパ各地で発見された。洞穴美術や骨角製品などを製作し、死者を埋葬するなど高度な精神活動を展開した。

**型式学** typology　過去の人工物の時間的な先後関係、および相対年代判定のための方法。人工物の資料群を分類して型式を設定し、型式間の時間的先後関係や変遷プロセスを究明する。ただし並べただけでは仮説にとどまり、検証作業を経る必要がある。

**型式組列** typological series　特定種類の人工物（遺物）群を、その形状や装飾や製作技法などから比較検討し、その結果として復元される系譜的な連続体。これまた検証作業を経なければ仮説的な実体にとどまる。

**ケルン＝リンデンタール遺跡** Köln-Lindental　ドイツのケルン郊外、ライン川沿いに位置する前期新石器時代（紀元前四三〇〇〜四一〇〇年）の環壕集落遺跡。線帯文土器文化期の農耕・牧畜集落の生活の姿が明らかにされた。

**原位置** in situ　過去の人間がモノを放棄したり置き忘れたり、意図的に埋納することで、そのモノは考古資料として遺される。そのモノが後世の攪乱や移動を被らずに出土した場合、「原位置」で出土したという。

**言語古生物学** linguistic palaeontology　比較言語学の方法を用いて、特定言語が使用されていた時代の動植物相を復元したり、当該言語の故地を探ったりするアプローチ。インド＝ヨーロッパ祖語に対する研究が旺盛におこなわれてきた。

**更新世** Pleistocene　地質時代の年代区分の一つ。新生代第四期の前半期で、二五八万年前から一万一七〇〇年前まで続いた。かつては洪積世とも呼ばれた。

**甲張り** seam　合笵鋳造の際に合わせ目の隙間に熔銅が入り込んでできる鋳張りのこと。鯛焼きの「バリ」を想像すると分かりやすい。接痕ともいう。

**合笵** two-piece valve moulds　二枚合わせの鋳型。「笵」とは鋳型のこと。

**コッシナ** Kossinna, Gustaf（一八五八―一九三一） ドイツの考古学者でベルリン大学教授。戦間期のドイツ先史学を主導した。「考古学的文化圏」と民族の生存圏を同一視する方法論がナチスに重用され、侵略戦争の正当化に悪用された。そのため、この方法論は戦後に忌避され棄却された。邦訳書『ゲルマン人の起源』『古代ゲルマン人の文化の高さ』など。

**湖畔住居** lake-dwelling かつては湖中に杭を打って、湖水面に建てられた湖上住居だと考えられていた。現在では、湖畔に杭を打って建てられていたと考えられている。

**ゴロツォフ** Gorodtsov, Vasily（一八六〇―一九四五） ロシアの考古学者。多数の発掘調査と著作を通じて、ロシア（ソ連）考古学の発展に尽くした。南ロシアのステップ地帯に分布するクルガンを三期に区分し、その消長を明らかにした。

**混和材** temper 土器の胎土に意図的に混入した砂や植物繊維などをいう。製作時の乾燥・焼成に伴う収縮や使用時（煮沸など）の加熱による膨脹や収縮を避けるための工夫と考えられている。

**材質転換文様** skeuomorphic pattern ある材質に固有の形態を別の材質で模倣した際に引き継がれる、模倣元の素材特有の文様、あるいは特有の部位などを模した模様。

**細石器** microlith 石刃や剥片を加工して作られる極小石器。複数個体を柄に装着して道具にするのが基本。

**鞍状石皿《サドルカーン》** saddle quern 穀類などを磨り潰すために使用された石製道具。縁部がなく前後が高まる扁平な形状が鞍に似るのでこの名が付けられた。

**ザドルガ制** zadruga 中世から一九世紀頃にかけてバルカン半島のスラヴ人が営んでいた父系制の大家族制度。

**酸化焔焼成** fired in an oxidizing atmosphere 窯内に酸素を十分に供給して完全に燃焼させる窯焼成。

**三時代法** system of the Three Ages 道具の素材として石器→青銅器→鉄器の順に登場することを根拠に設定された時代区分法。クリスチャン・トムセンが一九世紀前半に案出した。

**ジェムデト・ナスル遺跡** Jemdet Nasr　イラクのバグダッド南方に位置するテル遺跡。神殿ないし王宮として機能した建物群や最初期の文字粘土板が発掘され、紀元前三〇〇〇年頃の数世紀間を示すジェムデト・ナスル期が設定された。

**室墓** tomb　一室以上の墓室をもつ墓。羨道で入口とつながることが多い。

**示準資料** type fossil　特定の遺跡や遺跡内の特定層位、遺構などの所属文化や時期を判定する基準に使用される遺物。標準資料ともいう。

**失蠟法** cire perdue casting　鋳銅法の一つ。蜜蠟で作った母型を鋳型土で包んだのち加熱すると、蜜蠟は流れ落ち母型の形状と文様が鋳型土に転写された鋳型ができあがる。その鋳型に熔銅を流し込んで製品を作る。蠟型法ともいう。

**邪視** evil eye　他人や家畜や器物などに危害を加える神秘的な眼力。

**ジャルモ遺跡** Jarmo　イラク北東部に位置する農村遺跡。この遺跡を中心にして農耕開始プロセスに関する学際的研究が推進された。

シュリーマン Schliemann, Heinrich（一八二二―一九〇）　ドイツ生まれの実業家であり考古学者。トロイ遺跡やミケーネ文明などの絢爛たる発掘成果で有名。トロイ遺跡の発掘調査によりメソポタミアの有史時代とヨーロッパの先史時代の接合が可能になり、本書でもその成果が活用されている。他方、「少年時代の夢を実現した偉人」像は、日記や手紙などの分析により否定されて久しい。

**巡回工人** itinerant artificer　移動を繰り返しながら、各地の集落の要望などに応えて器物製作（鋳造など）や修理（鋳掛けなど）に携わった工人。チャイルドが『青銅器時代』でその存在を強調した。日本でも弥生時代の青銅器生産を巡回工人の所産と見る見解がある。

**上限年代** terminus post quem　ラテン語で「それ以後の終端」の意。下限年代の逆。特定の遺物や遺構や堆積物が、それよりも古くならない年代上の限界点を示す用語。たとえば、ある墓から昭和二五年の硬貨が出土した場合、その墓の埋葬が昭和二五年以前になることはありえないので、これがこの墓葬の上限年代になる。

**辰砂** cinnabar　水銀の硫化鉱物。先史時代から赤色顔料の材料として利用された。

**頭蓋変形** cranial deformation　乳幼児の頭に布を巻きつけたり、板で頭を挟みつけたりして、頭部の形状を変える習俗。世界各地で見られるが、古代の中米や南米の事例が有名。

**スター・カー遺跡** Star Carr　イギリスのヨークシャーにある中石器時代の遺跡。低湿地に営まれていたため、木製品や食物残滓など豊富な有機質試料が残存していた。グレアム・クラークによる発掘と古植物学者や動物学者との共同研究を通じて、約九〇〇〇年前の生活の姿が明らかにされた。

**ストーンヘンジ** Stonehenge　イギリスのウィルトシャー州に所在する新石器時代〜青銅器時代の巨石モニュメント。

**石刃** blade　縦長で両側辺が平行する剥片石器。

**セスクロ遺跡** Sesklo　ギリシアに所在する新石器時代のテル遺跡。紀元前七千年紀に居住が始まり、農耕と牧畜の採用を経て集落が発展を遂げた。

**石核** core　石器の素材を取り出すために剥片・石刃・細石刃を剥離した後に残る芯の部分。

**羨道**《せんどう》 passage　横穴式の埋葬施設において玄室と墓外をつなぐ通路。

**セントポール大聖堂** St. Paul's Cathedral　イギリスに所在する国教会の大聖堂。中枢部の丸天井は内径三一メートルに及ぶ。

**穿顱**《せんろ》 trepanation　頭骨の一部を円盤状に除去する外科行為。新石器時代から世界各地でおこなわれた。医療目的とも宗教目的ともされる。穿孔後に被施術者が長く生存した事例もある。

**層位学** stratigraphy　連続した堆積層ができた順序を研究する地質学の一分野。攪乱などを受けていない堆積層では、下層ほど古く上層ほど新しいという地質学の原則を借用し、包含遺物の新古の判定や文化的・環境的変化などの分析がおこなわれる。

**掻器** scraper　剥片や石刃を素材にして、端部に連続する細かな二次加工を加えて刃部を形成した打製石器。

**ソリュトレ文化** Solutrean　フランスのソリュトレ遺跡を標式遺跡とするヨーロッパの後期旧石器時代中頃の文化。

**太陽の子** Children of the Sun　民族学者ウィリアム・ペリーが『太陽の子』で主張した超伝播論（太陽崇拝や巨石建造物などはみなエジプトから世界中に伝播したと説く）における伝道集団。

**タルドノア文化** Tardenoisian culture　スペインからベルギーに及ぶ大西洋沿岸で営まれた末期中石器時代の文化。石刃を割って作った台形細石器を特徴とする。

**短頭型** brachycranial　頭蓋を真上から見た場合の左右径（頭蓋最大幅）を前後径（頭蓋最大長）で割り、それに一〇〇を掛けた数値を頭長幅指数という。この数値が大きい頭型（八〇以上）、つまり前後に寸詰まりの頭型を短頭型という。チャイルドの時代には、頭型を人種や民族に結びつける考えが一般的だったが、現在では廃れている。

**彫器** graver　剥片や石刃などを素材にして、細石刃風の細長い樋状剥離を器面に形成した打製石器。

**長頭型** dolichocranial　頭長幅指数が小さい頭型（七五未満）、つまり前後に長い頭型を長頭型という。

**長方形石室墓** Long Cist　巨石墓の一種。墓室自体が長くて狭く、短い入口か墓室と同じ幅の前室が取りつく。

**直剪鏃** transverse arrow-head　石刃の器軸に直交する裁断によって元の側縁を直線状の刃部にした打製石鏃。形状から鑿形鏃とも呼ばれる。

**通廊形石室墓** Gallery Grave　巨石墓の一種。墓室自体が細長く、遺体を搬入する通路と明確に区別されない。

**テラ島** Thera　エーゲ海に浮かぶサントリーニ島の主島。紀元前一七世紀に大噴火を起こした。

**テラマーレ** terremare　北イタリアのポー川流域を中心に分布する先史～初期歴史時代の集落跡を示す黒土の堆積。転じてそうした堆積に埋もれた中期青銅器時代の集落。泥炭状の低湿地に杭を打ち込み、その上に床を張って居住した。

**テル** tell　長期間にわたって繰り返し居住された結果、崩れた泥煉瓦や廃棄物などが積み重なってできた小高い丘。複数時期の居住層が堆積しているので、特定地域の文化連続を設定するのに適する。

**デルプフェルト** Dörpfeld, Wilhelm（一八五三―一九四〇）　ドイツの考古学者。アテネのドイツ国立考古学研究所長。ギリシア各地で発掘調査を手掛け、オリュンピア遺跡やオルコメノス遺跡などを発掘した。シュリーマンを助けてトロイ遺跡の科学的発掘を推進した。

**テルミ遺跡** Thermi　エーゲ海のレスボス島に所在する青銅器時代のテル遺跡。

**トゥキディデス** Thucydides（紀元前四六〇―四〇〇頃）　古代ギリシアの歴史家。アテネとスパルタが激突したペロポネソス戦争（紀元前四三一―四〇四）を主題とする『戦史』を著した。

**銅石時代** Chalcolithic　石器時代と青銅器時代の間に設定された、銅器と石器が併用された時代。チャイルドはこの時代設定を不正確なものと見なし批判的である。

**耨耕**《どうこう》 hoe-cultivation　鍬を使用する農耕。

**投弾** sling-stone　投擲具に挟んで振り回した際の遠心力で飛ばす小円礫。武器用のほか狩猟用のものもある。土製の投弾もある。

**闘斧** battle-ax　戦闘用の斧の総称。身の両端か一端に両刃をつけ、身の中央に着柄孔を有することが多い。戦斧ともいう。

**ドーリア人の侵入** Dorian Invasion　紀元前一一〇〇年頃にドーリア人と呼ばれる集団がギリシア本土に侵入したとする仮説。かつてはこの侵入によりミケーネ文明が滅亡したとされていたが、現在では否定されている。

侵入の時期をめぐって、「侵入」か移住かをめぐって、あるいは侵入の当否をめぐって議論が絶えない。

**都市革命** Urban Revolution　チャイルドが提唱した学説で、考古学界でもっとも有名な学説の一つ。農耕の採用と定住化（「新石器革命」）により蓄積された余剰が、生産に直接携わらない支配階級と各種専門家を生み出し、かれらが中心になり各種技術や統治技術などを累積していった結果、都市が誕生したという学説。

**トムセン** Thomsen, Christian（一七八八―一八六五）　デンマークの先史学者。コペンハーゲンの北欧古物博物館の遺物整理を通じて三時代法を案出した。邦訳書『北方古代学入門』。

**三石組石**《トリリトン》 trilithon　並列させた二本の巨石が上部に水平に架け渡した楣石を支える石製構造物。要するに三本の巨石を門状に組み合わせた石製構造物。ストーンヘンジのものが有名。

**ドルメン** dolmen　巨石を組み合わせて、上部に天井石を設置した墓室。北欧の新石器時代のドルメンは、もともと盛土で覆われていたと考えられる。朝鮮半島や弥生時代の九州の支石墓もドルメンの一種と見なされている。

**トロアド** Troad　ダーダネルス海峡とエーゲ海とイダ山に囲まれた、アナトリア北西部の歴史的名称。トロイ遺跡をはじめ多数の先史遺跡が含まれる。トロアスともいう。

**トロイ遺跡** Troy　トルコ北西部のダーダネルス海峡付近に位置するテル遺跡。一般に『イリアス』に語られるトロイ（イリオン）と見なされることが多い。

**トロス** tholos　切石を積み上げて丸天井に仕上げた穹窿室。ミケーネ時代の墳墓形式であり、丘の側面を穿って両側に羨道を設け、それに続く穹窿室と方形の墓室を設置する。穹窿墓ないし蜂窩状墳墓ともいう。

**鈍彩土器** matt-painted pottery　鈍く艶の出ないマンガン系顔料で簡単な文様を描いた土器。ヘラディック中期に製作され使用された。

**茎**《なかご》 tang　有柄道具の基部にあたり、柄に差し込んで固定するよう作られた突出部。

**中子** core casting　中空の鋳造物を作る際に、中空にする部分に設置する鋳型。

**二次新石器文化** secondary neolithic　中東から農業が最初に伝わった南部～中部ヨーロッパの一次《プライマリー》新石器文化にたいして、在地の食糧採集民が遅れて採用した農業文化。日本列島の東日本の弥生文化を二次新石器文化と見る説がある。

**塔状石造構築物**《ヌラーゲ》 nuraghe　サルディニアの全域に分布する、石材を積み重ねた円形防御塔状の建造物。この建造物がとりわけ特徴的な紀元前二千年紀～千年紀後半をヌラーゲ期とする。

**ハイネ＝ゲルデルン** Heine-Geldern, Robert（一八八五―一九六八）　オーストリアの民族学者。ウィーン大学教授。東南アジアをフィールドとし、伝播論の立場から文化圏説の構築に重要な役割を果たした。邦訳書『東南アジアの民族と文化』。

**打瘤**《バルブ》 bulb　石器製作時に素材を割った際、剥離された方の破片の剥離面にできる貝殻状の隆起。

**ピゴット** Piggott, Stuart（一九一〇―九六）　イギリスの考古学者。チャイルドの後任としてエディンバラ大学の教授職を長年務め、数々の遺跡の発掘と論著を通じて、イギリス新石器時代研究を牽引した。邦訳書『ケルトの賢者「ドルイド」』『先史時代の社会』（G・クラークとの共著）。

**膝柄**《ひざえ》 knee-shaft　頑丈な若木の七〇～九〇度で枝分かれした箇所を利用して、斧や手斧の柄としたもの。斧頭をはめ込めばそのまま斧として利用できる。

**ファイアンス** fayence　砂や粉末状の石英にアルカリ溶剤を加えた練り物状の素材を焼結させたもの。発色させて容器や玉類や各種造形物を製作した。

**留針**《フィブラ》**ブローチ** fibula　安全ピン状の青銅製ブローチ。着装した際に外から見える弓部と、衣の下に隠される針部からなる。

**フィラコピ遺跡** Phylakopi　ミロス島に所在する青銅器時代の集落遺跡。エーゲ海域の青銅器時代の編年上、重要な位置を占める。

**封泥**《ふうでい》 sealing　封緘《ふうかん》用の泥土のこと。現在の封蠟《ふうろう》と同じ役割を果たした。

**フランクフォート** Frankfort, Henri（一八九七―一九五四）　オランダ生まれの考古学者。シカゴ大学でイラク発掘団長やオリエント考古学の教授を務めたのち、ロンドン大学教授に赴任。オリエント考古学を主導した。邦訳書『古代オリエント文明の誕生』。

**燧石**《フリント》 flint　結晶状の珪石の一種。ヨーロッパに広く産出し、堅緻で剥離しやすく、剥離片に鋭い刃部がつく特性から、打製石器の素材として使用された。

**ブレーゲン** Blegen, Carl（一八八七―一九七一）　アメリカの考古学者。トロイ遺跡の精密な再調査を実施し、トロイア陥落層に関するデルプフェルトの解釈に異議を唱えた。

**フン族** Huns　遊牧騎馬民族でもとは中央アジアのステップ地帯にいたが、四世紀に西方へ移動し始めた結果、玉突き的にゲルマン民族大移動が生じた。匈奴と同族といわれることもあるが不明。

**ヘラニコス** Hellanikos　紀元前五世紀の古代ギリシアの歴史家であり著述家。

**ボガズキョイ遺跡** Boğazköy　紀元前二千年紀に盛衰したトルコの巨大都市遺跡。出土した大量の粘土板から、ヒッタイトの都ハットゥシャであることが判明した。

**墓道付石室墓**（**羨道墓**） Passage Grave　巨石墓の一種。遺体を搬入する通路よりも墓室の方が広く高い。

**ホメロス** Homer　古代ギリシアの吟遊詩人。『イリアス』『オデュッセイア』の作者とされるが異論もある。

**ポントス草原** Pontic Steppes　黒海北西岸から北岸にかけて広がるステップ地帯。カスピ海北岸のステップ地帯をあわせてポントス・カスピ海草原と呼ぶことが多い。

**楣**《まぐさ》**石** lintel　横穴式の埋葬施設において、玄室と羨道の境目の天井部に架構して両者を区画する石材。

**マグレモーゼ文化** Maglemosian　デンマークのマグレモーゼ遺跡を標式遺跡とする中期中石器時代の文化。北欧では紀元前七～六千年紀に栄えた。

**マドレーヌ文化** Magdalenian　フランスのマドレーヌ岩陰遺跡を標式遺跡とする後期旧石器時代最末期の文化。洞窟絵画や鹿角道具などの旧石器美術が隆盛した。

**マリナトス** Marinatos, Spyridon（一九〇一―七四）　ギリシアの考古学者。テラ島のアクロティリ遺跡の発掘調査を主導した。

**マローワン** Mallowan, Max（一九〇四―七八）　イギリスの考古学者。数多くの発掘と組織運営を通じて、オリエント考古学の発展に多大な貢献を果たした。ロンドン大学考古学研究所ではチャイルドの同僚であった。メソポタミアで出会って結婚したアガサ・クリスティは世界的な推理作家。邦訳書『メソポタミアとイラン』。

**ミュラー** Müller, Sophus（一八四六―一九三四）　デンマークの考古学者。北欧古物博物館先史学部門長。一八七〇年代にはヨーロッパで大規模な研究旅行をおこなった。長年にわたってデンマーク考古学界を牽引し、モンテリウスと並ぶ北欧考古学界の双璧であった。

**メイドゥン・カースル遺跡** Maiden Castle　イギリスのドーセット州にある鉄器時代の丘陵城砦《ヒルフォート》遺跡。急峻な丘陵に同心円状の土塁が幾重にもめぐらされる。紀元四三年にローマ軍に包囲され占領された。

**メネス王** Menes（紀元前三〇〇〇頃）　上下エジプトを統一したとされる伝説上の初代王。実在のメネス王ないしアハ王、あるいは両者が混合された人物像などと考えられている。

**メンギーン** Menghin, Oswald（一八八八―一九七三）　オーストリアの考古学者。ウィーン学派の文化圏説を考古学に応用し、文化伝播論の立場から文化地域の系統区分をおこなった。邦訳書『石器時代の世界史』上巻。

**モンテリウス** Montelius, Oscar（一八四三―一九二一）　スウェーデンの考古学者。共存関係とセリエーションの原理から型式学的研究法を大成させた。日本に導入された型式学的研究法は、現在にいたるまで日本考古学の基幹的方法論であり続けている。邦訳書『考古学研究法』『青銅時代の年代特定』『鉄の時代の遺物』。

**矢柄研磨器（有溝砥石）** grooved stone arrow-straightener　一種の砥石で中央部を溝が縦断する。二枚合わせにしてできる管部に矢柄を挟んで研磨・矯正する道具と考えられる。

**雇柄** sleeve　斧頭を柄に直接はめ込まず、衝撃を吸収させるために噛ませた鹿角製などの柄。

**有茎尖頭器** tanged-point　先端が尖り刺突などに利用された石器で、基部に茎を有するもの。有舌尖頭器ともいう。

**遊離資料** stray discovery　出土層位や関連遺構が不明な発見物。埋納や埋没の脈絡が分からないため、資料としての価値は低い。

**ライスナー** Reisner, George（一八六七―一九四二）　アメリカのエジプト考古学者。緻密な発掘法と精緻な図面記録法を導入し、エジプト考古学の水準を高めた。

**リネージ** lineage　共通の祖先を有すると認識している出自集団。

**ロス・ミリャレス遺跡** Los Millares　スペイン南東部のアルメリアの海岸付近に位置する城砦集落。銅石時代のミリャレス文化の標式遺跡。

**輪積み法** technique of ring-building　轆轤を用いない土器成形において、輪状にした粘土紐を積み上げながら成形する方法。

# 重要用語解説

訳者による。当該用語の初出箇所にアスタリスク二個（＊＊）を付した。

**アセンブリッジ（組合せ）** assemblage　同時使用を示す状況で頻繁に共存して発見される考古学的型式の一定の組み合わせのこと。このように複数の遺跡で決まって発見される同型式の組み合わせを、考古学では文化と見なすことが多い。一般語とまぎらわしい「組合せ」よりも、「考古組成」などの訳語をあてた方がよいかもしれない。

**一括埋納** deposit, hoard　一括して納められたと推定できる状態で発見される遺物群とその遺構。一般にデポ、ホードなどと呼ばれる。

**インダストリー（石器文化・技術文化）** industry　しばしば共伴して発見される同時期かつ同材質の複数種類の道具類を指す概念。一般に石器研究で使用され、「石器文化」と訳されることもある。本書では文脈に即して「石器文化」と「技術文化」に訳し分けた。

**絶対年代** absolute date　測定資（試）料から独立した基準により決められる年代。○年前、○世紀というように絶対値で示される。放射性炭素年代は代表的な絶対年代。実年代や暦年代とほぼ同じ意味で使われるが、厳密には異なる。対概念は相対年代 relative date。

**放射性炭素年代法** radio-carbon dating　炭素の放射性同位元素である$^{14}$Cが約五七三〇年で半減する性質を利用して、試料の年代を測定する方法。この測定法の導入は、文字史料のない先史時代の年代決定を可能にし、$^{14}$C革命と謳われた変革を先史時代研究にもたらした。この革命を通じて、チャイルドが本書で推定したヨーロッパの先史年代は一〇〇〇年単位で遡上し、チャイルドの枠組は抜本的な修正を余儀なくされた。

# COMMENTARIES

# 解

# 説

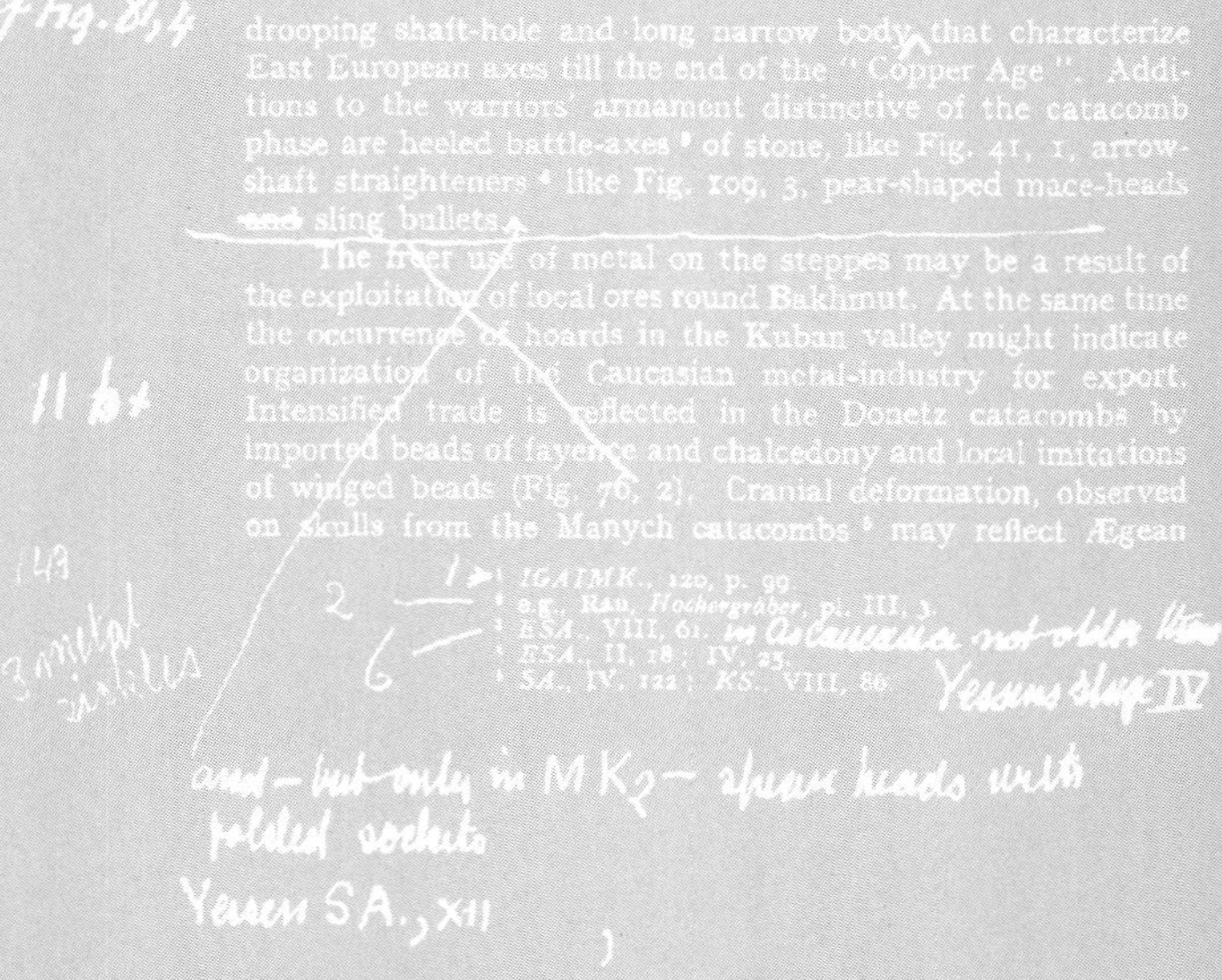

drooping shaft-hole and long narrow body that characterize East European axes till the end of the "Copper Age". Additions to the warriors' armament distinctive of the catacomb phase are heeled battle-axes [2] of stone, like Fig. 41, 1, arrow-shaft straighteners [3] like Fig. 109, 3, pear-shaped mace-heads ~~and~~ sling bullets.

The freer use of metal on the steppes may be a result of the exploitation of local ores round Bakhmut. At the same time the occurrence of hoards in the Kuban valley might indicate organization of the Caucasian metal-industry for export. Intensified trade is reflected in the Donetz catacombs by imported beads of fayence and chalcedony and local imitations of winged beads (Fig. 76, 2). Cranial deformation, observed on skulls from the Manych catacombs [5] may reflect Ægean

1 *IGAIMK.*, 120, p. 99.
2 e.g., Rau, *Hochergräber*, pl. III, 3.
3 *ESA.*, VIII, 61.
4 *ESA.*, II, 18; IV, 25.
5 *SA.*, IV, 122; *KS.*, VIII, 86.

解説

# 『ヨーロッパ文明の黎明』とチャイルド

下垣仁志

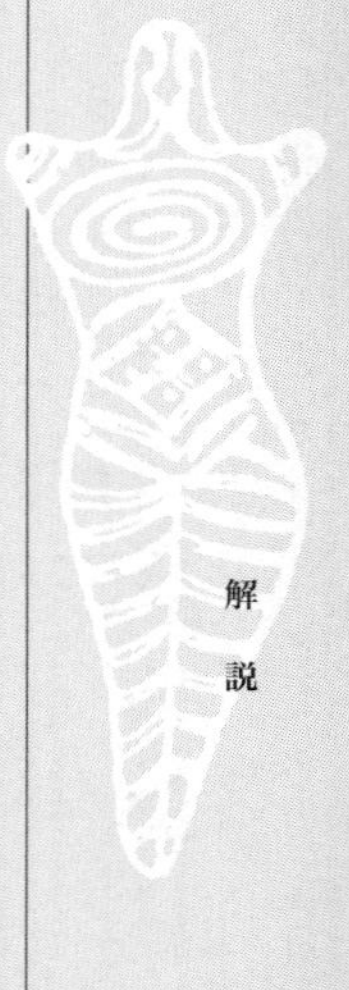

## 1 いまなぜ『ヨーロッパ文明の黎明』か

——チャイルドの本をよめ

彼は全生涯を発掘に捧げた——

映画『インディ・ジョーンズ』の第四作「クリスタル・スカルの王国」(二〇〇八年)で、主人公インディが学生に放った台詞だ。少なからぬ観客が「子ども向けの本を読め?」と首をかしげただろう。このチャイルドこそ、本書『ヨーロッパ文明の黎明(以下『黎明』)の著者である。もうひとつフィクション作品をとりあげよう。マンガ『MASTERキートン』の主人公が提唱する「西欧文明ドナウ起源論」は、マリヤ・ギンブタスの名高い「クルガン仮説」(Gimbutas 1997)と大同小異だが、この説の起点はチャイルドにある。(1)妙なところでチャイルドの姿が垣間みえるわけだが、世間ではその名はあまり知られていない。考古学界でチャイルドに言及する場合、枕詞のように「二〇世紀(前半)最高の考古学者」と形容されるほど、メジャーで偉大な考古学者なのに、である。二〇世紀の考古学に最大級の足跡を遺し、今世紀になっても世界各国で翻訳出版が継続し(岡村解説参照)、日本考古学の思考法と方法論にも絶大な影響をおよぼしたにもかかわらず、である。オリエントで農耕と畜産が発生し、余剰を蓄積したメソポタミア・エジプト・インダス川流域で都市が誕生し、その文明の光被がユーラシア全体におよんでいったという、長らく教科書的な通説だった枠組を構築した学者こそチャイルドであるにもかかわらず、である。

その理由の一端は、かれが地味で恬淡とした学究生活を生涯つらぬき、心躍る遺跡の発掘やジャーナリズムを沸きたたせる奇抜な新説とは無縁だったことにある。しかしなによりも、歿後六〇年以上をへた「二〇世紀(前半)」の考古学者であることが大きい。

そんな過去の考古学者の著作を、学史の篋底からひっぱりだしてきて翻訳するのはなぜか、という疑問が読者からでてくるかもしれない。だが本書は、学史的意義にとどまらず、強い現在的意義をそなえている。そのことを専門研究者の手による六本の解説をつうじて明らかにし、読者をより深い理解へと誘《いざな》いたい。まずは本解説において、『黎明』とチャイルドの考古学についてアウトラインを示そう。

## 2 考古学者チャイルド

チャイルドとはいかなる人物なのか。その生涯と考古学研究について簡略にまとめよう。このテーマをあつかった書籍がすでに何冊も出版されており (McNairn 1980; Trigger 1980; Green 1981; Harris 1994; Irving 2020 等)、有益な論説も少なくない (Cunliffe 1973; Trigger 1999・2006; 角田 一九五八・一九七四、安斎 一九九〇・二〇〇四、穴沢 一九九五等) ので、以下の記述に活用した。本人も、亡くなる直前に自身の研究人生を振り返った「回顧」(Childe 1958a) を書いている。それは自伝的側面にとどまらず、かれの研究の動機と推移を、そして二〇世紀前半の先史研究の展開を知るうえで貴重な文献である。本書の翻訳刊行を奇貨として巻末に収録した。また、略年表を作成して巻末に掲載した (「年譜 チャイルドと考古学、世界のあゆみ」) ので、あわせて参照されたい。

ヴィア・ゴードン・チャイルドは、一八九二年四月一四日にオーストラリアのシドニーで生を享けた。シドニー大学で古典学を専攻し、優秀な成績をおさめて卒業した。一九一四年にオックスフォード大学のクイーンズ・カレッジに留学し、ジョン・マイルズやアーサー・エヴァンズ、ジョン・ビーズリーといった錚々たる学者の指導下で学び、古典学の素養と比較言語学の知識を活かしつつ、古代ギリシアの土器やインド＝ヨーロッパ語族の影響などについて研究を進めた。余談だが、世界でもっとも有名な (実在の) 考古学者のひとり、「アラビアのロレンス」ことトーマス・エドワード・ロレンス (一八八八―一九三五年) も、その少し前からオックスフォード大学に在籍していた。ただふたりは、在英期間が不思議なほど入れ違いになっている。

オックスフォード在学時に社会主義団体のフェビアン協会に入会していたかれは、留学を終えて帰豪し、教師職をへて首相秘書になる。労働運動に身を投じていたかれは、オーストラリア労働運動史の古典的名著である『労働党はいかに統治するか』(Childe 1923) を刊行する。もしかれがこの路線に邁進していれば、秀抜な政治学者へと成長し、のちの偉大な考古学者チャイルドは誕生しなかっただろう。だが不幸なことに (考古学界にとっては幸運なことに)、「政治の世界」への「感傷旅行」を失望のうちに断念し (「回顧」)、本格的な考古学研究に舞いもどった (市川 一九七八、Allen 2008; Irving 2020)。

　ふたたび渡英したかれは、王立人類学研究所の司書に採用された。司書時代の数年間に、厖大な書籍情報を吸収しつつ、東・中央ヨーロッパなどへの研究旅行をつうじて、多彩な考古資料の情報を蓄積した。卓抜した言語能力と鋭利な視覚的記憶能力が幸いして、この作業はきわめて高いレヴェルで遂行された。その成果が『黎明』『アーリア人』『先史時代のドナウ川』の三部作である(Childe 1925・1926・1929)。

　『黎明』刊行当時、まだ三三歳。無名の少壮考古学者が、一貫した方法論と論理から複雑多岐にわたるヨーロッパの先史時代を鮮やかに復元した本書は、考古学界に投じられた「巨弾」であり、チャイルドの名を一躍有名ならしめた(角田 一九七二)。翌年には『アーリア人』を上梓した。考古学と言語学を併走させた本書では、長年の懸案問題であったインド＝ヨーロッパ語族の起源地を旧南西ロシアの草原地帯に比定した。以後の諸研究に強いインパクトをおよぼす成果であった(Renfrew 1987; Gimbutas 1997 等)が、ヨーロッパの優位性を強調する論調にくわえ、人種主義的なふくみがあり、それがのちにファシズム下で悪用された人種主義的考古学に通底するとみたチャイルドは、本書を忌避するようになった。『先史時代のドナウ川』は、大多数の考古学者に未知の資料を縦横に駆使して、オリエントとヨーロッパ中部をつなぐ大回廊であるドナウ川流域で醸成されたヨーロッパ文明の原基について詳述した。これらの著作は、文化史的考古学の教科書的存在となり、以後数十年にわたり考古学界に「規範」を提供しつづけた。

　一九二七年、スコットランドのエディンバラ大学に設置されたアバクロンビ考古学講座の教授職に就任する。そのころから、考古文化を特定の民族集団に同定するアプローチの限界性を自覚し、経済変化を社会変化の主要因として重視しはじめる(Trigger 1999)。この視座を盛りこんだのが『最古の東方』『青銅器時代』『アジヤの古代文明』(Childe 1928・1930・1934)である。『最古の東方』とその全面的な改訂新版である『アジヤの古代文明』では、ヨーロッパの独創性を重んじる以前の論調から一転して、オリエントの先行性と未開ヨーロッパへの伝播を強調するようになる。東方主義者《オリエンタリスト》への転身の背景には、ヨーロッパの人種的優位性と民族的先行性を称揚するドイツ考古学への嫌悪感もあったのだろう。先史社会の経済的解釈を強調したのが『青銅器時代』であり、青銅器生産が人類社会に新局面を開き、これを機に専業者と恒常的交易、そして社会分業が発生したと主張した。メソポタミア文明・エジプト文明・インダス文明に関する最新の発掘成果と知見をとりこんだ『アジヤの古代文明』では、産業革命に匹敵する「新石器革命」と「都市革命」の概念を提唱し、古代文明の揺籃地の発展を経済的側面から詳述した。

　一九三五年に一大転機が訪れる。ソヴィエト社会主義共和国連邦(ソ連)を訪問し、現地の研究者との交流と出版物をつうじて、ソ連の考古学的方法論をつぶさに知ったのである。当時のソ連の考古学界は、ヨーロッパ考古学界の主流である伝播／移住論にも人種／民族主義にも背を向け、マルクス主義の唯物史観の立場から生産発展の法則性と規則性を究明するべく調査研究に邁進していた。早い時期からマルクス主義に接近していたチャイルド（Irving 2020）は、この訪問を機に、文化変化を内的変化から把握する唯物史観を導入し、経済的な発展段階論を軸とする文化進化論的アプローチを採るようになる。ただし全面的には採用せず、文化伝播を重視する姿勢を崩さなかった。

　唯物史観に根ざす文化進化の観点から執筆されたのが『文明の起源』『歴史のあけぼの』『進歩と考古学』『スコット族以前のスコットランド』である（Childe 1936・1942・1945・1946）。とくに前二著は、チャイルドの雄大な歴史構想を一般向けに噛み砕いた内容であり、その名を世界の読書界に知らしめ[2]、現在にいたるまで各国で翻訳書が刊行されつづけている（岡村解説参照）。他方、文化史的アプローチから文化進化論的・唯物論的アプローチへの転轍は、当時の考古学者を当惑させたらしく、方法論面での後退ないし失策と評価されることもある（角田 一九七四、Clark 1976 等）。

　チャイルドはややもすれば机上の総合家、理論家と評されがちである。しかし、「全生涯を発掘に捧げ」はしなかったものの、一五箇所以上の発掘調査を手がけている（Trigger 1999）。そのなかには、ユネスコ世界遺産の文化遺産に登録されたスカラ・ブレ遺跡もあり、当時としては意欲的な発掘調査を実施している。

　一九四五年、チャイルドが懸念し抵抗していたファシズムとナチズムが瓦解する。その翌年に、ロンドン大学考古学研究所の所長兼教授に就任する。五〇代なかばにさしかかっていたチャイルドは、方法論と理論に関する著作と論考を次々に執筆し（Childe 1947b・1951・1956a・1956b・1956c・1958b・2004 等）、それを承けて意欲的に旧著を改訂した。とりわけ最晩年に上梓された『考古学の方法』と『考古学とは何か』（Childe 1956a・1956b）は、当時としては珍しい方法論を主題とする書籍であり、チャイルド流の考古学のエッセンスが詰まった名著として、現在なお読み継がれている。

　これまた余談だが、所長時代の同僚である考古学者マックス・マローワンの妻は推理作家アガサ・クリスティであった（クリスティー 一九九二、Trümpler 2001）。チャイルドはクリスティが戦時中に暮らしたローン・ロード・フラッツ[3]に居を構え、クリスティとはよくトランプゲームのブリッジに興じたという（グリーン 一九八七）。

　一九五七年に、研究所を早期退職してオーストラリアに帰郷した。功成り名遂げた研究者人生であったが、伴侶も親友ももたず孤独感を深めていたかれは、老いによる能力低下と社会の重荷になることを憂慮した末に、同年一〇月一九日に三〇〇メートルの断崖を飛び降り、みずからの命を断った[4]。六五年の生涯だった。

## 3 『黎明』の論理と内容

### (1) 論理構成

本書を読まれた方は、舌を噛みそうな名称の文化が本書のいたるところを乱舞し、それらが複雑に変遷・交替してゆく描写に、辟易したかもしれない。複雑でややこしいのは、実際に個性豊かな文化が相互に関連しあいながら展開したのだから仕方がない。ただ、本書の論理構成と手法は単純であり、それを踏まえさえすれば、理解はさほど難しくない。

本書でチャイルドは、特定地域で反復して出土する遺物・遺構の組合せ《アセンブリッジ》を文化とみなし、その担い手を特定の人間集団（≒民族≠人種）ととらえる。別個の文化間で共通の文化要素や遺物がみとめられる場合、それが断片的であるなら交易や流通、複合的であるなら人間集団の入植や征服などの結果とみる。各地の文化のつらなりは、遺丘《テル》において成層する文化連続を軸にして復元する（例—トロイ遺跡の七期編年、ヴィンチャ遺跡の二期編年）。そして、○文化△期と●文化▲期で同型式の遺物が出土する場合、△期と▲期を同時期だと認定するやり方で、別個の文化間の併行関係をさだめる。この作業を蓄積することで、諸文化の織りなす時空間的グリッドがヨーロッパ全域で復元される（本書編年表）。

ただしこれだと、文字史料と暦年が使用されなかった文化の実年代（暦年代）がわからない。そこで、これらが採用されていたエジプト発とメソポタミア発の遺物の動きが重視される。すなわち、文字史料から実年代が判明しているこれらの地域の特定遺物が、●文化▲期の遺跡で出土すると、当該期の実年代が絞りこまれるわけだ。たとえば本書では、連珠形ファイアンス玉が紀元前一五世紀ころの実年代を決める基準資料として重宝されている。また、器物の移動と影響関係からとらえた、紀元前二七〇〇年のメソポタミアとトロイII期およびドナウ川流域のヴィンチャI期の併行関係が、ドナウ川流域以遠の諸文化の実年代を比定する重要な基礎とされる。

以上の作業にもとづき、ヨーロッパ先史社会の展開が復元されている。その大局は、オリエントに端を発する農耕・畜産からなる新石器文化が、そして都市革命をへた青銅器文化が、アナトリアとエーゲ海域を通過し、ドナウ川流域を大回廊にした北方および西方への陸路と、エーゲ海域からイベリア半島への地中海航路とをつうじて、ヨーロッパ全域に伝播してゆくというものである。この伝播状況を図式化したのが図1である。

以上を本筋にして、個別文化の内容と消長・交替が詳細かつ多彩に説明されている。この論理構成を把握しておけば、本書の読解はあるていど容易になるだろう。しかしそれでも、本書はややこしい。そこで、やや長くなるが、本書の内容を要約しておく。

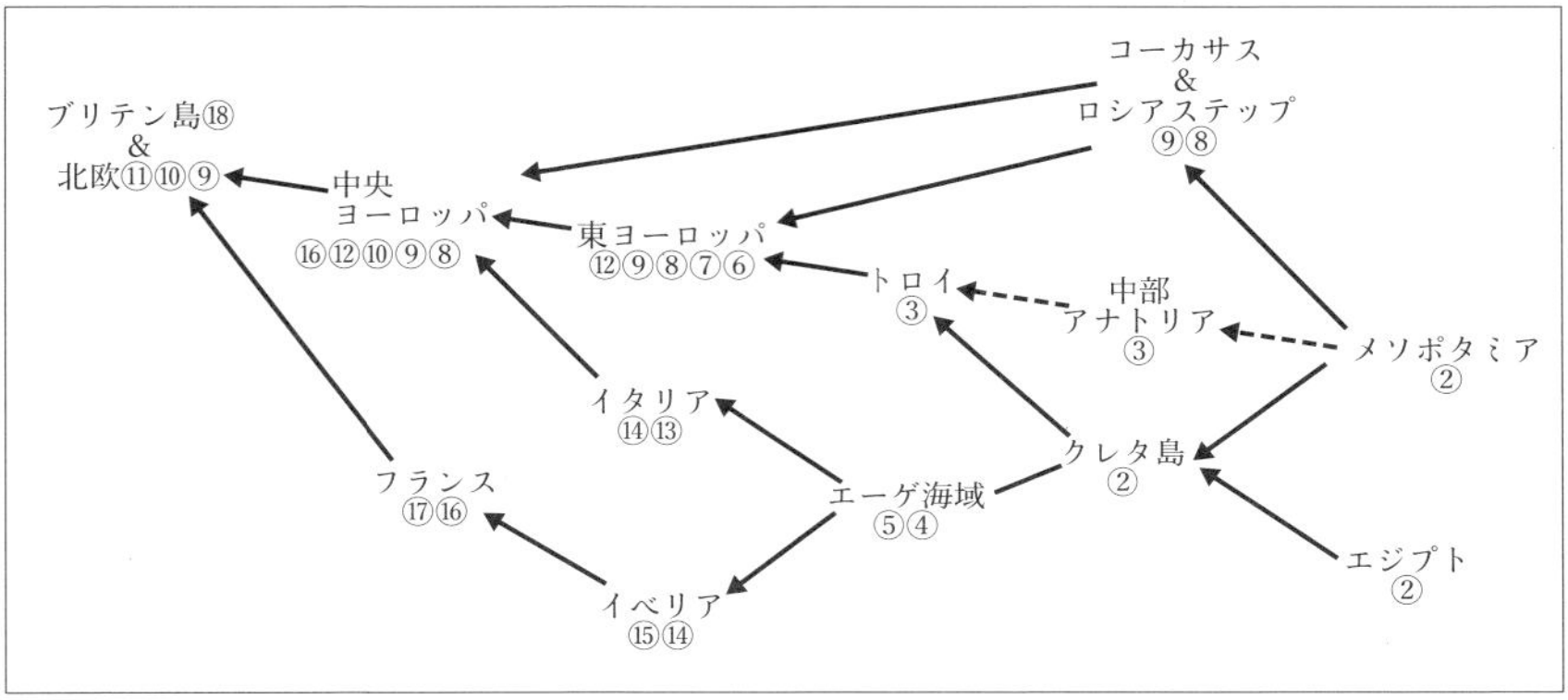


図１　『黎明』の伝播図式　　　※丸数字は当該地域をあつかった本書の章番号

**（2）内容**

**第1章「食糧採集民の残存」**は、のちにヨーロッパ文明が花開く完新世および中石器時代のヨーロッパ世界をえがきだす。気候・地勢・植生などの環境変化に直面した旧石器時代の食糧採集民が、農耕・畜産を独力で創出することなく、森林種族として各地の森林環境に適応して新たな道具をうみだし、中石器文化を伐り拓いていった。

**第2章「オリエントとクレタ島」**では、まず農耕と畜産が中近東で呱々の声をあげ（「新石器革命」）、これによる人口増がナイル川・ユーフラテス川・インダス川の流域における「都市革命」に帰結したと論じられる。そして、外部物資に依存する都市の本質的特性と、その余剰が村落を都市へと発展させる必然的運動とがあいまって、都鄙間の階層構成が周圏的に形成され広域的に波及するメカニズムを説明する。このメカニズムこそ、新たな土地を求める入植活動および探鉱者の遠征とともに、ヨーロッパに文化・文明を伝播させた主要因であった。この論理にもとづき、本章以降でヨーロッパ各地への文化伝播と在地受容の様態が詳述される。その皮切りがクレタ島であり、エジプトとメソポタミアからのインパクトが、このエーゲ海域を扼する島で独創的に混合し、「本質的にまったくヨーロッパ的な新文明」であるミノア文明が誕生する。クノッソス宮殿を中心に栄華をきわめたこの海洋文明の実像が、豊かな発掘成果を踏まえて復元される。

文明の揺籃地メソポタミアで育まれた農耕と畜産、そして物心の諸要素が東ヨーロッパとエーゲ海域へと伝わってゆく「架け橋」であったと予測されるのが中部アナトリアである。**第3章「アナトリア――エーゲ海への王の道」**では、この架け橋が俎上に載せられる。ところが予測を裏切り、アナトリアにはメソポタミアに発しエーゲ海域へと伝播した物証がなく、人間集団の移住も考えがたい。他方、アナトリア北西端のトロアド地域、とりわけ名高いトロイ遺跡にメソポタミアやアナトリア高原との文化的共通性がみいだされ、エーゲ海域との交易の証拠も探りだされる。七層におよぶトロイ遺跡が、メソポタミアの歴史時代と先史時代の東ヨーロッパの併行関係を、さらにはエーゲ海域・東ヨーロッパ・アナトリア以東との交易の実態をとらえる鍵になっていることに注意されたい。

エーゲ海に点在し、アジアとヨーロッパをつなぐ**「キクラデス諸島の海洋文明」**をあつかうのが**第4章**である。農耕に向かない不毛な小島群であるが、多種の鉱石に恵まれ、しかも航海の要衝地でもあったため、海洋交易と製造業を基盤とするキクラデス文化が形成された。実際に多様な地域の器物が出土し、当時の交易の広域性がうかがえる。海洋交易がクレタ島に掌握され、好戦的なミニュアス人がヘラディックの街々を占拠すると、この文化は衰退した。

バルカン半島の南端、エーゲ海域に面するギリシアの都市化を主題にするのが**第5章「ギリシア――村落から都市へ」**である。新石器時代前半期のギリシア半島は、マケドニアやトラキア南部もふくめて、西南アジア的なセスクロ文化領域に属していた。ところが後期にはふたつの集団が入植し、それぞれディミニ文化とラリサ文化が形成される。後者はアジア＝エーゲ海域から到来し、セスクロ文化を暴力的に破壊した形跡もある。青銅器時代には、交易と産業をつうじて村落の発展が進んだ。ヘラディック中期には、ミニュアス人が新たに侵入し、人口を殖やし富の蓄積を加速させた。その結果、ミケーネ遺跡で都市革命が達成された。ミケーネ文化は、エーゲ海域の政治的・経済的覇権をクレタ島から継承し、経済システムと軍事力に裏づけられた入植活動を広域展開した。かくして紀元前一四～一三世紀には、完全なる文化的斉一性がエーゲ海世界を覆い尽くすにいたった。

ここから数章をついやし、ヨーロッパ文明の原基が醸成されたドナウ川流域・黒海周縁部・ギリシア以北のバルカンについて詳述する。**第6章「バルカンの農村」**では、いち早く食糧生産を導入したスタルチェヴォ文化が広域的ですこぶる斉一的な物的様相をみせる。その広域性と均質性は、狩猟と採集を組みあわせた移動農業および牧畜に起因する。この文化はその後、各地の自然領域に適応しながら定住化し、独自の地方文化へと置換ないし成長してゆく。すなわち、混合農業に根ざすヴィンチャ文化、スタルチェヴォ文化との異質性が顕著なヴェセリノヴォ文化、畜産・狩猟・漁撈を組みあわせた本格的な農村文化であるボイアン文化、この文化から発展したグメルニツァ文化などが、地域性豊かに展開した。このようにバルカンの新石器社会は、西南アジアの農村経済にすみやかに適応し、定住農村生活に適した生業形態と精神活動を育んでいった。ただし、青銅産業を維持する経済を発展させて文明を築くにはいたらなかった。

近東由来の農耕・畜産文化がヨーロッパ本土へと伝播してゆく大回廊としてチャイルドが重要視したのがドナウ川流域である。**第7章「ドナウ文明」**は、中央ヨーロッパの黄土地帯で展開した諸文化を克明に叙述する。広域伝播の時間軸としてチャイルドはドナウ六期編年を設定する。ドナウI〜III期が新石器時代（III期に銅を使用）、IV期以降が青銅器時代である。なお、この分期名は現在では廃れており、I期→線帯文土器文化、II期→刺突文土器文化・レンジェル文化・ティサ文化・レッセン文化、III期→後期レンジェル文化群、IV期〜→青銅器時代、というふうに変更されている。

まずI期に、耕作の容易な黄土地帯に斉一的な文化が形成された。ドナウI文化は粗放な移動農業に従事し、平和な暮らしを享受した。息長く継続し、ドイツにまで到達した。他方、ビュック文化は農業と同じくらい狩猟と漁撈に力点をおく文化であった。II期には、外部からの影響と分岐的な発展が生じた。その結果、本格的な農村経済を営むティサ文化、農村経済と近東・バルカンの精神活動に影響をうけたレンジェル文化など、多様な地域文化が形成された。北方では、I期に拡大したドナウI文化がII期以降にも残存し、刺突帯文土器文化やレッセン文化を形成した。III期には、レンジェル文化の後継であるボドログケレスズトゥール文化などの在地文化と侵入文化が複雑に入り混じるようになる。人口の増加をうけて土地をめぐる軋轢が生じ、集落が城砦化され、武器が戦争用に特化した。多様な小集団が交易を活発に展開しながら金属製品を入手し、一部では銅器生産が開始し、社会の階層性が深まった。IV期には、前代から産業開発と資本蓄積を首尾よく進めてきた首長が、さらなる長距離交易を確立し、金属器が社会に滲透した。金属製品の流通をになう巡回商人兼工人をつうじて、中央ヨーロッパは単一の通商網に組みこまれていった。

**第8章「黒土地帯の農民」**では、黒海の西側に拡散したドナウ文化にたいして、この内海の北西部で発展した農耕文化に目を向ける。すなわち、スタルチェヴォ文化を基礎にしてドナウ文化の諸要素によって育まれたトリポリエ文化である。その鮮やかな彩色土器は中央アジアとの関係が説かれることもあったが、経済面でも工芸面でも根本的にドナウ文化的である。最初期のA期には狩猟に頼る側面が強かったが、徐々に農村経済に移行した。最終期のC期までに、黒海沿岸のステップ地帯に階層社会を基礎づける金属工業が勃興した。そして牧畜を基盤とするウサトヴォ文化において、台頭した貴族階級の好戦的な首長がトリポリエ文化人を支配し、その余剰財を吸収し、金属武装を充実させた。

かつてチャイルドは、黒海北西部のステップ地帯にインド＝ヨーロッパ語族の起源地を求め、広大なヨーロッパ平原を横断して各地に拡散したと考え、のちの研究に多大な影響をあたえた。この論点に関して、**第9章「文化はユーラシア平原を越えたのか?」**は重要である。まず、黒海の北沿岸部からコーカサスへ、さらにはアルタイへと延びる旧南西ロシアのステップ地帯に密集する墳丘墓の様相、すなわち黄土墓文化の実相が叙述される。最古の食糧生産者はクバン前期にあらわれ、竪穴墳《ヤムナ》を築き、先進地域から入手した金属器を副葬した。中期までに金属工が在地型式の金属器を製作するようになり、それらはエーゲ海域からの影響を匂わせる地下横穴墳に副葬された。その背景には、金属工と首長を扶養しうる本格的な農業経済の進展があった。

その後、黒海北側からライン川下流域にひろがるドニエストル＝ドナウ文化圏の縁辺部に沿って、畜産と狩猟に穀物栽培を組みあわせ、闘斧とビーカー土器を共有するなど、戦闘的性格が強く共通性が顕著な諸文化が出現する。闘斧文化と総称されるこれら諸文化は、侵入的に各地に登場するため、しばしばインド＝ヨーロッパ語族の展開に関連づけられる。しかしかれは、それら諸文化の起源を本源的な単一文化に求める姿勢を否定する。それどころか、「征服者である牧畜民の大群が闘斧を振りかざし、移動する部族を荷車が運んだという仮定」は「独断論者だけ」のものだと切り捨てる。それに代えて、牧畜集団の移動をみとめつつも、多様な文化要素が伝播しつつ各地の文化や生業を変容させた結果、ゆるやかな連続体をなす諸文化が展開していった側面を強調する。

だがチャイルドこそ、ステップ地帯の民族集団が中央ヨーロッパを横断して各地に拡散したことを強調した張本人であり（『黎明』初版・第二版＝Childe 1925・1927）、その担い手にアーリア人を想定したことさえあった（Childe 1926）。ただし、版を重ねるごとに黄土墓文化と闘斧諸文化の民族性を下方修正し、文化伝播と在地受容を重視するようになった。そのことは、第三版から第五版までの章題「大ヨーロッパ平原の文化伝播」が、本書で「文化はユーラシア平原を越えたのか?」に変更されたことにあらわれている（表1）。

**第10章「北方の諸文化」**は北欧が舞台となる。長らく中石器時代的なエルテベレ文化が存続していたバルト海沿岸部に、農耕と畜産がもたらされ、四期におよぶ北方初期新石器文化が展開してゆく。なお現在では、この文化名ではなく、本書で「語呂が悪い」として却下された「漏斗杯文化」が定着している。I期に農民集団が到来して農耕と畜産を開始したが、II期には斉一性が分解して複数の地域的亜文化がうまれた。III期には氏族墓の性格を有する墓道付石室墓が登場する一方で、闘斧族があらわれ軍事色が強まった。他方、南方の内陸部では、ドナウ文化に由来する初期農耕文化が、中石器文化集団やレッセン文化などの生き残りと接触しつつ展開したのち、多数の地域集団に分解した。これらの地域集団は頻繁に交流しながら個性を維持し、豊かな新石器文化を育んでいった。Ⅳ期になると、墓道付石室墓を築いた巨石建造者と闘斧族の差異がバルト海沿岸部で解消しはじめた。金属器も登場したが、最後まで新石器文化的な様相を保持した。他方、南方の内陸部では青銅器産業が活発化し、富をたくわえた好戦的な首長が厚葬墓を築くにいたった。

ヨーロッパ各地に浸潤した新石器文化を採用しない地域もあった。**第11章「森林文化の残存」**では、新石器農民に好適な土壌をあたえなかったユーラシア周極地帯に焦点をあてる。狩猟漁撈民であり食糧採集民であった森林種族は、環境に適応しながら中石器時代的な生業形態を長らく保持し、当該地帯の全域および南方との接触を保ちつつ、諸文化の連続体を形成していた。この連続体は、好戦的な舟形斧文化とファティヤノヴォ文化の人間集団が到来したことで分裂するが、フィンランド以遠では旧来の生業形態が残存した。

以上の諸章では、オリエント発の新石器文化と都市革命の余波が内陸ルートで伝播してゆく姿が叙述されたわけだが、これ以降は一転して南方の海上交通を軸とする伝播が論じられる。**第12章「巨石建造者とビーカー族」**では、多彩な巨石墓を墓道付石室墓と長方形石室墓（通廊形石室墓）に大分したうえで、ヨーロッパ各地の様相を概説する。つづいて、「巨石墓の観念」の第一波に遅れて各地に広域拡散したビーカー族の特徴が述べられる。独特なビーカー土器や武器・装飾品をたずさえたビーカー族は、稀少物資の交易に従事した武装商人団であり、通商関係を拡大し冶金業を伝播させる役割をはたしたと評価する。

エーゲ海域を西進する新石器文化がまず到達するのはイタリア半島と島嶼部である。**第13章「イタリアとシチリア島の農民と交易民」**では、イタリアの南部と北部、そしてシチリア島の、新石器時代から青銅器時代までの複雑な推移が追尾される。イタリア南部では、海洋入植者が新石器文化をもたらし、つづいてバルカン半島からの文化要素を受容しながら、島嶼部と共通するディアナ文化が展開した。その後、中部イタリアにおいてエーゲ海域から影響をうけた青銅器文化であるリナルドーネ文化が花開き、後続するアペニン文化はドナウ文化の冶金術を導入しながらイタリア南端までひろがった。シチリア島では、ステンティネロ文化を皮切りに新石器諸文化が衣鉢を継いだ。そして、エーゲ海域と共通性の強い青銅器文化であるカステルッチオ文化が興隆し、エーゲ海域の貿易組織に組みこまれ、村落が要塞的な小市街へと変貌した。イタリア北部では新石器文化の様相がさほど明瞭でなかったが、銅石併用時代のレメデッロ文化が勃興した。その背景にはトスカーナの錫鉱脈を誘因としたエーゲ海域との交流の活性化があった。さらに、ドナウ地方の貿易組織が当地まで拡大した結果、青銅器時代へと歩を進めた。こうして北イタリアで醸成された文化は、青銅器時代の終焉期までにイタリア全域とシチリア島を覆った。

**第14章「西地中海の島嶼文明」**では、イタリア半島以西の地中海を西進した文化の諸相が、巨石建造物を中心に叙述される。まず俎上に載せられるのが、シチリア島の南方に浮かぶ小島のマルタ島であり、途方もない巨石神殿とその推移をえがきだす。精神活動面での巨石主義を「西ヨーロッパの病弊」だとみなし、青銅器時代への順調な発展に失敗したマルタ島はヨーロッパの文化に何の貢献もはたさなかったと断じるなど、先史の宗教的側面にたいするチャイルドの評価は辛い。つづいてイタリア半島西方のサルディニア島と、さらなる西方のバレアレス諸島の巨石墓と副葬品を概観する。巨石文化を築いていたサルディニア島では、ビーカー族内に再度あらわれた東地中海人の侵略をうけて、銅器時代文明と青銅器時代文明が創出された。

地中海を西進するオリエント由来の文化要素は、イベリア半島に到着したのち、大西洋岸に沿って滲透した。**第15章「イベリア半島」**では、その状況を新石器時代から青銅器時代までたどる。新石器文化の第一波は牧畜性の強いカーディアル文化であり、北アフリカから到来した第二波がアルメリア文化を形成した。イベリア半島で発展をとげた巨石墓は、採鉱や交易をつうじた東地中海との交流を機に、ミケーネのトロス墓に影響をおよぼすなど各地に伝播した。とくに大西洋岸ヨーロッパと北西ヨーロッパに巨石信仰を伝えた貢献は重大である。この半島で入植者の草分けから分離したビーカー族は、中央ヨーロッパと北イタリアの青銅器時代の創始に決定的な影響をおよぼした。その後、青銅器時代のエル・アルガール文化は巨石墓を抛棄し、各種産業と交易を展開していった。

「**アルプス地帯の西方文化**」の章題を付した**第16章**では、まず在地の中石器文化が西方新石器文化を導入し、湖畔住居から知られるコルテヨ文化が展開する様相を叙述する。この文化は、まったく別の文化であるミヒェルスベルク文化にとってかわられ、さらにホルゲン文化へとおきかわった。その後、闘斧諸文化の一派である縄目文土器文化が到来し、侵略者である戦士が墳丘墓を構築し、青銅器などの輸入が盛行した。しばらくして登場するローヌ文化において採銅と製銅が始動し、青銅器産業が隆盛をみたが、都市化には踏みださなかった。

**第17章「大西洋岸の巨石建造者」**は、地中海と大西洋北岸を結ぶフランス内の文化伝播が主題となる。新石器時代の入植者が在地の中石器文化に混成しフォール・ハロール文化を、そしてシャセ文化を形成した。南フランスでは巨石信仰がリオン湾周辺に扶植され、葬送祭儀に力点をおく文化が展開したが、そのため物質文化が発展しそこなった。その後、北上した巨石信仰を北東部の森林集団が導入し、さらにドナウ文化と混成することで、好戦的なセーヌ＝オワーヌ＝マルヌ文化が誕生し、盛んな入植活動を開始した。他方、ブリテン島の対岸に位置し、イベリア半島から同島に向かう起点であるアルモリカ（ブルターニュ）では、イベリア半島に由来する巨石文化が興隆したが、ここでも社会が葬送祭儀に没入しすぎた結果、進歩が阻害された。それでも、新たな軍事的貴族が到来したことで青銅器時代が花開いたが、まもなく凋落した。

　かくして、オリエントに端を発した新石器文化は、内陸部のドナウ回廊と北ヨーロッパ平原、そして地中海・大西洋の海路を伝播してブリテン諸島にたどりつく。**第18章「ブリテン諸島」**では、ブリテン諸島に次々と外来文化が渡来し、島国化しながら混成文化が展開した様相を究明する。最古の新石器文化はウィンドミル・ヒル文化であり、牧畜を主体とする生業を営んだ。そこに渡来した巨石建造者は宗教的貴族の性格を有し、先住民を率いてブリテン諸島に巨石信仰を拡散させた。その後、ビーカー土器と青銅器をたずさえた複数の侵入集団が到来し、先住民と混淆しながら各地に急速に拡大し、アイルランドをのぞく在地の巨石信仰を払拭した。他方、旧来のウィンドミル・ヒル文化は二次新石器文化へと変貌をとげた。前期青銅器時代の第一段階であるビーカー文化につづいて、新来の戦士階級がウェセックス文化を形成し、活発な交易と金属器生産の賜物である豪奢な品物を火葬の単葬墓に副葬した。また、食糧容器形土器が旧来のビーカー土器にとってかわった。最終的に二次新石器文化人の血統をひく集団が、骨壺土器文化をうみだすにいたった。

　**最終章「本書の回顧——ヨーロッパ社会の先史時代」**では、諸文化の実年代比定をめぐる問題点をとりあげたのち、ヨーロッパ先史社会（≠文明）の特長と独創性を評価する。なるほどヨーロッパの先史社会は、オリエントで達成された新石器革命と都市革命に恩誼をこうむっている。オリエントの都市革命により蓄積された資本が、ヨーロッパ先史社会の基盤となったことも事実である。しかし、ヨーロッパの諸社会はオリエントの発明を主体的に受容し、独創性と創意を発揮して豊潤に発展させた。乾燥地帯のオリエントでは、人びとは狭隘な地に密集せざるをえず、社会に厳しい規律が必要とされ、自由な精神の発育が阻害された。せっかく蓄積した資本もひと握りの上流階級に独占され、工人の創意は抑圧され、社会のすこやかな発展に歯止めがかかった。それと対蹠的に、豊かな可耕地が無限にひろがるヨーロッパの風土は、住民の自主性と独創性の涵養を後押しし、自由な産業と交易が展開し、各地で個性豊かな文化が育まれた。このように謳って本書の幕が閉じる。

## 4　受容と変容、そして挑戦

### (1) 受容と変容

『黎明』は一九二五年に刊行されるや、瞬く間に考古学界の好評をかちとった。先史社会を考古文化の概念から整然と究明するアプローチは、複雑な考古資料を巧みに処理する手法として歓迎された。「従来の政治・軍事史の代わりに文化を、政治家の代わりに働く人を、戦闘の代わりに移住をもって、先史時代の姿を考古遺物から引き出すことを目的にし」た本書（「回顧」）は、「新石器・前期青銅器時代のヨーロッパの迷宮を攻略するアリアドネの糸」（Piggott 1958）として、半世紀近くにわたってヨーロッパ先史研究の教科書的存在でありつづけた。もし世界中の考古学者に、考古学の専門書のオールタイム・ベストを選ばせたなら、『文明の起源』『歴史のあけぼの』と競合して票割れが起こるにせよ、『黎明』はかなり上位に食いこんでくるはずだ。

『黎明』は、考古学に関するチャイルドのデビュー作であり、新たな方法論的枠組をたずさえ新雪を踏みわけてゆくような著作だった。当然、粗《あら》もあるし、新資料や他論者の枠組との齟齬もでてくる。研究の深化に応じて、自身の考えも変わってくる。しかもかれは、現在社会への意識と政治性が濃厚な研究者であり、あまつさえ『黎明』が改版を重ねた二〇世紀第2四半期は、激動の政治的時代であった。考えが変わらぬはずがない。それゆえ、最終第六版にいたるまで、『黎明』がどう変容したのか（Meheux 2017）を看過してしまうと、本書の理解が甘くなる。とはいえこれは、優に一書を要する壮大なテーマであり、解説者の手にあまる。以下、『黎明』の変容について要点を摘記するにとどめる。

各版の章立てを比較すると、本書の基礎設計は初版から第六版までおおむね同じである（表1）。第三版で章題と配列が変更され、第六版で章題が微修正されている。

初版の序文に明記するように、『黎明』の企図は「人間の精神が独自かつ個性的に発現したヨーロッパ文明の基礎」を先史考古学から解明することにあった。当時、ヨーロッパ先史社会に関して、すべてはオリエントからの光被の結果（「光は東方より」）であり、ヨーロッパには文明も独創性もないとみる東方主義者《オリエンタリスト》と、人類の誇るべき文化はヨーロッパで発祥したと断ずる西方主義者《オクシデンタリスト》とが対立していた。初版と第二版（一九二七年）でチャイルドは中庸の道を選んだ。ヨーロッパ文明の原基はオリエントからの伝播によるが、それを独創的に発展させたことこそ、ヨーロッパ先史文明の真骨頂だと評価したのだ。まず紀元前三千年紀にミノア文明やキクラデス文明が誕生し、ドナウ川流域の陸路と地中海の海路をつうじて文明が波及してゆき、紀元前一六〇〇年にイギリス諸島まで青銅器文化が伝わったとき、ヨーロッパは文明世界として統一された。そう結論づけた。しかし、これ以後チャイルドは、東方主義者と西方主義者のあいだを揺れ動きつづける。

『黎明』の方法論は、オリエントからの文化伝播を所与の前提とするオスカー・モンテリウスの枠組と、考古文化を特定の「民族集団《ピープル》」と同一視する方法論的前提に基礎づけられていた。後者の前提は、「厳密に境界づけられた考古学的文化圏は、あら

表１　各版の章立て

| 章 | 初版(1925)<br>第２版(1927) | 第３版(1939)<br>第４版(1947) | 第５版<br>(1950) | 第６版<br>(1957) |
|---|---|---|---|---|
| 1 | 食糧採集民の残存 | | | |
| 2 | ミノア時代のクレタ島<br>――ヨーロッパ最古の文明 | オリエントとクレタ島 | | |
| 3 | キクラデス諸島の海洋文明 | アナトリア――エーゲ海への王の道 | | |
| 4 | トロイのアナトリア文明 | キクラデス諸島の海洋文明 | | |
| 5 | ギリシアの大陸文明と海洋文明 | ギリシア――村落から都市へ | | |
| 6 | 海を伝って拡散した文明 | バルカンの諸文明 | | バルカンの農村 |
| 7 | 西地中海の海洋文明<br>――サルディニア島 | ドナウ文明 | | |
| 8 | 西方の諸文明 | 黒土地帯の農民 | | |
| 9 | 西方世界と東方世界 | 大ヨーロッパ平原の文化伝播 | | 文化はユーラシア平原を越えたのか? |
| 10 | ステップ地帯の民族集団 | 北方の諸文化 | | |
| 11 | 黒土地帯の農耕民 | 森林文化の終焉 | | 森林文化の残存 |
| 12 | ドナウ文明 | 巨石建造者とビーカー族 | | |
| 13 | スカンジナビアでの東西の邂逅 | シチリア島とイタリアの文明 | | イタリアとシチリア島の農民と交易民 |
| 14 | バルト海沿岸と北ロシアの食糧採集民と戦士 | 西地中海の島嶼文明 | | |
| 15 | ドイツ東部とポーランドの闘斧族 | イベリア半島 | | |
| 16 | 湖畔住居とアルプス文明 | アルプス地帯の西方文化 | | |
| 17 | アルプス南麓の諸文化 | 大西洋岸の巨石建造者 | | |
| 18 | 大西洋岸の巨石文化 | ブリテン諸島 | | |
| 19 | ブリテン島の大西洋岸諸文化と中央ヨーロッパ諸文化 | 本書の回顧 | | 本書の回顧――ヨーロッパ社会の先史時代 |
| ― | エピローグ | | | |

ゆる時代を通じて、特定の民族もしくは部族に一致する」、すなわち文化領域を民族領域と同一視するグスタフ・コッシナのテーゼ（コッシナ 一九八七（一九一一））と通底するものであった。そもそもチャイルドは、コッシナと同じく「比較言語学から先史学の世界に入り」、「インド＝ヨーロッパ語族の揺籃の地を見つけ出し、その原初の文化を特定する」ことに強い学問的関心をいだいていた（「回顧」）。ところがコッシナは、北欧こそ人類の高次文明の原郷だと信じて疑わなかった。つまり『黎明』は、東方主義者と西方主義者の方法論を合成したうえに成りたっていたのである。

　第二次世界大戦勃発の数カ月前に出版された第三版は、章立てと図版はさほど変わらなかったが、本文が全面改訂され、論の根幹に重要な路線変更がほどこされた。その背景には、各国における「熱狂的な考古学的活動を通じ」た新発見の激増（「第三版の序文」）にくわえ、自身の方法論の変化ないし深化が、そして社会状況の激変があった。

　とくに重要なのが、前版までの西方主義者寄りの姿勢から東方主義者への転向である。ウルのジッグラトや王墓群をはじめ、一九二〇～三〇年代にはオリエントでの新発見と重要な発掘が相つぎ、それを実見したチャイルドは、オリエントの主導性をいっそう強調するようになった（Childe 1934）。アーリア＝ゲルマン人種を至上とする西方主義者の人種主義的な先史解釈が、ナチス政権下で「世界観の教義」となり（エガース 一九八一）、国策として政治面で悪用されたこと（カーター 二〇二〇）も、西方主義を忌避させる一因となった。

　なるほどチャイルドの考古文化は「People 民族集団」と密接に結びついていたが、ドイツ語の「Volk 民族」に内包される人種的な「血と地」の含意はなかった（Trigger 1980）。実際、『アーリア人』（Childe 1926）を例外として、チャイルドは人種主義的な解釈をうちださなかった（cf. 阿部 二〇二三）。この第三版では、コッシナ流の考えを却下するにいたった。かれは、ナチズムとファシズムの猖獗に抵抗して、民族論的な解釈を後景に退かせ、オリエントからの伝播を前面に押しだしたのである。そして結論部分の「回顧」では、オリエントの大都市文明を中核として、有文字市民社会—無文字町民社会—定住村落民社会—不安定な分化共同体—自給自足の新石器社会—野蛮状態と五十歩百歩の集団、のごとく、オリエントから北欧に向かって格落ちしてゆく周圏区分《ゾーニング》が復元された。その結果、ヨーロッパ社会の独創性を評価する記述も消えてしまった。

　ソ連の考古学に影響されつつ、唯物史観的な経済解釈を導入したことも注目すべき変更である。進歩した考古文化≒民族集団の移動が、各地に文明の光被をもたらすという前版までの論理にたいして、生業・手工業・交易・分業の展開が、その帰結としての余剰の蓄積と階層化の進展が、各地の社会を発展させる要因だとみなすようになったのである。

他方、この変更にともない混乱も生じた。たとえばかれは、内的経済発展を本義とする唯物史観を導入しつつも、外的刺戟と伝播を文化変化の主要因とみなしつづけた。またかれは、一九三〇年代に「都市革命」の提唱をつうじて、都市の属性と本質を追究し、その誕生プロセスを精細に検討した（Childe 1936）。同時に、ルイス・ヘンリー・モルガンとフリードリヒ・エンゲルスの野蛮→未開→文明の三段階発展論を採用し、文明と都市の誕生を同等視した。ところが、都市の要件を厳密に定義した結果、ヨーロッパ先史社会のほとんどが都市（＝文明）をもたないことになってしまった。事実、初版と第二版に掲載された地図には、多数の「文明」がみとめられる。けれども第三版の地図では、紀元前一四〇〇年にようやくミケーネやクレタが「都市文明」圏に包含されるようになるが、それ以前のヨーロッパに「都市文明」の姿はない。こうなると、本書の書名は『ヨーロッパ文明の黎明』ではなく『ヨーロッパ文明の未明』にしなくては筋がとおらなくなる。

大戦後（一九四七年）に刊行された第四版では、ソ連の研究者をつうじて入手した情報を活用して、黒海ステップ地帯と東ヨーロッパにおける新たな考古学知見が組みこまれた。第8・10・13・16章の一部に大きな加除修正をほどこし、第9・11章は全面的に改稿された。ソ連における文化変容観を部分的にとりいれ、それまでの伝播論者としての基本方針は維持しつつも、文化変容における内的発展と在地受容にも留意するようになった。とくに闘斧諸族に関する既往の侵入仮説にたいして、各地における内的発展の側面を受け容れるようになったことが注目される（McNairn 1980）。一九五〇年にだされた第五版は、前の版とほぼ同一であり、原註の文献などがわずかに変更されたにすぎない。なぜ版を改めたのかわからない。

死の直前に刊行された第六版では、最新の文献情報を追加して、かなりの増補がなされた。考古文化を民族集団と同等視する見方はさらに薄まり、しかも伝播論的な姿勢も弱められた。他方、在地受容と内的発展を重視する観点が目だつようになった。また、一九五〇年代に開発された放射性炭素年代測定法（$^{14}$C法）による測定成果が、自身の年代的枠組と整合しうるか否かを、本文の各所でチェックしている。

それ以上に重要な変化は、東方主義者の姿勢を大幅に稀釈し、先史ヨーロッパの独創性と自律性を評価する初期の方針に回帰したことである。第五版までの、オリエントを頂点とする周圏区分の記述がなくなり、巻末の地図にあった周圏的な文明―文化圏の枠線も消えた。しかし、単純に原点に回帰したわけではなかった。長年のたゆまぬ研究をつうじて、初期の解釈に仄みえる人種的解釈を抹消し（cf. Childe 1947b）、先史社会の発展要因として経済的解釈を導入し、文化伝播の論理に内的発展と社会進化のメカニズムを重層させていった結果、先史ヨーロッパの独創性と自律性が再発見されたのである（Childe 1958b）。初版では、オリエントで醸成された諸技術とインド＝ヨーロッパ語族の活力および天賦の才が組みあわさった結晶こそが先史ヨーロッパの特質とみなされた（Trigger 1999）。だが第六版では、この特質の要因が、恵まれた生産環境が保証した厳しい規範も抑圧もない社会と、それゆえ可能になった工人の自由な活動とに求められた。初版の人種内因的解釈から、第六版の環境的・経済的・社会的解釈への変容には、三〇年におよぶ真摯な研究の歩みが反映しているのである。

### (2) 挑戦

異論のない学説はないし、不動の学説などありえない。長らく規範的な存在であった『黎明』にも、重大な異議が突きつけられる日がきた。第六版でチャイルドが注視していた放射性炭素年代測定法による測定結果が、『黎明』の実年代観を破砕したのである。当初、前者の測定年代が後者の比定年代よりもかなり古い値を弾きだしたが、辻褄あわせは不可能でなかった。ところが一九六〇年代に、年輪年代を加味した較正年代が提示された結果、伝播元であるはずのオリエントよりも、伝播先であるはずのヨーロッパ各地の実年代のほうがはるかに古くなってしまったのだ。アナトリアとエーゲ海域まではさほど矛盾はなかったが、その先に横たわる断層線より向こうが、オリエントと年代的にまったく結びつかなくなってしまった（Renfrew 1973）（図2）。

いったい、どこで躓いたのか。この蹉跌は、考古学の方法論の有効性と限界を検証し、鍛えあげてゆくうえで、すこぶる重要な検証点になる。チャイルドは、各地の「相対編年」を信頼性をもって相互に「関連づけ」うるのは「交差年代法」だけだ、と断言する（グリーン一九八七）。この方法は、A地域（文化）の△期に属する遺物○が、B地域（文化）の▲期の遺跡や遺構から出土し、なおかつB地域（文化）の▲期に属する遺物●が、A地域（文化）の△期に属する遺跡や遺構から出土する場合、▲期と△期の同時性がさだまる、というものである。両地域（文化）で○と●が共伴して出土すればなお確実である。▲期と△期の片方の実年代が決まっていれば、もう一方の実年代も決まることになる。

ところが、図2の断層線をまたいだ遺物の「交差」例は提示されず、オリエントから一方的に移動する遺物ばかりがとりあげられた。これでは交差年代法は成立しない。また、複数地域で別の時期に似た遺物が独立して製作される可能性を十分に配慮していなかった。たとえば、ブルガリアのタルタリア碑板とメソポタミアのジェムデト・ナスル期の文字資料が、あるいはトロイII期とヴィンチャI期の人面土器が、オリエントとヨーロッパの併行関係と実年代を決める重要資料とされてきたが、現在では他人の空似だと判明している。この失考は、文化・文明の発祥地のオリエントから文物が伝播し、ヨーロッパ各地はそれを受容するか変形させるだけだ、という伝播論の固定観念に起因するところが大きい。チャイルドの型式学的操作の甘さも、事態を悪化させた。そ

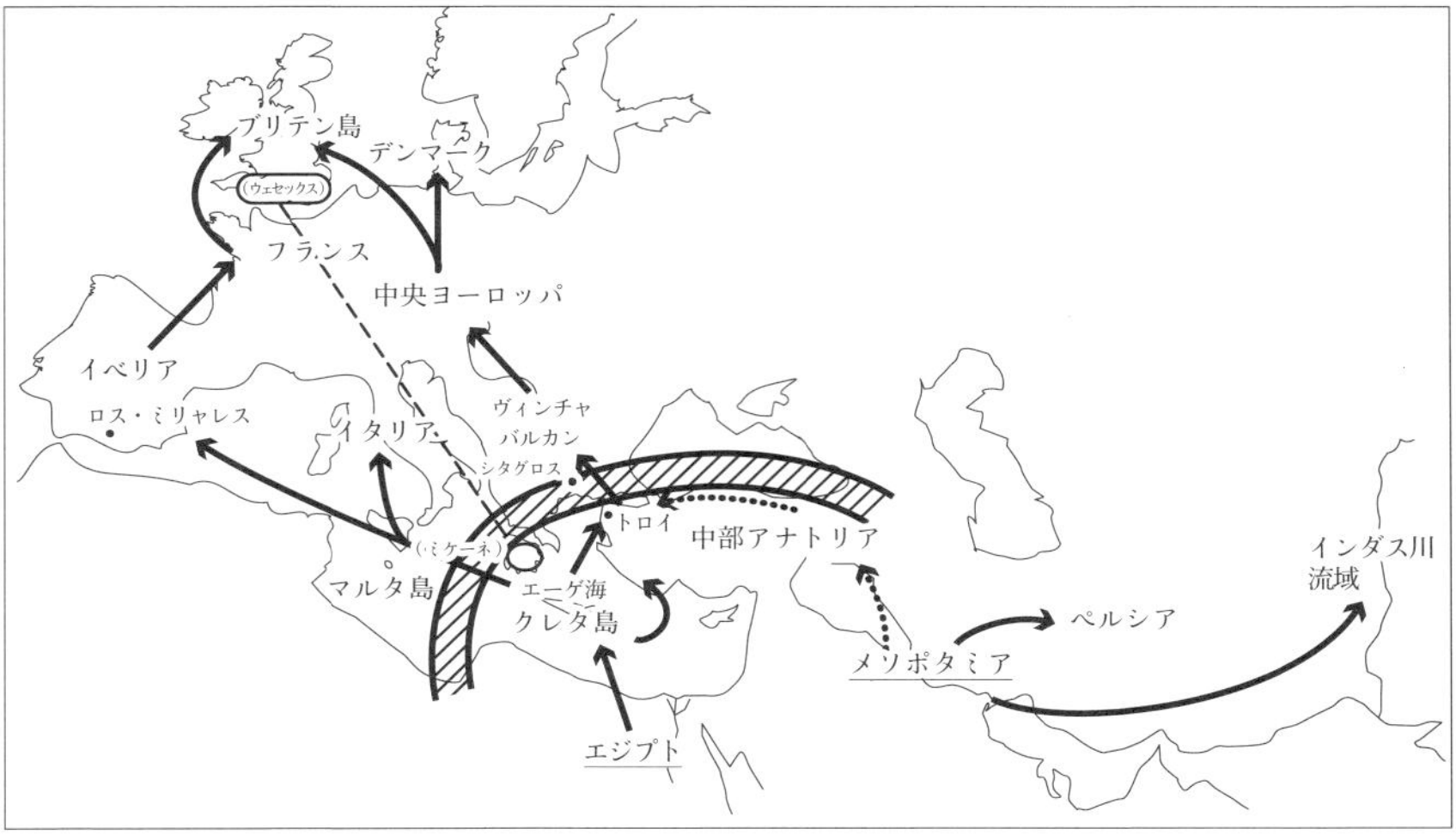


図2　ヨーロッパ先史編年の断層線

れゆえか一九七〇年代以降、在地発展を重視した議論が有力になった。

現在のヨーロッパ先史編年を概略を示すと図3のようになる。『黎明』で示された実年代よりもおおむね一〇〇〇〜二〇〇〇年ほど遡上している。他方、多くの文化名が変更あるいは追加されているが、文化間の併行関係は『黎明』からほとんど変わっていない。近隣文化間での遺物の共通性から併行関係を求める『黎明』の方法論には問題がなかったわけだ。

文化の把握法にも疑念が呈された。チャイルドは分析の根幹概念である「文化」を厳密に定義しなかった。なるほどかれは、『黎明』の初版刊行の四年後に、「つねにくりかえし共存する特定型式の残存物（土器・道具・装飾品・埋葬儀礼・家屋形態など）」の「複合体」を「文化集団」ないし「文化」と名づけ、「民族集団」の物的表出だと定義した（Childe 1929）が、誤解を招くほど簡潔すぎた（Trigger 2006）。のちに、特定型式の遺構とそこから「同時使用を示す状況」で頻繁に共存して発見される特定型式の器物とを組合せ《アセンブリッジ》と名づけ、これを考古「文化」だとした（Childe 1956a）。本書の鍵概念であるが、操作概念と実体概念が混在しており、具体性にとぼしく直観的なものであった（McNairn 1980）。

特定地域の考古資料群から考古文化を抽出し、文化要素の伝播から文化＝集団の移動を復元するという『黎明』に端を発する分析法が、一九六〇年代以降に槍玉にあがった。そんな「規範的《ノーマティヴ》」

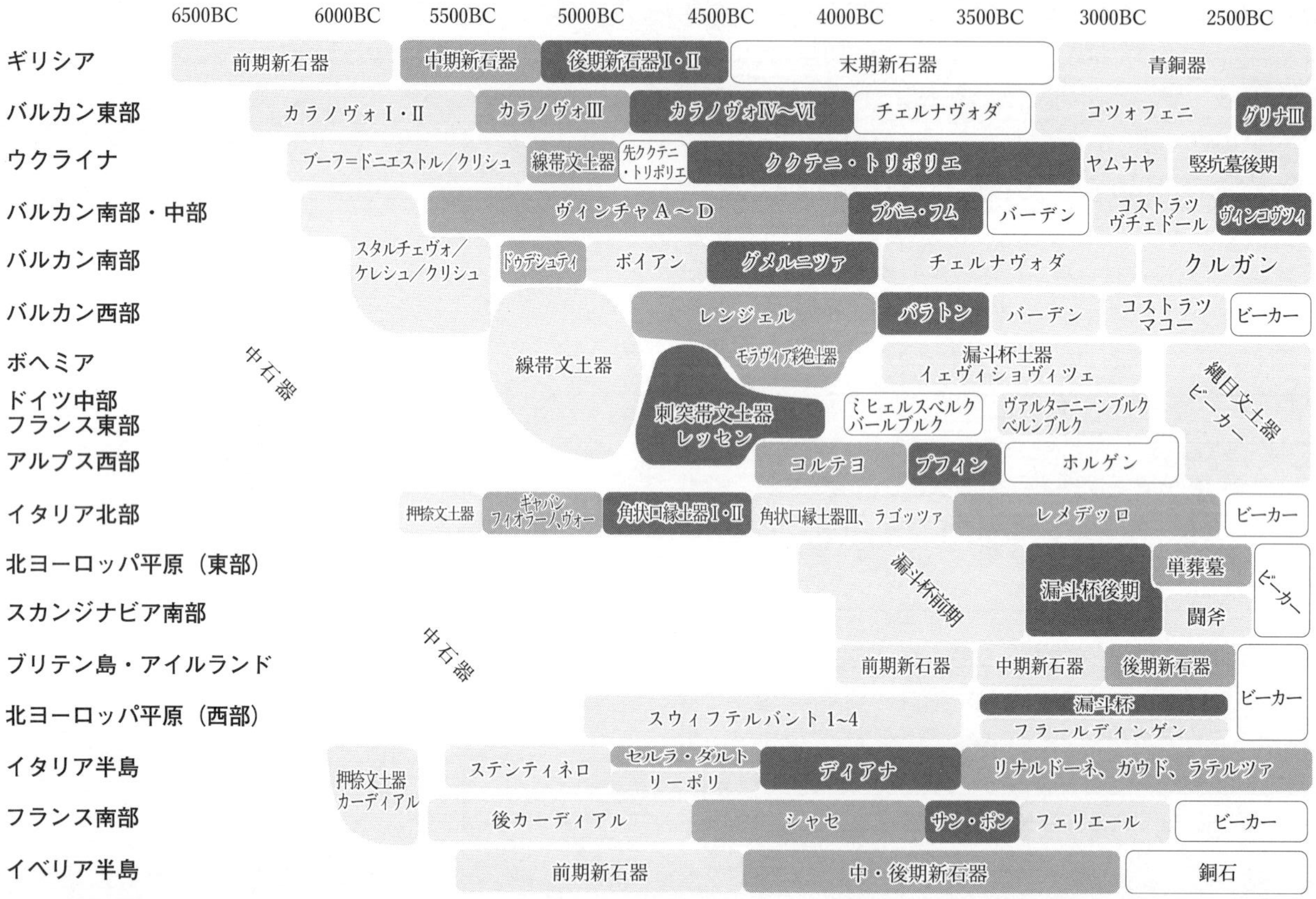


図3　現在のヨーロッパ先史編年の概略

で視野の狭いアプローチなど却下して、在地集団の環境適応のプロセスや社会内／間の階層化プロセスなどをシステム的に解明すべきだ、との主張が、ニューアーケオロジーとよばれる新潮流から沸きおこった。遺物の共存セットは文化＝集団とはかぎらず、特定の活動にともなう道具セットの場合があるとの提言もなされた。

一九八〇年代には、考古文化は人間集団の消極的反映ではなく、諸集団が自身の意図を表示したり相互の差異を強調するために利用される能動的要素でもありうるとの主張が登場した（Hodder 1982）。一九九〇年代には、考古文化にみえる組合せが、じつは異種混成的な諸集団が自身のアイデンティティを表示したり、多様な意味を創出するために戦略的に利用した器物群である場合もありうるという、先鋭的な解釈も登場した（Thomas 1996）。ともあれ一九六〇年代以後、「考古文化＝民族集団」論はおおむね退潮したといってよい(5)。

ただし、チャイルドの著作に、上記した新潮流の観点が内包されていることにも注意すべきである。ニューアーケオロジーが高唱した環境適応の視点や社会人類学的な観点もみとめられ、かれはニューアーケオロジーの先駆けとも評価されている（Trigger 1980等）。文化要素の伝播パターンの多様性にも言及しているし、当事者の主観的な環境認知という、ポストプロセス考古学的な視座にも気づいていた（「回顧」参照）。幾度となく指摘されてきたように、チャイルドが積み重ねてきた考古学研究とその著作物は、これまでも、そしていまなお、批判をつうじて新たな研究視点が育まれてゆく源泉でありつづけている(6)（スカー解説、佐々木解説参照）。

## 5 日本考古学とチャイルド

チャイルドの著作は、日本考古学にも絶大な影響をおよぼしてきた。日本考古学を世界レヴェルで俯瞰すると、文化史的考古学とマルクス主義理論の強さに特徴がある（Trigger 2006）。これらはチャイルドの著作をつうじて日本考古学に定着したのであり、チャイルドを抜きに日本の考古学史は語れないし、現在そして未来の日本考古学の展望も占えない。

ところが不思議なことに、チャイルドが日本考古学にもたらした影響について正面から論じられることがほとんどなかった。日本考古学の研究史は数多いが、これらは総じて〈日本国の統治下における日本人と滞日外国人による考古学研究史〉であり、これに該当しない国外の研究者の成果は、日本考古学への影響力がいかに大きくとも、学史の文脈ではまともにふれられない。これは日本考古学史の重篤な欠陥である。自戒もこめて強調しておきたい。

チャイルドが日本考古学にあたえた影響は、①文化史的伝播論、

②唯物史観（マルクス主義理論）にもとづく経済発展論、③考古学の方法論、に大分でき、この順に重層的に受容された。この理解を軸にすえて、日本考古学とチャイルドとの関係について解説しよう。

### (1) 文化史的伝播論

チャイルドの著書は、世界各国で現在にいたるまで連綿と翻訳および刊行がつづいている（岡村解説参照）。六冊が邦訳されており、「日本で最も翻訳されている、すなわち最も親しみのある欧米の考古学者」と評されている[7]（泉二〇〇九）。隣国の中国および韓国と比較すると、日本がかなり先行して翻訳出版しているが、なぜか『黎明』のみ例外となっている（表2）。後述するように、この翻訳の遅れが日本考古学に少なからぬ問題を残した。

チャイルドの日本への導入は、『黎明』とともにはじまる。[8] 刊行直後から専門誌『考古学』で言及されるなど（冨井二〇一七）、国内での反応は速かった（冨井解説参照）。京都帝国大学文学部において、一九二九年度の西洋史演習と翌年度の考古学講読の教材に選ばれ[9]、これを機に「チャイルド熱がたかま」り、その著書が競って読まれた（三森一九九四）。昭和の初年代には、その名が地方都市の研究者間にも知れ渡っていたという（角田一九七四）。

この演習と講読を担当した濱田耕作（青陵）は、日本にヨーロッパ考古学の方法論を導入した考古学者として名高いが、すぐさま『黎明』の枠組を日本考古学と東亜考古学に適用した。中国および西方から島国である日本列島への文化・文明の光被を考古資料から論述し（濱田一九二九b）、「日本の新石器時代文化は遠く東北ヨウロツパから北アジヤへ拡がつて移動した人種の産出したものであつて（略）其の一部族が海東日本の島に渡つてから（略）新石器時代の文化を極端まで発展せしめ」、その後「漢文化の影響に由つて（略）新しい文化史上の立役者として歴史時代の舞台に現はれ」たが、「日本の各地方が同時に此の文化に光被せられた」わけではなく、「東北地方の如きは今後数世紀、或はそれ以上もなほ石器時代の旧文明に彷徨して居つた」と説く（濱田一九二九a）など、『黎明』の論理と高い同型性を示す議論を展開した。

一九三四年刊行の『世界歴史大系』第一巻に収録された「新石器時代」（甲野他一九三四）にいたっては、実質的に『黎明』初版の抄訳であり[10]、構成もほぼ同一である（表3）。これは、小林行雄が『黎明』の「下訳」を担当し、甲野勇と山内清男が「徹底的に改訂」したのち、これを種本にして執筆されたものだという（山内一九六九）。日本における『黎明』の受容を考えるうえで、濱田にくわえ、この小林と山内が重要な位置を占める。

なぜ『黎明』はこれほど好意的に受容されたのだろうか。「全世界の考古学界に与へた衝動」（角田一九七四）の大きさや、国内唯一の考古学講座を擁する京都帝国大学文学部において、講義テキストとして使用されたことも考慮すべきである。だがそれ以上

表２　チャイルドの日中韓翻訳書

| 原著名 | 日本 | 中国 | 韓国 | 備考 |
|---|---|---|---|---|
| *The Dawn of European Civilization* (1925) | | 2008 | 2012 | 中国語訳は初版、韓国語訳は第６版 |
| *New Light on the Most Ancient East* (1934) | 1944 | | | 邦題『アジヤの古代文明』 |
| *Man Makes Himself* (1936) | 1942<br>1951 | 1954<br>2008 | 1959<br>2013 | 邦題『アジヤ文明の起原』(1942)<br>『文明の起源』(1951) |
| *What Happened in History* (1942) | 1958 | 2008 | 2011 | 邦題『歴史のあけぼの』 |
| *History* (1947) | 1954 | | | 邦題『歴史学入門』 |
| *A Short Introduction to Archaeology* (1956) | 1969 | 2008 | | 邦題『考古学とは何か』 |
| *Piecing Together the Past* (1956) | 1964<br>1981 | 2008 | 2013 | 邦題『考古学の方法』 |
| *Foundations of Social Archaeology* (2004) | | | 2009 | 歿後の選集 |

＊数字は刊行年

表３　「新石器時代」（『世界歴史大系』）と『黎明』

| 初版(1925)<br>第２版(1927) | 「新石器時代」<br>(『世界歴史大系』) |
|---|---|
| 第１章　食糧採集民の残存 | |
| 第２章　ミノア時代のクレタ島<br>——ヨーロッパ最古の文明 | 第一章　エーゲ海地方欧洲初期文明 |
| 第３章　キクラデス諸島の海洋文明 | |
| 第４章　トロイのアナトリア文明 | |
| 第５章　ギリシアの大陸文明と海洋文明 | 第二章　ギリシヤ新石器時代文化 |
| 第６章　海を伝って拡散した文明 | 第三章　南伊太利及シシリー島 |
| 第７章　西地中海の海洋文明——サルディニア島 | |
| 第８章　西方の諸文明 | 第四章　イベリヤ半島西欧系新石器時代文化 |
| 第９章　西方世界と東方世界 | |
| 第10章　ステップ地帯の民族集団 | 第五章　南露草地帯文化と丹土墳 |
| 第11章　黒土地帯の農耕民 | 第六章　黒土地帯彩色土器文化 |
| 第12章　ドナウ文明 | 第七章　中欧新石器時代ダニューブ文化 |
| 第13章　スカンジナビアでの東西の邂逅 | 第八章　スカンヂナビヤ新石器時代と東西両文化 |
| 第14章　バルト海沿岸と北ロシアの<br>食糧採集民と戦士 | 第九章　バルチック海及び北露の漁猟民族と<br>好戦民族 |
| 第15章　ドイツ東部とポーランドの闘斧族 | 第十章　東独逸及びポーランドの闘斧民族 |
| 第16章　湖畔住居とアルプス文明 | 第十一章　アルプス文化と湖上住居 |
| 第17章　アルプス南麓の諸文化 | 第十二章　アルプス南斜面文化 |
| 第18章　大西洋岸の巨石文化 | 第十三章　仏蘭西巨石文化 |
| 第19章　ブリテン島の大西洋岸諸文化と<br>中央ヨーロッパ諸文化 | 第十四章　英国に於ける西欧文化及び中欧文化 |

に、当時の「石器時代」研究の状況に重大な要因を求めうる。

日本の近代考古学の黎明期において、先住人種および後渡人種の同定と複数人種の混淆・置換の実態解明が最重要課題であった。一九二〇年代当時、縄文土器と弥生土器が、併存する別人種の所産ではなく時期を異にする土器であることが、明らかにされたばかりであった。「人種民族」の同定よりも、遺物の新古の確定が急務だとの提言（濱田 一九一九）をよそに、縄文土器編年が未整備のまま、石器時代（縄文時代）には複数部族が同時併存し、のちに「固有日本人（弥生式土器を製作使用した者）」が朝鮮半島より「侵入」するという説（鳥居一九二〇）が注目を集めていた。そうした諸説の根拠には、『古事記』『日本書紀』の説話（神武東遷・蝦夷征討等）や民族誌が安易に使用され（工藤 一九七四）、考古学ならではの方法論を磨く姿勢が弱かった。人種（民族）の同定という難問を解決しうる考古学固有の方法がえられぬまま、多様な説と解釈が入り乱れている状況であった。

そうしたなか、人種と土器と文化を混同する解釈を失当とみる形質人類学者が、厖大な人骨の計測データを統計処理した論文を発表する。石器時代人から現代日本人までの連続性を数量的に立証したこの論文は、考古学者の度肝を抜いた（清野他 一九二六a・一九二六b）。かくして、石器時代研究において「もっとも活発な議論のまととなっていた」人種論は、「自然科学者の手のなかにさらわれてしま」い、「「精確科学」の訓練をつんだ「専門家」」でない考古学者には「判断のつかぬ問題」になってしまった。窮状に追いこまれた考古学者は、自然科学に対立し歴史の一回性や非法則性を強調する新カント派哲学的な「文化史」という新たな流行にすがりついた（林 一九八七）。

『黎明』が日本で受容されたのは、まさにこのタイミングだった。本書の手法にしたがえば、考古資料群を「文化」に、そして民族集団（人種）にも変換でき、その動きから諸民族の移動と展開を緻密に復元できる。しかも、ヨーロッパで大評判というお墨付きもある。日本の考古学者は、考古資料と民族（人種）ならばこれまで検討していたので、既往の路線に「文化」概念をくわえれば、自然科学からの失地回復がかなうことになる。このような理路から、『黎明』がすみやかに、かつ好意的に受容されたのではなかろうか[11]。だが、「文化」を武器にしたものの、用語だけが先走り、その定義も内容も明示されなかった（林 一九八七）。肝腎の文化を曖昧にしたまま、考古資料群の動きと文化＝民族の移動を等値しがちな『黎明』の悪い面が、日本考古学において旧態依然の人種論のかたちで表出してしまったわけだ。

他方で一九三〇年代には、敗戦後の日本考古学を基礎づける枠組と方法論が構築されつつあった。研究史の視点からかえりみると、縄文時代研究では山内、弥生時代研究では小林がその動向の中心にいた。山内は、縄文土器の諸型式を人間集団や『古事記』『日本書紀』と峻別し、時空間的な単位ととらえて編年大系を構築した。そして、縄文土器は列島内で育まれた「一系統の土器」であり、縄文文化と弥生文化は連続的な継起関係にあるとみなした（山内 一九三九）。列島の石器時代に複数文化の併存を想定する当時の主流説にも、『黎明』の論理にも背を向けた山内の「〈島国日本〉」的文化観は、当時の異端であり、「四面楚歌」の状態にあった（大塚 二〇〇〇）。これと逆に、「現在の弥生時代観の直接の出発点」（石川 一九九三）と評価される小林の論考「弥生式文化」（小林 一九三八）は、当時の主流説に合致していた。「縄紋式文化」が「終幕」に移行しはじめるころ、「弥生式文化」が九州北部に渡来し、長い期間をかけて東漸してゆく姿は、「紀記神代巻一篇の詩篇」にたとえられた（小林 一九三八）。

小林の論考には、『黎明』の論理が透けてみえる。穿った見方かもしれないが、山内の作業には、考古資料群を民族集団と同等視する未証明の前提を避け、時空間単位としての土器型式編年の構築を最優先した点に、『黎明』の論理への批判を看取できるかもしれない。あるいは、社会主義・共産主義に眼を光らせていた当局に敏感であった山内（佐原 一九八四）が、唯物史観を内包しつつあったチャイルドの枠組をあえて避けた可能性も考えうる。

ここで注目したいのは、縄文文化も弥生文化も単一文化として措定されていることである。世界各地における考古文化の消長と比較すると、弥生文化はかなり存続期間が長く、一万年以上におよぶ縄文文化にいたっては異常である。実際、これら二文化は一枚岩ではなく、複数の文化が内包されているのではないか、との指摘が近年目だってきた（大塚 二〇〇〇、根岸 二〇二二、森岡 二〇二三等）。世界各地の考古文化の設定と同じように、チャイルド流の方式を採用するならば、列島の先史文化はかなり増加するはずである。『黎明』受容期に、文化に関する真摯な考察を怠ったツケが現在まで尾を曳いているのである。

### （2）唯物史観にもとづく経済発展論

第二次世界大戦の敗戦により、それまで日本国内で厳しく禁圧されていたマルクス主義的な唯物史観が、歴史学の表舞台に躍りでた。横山浩一によると、カール・マルクスやエンゲルスの原典を読みこなせない大半の考古学者がその理論にふれる手段は、文献史学者の著述を読むか、チャイルドの著作を繙くかであったという（横山 一九九八）。

唯物史観にふれたチャイルドの著作は、早くも一九四〇年代に邦訳されていた。しかし、国内でひろく読まれるには大きな障碍があった。それは、当の唯物史観である。そのことは、『アジヤ文明の起原』（一九四二年邦訳刊行）と、その語句をわずかに変更した敗戦後の改訂新版である『文明の起源』（一九五一年邦訳刊行）を比較すると腑に落ちる。後者の章題「新石器革命」「第二革命への序曲」「都市革命」「人類の知識における革命」が、前者ではそれぞれ「新石器時代への転回」「金属器時代への転回序曲」「都市の成立」「人智に於ける進歩」となっているように、戦前版では「革命 Revolution」の語が忌避され、ことごとく「転回」などに変更されているのである。もちろん戦後版が原著に即した訳である。同様の変更は、『アジヤの古代文明』（一九四四年邦訳刊行）でも確認できる。

当時、マルクス主義に関する言説は御法度であった。事実、上記書籍の訳者であり、マルクス主義に親しんでいた禰津正志は、一九三七年に治安維持法違反で検挙されている。唯物論研究会にかかわった赤松啓介は、弾圧に屈さず爪まで剥がされ三年近く収監された（赤松 一九九三）。考古学者の和島誠一にいたっては、エンゲルスの『家族・私有財産・国家の起源』の読書会を提案しただけで大学当局に通報され、そののち思想犯容疑で検挙された（藤間 一九七一、春成 二〇〇三）。そんな時代にチャイルドの唯物史観を導入しようなど、どだい無理な話であった[12]。

チャイルドの唯物史観的アプローチの受容は敗戦後にもちこされた。『文明の起源』と『歴史のあけぼの』に示されたかれの唯物史観は、難解な原典を教条化せず、考古資料の実態にあわせてアレンジし、やさしく噛み砕かれていた。そのうえ文化史と伝播論とが組みあわされていて、日本の考古学者は従来の枠組に沿って導入できた。とくに道具を筆頭とする技術の進歩に基礎づけられた経済発展史観は、発掘資料にもとづく議論と相性がよく、縄文時代から古墳時代にかけての技術・経済生産・政治社会の発展にたいして有用なモデルをあたえてくれた。他方で『黎明』は、先史ヨーロッパに関する解説や企画本の種本、あるいは有用な参考文献として重宝されたが、徐々に忘れ去られていった。

少し脇道にそれるが、せっかくの機会なので、「四大文明」とチャイルドの関係についてふれておきたい。読者の多くは、「四大文明」（メソポタミア文明・エジプト文明・インダス文明・黄河文明）なる歴史用語を世界史の授業で習っただろう。だが近年、「四大文明」が日本と中国でしか通用しない用語であることが明らかにされている。この用語は一九五二年の教科書『再訂 世界史』（山川出版社）に初出し、命名者は江上波夫だといわれる。近年、江上に先行して中国の梁啓超が使用していた、いや浮田和民がそれに先駆けていた、さらにさかのぼればヘーゲルに行き着く、などの見解が提示されている（石川 二〇一九等）。

訓詁的にはそうかもしれないが、当時の日本国内の考古学研究の概況や、江上の研究環境などを考慮すると、「四大文明」観はチャイルドに由来する蓋然性が高い。一九三〇～四〇年代に日本で刊行された古代文明に関連する書籍のうち、考古学者が執筆したものはたいていチャイルドの『歴史のあけぼの』『アジヤの古代文明』『アジヤ文明の起原』を下敷きにしている。チャイルドはそれらの著作で、メソポタミア文明・エジプト文明・インダス文明の人類史的な意義を強調していた。他方で当時、中国において絢爛たる青銅器や新石器時代の彩陶や黒陶などが発掘され、黄土地帯の古代文明（アンダーソン 一九四二）に日本の考古学者は熱い眼差しを送っていた（濱田 一九二九b等）。要するに、チャイルドの「三大文明」に中国の古代文明を追加したものが「四大文明」だったわけだ。

中東とその周辺における文明の発芽を重視したチャイルドは、新大陸（南北アメリカ）の諸文明を「末梢的」なものとみた（ダニエル 一九七三）。「四大文明」史観は新大陸の諸文明を等閑視させる悪影響もうみだした（青山 二〇一二等）が、その起点に上述したチャイルドの文明伝播観が背在しているのである。

### （3）考古学の方法論

日本の考古学界で唯物史観が盛んだった一九六〇年代に、方法論に関するチャイルドの著書が翻訳された。『考古学の方法』（一九六四年邦訳刊行）と『考古学とは何か』（一九六九年邦訳刊行）の二冊である。前者は、敗戦後二〇年間の日本考古学の蓄積を総括する目的で企画された『日本の考古学』（河出書房刊、全七巻）の執筆陣が、考古学の方法論を踏まえて取り組めるよう、近藤義郎が翻訳したものだという。大部の本シリーズに収録された諸論考は、以後の考古学の展開に重要な役割をはたした。そして、これら二冊は、現在にいたるまで考古学の方法論を代表する書籍として読み継がれている。

あまり意識されていないが、文化進化論者としてのチャイルド（Orser and Patterson 二〇〇四）の受容も看過できない。なかでも「都市革命」（Childe 1950b）は、「考古学者によってこれまで発表された論文でもっとも盛んに引用されたもののひとつ」（スミス 二〇一七）であり、[13]日本考古学への影響力も強い。一九九〇年代に弥生都市論が沸きおこったさいに、頻繁に引用された。古墳時代研究における現在の最強の理論枠である「前方後円墳体制」論および「初期国家」論も、その根幹部分に「国家形成において物資流通の掌握が重要な契機の一つとなる」という「都市革命」の論理をとりこんでいる（都出 一九九八）。

このように、多くの側面をもつチャイルドの考古学研究は、時期ごとにことなる側面が注目されながら、現在まで日本考古学に有益な見解と枠組を提供しつづけているのである。

## 6 近藤義郎とチャイルド

上記の二冊にくわえ、チャイルドの伝記『考古学の変革者』（一九八七年邦訳書刊行）の翻訳者でもある近藤は、生涯にわたりチャイルドに私淑した（河本編 一九九五、近藤 二〇〇六）。チャイルドの研究への想いは強く、[14]『黎明』の翻訳も半ばすぎまでこなしていた（澤田解説参照）。

日本の戦後考古学にはたした近藤の貢献は絶大であり、弥生・古墳時代研究に大きな足跡を遺した。その多岐にわたる貢献は、

「考古学の民主化」「考古学の科学化」「階級社会形成の究明」の三つに整理でき、その根幹にマルクス主義的な唯物史観が横たわる（下垣 二〇二〇）。そしてこのすべてが、チャイルドの問題意識と共通する。

「考古学の民主化」に関してチャイルドは、『文明の起源』『歴史のあけぼの』『歴史』など一般向けの本を精力的に執筆し、考古学の成果がひろく社会に還元されることに心を砕いた。マルクス主義を信奉したかれにとって、社会から遊離した学問はありえなかった（田中 一九九一）。一九三〇～四〇年代前半のナチズムとファシズムには、社会主義者の立場から敢然と批判した（Childe 1933; Irving 2020）。考古資料から過去の社会を復元する筋道を打ち立てるべく、「考古学の科学化」にも力を注ぎ、方法論に関する書籍を何冊も執筆した。都市革命論では、都市と国家の形成プロセスを解き明かすなかで、「階級社会形成」の論理を整然と究明した。そして、くりかえし述べてきたように、かれの考古学研究の基底には、マルクス主義的な唯物史観が横たわっていた[15]。

これらの共通点が偶然でなければ、近藤はチャイルドを仰ぎみつつ、みずからの考古学研究を方針づけ邁進していったのではないか、と思われてくる（近藤 二〇〇六）。チャイルドに私淑した近藤に私淑する自分が、近藤の訳業を引き継ぎ解説を担当する僥倖に恵まれたことに感謝しつつ擱筆したい。

**註**

（1）作中において、キートンの恩師ユーリー・スコット教授こそが「ドナウ＝ヨーロッパ文明起源説」の真の提唱者だとされるが、ナチズムと第二次世界大戦に強く抵抗するなどチャイルドとの共通点が気になるところである。

（2）とりわけ『文明の起源』は、日本国内でも長らく読み継がれてきた。たとえば現代歴史学の名著二一冊を解説する企画において、唯一の考古学書として本書が選定されている（新井 一九八九）。

（3）このアパートは個性的なことで名高く、住人は芸術家や社会主義者、ソヴィエトのスパイなど多士済々であり、チャイルドが入居した年に『ホライズン』誌で実施された読者投票では、「英国で二番目に醜い建物」に選ばれた（ワースリー 二〇二三）。おそらくクリスティの奨めでこの新居を選んだのだろう。

（4）かれの自死には共感もあれば（田中 一九九一）、孤独な老年性鬱病に起因するという考古学者兼医師の診断もある（穴沢 一九九五）。「知的生産力を失った知識人は自死を選ぶべきだ」という共産主義者の「信念」（松岡他 二〇一八）を読みとることもできよう。

（5）ところが近年、「文化＝人間集団」論が他分野と連携しながら再燃している。たとえば、先行説を吸収しつつチャイルドが体系化した、インド＝ヨーロッパ語族の拡散論（Childe 1926）に関して、最新の発掘資料と理化学分析を駆使したヤムナヤ「広域文化《ホライズン》」の拡散理論が注目を集めている（アンソニー 二〇一八、ベルウッド 二〇二四等）。しかも最近では、次世代シークエンサを使った古人骨のゲノム解析をつうじて、黒海北西岸のステップ地帯を原郷とするヤムナヤ文化集団が、「ほとんど集団の置き換えに近い形でヨーロッパに広がった」状況さえ復元されている（篠田 二〇二二）。興味深い新説ではあるが、数値データの特権視にともなう「因果性析出における単純化志向」の増大、つまり考古学的コンテクストを捨象して計測値を「実体的人間集団の移動」に直結する志向の結果生じる、「文化史―伝播論的な考古学」への「先祖帰り」が懸念されている（溝口 二〇二二）。この志向がマスメディアと結合した場合に起こる、現在の政治問題（例―特定集団の起源問題）を考古事象に短絡する言説も危惧される（溝口 二〇二二）。ヤムナヤ文化集団の故地とされる黒海北西岸は現在のウクライナであり、帰属の政治的正当性にくわえて歴史的正統性をめぐってロシアとウクライナが戦争に突入した事態にかんがみると、上記の志向は現代ヨーロッパ人の故地をもウクライナに措定し、世界情勢をさらに混乱させかねないため、慎重なあつかいが必要である。

（6）チャイルドは単線的かつ不可逆的な社会進化論の信奉者であるように思われがちで、現在でもよくそのように批判される。ところが本書の最終章（「本書の回顧」）を一読すれば明らかなように、社会の多様な発展軌道について深く考察していた。

（7）邦訳されているチャイルドの論著は、表2の著書のほかに複数の論文がある（Childe 1941・1950b・1954a・1954b・1957b・1958c）。

（8）『黎明』の日本における受容について冨井眞が詳細に論じている（冨井 二〇一七）。

（9）『黎明』初版は早くも一九二七年に京都帝国大学の図書館に登録されている（泉 二〇〇九）。

（10）ちなみに第三版の概要も書評で知りうる。ただ、ナチズムへのチャイルドの批判的態度は「時としては余りにも行き過ぎの観」があるとか、「人種地理への理解が全く稀薄」であり、もっと「種の移動・拡延」を論ずべきと評するなど、時代を感じさせる（中島 一九四一）。また第五版の書評もある（樋口 一九五一）。なお、『世界歴史大系』第一巻に収録された「青銅時代及び鉄時代」（山口 一九三四）は、『青銅器時代』（Childe 1930）に全面的に依拠している。著者の山口隆一は、ユダヤ陰謀論者として知られる四王天延孝陸軍中将（高尾 二〇一七）の娘婿であり、研究生として京都帝国大学の考古学教室で学んだのち、宮内省諸陵寮での勤務時に本稿を執筆した。その後考古学から離れ、一九五一年に毛沢東暗殺未遂事件の廉《かど》で死刑に処された（秦 二〇一二）。

（11）当時、チャイルドの文化史的考古学と接点を有するウィーン学派の「文化圏説」も部分的に紹介されていた（メンギーン 一九四三）。しかし、それを継承した「種族文化複合」論の列島社会への適用（石田他 一九四九、岡 一九五八等）は敗戦後にずれこんだ。ついでに指摘しておくと、敗戦後に一部で注目を集めた、いわゆる土器型式＝人間集団論（杉原 一九四三、芹沢 一九五八）は、『黎明』の考古資料群＝民族集団の論理とドイツ哲学を奇妙なかたちで融合した代物といえよう。

（12）無政府主義に傾倒していた山内も、東京帝国大学選科生のころに特別高等警察に調べられているし、共産党にかかわったために小林が建築会社を辞めさせられたという証言もある（春成 二〇〇三、藤森 二〇〇六）。

（13）論文「都市革命」の翻訳者として、この場を借りて一言しておきたい。チャイルドの提唱した「新石器革命」「都市革命」は、これまで無数に引用されてきたにもかかわらず、「革命」という表現に引きずられて、突発的な大変革のように誤解されがちで、実際の変化は漸進的であったと批判されることが多い。最近でも、「途方もない長さと複雑さをもつ過程」を捨象して「農耕革命」（新石器革命）という用語を使用することは無意味だと断言されている（グレーバー他二〇二三）。ところが、ほかならぬチャイルド自身が論文「都市革命」の冒頭で「「革命」なる語を、突発的で暴力的なカタストロフィーを意味するものととらえてはならない。本論ではこの語を、共同体の経済構造と社会組織において漸進的に生じた変化の極点にたいして使用する」と明言しているのである（Childe 1950b）。

（14）旧近藤蔵書のなかに、チャイルドの原書を以下の計一四冊確認している。*The Dawn of European Civilization, The Bronze Age, Skara Brae, New Light on the Most Ancient East, Man Makes Himself, What Happend in History, Prehistoric Communities of the British Isles, Progress and Archaeology, Prehistoric Migrations in Europe, Social Evolution, Scotland, Piecing Together the Past, The Prehistory of European Society, A Short Introduction to Archaeology.*

（15）近藤の名著『前方後円墳の時代』（近藤一九八三）は、日本考古学において「マルクス主義的社会発展論を意識して書かれた本格的な研究的・通史的著作」の嚆矢だと評価されている（横山一九九八）。

## 引用文献


Allen, J. [2008] Perspectives of a Sentimental Journey: V. Gordon Childe in Australia 1917–1921. In *Histories of Archaeology: A Reader in the History of Archaeology*. eds. by T. Murray and C. Evans, pp.58–71. Oxford: Oxford University Press.

Childe, V. G. [1923] *How Labour Governs*. London: Labour Publishing Co.

[1925] *The Dawn of European Civilization*. London: Kegan Paul, Trench, Trubner & Co., Ltd.

[1926] *The Aryans: A Study of Indo-European Origins*. London: Kegan Paul, Trench, Trubner & Co., Ltd.

[1927] *The Dawn of European Civilization*. 2nd ed.

[1928] *The Most Ancient East: The Oriental Prelude to European Prehistory*. London: Kegan Paul, Trench, Trubner & Co., Ltd.

[1929] *The Danube in Prehistory*. Oxford: Clarendon Press.

[1930] *The Bronze Age*. Cambridge: Cambridge University Press.

[1933] Is Prehistory Practical? *Antiquity* 7: pp.410–418.

[1934] *New Light on the Most Ancient East: The Oriental Prelude to European Prehistory*. London: Kegan Paul, Trench, Trubner & Co., Ltd.（『アジヤの古代文明』禰津正志訳、伊藤書店、一九四四年）

[1936] *Man Makes Himself*. London: Watts & Co.（『アジヤ文明の起原』上・下巻、禰津正志訳、誠文堂新光社、一九四二年／『文明の起源』上・下、ねずまさし訳、岩波書店、一九五一年）

[1939] *The Dawn of European Civilization*. 3rd ed.

[1941] War in Prehistoric Societies. *The Sociological Review* a33 (3-4): pp.126-38.（「先史社会の戦い」金関恕訳、『人類にとって戦いとは　4　攻撃と防衛の軌跡』東洋書林、二九一―三〇九頁、二〇〇二年）

[1942] *What Happend in History*. Harmondsworth and New York: Penguin Books Ltd.（『歴史のあけぼの』今来陸郎・武藤潔訳、岩

波書店、一九五八年）
[1945] *Progress and Archaeology*. London: Watts &Co.
[1946] *Scotland Before Scots: Being The Rhind Lectures for 1944*. London: Methuen & Co. Ltd.
[1947a] *The Dawn of European Civilization*. 4th ed.
[1947b] *History*. London: Cobbett Press.（『歴史学入門』ねずまさし訳、新評論社、一九五四年）
[1950a] *The Dawn of European Civilization*. 5th ed. London: Routledge & Kegan Paul Ltd.
[1950b] The Urban Revolution. *Town Planning Review* 21-1: pp.3–17.（「都市革命」下垣仁志訳、『立命館大学考古学論集』VI、立命館大学考古学論集刊行会、五二九—五四〇頁、二〇一三年）
[1951] *Social Evolution*. New York: Henry Schuman.
[1954a] Early Forms of Society. In *A History of Technology I*, ed. by C. Singer, E. J. Holmyard, and A. R. Hall, pp.38–57. Oxford: Clarendon Press.（「初期の社会形態」角田文衞訳、『増補 技術の歴史』第一巻「原始から古代東方 上」平田寛・八杉龍一訳編、筑摩書房、三一—四五頁、一九七八年）
[1954b] Rotary Motion. In *A History of Technology I*, ed. by C. Singer, E. J. Holmyard, and A. R. Hall, pp.187–215. Oxford: Clarendon Press.（「回転運動」立川昭二訳、『増補 技術の歴史』第一巻「原始から古代東方 上」平田寛・八杉龍一訳編、筑摩書房、一四三—六五頁、一九七八年）
[1956a] *Piecing Together the Past: The Interpretation of Archaeological Data*. London: Routledge and Kegan Paul.（『考古学の方法』近藤義郎訳、河出書房新社、一九六四年／『考古学の方法〈改訂新版〉』一九八一年）
[1956b] *A Short Introduction to Archaeology*. London: Frederick Muller Ltd.（『考古学とは何か』近藤義郎・木村祀子訳、岩波書店、一九六九年）
[1956c] *Society and Knowledge: The Growth of Human Traditions*. London: Allen and Unwin.
[1957a] *The Dawn of European Civilization*. 6th ed.
[1957b] The Bronze Age. *Past and Present* 12: pp.2–15（「青銅期」市川泰治郎編訳、『社会構成の歴史理論』未来社、一七八—一八七頁、一九七七年）
[1958a] Retrospect. *Antiquity* 32: pp.69–74.（「回顧」本書収録）
[1958b] *The Prehistory of European Society*. London: Cassell.
[1958c] Valediction. *Bulletin of the Institute of Archaeology, University of London* 1: pp.1–8.（「告別の辞」近藤義郎・山口晋子訳、『考古学の変革者——ゴードン・チャイルドの生涯』岩波書店、二五五—二六九頁、一九八七年）
[2004] (edited by Patterson, T. C. and Orser Jr, C. E.) *Foundations of Social Archaeology: Selected Writings of V. Gordon Childe*. Walnut Creek, California: AltaMira Press.
Clark, G. [1976] Prehistory since Childe. *Bulletin of the Institute of Archaeology, University of London* 13: pp.1–21.
Cunliffe, B. [1973] Introduction. In *The Dawn of European Civilization* (reprint of 6th ed.), V. Gordon Childe, pp.15–30. St Albans: Paladin.
Fowler, C., J. Harding, and D. Hofmann. [2015] eds. *The Oxford Handbook*

of Neolithic Europe*. Oxford: Oxford University Press.

Gathercole, P. [2009] Childe, Marxism, and Knowlegde. *European Journal of Archaeology* vol. 12, Issue 1-3: pp.181-191.

Gimbutas, M. [1997] (edited by Dexter, M. R. and Jones-Bley, K.) *The Kurgan Culture and the Indo-Europeanization of Europe: Selected articles from 1952 to 1993*. Washington, DC: Institute for the Study of Man.

Green, S. [1981] *Prehistorian: A Biography of V. Gordon Childe*. Bradford-on-Avon: Moonraker Press.（『考古学の変革者――ゴードン・チャイルドの生涯』近藤義郎・山口晋子訳，岩波書店，一九八七年）

Harris, D. R. [1994] ed. *The Archaeology of V. Gordon Childe: Contemporary Perspectives*. London: UCL Press.

Hodder, I. [1982] *Symbols in Action: Ethnoarchaeological Studies of Material Culture*. Cambridge: Cambridge University Press.

Irving, T. [2020] *The Fatal Lure of Politics: The Life and Thought of Vere Gordon Childe*. Melbourne: Monash University Publishing.

McNairn, B. [1980] *The Method and Theory of V. Gordon Childe: Economic, Social and Cultural Interpretations of Prehistory*. Edinburgh: Edinburgh University Press.

Meheux, K. [2017] Digitising and Re-examing Vere Gordon Childe's 'Dawn of European Civilization' : a celebratiopn of UCL Institute of Archaeology's 80 th Anniversary. *Archaeology International* 20: pp. 91-105.

Orser Jr, C. E, and Patterson, T. C. [2004] eds. V. Gordon Childe and the Foundations of Social Archaeology. In *Foundations of Social Archaeology: Selected Writings of V. Gordon Childe*. eds by Patterson, T. C. and Orser Jr, C. E, pp.1-23. Walnut Creek, California: AltaMira Press.

Piggott, S. [1958] The Dawn: and an Epilogue. *Antiquity* 32: pp.75-79.

Renfrew, C. [1973] *Before Civilization: The Radiocarbon Revolution and Prehistoric Europe*. London: Cape.（『文明の誕生』大貫良夫訳，岩波書店，一九七九年）

Renfrew, C. [1987] *Archaeology and Language: The Puzzle of Indo-European Origins*. London: Cape.（『ことばの考古学』橋本槙矩訳，青土社，一九九三年）

Thomas, J. [1996] *Time, Culture and Identity: An Interpretive Archaeology*. New York: Routledge.（『解釈考古学――先史社会の時間・文化・アイデンティティ』下垣仁志・佐藤啓介訳，同成社，二〇一二年）

Trigger, B. G. [1980] *Gordon Childe: Revolutions in Archaeology*. London: Thames and Hudson.（「G. チャイルドの方法論を探る」西アジア考古学勉強会訳，『溯航』第一二号，早稲田大学大学院文学研究科考古談話会，一–四五，一九九四年（要訳））

Trigger, B. G. [1999] Vere Gordon Childe 1892-1957. In *Encyclopedia of Archaeology: The Great Archaeologists*, Volume 1. ed. by T. Murray, pp.385-399. Santa Barbara: ABC-CLIO.

Trigger, B. G. [2006] *A History of Archaeological Thought*. 2nd ed. Cambridge: Cambridge University Press.（『考古学的思考の歴史』下垣仁志訳，同成社，二〇一五年）

Trümpler, C. [2001] ed. *Agatha Christie and Archaeology*. London: The British Museum Press.

青山和夫［二〇一二］『マヤ文明――密林に栄えた石器文化』岩波新書

（新赤版）一三六四。

赤松啓介［一九九三］『村落共同体と性的規範 夜這い概論』言叢社。

穴沢咊光［一九九五］「ゴードン・チャイルドの学史的評価」『古代文化』第四七巻第一二号、古代学協会、三〇―三九頁。

阿部朝衛 二〇二三「チャイルドとデュルケーム社会学」『帝京史学』第三八号、帝京大学文学部史学科、三九八―三七一頁。

新井由紀夫［一九八九］「チャイルド『文明の起源』」樺山紘一編『現代歴史学の名著』中央公論社、四六―五六頁。

安斎正人［一九九〇］「ゴードン・チャイルドと社会考古学」『無文字社会の考古学』六興出版、二一七―二四七頁。

安斎正人［二〇〇四］「社会考古学――ゴードン・チャイルドの遺産」『理論考古学入門』柏書房、一二一―一四九頁。

アンソニー、デイヴィッド・W（東郷えりか訳）［二〇一八（二〇〇七）］『馬・車輪・言語 文明はどこで誕生したのか』上・下、筑摩書房。

アンダーソン著（松崎壽和訳）［一九四二（一九三三）］『黄土地帯――北支那の自然科学とその文化』座右宝刊行会。

石川禎浩［二〇一九］「中国近現代における文明史観の受容と展開――兼ねて「四大文明」説の由来を論ず」『史林』第一〇二巻第一号、史学研究会、一五二―一八七頁。

石川日出志［一九九三］「縄文と弥生をめぐって」鈴木公雄・石川編『新視点 日本の歴史第一巻 原始編』新人物往来社、一七八―一八五頁。

石田英一郎他［一九四九］「日本民族＝文化の源流と日本国家の形成」『民族学研究』第一三巻第三号、日本民族学協会、一一―八一頁。

泉 拓良［二〇〇九］「考古学とは何か」泉・上原真人編『考古学――その方法と現状』放送大学教育振興会、九―二四頁。

市川泰治郎［一九七八］「オーストラリア労働史とゴードン・チャイルド」『オーストラリア研究紀要』第四号、追手門学院大学オーストラリア研究所、一―六八頁。

エガース、H・J（田中琢・佐原真訳）［一九八一（一九五九）］『考古学研究入門』岩波書店。

大塚達朗［二〇〇〇］『縄紋土器研究の新展開』同成社。

岡 正雄［一九五八］「日本文化の基礎構造」大間知篤三他編『日本民俗学大系 第二巻 日本民俗学の歴史と課題』平凡社、五―二一頁。

カーター、ミヒャエル・H（森貴史監訳）［二〇二〇（二〇〇六）］『SS先史遺産研究所アーネンエルベ ナチスのアーリア帝国構想と狂気の学術』ヒカルランド。

河本 清編［一九九五］「インタビュー――生い立ちから現在まで」『近藤義郎古稀記念 考古文集』考古文集刊行会、四六五―五二八頁。

清野謙次・宮本博人［一九二六a］「津雲石器時代人はアイヌ人なりや」『考古学雑誌』第一六巻第八号、考古学会、七―二九頁。

清野謙次・宮本博人［一九二六b］「再び津雲貝塚石器時代人のアイヌ人に非らざる理由を論ず」『考古学雑誌』第一六巻第九号、考古学会、二〇―二七頁。

工藤雅樹［一九七四］「ミネルヴァ論争とその前後――考古学から見た東北古代史像の形成に関連して」『考古学研究』第二〇巻第三号、考古学研究会、一四―四〇頁。

クリスティー、アガサ著（深町眞理子訳）［一九九二（一九四六）］『さあ、あなたの暮らしぶりを話して――クリスティーのオリエント発掘旅行記』早川書房。

グレーバー、デヴィッド＆ウェングロウ、デヴィッド（酒井隆史訳）［二

○二三（二〇二一）『万物の黎明――人類史を根本からくつがえす』光文社。

甲野勇・小林行雄［一九三四］「新石器時代」大島正満他著『世界歴史大系　第一巻　史前史』平凡社、三五九―四六四頁（『小林行雄考古学選集　第三巻　縄文文化の研究 通史・概説』小林行雄考古学選集刊行会編、真陽社、七〇七―八〇五頁に収録）。

コッシナ、グスタフ（星野達雄訳）［一九八七（一九一一）］『ゲルマン人の起源――居住地考古学の方法について』レスキス。

小林行雄［一九三八］「弥生式文化」田中一彦編『日本文化史大系　第一巻　原始文化』誠文堂新光社、二一四―二五三頁。

近藤義郎［一九八三］『前方後円墳の時代』岩波書店。

近藤義郎［二〇〇六］『発掘五〇年』河出書房新社。

佐原　眞［一九八四］「山内清男論」加藤晋平他編『縄文文化の研究　第一〇巻　縄文時代研究史』雄山閣、二三二―二四〇頁。

篠田謙一［二〇二二］『人類の起源 古代DNAが語るホモ・サピエンスの「大いなる旅」』中央公論新社。

下垣仁志［二〇二〇］「解説」近藤義郎著『前方後円墳の時代』岩波文庫、五一九―五三九頁。

杉原荘介［一九四三］『原史学序論』葦牙書房。

スミス、マイケル・E（南秀雄訳）［二〇一七（二〇〇九）］「V．ゴードン・チャイルドと都市革命――都市研究の革命に対する歴史学的展望」『大阪文化財研究所研究紀要』第一八号、大阪市博物館協会・大阪文化財研究所、五三―七六頁。

芹沢長介［一九五八］「縄文土器」後藤茂樹編『世界陶磁全集　第一巻』河出書房新社、一五九―一七六頁。

高尾千津子［二〇一七］「ユダヤ陰謀説――日本における「シオン議定書」の伝播」小澤実編『近代日本の偽史言説――歴史語りのインテレクチュアル・ヒストリー』勉誠出版、一八九―二一二頁。

田中　琢［一九九一］「特集 考古学研究者V・G・チャイルド」『集英社版 日本の歴史2　倭人争乱』集英社、一五二―一五三頁。

ダニエル、グリン（坂本完春訳）［一九七三（一九六八）］『文明の起源と考古学』（現代教養文庫）社会思想社。

都出比呂志［一九九八］『古代国家の胎動 考古学が解明する日本のあけぼの』日本放送出版協会。

角田文衛［一九五八］「ゴールドン・チャイルド」『古代文化』第一号、古代学協会、四七頁。

角田文衛［一九七二］『沈黙の世界史5　石と森の文化／ヨーロッパ』新潮社。

角田文衛［一九七四］「ヨーロッパ考古学界の新動向――チャイルド学説への挑戦」『古代文化』第二六巻第一号、古代学協会、五二―五九頁。

藤間生大［一九七二］「「和島山脈」形成の端初」『考古学研究』第一八巻第三号、考古学研究会、一八―二二頁。

冨井　眞［二〇一七］「解説 ヨーロッパ先史研究と小林行雄」小林行雄考古学選集刊行会編『小林行雄考古学選集　第三巻　縄文文化の研究通史・概説』真陽社、九一五―九四八頁。

鳥居龍蔵［一九二〇］「武蔵野の有史以前」『武蔵野』第三巻第三号（斎藤忠編『日本考古学選集　六　鳥居龍蔵集』上巻、築地書館、一九七四年、一二一―一九頁に収録）。

中島健一［一九四一］「欧洲先史時代史研究への一寄与――チャイルド「欧洲文明の黎明」（新版）の紹介」『歴史学研究』第九四号、歴史学研究会（岩波書店）、五九―七八頁。

根岸　洋［二〇二二］『縄文と世界遺産――人類史における普遍的価値を問う』筑摩書房。

秦　郁彦［二〇一二］「毛沢東暗殺未遂事件の怪」『昭和史の秘話を追う』ＰＨＰ研究所、二五一―二八三頁。

濱田耕作［一九一九］「遺物遺跡と民族」『民族と歴史』第一巻第二号、日本学術普及会、二一一―二一四頁。

濱田耕作［一九二九ａ］「日本文明の黎明」『史学雑誌』第四〇編第一二号、史学会、一―一四頁。

濱田青陵［一九二九ｂ］『東亜文明の黎明』刀江書院。

林　謙作［一九八七］「考古学と科学」桜井清彦・坂詰秀一編『論争・学説 日本の考古学第一巻　総論』雄山閣、一〇一―一四三頁。

春成秀爾［二〇〇三］『考古学者はどう生きたか――考古学と社会』学生社。

樋口隆康［一九五一］「書評 V. Gordon Childe, The Dawn of European Civilization, Fifth Edition (revised).」『西洋史学』XI、日本西洋史学会、八六―九〇頁。

藤森栄一［二〇〇六］「私の学問、そして考古学の世界」諏訪考古学研究会編『人間探究の考古学者 藤森栄一を読む』新泉社、八―四一頁。

ベルウッド、ピーター（河合信和訳）［二〇二四（二〇二二）］『五〇〇〇万年のオデッセイ 人類の大拡散物語』青土社。

松岡正剛・佐藤優［二〇一八］『読む力』中央公論新社。

溝口孝司［二〇二二］『社会考古学講義――コミュニケーションを分析最小基本単位とする考古学の再編』同成社。

三森定男［一九九四］「考古太平記」角田文衞編『考古学京都学派』雄山閣、六―五八頁。

メンギーン、オスワルド著（岡正雄訳）［一九四三（一九二九）］『石器時代の世界史』上巻、聖紀書房。

森岡秀人［二〇一三］「弥生時代研究史――弥生時代・弥生文化とは」『弥生文化博物館研究報告』第八集、大阪府立弥生文化博物館、一―二六頁。

山口隆一［一九三四］「青銅時代及び鉄時代」大島正満他著『世界歴史大系 第一巻 史前史』平凡社、四六五―六一二頁。

山内清男［一九三九］『日本遠古之文化 補註付・新版』先史考古学会。

山内清男［一九六九］「新石器時代序説」『山内清男・先史考古学論文集』旧第十一集、先史考古学会、二八八―二九三頁。

横山浩一［一九九八］「戦後五〇年の日本考古学をふりかえる」『日本考古学』第六号、吉川弘文館、三―九頁。

ワースリー、ルーシー（大友香奈子訳）［二〇二三（二〇二二）］『アガサ・クリスティー――とらえどころのないミステリの女王』原書房。

## 図表出典

表1・表2・表3　下垣作成
図1　Trigger 1980, p.46 図を一部改変
図2　Renfrew 1973, Figure 21 を一部改変
図3　Fowler et al. 2015, Fig.1.1 を改変

解説

# 『ヨーロッパ文明の黎明』と今日のヨーロッパ先史学

クリス・スカー（佐々木憲一訳）

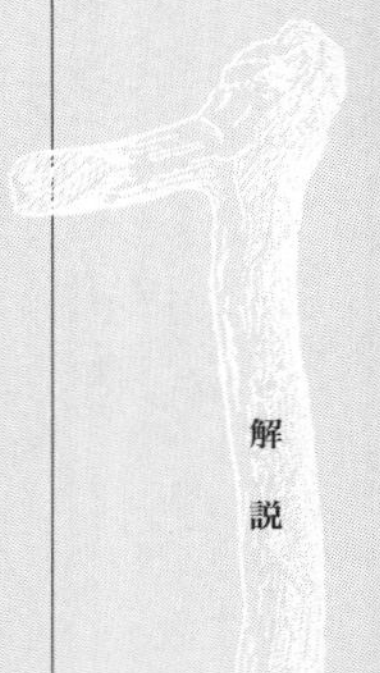

『ヨーロッパ文明の黎明』は一九二五年の初版の発刊以来、一九六〇年代～七〇年代の放射性炭素年代測定法の大きな影響のために次第に学界から追いやられるまで、ヨーロッパ先史考古学研究の基盤のひとつであった。本書は五回の改訂を重ね、最後の第六版はチャイルドが死去した一九五七年に刊行された。ヨーロッパ各地からの複雑かつ膨大な考古学的証拠や情報に対するチャイルドの学問的厳格さ、そしてアプローチの幅広さの両方において、素晴らしい業績として本書は今日でも残っている。

　チャイルドの二つの鍵となるアプローチは多様な考古資料を「文化」に分類することと、これら多くの文化が互いに関係しあっている、あるいはある文化から別の文化へ発展したという認識である。特に後者の認識は、これら文化を一つの編年体系に位置づけることを可能とした。この構造化原理の柱は、農耕や冶金といった鍵となる技術革新が西アジア（ヨーロッパから見ると南東部）で起こって、それが徐々に西方、北西方に伝わった、という考え方である。本書は、南西アジアからバルカン半島と中部ヨーロッパを通ってバルト海沿岸とスカンジナビア半島へという第2章から第11章と、南西アジアから地中海を通ってイベリア半島とブリテン諸島へという第13章から第18章という、大きく二つの歴史的変化に分けられてはいるが、おおまかには、上記の原理に基づいて様々な地域を順番に並べるという構成になっている。

　『黎明』執筆過程でチャイルドが成し遂げた最も非凡な点は、数多くのヨーロッパ諸語をひとりで読解できたということである。さらに、東欧も含め当時の著名な先史学者らとの広範囲にわたる伝手のネットワークのおかげで、彼は最新の情報を入手できた。チャイルド執筆当時あるいはそれ以降、チャイルドと肩を並べるほどの広く、深い見識・知識を有する考古学者はほとんどいない。考古資料の幅広い把握こそが、ヨーロッパ新石器・初期青銅器時代史の基礎をなす鍵となるパターンとその背後のプロセスを、チャイルドが見出すことを可能にしたのである。新石器文化のヨーロッパ地域内での拡散を記述するに際して、中部ヨーロッパのドナウ川ルートとカーディアル（Cardial）土器を伴う地中海ルートを明確に区別し、その拡散の要因を、農耕民の移住、入植のため、と考えたのである。

出版以降数十年内に、この解釈には疑義が呈されるようになった。農耕は、農耕民の入植によって本当にヨーロッパ各地に拡散したのであろうか？　中石器時代の在地の狩猟採集民のグループが徐々に動植物を栽培馴化し、同時に（土器など）そのほかの新石器時代の技術を身につけたのであろうか？　二〇一〇年代に入り、古代のDNAの分析のおかげで、この論争は決着しつつある。分析の結果、農耕技術を身に付けた人々が南西アジアからヨーロッパ北部に移動したことが判明したのである。例えばバルト海沿岸といった、農耕技術の分布範囲の縁辺部だけは狩猟採集民が残ったことも示された。この点についても予想していたように、移住は大々的に起こっていたかもしれないが、バルト海沿岸地域では「文化的伝統はその地で八〜九千年にわたって保持されていたのである」（第11章「森林文化の残存」二五四頁／原著 p.203）と、チャイルドはすでに言及しているのである。

近年のDNA分析は、新石器時代以後の紀元前三二〇〇〜二八〇〇年頃の現象についても新たな知見を与えてくれている。それは、黒海沿岸のステップ地域から北部中部ヨーロッパへ、闘斧、円形墳丘墓地下の単葬墓（single grave burials under round mounds）といった物質文化や伝統が伝わったという現象である。ステップの牛飼いたちとこれら物質文化や伝統と関係は、チャイルドにはすでに自明なことであった。ただ、牛飼いたちの移動のあり方については、当時不明であった。「征服者である牧畜民の大群が闘斧を振りかざし、移動する部族を荷車が運んだ」というイメージを否定し、「季節的な移牧ないし遠出の狩猟があったなら、集団間で考えを十分に伝達しあえる交流が保証されただろう」（二一八頁／原著 p.74）という立場をより好意的に捉えている。DNAの新しい証拠は、チャイルドの立場は慎重すぎたかもしれないことを示唆している。というのは、ステップ地域の人々の子孫たちは紀元前三千年紀に西北ヨーロッパのほぼ全域に広がっていたことをDNA研究の成果は示しているのである。人口移動か文化的交流かのバランスがどうであれ、この点においても、ヨーロッパ先史時代史の基本的構造を最初に打ち立てたのはチャイルドの『黎明』なのである。

チャイルドが『黎明』の第六版をまさに準備していたときは、その一〇年にも満たない前（一九四九年）にウィラード・リビー（Willard Libby）によって開発された放射性炭素年代測定法が、未熟であった。チャイルドが参照しえた年代測定結果は非常に限られていた。また大気中の$^{14}C$の変動を考慮に入れて、測定結果を修正するために必要な「年代較正」が受け入れられるまで、『黎明』刊行後さらに一〇年を要した。したがって、『黎明』第六版でチャイルドが引用した少数の年代測定値は実際より新し過ぎるし、チャイルドの編年表も全体として短すぎるものとなっている。例えば、新石器文化のヨーロッパ中部への拡散を示すドナウI文化がドイツ西部に到達したのは紀元前五四〇〇年頃と現在わかっているが、それはチャイルドが提起した紀元前四〇〇〇年という年代より約一五〇〇年前である（一三九頁／原著 p.109）。チャイルドがその最終章（四二九〜四三〇頁／原著 p.342）で明言したように、原稿執筆時点ではこの新しい年代測定法はまだまだ論争の的になっていたが、それでもチャイルドが放射性炭素年代を受け入れたということは、新しいものの見方をすでに開陳しつつあったということである。

『黎明』を読む現在のヨーロッパ先史学者は、チャイルドの明察や、それら数多くの明察が最近の研究によりいかに確認されたか、あるいはさらに議論がいかに発展してきたかということに、幾度となく感心せざるを得ないのである。例えば、地中海西部地域の洞窟遺跡の十分に確定していない層位関係のために、違った時期の資料が混じってしまい、先史時代には実際存在しない「文化」が作られてしまう混乱についても言及している（三三四頁／原著 p.267）。確かにチャイルド自身は遺跡発掘の名手ではなかったが、確実な出土状況、確実な層位関係の重要性を十分認識しており、信頼できない事例を排除することを恐れなかった。多くの重要な側面において、ヨーロッパ新石器時代青銅器時代についての今日の我々の理解は、『黎明』で開陳されたモデルの代替として一九六〇年代〜一九九〇年代に提起されたモデルというより、チャイルドが提起したモデルにどちらかというと近いものに回帰しているようである。『黎明』に書かれたすべてがそのときそのときの検証に耐えているわけではないし、チャイルドが提起したいくつかの課題は今でも論争中である。例えば、イギリス南部コーンウォールで採掘された錫がイスラエル沖の沈没船で発見されるといった長距離交流の証拠が積み重ねられつつあるが、アルプス以北のヨーロッパ青銅器時代社会にミュケーネが銅、錫と金を要求したことのインパクトは今でも不明である。それでもなお、こういった繋がりを我々が追認するか、あるいはそれに挑戦するかは、チャイルドがおよそ一〇〇年前に打ち立てたヨーロッパ先史時代史の枠組みのなかで、現在でも大半の議論を続けているのである。

# 『ヨーロッパ文明の黎明』の昭和初期日本における受容

冨井 眞

本書『ヨーロッパ文明の黎明』の原書、*The Dawn of European Civilization* は、一九二五（大正一四）年の刊行からほどなくして日本で受容されたが、そこに至るまでに日本の関連学界はヨーロッパ先史時代に対してどのような理解・認識だったのかという点については、以前にまとめたことがある（冨井 二〇一七）。そこで今回は、その再論とみなすべき内容も含めつつではあるが、当時の考古学の位置づけを確認しつつ、本書の受容についていくつかの側面を見ておこう。

チャイルドの原書の日本語完訳版が公刊されるのは今回が初めてであるけれども、抄訳ともいうべきものは、その初版の刊行から九年後に既に出版されていた。それは、一九三四（昭和九）年八月に刊行された『世界歴史大系』シリーズ第一巻『史前史』の中の、「新石器時代」の部に見られる（甲野・小林 一九三四）。この単元は、当時、縄文時代研究者として台頭してきた甲野勇が監修ともいうべき役割を担い、実務的には、新進気鋭の弥生土器研究者だった小林行雄が貢献していた。ただし、この時に取り組まれたのは初版（一九二五年）なので、下垣氏の解説にあるように、第六版（一九五七年）の全訳である本書とは内容的にも論調的にも異なる点も少なくない。

原書は、日本でも遅くとも一九二七（昭和二）年には、「手際よく纏めて」いて見やすい（坪井 一九二七）と評されていたほか、一九二九・三〇年度には、京都帝大考古学講座の演習や講読の教材として濱田耕作が活用していた。また、同じ『世界歴史大系』シリーズで第一巻に先行して刊行された第二巻『東洋考古学』に収められた、「東亞考古学」の部の第四章（「東洋考古学の意義」）に実質的に等しい江上波夫の論文（江上 一九三四）にも、大いに貢献していた（駒井・江上 一九三四）。

## 1 昭和初期の考古学の位置づけ

原書が重用された『世界歴史大系』は、全二五巻。シリーズ監修は、第一巻の扉によれば列記順に池内宏（東洋史）、橋本増吉（東洋史）、濱田耕作（考古学）、村川堅固（西洋史）、大山柏（考古学）、松井等（東洋史）の六名。配本は、一九三三（昭和八）年一〇月からである。[1] そしてこれは、日本で初めて世界史を網羅的に扱ったシリーズ本と言える。

日本では、今でこそ「歴史」と言えば文献記録の無い時代も当然のごとく組み込まれているが、当時、歴史の研究とは、現世日本人へ連なる大和民族の歩みを研究する分野であって、大和民族は、歴史書たる記紀や風土記に〝記されて〟いる人たち、物質文化でいえば、当初から金属器も用い古墳も築く〝文明化〟した文化・時代を担った人たち、という理解であった。あつかう時代は、今で言う古墳時代から現代までが相当する。それに対して、物質文化でいえば石器を用いたり貝塚を残したりした人たちは、〝文字を持たず〟に大和民族の東征過程で平定されていく〝文明的でない〟別民族として認識されており、そうした（自分たち大和民族とは）異なる民族、異なる人種の文化や社会を研究するのは、さらには様々な民族や人種を比較しながら人類全体について研究するのは、人類学だった。[2] この分野は、生物学的に学ぶ形質人類学とまだ同体であって、歴史学の属する文科ではなく理科のブランチで学ばれていたのである。さらには、研究対象が上古・有史以前（先史）のことで研究資料が地中に埋没している場合には、地質学との関わりも深くなる。近代学問の揺籃期にあっては、先史時代研究が理科に帰属するのも無理からぬことだった。

地中に眠った文字を持たない異文化の研究は、物質文化（モノ）からのアプローチが不可欠である。それは、モノが見つかる層位等の記録を伴う発掘、モノを時空間上に位置づけたり人間集団に結びつけたりする型式分類、この二つを代表とする考古学である。日本においては、その端緒は一八七七（明治一〇）年のモースによる大森貝塚の発掘と報告とは言え（モールス一八七九）、今日的系譜をたどるなら、一八九三年に二九歳で東京帝大理科大学の人類学講座初代担当となる坪井正五郎が一八八四年に創始していた、東京人類学会の一九世紀末の活動と捉えるべきだろう。学会誌『東京人類学会雑誌』（後に『人類学雑誌』）を舞台に、資料や研究成果が周知されていく。

考古学的活動は、当初はこのように歴史学ではなく人類学の枠組みの中で実践的手法として前面で展開してきた一方、歴史学においては、大和民族の歩みを考えるための補助学として機能していた。しかし、モノは、地中から現れても往時を彷彿とさせることもあって、考古学への関心は高まる。特に、大和民族の起源や日本国家の成立期についてモノというリアリティを伴う古墳文化や古寺の研究などは、考古学的手法と密接にかかわることもあって、人類学会から一八九五（明治二八）年に考古学会が発展的に分岐し、『考古界』（後に『考古学雑誌』）を刊行しながら資料の収集・

紹介によって史学界に貢献していく。明治期の考古学的実践のメッカは、東京帝大の人類学講座に活動拠点を置いた人類学会と、東京帝室博物館（現東京国立博物館）に拠点を置いた考古学会だったと言っても過言ではない。

日本各地で、石器時代のモノばかりでなく古墳や埴輪、古瓦なども検分・発見されることもあって、考古学的な研究の重要性は広く認識されていき、考古学的手法そのものの洗練・体系化が待望されるようになるが、西日本には「大和」国や古代宮都も位置し日本の国家形成前後の繁栄が顕著に見えたこともあってか、東京帝大で理科の坪井の影響も受けながら文科で古代美術史を修めその後に京都帝大史学科に赴任していた濱田耕作が、京都帝大に考古学講座を開設するべく欧州の体系的考古学の見聞に派遣される（一九一三～一六年）。濱田の帰国後、（理科ではなく）文科の史学科に国内初の考古学講座が誕生し（一九一六年）、また、濱田は考古学の研究法について留学で得た知見を速やかに連載によって広め（濱田 一九一八―一九）、三年後にはそれを『通論考古学』として体系化した一書にまとめ上げた（濱田 一九二二）。

こうして、いわば未開状態にあった考古学が、教育面では独立学問分野として教育体系に組み込まれ、研究面では方法的に体系化したものが根付き始め、ここに文明化した。[3]大正年間のことである。そして程なくして、冒頭に述べたように、昭和の幕開け頃からチャイルドの『ヨーロッパ文明の黎明』の原書が考古学界に広まる。

## 2 チャイルド原書の日本考古学界での位置

一九二五年に登場したチャイルド原書は、史前学研究所を主宰し『世界歴史大系』の監修に名を連ねていた大山の周辺でも早くに浸透していたようだが（冨井 二〇一七）、考古学的手法の揺籃期から活動していた東京帝大でも、同様だったかもしれない。その頃、人類学講座には、一九二五年に卒業して副手とな（り翌年に大山の史前学研究所に入）る甲野、一九二四年の卒業後に副手となり一九三一年にはチャイルドの『青銅器時代』の書評もおこなう八幡一郎（八幡 一九三二）がいた（江上ほか 一九八五）。また、東洋史講座の考古学研究室には、[4]早稲田大学で東洋史を学びつつこちらの研究室にも出入りして卒業後に一九二七年から副手として研究室に勤務した駒井和愛、それに一九三〇年に卒業する江上がいた（藤江 一九七七）。

甲野と小林による原書初版の抄訳の掲載された『世界歴史大系』シリーズ第一巻の『史前史』は、シリーズ監修も務めた大山が実質的に総監したと考えられるが（冨井 二〇一七）、後の一九三九年に単行本として独立して刊行された際に『史前史―西洋考古学―』と副題も付されたことで明確化したように、シリーズ第二巻の『東洋考古学』と対をなすべく、ヨーロッパの先史時代研究の成果を世界史の一端として詳述するものだった。当時、日本の西洋史学界では、先史時代に関する研究成果については、分野の垣根もあって簡単な紹介にとどまるのが通常だった（冨井 二〇一七）。先史文化研究では、超伝播主義が日本にも刺激を与えていたことが知られるが（例えば、西村 一九二六、八幡 一九二六）、考古学界では、小林に大きな影響を与えた森本六爾が編集していた考古学研究会の会誌『考古学研究』[5]に、会を主宰する坪井良平がチャイルド原書にも言及しながらロシア南部先史文化の研究動向をレビューした論文でも、彼の地の先史時代についての知識が日本考古学に直接の影響を及ぼすとは微塵も思わない、と述べたりしていた（坪井 一九二八、七頁）。その点では、『史前史』の「新石器時代」の単元の中では、チャイルド訳などから独立して執筆者の認識を反映している序説でも結辞でも、日本考古学それ自体との関係性には何も言及していなくても不思議はない。その一方、『東洋考古学』の「東亜考古学」の単元を担当した駒井と江上は、やや異なっていた。

江上は、『東洋考古学』の刊行直前に中央アジアの状況を踏まえて新石器時代を農耕化と牧畜化の比較によって論じていた作業では、チャイルドの著作に多分に感化されたことを認めつつも、ヨーロッパ中心の考古学的成果だけでは人類の経済的文化的発展を適切には語れない（江上 一九三四、四一〇頁）、と謳っていた。そして、注目すべきことに、イベリア半島から黄河下流域に至る三期一三地域のユーラシア新石器・青銅器時代の物質文化編年図を、見開きで示している。[6] 先史日本文化研究では無視できないことが広く意識されて久しい黄河流域を、彩文土器や金属器についてユーラシア大陸全体で見渡す枠組みの中に位置づけ、さらには、論文の末尾に、編年図におよそ準じた地域区分に日本も加えた数値年代入りの編年表も付していた。そしてこの論文が、『東洋考古学』にて、一歳年上の駒井との共著として「東亜考古学」の部で事実上再録される。そこでは、「東洋考古学の意義」というタイトルとなり、「東亜考古学」の部を締めくくるとともに、そのまま後藤守一が執筆した「日本考古学」の部へとつながっていく（後藤 一九三四）。

こうした駒井と江上のスタンスの背景には、一九二六（大正一五）年に東アジアの考古学的研究を推進するべく設立された、東亜考古学会の存在が大きく関わっていたはずである。東京帝大の文学部で考古学を教えていた原田淑人の下で副手を務めていた駒井は、東の原田と西の濱田を頂いた東亜考古学会の一九二七（昭和二）年の発足式にも関わり、すぐに会員として、学会主催で濱田らが率いた大陸での第一回発掘に参加する。また、学会の第一回留学生として一九二八年から一年間、北京で学ぶ。そして、この留学制度では江上も、一九三〇年に東京帝大東洋史講座を卒業するや、すぐに第三回留学生となった（藤江 一九七七、江上 一九八七）。この東亜考古学会の幕開けの頃と言えば、かの濱田が、この頃のアンダーソン（Johan G. Andersson）の一連の研究に触発され、「東亜文明の黎明」で仰韶文化の彩文土器とククテニやトリポリエの彩文土器とが趣が同じだと指摘するなどして、悠久の古代から東西交渉があった、と主張した時期でもあった（濱田 一九二九a・一九三〇）。

江上は、東アジアからさらにはユーラシア大陸世界を見据えながら、日本の石器時代を捉えてた。一九三二年には、前年夏の東亜考古学会による内陸アジアの調査で各地を巡検した成果を、当該地域の研究動向に照らして発表しているが（江上 一九三二）(7)、そこでは、細石刃の位置づけについて日本との関わりも示唆していた。この論文を成り立たせたのは、論文の冒頭にまとめられているように、一九二〇年代の欧米各国によるこの地の調査成果の蓄積によることは確かだろう。しかし、一九二〇年代のアジアでの調査成果としてここで強調しておきたいのは、〝人類学〟上のエポックとも言うべき、シナントロプス（いわゆる北京原人）の発見である。

## 3 文明史と人類史の邂逅、そして文化進化論・社会進化論への懐疑

かねてから注目されていた北京郊外の周口店洞窟で、いよいよ一九二六年に頭蓋骨が出土し、その形状から人類学界では初期旧石器時代に位置づけられ、一九二〇年代末頃にはその理解も定着しようとしていた。そして、駒井と江上は一九三〇年に現地を訪れている（藤江 一九七七）。東京帝大東洋史講座で『世界歴史大系』シリーズの企画が動き始める頃のことである。

現地の巡検から四年後に刊行された『東洋考古学』の「東亜考古学」の部では、第二章の「旧石器時代」で、シナントロプスをまず取り上げ、東アジアが人類文化の進化に関わる重要な地であることを指摘した。今一度、考古学が本領を発揮する先史・原史時代の研究の当時の位置づけを思い返して欲しい。この『世界歴史大系』シリーズは、「歴史大系」というタイトルでありながら人類史を展望していた構成を取っているが、それまでの日本では、「歴史」の黎明は、〝文明化〟に事実上等しい〝文字に残す〟行為を経た資料から探るものであり、それ以前の石器時代は人類史であって歴史とは別物だった。しかし、初期旧石器時代の人類がヨーロッパだけでなく東アジアにもいたことが確定的となり、東亜は文明史の黎明期のみならず人類史の黎明期でも欧州を超え得るようになったことが少なからず影響を与えたのだろう、シリーズの監修六名の中に考古学者二名を充て、化石人類を含めて〝文字を持たない〟人類の歩みを歴史の大系の中に収めたのだった。歴史の観念に人類史も組み込まれたことになる。史学史の中では、大きな転換だったと思われるが、そこに陰に貢献したのが、ヨーロッパ規模の広がりで旧石器時代末期ないし中石器時代と新石器

時代以降の文明とを叙述面で結びつないだ、チャイルドの原書だったのではないだろうか。その原書を大いに参考としたことを明記している「東洋考古学の意義」では、新石器時代から秦漢へのつながりがしっかりと記述されている。

人類史上の大発見であるシナントロプスだったが、当時の日本では、濱田や大山らの調査などによっても旧石器時代の存在を認められなかったことから、二人をはじめ、日本には現状の限りでは旧石器文化は無い、という理解に落ち着いていた。『東洋考古学』の「日本考古学」の部でも、後藤守一は、後に明石原人に関わる論争に展開した直良信夫の研究（直良 一九三二）についても、「材料の根拠が弱い」として首肯せず、日本における旧石器時代の存在を認めるのは時期尚早と慎重だった（後藤 一九三四、四五七頁）。その意味では、シナントロプスの発見が日本の旧石器文化に関わる研究自体に与えた影響は、この時点では決して大きくなかった。

しかし、「東亜考古学」の部では「旧石器時代」の章で、ヨーロッパ旧石器時代のムスチエ文化の担い手であるネアンデルタール人の起源にも関わるのではないか、という旧石器時代研究の権威ブルイユの評価を紹介しつつ、周口店の石器の内容や火の使用痕跡などに照らして、〈人類は経済的状況によっては体質的に進化していなくても文化を発達させ得る〉、と唱える（駒井・江上 一九三四）。そして、ダーウィン進化論流の単系進化論的な文化変遷観は再検討を要する、との立場を見せる。この「旧石器時代」と「東洋考古学の意義」との二つの章を合わせれば、西洋で一九世紀後葉以来さかんな、経済的観点をベースにした社会進化論へ懐疑を露わにしたとみなせよう。この点は、チャイルドの信条とは一線を画していたと捉えることもできる。

## 4 「新石器時代」に見る「文明」と、原書に見る「civilization」

チャイルド原書の抄訳を担った一九一一年生の小林と、原書を消化して肉とした一九〇六年生の江上とは、『世界歴史大系』シリーズに至るまでの学問的関心も異なるので、原書に対する両者の姿勢を比較するのは酷な話だが、「新石器時代」の単元をいわば監修した一九〇一年生の甲野は原書をどうとらえていたのか。「新石器時代」では、結辞をおそらく担当するとともに（冨井 二〇一七）、序説を執筆していたことが後に判明する山内清男と小林の下訳を「徹底的に改訂した」（山内 一九六九）結果としても、前述のように、日本との脈絡の有無について言及はない。壮大な東西文化交渉論とは一線を画し、また八幡と同じく超伝幡主義を好まなかった（八幡 一九二六）のかもしれない。しかし、別の側面でチャイルドの原書を強く意識したことをうかがわせる点が一つある。「新石器時代」の単元では、下垣氏の解説の表3で一目瞭然のように、原書初版でヨーロッパ新石器・青銅器時代の文化名称に対して付せられた「civilization」の語を、基本的には「文明」と訳していない（甲野・小林 一九三四）。

当のチャイルドとその周辺でも、「civilization」の語は単純でなかった。チャイルドに影響を与えたイギリス先史学者の一人であり、ヨーロッパ旧石器時代研究を牽引しケンブリッジ大学で教鞭を執っていたバーキットは、一九二一年の *Prehistory: A Study of Early Cultures in Europe and the Mediterranean Basin* の序文で、文明（civilization）・文化（culture）・インダストリー（industry）の用語法について、それら三語は、空間的階層性に基づいて用いていて最も上位の包括性を備えるのが「文明」であると明記し[8]、本文では、旧石器時代の古い段階の文化的まとまりに対しても、「文明」を使う（Burkitt 1921）。チャイルドは、ヨーロッパ先史を俯瞰するような作業をバーキットと手を取り合って進めることもあったが、バーキットの用法は受け入れなかったようだ（Childe 1930: Burkitt and Childe 1932）。

無名のチャイルドが書き上げた原書が世に出るまで尽力したマイルズはどうか。一九一一年の著書『歴史の黎明』（*The Dawn of History*）の序文で、著述目的について、人類が未開状態から脱却する様相を描くことを掲げている。〈人類史を考えるうえでの資料において、〝文字に残された〟資料の有無（ヒストリーとプレヒストリーの違い）は、物事の名前や年代が記されているか否かを意味する点で、研究者にとってみても重要であるが、そもそも人類の進化にとってみて重要なステップである〉、との立場を示しつつ、人間集団に対する形容表現に、野蛮（savage）、未開（barbarous）、そしてその二語と対比的に括弧付で「歴史を備えた」（historical）という語を用いているから、モルガンの『古代社会』の野蛮—未開—文明の概念（Morgan 1877）を念頭にしていることは間違いない。すなわち、音標文字の発明および書字の使用をもって文明段階とする理解である。とはいえ、本文中では、資料的には〝文字を持たぬ〟文化集団に対して、祖語的な言語の存在への意識も示しつつ、「湖上住居民の文明」、「ドナウ文明」、「ドナウ平原とアルプス南部の平原とは、青銅器時代の終焉に先んじて、一つの同質的な文明地帯を形成する」[9]との表現もみせる（Myres 1911, pp. 240–243）。

チャイルドの原書の刊行までの舞台裏も見ておこう（Meheux 2017）。マイルズは当初、オックスフォード大学出版会に出版を推薦していたがかなわず、最終的にチャイルドの原稿は、『文明の歴史』（History of Civilization）叢書を刊行していたケンブリッジのオグデン（Charles Kay Ogden）の目に留まり、その叢書に組み込まれることになる。『文明の歴史』叢書は、「先史・原始」編と「キリスト教伝来から中世」編に大別されているが、チャイルドの作品は、そのうちの「導入・先史」部のうちの一冊として、一九二五年に出版されることになった。そしてこの部からは、前年にド・モルガンの『有史以前の人類』（英語版）が出ている（de Morgan 1924）。これらを踏まえれば、タイトルが The Dawn of Europan Civilization に定まる背景には、チャイルドがマイルズの『歴史の黎明』を念頭に彼への敬意を表した（Meheux 2017, p. 93）、というだけでなく、文明史の範疇を人類出現にまで広げる叢書のスタンスが新石器文化に対して「文明の黎明」と評価することを好んだ、ということもあろう[10]。

　翻って、『史前史』の「新石器時代」の単元では、「civilization」には通常は「文化」の語が当てられていた。本文中でもおよそ「文明」は、シュメール（メソポタミア）とナイル（エジプト）、そしてエーゲ海（ギリシャ）に用いられる程度である。小林の下訳時点なのか、甲野と山内の改訂時点なのか、あるいはそれ以後か、刊行に至るどの段階で「文明」の用法が絞られたのかはわからない。ただ、「文明」も「野蛮」も日常的な単語でもあるが、日本でも一九二〇年代にはモルガンの『古代社会』もエンゲルスの『家族・私有財産及び国家の起源』も翻訳版が刊行され（モルガン 一九二四、エンゲルス 一九二二）、その後も時間をおかずに度々改訳版が出版されているから、チャイルドが原書執筆以前から傾倒していたそうした唯物論的思考の社会的な浸透度は知れる。

　『史前史』の執筆陣を率いつつ自身も「旧石器時代」の単元を担当した大山には、公爵・貴族院議員・軍人という側面もあるが、彼は、先史時代の総合的な研究を精力的に推進しつつも[11]、農耕や牧畜の発展にはあまり踏み込まずに新石器時代以前をターゲットにしていたこともあってか、論文などでも「文明」概念に対しておよそ正対していなかった。それに対し、大山とともに『世界歴史大系』シリーズの監修者に名を連ねる濱田は、講義教材の著者だったマイルズやチャイルドに倣ったかそれとも語呂を意識したか、「…文明の黎明」のフレーズをたびたび自身の作品のタイトルに用いたが（濱田 一九二九a・b、一九三〇）、実際に、文明概念に関しては、〈石器使用者が野蛮で金属器使用者が文明とは直ちには言えず、縄文土器製作でも亀ヶ岡遺跡を代表とする文化は、世界において新石器時代の文明として相当に高度〉（濱田 一九二九b）と言及してもいる。チャイルド原書を監修者の濱田が訳すならば、「civilization」の訳語には「文明」を充てたことだろう。

## 5　まとめ——展望とともに

　チャイルドの原書は、歴史解釈なり作業概念なりにおいては、今述べてきたように、全面的に受け入れられたわけではない。しかし、方法的にも教育体系においても、日本考古学が独立学問分野としては黎明期の当時、原書を含め昭和初期に日本に紹介されたチャイルドの作業を通して、考古学のその後の展開を担うことになる若手研究者たち——小林・甲野・駒井・江上ら——は、歴史理論に関わる様々な刺激を受けていたことは間違いなかろう。

最後に、考古学の将来的展開が期待される世代も少なくなかろう読者に、チャイルド原書の方法的前提となっていた伝播論的思考について述べておきたい。チャイルドは、原書初版から四年後の『先史時代のドナウ川』にて、型式学（typology）について、「層位や堆積状況からでは依拠し得る証拠がないところでは、型式学の助けが必要となる。この型式学とは、型式は系統に沿って進化（ないし退化）する、という前提に立脚しているのである。」と明言する（Childe 1929, pp.vii-viii）[12]。相対年代決定のためのこの方法も活用しながらチャイルドが想定したヨーロッパ先史における文化伝播のストーリーは、その後、放射性炭素年代測定法の浸透によってヨーロッパやその東方の各地で絶対年代がわかってきたことで、否定された。絶対年代を知ることが不可能だった頃は、相対年代の決定が考古学の肝だったからしかたがないという見方もあろう。

しかし、ここには、歴史科学における考古学的研究の論理的側面の枠を読み取るべきである（富井二〇〇六）。それは、解釈結果・結論面での妥当性などではなく、結論を導くまでの論理性にこそ、重きを置くことである。昨今の古DNA研究でさらに展開を見せるヨーロッパ文明の黎明に関するストーリーが、チャイルドの想定に結果的に近いことによってチャイルドを再評価する動きがあるとすれば、考古学的研究の論理性の観点からすると、いささか残念である。

型式学的方法は、今なお多用されているが、論理的には、解釈予定的な前提を負荷する性格を帯びている。結論が結果的に正しくとも、それが前提に論理的制約を伴ったままで導かれたものならば、論理体系は適切とはいいがたい。考古学の将来的展開のためにも、本書の刊行を契機にして、型式学に文化および進化の含みを持たせることの功罪について、積極的な議論が興ることを望みたい[13]。

**註**

(1) シリーズの企画自体は一九三〇年頃のことで、東京帝大の東洋史講座に当時在籍していた鈴木俊が平凡社に話を持ち込んだことから展開し、講座の池内が預かったようである（橋本一九三三、江上・江坂一九九六）。

(2) 縄文文化と弥生文化と古墳文化は同時存在もした民族の違いだ、という認識がまだ考古学界でも根強かった（例えば、大場一九三二）。

(3) 本節で概観したような研究史に関しては、様々な書物がある（寺田一九七五、勅使河原一九九五など）。

(4) 東京帝大に考古学の講座が開設されたのは一九三八年で、それまでは、考古学研究室は東洋史講座にあった（藤江一九七七、江上一九八七）。

(5) 戦後に近藤義郎が創始し今なお活動中の同名の学会・会誌とは、直接的な繋がりはない。

（6）一九三四年時点で、このようなスケールの先史文化編年図が極東の日本で製作されていたことは驚きである。

（7）この作業でもチャイルド原書が参考文献リストに挙がるが、あくまでも資料の類例に関する情報提示にとどまり、内容に踏み込んだものではない。

（8）ただし彼は、いつも矛盾無く適用できるとは限らないし用語については英国流でなく自身が旧石器研究を学んできた大陸流のものである、と弁明している（Burkitt 1921, p.ix）。

（9）チャイルドの原書の「文明」の使用法にも大きく関わっていることがわかるだろう。

（10）オグデンの『文明の歴史』叢書は、フランスの歴史哲学者アンリ・ベール（Henri Berr）が創刊した『人類の進歩』叢書の英訳をベースにし、それに新たなテーマや時空間を加えて、取り組んだものである。ド・モルガンの『有史以前の人類』も、オリジナルは『人類の進歩』叢書から一九二一年に出版されていたが（de Morgan 1921）、『文明の歴史』叢書のそのモルガンの英語版の巻頭広告では、チャイルドの作品は、*The Dawn of Western Civilization* のタイトルで近刊予告されていた。なお、チャイルド原書と同じタイトルのものも含め、二〇世紀初頭には、『The Dawn of Civilization』などのタイトルの書籍が存在していたが、こうした「the dawn of ...」というフレーズが一九二五年前後にどれほど流布していたのかはわからない。

（11）「先史」の語は、学界では坪井正五郎がおそらく初めて用いて以来（坪井一八八九）、徐々に浸透していったけれども、大山は、軍人として「センシ」の響きを嫌ったか、「先史学」という表現を全く使わずに「史前学」と呼んでいた（大山一九二九など）。

（12）考古学史研究の第一人者グリン・ダニエル（Glyn Daniel）は、チャイルドは型式学（typology）が単なる分類作業以上に文化および進化の含みを持った主観的営みになることをはっきりさせた、と述べている（Daniel 1967, p.275）。

（13）そもそも、相対年代決定法の一つにも用いられるようになってしまった型式学に課題がある。型式に、時間も空間も集団も、一度に全てを語らせようとする前提に無理があり（[Lyman ほか 1997] を参照されたい）、その前提が、解釈課程に論理的制約を課してしまう。しかも、そうした枠組においては、資料の絶対数は増え続ける中で、時間的側面では、高精細化を追求していかにして各細別時期の境界を円滑に連続させられるかを目指す一方、集団的側面やそれに大きく関わる空間的側面では、境界を維持して型式の実態性を担保しようと努める、という相矛盾する分類方針で資料に臨まねばならなくなっている。

## 文献

Burkitt, M. C. [1921] *Prehistory: A Study of Early Cultures in Europe and the Mediterranean Basin*, Cambridge: Cambridge University Press.

Burkitt, M. and Childe, V. G. [1932] A chronological table of prehistory, *Antiquity* VI no.22: pp.185–205.

Childe, Vere G. [1925] *The Dawn of European Civilization*. London: Kegan Paul.

Childe, Vere G. [1929] *The Danube in Prehistory*. Oxford: Clarendon Press.

Childe, Vere G. [1930] *The Bronze Age*. Cambridge: Cambridge University Press.

Daniel, Glyn. [1967] *The Origins and Growth of Archaeology*. Middlesex: Penguin Books.

de Morgan, Jacques. [1921] *L'Humanité Préhistorique: Esquisse de Préhistoire Générale*. Paris: La Renaissance du Livre.

de Morgan, Jacques. [1924] *Prehistoric Man: A General Line of Prehistory*. London: Kegan Paul.

Lyman, R. Lee, O'Brian, Michael J., and Dunnell, Robert C. [1997] *The Rise and Fall of Culture History*. New York: Plenum Press.

Meheux, Katie. [2017] Digitising and re-examining Vere Gordon Childe's 'Dawn of European Civilization': a celebration of the UCL Institute of Archaeology's 80th anniversary, *Archaeology International* 20: pp. 91-105.

Morgan, Lewis H. [1877] *Ancient Society: Or Researches in the Lines of Human Progress from Savagery through Barbarism to Civilization*. New York: Henry Holt.

Myres, John L. [1911] *The Dawn of History*. (Home University Library of Modern Knowledge). London: Williams and Norgate.

江上波夫［一九三二］「石器時代の東南蒙古」『考古学雑誌』第二二巻第四号、二六―三五頁、同第二二巻第五号、二七―三八頁。

江上波夫［一九三四］「考古学上より観たる遊牧民と農耕民――その経済的発展段階様相一試論」『歴史学研究』第六号、四〇九―四三八頁。

江上波夫［一九八七］「三上次男君を憶う」『考古学雑誌』第七三巻第二号、一二六―一二八頁。

江上波夫・江坂輝彌・増田精一・岩崎卓也・乙益重隆［一九八五］「座談会八幡先生を語る」『日本史の黎明 八幡一郎先生頌寿記念考古学論集』（江上波夫編）、七四一―七六五六頁。

江上波夫・江坂輝彌［一九九六］「私の考古学研究史の登場人物たち――山内先生のことその他」『画竜点睛　山内晴男先生没後25周年記念論集』、六五―七二頁。

エンゲルス、フリードリヒ［一九二二］（内藤吉之助訳）『家族・私有財産及び国家の起源――リュイス・エチ・モルガンの研究に因みて』有斐閣。

大場盤雄［一九三二］「関東に於ける奥羽薄手式土器　下」『史前学雑誌』第四巻第一号、一―一〇頁。

大山　柏［一九二九］「史前学研究と年代及び民族問題」『史前学雑誌』第一巻第四号、九―一六頁。

甲野勇・小林行雄［一九三四］「新石器時代」『世界歴史大系　第一巻史前史』平凡社、三五九―四六四頁。

駒井和愛・江上波夫［一九三四］「東亞考古学」『世界歴史大系　第二巻東洋考古学』平凡社、一―四四九頁。

後藤守一［一九三四］「日本考古学」『世界歴史大系　第二巻　東洋考古学』平凡社、四五一―六三二頁。

坪井正五郎［一八八九］「パリー通信」『東京人類学会雑誌』第五巻第四四号、一七―二六頁。

坪井良平［一九二七］「新刊紹介」『考古学研究』第二輯、一一三―一一三頁。

坪井良平［一九二八］「考古學より見たる南露西亞」『考古學研究』第二年第二号、六―一二頁。

勅使河原彰［一九九五］『日本考古学の歩み』名著出版。

寺田和夫［一九七五］『日本の人類学』思索社。

冨井　眞［二〇〇六］「ヨーロッパ西南部の新石器時代の幕開け」『伊勢湾考古』二〇（知多古文化研究会）、二五七―二八〇頁。

冨井　眞［二〇一七］「ヨーロッパ先史研究と小林行雄」『小林行雄選集第三巻　縄文文化の研究通史・概説』真陽社、九一五―九四八頁。

直良信夫［一九三一］「播磨国西八木海岸洪積層中発見の人類遺品」『人類学雑誌』第四六巻第五号、一五五―一六五頁、同第四六巻第六号、二一二―二二八頁。

西村真次［一九二六］『文化移動論』エルノス。

橋本増吉［一九三三］「はしがき」『世界歴史大系　第三巻　東洋古代史』平凡社。

濱田耕作［一九一八―一九］「考古学の栞」『史林』第三巻第一号、七五―八五頁、同第二号、八六―九五頁、同第三号、九六―一〇四頁、同第四号、一一九―一三〇頁、同第四巻第一号、五七―六五頁、同第二号、一二二―一三〇頁、同第三号、一〇四―一一三頁、同第四号、一二一―一二八頁。

濱田耕作［一九二二］『通論考古学』大鐙閣。

濱田耕作［一九二九a］「考古学上より見たる東亜文明の黎明」『歴史と地理』第二三巻第一号、一―一五頁、同第二号、二三―三七頁、同第三号、一〇―二六頁。

濱田耕作［一九二九b］「日本文明の黎明」『史学雑誌』第四〇巻第一二号、一―一四頁。

濱田耕作［一九三〇］『東亜文明の黎明』刀江書院。

藤江　稔（編）［一九七七］「駒井和愛博士年譜」『琅玕――駒井和愛博士記念随筆集』（駒井和愛博士記念会）、一―一七頁。

モールス、エトワルド・エス［一八七九］（矢田部良吉訳）『大森介墟編』東京帝国大学。

モルガン、リュキス［一九二四］（高畠素之・村尾昇一訳）『古代社会』（社会科学体系一）、而立社。

山内清男［一九六九］「新石器時代序説」『先史考古学論文集』旧第一一集、二八八―二九三頁。

八幡一郎［一九二六］「Clark Wissler "The Relation of Nature to Man in Aboriginal America" New York, 1926.」『東洋学芸雑誌』第四三巻（第五三二号）、四九四―四九六頁。

八幡一郎［一九三二］「V. GORDON CHILDE, The Bronze Age.」『人類学雑誌』第四六巻第六号、二四五―二四六頁。

# チャイルド考古学のアメリカ合衆国考古学界における受容の一側面

佐々木憲一

アメリカ合衆国はイギリスと同じ英語を公用語とする国であるが、こと考古学に限っては、その方法論・学問的枠組みがイギリスと異なっている部分が多い。アメリカ合衆国では考古学研究の大きな柱が先住民文化の理解であったため、考古学が民族学、言語学、形質人類学と並んで人類学の一分野に位置づけられているからである。特に一九六〇年代、一九七〇年代に一世を風靡した「ニュー・アーケオロジー」「プロセス考古学」の影響のもと、チャイルドの考古学はイギリスとは異なった評価を受けていたようである。プロセス考古学の総本山であったミシガン大学で一九八〇年代前半に学部生活を送った筆者は、チャイルドの考古学があまり高い評価を受けていないという印象を強く受けた。チャイルドの考古学は伝統的考古学、前世代の「新しくない」考古学であり、克服すべき対象という評価である。

　これに関連して、同時期にミシガン大学大学院博士課程に在籍しておられた西村正雄氏は、一九八〇年代初頭当時、「伝統的」や「ニュー」という区別はされなくなりつつある、と述べている。逆に、私は学部生であったので、当時のミシガン大学のアメリカ人大学院生たちは、わかりやすさを優先して、やや簡略化した考え方を私に示したのかもしれない。

　それでも、ミシガン大学で私が一九八〇年代に受けた印象を多少裏付ける実例として、ニュー・アーケオロジーを主唱したルイス・ビンフォード（Lewis R. Binford）が准教授をしていた一九六七〜六八年にカリフォルニア大学ロサンジェルス校に留学した、後にケンブリッジ大学考古学科で最高の教授職、ディズニー記念考古学担当特別栄誉教授に就くコリン・レンフルー（Colin Renfrew）の記述をあげることができる。彼が一九七三年に著した*Before Civilization*（Renfrew 1973）の第五章のタイトルをThe Collapse of the Traditional Framework（伝統的枠組みの崩壊）、第六章のタイトルをBeyond Diffusionism（伝播論を超えて）としている。レンフルーが「崩壊した」と主張した（八七歳の現在はそのように考えていないと推測する）この「伝統的枠組み」とは、チャイルドが『ヨーロッパ文明の黎明』の各版や一九二九年に刊行した*The Danube in Prehistory*（『先史時代のドナウ川』）で示した枠組みのことである。また、プロセス考古学の当時のキャッチフレーズのひとつにBeyond subsistence（生業論を超えて）があり、beyond（～を超えて）が当時のアメリカ合衆国考古学界のひとつの潮流であった。そして、チャイルドの考古学も、そのような「超えられるべき」対象のひとつであったようである。

このあり方がどの程度、当時のアメリカ合衆国の大学の人類学科で共有されていたかはわからない。しかし、アメリカ考古学会の機関誌*American Antiquity*に一九七〇年代、一九八〇年代に査読を経て掲載されている論文を見ると、チャイルドの理論的枠組みを評価し、継承するような論文は見受けられなかった。

ただ、当時のアメリカ人考古学者の立場からすると、チャイルドの考え方にはマルクス主義的側面が強く（マルクス主義関係文献の研究のために、ロシア革命以後のモスクワにチャイルドは数回訪れていた）、冷戦下のアメリカ合衆国でマルクス主義的研究を実践することが政治的に憚られたことが、チャイルドの著作を避ける要因であったのかもしれない。余談になるが、一九八三年か一九八四年に、当時蔵書量が六〇〇万冊を超えていたミシガン大学図書館の本の貸し出し業務をコンピューター化することになった。この導入に関して、活字にはならなかったが当時議論があった。アメリカ合衆国連邦捜査局が図書館のコンピューターの貸し出し状況が記録されている磁気テープを入手したら、誰がマルクス主義的な文献を借り出して勉強しているのかすぐにわかり、その教員の立場が危なくなるのではないか、という議論である。これは一九五〇年代のアメリカ合衆国における赤狩りの記憶があったからである。一九八〇年代に図書館の貸し出し業務がコンピューター化されたが、幸い、大学を追われた教員はいなかった。

そのようななかで、チャイルドの考古学を人類学科考古学専攻全体で重視していたのがハーヴァード大学である。一九八〇年にニューヨークのメトロポリタン美術館から刊行された、アメリカ合衆国初の中華人民共和国出土古代青銅器展の解説図録*The Great Bronze Age of China*の序論で、ハーヴァード大学人類学科教授の張光直（Chang 1980）が、チャイルドが一九五七年に発表した論文"The Bronze Age"（Childe 1957）を引用して、中国殷周時代を世界史に位置づけようとしていたのである。当時まだミシガン大学在学中であった私は、驚いた覚えがある。

一九八六年に私自身がハーヴァード大学人類学研究科博士課程に進学して、チャイルド重視の学風にどっぷり浸かることとなった。一九八六年の考古学専攻博士課程入学者は私一人であったため、数多くの先輩の大学院生が私を大事にしてくれた。博士課程一年生の年度末には博士試験の第一部、「方法論と理論」の試験があるので、また私がニュー・アーケオロジーの総本山ミシガン大学を卒業したからであろう、チャイルドの考古学をよく勉強しておくように助言を受けた。実は一九八〇年代初頭にチャイルドの伝記がイギリスで次の通り三冊刊行されていた。

Trigger, Bruce G. [1980] *Gordon Childe: Revolutions in Archaeology*. Thames and Hudson.

McNairn, Barbara [1980] *The Method and Theory of V. Gordon Childe*. Edinburgh University Press.

Green, Sally [1981] *Prehistorian: A Biography of V. Gordon Childe*. Moonraker Press.（邦訳は近藤義郎・山口晋子『考古学の変革者——ゴードン・チャイルドの生涯』岩波書店）

それら三冊の書評をヨーロッパ新石器時代の考古学が専門のルース・トリンガム（Ruth Tringham カリフォルニア大学バークレー校人類学科教授）が発表していた。それを読むことで、とりあえずチャイルド考古学のおおまかな全容をつかむことができる、という安直な試験対策まで教わった。案の定、口頭試問であった博士試験ではチャイルドの業績についての質問が相次いだ。

この当時のハーヴァード大学人類学科考古学専攻の学風を象徴するのが、一九八六年に刊行された張光直の主著『考古学から見た中国古代』（*The Archaeology of Ancient China*）のまだ邦訳されていない第四版（Chang 1986、第三版のみ邦訳）の序文である。第三版を大幅に改訂した理由を張光直は次のように開陳する。

> 私（張光直）が大学院生であった一九五〇年代、世界に自慢したい私の宝物のひとつ（one of my most treasured worldly possessions）は、当時、非常に進歩的な内容であったチャイルドの『ヨーロッパ文明の黎明』であった。ただ問題は、改訂版が頻繁に刊行され、大学院生の限られた収入では、改訂毎に新しい版を買うことは非常に厳しかった。ついに一九五七年、チャイルドが死亡した年に刊行された最新版を買って、これ以上改訂版を買う必要はないと安心した。いや、違った。〔中略〕教科書はその分野の進歩に合わせて、常に改訂されなければならないのである。

張光直は彼のチャイルドへの傾倒をこのように活字にしたが、ハーヴァード大学人類学科考古学専攻では、この傾倒は張光直に限ったことではなかった。メソポタミア考古学担当のC・C・ランバーグ＝カーロフスキー（C. C. Lamberg-Karlovsky）教授が「世界に自慢したい宝物のひとつ」はチャイルド本人から貰った論文抜刷である。本当に自慢していた！

張光直はアメリカ国籍を有していたが、北京生まれの台湾人、ランバーグ＝カーロフスキーはチェコの首都プラハ生まれで、チェコ貴族の末裔ということもあって、アメリカ考古学とは少し距離をおいていたのかもしれない。また前述のルース・トリンガム（エジンバラ大学で学部、大学院を修了したイギリス人）もハーヴァード大学人類学科考古学専攻で一九七一年から一九七八年まで助教授、准教授を務めていた。それ以上に、ハーヴァード大学人類学科考古学専攻全体として、ビンフォードの主張は新しくないと冷めた目で見ていた。例えば張光直は一九六七年の論文で、チャイルド（Childe 1936）やハーヴァード大学人類学科に一九四三年に提出（活字化は五年後）されたワルター・テイラー（Walter Taylor）の博士論文（Taylor 1948）らの観点をビンフォードは繰り返すのみ、と述べている（Chang 1967, p. 230）。

一般論として、張光直が私に教えたように、「伝統的考古学は新しい考古学の基盤」であり、チャイルドが今日の考古学研究の基盤を築いた現実は揺るがない。もちろん、中近東における農耕の起源など、チャイルドが提示した仮説には、現在修正を余儀なくされていることも事実である（スチュアート 一九八六）。しかしながら、チャイルドの仮説を検証（打破？）する目的で、ユーラシア大陸を対象とするアメリカ合衆国の考古学研究が一九五〇年代以来大きく進歩したこと疑うべくもない。アメリカ合衆国においても、『ヨーロッパ文明の黎明』も含めて、チャイルドが残した業績は現在でも生き続けているのである。特に近年は、DNA研究の成果のおかげで、『ヨーロッパ文明の黎明』でチャイルドが提示したモデルの妥当性が示されており、自然科学との協業に軸足を置くアメリカ合衆国考古学界では、これまで以上に、チャイルドの考古学への評価が高まるのではなかろうか。

## 引用文献


スチュアート、ヘンリ［一九八六］「農耕文化出現の研究史」ヘンリ・スチュアート編『世界の農耕起源』雄山閣、七―三七頁。

張光直（量博満訳）［一九八〇（一九七七）］『考古学から見た中国古代』雄山閣。

西村正雄［一九八一］「人類学としての考古学――ミシガン大学の考古学」『史観』第一〇三冊、早稲田大学史学会、二八―三三頁。

レンフルー、コリン（大貫良夫訳）［一九七九（一九七三）］『文明の誕生』岩波選書。

Chang Kwang-chih（張光直）[1967] Major Aspects of the Interrelationship of Archaeology and Ethnology. *Current Anthropology*, Vol. 8, pp. 227–243.

Chang Kwang-chih [1980] The Chinese Bronze Age: A Modern Synthesis. *The Great Bronze Age of China*, edited by Wen Fong（方聞）, pp. 35–50. New York: Alfred A. Knopf.

Chang Kwang-chih [1986] *The Archaeology of Ancient China*, 4th Edition. New Haven: Yale University Press.

Childe, V. Gordon [1936] Changing Methods and Aims in Prehistory. *Proceedings of the Prehistoric Society for 1936*, pp. 1–15. Cambridge: Cambridge University Press.

Childe, V. Gordon [1957] Bronze Age. *Past and Present*, 12, pp. 1–15.

Renfrew, Colin [1973] *Before Civilization*. New York: Alfred A. Knopf.

Taylor, Walter W. [1948] *A Study of Archaeology*. American Anthropological Association Memoir, No. 69.

Tringham, Ruth [1983] V. Gordon Childe 25 Years and After: His Relevance for the Archaeology of the Eighties. *Journal of Field Archaeology* Vol. 10, No.1: pp.85–100.

Wen Fong（方聞）編 [1980] *The Great Bronze Age of China*. New York: Alfred A. Knopf.

# チャイルド・スティル・アライヴ——この百年で最も読まれた考古学者

岡村勝行

ゴードン・チャイルドの作品、とりわけ一般読者に向けた著作は、没後六〇余年を経た現在も世界中で版を重ね、また多様な言語に翻訳され、新たな読者に迎えられている。研究の世界では、農耕や都市の発生論など考古学、人類学に限らず、彼に関して新たに発掘された資料から、彼と彼の生きた時代、社会との関係に注目した研究も近年よくみられる。かつてスチュアート・ピゴットはチャイルドを「英国で最も偉大な考古学者、おそらく世界においても」(Piggott 1958, p.312) と評した。ブルース・トリガーは「二〇世紀、最も読まれた考古学者」と呼んだ (Trigger 1992, p. 9)。二一世紀となって四半世紀近く経たが、本稿が示すように、その状況は変わらず、チャイルドはこの百年で最も読まれた考古学者であり、最も考古学、社会に影響を与えた考古学者と言えるに違いない。

　チャイルドのその影響力、世界でどのような読まれ方をしてきたか、その詳細を明らかにすることは至難であるが、どの作品がどの国で読まれてきたか、読まれているかは、彼の著作とその翻訳本の拡がりから、その全体像をある程度把握することは可能である。

　まず、チャイルドの業績、作品目録のアップデートの準備から始めよう。

## 1　二〇〇八年以前の目録作成

これまでで最もよく整備され、かつ最新のチャイルド目録は、ピーター・ギャザコール、テリー・アーヴィングが、マルガリータ・ディアズ＝アンドリューの支援を得て作成した「チャイルド文献目録——ヴィア・ゴードン・チャイルド作品リスト」(Gathercole, Irving and Díaz-Andreu 2009) である。このリストは、二〇〇九年『欧州考古学ジャーナル』(*European Journal of Archaeology*, 以下、EJAと記す) のチャイルド特集号に収められた。本特集は、二〇〇七年にディアズ＝アンドリューがホストを務め、ダーラム大学で開催された「チャイルド没後五〇周年大会」の一〇本の研究発表をもとに編まれたものである。ＥＪＡ第一二号（二〇〇九年）の全三号分、総頁数二五〇頁に及び、チャイルドに関する、これまでで最新の研究成果である。作品リスト（以下、ＥＪＡリスト）は特集にあたって新たに追加されたものだが、これらの研究の下支えにもなり、新たなチャイルド研究を開拓するものとして期待された（Saville 2008）[1]。

ＥＪＡリストには、チャイルド目録の概要、統計について、短い解説が付されており、以下、適宜その内容を抜粋して提示する。まず、チャイルドの目録はＥＪＡリスト以前に少なくとも三度作成されている。最も古い作品目録は、ロンドン大学考古学研究所長の退任にあたり、チャイルドへの祝辞として、教え子であるイソベル・スミスが編集したものである（Smith 1956）。その後、ブルース・トリガー（Trigger 1980）とサリー・グリーン（Green 1981）は、それぞれスミスが見逃した項目を補った。ＥＪＡリストでは、考古学分野だけでなく、チャイルドとその時代に関する様々な分野の研究者の要請にも応えるために、政治関係、定期刊行物への手紙や書評のほか、オーストラリアで発表された記事や書簡も初めて収録され、それまでのリストの二倍以上の分量となっている。書誌情報は四つのカテゴリーに分類され、セクションⅠは書籍とモノグラフ、Ⅱは論文と章（部分執筆）、Ⅲはレビュー、Ⅳは新聞や雑誌に掲載されたチャイルドの書簡と、その他の雑多な出版物を収めている。

解説に示された統計によると、公刊されたチャイルドによる著作物は、一九一五年から二〇〇八年までに七六二件あり、その内訳は書籍とモノグラフが二六%、論文と章が三八%、レビューが三一%、手紙・雑記が五%を占め、単行本を除けば、二八一の論文・章、二三六の書評があった。チャイルドは一九三〇年代に毎年平均して九本の論文と九本の評論を発表し、一〇年間で五冊の新刊を出版した。ただ最も多作だったのは一九五二年と一九五四年で、そのおもな理由は既刊の新装版である。チャイルドの退官近い時期だが、本、記事、レビュー、雑記帳の合計は、それぞれ二七、二六を数えた。

彼の学問に対する世界的な評価は逝去後も高まり続け、その後の三〇年間、チャイルドの著作は彼の研究生活三〇余年に匹敵する数が刊行された。その多くは翻訳本であり、二一カ国語に訳されたという。ＥＪＡリストの解説にはその言語を明記していないが、リストには、フランス、オランダ、ドイツ、デンマーク、スウェーデン、フィンランド、スペイン、ポルトガル、イタリア、ギリシャ、ポーランド、ハンガリー、チェコ、ルーマニア、トルコ、ロシア、インド、アラビア、ペルシャ、中国、台湾、日本の諸言語、二二カ国語の翻訳本が確認できる。しかし、台湾（繁体字）ではチャイルドの翻訳本は出版された形跡はなく、一方、確実に存在する韓国語訳はリストに漏れている。ひとまず二二カ国語以上とするが、内容についてはさらに精査が必要なようだ。

　チャイルドの論文は九九誌に掲載され、その八五％は考古学とその関連分野の専門家、あるいはより広い科学界を対象とした雑誌であった。また、英語以外の言語で出版されたジャーナルは二三誌あった。学術以外の出版物としては、大衆誌や新聞（*The Listener, The Week-end Review, Illustrated London News* など）がいくつかあったが、ほとんどは政治左派系の新聞やジャーナル（*Daily Worker, Labor News, The Modern Quarterly, The Plebs* など）であった。

## 2　著作・翻訳本リストの更新

　筆者にはEJAリスト全体を更新する能力・力量はなく、セクションIのチャイルドが執筆した単行本（再版本を含む）とその翻訳本に限り、データを更新することを試みた。具体的には、ウェブ検索を駆使し、アマゾンのほか、各国の主要図書サイトによる探索を行い、可能な場合、その国の考古学者に照会した。二〇〇八年までについてはEJAリストの漏れを補い、記載ミスについては修正し、二〇〇九年以降については、書誌情報を追加した。

　EJAリストには、一九二三年から二〇〇八年までに出版された書籍・モノグラフが、二〇六件掲載されている。ここには本書『ヨーロッパ文明の黎明』（以下、『黎明』または The Dawn と略す）のように改稿（edition）のほかに、軽微な修正の追加（revised）、再版（reprinted）が六七件、別刷（impression）が二件、活字の組直し（reset）が一件含まれている。ただし、翻訳本については、英語原本のように再版（重版）数は正確に把握されておらず、データに精粗がある。各国の翻訳状況が明らかになれば、実数は大幅に増えるだろう。チャイルドが亡くなった翌年一九五八年以後の出版物一〇四件の内訳は、ニューヨークで出版された『黎明』第六版と *The Prehistory of European Society*（邦訳なし）の二冊を除き、再版本（四三件）と翻訳本（五九件）である。

　今回の筆者の文献調査で、二〇〇八年までのEJAリストに漏れていた書籍を三五冊確認し、うち二五冊は翻訳本であった。とりわけ、中国語、日本語の翻訳本が目立つ。EJAリストの作成者は、英語以外の言語に掲載漏れのある可能性を正直に告白しているが、遠く東アジアの言語は目が届きにくかったようである。EJAリスト後の二〇〇九年以降、二〇二三年までに刊行された書籍は三八冊（再版二九冊、翻訳八冊）であった。このほかにリストには加えていないが、二〇一三年以降で電子書籍（kindle 版）を八件確認した。今後、この新しい媒体はより一般的になるだろう。以上、今回作成した一九二三年～二〇二三年の一〇〇年間のチャイルドの書籍リストには、二七六件の書誌情報を掲載した（「付録二」・本章図1）。

　よく知られているように、チャイルドは『黎明』をはじめ、主

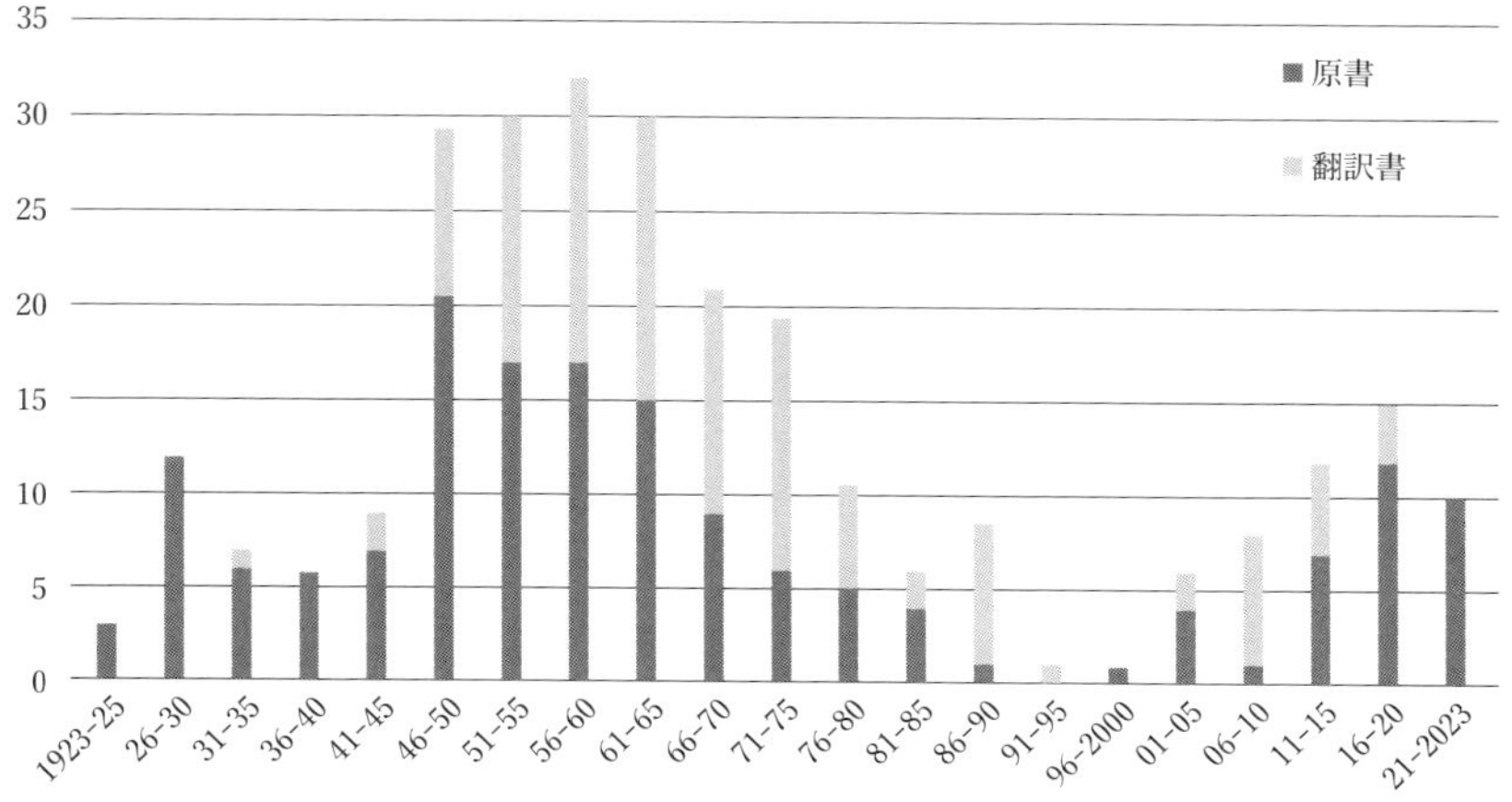


図1　チャイルド書籍出版点数

著を度々作り直した。そして、それぞれが増刷を重ねた。また、彼の逝去後に顕著だが、装丁、序文、解説者、出版社などが異なるバージョンがいくつも作成された。そのほか初期の頃には豪州労働党政治に関する著作があり、またフランス語、イタリア語、ドイツ語の歴史書の翻訳本もある。この新たなリストに基づき、「チャイルド（自身）は生涯いったい何冊の本を出したか」という問いに答えると、同一書名を一冊と数えれば、少なくとも三二冊、彼自身による改版を別書と扱えば、四七冊となる。

## 3　翻訳本にみるチャイルドの国際的な影響

ここでは翻訳された作品、言語、時期を検討することで、チャイルドの国際的な影響を再確認したい。先述したようにチャイルド著作は少なくとも二二の言語に翻訳されたが、出版地の地理的な拡がりに注目すると、英国を含め二七カ国となる（表1）。英語圏では、米国、オーストラリア、スペイン語圏では、メキシコ、アルゼンチン、ポルトガル語圏では、ブラジルが加わる。

翻訳されたチャイルドの著作は、一三冊ある。英米以外で翻訳出版された国の多い順に挙げれば、*What Happened in History*（邦訳『歴史のあけぼの』一九五八）が一七、*Man Makes Himself*（邦訳『アジヤ文明の起原』一九四二、『文明の起源』一九五一）が一五、*Piecing Together the Past*（邦訳『考古学の方法』一九六四）と *The Prehis-*

| ポルトガル | イタリア | ギリシャ | ポーランド | ハンガリー | チェコ | ルーマニア | トルコ | イラン | ロシア | インド | メキシコ | ブラジル | アルゼンチン | 豪州 | 中国 | 韓国 | 日本 |
|---|---|---|---|---|---|---|---|---|---|---|---|---|---|---|---|---|---|
| | 1949<br>1963 | | 1963 | 1959 | 1966 | | | 1967-68(1)<br>1990-91(2) | | | | 1960<br>1973 | 1956<br>1968 | | 2008 | 2011 | 1958 |
| | 1952 | 1971 | | 1968(4) | 1949 | 1966(4) | | 1973-74(2)<br>1975-76 | 1970 | 1971 | 1954 | 1966(4) | | | 1954<br>2008 | 1959<br>2013 | 1942<br>1951<br>1957 |
| | 1960 | | | | | | 2019 | | | | 1958 | 1976 | | | 2008 | 2013 | 1964<br>1981<br>1994 |
| 1962 | 1958 | | | 1962 | | | | | | | | | | | | | |
| | 1972 | | | | | | | | 1950<br>1952(5) | | | | | | 2008(1)<br>2017(6) | 2012(6) | 2024(6) |
| | | | | | | | 1946<br>(仏語から) | | 1956(4) | | | | | | | | 1944 |
| | | | 1950 | 1963 | | | | | | | | | | 1965 | 1954 | | |
| 1961<br>1989 | | | | | | | | 1989-90 | | | | | | | 2008 | | 1969 |
| | | | | | | | | 1973-74<br>2007-8 | | | 1964<br>1988 | | | | | | |
| | 1961 | | | | | | | 1976-7<br>1985-6(2) | | | | | 1958 | | | | |
| | 1953 | | 1954 | | | | | | 1949 | | | | 1960<br>1973 | | | | |
| | | | | | | | | 1975-6<br>1976-7 | | | | | 1971 | | | | 1954 |
| | | | | | | | 2019 | 2007-8 | | | | | | | | | |

表１　チャイルド翻訳書出版状況

| 原書タイトル | 翻訳国数 | 英国 | 米国 | フランス | オランダ | ドイツ | デンマーク | スウェーデン | フィンランド | スペイン |
|---|---|---|---|---|---|---|---|---|---|---|
| *What Happened in History*<br>(『歴史のあけぼの』) | 17 | 1942(1)<br>1954(2) | 1942(1)<br>1954(2) | 1961<br>1963 | 1952 | 1952 | 1965 | 1955 | 1966 | 1971<br>1985<br>2002 |
| *Man Makes Himself*<br>(『アジヤ文明の起原』『文明の起源』) | 15 | 1936(1)<br>1941(2)<br>1956(3)<br>1965(4) | 1955<br>1957 | 1963<br>2013 | | | | | | 1967<br>1979 |
| *Piecing Together the Past*<br>(『考古学の方法』) | 7 | 1956 | 1956 | | | | | | | |
| *The Prehistory of European Society* | 7 | 1958 | 1958 | 1962 | | 1960 | 1962 | | | 1958<br>1978 |
| *The Dawn of European Civilization*<br>(『ヨーロッパ文明の黎明』) | 6 | 1925(1)<br>1927(2)<br>1939(3)<br>1947(4)<br>1950(5)<br>1957(6) | 1925(1)<br>1927(2)<br>1939(3)<br>1948(4)<br>1958(6) | 1949 | | | | | | |
| *New Light on the Most Ancient East*<br>(『アジヤの古代文明』) | 5 | 1929(1)<br>1934(2)<br>1935(3)<br>1952(4) | 1929(1)<br>1953(4)<br>1968(4) | 1935<br>1953(4) | | | | | | 1968 |
| *The Story of Tools* | 5 | 1944 | | | | 1948 | | | | |
| *A Short Introduction to Archaeology*<br>(『考古学とは何か』) | 5 | 1956 | 1956 | | | | | | | 1971<br>2003 |
| *Social Evolution* | 4 | 1951 | 1951 | | | 1968 | | | | 1965<br>1971<br>1988 |
| *Society and Knowledge* | 4 | 1956 | 1956 | | | | 1959 | | | |
| *Progress and Archaeology* | 4 | 1944 | | | | | | | | |
| *History*<br>(『歴史学入門』) | 3 | 1947 | 1953 | | | | | | | |
| *Aryans* | 2 | 1926 | 1926 | | | | | | | |

＊本書刊行時点で邦訳があるものはそのタイトルを示した。英米以外の西暦は初版・改版発行年を示す。

確認できた重版数（改訂版の翻訳も含む）　1　2　3　4　5以上

*tory of European Society*（邦訳なし）が七、*The Dawn of European Civilization*（邦訳『ヨーロッパ文明の黎明』本書、二〇二四）が六、*Social Evolution*（邦訳なし）、*New Light on the Most Ancient East*（初版となる*The Most Ancient East*の邦訳『アジヤの古代文明』一九四四）、*The Story of Tools*（邦訳なし）、*A Short Introduction to Archaeology*（邦訳『考古学とは何か』一九六九）がそれぞれ五、*Society and Knowledge*（邦訳なし）、*Progress and Archaeology*（邦訳なし）がそれぞれ四、*History*（邦訳『歴史学入門』一九五四）が三、*Aryans*（邦訳なし）が二である。

最も翻訳された言語はスペイン語で一三（スペイン六、アルゼンチン四、メキシコ三）、次に日本とイタリア、イラン（アラビア語／ペルシャ語）が七、次に中国が六と続く。スペインを始め、南米のスペイン語圏で多くの翻訳本が出版された状況がわかるが、特に注目されるのはメキシコで、*Man Makes himself*は一九五四年の初翻訳以来、数年毎に刷りを重ね、二〇一二年まで少なくとも二一刷が作成されている。

次に時期別にみると、*New Light on the Most Ancient East*の仏訳が一九三五年と傑出して早いが、その次は日本語訳であり、*Man Makes Himself*（『アジヤ文明の起原』一九四二）、三番目は*The Most Ancient East*（『アジヤの古代文明』一九四四）である。そのほか本書を除く四つの著作の邦訳も一九六〇年代までに出版されており、欧州をはじめ国際的にみても、早期に着手されていることは注目される。一方で、それゆえにというべきかも知れないが、翻訳本は現在すべて絶版となっており、すでに数十年を経ている。そのほかの東アジアの状況をみると、韓国では*Man Makes himself*の抄訳『인류사의 전개（人類史の展開）』が一九五九年と早いが、その後は半世紀経て、*What Happened in History*（『人類史の事件たち』）、*The Dawn*（『ヨーロッパ文明の黎明』）、*Man Makes Himself*の完訳（『新石器革命と都市革命』）、*Piecing Together the Past*（『考古学レシピ』）が二〇一〇年代に翻訳出版された。また、チャイルド自身の編集ではないが、主要な論文の選集である*Foundation of Social Archeology : Selected Writings of V. Gordon Childe*が、二〇〇九年に『ゴードン・チャイルドの社会考古学』という名で出版されている。

中国では、一九五四年に*Man Makes Himself*（『遠古文化史』）、*The Story of Tools*（『工具発展簡史』）が訳されたが、韓国同様に半世紀後、二〇〇八年に集中して、*A Short Introduction to Archaeology*（『考古学入門』）、*Man Makes Himself*（再訳『人類創造了自身』）、*The Dawn*（『欧洲文明的曙光』）、*What happened in history*（『历史发生了什么』）、*Piecing Together the Past*（『歴史的重建―考古学的解釈』）が翻訳されている。[2] 韓国、中国とも二〇一〇年前後にまとまって翻訳されているが、これは他の地域ではほとんど見られない現象である。そのほか気づく点では、スペイン語には幅広い期間に翻訳されているが、とくに一九八〇年代中頃から二〇〇〇年代中頃に多い。また、イランでの出版は一九七〇年代中頃に集中している。本書を除き、もっとも最近翻訳された書籍は、二〇一九年の *Aryans, Piecing Together the Past* のトルコ語訳である。また、翻訳本ではないが、近年、インドの出版社では主要著作の再版が相次ぎ、Aakar Books からは二〇一六年以降に一二冊、Manohar からは二〇二四年に四冊が出版されている。

## 4　なぜこれほど今も

日本では、チャイルドの邦訳本は絶版となって久しく、上記の状況は意外に思われるかも知れない。通常、本はニーズがなければ、版を重ねることはなく、それだけチャイルドの本は多くの国で現在も読まれている、と考えて良いだろう。*Man Makes Himself*（一九三六）刊行以前は、チャイルド作品に関する知識は基本的に欧州考古学者に限られていたが、本書以後、世界的な名声を得た（Trigger 1980, p.10）。チャイルド自身の「回顧」によれば、*What happened in history*（一九四二）は三〇万部以上売れた、という（本書五七〇頁）。恐らく *Man Makes Himself* も相当な数にのぼるはずだ。これら一般読者に向けた二大著作は、スペイン語や中国語という世界言語の翻訳版を加え、これまで一桁は多く世に出たことだろう。*Man Makes Himself* の邦訳『文明の起源』の場合、手軽な新書版ということもあり、一九五一年の初版から、一九五七年の改訂版を経て、上巻は一九七六年に二七刷、下巻は一九七五年に二三刷を重ねた。

しかし、なぜ、これほど読まれたのか、読まれているのか。個々のデータは古くなり、新しい資料の発見、研究の進展とともに、それぞれの地域の正確な過去は大きく変更されているにもかかわらず。さきの二書については、端的に言えば、どの時代、どの国・地域の人々にも関心を起こす、普遍的な価値を有しているからに違いない。考古学の分野では唯一と言っても過言でない「古典」と言えるだろう。

とりわけ、『文明の起源』は、人類の歩み、文明への道のりという壮大な構想、社会の進化、人類の進歩という大きな問い、農耕・都市の発生（二つの「革命」）を画期とした明確な歴史観（唯物史観）が統合された無比無類の一書である。掲げられた大テーマに対し、史実の羅列ではなく、説明的な記述に留意し、読者が新しい価値を見出すよう配慮されている。一九三〇年代のナチズム台頭期に出版された本書の最後は「伝統が人類の行動を制限することで人類を作り上げるのと同様に、その伝統を作り上げるのも人類である」というメッセージで閉じられる。困難な状況、環境に立ち向かう人間へのエールとして、多くのシンパを呼んだ。代表作の筆頭として、グリン・ダニエル（一九六五年）、サリー・グリーン（一九八一年）、マーク・エドモンズ（二〇〇三年）の序文や紹介文が添えられ、度々装丁を替えて、今日に至っている。

今日のデータサイエンス志向とは異なる、手仕事による主体的な考古学。現場に直接出向き、自らの手足、頭脳を駆使し、膨大な資料の「混沌」から「秩序」を創り出した業績は文化史的考古学の頂点にある。下垣氏の解説（本書五〇五頁）で指摘されているように、チャイルドの著作には、のちのニューアーケオロジー、ポストプロセス考古学に連なる視点も含まれる。とりわけ、未来、現在の課題に向き合う姿勢、「哲学のある」考古学は、今日の社会考古学、パブリック・アーケオロジーに通じる。近年、記事、書簡、機密文書など新資料の掘り起こしから、チャイルドの学問と社会主義政治との関係を鮮明にした、新たな伝記が刊行されたが（Irving 2020）、彼の生涯変わらなかった社会変革の熱意がメッセージとして各作品に編み込まれた状況、背景がよくわかる。研究者は、その傑出した専門能力を羨望しつつ、考古学の意味・意義を考える鏡として、しばしば、その「生き様」に惹かれる。読者は、自分への呼びかけを感じつつ、知的な刺激、あらたな発見、視点を得る。となれば、読み継がれないほうが不思議と言えるのかも知れない。

今回、著作・翻訳本リストを更新したが、残念ながら、漏れも少なくないに違いない。インターネットで世界が結ばれた今日、各国の考古学者が協力すれば、チャイルドの全作品目録を更新するのはそれほど難しいことでない。幸い、世界各地には熱烈なチャイルドファン、オタクがいる。この協業は、きっと現代の考古学の掘り起こしにも、世界の考古学者の連帯にも貢献することだろう。

**註**

(1) 奇しくも、本特集の編集者はアラン・サヴィルである。学生時から日本の文学、映画を愛したこの英国考古学者は、一九六九年に英国留学中であった近藤義郎と発掘現場で出会い、交流を深めた（Saville 1990）。一九八二年、日本に招聘されたサヴィルは約七週間にわたり、緊急発掘現場、博物館、埋蔵文化財センターなどを調査し、英国と比較しつつ、日本の考古学について報告した（サヴィル 1984/Saville 1986）。一九九四年にも再来日し、知日派の彼に英国で世話になった日本考古学者は筆者を含め、少なくない。

(2) 中国では二〇〇〇年代は考古学に限らず、さまざまな学問分野で多くの翻訳本が出版された。政治社会状況的には胡錦濤首相の時代であり、欧米留学と欧米学問の導入が盛んであった。次の二〇一〇年代、習近平時代になると状況は一変し、外国学問の導入よりも、国内での学問醸成や仕組みづくりに重きが置かれるようになった、と槙林啓介氏から教示を受けた。中国に限らず、翻訳（外国文化の導入）の高まりとその国の政治状況、近代化・現代化は、しばしば密接な関係が窺え、興味深いテーマである。

**引用・参考文献**

岡村勝行［一九九三］「チャイルド・スティル・アライヴ――チャイルド

生誕百周年記念学会参加記」『考古学研究』一五六号、八一一四頁。
サヴィル、アラン（宇垣匡雅訳）［一九八四］「日本の行政発掘」『考古学研究』第三〇巻第四号（通巻一二〇号）、七六—八一頁。
Gathercole P., T. Irving and M. Díaz-Andreu [2009] A Childe Bibliography : A Hand-List of the works of Vere Gordon Childe. *European Journal of Archaeology* Vol 12, # 1-3 : pp.203-245.
Gathercole, P., T. H. Irving and G. Melleuish [1995] eds. *Childe and Australia: Archaeology, Politics and Ideas*. St Lucia, Qld: University of Queensland Press.
Green, S. [1981] *Prehistorian: A Biography of V. Gordon Childe*. Bradford-on- Avon: Moonraker Press.
Irving, I. [2020] *The Fatal Lure of Politics: The life and thought of Vere Gordon Childe*. Melbourne: Monash University Publishing, pp.424.
Piggott, S. [1958] Vere Gordon Childe. *Proceedings of the British Academy* 44: pp.305-312.
Saville, A. [1986] The face of another: rescue archaeology in Japan. In *Archaeology, politics and the public*, York University Archaeological Publications, pp. 38-44.
[2008] Editorial. *European Journal of Archaeology* Vol. 12(1-3): pp.5-6.
[1990]「Professor Kondo Yoshiro: an ambassador for Japanese archaeology」『近藤義郎 岡大四〇年』『近藤義郎岡大四〇年』編集委員会、i—.iv頁。
Smith, I.F. [1956] Bibliography of the Publications of Professor V. Gordon Childe. *Proceedings of the Prehistoric Society*Vol. 21: pp. 295-304.
Trigger, B.G. [1980] *Gordon Childe: Revolutions in Archaeology*. London: Thames & Hudson.
[1992] Childe's Relevance to the 1990s. In *The Archaeology of V. Gordon Childe: Contemporary Perspectives*, ed. by D. R. Harris, Chicago: The University of Chicago Press, pp. 9-34.

解説



# チャイルドの考古学と近藤義郎

澤田秀実

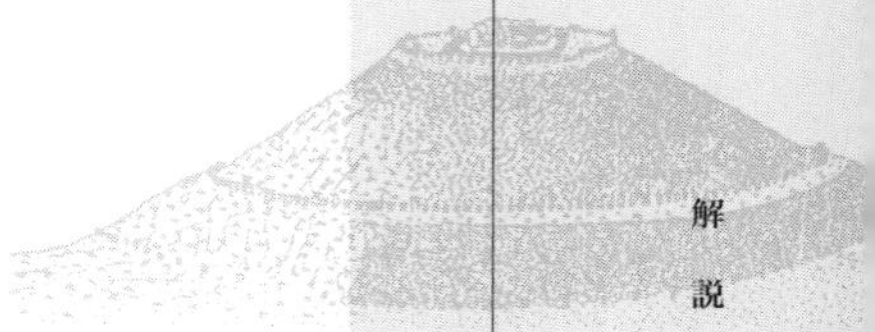

本書の翻訳は、一九九二年に考古学者・近藤義郎（一九二五—二〇〇九）によって着手された。敗戦直後の京都大学考古学研究室で研鑽を積んだ近藤は、赴任地である岡山を拠点に発掘調査を起点とした国民的歴史学運動の展開、考古学研究会の設立、遺跡保存活動の推進、考古学的調査研究法の確立と普及、考古資料による歴史叙述の実践など、日本考古学にとってきわめて重要な役割を果たしたが、その具体的活動の一つがV・G・チャイルドの著作の訳書刊行であった。そして、チャイルドから受けた影響は、常に近藤の諸活動の根底に感じられ、いわば通奏低音のような存在であった。

その近藤がチャイルドとどのように出逢ったのか、近藤にとってチャイルドはどのような存在であったのか、また、何故、近藤がチャイルドの著作を翻訳出版したのか、近藤の遺した記録や回顧録をともに辿ってみたい。

なお、本書の各解説ではタイトルの背景に『黎明』で使用されている挿図をあしらっているが、本章のそれは、日本・岡山県久米郡美咲町飯岡に所在する月の輪古墳（径五九メートル・造り出し付き円墳）の図である。吉井川と吉野川の合流点を見下ろす標高三〇〇メートル程の山塊頂部に位置する月の輪古墳の発掘調査が、敗戦後の日本における民主的発掘調査の出発点となった。そして、延べ一万人にも及ぶ人々が作業に携わり、のちに国民的歴史学運動と評される、この古墳の発掘を主導したのが近藤義郎であった。冒頭の挿図は近藤義郎著『月の輪古墳』（吉備考古ライブラリィ1、吉備人出版、一九九四年）収載の図版である。本書で下垣が指摘するとおり、「考古学の民主化」はチャイルドとの共通点であり、両者の接点の象徴といえるものである。

## 1 チャイルドとの出逢い

V・G・チャイルドと近藤義郎との接点の最初は、近藤が京都大学二回生（一九四七年頃？）の時に出された、村田数之亮の講義レポートで*The Danube in Prehistory*を読んだ時だという（河本編 一九九五）。

大正末年に栃木県足利市で産声をあげた近藤は、生家が商家であったことから栃木商業学校に進み、アジア太平洋戦争がはじまった直後の一九四二年一月に繰り上げ卒業して、同年四月に東京外語学校ヒンドゥスタニー語部に進学した。戦時の入学であり、大東亜共栄圏を念頭にインド、パキスタンの言葉であるヒンドゥスタニー語（ウルドゥ語）を選択したそうであるが、この時分に英語も週一二時間ほど英語部の先生に教わったという。戦時中ゆえ、勉強できたのは二年間ほどで、一九四四年からは学徒勤労動員によって工場での勤労奉仕に追われ、そのまま一九四五年三月に卒業した。徴兵招集は同年五月で宇都宮の第十四師団に入営し、敗戦は福岡県福間町で迎えたという。そして、実家のある足利に復員し、ごく短い進駐軍の通訳を経て、英語学校の開設、受験参考書の出版[1]によって学費を稼ぎ、京都大学に進学した（河本編 一九九五、近藤 二〇〇六）。

京都大学での考古学専攻は消去法的選択だったようであるが、合格の知らせが届くと、旧石器時代や縄紋時代研究ができると思うだけで、「身震いするような興奮を覚えたし、夢のような憧れを抱いた」（近藤 二〇〇六、二五頁）という。そして、京都大学在学中は入学直後の縄紋時代の遺跡調査（群馬県海老瀬村北貝塚）を契機に、東京大学理学部人類学教室の山内清男研究室に出入りして、縄紋時代晩期の粗製土器の研究など、縄紋時代研究に精を出していた。この時期に東京大学人類学教室にいた和島誠一、酒詰仲男との交遊を得たようで、また、京都大学では同級生に村川行弘、一級上に楢崎彰一、二級上に横山浩一、藤澤長治、さらに坪井清足も同時期に在籍していた（河本編 一九九五、近藤 二〇〇六）。

このような学問的環境を京都大学在学中に得て、冒頭に示したチャイルドの著作にはじめて触れることになる。また、この頃に東京外語学校で養った英語力を活かし、O・G・S・クロフォードの*Man and his Past*の翻訳にも取り組み、今もそのノートが遺されている。近藤の回顧録『発掘五〇年』にある「海外調査問答」（近藤 二〇〇六、四四〇—四五三頁）によると、チャイルドの著作については、*Man Makes Himself*の訳書が随分読みにくく、内容的に非常に優れていたのに残念と思ったことや、梅原末治、八幡一郎、村田数之亮、角田文衞などの書物や講義にチャイルドの名前や業績が時々紹介されていて、一、二冊読んでみたら、日本や西洋の考古学者と違うと思い、以来、気に掛けたという。

その後、近藤は一九四九年三月に京都大学を卒業し、大学院に進学するが、翌一九五〇年六月に岡山大学に転じ、本格的に考古学の研究に打ち込み、深化させていく。そして、その過程でチャイルドの著作の収集にも努め、[2] うち二篇の翻訳書刊行を一九六〇年代に手掛けた（近藤訳『考古学の方法』一九六四年、近藤・木村訳『考古学とは何か』一九六九年）ことは周知の通りである。この二篇の翻訳に触れる前に、岡山に転じた一九五〇年代の近藤とチャイルドとの接点を見ておこう。

## 2　岡山での調査研究活動
### ――一九五〇年代の近藤とチャイルド

近藤は、一九五〇年六月に岡山大学岡山医科大学（のち岡山大学医学部）解剖学第二講座に助手として赴任した。教室内組織として設置された人類考古学研究室での本務の傍ら、倉敷考古館や津山郷土博物館の開館準備にも携わり、同年九月の川上郡落合村（現高梁市落合町）赤羽根二号墳の発掘調査を皮切りに、翌五一年一〜二月の津山市中宮一号墳の発掘調査、同年三〜四月の津山市佐良山の古墳分布現状調査、五二年一〇月〜五三年五月の真庭郡八束村（現真庭市）蒜山四つ塚一三号墳の発掘調査、五三年八〜一二月の勝田郡飯岡村（現久米郡美咲町飯岡）月の輪古墳の発掘調査など、岡山県北部、美作地域を中心に活動範囲を広げ、調査研究を展開していく。[3]

そして、一九五一年の中宮一号墳ほか、佐良山古墳群の調査研究成果をまとめた『佐良山古墳の研究』（近藤編 一九五二）が、チャイルドとの直接的な接点となる。なんと近藤は、チャイルドにこの報告書を送り、返事をもらっていたのだ。[4] 巻末に掲載された英文要旨を読んだチャイルドからの返書には、奴隷制的家父長的共同体がおもしろいと書かれていたという。ただ、チャイルドが一九五七年一〇月に亡くなったこともあり、これが最初で最後の直接的な接点になった（河本編 一九九五）。

これに前後して、近藤は一九五三年の月の輪古墳の発掘調査を契機に、その発掘の精神と方法を全国に広めようと翌一九五四年六月に考古学研究会を結成する。近藤は、この当時を、「大学の講義などでも発掘をどうやるかなどまったく教えてくれませんでした」「また、当時は容易く入手でき初学者が読める入門的書物も今では信じられないほど少な」かった（近藤 二〇〇六、一九五頁）と振り返り、自身は濱田耕作『通論考古学』（大鐙閣、一九二二年）、後藤守一『日本考古学』（四海書房、一九二七年）、梅原末治『日本の古墳墓』（養徳社、一九四七年）、小林行雄『日本考古学概説』（創元社、一九五一年）といった書物に頼っていた。とはいえ、これらは「考古学とは何か」といった内容であり、発掘法を含めた調査入門書ではなかったので、一九五九年に『考古学の基本技術』（近藤ほか 一九五九）を作ったという（近藤 二〇〇六）。[5]

また、『考古学の基本技術』の刊行直前にあたる一九五八年一一月刊行の『私たちの考古学』では、チャイルドの *What happened in History* の訳書である『歴史のあけぼの』（今来・武藤訳一九五八）を新刊図書推薦で取り上げ、「ユニークな史観をもって野蛮時代・未開時代・文明時代のそれぞれを取り扱い、考古学的資料をいかに歴史学の中に高めていくかについて、教えるところが多い」と紹介している（近藤編 一九五八、三九頁）。

## 3 何故、チャイルドの著作を翻訳、出版したのか

さて、先に示した近藤が翻訳したチャイルドの著作二篇とは、*Piecing Together the Past*, 1956（邦題『考古学の方法』一九六四）と、*A Short Introduction to Archaeology*, 1956（邦題『考古学とは何か』一九六九）であり、ともに原著出版から一〇年程度経ての訳書刊行であった。

前者は、同書中に「どんな学問の世界でも、方法に関する書物は、その学問の発達進歩と並行して、くりかえしあらわれるのが普通であるが、考古学の世界では、それが殆どおこなわれていない」「これは日本だけの特殊な現象かと思っていたが」、「斯学二〇〇年有余の伝統を誇るヨーロッパでも」「厖大な資料報告や論説が山積し、調査技術や発掘法の精密な解説書がひんぱんに刊行されている割には、真正面から方法を論じた書物は、極端に少ないようである。しかし、方法と実際の研究活動は、いかなる場合にも、車の両輪であるはずだ」が、「考古学をのせた荷車は」、「さかんに動くけれどぐるぐる廻るだけで、先に進まない」「現状を」「感じたことが、本書の訳出を思い立った動機である」（二一九頁）とある通り、方法論が不在であった当時の研究状況を憂いての翻訳、出版であった。

一方、後者は天皇制の抑圧のもとで歴史学と分離してきた日本考古学の特殊な歩みによって生じた、「考古学上の発見や発掘を「宝探し」という見方で扱い、考古学上の遺物を骨董品かせいぜい美術品にしてしまっている」との憂慮から、「考古学の発達の過程で形成されてきた独特な概念とその用語法についての批判的説明、古物を歴史学の資料に転ずるための分類法に関する諸問題、遺跡・遺物を観察する上での基礎的着眼点などをのべ、全体として考古学とはいかなるものかを語ろうとしている」「本書は、その点で何らかの役割を果たすものと考え」ての翻訳、出版であったことが前書きで明示されている（i・iii頁）。

## 4 訳書刊行の背景

一九五〇年代の調査活動、とりわけ一九五三年の月の輪古墳の発掘調査は、敗戦後に展開した国民的歴史学運動（民科協編 一九五四）であり、民主的、自主的、科学的な一大科学運動と評価されており（吉田 一九八四）、日本考古学における民主化、科学化の端

緒となったことは言うまでもないが、近藤はそれを起点として、日本考古学界での方法論の不在を痛感し、その技術的方法篇として『考古学の基本技術』(近藤ほか 一九五九)の刊行に至ったことは想像に難くない。さらに、『歴史のあけぼの』(今来・武藤訳 一九五八)に触発されたためか、六〇年代に考古資料から歴史を語る方法、つまり理論的方法篇として『考古学の方法』『考古学とは何か』の訳書刊行に至った。

そして、近藤が編集委員会代表を務めた『日本考古学の諸問題』(考古学研究会十周年記念論文集編集委員会編 一九六四)は、戦前戦中に考古学者にのしかかった圧力から敗戦後も慣性的にはまりこんでいた個別的形態的研究からの脱却をめざしたものであった。これは考古資料を駆使した歴史論文作成を避けてきた旧い学風の克服であり、その後、『前方後円墳の時代』(近藤 一九八三)の執筆、刊行によって、考古資料による歴史叙述を自ら実践、完遂して、独立した科学として考古学を結実させたことを思えば、この時期にチャイルドの幾多の著作の中から『考古学の方法』『考古学とは何か』の二篇を選んで翻訳書を出版刊行したのは偶然ではなかったのだろう。この辺にもチャイルドの影響の一端が垣間見られるのではないだろうか。

## 5 外書講読の記録

### ——一九六〇年代の近藤とチャイルド

ところで、近藤家には、『ヨーロッパ文明の起源の一《ママ》とI《ママ》 一九六三・四・二〇〜』とする *The Dawn of European Civilization* の翻訳に取り組んだ記録が遺されている。[6] このノートとは別に遺された手帳に綴られた記録を追う限り、演習での講読で一九六三年四月から一九六五年九月まで、断続的に読まれていたことがわかる。

ノートには第1章と第2章が翻訳されているほか、用語解説やギリシア本土の新石器時代文化相編年区分とエーゲ海のレスボス島、レムノス島、トロイでのそれとの併行関係が整理されていた。手帳には一九六四年一〇月三一日に「チャイルド第6章バルカン訳文をノート(中略)仲々むづかしい。学生にはきわめて負担らしい。しかし、最後までよみ上げることは大切だと思う。夜、チャイルドの今日よんだ分を文章化する」とあるので、第6章を訳出した別のノートがあるのかも知れない。また、一九六五年六月二六日には、「チャイルド講読。今日から各人が章分担でやる。木村の黒土地帯からはじまる。よくやってきていた」とある。「木村」とあるのは、邦題『考古学とは何か』を共訳された木村祀子なのであろう。ノートには講読時に当時の学生が作成したと覚しきプリントも挟まっていた。

この一九六三年四月から一九六五年九月は、一九六四年九月刊行の『考古学の方法』の出版作業と重なっているが、*Piecing Together the Past*（『考古学の方法』）の訳出自体は一九六一年五月にはじめたとある（近藤訳 一九六四）ので、一九六三年四月には翻訳の大半を終え、一段落した時期だったのだろう。もっとも、一九六三年四月から一九六四年九月までは講読に関する手帳の記録が希薄なので、あるいは併行して翻訳作業を続けていたのかも知れない。

*A Short Introduction to Archaeology*（邦題『考古学とは何か』）の翻訳作業については特に調べていないが、一九六九年一月の発行を勘案すれば、六〇年後半代に翻訳作業をおこなったことは明白であり、近藤が一九六〇年代を通じてチャイルドの著書を丁寧に読み込んでいたことが窺い知れる。

## 6 英国での在外研究と新たな研究展開
### ——一九七〇、八〇年代の近藤とチャイルド

近藤は『考古学とは何か』を刊行した直後の一九六九年三月から、文部省在外研究員として一年間英国に滞在する。この間、ケンブリッジ大学を拠点としながら、欧州各地の遺跡や遺物調査に精を出している。特に土器製塩遺跡や製塩土器の調査が目立つが、チャイルドに所縁のあるスカラ・ブレイに立ち寄っているし、ロングバローや巨石墳なども踏査している。この時の巨石墳の踏査が、のちに日本の墳丘墓や古墳との比較研究を目的とした一九七九年、八〇年のロッホクルーを中心としたアイルランド墳丘墓群の調査（近藤 一九八一）に連なってゆく。また、その過程でグリン・ダニエル著『メガリス——西欧の巨石墓』（近藤・中山訳 一九七六）を翻訳出版しているが、七〇年代の興味関心は、海外遺跡に目配せしながらも、概して土器製塩や前方後円墳の成立の研究にあった節がある。(7)

一九八〇年代の前半は、一九八一年に『考古学の方法』改訳版（近藤訳 一九八一）を刊行しているものの、『前方後円墳の時代』（岩波書店、一九八三年）、『土器製塩の研究』（青木書店、一九八四年）、『日本考古学研究序説』（岩波書店、一九八五年）、『岩波講座日本考古学』全九巻の編集、執筆（岩波書店、一九八五年一一月配本開始）と、それまでの研究成果を間断なく出版するなど、研究者として集大成を迎えた、いわば全盛期であった。(8)

そして、再びチャイルドに目が向くのはサリー・グリーンの *Prehistorian: A Biography of V. Gordon Childe*, 1981 の翻訳書刊行（近藤・山口訳 一九八七）であり、グレアム・コナーの *African civilizations*, 1986 の翻訳（訳書刊行は一九九三年）を経て、本書 *The Dawn of European Civilization* の翻訳に取り掛かるに至った。ただし、その理由は直接的な伝聞がなく判然としない。(9)

## 7 本書の翻訳作業
### ——一九九〇年代の近藤とチャイルド

最後に本書のベースとなった翻訳作業について触れておきたい。[10] 手帳に記された *The Dawn of European Civilization*（以下、「Dawn」と略す）[11]の記録は、一九九二年五月八日からみられ、中断を繰り返しながら、二〇〇三年一月五日に近藤が後のことすべてを佐々木憲一に託した記述で終えている。近藤自身による翻訳過程や、それに費やされた労苦が窺えるので、少し冗長になるが、順を追ってみてゆくことにしたい。

最初の記録は一九九二年五月八日からで、それ以降九二年は一〇回程あり、六月三日までに八回、八月、一〇月に一回で、序文から第2章の三分の二頁程を翻訳している。その後、「Dawn」の記載は、一九九三年七月八日まで途絶えるが、その間にはグレアム・コナーの『熱帯アフリカの都市化と国家形成』（近藤・河合訳 一九九三）の翻訳作業や校正の記録があったので、そちらに注力していたのであろう。翻訳を再開した九三年七月八日以降は、一一月五日までの四ヶ月間およそ一二〇日間で八三回の Dawn に関する記載がある。

その間の八月二四日から九月初旬までは第5章のギリシア本土に関する記述の翻訳に手こずったようで、八月二八日には「Dawn のギリシア本土長々とあり進まず」、九月二日には「Dawn ギリシア少しむつかしくなる」と書き込んでいる。九月一二日に「Dawn Balcan はじめる」とあり第6章の訳出がはじまるので、第5章の訳出に三週間ほど掛けているのがわかる。ちなみに第6章「バルカン半島の農耕村落」（本書では「バルカンの農村」）は一〇日後の九月二二日の午前中に終えているし、その日の午後からはじめた第7章「ダニューブ文明」（本書では「ドナウ文明」）は「午後も Dawn ダニューブ二頁半。七時まで疲れない。不思議なくらいだ」とあり、翌二三日は「Dawn ダニューブ面白くなった」と書いている。そして、一〇月七日には第7章の下訳を終え、一〇月一〇日から一一月五日まで第1章から第7章までの訳文の点検、推敲と作業を進めている。さらに一一月一八日には、サリー・グリーン著『考古学の変革者——ゴードン・チャイルドの生涯』（近藤・山口訳 一九八七）の共訳者である山口晋子に第7章までの訳文を渡し、点検を依頼している。

次の作業の再開は、およそ一ヶ月後の一九九三年一二月一一日で、「久々に Dawn トリポリエはじめる」とあり、第8章「黒土地帯の農民達」（本書では「黒土地帯の農民」）の翻訳に取り掛かっている。その後、翌年一月一三日まで年末年始を除いてほぼ毎日翻訳作業を続けており、一二月下旬には第9章「ユーラシア平原における文化伝達」（本書では「文化はユーラシア平原を越えたのか?」）の訳出に入っている。その最中の一二月二三日に佐々木憲一の訪問があり、「Dawn のむずかしいところを佐々木にみてもらう」とある。後年、佐々木に後を託したのは、このような経緯もあってのことなのだろう。

一九九四年一月一四日から二月七日までは Dawn に関する記載はなく、作業の中断が窺えるが、二月八日から作業を再開し、二五日まで某かの記載がある。この間で特筆すべきは二月一三日の記載で、「倉林君来宅。倉林と話す。アフリカを呈上。Trigger の *Gordon Childe* を訳すことにする。但し二年後、それまで Dawn」とあり、Dawn に続く翻訳書刊行の心積もりや意気込みが示されている点である。また、二月二八日には「Dawn 原書を木村とし子に返す」とあり、木村祀子から本書の底本となる原書第六版を借り受けていた様子も窺えた[12]。

その後、三月中頃から五月中頃まで津山市日上天王山古墳の発掘調査をおこなっていたこともあり、一九九四年三月一日から同年六月一五日まで、Dawn の記載が中断している。この発掘調査には筆者も従事していたので、ともに調査に参加した倉林眞砂斗や来跡した山口晋子などと話す Dawn 翻訳に関する会話を折に触れて耳にしていた。翻訳作業自体は中断していたものの、発掘中も Dawn への関心は途絶えていなかったのである。

一九九四年六月一六日から Dawn に関する書き込みが再開するが、山口さんに依頼していた点検結果の確認とそれにもとづく推敲についてであり、特筆する記載として六月二〇日に「言語学の竹内和夫アパートを訪ね、Dawn のトルコ語の発音を教えてもらう」とある。これによって表記に腐心していた様子がわかるが、苦労しつつも七月中の一時中断を挟んで九月一日までに作業を終えている。そして、九月九日から第10章「北方文化」（本書では「北方諸文化」）の訳出作業に取り組みはじめたものの、翌日の九月一〇日、一〇月一日に作業をしたのみで、次の記録は一年以上経った一九九六年七月七日となる。なお、これまで再三引用してきた『考古文集』（河本編 一九九五）に掲載されたインタビューは、この中断直後の一九九四年一〇月一五日と一一月二四日におこなわれている。

# *8* 翻訳作業の終焉——近藤にとってのチャイルド

長期中断後の一九九六年七月八日には「Dawn 訳。二・五時間。中断もあるのでなかなかむずかしく遅々」とある。とはいえ、七月一六日には第10章の下訳を終え、翌一七日から第11章「森林文化の残存」の訳出に入り、七月二一日に終えている。そして、七月二四日の「Dawn 少し訳す」とした書き込みを最後に翻訳の記録が途絶える。遺された訳文は第12章の冒頭までなので、これが二四日に訳出したものだとすれば、これ以降に翻訳作業はおこなわれていない。

そして、最後の Dawn に関する記載は、六年間半もの歳月を経た二〇〇三年一月五日のものとなり、「二一時佐々木憲一来宅。V. G. Childe *Dawn of European Civilization* の11章までの訳文コピーをわたし、後をお願いする」であった。

　このように近藤の翻訳作業は実質的に一九九六年七月二四日で終焉を迎えていたのであるが、その中断理由はわからない。ただ、『考古文集』のインタビューには、「翻訳をやるのはね、暇つぶしだ」「休んでいるときに翻訳するんですよ」「今でもやってるんですよ、*The Dawn of European Civilization* を、半分やった。これはおもしろくないね、全然」「ゆっくりゆっくり、時々思い出したようにやってる」と答えている（河本編 一九九五、五一〇頁、五二八頁）ので、あるいは他に優先させるべき仕事や出来事が生じたのだろう。いずれにせよ、今となっては近藤の余暇が奪われたことを恨めしく思うほかない。

　その後、近藤義郎は二〇〇九年四月五日に逝去するが、その訃報は半年後に届いた。ご家族に半年間伏せることを託したのだ。そして、これこそが一〇年間遺書を封印したV・G・チャイルドから受けた最たる影響と思えてならない。生き様そのものを意識していたように感じられるからである。

**註**

（1）この時に出版された受験参考書は、『考古文集』において『和文英訳の工夫』共立社とされている（河本編 一九九五、四八七頁）が、国立国会図書館の書誌情報では『中等和文英譯』共立社の書名、発行所で蔵書されていることを下垣仁志さんの教示で知った。記して謝意を表したい。前者は近藤の記憶違いなのだろう。

（2）『考古文集』では、「チャイルドの本は一生懸命集めたけど、半分も集まっていない」（河本編 一九九五、五一一頁）と語っているが、後年、冨井眞、下垣が作成した近藤の洋書蔵書目録には、版の異なる重複やコピーを含めて、およそ二〇篇のチャイルドの著書、著作がリストアップされている。うち原書については下垣解説の註14にある一四冊である。ちなみに、この目録では書籍三三八冊、報告書三三冊を数えるが、出版年代から察して、九割以上は一九六〇年以降に入手したものと思われた。

（3）これらに加えて一九五四年から香川県直島村喜兵衛島で群集墳や製塩遺跡の発掘調査を開始したことは周知の通りで、美作地域に軸足を置きながら、吉備全域を研究対象にしていたのは言うまでもないことだろう。

（4）海外研究者との書簡の遣り取りは、一九六九年の在外研究を契機としており、この時期のチャイルドとの書簡交換は極めて異例であることをご遺族で次男の近藤昭男氏より伺った。記して謝意を表したい。

（5）実際のところ調査方法については、近藤自身が試行錯誤していたようで、中宮一号墳では楢崎彰一の助けを得て横穴式石室の実測図を描いている（近藤編 一九五二）し、月の輪古墳では和島誠一のほか、久永春夫、陳顕明、横山浩一、藤澤長治、市原寿文などの助力が確認できる（近藤編 一九六〇）。

（6）近藤昭男氏のご厚意により、遺品の閲覧が許され、このノートのほか、後述の一九九二年から二〇〇三年までの手帳の閲覧調査によって、近藤による *The Dawn of European Civilization* の翻訳作業行程を確認した。なお、一九六三年四月から一九六五年九月の手帳にある記録は近藤昭男氏のご教示による。記して謝意を表したい。

(7) 一九六〇年代後半から七〇年代に近藤に交付された科学研究費の研究課題は、一九六六・六七年度「日本古代製塩技術の研究」、一九七一・七二年度「古墳文化成立に関する基礎的研究」、一九七六年度「弥生時代特殊器台形・壺形土器の研究」、一九七八年度「前方後円墳成立過程の研究」、一九七九・八〇年度「西北ヨーロッパにおける長形墳の比較考古学的研究」であり、これらからも当時の研究力点を追認し得る。

(8) 編集委員代表の一人を務められた全九巻からなる『岩波講座日本考古学』の刊行は、当時の日本における考古学研究の到達点、集大成として評価できよう。そして、この講座は近藤先生にとって、『考古学の方法』の訳者あとがき冒頭に記した「どんな学問の世界でも、方法に関する書物は、その学問の発達進歩と並行して、くりかえしあらわれるのが普通である」（近藤訳 一九六四、二一九頁）とした言説を、研究方法のみならず、個別研究を含めた集大成として自ら体現したものといえる。それ故、これも先に記した考古資料から歴史叙述を敢行した『前方後円墳の時代』（一九八三年刊行）とともに、チャイルドからの影響の一つと捉えて差し支えないものと考えている。

(9) 何故、この時期に *The Dawn of European Civilization* の翻訳に取り組んだのか、その目的や動機を示す明確な記録は残されていないが、『考古文集』のインタビューで「学生諸君に対してや社会的には、読んでもらったほうがいいと思う本を紹介した」とし、さらにチャイルドの本、メガリス、熱帯アフリカなどを挙げ、「僕にはとうてい書けない本だから」「僕にできない仕事で、特に若い人に役に立つと思われる本を」翻訳したと語っている（河本編 一九九五、五一〇頁）ので、本書の翻訳もその一環ではじめた可能性がある。

(10) 翻訳作業の行程は、註6に示した近藤が遺した手帳の記載から辿った。

(11) 手帳には「黎明」「ドーン」「Dawn」と略して記載されているが、一九九三年夏頃から、ほぼ「Dawn」と記している。

(12) 註2で示した近藤の洋書蔵書目録で、*The Dawn of European Civilization* は、一九五〇年刊行の第五版が確認できるのみで、本書訳出の底本となった第六版原書は近藤先生の蔵書にはなかった。一九五七年刊行の第六版原書が入手できず、次善の策として木村氏より借用したのであろう。二月二六日に「Dawn Xerox」とあるので、返却前に複写し、以後はそれを用いたようである。

## 引用・参考文献

今来陸郎・武藤潔訳［一九五八］『歴史のあけぼの』岩波書店。

考古学研究会十周年記念論文集編集委員会編［一九六四］『日本考古学の諸問題』考古学研究会十周年記念論文集刊行会。

河本　清編［一九九五］『近藤義郎古希記念　考古文集』考古文集刊行会。

グリーン、サリー（近藤義郎・山口晋子訳）［一九八七］『考古学の変革者――ゴードン・チャイルドの生涯』岩波書店。

コナー、グレアム（近藤義郎・河合信和訳）［一九九三］グレアム・コナー著『熱帯アフリカの都市化と国家形成』河出書房新社。

近藤義郎［一九四六］『中等和文英譯』共立社。

近藤義郎［一九八二］「アイルランド＝ロッホクルー墳丘墓群を調べて」『考古学研究』第二八巻第一号（通巻一〇九号）考古学研究会、一四—一七頁。

近藤義郎［一九八三］『前方後円墳の時代』岩波書店。

近藤義郎［二〇〇六］『発掘五〇年』河出書房新社。

近藤義郎・楢崎彰一・西川宏・藤澤長治・横山浩一［一九五九］『考古学の基本技術』日本科学社。

近藤義郎編［一九五二］『佐良山古墳の研究』第一冊、津山市。

近藤義郎編［一九五八］『私たちの考古学』第五巻第二号（通巻一八号）、考古学研究会。

近藤義郎編［一九六〇］『月の輪古墳』月の輪古墳刊行会。

近藤義郎編著［一九八五］『岩波講座日本歴史　一　研究の方法』岩波書店。

鈴木重治［二〇一七］「文化財保護法の成立と月の輪古墳」『文化財保存七〇年の歴史　明日への文化遺産』新泉社、六二—八〇頁。

ダニエル、グリン（近藤義郎・中山俊紀訳）［一九七六］『メガリス——西欧の巨石墓』学生社。

チャイルド、V・G（近藤義郎訳）［一九六四］『考古学の方法』河出書房。

チャイルド、V・G（近藤義郎・木村祀子訳）［一九六九］『考古学とは何か』岩波新書七〇三。

チャイルド、V・G（近藤義郎訳）［一九八一］『考古学の方法』改訳版、河出書房新社。

冨井　眞［二〇一七］「ヨーロッパ先史研究と小林行雄」『小林行雄考古学選集』第三巻、真陽社、九一五—九四八頁。

光永真一他編［一九九〇］『近藤義郎 岡大四〇年』『近藤義郎 岡大四〇年』編集委員会。

民主主義科学者協会編［一九五四］『歴史評論』五三、河出書房。

吉田　晶［一九八四］「月の輪古墳と現代歴史学」『現代と古代史学』校倉書房、二六—五九頁。

# 付録一　回顧

ゴードン・チャイルド(故人)

一九五七年一〇月に、ゴードン・チャイルド教授はオーストラリアで六五年の生涯を閉じた。突然訪れた死の数週間前に、かれはグレアム・クラーク教授に論説を送付していた。以下にそれを掲載する。「自叙伝風の小文」と自ら評したこの論説で、かれは先史考古学者としての自身の経歴を振り返り、自身が受けた影響を折に触れて述べ、自身の学問的業績と考える事柄について評定している。この論説は、いかにもチャイルド教授らしく控えめであり、偉大な先史学者であった自身の真価を驚くほど過小評価している。本誌『アンティキティ』の読者であれば、スチュアート・ピゴット教授による後掲の論考における論評〔本訳書には未掲載〕から、そして当のチャイルド教授の論説から、そのことが分かるだろう。かれの学識と見識は、一九一五年のデビュー作以来、先史学と先史学者に多大な影響を与えてきたのである。本論説では、話の流れから自著の何冊かに言及されているが、かれの全著作目録については、イゾベル・スミス博士が作成したもの(『先史協会報』二一集、一九五六年、二九五頁)を参照されたい。

私が先史学にもたらしたと言って差し支えない、もっとも独創的で有益な貢献は、目新しい資料を華々しい発掘によって土中から救い出したことでも、博物館の埃まみれの資料箱《ケース》の中身を辛抱強く調査して救い出したことでもないはずです。確固たる編年体系を築いたことでもないし、文化を新たに定義したことでもありません。それはむしろ、解釈上の概念と説明上の方法であるはずです。だから、この自叙伝風の小文は、私の成し遂げた貢献の来し方と道筋に向けて書かれています。

私はグスタフ・コッシナと同じく、比較言語学から先史学の世界に入りました。インド＝ヨーロッパ語族の揺籃の地を見つけ出し、その原初の文化を特定するという希望を抱いて、ヨーロッパ考古学の研究を始めたのです。オットー・シュラーダー、フランク・ジェヴォンズ、ジマー、ウルリヒ・フォン・ヴィラモーヴィッツ＝メレンドルフの研究に導かれながら、ホメロスとヴェーダを読み、アーサー・エヴァンズがヘレニズム時代以前のクレタ島で、アラン・ウェイスとモーリス・トンプソンが先史時代のテッサリアで成し遂げていた発見に心を躍らせていました。それどころか、先史時代のテッサリアとバルカン北部とに考古学的なつながりを見つけ出したいと望み、そしてバルカン北部からイランおよびインドまで同様のつながりが延びているのではないかと期待していました。この探索はもちろん功を奏しませんでしたが、オックスフォード大学での文学士論文（「先史ギリシアにおけるインド＝ヨーロッパ語族の影響」）になりました。そして、すでに広く知られていたウクライナの「前ミケーネ」土器を、ひいてはバルカン・トランシルヴァニア・中央ヨーロッパにおけるその類品を、オックスフォード大学とロンドンの図書館でできる限り調べようとしました。というのも、当時は文化を、土器から同定する傾向があったからです（ただし、土器だけから同定していたわけではありません）。私がオックスフォード大学で受けた教育は、古典学の伝統に則ったもので、青銅製品やテラコッタや土器（ただし少なくとも彩色品）は重んじられましたが、石器と骨器はありふれたつまらぬものとして扱われていました。オーストラリアの政治の世界へと、しばしの感傷旅行をしたのち、一九二二年に当初の目的から再出発しました。ヤロスラフ・パッラーディが、エヴァンズのミノア九期編年とウェイスおよびトンプソンのテッサリア四期編年と似たやり方で、モラヴィア南部において層位学的に確立した土器様式の継起連続を踏まえて、編年枠を少なくとも中央ヨーロッパに当てはめるという着想を得たのです。この編年枠は、「ビーカー族の到来時期」（『アーケオロジア』七四号、一九二五年）と『ヨーロッパ文明の黎明』の初版（一九二五年）で輪郭を示したドナウ四期編年の骨組になり、その後の『先史時代のドナウ川』（一九二九年)では六期編年に拡張されました。そして、土器に基づくこれらの相対時期には、エーゲ海域からの影響を通じて絶対年代が与えられました。後者の絶対年代も、やはり主に土器に反映されていました。

同時に私は、当初の探求に誘《いざな》われて北方のユトランド半島に向かい、ついにスコットランドにたどりつきました。エディンバラ大学にアバクロンビ講座教授職が用意されているとの噂は、スコットランドへの前進に弾みをつけました。そうしているうちに、イングランドの先史学者には馴染みのない多数の事実および概念が蓄積されていきました。というのもイングランドの先史学者は、古典学派の出身であるか、あるいはフリント石器の型式学に固執するガブリエル・ド・モルティエの弟子だったからです。ジョン・アバクロンビやトーマス・ブライスの影響は、実質的にスコットランドに限定されていました。ヨーロッパ大陸の文献から、文化というドイツの概念を吸収しました。それは、特徴的な土器によって規定されますが、そうした土器によって構成されるのではなく、特定の民族集団《ピープル》に対応するものでした(アバクロンビとフリンダース・ペトリーはこの概念をしっかり理解していましたが、イギリス考古学を管理する公的な関係者たちには伝わりませんでした)。私はアルフレッド・シュリッツの論文「縄目文土器文化考」に出会いました(その後、ヴァーレとハンス・ライナートがこの考察を精緻にしました)。新石器時代の集落に対する黄土の重要性や、集落の防壁としての森林の重要性について、ジョン・マイルズが長いあいだ地質学的なアプローチを提唱していたにもかかわらず、それらは当時のイギリスにおいて奇妙なほど馴染みませんでした。ヘルムート・ガムスとロルフ・ノードハーゲンの研究についに巡り会った私は、アーチボルド・ゲイキーの研究を当然のように無視していたイギリスの読者に、後氷期の気候変動という考えを紹介しました。だから、一九二五年に『ヨーロッパ文明の黎明』で提示した見解の多くは、斉一的だと推定される新石器時代のヨーロッパの地図一葉に(実際には四頁にまたがって重ねた四葉の地図に)ごちゃごちゃと放り込んだ多様な大陸諸文化と同じくらい、イギリスの人びとにとって斬新なものでした。

ただし『ヨーロッパ文明の黎明』は、従来の政治・軍事史の代わりに文化を、政治家の代わりに働く人を、戦闘の代わりに移住をもって、先史時代の姿を考古遺物から引き出すことを目的にしていました。当時、オリエント文明によってヨーロッパの未開社会が啓発されたというのが、唯一の統一的な研究主題でした。それはイギリスにおける伝統的なドグマであり、私はこのドグマに信頼を寄せていました。当時、人類学者と先史学者の間ですこぶる党派的な情熱を惹起していたグラフトン・エリオット・スミスとウィリアム・ペリーの伝播論は、コッシナやフーベルト・シュミットの学説《ドクトリン》への反応と同じくらい、私のそうした信頼を強めたのです。なお、コッシナらの学説は、ドイツ帝国主義が第二次世界大戦を通じて幻滅されたあとよりも、第一次世界大戦後に勝利を収めていた頃の方が、そのスローガンとして承認されやすかったのです。ただし『ヨーロッパ文明の黎明』の初版（一九二五年）では、ブリテン島とデンマークに文化を伝播させた航海者について叙述しました（本書の第二版（一九二七年）では、かれらは脇役に格下げされました）が、エリオット・スミスのようにかれらをエジプトからやって来た者とは見なしませんでした。とはいえ、明らかに「太陽の子」として叙述しました。

その一方で、ドナウ川という幹線路こそが伝播の主要経路であったとすでに考えていたので（ただしこの考えはマイルズに、そしてその背後に控えるシュラーダーとジェヴォンズに触発されたものでした）、プリピャチ川の湿地帯（ベラルーシ・ウクライナ）にステップ地帯の騎乗集団の足跡を、軽率な視点から探していました。しかし移住民にしても伝道者にしても、その足跡は、関連状況から切り離された孤立的な文化特色にとどまっていました。ところが、型式学的にそれらに対応すると考えられるものを、土器でさえも、大陸規模の編年的な広域文化《ホライズン》として容認してしまったのです。これは幼稚《チャイルディッシュ》な考えで、チャイルド流の考えではありませんでした。しかしともあれ、編年枠としての三時代法をきっぱり捨て去ったのです。三時代（石器時代・青銅器時代・鉄器時代）は、更新世や完新世と同様な恒星時の区分に付された名札ではなく（イギリスとドイツの先史学者の多くは、当時まだそう考えていたようですが）、各地の考古記録の章立てになるものなのです。新石器時代の識別因子として食糧生産という因子を導入し、これらの名札を有益ならしめようと努めたことこそ、まさしくチャイルド流だったのです。このような発想の一端はエリオット・スミスにあります。しかし、食糧生産という因子を選び出したのは、それを通じて考古記録にうってつけの型式学的区分に人類的な(少なくとも経済的な)意義を与える、あるいは与え直す試みだったのです。与え直すと表現したのは、もともと食糧生産の開始は、磨製石器の登場と同時であるはずだと考えられてきたからです。次なる一歩は『青銅器時代』(一九三〇年)でした。

その頃の私は、『先史時代のドナウ川』において編年体系を精緻なものにしていました。そしてエディンバラ大学の教授になっていました。教授として旧石器時代と鉄器時代について講義し、学生たちに少なくとも食糧生産の開始や文明の興隆に関する概論を、そして(私が受け入れている前提の)ヨーロッパ先史時代の確固たる編年の基礎を与える義務があると感じていました。文化という概念を、諸文化が全世界時間《グローバル・タイム》である諸時期《ピリオド》として規定される時代《エイジ》に適用しなければなりませんでした(オズワルド・メンギーンとウーゴ・レリーニは、すでにそれを実行していました。しかし、それから五年ほどたって、オーリニャック文化は部分的に併行するペリゴール文化およびグラヴェット文化と対比されるようになりました)。メソポタミアとインドの先史時代の資料も集めなければなりませんでした。というのも、これらの地方では科学的な発掘がやっと緒に就いたばかりで、それらの成果は『古物雑誌』『王立アジア協会雑誌』『絵入り《イラストレイテッド》ロンドン新聞』の略報から知るしかなかったからです。この必要性を名目にして、『最古の東方——ヨーロッパ先史への東方世界の序曲』(一九二八年)を執筆しました。本書の編集が一因となり、『青銅器時代』(一九三〇年)を書くことになりましたし、文献を単に図解するだけでなく(あるいは図解する代わりに)、文献によって明らかにされうる考古資料に習熟するようになりました。

『青銅器時代』でも、各章の見出しに用いた考古記録から多くを学びました。主要な工具と武器に青銅を(あるいは銅さえも)恒常的に使用することが、青銅器時代の認定基準に含まれるとすると、恒常的な交易と社会分業の存在が示唆されます。当時まだオスヴァルト・シュペングラーの著作を読んでいませんでしたが、金属こそ必需商品の嚆矢であり(旧石器時代にさえ確実に交易されていたけれども、いざとなければそんなものはなくても済んだ奢侈品とは対照的です）、そして金属工人は常に専門業者であり、食糧を自前で生産していなかったと仮定したのです（当時の私は、のちにカールトン・クーンが実に見事に詳述した「兼業」専門業者と「専業」専門業者の違いにまだ気づいていませんでした）。金属が最初の商品だという仮定は、先験的《アプリオリ》であることを避けられませんが、メラネシアのクラ交易とさえ矛盾していません。金属工人の専業的性格は、民族誌の証拠から推測したものですが、シュメールの神殿都市やインドの村落共同体における金属工人の社会的地位は、私の仮定とそう簡単には調和しません。ともかく、部族間交易にせよ国際交易せよ、交易が恒常化していたとすれば、たとえその社会的意味がそれほど確かではないにしても、『青銅器時代』の各章の見出しに経済的な意味が生まれてくるのです。

青銅器時代を上記のように再定義することによって、私はついに考古資料の経済的解釈に取り組むことになり、妥当な結論をおのずと引き出すことになりました。予期せぬ数々の新発見のために、『最古の東方』の書き換えを余儀なくされた私は、発掘報告書を読むにとどまらず、メソポタミアとインドを訪れました。三大河川（チグリス川・ユーフラテス川・インダス川）の流域で、文字の始まりと軌を一にして最初の宏壮な墓と神殿が造営され、整然たる都市に人口が凝集してゆくありようを目の当たりにしました。実際にウル遺跡とウルク遺跡において、イギリスの村落が製造街へと成長したのと同じように、田舎の村落が巨大な市街へと成長を遂げてゆくありようを目にしたのです。イギリスで生じた村落から製造街への変貌が、「産業革命」に起因することはよく知られています。人口統計学的に見て、古代の東方世界における文字の誕生も革命に相当します。そう、都市革命です。墓や神殿といったモニュメントから推測される人口グラフの急上昇は、従来の農民に加えて、自ら食物を育てたり捕獲したりしない専門業者という新たな階級が登場したことに、少なくとも部分的には起因します（「都市的《アーバン》」という形容句のために、専門業者という階級の人数的な重要性が不当なほど誇張されてしまったかもしれません。古代世界のどんな場所でも、一次生産者が数において圧倒的に優勢であったことは言うまでもありません。エジプトの古王朝時代において、専門業者が都市や町に集まっていたことは証明されていませんし、それに異論を唱えるヘンリ・フランクフォートの主張はまるで要領を得ません）。ただし、都市革命を通じて専門業者階級が農民に付加されたにしても、農民それ自身も革命の産物でした。食糧生産の採用に続いて、いっそう大きな人口拡大が生じたに違いありません。利用できるデータからすると、実際に生じたのです。それは、前述の「都市革命」という譬《たと》え以上に、「新石器革命」という表現を正当化するでしょう。だから『最古の東方の新見解』〔一九三四年／邦訳『アジヤの古代文明』伊藤書店、一九四四年〕では、文字記録にない事象が舞台脇から時おり召喚されるものの、経済発展という真の歴史劇が表舞台で上演されているのです。

一九三五年に初めてソヴィエト連邦を訪れ、先史時代に関するロシアの代表的な著作を入手しました。マール主義によってマルクス主義が曲解されていたにせよ、私はアンドレイ・クルグロフ、ゲオルギー・ポドガエスキー、エフゲニー・クリチェフスキー、ピョートル・トレチャコフから、文字記録にない外的諸要因に頼ることなく、ソヴィエト連邦の先史諸文化の発展がいかに整然と説明されているのかを学んだのです。そしてマルクス主義の用語をまがりなりにも採用して（実際にはルイス・モルガンの「野蛮」「未開」「文明」を借用して）、それらを「新石器革命」と「都市革命」によって分断させられていた考古学的な時代《エイジ》ないし段階《ステージ》に適用しました。旧石器時代と中石器時代は「野蛮」と同一だと見なせます。新石器時代はすべて「未開」です。青銅器時代は「文明」と合致しますが、それは古代東方世界に限られます。

そのころ私は、「マルクス主義的科学史」という企画において、先史時代と初期オリエントの章を執筆するよう依頼されていました。ヒエログリフや楔形文字を習得するつもりはなかったけれど、学術誌『アイシス』に掲載された多数の論文や、古代科学に関する書籍、とりわけオットー・ノイゲバウアーの著書〔邦訳書に『古代の精密科学』恒星社厚生閣、一九八四年がある〕を読みました。当時まさに、ウルク遺跡やジェムデト・ナスル遺跡で出土した象形文字の勘定粘土板が発掘報告書で図示されていたのです。さらに私は、工人がうまく応用していた知識は、識字能力のある占星術師や錬金術師が繰り出すいささか不毛な思弁と同程度には、現代の自然科学に貢献しているのだという、すこぶる尊重すべき見解を採用しました。つまり、考古学者が観察できる製作工程と製作物は、数学に関する粘土板や外科に関するパピルス文書と肩を並べて、科学史における正真正銘の史料になりうるのです。科学史は、文字の発明と同時に始まったものではなくなりました（この研究姿勢に対して、『アイシス』の編集者であるジョージ・サートンは特別賞を授与してくれました）。

思うに「生産手段」は、考古記録において著しく目立っているので、たいていの先史学者は、化石化した行動パターン間の決定的役割を「生産手段」に与えたいと望むくらいには、マルクス主義者寄りなのです。アメリカにおいてさえ、先史学者は憲法修正第五条（黙秘権）を行使することなく、「生産手段」にそうした役割を与えています。というのも、カール・マルクスがそのような支配的影響力の原因と見なしたものこそ、生産「関係」に生産「手段」が加わった「生産様式」だったからです。私は一九三六年までに、この考えをさらに推し進めて、都市革命を達成するには余剰の集中が必要であったことを主張し、それゆえ古代オリエント諸国家の特徴である政治的・宗教的全体主義というヘーゲル的理性を承認しました（「全体主義」という用語は、のちにフリッツ・ハイヘルハイムから採り入れました。一九四五年以降のモーティマー・ウィーラーによる発掘を通じて、この用語がインダス文明にも適用できることがようやく実証されました）。

『人が人をつくる』（一九三六年）〔邦訳『アジヤ文明の起原』誠文堂新光社、一九四二年／『文明の起源』岩波書店、一九五一年〕では、それ以前の構想を活用しつつ、考古記録とは定向的なプロセスを立証する資料だと解釈しました。それは、人間という生物種が増殖し、それに伴って法律・政治制度・宗教・芸術を自らの社会から分泌してゆくために、科学を応用して非人間的な自然に対するコントロールを着実に強めてゆく、という定向プロセスです。しかし本書は、経済がすべてではない制度的枠組内でのみ、科学が応用され生産手段が機能しえたことを、あるいはそうした応用や機能のあり方を強調できなかった以上、マルクス主義としては不十分でした。それでも本書で描かれたものは、主に文献でない資料から引き出してきた本物の歴史なのです。

版を改めた『ヨーロッパ文明の黎明』(一九三九年)では、「マルクス主義」にうわべの賛辞を捧げながら、文化を記述するための標準体系を組み上げました。食糧の追求を筆頭に掲げ、第二次産業と交易がそれに続き、社会制度と宗教制度は、推測もしくは演繹できる限りにおいてようやく最後に据えられました。このように記述された文化は、社会を代表するはずなのですが、自律的に発展するものではありませんでした。出来事は相変わらず外在的ですし、民族集団の移動という統合的な主題は依然としてオリエント文明とエーゲ文明からの光被でした。そのため、ヨーロッパに特有のものは何一つ浮上してこなかったのです(考古学がヒトラー主義の強化に利用されることへの激しい敵意と懸念のために、ヨーロッパのいかなる未開状態にせよ、その肯定的な側面を認めることに、ますます嫌気が募っていたのです)。社会における統合力としての経済という考えは、マルクス主義から採り入れました。けれども、ブロニスワフ・マリノフスキーの機能主義からも同じくらい強く影響を受けました。それで、機能する組織体において考古資料の断片が果たしうる役割に言及することで、そうした断片をつなぎ合わせようとしたのです。それでもやはり、極端に狭まっているとはいえ、環境変化・内的経済発展・外的刺激が真に歴史的に絡み合っていたことを暗示する道筋が存在するのです。そのような歴史的説明は、のちにヨハネス・イヴェルセンによる「土地占拠《ランドナム》」モデルやグレアム・クラークによる「ヨーロッパ新石器時代における農民と森林」(『アンティキティ』五七号、一九四五年)が発表されると、その適用範囲がいっそう広がりました。かれらの研究によると、定住するために森林という障壁が伐開されていたのであり、先史時代の人類でさえ環境変化に作用していたことが明らかにされたのです。

しかし、私がこのようにして地理決定論から解放されたのは、『歴史に起こったこと』(一九四二年)(邦訳『歴史のあけぼの』岩波書店、一九五八年)の出版後でした。本書は、一般に理解されているような歴史を考古資料から引き出せることを、書店に訪れる一般読者に示すために、具体的にかつ読みやすく書いたもので、考古学への貢献はまごうことのないものでした。暗黒時代とは、文化のあらゆる伝統がいずれ呑み込まれてしまう底なしの裂け目なのではない、と自分を納得させるために本書を書きました（執筆当時のヨーロッパ文明は、資本主義もスターリン主義も同じように、暗黒時代に向かって引き返せない道を突き進んでいると確信していたのです）。だから本書を、他の拙著よりも情熱を込めて書いたのです。その結果、気負った筆致になりました。考古資料と文献史料に等しく基づいて、滑らかに連続する歴史的な物語を本書で提示しました。本書は、歴史を先史と隔てる溝などなく、両者には不整合さえないという真実の証言者なのです。それゆえ、文献と同じくらい情報に富み信頼もできる非文字の歴史資料を考古学は提供するのだ、という主張が正当化されているのです。しかも本書は、過去に関心を抱く数千人の読者よりもずっと広範な大衆の前で、証言をおこなったのです。というのも、本書は三〇万冊以上も売れたからです。とはいえ、本書の概念枠と説明法は『人が人をつくる』以来ほとんど進展がなく、「経済人《ホモ・エコノミクス》」のような信用できない虚構が相も変わらずページの端々を彷徨《さまよ》っているのです。

ソヴィエト連邦への同情的な態度（一九四一年にドイツに侵攻されたソ連への同情を指す）が、自分の特定の関心にとって重要な考古学的地域の情報を得るうえで有益であり、しかもそうした態度が世論とアメリカから称賛されていた時期が、ほんの束の間ありました。私がソヴィエトの先史学者の研究を読み直したのは、それ以後のことでした。そんな雰囲気の中で、のちにマール主義の烙印を捺《お》されたマルクス主義の曲解理論さえも、いっそう高く評価するようになりました。そうしたマルクス主義の諸原理を、『スコット族以前のスコットランド』（一九四六年）で適用しました。本書では作業仮説を率直に述べたうえで、注意深く適用しました。その結果、移住仮説を駆使した『スコットランドの先史時代』（一九三五年）よりも、はるかに真に迫り歴史性豊かなスコットランドの発展像を描写することができました。それでも、移住と外来文化の影響とを認めざるをえませんでした。「普遍法則」に沿ったスコットランド社会の内的発展だけでは、当地の考古資料を説明できなかったのです。ヨーロッパ大陸の資料に照らすと、外的要因がスコットランドに溶け込んで影響を及ぼしていた証拠が実際にあったのです。

『ヨーロッパの遺産』（アーネスト・バーカー、ジョージ・クラーク、ポール・ヴォシェ編、一九五四年）に、愚劣な拙稿（「先史時代　一．人類とその文化、二．更新世のヨーロッパ諸社会、三．中石器時代」）が収録されていますが、それはオリエントの役割を過大評価するという旧態依然の考えに支配されたもので、先史ヨーロッパの個性をまったく看過しておりました。他方で、『先史ヨーロッパにおける移住』（一九五〇年）では、インド＝ヨーロッパ語族を探求しようという初心に立ち帰ったものの、その揺籃の地を見つけ出すことにはまったく失敗しました。そのうえ、ヨーロッパのインド＝ヨーロッパ語族を骨壺墓地《アーンフィールド》族と同一視するもっともらしい見方も、マイケル・ヴェントリスとジョン・チャドウィックがミケーネ時代の文字を解読し、いっそう古い車輌がアルプス以北で発見されたために、一〇年もたたずに否定されてしまいました。

若い頃、哲学に関心を抱いていました。一九一三年以来、哲学はインド＝ヨーロッパ語族の原郷と同じくらい私を魅了しましたが、同じくらい実りのないものでした。しかし、若い頃の哲学への関心を再び追究してゆくうちに、認識論への社会学的アプローチへと導かれ、エミール・デュルケムを見出し、そしてかれの師であるマルクス（両人は師弟関係にない）をいっそう深く理解するようになりました。それでようやく、歴史を決定する超越論的法則やら、経済的にせよ環境的にせよ歴史の進路を自動的に形成する機械的原因やらを、自分の脳裡から取り除いたのでした。それに伴って、先史社会に影響を及ぼしていた環境は、地質学者や古植物学者によって復元される環境ではなく、当該環境とともにある社会によって知られていたか、そうした社会が知りうる環境であり、ひいては当時に実在していた物的・概念的装備であることに気づきました（たとえば、旧石器時代の社会集団《ホルド》の歴史環境は、耕作地とも原鉱とも無関係だったのです）。そしてまた、特定社会の科学知識は、その経済的・社会的な組織に制限されるのです（青銅の供給が十分に保証されていない場合に、青銅を鋳造する知識は単一の社会に限定されていたのだと考えるのは、誤解を招きかねません。というのも、神話に揺曳《ようえい》する記憶にせよ、単一の家族の秘伝にせよ、そんな知識は「科学的」という形容詞に値しないからです）。こうして、歴史的であり科学的でもあるべきヨーロッパ先史にわが身を投じる支度が整ったのです。

一九五四年に『最古の東方の新見解』を、一九五六年に『ヨーロッパ文明の黎明』を書き改めました。その際に私は、クリストファー・ホークスが『ヨーロッパ先史時代の基礎』(一九四〇年)において、青銅器時代までにヨーロッパは特色ある独自の文化と呼べるものを結実させていた、と主張したことが、いかに正しいかを認識するようになりました。そのような文化が結実したことを、そして結実した理由を理解しました。この二著作において、観察されたデータに外在する作用にも、経験的に得たプロセスを超越する外在法則にも頼っていません。そうではなく、確かな証拠に基づく環境状況と、考古学的な成果から正当に推測したこれまた確かな人間行動のパターンとによる、史的推理に頼っているのです。考古資料は、民族誌や文献記録に繰り返し描き出される行動パターンが化石化した残滓であると解釈されています。考古資料は、自然環境の諸特徴と関連しあいながら、より一般的な既知のプロセスとして姿を見せるのです。だから個々の事象は、既知の普遍的諸要因がそれぞれ個性的に、そしておそらく独特に絡みあったものとして説明されるのです。このような説明は歴史的であると同時に科学的でもあります。地質学者は、これとまったく同じように、ダムの建設地とか鉱山の竪坑掘削地などの特定地点の特徴を、そこに典型的な鉱物の一般的特性と、まさにその地点に露出していた褶曲・断層・浸食というこれまた一般的なプロセスとが合わさったものとして説明するでしょう。自然史は人類史と同じように、特定事物を普遍的法則の具現として説明します。そうなると、これらの法則は、もはや外部から自然に押しつけられたものとは見なされず、自然の内部で観察されたものの普遍的説明と見なされることになります。だから「自然の諸法則」は、必然的ではないけれども、きわめて蓋然性が高いものなのです。そしてまた、ある事象が自然法則に合致すると、その事象はたちまち合理的かつ論理的に必然のものとして認められるのです。つまり一言でいえば、理解されるのです。これまでのところ、人間行動の諸法則は、化学や物理の諸法則よりもはるかに蓋然性が低いので、法則という表現は欺瞞に響きます。それは認めざるをえません。けれども、人間行動の諸法則と自然の諸法則は同類なのです。あるいは、たぶん同類なのでしょう。

さて、ここで私は告白しなければなりません。私の説明がまるごと間違いかもしれないことを。私の系統的な論述が不十分かもしれないことを。解釈の根拠がどうやら薄弱であることを。編年枠(この枠がなければ諸事象の絡みあいを語ることができません)が、率直にいって不安定であることを。それでも、自身の研究成果には刊行する価値があると考えます。(註一) この『ヨーロッパ社会の先史』こそが、「ヨーロッパ史の真の序章は、ヨーロッパの先住民が文字を知らない未開人にとどまっていた頃に、エジプト・メソポタミア・パレスティナで書かれていたのだ」と私たちに説いた人たちへの最終回答なのです。本書は、誰もが歴史だと認めるであろう事柄を、考古学的な発見物からいかにして引き出せるのかを、私の知る他のどの本よりも具体的に例示しています。そうして引き出した個別の事柄が容認されるかどうかはともかく、本書は歴史科学における考古学の地位を強固にするのに役立つはずです。同時に本書は、私の考える科学的な歴史とはいかにあるべきかについての説明でもあるのです。なお本書では、信頼できる編年の構築が喫緊の課題であることが、改めて強調されています。というのも、論拠のかなりの部分が、ウネティチェ文化の正確な開始年代に左右されるからで、その時期は五〇〇年以上に及ぶ推定年代幅のどこであっても蓋然性があり、せいぜいのところ、その幅の中でもっとも蓋然性の高い年代にすぎないからです。

(註一) チャイルド教授がここで言及しているのは、最後の著書となった『ヨーロッパ社会の先史』(一九五八年)のことである。本書については、このあとでピゴット教授が論じている。

初出 「回顧」(『アンティキティ』第三二巻一二六号、六九―七四頁、一九五八年)

【訳書】*Geçmişi Bir Araya Getirmek*（Piecing Together the Past）. Ceren Can Aydın トルコ語訳. İstanbul: Alfa Yayıncılık. 180 pp.

【単再】*The Bronze Age*. Dehli: Aakar Books. 270 pp.

**2021**

【単再】*Society and Knowledge,* Routledge. 148 pp.

【単再】*Scotland Before the Scots: Being the Rhind Lectures for 1944*（Routledge Library ハードカバー版）. Routledge. 166 pp.

【単再】*The Bronze Age*. Hassell Street Press. 282 pp.

【単再】*What Happened in History*. Hassell Street Press. 292 pp.

【単再】*Society and Knowledge*. Routledge. 148pp.

【単再】*The Aryans: A Study of Indo-European Origins*（ハードカバー版）. Delhi: Manohar. 252 pp.

**2022**

【単再】*The Aryans: A Study of Indo-European Origins.*Delhi: Manohar. 252 pp.

【単再】*New Light on the Most Ancient East*. Dehli: Aakar Books. 310 pp.

**2023**

【単再】*Scotland Before the Scots: Being the Rhind Lectures for 1944*（Routledge Library ペーパーバック版）. Routledge. 166 pp.

【単再】*The Aryans: A Study of Indo-European Origins*. Delhi: Manohar. 238 pp.

## 2008

【訳書】『考古学导论』(A Short Introduction to Archaeology). 安志敏・安家瑗 中国語訳. 上海: 上海三联书店. 200 pp. [再刷 2013]

【訳書】『人类创造了自身』(Man makes himself). 戈登 中国語訳. 上海: 上海三联书店. 186 pp. [再刷 2012]

【訳書】『欧洲文明的曙光』(The Dawn of European Civilization). 戈登 中国語訳. 上海: 上海三联书店. 327 pp. [再刷 2012]

【訳書】『历史发生了什么』(What happened in history). 李宁利 中国語訳. 上海 : 上海三联书店: 252 pp. [再刷 2012]

【訳書】『历史的重建–考古材料的闡釈』(Piecing Together the Past). 方辉 中国語訳. 上海: 上海三联书店. 240 pp.

## 2009

【単再】*The Prehistory of European Society* (再刷). Stephen Shennan 前言. Spokesman. 184 pp.

## 2011

【訳書】『人類史의 事件들』(What Happened in History). 高一弘 韓国語訳. 한길사. 460 pp.

## 2012

【訳書】『欧州文明의 黎明』(The Dawn of European Civilization 第 6 版). 高一弘 韓国語訳. 考古. 548 pp.

## 2013

【訳書】『新石器革命과 都市革命』(Man Makes Himself). 金性泰・李京美 韓国語訳. 周留城. 384 pp.

【訳書】『考古學 레시피(レシピ)』(Piecing Together the Past). 金性泰・李京美 韓国語訳. 白山資料院. 215 pp.

【単再】*The Aryans* (The History of Civilization). Routledge. 260 pp.

【訳書】*Naissance de la Civilisation* (Man makes himself). フランス語訳. Kontre Kulture. 282 pp.

【単再】*Dawn of European Civilization* (The History of Civilization). Routledge. 346 pp.

【単再】*The Aryans* (The History of Civilization). Routledge. 260 pp.

## 2014

【単再】*The Prehistory of Scotland* (Routledge Library Editions: Archaeology). Routledge. 301 pp.

【単再】*The Prehistory of Scotland* (Routledge Library Editions: Archaeology). Routledge. 336 pp.

【単再】*Piecing Together the Past: The Interpretation of Archaeological Data* (Routledge Library 版). Routledge. 182 pp.

【単再】*New Light on the Most Ancient East* (Routledge Library 版). Routledge. 280 pp.

## 2016

【単再】*The Prehistory of Scotland* (Routledge Library 版). Routledge. 336 pp.

【単再】*New Light on the Most Ancient East* (Routledge Library 版). Routledge. 280 pp.

【単再】*What Happened in History?* Delhi: Aakar Books. 288 pp.

【単再】*New Light on the Most Ancient East*. Dehli: Aakar Books. 288 pp.

## 2017

【単再】*Man Makes Himself*. Dehli: Aakar Books. 256 pp.

【単再】*Social Evolution*. Dehli: Aakar Books. 184 pp.

【単再】*The Story of Tools*. Dehli: Aakar Books. 75 pp.

【単再】*The Dawn of European Civilization*. Dehli: Aakar Books. 256 pp.

【訳書】『欧洲文明的曙光』(The Dawn of European Civilization). 陈淳・陈洪波 中国語訳. 吉林出版集团股份有限公司. 335 pp.

## 2018

【単再】*Society and Knowledge*. Dehli: Aakar Books. 131 pp.

【単再】*Piecing Together the Past: The Interpretation of Archaeological Data*. Dehli: Aakar Books. 215 pp.

【単再】*The Prehistory of European Society*. Dehli: Aakar Books. 185 pp.

## 2019

【訳書】*Aryanlar* (Aryans). Ceren Can Aydın トルコ語訳. İstanbul: Alfa Yayıncılık. 320 pp.

Sally Green 編). Bradford on Avon: Moonraker Press. 192 pp.

【訳書】*O que aconteceu na historia* (What Happened in History 再刷). ポルトガル語訳. Rio de Janeiro: Zahar Editores. 292 pp.

**1983**

【単再】*Man Makes Himself* (再刷, Glyn Daniel 前言). New York and Scarborough, Ontario: New American Library. 181 pp.

【単改】*Skara Brae* (official guidebook, 改訂版) with D. V. Clarke. Edinburgh: Her Majesty's Stationery Office.

**1985**

【単再】*What Happened in History*: The Classic Study Which Opened Up New Perspectives in History. Grahame Clark 前言. Peregrine Books. Puffin. 304 pp.

【訳書】*Que sucedió en la historia* (What Happened in History). スペイン語訳. Barcelona: Planeta–Agostini. 297 pp.

**1985–86**(イスラム暦 1364)

【訳書】*Jami' ah va Danish* (Society and Knowledge 第 2 版). Moh. Taqi Faramarzi アラビア語訳. Tehran: Suhravardi. 133 pp.

**1986**

【訳書】*Nacinieto del las civilizaciones orientales* (New Light on the Most Ancient East). D. A. Llobregat スペイン語訳. Barcelona: Planeta–Agostini. 303 pp. [再刷 1992, 1994]

**1987**

【単再】*The Aryans: a Study of Indo-European Origins* (再刷). New York: Dorset Press.

**1988**

【訳書】*O que aconteceu na historia* (What Happened in History). ポルトガル語訳(1981 版再刷). Rio de Janeiro: Guanabara. 292 pp.

【訳書】*EVOLUCIÓN SOCIAL* (Social evolution). スペイン語訳. Plaza y Valdes. 192 pp. [第 2 版]

**1989**

【訳書】*LA EVOLUCIÓN SOCIAL* (Social Evolution). スペイン語訳. Circulo de Lectores. 185 pp.

【訳書】*Introduccion a la Arqueologia* (An Short Introduction to Archaeology). Ma Eugenia Aubet ポルトガル語訳. Ariel. 192 pp.

**1989–90**(イスラム暦 1368)

【訳書】*Dar-amadi-ya kutah bar bastan-shinasi* (A Short Introduction to Archaeology). Haidah Mu'ayyiri アラビア語訳. Tehran: Mu'assisa–yi mutali'at va tahqiqat–i farhangi. 172 pp.

**1990–91**(イスラム暦 1369)

【訳書】*Sair-i tarikh* translation (What Happened in History 第 2 版). Ahmad Bahmanish アラビア語訳. Tehran: Danishgah–i Tihran. 283 pp.

**1997**

【単再】*The Aryans* (The History of Civilization), Routledge. 260 pp.

**2002**

【訳書】*Que sucedio´ en la historia* (What Happened in History). Elena Dukelsky スペイン語訳. Josep Fontana 序言. Barcelona: Cri´tica. 301 pp.

**2003**

【訳書】*Introducción a la arqueología.* (A Short Introduction to Archaeology). スペイン語訳. Barcelona: Editorial Crítica. 192 pp.

【翻訳】A. Moret and G. Davy, *From Tribe to Empire: Social Organization among the Primitives and in the Ancient East* (1926 版再刷). London: Kegan Paul International. 402 pp.

【単再】*Man Makes Himself* (再刷, Mark Edmonds 前言). Nottingham: Spokesman Books. 244 pp.

**2004**

【単再】*The Dawn of European Civilization* (再刷). London: Kegan Paul International. 382 pp.

**2005**

【単再】*Dawn of European Civilization* (The History of Civilization). Routledge. 382 pp.

**2007–08**(イスラム暦 1386)

【訳書】*Ariya' i-ha* (The Aryans). Moh. Taqi Faramarzi アラビア語訳. Tehran: Nigah. 312 pp.

【訳書】*Tatavvur-i ijtima'i* (Social Evolution 第 2 版). Ahmad Saburi アラビア語訳. Tehran: Nil. 203 pp.

Loukas ギリシャ語訳. Kedros – Rappa. 344 pp. [再刷 2008]

【単再】*Progress and Archaeology*（再刷）. Westport: Greenwood Press.

【訳書】*Introducción a la Arqueología*（A Short Introduction to Archaeology）. María Eugenia Aubet スペイン語訳; Juan Maluquer de Motes 序文. Barcelona: Ariel. 180 pp. [再刷 1972, 1973, 1977]

## 1972

【単再】*Prehistoric Communities of the British Isles*（再刷）. New York: Arno Books.

【単再】*What Happened in History*（再刷）. Santa Fe: Gannon.

【訳書】*L'alba della civiltà europea*（The Dawn of European Civilization）. イタリア語訳. Einaudi. 442 pp.

## 1973

【訳書】*O que aconteceu na historia*（What Happened in History 第 3 版）. Waltensir Dutra ポルトガル語訳. Rio de Janeiro: Zahar Editores. 292 pp.

【単再】*The Dawn of European Civilization*（再刷, Barry Cunliffe 紹介文）. Frogmore: Paladin. 463 pp.

【単再】*What Happened in History*（1960 版再刷）. London: Book Club Associates.

【単再】*Society and Knowledge*（再刷）. Westport and London: Greenwood Press.

【訳書】*Progreso y arqueología*（Progress and Archaeology）. Julio Cáseres スペイン語訳. Buenos Aires: La Pléyade. 171 pp.

## 1973–74（イスラム暦 1352）

【訳書】*Insan khud-ra misazad*（Man Makes Himself 第 2 版）. Husain Asadpur Piranfarr アラビア語訳. Tehran: Payam. 217 pp.

【訳書】*Tatavvur-i ijtima'i*（Social Evolution 第 1 版）. Ahmad Saburi アラビア語訳. Tehran: Nil. 203 pp.

## 1975–76（イスラム暦 1354）

【訳書】*Tarikh. Barrasi-yi nazriyah-ha' i dar barayi tarikh gira'i*（History）. Moh. Taqi Faramarzi ペルシャ語. Tehran: Maziyar. 105 pp. [イスラム暦 1355 再刷]

【訳書】*Insan khud-ra misazad*（Man Makes Himself）. Ahmad Karimi Hakak and Moh. Hil Ata'I ペルシャ語訳. Tehran: Ketab–ha–yi jaibi. 336 pp.

## 1976

【単再】*Prehistoric Migrations in Europe*（再刷）. New York: Gordon Press.

【単再】*Progress and Archaeology*（再刷）. Norwood PA: Norwood Editions.

【単再】*What Happened in History*（再刷）. New York: Pathfinder Press.

【訳書】*Para uma Recuperação do Passado*（Piecing Together the Past）. Victor dos Santos Gonçalves ポルトガル語訳. São Paulo: Bertrand. 184 pp.

## 1976–77（イスラム暦 1355）

【訳書】*Tarikh*（History）. Sa'id Hamidiyan アラビア語訳. Tehran: Amir Kabir. 133 pp.

【訳書】*Jami'ah va Danish*（Society and Knowledge 第 1 版）. Moh. Taqi Faramarzi アラビア語訳. Tehran: Maziyar. 160 pp.

## 1977

【単再】*Skara Brae*（再刷）. New York: A. M. S. Press.

【訳書】*O que aconteceu na historia*（What Happened in History 再刷）. ポルトガル語訳. Rio de Janeiro: Zahar Editores. 292 pp.

## 1978

【訳書】*La prehistoria de la sociedad Europea*（The Prehistory of European Society）. Juan Torres スペイン語訳. Revisión técnica: M. Eugenia Aubet. Barcelona: Icaria. 206 pp. [再刷 1979]

## 1979

【訳書】*Los origenes de la civilizacion*（Man makes himself）. Eli de Gortari スペイン語訳. S. A. Mexico: Fondo de cultura economica. 291 pp. [再刷 1981, 1982, 1984, 2000, 2006, 2012]

## 1980

【単再】*Prehistoric Communities of the British Isles*. Ayer Co Pub; 1940 版複写. 288 pp.

## 1981

【単再】*Man Makes Himself*（再刷イラスト版,

Editorial Ciencia Nueva. 202 pp.

## 1966

【訳書】*Varhaiskulttuureja* (What Happened in History). Aatu Leinonen フィンランド語訳. Helsinki: Kustannusosakeyhtio Otava. 297 pp.

【単再】*Man Makes Himself* (第 4 版, Glyn Daniel 序言). London: Collins.

【訳書】*Na prahu dějin* (What Happened in History). Vladimir Špinka チェコ語訳. Prague: Orbis. 368 pp.

【訳書】*Faurirea civizatiei* (Man Makes Himself 第 4 版) Florica Eugenia Condurachi ルーマニア語訳; E. M. Condurachi and Glyn Daniel 序言. Bucharest: Editura Stiintifca. 277 pp.

【訳書】*A evolucao cultural do homen* (Man Makes Himself 第 4 版). Waltensir Dutra ポルトガル語訳. Rio de Janeiro: Zahar Editores. 229 pp.

## 1967

【訳書】*El naixement de la civiltzació* (Man Makes Himself). Humbert Pardellans スペイン語訳; Miguel Tarradell 序言. Barcelona: Edicions 62. 278 pp.

【単再】*The Dawn of European Civilization* (第 6 版), New York: Knopf. 368 pp.

【単改】*Illustrated Guide to Ancient Monuments in the Ownership or Guardianship of the Ministry of Works; Vol. 6, Scotland* (第 5 版). Edinburgh: HMSO. 139 pp.

## 1967–68 (イスラム暦 1346)

【訳書】*Sair-i tarikh* (What Happened in History 第 1 版). Ahmad Bahmanish アラビア語訳. Tehran: Danishgah–i Tihran. 292 pp.

## 1968

【訳書】*Az ember önmaga alkotója* (Man Makes Himself 第 4 版). Andorne Székely ハンガリー語訳; Glyn Daniel 序言. Budapest: Kossuth Konyvkiado. 175 pp.

【訳書】*Soziale Evolution* (Social Evolution, 1963 版). Hans Werner ドイツ語訳. Frankfurt: Suhrkamp Verlag. 196 pp. [第 4 版 1975]

【単再】*A Short Introduction to Archaeology* (再刷). New York: Collier.

【訳書】*El nacimiento de las civilizaciones orientales* (New Light on the Most Ancient East). E. A. Llobregat スペイン語訳. Barcelona: Península. 303 pp. [再刷 1976, 1985, 1994, 1999]

【翻訳】L. Homo, *Primitive Italy and the Beginnings of Roman Imperialism* (再刷). London: Kegan Paul, Trench, Trubner.

【単再】*New Light on the Most Ancient East* (第 4 版再刷). New York: Norton.

【訳書】*Que sucedió en la historia* (What Happened in History). Elena Dukelsky スペイン語. Buenos Aires: La Pléyade. 309 pp. [再刷 1975, 1977]

## 1969

【訳書】『考古学とは何か』(A Short Introduction to Archaeology). 近藤義郎・木村祀子訳. 東京: 岩波書店. 199 pp. [1994/11 刷]

【単再】*Piecing together the past: The interpretation of Archaeological data.* Praeger. 176 pp.

【単再】*Prehistoric Migrations in Europe*. Anthropological Publications: Humanities Press, New York . 249 pp.

## 1970

【単再】*The Aryans: a Study of Indo-European Origins* (再刷). Port Washington (NY): Kenikat Press. London: Bailey Bros. & Swinfen.

【訳書】*Chelovek sozdaet sebia* (Man Make Himself). ロシア語訳. Usa.

## 1971

【訳書】*Teoría de la historia* (History). Aníbal Leal スペイン語訳. Buenos Aires: La Pléyade [再刷 1974, 1976, 1983]

【訳書】*El progres de la historia* (What Happened in History, 1964 版). Eduard Feliu i Mabres スペイン語訳. Barcelona: Ediciones 62. 282 pp.

【訳書】*La evolucion social* (Social Evolution, 1951 版). Maria Rosa de Nadmadariaga スペイン語訳. Madrid: El Librode Bolsillo. 199 pp. [再刷 1973, 1980, 1984, 1991]

【訳書】*Manav ne apne ko khud banaya* (Man Makes Himself). K. S. Mathur ヒンディー語訳. Lucknow: Granth Academy. 211 pp.

【訳書】*o anthropos plathei ton eauto tou* (Man Makes Himself 第 4 版). Theodorakopoulous

pa–America. 159 pp.
【単再】*The Dawn of European Civilization* (第 6 版). London: Routledge & Kegan Paul.
【共改】*Illustrated Guide to Ancient Monuments in the Ownership or Guardianship of the Ministry of Works; Vol. 6, Scotland*. with W. D. Simpson (第 4 版). Edinburgh: HMSO. 130 pp.
【訳書】*Societa' e conoscenza* (Society and Knowlegde). Paolo Braccialarghe イタリア語訳. Milano: Mondadori. 206 pp.

## 1962

【単再】*A Short Introduction to Archaeology* (再刷). New York: Collier Books. 127 pp.
【単再】*The Prehistory of European Society* (ハードカバー版). J. M. Coles (編集). London: Cassell. 184 pp.
【訳書】*Az európai társadalom o ̋störténete* (The Prehistory of European Society). János Lengyel ハンガリー語訳. Budapest: Gondolat Kiadó (Studium Könyvek No. 35). 181 pp.
【訳書】*Europas Forhistorie* (The Prehistory of European Society). Urik Friis Moller デンマーク語訳. Copenhagen: Munksgaard. 175 pp.
【訳書】*L' Europe préhistorique: les premières sociétés européennes* (The Prehistory of European Society). S. M. Guillemin フランス語訳. Paris: Payot. 186 pp.
【訳書】*A Pré-História da Sociedade Europeia* (The Prehistory of European Society). ポルトガル語訳. Publicações Europa–América. 204 pp. [再刷 1974, 1991]

## 1963

【訳書】*Naissance de la Civilisation* translation of (Man makes himself). Pierre–Henri Gonthier フランス語訳. Paris : Gonthier. 254 pp. [再刷 1964]
【訳書】*De la préhistoire à l'histoire* (What happened in history). フランス語訳. Gallimard. 363 pp.
【訳書】*O rozwoju w historii* (What Happened in History). Halina Krahelska ポーランド語訳. Warsaw: Panstwowe Wydownictwo Naukowe. 291 pp.
【訳書】*Il progresso nel mondo antico* (What Happened in History). A. Ruata イタリア語訳. [1949 版の新出版] Turin: Piccola Biblioteca Einaudi. 312 pp.
【単再】*Social Evolution* (再刷, Sir Mortimer Wheeler 前言). London: Collins. 191 pp.
【単再】*The Bronze Age* (再刷). New York: Biblo and Tannen.

## 1964

【単改】*How Labour Governs: a Study of Workers' Representation in Australia* (第 2 版, F. B. Smith 編集序言). Parkville: Melbourne University Press. 193 pp.
【単再】*The Dawn of European Civilization* (再刷). New York: Vintage Books.
【単再】*What Happened in History* (再刷, Grahame Clark 前言脚注). Harmondsworth: Penguin Books. 303 pp. [再刷 1965, 1967, 1969, 1971, 1973, 1975, 1976, 1978; in Peregrine Books 1982, 1985, 1986]
【単再】*Social Evolution* (再刷). New York: World Publishing Co.
【単再】*Social Evolution* (再刷). Boston: Peter Smith.
【単再】*The Bronze Age* (再刷). New York: Biblo and Tannen.
【訳書】『考古学の方法』(Piecing Together the Past). 近藤義郎訳. 東京: 河出書房新社. 222 pp. [改訂版 1981, 1994]
【訳書】*La evolución social* (Social Evolution, 1951 版). スペイン語. Mexico City: UNAM. Dirección General de Publicaciones.

## 1965

【単改】*Man Makes Himself* (第 4 版, Glyn Daniel 序言). London: Watts. 244 pp.
【訳書】*Kulturernes historie* (What Happened in History). Helle Salskov デンマーク語. Copenhagen: Steen Hasselbalchs Forlad. 293 pp.
【単再】*The Story of Tools* (再刷, G. M. Dawson 序言). Brisbane: Coronation Printery for the Building Workers Industrial Union (Queensland branch). 48 pp.
【訳書】*La evolución de la sociedad* (Social Evolution, 1963 版). M. Rosa de Madariaga スペイン語訳; Mortimer Wheeler 序文. Madrid:

版). London: Routledge & Kegan Paul. 368 pp.

【単再】*New Light on the Most Ancient East* (再刷). New York: Grove Press.

【単再】*What Happened in History* (再刷). Harmondsworth: Penguin Books.

【単再】*Man Makes Himself: Man' s Progress Through the Ages*. A Mentor Book, New American Library. 191 pp.

【訳書】『文明の起源』(Man Makes Himself 改訂版). 禰津正志訳. 東京: 岩波書店. 220 pp.

## 1958

【単改】*The Dawn of European Civilization* (第 6 版). New York: Knopf. 367 pp.

【単著】*The Prehistory of European Society*. Harmondsworth: Penguin Books. 185 pp.

【訳書】*Sociedad y conocimiento* (Society and Knowledge). Josefina B. de Frandiziz スペイン語訳. Buenos Aires: Ediciones Galatea Neuva Vision. 141 pp.

【単再】*A Short Introduction to Archaeology* (再刷). London: Muller; New York: Macmillan.

【単再】*New Light on the Most Ancient East* (再刷). London: Routledge & Kegan Paul.

【訳書】*Preistoria della società Europea* (The Prehistory of European Society). J. P. Le Divelec イタリア語訳. Florence: Sansoni. 272 pp. [Universale Sansoni 版: 1962, 1966, 1979]

【訳書】*Reconstruruyendo el pasado* (Piecing Together the Past). Maria Teresa Rabiela de Rojas スペイン語訳. Problemas científicos y filosóficos 12. Mexico City: Universidad Nacional Autonorna de Mexico. 171 pp.

【訳書】*Los orígenes de la sociedad europea* (The Prehistory of European Society). Ma Rosa de Madariaga スペイン語訳. Madrid: Ciencia Nueva. 204 pp. [再刷 1968].

【訳書】『歴史のあけぼの』(What Happened in History). 今来陸郎・武藤潔訳. 東京: 岩波書店. 333 pp.

## 1959

【共改】*Illustrated Guide to Ancient Monuments in the Ownership or Guardianship of The Ministry of Works; Vol. 6, Scotland*. with W. D. Simpson (第 3 版). Edinburgh: Her Majesty's Stationery Office. 130 pp.

【訳書】*Samfund og Viden: Belyst af en Arkaeolog* (Society and Knowledge). Kristian Thomson デンマーク語訳. Copenhagen: Munksgaard. 132 pp.

【訳書】*A civilizáció bölcso ˝je* (What Happened in History 第 2 版). Ervin Szuhay-Havas ハンガリー語訳; R. Palme Dutt 紹介文. Budapest: Gondolat Kiadó. 257 pp.

【訳書】『人類史의 展開』(Man Makes Himself). 姜基哲 韓国語訳. 서울: 正音社. 241 pp.

## 1960

【単再】*What Happened in History* (再刷). Harmondsworth: Penguin Books.

【単再】*What Happened in History* (再刷). J. D. Evans and J. du Plat Taylor (注付). London: Max Parrish. 250 pp.

【訳書】*Vorgeschichte der Europäischen Kultur* (The Prehistory of European Society). Emesto Grassi (ドイツ語訳). Hamburg: Rowohlt. 155 pp.

【訳書】*I frammenti de passato: archaeologica della prehistoria* (Piecing Together the Past) Maria Louisa Rotondi and Enrico De Luigi イタリア語訳; Salvatore M. Puglisi (序言). Milan: Feltrinelli Editore. 207 pp.

【単再】*A Short Introduction to Archaeology* (再刷). London: Muller.

【訳書】*Progreso y arqueología* (Progress and Archaeology). スペイン語訳. Buenos Aires: Dedalo. 151 pp.

【訳書】*O que aconteceu na historia* (What Happened in History). ポルトガル語訳. Rio de Janeiro: Zahar Editôres. 285 pp.

## 1961

【訳書】*Le mouvement de l'histoire* (What Happened in History). André Mansat and Jean Barthhalan フランス語訳. Paris: B. Athaud. 271 pp.

【単再】*What Happened in History* (再刷). Harmondsworth: Penguin Books.

【訳書】*Introducão a arqueologia* (A Short Introduction to Archaeology). Jorge Borges de Macedo ポルトガル語訳. Lisbon: Publicacoes Euro-

【単再】*Social Evolution*（再刷）. London: Watts.
【単再】*What Happened in History*（再刷）. Harmondsworth: Penguin Books.
【訳書】*U istokov Evropeiskoi tsivilizatsii*（The Dawn of European Civilization 第 5 版）. M. B. Sviridova–Grakova ロシア語訳; A. Mongait 紹介文. Moscow: Foreign Literature Publishing House. 467 pp.
【訳書】*Stufen der Kultur, von der Urzeit zur Antike*（What Happened in History）. F. W. Gutbrod ドイツ語訳. Stuttgart, Zürich, Salzburg: Europäischer Buchklub; Stuttgart: W. Kohlhammer Verlag. 348 pp.
【訳書】*L'uomo crea se stesso*（Man Makes Himself）. C. Gorlier イタリア語訳. G. Einaudi Editore. 393 pp.
【訳書】*Van Vuursteen tot Wereldrijk*（What Happened in History）. R. Van Amerongen オランダ語訳. A. E. van Giffen 紹介文. Amsterdam: N. V. Em. Querido's Uitgeversmij. 323 pp.

## 1953

【訳書】*L'Orient préhistorique*（New Light on the Most Ancient East 第 4 版）. A. Guieu フランス語訳. Paris: Payot. 326 pp.
【訳書】*Progresso e archeologia*（Progress and Archaeology）. G. Fanoli イタリア語訳; S. Donado 序言. Milan: Universale Economica. 128 pp.
【単改】*What Is History?*（History 米国版）. New York: Schuman. 86 pp.
【単改】*New Light on the Most Ancient East*（第 4 版）. New York: Praeger. 255 pp.
【単再】*Prehistoric Migrations in Europe*（再刷）. New York: British Book Center.

## 1954

【単改】*What Happened in History*（第 2 版）. Harmondsworth: Penguin Books. 288 pp.
【訳書】『歴史学入門』（History）. ねずまさし訳. 東京: 新評論社. 205 pp.
【単著】*Illustrated guide to ancient monuments, Volume IV: Scotland*. H. M. S. O. 133 pp.
【訳書】『远古文化史』（Man Makes Himself）. 周进楷 中国語訳. 上海: 群联出版社. 228 pp.
【訳書】『具发展简史』（The Story of Tools）. 周进楷 中国語訳. 上海: 科学技術出版社. 49 pp.
【単再】*New Light on the Most Ancient East*（修正再刷）. London: Routledge and Kegan Paul.
【訳書】*Postep a archeologia*（Progress and Archaeology）. A. Ponikowski and Z. Slawska ポーランド語訳. Warsaw: Panstwowe Wydownictwo Naukowe. 177 pp.
【訳書】*Los orígenes de la civilización*（Man Makes Himself 第 1 版）. E. de Gortari スペイン語訳. Mexico: Fondo de Cultura Económica. 291 pp. [再刷 1959, 1965, 1967, 1970, 1971, 1973, 1974, 1975 [2回], 1977, 1978, 1979, 1980, 1981, 1982, 1984, 1996, 2000, 2006, 2012]

## 1955

【訳書】*Människan skapar sig själv*（What Happened in History）A. Ellegård スウェーデン語訳. Uppsala: Almqvist & Wiksell/Gebers Förlag AB. 310 pp.
【単再】*Man Makes Himself: Man' s Progress Through the Ages*. A Mentor Book. 191 pp.

## 1956

【単再】*Prehistoric Communities of the British Isles*（再刷）. London: Chambers.
【単著】*Piecing Together the Past: the Interpretation of Archaeological Data*. London: Routledge & Kegan Paul; New York: Praeger. 176 pp.
【単著】*A Short Introduction to Archaeology*. London: Muller; New York: Macmillan. 142 pp.
【単著】*Society and Knowledge*. New York: Harper & Brothers. 119 pp; London: Allen & Unwin. 131 pp.
【単改】*Man Makes Himself*（第 3 版）. London: Watts. 242 pp.
【訳書】Древнейший Восток в свете новых раскопок（New Light on the Most Ancient East 第 4 版）. M. B. Grakova–Sviridova ロシア語訳. V. I. Avdiev 紹介文. Moscow: Foreign Literature Publishing House. 393 pp.
【訳書】*Que sucedió en la historia*（What Happened in History）. Elena Dukelsky スペイン語訳. Buenos Aires: Leviatán. 305 pp.

## 1957

【単改】*The Dawn of European Civilization*（第 6

Vienna: Tagblatt–Bibliothek im Globus–Verlag. 54 pp.

【単再】*The Bronze Age*（再刷）. New York: Macmillan.

【単再】*What Happened in History*（再刷）. New York: Mentor Books, New American Library.

【単改】*The Dawn of European Civilization*（第4版）. New York: Knopf. 362 pp.

## 1949

【単改】*Prehistoric Communities of the British Isles*（第3版）. London and Edinburgh: Chambers. 274 pp.

【訳書】*L'Aube de la civilisation européenne*（The Dawn of European Civilization）. S. Kramer フランス語訳. Paris: Payot. 384 pp.

【訳書】*Clovek svym tvurcem*（Man Makes Himself）. J. Schránilová チェコ語訳; Jaroslav Bohm 序言. Prague: Nakladatelstvi Svoboda. 199 pp.

【訳書】*Progress i Arkheologiya*（Progress and Archaeology）. M. B. Sviridova–Grakova ロシア語訳. Moscow: Foreign Literature Publishing House. 194 pp.

【訳書】*Il progresso nel mondo antico*（What Happened in History）. A. Ruata イタリア語訳. Turin: Einaudi Editore. 299 pp. [再刷 1963].

【訳書】*A szerszámok története*（The Story of Tools）. Jolán Székely ハンガリー語訳. Budapest: Szikra Kiadás. 59 pp.

【単著】*Social Worlds of Knowledge*. L. T. Hobhouse Memorial Trust Lecture 19, London: Oxford University Press. 26 pp.

【単再】*The Story of Tools*（再刷）. New York: Transatlantic Press.

## 1950

【単改】*The Dawn of European Civilization*（第5版）. London: Routledge & Kegan Paul. 362 pp.

【単著】*Prehistoric Migrations in Europe*. Oslo: Instituttet for Sammenlignende Kulturforskning, Serie A, Forelesninger XX; H. Aschehoug (W. Nygaard). 249 pp.

【単改】*Ancient Dwellings at Skara Brae*, Orkney. Official Guide: Ancient Monuments and Historic Buildings, Ministry of Works（第3版）. Edinburgh: HMSO. 23 pp.

【単再】*What Happened in History*（再刷）. Harmondsworth: Penguin Books.

【訳書】*Jak Powstaly Narzędzia*（The Story of Tools）. T. Szumowski ポーランド語訳. Warsaw: Ksiazka Iwiedza. 52 pp.

【単著】*Magic, Craftsmanship and Science*. The Frazer Lecture: Liverpool University Press. 19 pp.

【単再】*The Bronze Age*（再刷）. New York: Cambridge University Press.

【単再】*Man Makes Himself*（再刷）. New York: British Book Center [Thinker's Library 87].

【単再】*Progress and Archaeology*（再刷）. New York: British Book Center [Thinker's Library 102].

## 1951

【単再】*Man Makes Himself*（再刷）. London: Watts.

【単再】*Man Makes Himself: Man's Progress Through the Ages*（1951 英国版米国印刷）. New York: New American Library. 192 pp.

【訳書】『文明の起源』（Man Makes Himself 改訂版）. 禰津正志訳. 東京: 岩波書店. 171 pp + 220 pp. [1957 新版, 上巻 1976/26 刷, 下巻 1975/23 刷]

【単著】*Social Evolution*. Based on a series of lectures delivered at the University of Birmingham in 1947–1948. London: Watts; New York: Schuman. 184 pp.

【単再】*Prehistoric Migrations in Europe*（再刷）. Cambridge, MA: Harvard University Press.

【単再】*Social Worlds of Knowledge*（再刷）. New York: Oxford University Press.

## 1952

【単改】*New Light on the Most Ancient East*（第4版）. London: Routledge & Kegan Paul. 255 pp.

【共著】*Illustrated Guide to Ancient Monuments in the Ownership or Guardianship of the Ministry of Works*; Vol. 6, Scotland, with W. D. Simpson. Edinburgh: Her Majesty's Stationery Office. 127 pp.

【単再】*Prehistoric Communities of the British Isles*（再刷）. London: Chambers.

## 1933
【単著】*Ancient Dwellings at Skara Brae, Orkney*. Official guide: Ancient Monuments and Historic Buildings, H. M. Office of Works Edinburgh: HMSO. 24 pp.

## 1934
【単改】*New Light on the Most Ancient East: the Oriental Prelude to European Prehistory*（*The Most Ancient East* 第 2 版）. London: Kegan Paul, Trench, Trubner. 327 pp.

## 1935
【単改】*New Light on the Most Ancient East*（第 3 版）. London: Kegan Paul, Trench, Trubner.

【訳書】*L'Orient préhistorique*（New Light on the Most Ancient East）. E. J. Levy フランス語訳. Paris: Payot. 298 pp.

【単著】*The Prehistory of Scotland*. London: Kegan Paul, Trench, Trubner. 85 pp.

## 1936
【単著】*Man Makes Himself*. London: Watts. 275 pp.

## 1937
【単再】*Man Makes Himself*（第 2 刷）. London: Watts.

## 1939
【単再】*Man Makes Himself*（第 3 刷）. London: Watts.

【単改】*The Dawn of European Civilization*（第 3 版）. London: Kegan Paul, Trench, Trubner; New York: Knopf. 351 pp.

## 1940
【単著】*Prehistoric Communities of the British Isles*. London and Edinburgh: Chambers. 274 pp.

【単著】*Prehistoric Scotland*（Historical Association Pamphlet, No. 15）. London: Historical Association. 24 pp.

## 1941
【単改】*Man Makes Himself*（第 2 版）. London: Watts（The Thinker's Library 87）. 242 pp.

## 1942
【単再】*Prehistoric Communities of the British Isles*（再刷）. London and Edinburgh: Chambers.

【単著】*What Happened in History*. Harmondsworth: Penguin Books. 256 pp.

【訳書】『アジヤ文明の起原』（Man Makes Himself）. 禰津正志訳. 東京: 誠文堂新光社. 218 pp + 226 pp.

## 1943
【単再】*What Happened in History*（再刷）. Harmondsworth: Penguin Books.

## 1944
【単著】*The Story of Tools*. London: Cobbett Publishing Co. 44 pp.

【単著】Progress and Archaeology. London: Watts（The Thinker's Library 102）. 119 pp.

【訳書】『アジヤの古代文明』（New Light on the Most Ancient East）. 禰津正志訳. 東京: 伊藤書店. 353 pp.

## 1945
【単再】*Progress and Archaeology*（第 2 刷）. London: Watts.

## 1946
【訳書】*Dog ̆unun Prehistoryasi*（L'Orient préhistorique（1935））. S. A. Kansu トルコ語訳. Ankara: Türk Tarih Kurumu Basimevi. 250 pp.

【単著】*Scotland Before the Scots*: being the Rhind Lectures for 1944. London: Methuen. 144 pp.

【単再】*What Happened in History*（再刷）. Harmondsworth and New York: Penguin Books. 280 pp.

## 1947
【単改】*The Dawn of European Civilization*（第 4 版）. London: Kegan Paul, Trench, Trubner. 362 pp.

【単著】*History*. London: Cobbett Press. 83 pp.

【単改】*Prehistoric Communities of the British Isles*（第 2 版）. London and Edinburgh: Chambers. 274 pp.

## 1948
【単再】*Man Makes Himself*（再刷）. London: Watts.

【単再】*What Happened in History*（再組）. Harmondsworth: Penguin Books. 288 pp.

【訳書】*Eine Geschichte der Werkzeuge*（The Story of Tools）. Emil Machek ドイツ語訳.

# 付録二

## チャイルドの著書および各国翻訳 1923–2023

［凡例］ 2008 年までの書誌情報は一部に修正、追加があるものの、基本［Gathercole ほか 2009］による。種別は下記の通り。

【単著】：単著
【共著】：共著
【翻訳】：チャイルドによって翻訳された書籍
【訳書】：英語以外に翻訳された書籍
【単改】：チャイルドによって改訂された書籍
【単再】：再版・再刷（装丁の変更・序言等付加された版含む）

### 1923

【単著】*How Labour Governs: a Study of Workers' Representation in Australia*. London: Labour Publishing Co. 210 pp.

### 1925

【単著】*The Dawn of European Civilization*. London: Kegan Paul, Trench, Trubner; New York: Knopf. 328 pp.

【翻訳】L. Delaporte, *Mesopotamia: the Babylonian and Assyrian Civilization*. London: Kegan Paul, Trench, Trubner; New York: Knopf. 371 pp.（原文フランス語）

### 1926

【単著】*The Aryans: a Study of Indo-European Origins*. London: Kegan Paul, Trench, Trubner; New York: Knopf. 221 pp.

【翻訳】A. Moret and G. Davy, *From Tribe to Empire: Social Organization among the Primitives and in the Ancient East*. London: Kegan Paul, Trench, Trubner; New York: Knopf. 371 pp.（原文フランス語）

【共著】*Catalogue of Products Illustrating the Tardenoisian and Other Microlithic Industries Exhibited at the Rooms of the Royal Anthropological Institute of Great Britain and Ireland*. [8–22 June.]（J. P. T. Burchell と共著）London: Royal Anthropological Institute. 8 pp.

### 1927

【単改】*The Dawn of European Civilization*（第 2 版）. London: Kegan Paul, Trench, Trubner; New York: Knopf.

【翻訳】Léon Homo, *Primitive Italy and the Beginnings of Roman Imperialism*. London: Kegan Paul, Trench, Trubner. 371 pp.（原文イタリア語）

### 1928

【単著】*The Most Ancient East: the Oriental Prelude to European Prehistory*. London: Kegan Paul, Trench, Trubner. 258 pp.

【翻訳】G. Borovka, *Scythian Art*. London: Benn; New York: Stokes. 111 pp.（原文ドイツ語）

### 1929

【単再】*The Danube in Prehistory*. Oxford: Clarendon Press. 479 pp.

【単著】*The Most Ancient East: the Oriental Prelude to European Prehistory*（再刷）. London: Kegan Paul, Trench, Trubner.

【単著】*The Most Ancient East: the Oriental Prelude to European Prehistory*. New York: Knopf. 258 pp.

### 1930

【単著】*The Bronze Age*. Cambridge: Cambridge University Press; New York: Macmillan. 258 pp.

【単再】*The Bronze Age*. Cheshire, CT, USA: Biblo and Tannen. 258 pp.

### 1931

【単著】*Skara Brae: a Pictish Village in Orkney*. London: Kegan Paul, Trench, Trubner. 208 pp.

### 1932

【部分】*The Bronze Age* in A Handbook of the Prehistoric Archaeology of Britain: 30–41. Oxford: Oxford University Press. 75 pp.

# 付録三

## 年譜　チャイルドと考古学、世界のあゆみ

| 西暦 | 年譜 | 考古学と世界の出来事 |
|---|---|---|
| 一八九二 | 四月一四日、オーストラリアのシドニーに生まれる。 | |
| 一八九四 | | 〈日清戦争〉 |
| 一九〇〇 | | クノッソス宮殿の発掘開始 |
| 一九〇三 | | ウルの発掘 |
| 一九〇四 | | 〈日露戦争〉 |
| 一九〇七 | シドニー・グラマースクールに入学。 | |
| 一九一〇 | 大学入学資格上級試験に優秀な成績で合格。母ハリエット死去。 | 〈大逆事件、日韓併合〉 |
| 一九一一 | シドニー大学に入学、古典学を専攻。 | マチュピチュ遺跡（ペルー）の発見<br>＊辛亥革命、翌年に中華民国成立 |
| 一九一四 | シドニー大学を優秀な成績で卒業。オックスフォード大学クィーンズ・カレッジ古典考古学科に入学。ジョン・マイルズ、アーサー・エヴァンズ、ジョン・ビーズリーらの指導下で研鑽を積む。フェビアン協会に入会。 | ＊第一次世界大戦（〜一九一八） |
| 一九一五 | 『古代ギリシア学雑誌』に「ミニュアス土器の年代と起源」を発表。 | |
| 一九一六 | 文学士論文「先史ギリシアにおけるインド＝ヨーロッパ語族の影響」を提出。 | 〈日本初の考古学講座が設置される〉 |

| | | |
|---|---|---|
| 一九一七 | オーストラリアに帰国、メアリーバラ・グラマースクールのラテン語教師の職に就く。 | ＊ロシア革命 |
| 一九一八 | シドニー大学セント・アンドリューズ・カレッジ専任上級個人指導教師に着任。 | |
| 一九一九 | 左翼的な急進主義が問題視され、セント・アンドリューズ・カレッジを辞任。<br>ニュー・サウスウェールズ州の労働党党首の個人秘書に着任。 | ＊パリ講和会議 |
| 一九二〇 | ニュー・サウスウェールズ州の新首相の個人秘書に正式就任。<br>オーストラリアの労働運動の研究に取り組む。 | ＊国際連盟結成 |
| 一九二一 | 総理府の調査官に任命。 | 北京原人の発掘 |
| 一九二二 | 左翼的な政治思想のため調査官を解雇。オーストラリアの政治に幻滅する。<br>この頃からヨーロッパ各地の考古学的調査旅行を繰り返す。 | ツタンカーメン王墓の発見<br>モヘンジョ・ダロ遺跡（パキスタン）の発見<br>＊ソヴィエト連邦成立 |
| 一九二三 | **『労働党はいかに統治するか**（***How Labour Governs***）**』** | 〔関東大震災〕 |
| 一九二四 | | アウストラロピテクスの発掘 |
| 一九二五 | 王立人類学研究所司書に採用（～一九二七）、職務の合間に中欧・東欧の考古資料の調査研究旅行。<br>**『ヨーロッパ文明の黎明**（***The Dawn of European Civilization***）**』**（初版） | 〔近藤義郎生誕、治安維持法公布〕 |
| 一九二六 | **『アーリア人**（***The Aryans***）**』** | ウルの「王墓」の発掘 |
| 一九二七 | エディンバラ大学アバクロンビ（Abercromby）考古学講座の教授職に就任（～一九四五）。<br>オークニー諸島のスカラ・ブレ（Skara Brae）遺跡の発掘を指揮（～一九三〇）。<br>**『ヨーロッパ文明の黎明』**（第二版） | |

| | | |
|---|---|---|
| 一九二八 | 『**最古の東方**（*The Most Ancient East*）』<br>父スティーヴン死去。 | 殷墟の発掘開始 |
| 一九二九 | 『**先史時代のドナウ川**（*The Danube in Prehistory*）』 | 〔『黎明』が京都帝国大学の講読に使われる（〜一九三〇）〕 |
| 一九三〇 | 『**青銅器時代**（*The Bronze Age*）』 | 〔チャイルド熱高まる〕 |
| 一九三一 | 『スカラ・ブレ *Skara Brae*』 | 〔満州事変〕 |
| 一九三三 | 近東とインドを旅行し最新の考古学情報を入手。 | ＊ヒトラー内閣成立、ナチスが政権掌握 |
| 一九三四 | 『**アジヤの古代文明**（*New Light on the Most Ancient East*）』 | ＊ヒトラーがドイツの総統に就任<br>〔『黎明』の抄訳「新石器時代」〕 |
| 一九三五 | ソヴィエト連邦を訪問し唯物史観的な研究法に触れる。<br>『スコットランドの**先史時代**（*The Prehistory of Scotland*）』 | |
| 一九三六 | 『**文明の起源**（*Man Makes Himself*）』〔『アジヤ文明の起原』〕 | 〔二・二六事件〕 |
| 一九三七 | | 〔日中戦争（〜一九四五）〕<br>〔奈良県唐古遺跡の発掘調査〕 |
| 一九三九 | カリフォルニア大学客員教授に招聘（夏学期）。<br>『ヨーロッパ**文明の黎明**』（第三版） | ＊第二次世界大戦（〜一九四五） |
| 一九四〇 | 『**イギリス諸島の先史共同体**（*Prehistoric Communities of the British Isles*）』 | ラスコー洞窟（フランス）の旧石器壁画の発見<br>〔日独伊三国同盟〕 |
| 一九四一 | | ＊独ソ開戦<br>〔日米開戦〕 |
| 一九四二 | 『**歴史のあけぼの**（*What Happend in History*）』 | 〔『アジヤ文明の起原』刊行〕 |
| 一九四四 | トーマス・ハックスリー記念賞受賞。 | 〔『アジヤの古代文明』刊行〕 |
| 一九四五 | 二度目の訪ソ。<br>『**進歩と社会**（*Progress and Archaeology*）』 | ＊第二次世界大戦終幕、ファシズムとナチズムが瓦解 |

| | | |
|---|---|---|
| 一九四六 | ロンドン大学考古学研究所の所長兼教授に就任。<br>『**スコット族以前のスコットランド**（*Scotland Before Scots*）』 | 〈日本国憲法公布、翌年に施行〉 |
| 一九四七 | 『**ヨーロッパ文明の黎明**』（第四版）<br>『**歴史学入門**（*History*）』 | ＊コミンフォルム結成<br>〈『歴史学入門』刊行〉<br>〈静岡県登呂遺跡の発掘開始〉 |
| 一九四八 | | ジャルモ遺跡（イラク）の発掘開始 |
| 一九四九 | | W・リビー、放射性炭素年代測定法を公表<br>スター・カー遺跡の発掘<br>＊中華人民共和国成立<br>〈群馬県岩宿遺跡で旧石器を確認〉<br>〈法隆寺金堂壁画焼損〉 |
| 一九五〇 | 『**ヨーロッパ文明の黎明**』（第五版）<br>『**先史時代のヨーロッパの移住**（*Prehistoric Migrations in Europe*）』 | ＊朝鮮戦争<br>〈文化財保護法施行〉 |
| 一九五一 | 『**社会進化**（*Social Evolution*）』 | 〈『文明の起源』刊行〉<br>〈サンフランシスコ平和条約調印〉 |
| 一九五二 | | イェリコ遺跡（ヨルダン）の発掘開始 |
| 一九五三 | 三度目の訪ソ。 | ピルトダウン化石人骨の捏造発覚<br>〈岡山県月の輪古墳の発掘調査〉 |
| 一九五六 | ロンドン大学考古学研究所所長職を退任。<br>『**考古学の方法**（*Piecing Together the Past*）』<br>『**考古学とは何か**（*A Short Introduction to Archaeology*）』<br>『**社会と知識**（*Society and Knowledge*）』 | ＊フルシチョフによるスターリン批判 |
| 一九五七 | オーストラリアに帰郷。一〇月一九日、ゴヴェッツ・リープの断崖を飛び降り逝去。<br>『**ヨーロッパ文明の黎明**』（第六版） | |

| | | |
|---|---|---|
| 一九五八 | 『**ヨーロッパ社会の先史時代**（***The Prehistory of European Society***）』 | 〔『歴史のあけぼの』刊行〕 |
| 一九六〇 | | リビー、ノーベル化学賞を受賞 |
| 一九六四 | | 〔『考古学の方法』刊行〕〔東京オリンピック〕 |
| 一九六九 | | 〔『考古学とは何か』刊行〕〔東大安田講堂攻防戦〕 |
| 一九八〇 | 『チャイルド――考古学の革命』（B・トリッガー）<br>『ゴードン・チャイルドの方法と理論』（B・マクナーン） | |
| 一九八一 | 伝記『考古学の変革者』（S・グリーン） | |
| 一九九二 | チャイルド生誕百周年記念学会をロンドン大学で開催。 | 〔青森県三内丸山遺跡発掘開始〕 |
| 一九九四 | 『ゴードン・チャイルドの考古学』（D・ハリス編） | |
| 二〇〇四 | 『**社会考古学の基盤――ゴードン・チャイルド選集**（***Foundations of Social Archaeology***）』 | |
| 二〇〇九 | 『欧州考古学ジャーナル』一二号でチャイルド特集が組まれる。 | 〔近藤義郎逝去〕 |
| 二〇二〇 | 『政治の死に至る罠――ゴードン・チャイルドの生涯と思想』（T・アーヴィング） | |
| 二〇二四 | | 〔『ヨーロッパ文明の黎明』刊行〕 |

凡例：伝記（サリー・グリーン著『考古学の変革者』岩波書店、1987年）などに基づき作成した。

世界の出来事には「＊」を付し（世界の考古学界の出来事は無印）、日本の出来事は〔　〕内に記した。

チャイルドの著書は太字で表記した。『黎明』は各版を、他の著書は初版のみを記した。

# あとがき

澤田秀実さんが解説で書いておられる通り、本書の筆頭訳者近藤義郎先生が本書全一九章の後半の八章を佐々木に翻訳するよう託されたのは二〇〇三年一月のことであった。そして近藤先生の没後一五年も経って、本書が刊行されることになった経緯と、私ではなく下垣仁志さんが翻訳を完成させて下さったことの意義を説明しておきたい。

まず何はともあれ、本書刊行がこのように著しく遅れた責任は佐々木にあることを明記し、天国の近藤先生と近藤先生ご遺族に深くお詫び申し上げたい。

佐々木は一九九九年四月に明治大学に専任講師として赴任したのだが、明治大学が伝統的助手制度を廃止した直後であり、当時は二部（夜学）も併設されており、毎週八～一〇コマの授業に加えて、助手としての週一〇～三〇時間の職務もひとりでこなす立場にあった。夜学があった明治大学では土曜日も普通に会議があって、校務・雑用のための日曜出勤が年間四五日を超える日々を送っていたため、当初は近藤先生のご依頼を固辞せざるを得なかった。もちろん、近藤先生からの絶大な学恩に報いる立場にあったことは重々承知していたが、依頼を受けて逆にご迷惑をおかけすることを恐れたのである。

それでも、二〇〇六年くらいには一年間の在外研究（研究休暇を外国の研究機関で過ごす制度）がなんとかとれるのではないか、と内々に話があった。正式の教授会決定は二〇〇四年一一月であったが、近藤先生からの重ねての要請に応え、二〇〇六年に翻訳を完成させるという前提で、近藤先生翻訳済の原稿を紙媒体とワープロのフロッピー・ディスクで二〇〇三年一月にお預かりした。その際、「二〇〇七年に翻訳が完成すれば、一九五七年刊行の本書の原著の翻訳権がちょうど切れて、日本の出版社が翻訳権料を支払う必要がなくなるので、好都合だよ」と、私がすぐに翻訳に取り掛かれない現実を前向きに受け止めていただいた。

ところが、二〇〇五年に当時の考古学専攻トップであった小林三郎先生が重篤な病気を患い、二〇〇六年は大学を休職（先生本人は同年一一月に逝去）したため、二〇〇六年の私の在外研究は返上となり、校務・雑用のための日曜出勤が年四〇日以上という毎日は続き、翻訳に着手できない状況は変わらなかった。

その後二〇〇九年四月に在外研究が得られ、この在外研究期間中に翻訳を仕上げようと考え、近藤先生よりお預かりした前半一一章の翻訳原稿もアメリカに携えて行った。しかし、一九九九年以来雑用に追われていたため、締切が何年も過ぎた原稿を膨大に抱えており、それらの執筆を優先せざるを得ず、それらの原稿がアメリカですべて終わったのは二〇一〇年一月末であった。

在外研究への出発の頃、明治大学のルールが改正され、「助手」の肩書を与えられた博士課程の大学院生が研究室・専攻の仕事に週一二時間を上限として携わることが可能となり、その一二時間はそのまま私の研究時間となった。ただその時間は、長年の懸案であった長野市大室古墳群の発掘調査報告書の刊行に向けた作業に充当することとした。一九八八年から一九九六年までの大室古墳群の発掘調査成果を学界で共有することが喫緊の社会的要請と判断したためである。二〇一五年の大室古墳群の発掘調査報告書刊行以降も、私自身の科学研究費による研究とその報告書の刊行、また明治大学と東京大学が一九六三年に共同発掘調査した茨城県石岡市佐自塚古墳の発掘調査報告書刊行と、仕事が切れ目なく続き、近藤先生との約束を果たせないままであった。

その後、二〇二二年二月に、近藤先生のご次男である昭男さんからお手紙を頂戴し、『ヨーロッパ文明の黎明』翻訳の進捗状況について、問い合わせがあった。それを受けて、近藤先生のご遺族と頻繁にやり取りのある、くらしき作陽大学の澤田さんと連絡を取り合って、残された翻訳をどなたかに完成していただくこととし、ご遺族にもご諒解いただいた。澤田さんと相談の結果、『考古学的思考の歴史』、『世界の初期文明』など、素晴らしい翻訳のご実績を有しておられる京都大学の下垣仁志さんにお願いすることとし、下垣さんにはご快諾いただいた。

それを踏まえて、同年五月二日に下垣さん、澤田さん、佐々木に加えて、戦前の日本におけるチャイルド考古学の受容に関してエッセイを書いてくれそうな冨井眞さんの四人がオンラインで集まって、刊行に向けての一回目の相談をおこなった。その際、四人で手分けして、我々と接点のある出版社に相談することと、岡村勝行さんにも解説を書いてもらって、本書翻訳の現代的意義をさらに詳しく説明してもらうことや、佐々木が個人的に存じ上げているダーラム大学名誉教授のクリス・スカー先生にも解説を書いてもらい、佐々木が翻訳することが決まった。

同年一〇月一二日に岡村さんも含めて五人がオンラインで集まって、二回目の相談をした。その時点で、下垣さんはなんと残り八章の翻訳を終えておられて、あまりのスピードに私は驚いてしまった。また岡村さんからは、チャイルドの翻訳が全世界でどれくらい出されているかという内容の解説を書きたい、とのありがたいご提案をいただいた。そして、すでに翻訳原稿があるおかげで、京都大学学術出版会が出版を引き受けてくれることとなった。以後、同出版会の嘉山範子さんを中心に、同年一一月七日に六人がオンラインで集まり、用語解説やスカー先生の原稿も含めて我々六人の解説原稿の締め切りが二〇二三年六月に設定された。その後、数回オンラインで集まり、最終的に二〇二四年三月末には原稿が揃った。この間、冨井さんは東京への転職があって、ご負担をおかけした。そのような経緯を経て、『ヨーロッパ文明の黎明』邦訳が漸く日の目をみることになったのである。

今、下垣さんの翻訳や解説、冨井さんと岡村さんの解説を拝読し、さらに澤田さんの解説を冷や汗を流しながら読んで、近藤先生の没後一五年もたってしまったことは非常に申し訳ないが、素晴らしい訳書にしあがっており、天国の近藤先生も喜んでくださるのではないかと思っている。というのは、私も時間さえあれば英語を正確に日本語に翻訳できたであろう自信はあるが、アメリカ合衆国で高校、大学、大学院を修了した私には冨井さんの解説の内容など、初めて知ることばかりであった。またミシガン大学でも、ハーヴァード大学大学院でもヨーロッパ考古学を体系的に勉強することがなかったので、下垣さんのような解説は私には書けなかった。私のヨーロッパ考古学の知識はむしろ帰国後、大阪大学の都出比呂志先生から得たところが非常に大きい。

本書のこなれた翻訳も、下垣さんがヨーロッパ考古学の知識を豊富に有しておられるからこそであって、知識の浅い私が翻訳すると、少し硬い、直訳に近い部分が頻出したのではないかと恐れる。また「三人寄れば文殊の知恵」で、二〇二二年五月二日に集まったときに、岡村さんに声をかけることに自然と話が向いたのも幸いだった。岡村さんに初めてお目にかかったのは私がアメリカ合衆国から帰国した直後の一九九〇年五月末であったが、岡村さんはその時すでに私以上にチャイルドの著作を読んでおられ、チャイルド考古学に深い理解を示しておられたからである。以上のような理由で、仮に、近藤先生が残された八章を私が翻訳しても、このような情報量の多い、わかりやすい訳書はできなかったと思うのである。最後に、解説と共に翻訳を完成された下垣さん、素晴らしい解説をお寄せいただいたスカー先生、冨井さん、岡村さん、澤田さん、そしてうまく編集してくださった京都大学学術出版会の嘉山さんには満腔の謝意を表するとともに、天国の近藤義郎先生と近藤先生のご遺族には、本書の刊行がこのように遅れたことを改めて、深くお詫び申し上げる次第である。

（佐々木憲一）

このように近藤義郎先生が、本書の翻訳を開始してから三〇年余りの歳月が流れた。中断を経て、近藤先生が生前に佐々木憲一さんに訳出した原稿を預けてからの経過は佐々木さんご自身が先にまとめているので省くが、それからさらに二〇年余の時を経たとはいえ、下垣仁志さんの協力を得て、一九九二年にはじまった一連の翻訳出版作業が完結することを素直に喜びたい。その意味で残りの翻訳、訳文全体の校訂、解説執筆を快く務めて下さった下垣さんにまずもって御礼申し上げたい。また、翻訳作業を手放さざるを得なかった佐々木さんの悔しさは計り知れないが、下垣さんへの翻訳依頼や訳書に付す解説の充実に向けての段取り、巻頭カラー写真の手配をはじめとする海外との折衝を率先して引き受けて下さるなど、その献身的なお姿に頭の下がる思いであった。この間ご苦労された佐々木さんに深謝申し上げるとともに、心より篤く御礼申し上げたい。そのほか、近藤先生の翻訳作業に協力された山口晋子さん、竹内和夫さん、木村祀子さんほかの皆さん、下垣さん、佐々木さんとともに本書刊行の今日的意義を添えて下さったクリス・スカー先生、岡村勝行さん、冨井眞さんにも心から感謝申し上げる次第である。オンラインでおこなわれた下垣さん、佐々木さん、岡村さん、冨井さんとの会合では、毎回のように「チャイルド愛」に帰結したが、こだわりが強い、ともすればマニアックな愛情が溢れる仕草や喋り口調の滑稽さとは裏腹に、「チャイルド研究」とも言うべく、その学究の奥深さに圧倒され、充実した至福の一時を過ごさせていただいた。そして、蛇足的な私の一文を除く五篇の解説は、この「チャイルド愛」に支えられた珠玉の逸品であり、本書にとって画竜点睛の役回りを見事に果たしている。さらに本書の出版をご快諾下さった京都大学学術出版会の皆さん、とりわけ近藤先生の生誕百周年、原著初版刊行百周年に華を添える書籍に仕上げて下さった編集担当の嘉山範子さん、デザイン担当の森華さんにも御礼申し上げたい。体裁とともに内容の充実が計られたのは、出版会の皆さんのご理解とお二人からのご助言、ご助力があってのことである。

近藤先生の所期の目的に応えられたか些か心許ないが、このような本書が多くの若い考古学徒をはじめ市井の人々に読み続けられ、日本考古学、ひいては日本社会のさらなる発展に寄与せんことを心から願って、仲介役である筆者の責を果たし終えたい。

（澤田秀実）

〈マ〉



〈ヤ〉



〈ラ〉

〈タ〉



〈ナ〉



〈ハ〉

## ▩事　項

## ■遺物名

〈タ〉



〈ナ〉



〈ハ〉

## ■地　名



## ■遺跡名・文化名

# 索　引

［凡例］

・原書では項目を区別していないが、本書では人名、地名、遺跡名・文化名、遺物名、事項に区分する。遺構は事項に含む。
・原書では各項目をしばしば細分しているが、本書では煩瑣を避け細分しない。
・対象を原書の本文、序文、註に限る。序文の指示頁はローマ数字で表記する。
・項目数を原書よりも減らした。

## ■人　名

# 著者・訳者・解説者紹介

［著者］

**ヴィア・ゴードン・チャイルド**　Vere Gordon Childe

一八九二―一九五七　オーストラリア・シドニー生まれ。シドニー大学で古典学、オックスフォード大学で考古学を修める。エディンバラ大学考古学講座教授、ロンドン大学考古学研究所所長・教授を歴任。

詳細は本書解説を参照。

［訳者］

**近藤　義郎**（こんどう・よしろう）

一九二五―二〇〇九　京都大学文学部卒業。岡山大学名誉教授。文学博士（九州大学）。

〔主要著書〕『前方後円墳の時代』（岩波書店、一九八三年）、『土器製塩の研究』（青木書店、一九八四年）、『日本考古学研究序説』（岩波書店、一九八五年）

**下垣　仁志**（しもがき・ひとし）

一九七五年生まれ。京都大学大学院文学研究科博士後期課程修了。現在、京都大学大学院文学研究科教授。文学博士（京都大学）。

〔主要著書〕『古墳時代の国家形成』（吉川弘文館、二〇一八年）、『世界の初期文明』（訳書、同成社、二〇一九年）

〔専門研究〕古墳時代、正史／偽史の考古学

［解説者］（掲載順）

**クリストファー〈クリス〉・スカー**　Christopher Scarre

一九五四年生まれ。ケンブリッジ大学考古学科大学院博士課程修了。現在、ダーラム大学名誉教授。博士（Ph.D.）。

〔主要著書〕*Landscape of Neolithic Brittany* (Oxford University Press, 2011); *Ancient Civilizations* (Co-author, Pearson Prentice Hall, 2021); *The Human Past* (the author and editor, Thames and Hudson, 2024)

〔専門研究〕ヨーロッパ大西洋岸地域の先史時代後期

**冨井 眞**（とみい・まこと）
一九六八年生まれ。京都大学大学院文学研究科博士後期課程中退。現在、大正大学文学部教授。先史考古学修士（英国ダーラム大学）、文学博士（京都大学）。
〔主要著書〕『先史土器の型式学的編年の理論的前提と現実的活用』（京都大学博士論文、二〇一三年）、『先史の観念』（訳書、京都大学、二〇〇一年）
〔専門研究〕先史学、考古学における論理と方法

**佐々木 憲一**（ささき・けんいち）
一九六二年生まれ。ハーヴァード大学人類学研究科大学院博士課程修了。現在、明治大学文学部教授。博士（Ph.D.）。
〔主要著書〕『常陸の古墳群』（正続、共編著、六一書房、二〇一〇、二〇二〇年）、『霞ヶ浦の前方後円墳――古墳文化における中央と周縁』（編著、六一書房、二〇一八年）
〔専門研究〕国家形成期の考古学（古墳時代）

**岡村 勝行**（おかむら・かつゆき）
一九六一年生まれ。大阪大学文学部史学科卒業。現在、（一財）大阪市文化財協会東淀川調査事務所長。文学士。
〔主要著書〕『入門パブリック・アーケオロジー』（共著、同成社、二〇一二年）、*New Perspectives in Global Public Archaeology* （Co-edited author, Springer、2011）
〔専門研究〕パブリック・アーケオロジー、考古遺産マネジメント

**澤田 秀実**（さわだ・ひでみ）
一九六三年生まれ。法政大学大学院人文科学研究科修士課程修了。現在、くらしき作陽大学音楽学部教授。博士（歴史学・専修大学大学院）。
〔主要著書〕『前方後円墳秩序の成立と展開』（同成社、二〇一七年）、「耳環の生産体制と副葬の意義――使用された金属原材料の検討から」（『人・墓・社会』雄山閣、二〇二二年所収）
〔専門研究〕古墳時代政治史

ヨーロッパ文明の黎明
2024年9月20日　初版第1刷発行

著　者　ヴィア・ゴードン・チャイルド
訳　者　近藤義郎
　　　　下垣仁志
発行人　黒澤隆文

京都大学学術出版会
京都市左京区吉田近衛町69番地
京都大学吉田南構内（〒606-8315）
電　話（075）761-6182
FAX（075）761-6190
Home page http://www.kyoto-up.or.jp
振　替　01000-8-64677

ISBN 978-4-8140-0547-5
Printed in Japan

印刷・製本　亜細亜印刷株式会社
ブックデザイン　森　華
定価はカバーに表示してあります